"十四五"职业教育国家规划教材

"十三五"卫生高等职业教育校院合作"双元"规划教材

供护理、助产及相关专业用

妇产科护理学

主　编

熊立新　周立蓉

副主编

杨红伟　胡蘅芬　彭　霞　欧春平

编　　委　（按姓名汉语拼音排序）

郭珠玲（漳州卫生职业学院）　　　　　　宋淑慧（江西医学高等专科学校第一附属医院）

胡蘅芬（湖南环境生物职业技术学院）　　孙　英（广西科技大学医学部）

蒋　娜（湖南环境生物职业技术学院）　　王淑贞（漳州卫生职业学院）

李靖萍（大理护理职业学院）　　　　　　王　艳（宁波卫生职业技术学院）

吕艳莹（呼伦贝尔职业技术学院）　　　　熊立新（江西医学高等专科学校第一附属医院）

欧春平（黔东南民族职业技术学院）　　　杨红伟（四川护理职业学院）

彭　霞（广州卫生职业技术学院）　　　　周珂羊（遵义医药高等专科学校）

冉素一（大理护理职业学院）　　　　　　周立蓉（成都职业技术学院）

北京大学医学出版社

FUCHANKE HULIXUE

图书在版编目（CIP）数据

妇产科护理学 / 熊立新，周立蓉主编．—北京：
北京大学医学出版社，2019.10（2025.7 重印）
ISBN 978-7-5659-2106-3

Ⅰ. ①妇… Ⅱ. ①熊… ②周… Ⅲ. ①妇产科学 – 护理学 – 高等职业教育 – 教材 Ⅳ. ① R473.71

中国版本图书馆 CIP 数据核字（2019）第 253321 号

妇产科护理学

主　　编： 熊立新　周立蓉
出版发行： 北京大学医学出版社
地　　址：（100191）北京市海淀区学院路 38 号　北京大学医学部院内
电　　话： 发行部 010-82802230；图书邮购 010-82802495
网　　址： http://www.pumpress.com.cn
E - m a i l： booksale@bjmu.edu.cn
印　　刷： 北京溢漾印刷有限公司
经　　销： 新华书店
责任编辑： 杨　杰　　**责任校对：** 靳新强　　**责任印制：** 李　啸
开　　本： 850 mm × 1168 mm　1/16　印张：23.5　字数：675 千字
版　　次： 2019 年 10 月第 1 版　2025 年 7 月第 11 次印刷
书　　号： ISBN 978-7-5659-2106-3
定　　价： 56.00 元

版权所有，违者必究

（凡属质量问题请与本社发行部联系退换）

出版说明

《国务院办公厅关于深化医教协同进一步推进医学教育改革与发展的意见》要求加快构建标准化、规范化医学人才培养体系，全面提升人才培养质量。明确指出要调整优化护理职业教育结构，大力发展高职护理教育。《国家职业教育改革实施方案》指出要促进产教融合育人，建设一大批校企"双元"合作开发的国家规划教材。新时期的护理职业教育面临前所未有的发展机遇和挑战。

高质量的教材是实施教育改革、提升人才培养质量的重要支撑。为深入贯彻《国家职业教育改革实施方案》，服务于新时期高职护理人才培养改革发展需求，北京大学医学出版社在教育部、国家卫生健康委员会相关机构和职业教育教学指导委员会的指导下，经过前期广泛调研、系统规划，启动了这套"双元"数字融合高职护理教材建设。指导思想是：坚持"三基、五性"，符合最新的国家高职护理类专业教学标准，结合高职教学诊改和专业评估精神，突出职业教育特色和专业特色，与护士执业资格考试大纲要求、岗位需求对接。体现以人为本、以患者为中心的整体护理理念，强化技能训练，既满足多数院校教学实际，又适度引领教学。实践产教融合、校院合作，打造深度数字融合的精品教材。

教材的主要特点如下：

1. 全国专家荟萃

遴选全国近40所院校具有丰富教学经验的骨干教师参与建设，力求使教材的内容和深浅度具有全国普适性。

2. 产教融合共建

吸纳附属医院或教学医院的临床护理双师型教师参与教材编写、审稿，学校教师与行业专家"双元"共建，保证教材内容符合行业发展、符合多数医院护理实际和人才培养需求。

3. 双重专家审定

聘请知名护理专家审定教材内容，保证教材的科学性、先进性；聘请知名职教专家审定教材的职教特色和规范。

4. 教材体系完备

针对各地院校课程设置的差异，部分教材实行"双轨制"。如既有《正常人体结构》，又有《人体解剖学》《组织学与胚胎学》；既有《护理学基础》，又有《护理学导论》《基础护理学》，便于各地院校灵活选用。

5. 职教特色鲜明

结合护士执业资格考试大纲，教材内容"必需、够用，图文并茂"。以职业技能和岗位胜任力培养为根本，以学生为中心，贴近高职学生认知，采用布鲁姆学习目标，加入"案例/情景""知识链接""小结""实训""自测题"等模块，提炼"思维导图"。

6. 纸质数字融合

将纸质教材与二维码技术相结合，融PPT、图片、微课、动画、护理技能视频、模拟考试、护考考点解析音频等于一体，实现了以纸质教材为核心、配套数字教学资源的融媒体教材建设。

7. 课程思政融入

全面贯彻党的教育方针，落实立德树人根本任务，将课程思政全面融入教材。坚持中国化时代化马克思主义人民至上的立场，运用系统观念，守正创新，传承精华，守护人民生命健康安全，建设中国特色高质量医药卫生类职业教育教材体系。

本套教材的组织、编写得到了多方面大力支持。很多院校教学管理部门提出了很好的建议，职教专家对编写过程精心指导、把关，行业医院的临床护理专家热心审稿，为锤炼精品教材、服务教学改革、提高人才培养质量而无私奉献。在此一并致以衷心的感谢！

本套教材出版后，出版社及时收集使用教材院校师生的质量反馈，响应《关于推动现代职业教育高质量发展的意见》，按职业教育"岗课赛证"融通教材建设理念及时更新教材内容；对照《高等学校课程思政建设指导纲要》《职业教育教材管理办法》等精神要求，自查自纠，在修订时深入贯彻党的二十大精神，更新数字教学资源；力争打造培根铸魂、启智增慧，适应新时代要求的精品卫生职业教育教材。

希望广大师生多提宝贵意见，反馈使用信息，以臻完善教材内容，为新时期我国高职护理教育发展和人才培养做出贡献！

"十三五"卫生高等职业教育
校院合作"双元"规划教材审定委员会

顾　　　问　　杨爱平（国家卫生健康委能力建设和继续教育中心）
　　　　　　　郑修霞（北京大学护理学院）
　　　　　　　赵志群（北京师范大学教育学部）

主 任 委 员　　刘　晨（国家卫生健康委能力建设和继续教育中心）

副主任委员　　张彦文（天津医学高等专科学校）
　　　　　　　李　琳（菏泽医学专科学校）
　　　　　　　沈国星（漳州卫生职业学院）
　　　　　　　袁　宁（青海卫生职业技术学院）
　　　　　　　蔡德周（大理护理职业学院）

委　　　员　（按姓名汉语拼音排序）

陈方军（肇庆医学高等专科学校）	田朝晖（呼伦贝尔职业技术学院）
陈鸣鸣（江苏护理职业学院）	王　平（阜阳职业技术学院）
邓朝晖（贵阳护理职业学院）	文玉萍（广西科技大学）
丁炎明（北京大学第一医院）	吴　勇（黔东南民族职业技术学院）
冯春林（遵义医药高等专科学校）	杨　翀（广州卫生职业技术学院）
高健群（宜春职业技术学院）	杨桂荣（湖北职业技术学院）
高　强（济南护理职业学院）	姚永萍（四川护理职业学院）
李葆华（北京大学第三医院）	於学良（苏州卫生职业技术学院）
马　莉（唐山职业技术学院）	战文翔（山东中医药高等专科学校）
宁国强（江西医学高等专科学校）	张晓静（北京协和医院）
秦立国（铁岭卫生职业学院）	张学河（乐山职业技术学院）
谭　工（重庆三峡医药高等专科学校）	赵其辉（湖南环境生物职业技术学院）

序

湛蓝天空映衬昆明湖碧波粼粼，湖畔长廊蜿蜒诉说历史蹉跎，万寿山风清气爽，昂首托起那富贵琉璃的智慧海、吉祥云。护理融有科学、技术、人文及艺术特质，其基本任务是帮助人维持健康、恢复健康和提升健康水平。护士被誉为佑护健康与生命的天使。在承载这崇高使命的教育殿堂，老师和学生们敬畏生命、善良真诚、严谨求实、德厚技精。

再览善存之竖版护理教材——《**护病新编**》（1919年，车以轮等译，中国博医会发行），回想我国护理教育发展历程，尤其20世纪80年代以来，在护理和教育两个领域的研究与实践交汇融合中，护理教育经历了"医疗各科知识＋护理、各科医学及护理、临床分科护理学或生命周期分阶段护理"等三个阶段。1985年首开英护班，1991年在卫生部相关部门支持下，成立全国英护教育协作会，从研究涉外护理入手，进行护理教育改革；1989年始推广目标教学，建立知识、技能、态度的分类目标，使用行为动词表述，引导相应教学方法的改革；1994年开始推进系统化整体护理；1997年卫生部颁布护理专业教学计划和教学大纲，建构临床分科护理学课程体系，新开设精神科护理、护士礼仪等六门课程。2000年行业部委院校统一划转教育部管理，为中高职护理教育注入了现代职业教育的新鲜"血液"。教育部组织行业专家制定了专业目录，将护理专业确定为83个重点建设专业之一，并于2003年列入教育部技能型紧缺人才培养培训工程的4个专业之一，在国内首次采用了生命周期模式，开始推进行动导向教学；2018年高职护理专业教学标准（征求意见稿）再次采纳了生命周期模式。客观地看，在一个历史阶段，因为教育理念和教学资源等差异，院校可能选择不相同的课程模式。

当前，全国正在落实《**"健康中国2030"规划纲要**》和《**国家职业教育改革实施方案**》，在人民群众对美好生活的向往和护理、职业教育极大发展的背景下，护理教育教学及教材的改革创新迫在眉睫。北京大学医学部是百余年前中国政府依靠自己的力量开办的第一所专门传授现代医学的国立学校，历经沧桑，文化厚重，对中国医学事业发展有着卓越贡献。北京大学医学出版社积极应对新时期、新任务和新要求，组织全国富有教学与实践经验的资深教师和临床专家，共同编写了本套高职护理专业教材，为院校教改与创新提供了重要保障。

教材支撑教学，辅助教学，引导学习。教学过程中，教师需要根据自己的教学设计对教材进行二次开发。现代职业教育不是学科化课程简版，不应盲目追求技术操作，不停留在零散碎片的基本知识或基本技能的"名义能力"层面，而是从工作领域典型工作任务引导学习领域课程搭建，以工作过程为导向，将知识和操作融于工作过程，通过产教融合和理实一体，系统地从工作过程出发，延伸到工作情境、劳动组织结构、经济、使用价值、质量保证、社会与文化、环境保护、可持续发展及创新等方面，培养学生从整体角度运用相对最佳的方法技术完成工作任务。这些职业教育需达成的基本能力维度与护理有着相近的承载空间，现代职教理念和方法对引导我国护理教育深化与拓展具有较大的意义。

本套教材主编、编者和出版社老师们对课程体系科学建构，教学内容合理组织，字里行间精心雕琢，信息技术恰当完善。本套教材可与情境教学、项目教学、PBL、模块教学、任务驱动教学等配合使用。新技术的运用丰富了教学内容，拓展了学生视野，强化了教学重点，化解了教学难点，提示了护考要点，将增强学生专业信心，提高学生学习兴趣。

教材与教学改革相互支撑，相辅相成，它们被人类社会进步不断涌现的新需求、新观念、新理论、新方法、新技术引导与推动，永远不会停步。它是朝阳，充满希望；是常青树，带给耕耘者硕果累累。

前 言

《妇产科护理学》是高职护理数字融合规划教材，适用于高职高专护理专业学生学习使用。在教材编写过程中，我们根据国家教育部规定的高职护理学教学大纲的要求，以培养专业核心能力为导向，以职业技能教育为根本，满足三个需要（学科需要、教学需要、行业需要），注重基本理论和基础知识，内容以"必需、够用"为度，突出教材的职业教育性。

本教材共二十一章，介绍了妇女妊娠、分娩、产褥期的正常生理变化过程及其护理内容，在此基础上介绍了异常妊娠、异常分娩及患病妇女的护理、计划生育和妇女保健内容。同时，在教材体例及内容等方面进行了如下改进：

1. 教材各章开始设"本章思维导图""学习目标"，在章或节前设置"导学案例"，正文中穿插"知识链接"，有助于帮助学生梳理知识点，掌握学习的重点和难点。通过导学案例分析，引导学生渐近性地将理论知识、临床护理实践融为一体，全面提高学生的专业核心力。同时，全书更新了一些理论、技术及方法，配有丰富的数字化资源，确保教材的先进性。

2. 注重护理学的思维与工作特点，将护理程序贯穿始终，并从问题入手，直入主题。全书按照护理程序系统编写，尽可能做到"面向临床，学用一致"，使教材内容符合临床护理实际。

3. 紧扣国家护士执业资格考试大纲，关注护士执业资格考试的变化，课后增加自测题，启发学生深入地思考和领会。融入护士执业资格考试模拟试题数字化资源，满足学生护士上岗考试的要求。

为了保证教材的编写质量，编写人员参阅了大量资料，反复审修书稿，编写工作得到了北京大学医学出版社的大力支持，同时得到了各参编学校领导及专家的协助,在此一并致谢。

由于编者水平有限,本书如有不足、不妥之处,敬请使用本教材的师生及妇产科护理同仁不吝赐教,提出宝贵意见,以便改进、完善。

熊立新

目 录

第一章 女性生殖系统解剖 … 1

第一节 女性内、外生殖器及邻近器官 … 2
一、外生殖器 … 2
二、内生殖器 … 3
三、血管、淋巴及神经 … 6
四、邻近器官 … 7

第二节 骨盆 … 8
一、女性骨盆的组成与分界 … 8
二、骨盆各平面及径线 … 9
三、骨盆轴与骨盆倾斜度 … 10

第三节 骨盆底 … 11
一、外层 … 11
二、中层 … 12
三、内层 … 12
四、会阴 … 12

第二章 女性生殖系统生理 … 14

第一节 妇女一生各阶段的生理特点 … 15
一、胎儿期 … 15
二、新生儿期 … 16
三、儿童期 … 16
四、青春期 … 16
五、性成熟期 … 16
六、围绝经期 … 16
七、绝经后期 … 17

第二节 月经及其临床表现 … 17
一、定义及特征 … 17
二、临床表现 … 17

第三节 卵巢的功能及其周期性变化 … 18
一、卵巢的功能 … 18

目 录

  二、卵巢的周期性变化 ………………………………………………………………… 18

 第四节 子宫内膜及其他生殖器官的周期性变化 ……………………………………… 19

  一、子宫内膜的周期性变化 …………………………………………………………… 19

  二、宫颈黏液的周期性变化 …………………………………………………………… 19

  三、输卵管的周期性变化 ……………………………………………………………… 20

  四、阴道黏膜的周期性变化 …………………………………………………………… 20

 第五节 月经周期的调节 …………………………………………………………………… 20

  一、下丘脑分泌的调节激素及其功能 ………………………………………………… 20

  二、垂体分泌的调节激素及其功能 …………………………………………………… 20

  三、卵巢性激素的反馈作用 …………………………………………………………… 21

  四、下丘脑-垂体-卵巢轴的调节机制 ……………………………………………… 21

第三章 正常妊娠孕妇的护理 ………………………………………………… **24**

 第一节 妊娠生理 …………………………………………………………………………… 27

  一、受精、胚胎及胎儿发育 …………………………………………………………… 27

  二、胎儿附属物的形成及功能 ………………………………………………………… 28

  三、妊娠期母体的变化 ………………………………………………………………… 30

 第二节 妊娠诊断 …………………………………………………………………………… 33

  一、早期妊娠的诊断 …………………………………………………………………… 33

  二、中、晚期妊娠的诊断 ……………………………………………………………… 33

  三、胎姿势、胎产式、胎先露及胎方位 ……………………………………………… 34

 第三节 孕期管理 …………………………………………………………………………… 36

  一、产前检查 …………………………………………………………………………… 36

  二、孕期管理 …………………………………………………………………………… 40

第四章 正常分娩期产妇的护理 ……………………………………………… **44**

 第一节 影响分娩的因素 …………………………………………………………………… 46

  一、产力 ………………………………………………………………………………… 46

  二、产道 ………………………………………………………………………………… 47

  三、胎儿 ………………………………………………………………………………… 49

  四、精神心理因素 ……………………………………………………………………… 49

 第二节 先兆临产、临产及产程分期 ……………………………………………………… 50

  一、先兆临产 …………………………………………………………………………… 50

  二、临产 ………………………………………………………………………………… 50

  三、总产程与产程分期 ………………………………………………………………… 50

 第三节 枕先露的分娩机制 ………………………………………………………………… 51

  一、衔接 ………………………………………………………………………………… 51

  二、下降 ………………………………………………………………………………… 51

  三、俯屈 ………………………………………………………………………………… 51

  四、内旋转 ……………………………………………………………………………… 51

  五、仰伸 ………………………………………………………………………………… 52

  六、复位及外旋转 ……………………………………………………………………… 52

  七、胎儿娩出 …………………………………………………………………………… 52

第四节　各产程临床经过及产妇的护理 ……………………………………… 53
　　　一、第一产程 ……………………………………………………………… 53
　　　二、第二产程 ……………………………………………………………… 57
　　　三、第三产程 ……………………………………………………………… 60

第五章　正常产褥期产妇的护理 ……………………………………… 65
　　第一节　产褥期产妇的身心变化 ……………………………………………… 67
　　　一、产褥期妇女的生理变化 ……………………………………………… 67
　　　二、产褥期妇女的心理调适 ……………………………………………… 68
　　第二节　产褥期产妇的护理 …………………………………………………… 68
　　第三节　母乳喂养的护理 ……………………………………………………… 71
　　　一、母乳喂养的优点 ……………………………………………………… 71
　　　二、影响母乳喂养的因素 ………………………………………………… 72
　　　三、泌乳的生理基础 ……………………………………………………… 72
　　　四、母乳喂养指导 ………………………………………………………… 72
　　　五、哺乳常见问题的指导 ………………………………………………… 73

第六章　异常妊娠孕妇的护理 ………………………………………… 75
　　第一节　自然流产 ……………………………………………………………… 78
　　第二节　异位妊娠 ……………………………………………………………… 81
　　第三节　妊娠期高血压疾病 …………………………………………………… 85
　　第四节　前置胎盘 ……………………………………………………………… 89
　　第五节　胎盘早剥 ……………………………………………………………… 92
　　第六节　双胎妊娠 ……………………………………………………………… 95
　　第七节　羊水过多或羊水过少 ………………………………………………… 97
　　　一、羊水过多 ……………………………………………………………… 97
　　　二、羊水过少 ……………………………………………………………… 100
　　第八节　早产 …………………………………………………………………… 101
　　第九节　过期妊娠 ……………………………………………………………… 103
　　第十节　死胎 …………………………………………………………………… 105
　　第十一节　胎膜早破 …………………………………………………………… 106

第七章　妊娠合并症孕妇的护理 ……………………………………… 109
　　第一节　妊娠合并心脏病 ……………………………………………………… 111
　　第二节　妊娠合并糖尿病 ……………………………………………………… 115

第八章　高危妊娠管理 ………………………………………………… 121
　　第一节　高危妊娠及监护管理 ………………………………………………… 122
　　第二节　高危妊娠妇女的护理 ………………………………………………… 127
　　第三节　胎儿窘迫及新生儿窒息的护理 ……………………………………… 129
　　　一、胎儿窘迫的护理 ……………………………………………………… 129
　　　二、新生儿窒息的护理 …………………………………………………… 132

第九章　异常分娩产妇的护理 136

第一节　产力异常 139
　一、子宫收缩乏力 140
　二、子宫收缩过强 143
第二节　产道异常 146
　一、骨产道异常 146
　二、软产道异常 150
第三节　胎儿异常 151

第十章　分娩期并发症产妇的护理 157

第一节　产后出血 158
第二节　子宫破裂 164
第三节　羊水栓塞 167
第四节　脐带脱垂 171

第十一章　异常产褥期妇女的护理 174

第一节　产褥感染妇女的护理 175
第二节　晚期产后出血妇女的护理 178

第十二章　妇科护理病史采集及检查配合 181

第一节　妇科疾病常见症状和体征 182
　一、阴道流血 182
　二、白带异常 183
　三、下腹疼痛 184
　四、外阴瘙痒 184
　五、下腹部包块 184
第二节　妇科疾病病史采集与检查 185
第三节　妇科门诊及病区的护理管理 190
　一、妇科门诊的布局、设施及护理管理 190
　二、妇科病区的布局、设施及护理管理 191

第十三章　妇产科常用诊疗及手术的护理 193

第一节　生殖道细胞学检查 194
第二节　活组织检查 196
　一、宫颈活组织检查 196
　二、诊断性刮宫术 198
第三节　穿刺术 200
　一、腹腔穿刺术 200
　二、经阴道穹后部穿刺术 201
　三、经腹羊膜腔穿刺术 202
第四节　输卵管通畅检查 204
　一、输卵管通液术 204

二、子宫输卵管碘油造影术 ………………………………………………………… 205
第五节　内镜检查术 …………………………………………………………………… 206
　　一、阴道镜检查 …………………………………………………………………… 206
　　二、宫腔镜检查 …………………………………………………………………… 208
　　三、腹腔镜检查 …………………………………………………………………… 210
第六节　会阴切开缝合术 ……………………………………………………………… 212
第七节　胎头吸引术 …………………………………………………………………… 213
第八节　产钳术 ………………………………………………………………………… 215
第九节　臀位助产术及臀牵引术 ……………………………………………………… 216
　　一、臀位助产术 …………………………………………………………………… 217
　　二、臀牵引术 ……………………………………………………………………… 217
第十节　剖宫产术 ……………………………………………………………………… 218
第十一节　人工剥离胎盘术 …………………………………………………………… 220
第十二节　妇科腹部手术的配合及护理 ……………………………………………… 221
　　一、妇科腹部手术术前准备及护理配合 ………………………………………… 221
　　二、妇科腹部手术术后护理 ……………………………………………………… 222
第十三节　外阴、阴道手术的配合及护理 …………………………………………… 224
　　一、外阴、阴道手术术前准备及护理配合 ……………………………………… 224
　　二、外阴、阴道手术术后护理 …………………………………………………… 225

第十四章　女性生殖系统炎症患者的护理 …………………………………………… 228
第一节　概述 …………………………………………………………………………… 229
　　一、女性生殖系统自然防御机制 ………………………………………………… 230
　　二、病原体 ………………………………………………………………………… 230
　　三、传播途径 ……………………………………………………………………… 230
第二节　外阴部炎症患者的护理 ……………………………………………………… 231
　　一、非特异性外阴炎 ……………………………………………………………… 232
　　二、前庭大腺炎 …………………………………………………………………… 233
第三节　阴道炎症患者的护理 ………………………………………………………… 234
　　一、滴虫阴道炎 …………………………………………………………………… 234
　　二、外阴阴道假丝酵母菌病 ……………………………………………………… 237
　　三、萎缩性阴道炎 ………………………………………………………………… 238
　　四、细菌性阴道病 ………………………………………………………………… 239
第四节　宫颈炎患者的护理 …………………………………………………………… 241
　　一、急性宫颈炎 …………………………………………………………………… 241
　　二、慢性宫颈炎 …………………………………………………………………… 243
第五节　盆腔炎性疾病患者的护理 …………………………………………………… 245
第六节　性传播疾病患者的护理 ……………………………………………………… 248
　　一、淋病 …………………………………………………………………………… 248
　　二、尖锐湿疣 ……………………………………………………………………… 249
　　三、梅毒 …………………………………………………………………………… 250
　　四、艾滋病 ………………………………………………………………………… 250

目录

第十五章 女性生殖系统肿瘤患者的护理 …… 253
- 第一节 外阴癌 …… 254
- 第二节 宫颈癌 …… 257
- 第三节 子宫肌瘤 …… 263
- 第四节 子宫内膜癌 …… 266
- 第五节 卵巢肿瘤 …… 269

第十六章 妊娠滋养细胞疾病患者的护理 …… 275
- 第一节 葡萄胎患者的护理 …… 277
- 第二节 妊娠滋养细胞肿瘤患者的护理 …… 280
- 第三节 滋养细胞肿瘤化疗患者的护理 …… 284

第十七章 女性生殖内分泌疾病患者的护理 …… 287
- 第一节 排卵障碍相关的异常子宫出血 …… 290
- 第二节 闭经 …… 296
- 第三节 痛经 …… 298
- 第四节 绝经综合征 …… 300

第十八章 妇科其他疾病患者的护理 …… 305
- 第一节 子宫脱垂 …… 307
- 第二节 子宫内膜异位症 …… 311
- 第三节 不孕症 …… 315

第十九章 妇产科常用护理技术 …… 320
- 第一节 坐浴 …… 321
- 第二节 外阴冲洗与消毒 …… 322
- 第三节 会阴擦洗 …… 323
- 第四节 阴道冲洗 …… 325
- 第五节 阴道、宫颈上药 …… 327
- 第六节 会阴湿热敷 …… 328
- 第七节 局部切口红外线照射 …… 329

第二十章 计划生育妇女的护理 …… 332
- 第一节 避孕 …… 333
  - 一、宫内节育器 …… 333
  - 二、激素避孕 …… 335
  - 三、其他避孕方法 …… 338
- 第二节 输卵管绝育术 …… 339
  - 一、经腹输卵管结扎术 …… 339
  - 二、腹腔镜输卵管绝育术 …… 340
- 第三节 避孕失败补救措施及其护理 …… 340
  - 一、药物流产 …… 341

二、手术流产 ………………………………………………………… 341

第二十一章　妇女保健 …………………………………………… 345

第一节　概述 …………………………………………………………… 346
　　一、妇女保健工作的重要性 …………………………………………… 346
　　二、妇女保健工作的组织机构 ………………………………………… 346
　　三、妇女保健工作的方法 ……………………………………………… 346

第二节　妇女保健工作范畴 …………………………………………… 347
　　一、妇女各期保健 ……………………………………………………… 347
　　二、妇科疾病普查普治 ………………………………………………… 349
　　三、计划生育指导 ……………………………………………………… 350
　　四、妇女劳动保护 ……………………………………………………… 350

第三节　生殖健康 ……………………………………………………… 350
　　一、生殖健康的概念 …………………………………………………… 350
　　二、生殖健康的要点 …………………………………………………… 350

第四节　妇女保健统计 ………………………………………………… 351
　　一、妇女疾病预防工作常用统计指标 ………………………………… 351
　　二、孕产期保健常用统计指标 ………………………………………… 351
　　三、计划生育统计指标 ………………………………………………… 351

中英文专业词汇索引 ……………………………………………… 353

主要参考文献 ……………………………………………………… 355

第一章 女性生殖系统解剖

第一章
数字资源

本章思维导图

```
女性生殖系统解剖
├─ 女性内、外生殖器及邻近器官
│  ├─ 外生殖器
│  │  ├─ 阴阜      耻骨联合前面隆起的脂肪垫
│  │  ├─ 大阴唇    富含血管，易形成血肿
│  │  ├─ 小阴唇    富含神经末梢，较敏感
│  │  ├─ 阴蒂      富含神经末梢，极敏感
│  │  └─ 阴道前庭  尿道口、阴道口及处女膜、前庭大腺
│  ├─ 内生殖器
│  │  ├─ 阴道      功能、位置与形态、组织结构
│  │  ├─ 子宫      功能、位置与形态、组织结构、子宫韧带
│  │  ├─ 输卵管    功能、解剖结构、组织结构
│  │  └─ 卵巢      功能、解剖结构、组织结构
│  ├─ 血管、淋巴及神经
│  │  ├─ 血管      卵巢动脉、子宫动脉、阴道动脉、阴部内动脉
│  │  ├─ 淋巴      包括外生殖器淋巴、盆腔淋巴两大组
│  │  └─ 神经      外生殖器由阴部神经支配，内生殖器主要由交感神经和副交感神经支配
│  └─ 邻近器官
│     ├─ 尿道
│     ├─ 膀胱
│     ├─ 输尿管
│     ├─ 直肠
│     └─ 阑尾
└─ 骨盆
   ├─ 女性骨盆的组成与分界
   │  ├─ 骨盆的组成
   │  │  ├─ 骨盆的骨骼  由一块骶骨、一块尾骨、两块髋骨组成
   │  │  ├─ 骨盆的关节  包括耻骨联合、骶髂关节、骶尾关节
   │  │  └─ 骨盆的韧带  包括骶棘韧带、骶结节韧带
   │  └─ 骨盆的分界     以耻骨联合上缘、两侧髂耻缘及骶岬上缘为界
   ├─ 骨盆各平面及径线
   │  ├─ 骨盆入口平面  前后径11 cm，横径13 cm，斜径12.75 cm
   │  ├─ 中骨盆平面    前后径11.5 cm，横径10 cm
   │  └─ 骨盆出口平面  前后径11.5 cm，横径9 cm，前矢状径6 cm，后矢状径8.5 cm
   └─ 骨盆轴与骨盆倾斜度
      ├─ 骨盆轴       上段向下向后、中段向下、下段向下向前
      └─ 骨盆倾斜度   一般为60°
```

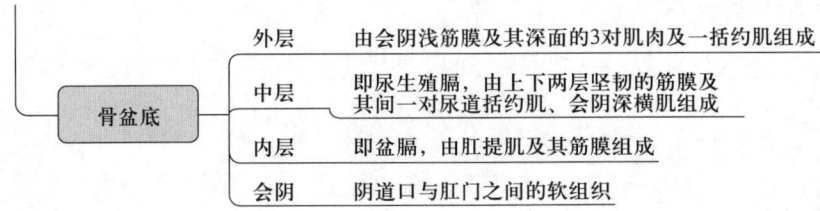

 学习目标

通过本章内容的学习，学生应能够：

识记：
1. 说出内、外生殖器的结构。
2. 说出内生殖器的邻近器官。
3. 说出骨盆的组成与分界。

理解：
1. 解释内、外生殖器的解剖结构与功能。
2. 解释骨盆平面及其径线。

运用：
1. 正确区分女性生殖系统各个器官。
2. 正确指出模型上骨盆的组成与分界、平面及其径线。
3. 培养学生将专业解剖知识应用到临床实践中，提高护理水平。

第一节　女性内、外生殖器及邻近器官

女性生殖系统包括内、外生殖器及其相关组织。

一、外生殖器

女性外生殖器又称外阴，为女性生殖器官的外露部分，是指耻骨联合至会阴及两大腿内侧之间的组织，包括阴阜、大阴唇、小阴唇、阴蒂和阴道前庭（图 1-1）。

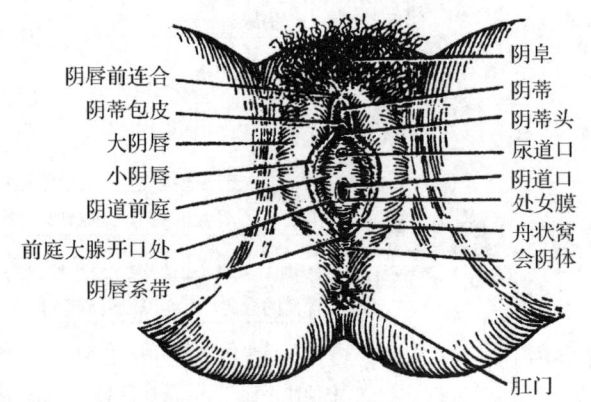

图 1-1　女性外生殖器

（一）阴阜

阴阜为耻骨联合前面隆起的脂肪垫。青春期开始生长阴毛，分布呈尖端向下的倒三角形，是女性第二性征的表现之一。其疏密、色泽可因人或种族而异。

(二)大阴唇

大阴唇为两大腿内侧的一对纵行隆起的皮肤皱襞,起自阴阜,止于会阴。大阴唇外侧面为皮肤,内含皮脂腺和汗腺,青春期长出阴毛;内侧面皮肤湿润似黏膜。皮下为脂肪组织和疏松结缔组织,富含血管、淋巴管和神经,局部受撞击时易形成血肿。未婚妇女两侧大阴唇自然合拢,遮盖阴道口及尿道口。经产妇大阴唇受分娩影响向两侧分开,绝经后大阴唇呈萎缩状,阴毛稀少。

(三)小阴唇

小阴唇是位于大阴唇内侧一对薄皮肤皱襞,富含神经末梢,较敏感。两侧小阴唇前端相互融合,分为前后两叶包绕阴蒂,前叶形成阴蒂包皮,后叶形成阴蒂系带。大、小阴唇后端在正中线会合形成阴唇系带。

(四)阴蒂

阴蒂位于两小阴唇顶端的下方,为海绵体组织,有勃起性。阴蒂分三部分,前端为阴蒂头,暴露于外阴,富含神经末梢,极敏感;中为阴蒂体;后为两个阴蒂脚,附着于两侧耻骨支上。

(五)阴道前庭

阴道前庭为两侧小阴唇之间的菱形区,前为阴蒂;后为阴唇系带。在此区域内有以下结构:

1. **前庭球** 又称球海绵体,位于前庭两侧,由具有勃起性的静脉丛构成。
2. **前庭大腺** 又称巴氏腺,位于大阴唇后部,被球海绵体肌覆盖,如黄豆大小,左右各一。腺管细长(1~2 cm),向内侧开口于前庭后方小阴唇与处女膜之间的沟内,性兴奋时分泌黄白色黏液,起润滑作用。正常情况下不能触及,若腺管口堵塞,可形成前庭大腺囊肿或脓肿。
3. **尿道外口** 位于阴蒂头的后下方及前庭前部,呈不规则圆形孔。尿道口后壁上有一对腺体,称为尿道旁腺,常为细菌潜伏之地。
4. **阴道口及处女膜** 阴道口位于尿道口后方,前庭的后部。其周缘覆有一层较薄的黏膜皱襞,称处女膜。处女膜中央有一小孔称处女膜孔,呈圆形或新月形,少数呈筛状或伞状,月经血经此流出。处女膜可在初次性交或剧烈运动而破裂,分娩时进一步破损,产后仅留有处女膜痕。

二、内生殖器

女性内生殖器位于真骨盆内,包括阴道、子宫、输卵管及卵巢,临床上将后两者合称为子宫附件(图1-2)。

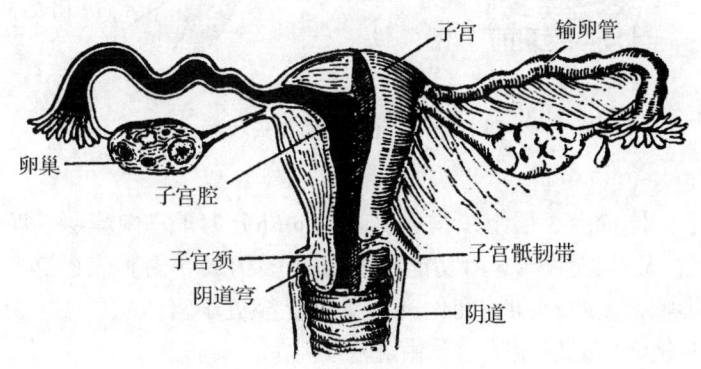

图1-2 女性内生殖器

(一)阴道

1. **功能** 为性交器官、月经血排出及胎儿娩出的通道。
2. **位置与形态** 位于真骨盆下部中央,呈上宽下窄的管道,前壁长7~9 cm,与膀胱和尿道相邻，后壁长10~12cm，与直肠贴近。上端包绕宫颈，下端开口于阴道前庭。环绕子宫颈所形成的凹陷称阴道穹，分前、后、左、右四部分，其中阴道穹后部最深，与直肠子宫陷凹紧密相邻，为盆腔最低部位，临床上可经此处穿刺或引流，作为辅助诊断和治疗方法之一。

3. **组织结构** 阴道壁自内向外由黏膜、肌层和纤维组织膜构成，阴道黏膜呈淡红色，由复层鳞状上皮覆盖，无腺体，有很多横纹皱襞，故有较大伸展性。受性激素影响有周期性变化。阴道肌层由两层平滑肌纤维构成，内层环行，外层纵行。在肌层的外面有一层纤维组织膜，含大量弹力纤维及少量平滑肌纤维。阴道壁因富含静脉丛，故受损后易出血或形成血肿。

（二）子宫

1. **功能** 孕育胚胎、胎儿和产生月经的空腔器官。

2. **位置与形态** 子宫位于骨盆腔中央，呈前倾前屈位，前为膀胱，后为直肠。形态似倒置扁梨形，长7~8 cm，宽4~5 cm，厚2~3 cm，重50~70 g，容量约5 ml。子宫上部较宽称为宫体，其上端隆突部分为子宫底，子宫底两侧为子宫角，与输卵管相通。子宫下部较窄呈圆柱状为子宫颈（图1-3a）。子宫体与子宫颈的比例，因年龄和卵巢功能而异，青春期前为1:2，育龄期妇女为2:1，绝经后为1:1。

子宫腔为上宽下窄的三角形，两侧通输卵管，尖端朝下接子宫颈管。子宫体与子宫颈之间形成最狭窄的部分称为子宫峡部，非孕期长约1 cm，其上端因解剖上最为狭窄，称解剖学内口；下端因黏膜组织在此处由子宫内膜转变为宫颈黏膜，称组织学内口（图1-3b）。妊娠期子宫峡部逐渐伸展变长，妊娠末期可达7~10 cm，形成子宫下段。子宫颈管呈梭形，成年妇女长2.5~3.0 cm，其下端接阴道，开口称宫颈外口。未产妇的宫颈外口呈圆形，经产妇的宫颈外口受分娩影响形成横裂状。子宫颈下端伸入阴道内的部分称宫颈阴道部；在阴道以上的部分称宫颈阴道上部。

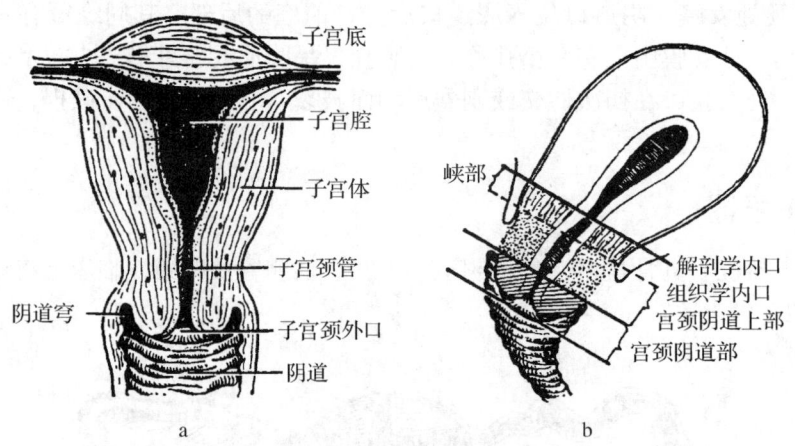

图1-3 子宫冠状面和矢状面

3. **组织结构**

（1）子宫体：子宫体壁由3层组织构成，从内向外分为子宫内膜层、肌层、浆膜层。

1）子宫内膜层：又称黏膜层，由功能层和基底层构成。内膜表面2/3为功能层，从青春期开始受卵巢激素影响，发生周期性变化产生月经。靠近子宫肌层的1/3为基底层，不受性激素影响，无周期性变化。功能层脱落后，由此层再生。

2）肌层：较厚，非孕时厚约0.8 cm，由平滑肌束及弹力纤维组成。肌层大致分为3层：外层多纵行，内层环行，中层交叉排列如网状（图1-4）。子宫血管穿行于肌层之间，当子宫收缩时可压迫血管，起到止血的作用。

3）浆膜层：为覆盖宫底部及其前后面的脏腹膜，与肌层紧贴。在子宫前面近子宫峡部处，腹膜向前反折覆盖膀胱，形成膀胱子宫陷凹。在子宫后面，腹膜向后反折覆盖直肠前壁，形成直肠子宫陷凹，亦称道格拉斯腔，是盆腔位置最低的部位。

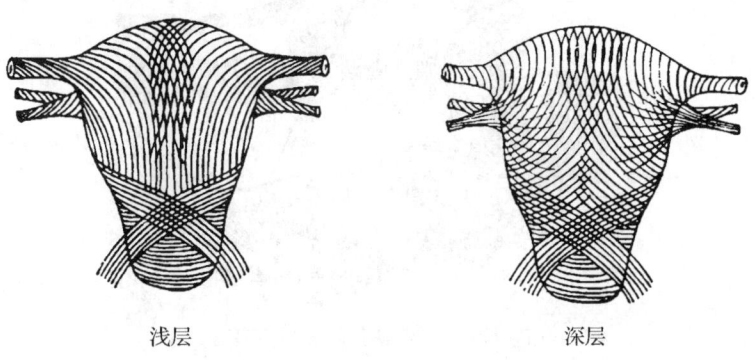

图1-4 子宫肌层肌束排列

（2）子宫颈：主要由结缔组织构成，含有少量平滑肌纤维、血管及弹力纤维。宫颈管黏膜为单层高柱状上皮，内有腺体可分泌碱性黏液，形成黏液栓堵塞子宫颈管。黏液栓成分及性状受性激素影响，可发生周期性变化。宫颈阴道部为复层鳞状上皮覆盖，表面光滑。在宫颈外口柱状上皮与鳞状上皮交界处是宫颈癌的好发部位。

4. **子宫韧带** 共4对，与盆底肌肉和筋膜共同维持子宫正常位置（图1-5）。

（1）圆韧带：呈圆索状。起于两侧子宫角的前面，输卵管近端的稍下方，向前外侧走行，达到两侧骨盆侧壁后，穿过腹股沟管止于大阴唇前端，具有维持子宫前倾的作用。

（2）阔韧带：自子宫两侧延伸达骨盆壁的腹膜皱襞，呈翼状，上缘内侧2/3部包绕输卵管，外侧1/3包绕卵巢动、静脉，形成骨盆漏斗韧带。阔韧带的作用是维持子宫在盆腔中央的位置。

（3）主韧带：又称宫颈横韧带，位于阔韧带的下部，横行于子宫颈两侧和骨盆侧壁之间，有固定宫颈正常位置的作用。

（4）骶韧带：起自子宫颈侧后方，绕过直肠到达第2、3骶椎前面，将宫颈向后向上牵引，具有间接保持子宫前倾位置的作用。

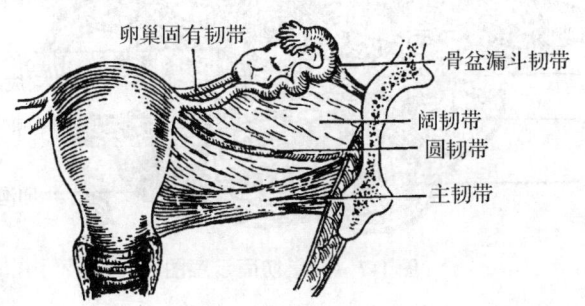

图1-5 子宫韧带

（三）输卵管

1. **功能** 是卵子受精的场所，也是向子宫腔运送受精卵的通道。

2. **解剖结构** 为一对细长而弯曲的肌性管道，内侧与子宫角相连通，外侧端游离开口于腹腔，全长8~14 cm。根据输卵管的形态由内向外可分为间质部、峡部、壶腹部、伞部四个部分：①间质部，穿行于子宫角内的部分，管腔最窄，长约1 cm。②峡部，在间质部外侧，管腔较窄，长2~3 cm，为输卵管结扎术的结扎部位。③壶腹部，在峡部外侧，管腔较宽大且弯曲，长5~8 cm，为正常受精部位。④伞部，为输卵管的末端，开口于腹腔，游离端呈漏斗状，也称漏斗部，长1~1.5 cm，有"拾卵"作用（图1-6）。

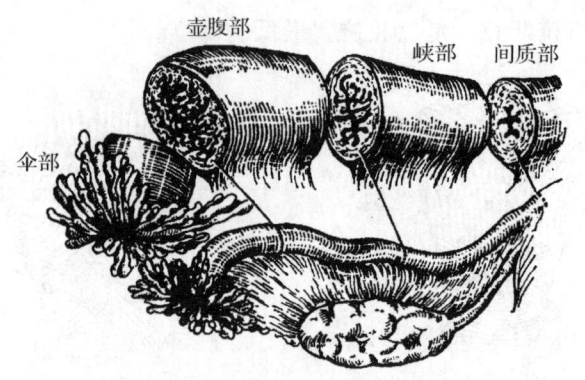

图1-6 输卵管各部及横断面

3. **组织结构** 输卵管壁由3层组织构成：外层为浆膜层，属腹膜的一部分；中层为平滑肌层，可产生节律性收缩，引起输卵管由远端向近端蠕动；内层为黏膜层，由单层高柱状上皮覆盖。部分上皮含有纤毛，纤毛的摆动可能协助运送受精卵。输卵管肌肉的收缩和黏膜上皮细胞的形态、分泌及纤毛摆动，均受性激素影响而有周期性变化。

（四）卵巢

1. **功能** 具有生殖和内分泌功能。
2. **解剖结构** 为一对扁椭圆形的腺体，是女性的性腺器官。成年妇女的卵巢约4 cm×3 cm×1 cm，重5~6 g，呈灰白色。青春期前，卵巢表面光滑；排卵后表面逐渐凹凸不平；绝经后卵巢变小、变硬。
3. **组织结构** 卵巢表面无腹膜，由单层立方上皮覆盖，称为表面上皮。上皮的深面有一致密纤维组织，称为卵巢白膜。其内为卵巢实质，分为皮质与髓质两部分；皮质在外层，其中有数以万计的原始卵泡（又称始基卵泡）及致密结缔组织（卵巢间质）；髓质在中心，无卵泡，含疏松结缔组织及丰富的血管、神经、淋巴管及少量平滑肌纤维（图1-7）。

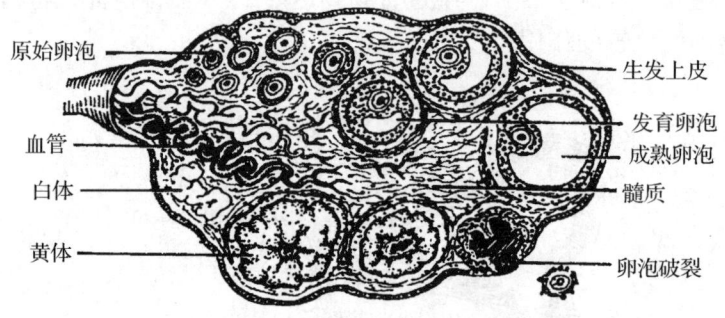

图1-7 卵巢切面示意图

三、血管、淋巴及神经

（一）血管

女性生殖器官的血液供应，主要来自卵巢动脉、子宫动脉、阴道动脉及阴部内动脉，各部位静脉均与同名动脉伴行，数量较多，在相应器官及其周围形成静脉丛且互相吻合，所以盆腔感染易于蔓延（图1-8）。

（二）淋巴

女性生殖器官和盆腔具有丰富的淋巴系统，均伴随相应的血管而行，主要分为外生殖器淋巴与盆腔淋巴两大组。当内、外生殖器发生感染和肿瘤时，可沿各部回流的淋巴管扩散或转移，导致相应淋巴结肿大（图1-9）。

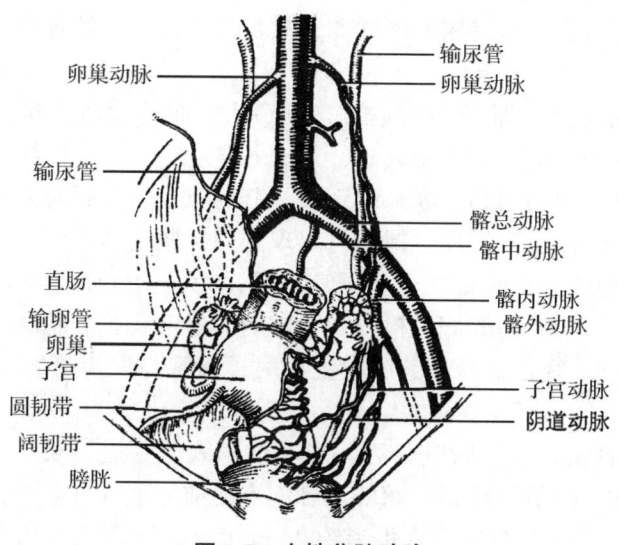

图 1-8 女性盆腔动脉

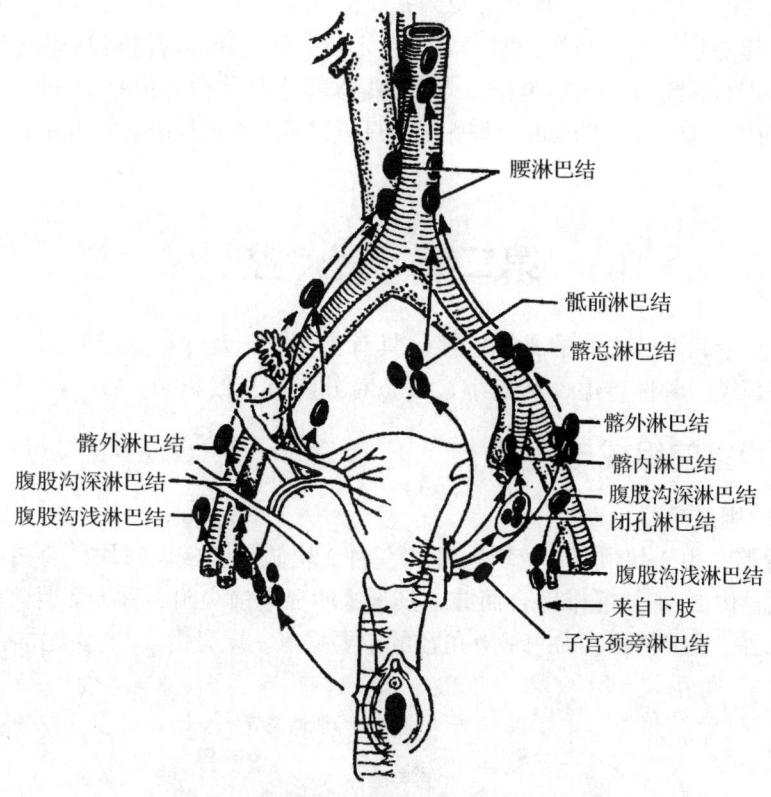

图 1-9 盆腔淋巴系统

（三）神经

女性外生殖器主要由阴部神经支配，含有感觉神经纤维和运动神经纤维，与阴部内动脉并行。内生殖器主要由交感神经和副交感神经所支配。子宫平滑肌有自主节律活动，完全切除其神经后仍有节律性收缩，并能完成分娩活动。临床上可见低位截瘫产妇仍能自然分娩。

四、邻近器官

女性生殖器官与尿道、膀胱、输尿管、直肠及阑尾相邻。由于位置相邻，且血管、神经及淋巴之间相互联系，因此，当女性生殖器官出现病变时，常会累及邻近器官，增加诊断与治疗上的难度。女性生殖器官发生与泌尿系统同源，故女性生殖器官发育异常时，也可能伴有泌尿系统的异常。

1. 尿道 位于阴道前方、耻骨联合后方，尿道为一肌性管道。起源于膀胱三角尖端，穿过尿生殖膈，终止于阴道前庭部的尿道外口。尿道长 4～5 cm，直径约 0.6 cm。由于女性尿道短而直，又与阴道相邻，故易引起泌尿系统感染。肛提肌及盆筋膜对尿道有支持作用，在腹压增加时提供抵抗而使尿道闭合，如发生损伤可出现张力性尿失禁。

2. 膀胱 排空的膀胱位于耻骨联合和子宫之间，为一囊性肌性器官，充盈时可越过耻骨联合凸向腹腔，影响子宫位置，故妇科检查及手术前应排空膀胱。膀胱底部与子宫颈及阴道前壁相连，其间组织疏松，盆底肌肉及其筋膜受损时，膀胱与尿道可随子宫颈及阴道前壁一并脱出。

3. 输尿管 起自肾盂，止于膀胱，为一对肌性圆索状管道，长约 30 cm，粗细不均。在腹膜后沿腰大肌前面偏中线侧下降，在髂外动脉起点的前方进入骨盆腔，继续下行达阔韧带底部，向前内方走行，其下段在距离子宫颈旁约 2 cm 处，在子宫动脉的下方与之交叉，之后进入膀胱。故妇产科手术时应高度警惕，以免损伤输尿管。

4. 直肠 位于盆腔后部，前为子宫及阴道，后为骶骨。上接乙状结肠，下接肛管，全长 15～20 cm。其周围有肛门内、外括约肌，妇科手术及分娩处理时应注意避免损伤肛管、直肠。

5. 阑尾 位于右髂窝内，长 7～9 cm。与右侧输卵管及卵巢位置相近。因此，妇女患阑尾炎时有可能累及子宫附件，应注意鉴别诊断。妊娠期阑尾位置可随妊娠月份增加而逐渐向外上方移位。

第二节 骨 盆

女性骨盆是躯干和下肢之间的骨性连接，具有支持躯干及保护盆腔脏器的重要作用，同时又是胎儿娩出时必经的骨性产道，其大小、形态对分娩有直接影响。

一、女性骨盆的组成与分界

（一）骨盆的组成

1. 骨盆的骨骼 由 1 块骶骨、1 块尾骨和左右 2 块髋骨组成。每块髋骨由髂骨、坐骨和耻骨融合而成。骶骨由 5～6 块骶椎融合而成，其上缘明显向前突出，称为骶骨岬，是妇科腹腔镜手术的重要标志之一及产科骨盆内测量对角径的重要据点。尾骨由 4～5 块尾椎合成（图 1-10）。

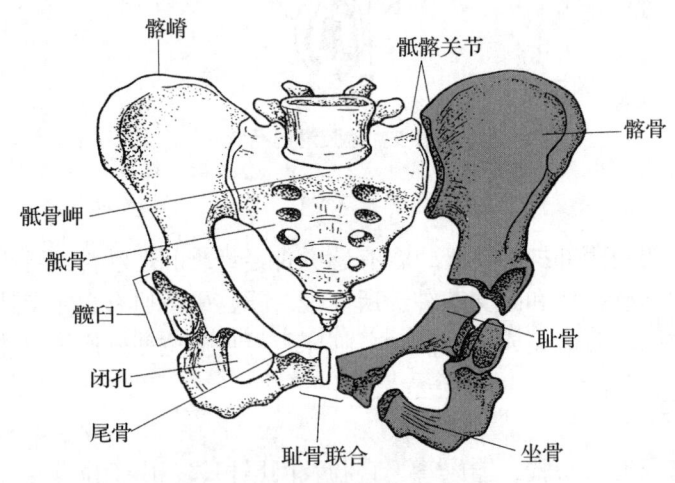

图 1-10 正常女性骨盆（前上观）

2. **骨盆的关节** 包括耻骨联合、骶髂关节、骶尾关节。在骨盆前方两耻骨之间由纤维软骨连接形成耻骨联合,妊娠期受激素影响变得松动,分娩过程中可出现轻度分离,有利于胎儿娩出。在骨盆后方,两髂骨和骶骨相连形成骶髂关节,骶骨与尾骨之间形成骶尾关节。骶尾关节有一定活动度,分娩时尾骨后移可加大出口前后径。

3. **骨盆的韧带** 骨盆各部之间的韧带中有2对重要的韧带,一对是骶、尾骨与坐骨结节之间的骶结节韧带;另一对是骶、尾骨与坐骨棘之间的骶棘韧带。妊娠期受激素影响,韧带较松弛,有利于分娩时胎儿通过骨产道。

(二)骨盆的分界

以耻骨联合上缘、两侧髂耻缘及骶骨岬上缘的连线为界,将骨盆分为假骨盆和真骨盆两部分。分界线以上是假骨盆,又称大骨盆,与分娩无直接关系,但假骨盆某些径线的长短可作为了解真骨盆大小的参考。分界线之下是真骨盆,也称小骨盆,是胎儿娩出的骨产道。真骨盆有上下两口,上口为骨盆入口,下口为骨盆出口,两口之间为骨盆腔。骨盆腔后壁是骶骨和尾骨,两侧为坐骨、坐骨棘和骶棘韧带,前壁为耻骨联合和耻骨降支。坐骨棘位于真骨盆中部,可经肛门检查或阴道检查触及。两坐骨棘连线的长度是衡量中骨盆横径的重要径线,同时坐骨棘又是分娩过程中衡量胎先露部下降程度的重要标志。两耻骨降支在耻骨联合下缘所形成的夹角为耻骨弓,女性耻骨弓角度一般为90°~100°。

二、骨盆各平面及径线

为便于了解分娩时胎儿先露部通过骨产道的过程,将骨盆腔分为三个假想平面。

1. **骨盆入口平面** 真、假骨盆的交界面,呈横椭圆形。前方为耻骨联合上缘,两侧为髂耻缘,后方为骶骨岬上缘,有4条径线(图1-11)。

(1)入口前后径:也称真结合径,为耻骨联合上缘中点至骶骨岬上缘中点的距离,正常值平均为11 cm。其长短与胎先露衔接关系密切。

(2)入口横径:左、右髂耻缘间最大的距离,正常值平均为13 cm。

(3)入口斜径:左、右各一。左骶髂关节至右侧髂耻隆突间的距离,为左斜径;右骶髂关节至左侧髂耻隆突间的距离,为右斜径;正常值平均为12.75 cm。

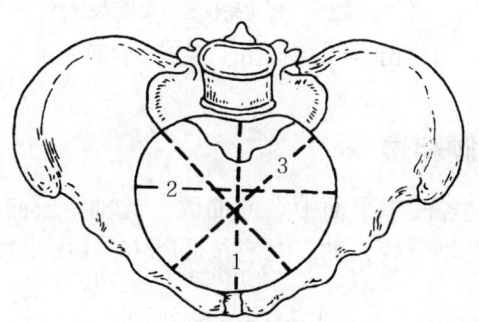

图1-11 骨盆入口平面
1. 前后径 11 cm　2. 横径 13 cm　3. 斜径 12.75 cm

2. **中骨盆平面** 为骨盆的最小平面,是骨盆腔最狭窄的部分,呈纵椭圆形。其前方为耻骨联合下缘,两侧为坐骨棘,后方为骶骨下端,有2条径线(图1-12)。

(1)中骨盆前后径:为耻骨联合下缘中点通过两侧坐骨棘连线中点至骶骨下端的距离,正常值平均为11.5 cm。

(2)中骨盆横径:即坐骨棘间径,是指两坐骨棘间的距离,正常值平均为10 cm,其长短与胎先露内旋关系密切。

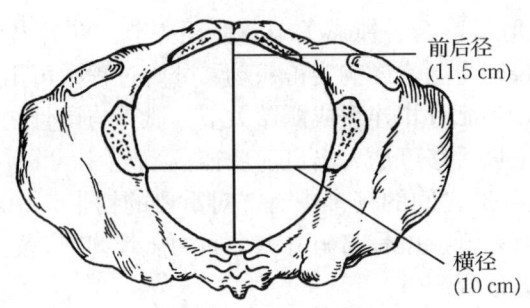

图 1-12 中骨盆平面

3. 骨盆出口平面 为骨盆腔下口，是不在同一平面的两个三角形。前三角平面顶端为耻骨联合下缘，两侧为左、右耻骨降支；后三角平面顶为骶尾关节，两侧为左、右骶结节韧带。其共同的底边为坐骨结节间径，有4条径线（图1-13）。

（1）出口前后径：耻骨联合下缘至骶尾关节间的距离，正常值平均为11.5 cm。

（2）出口横径：即坐骨结节间径。两坐骨结节末端内侧缘间的距离，正常值平均为9 cm，其长短与分娩关系密切。

（3）前矢状径：耻骨联合下缘中点至坐骨结节间径中点间的距离，正常值平均为6 cm。

（4）后矢状径：骶尾关节至坐骨结节间径中点的距离，正常值平均为8.5 cm。若出口横径较正常短，而出口后矢状径较长，两径之和＞15 cm，则正常大小的妊娠足月胎头可通过后三角区经阴道娩出。

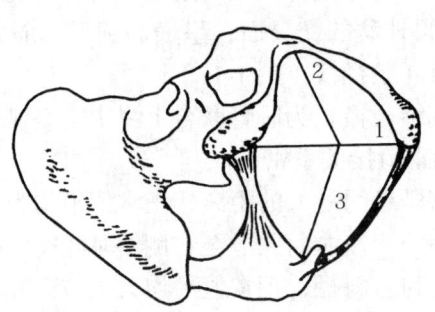

1.出口横径　2.前矢状径　3.后矢状径

图 1-13　骨盆出口平面（斜面）

三、骨盆轴与骨盆倾斜度

1. **骨盆轴** 为连接骨盆各假想平面中点的曲线。此轴上段向下向后，中段向下，下段向下向前（图1-14）。胎儿沿此轴分娩，助产时应按此轴方向协助胎儿娩出。

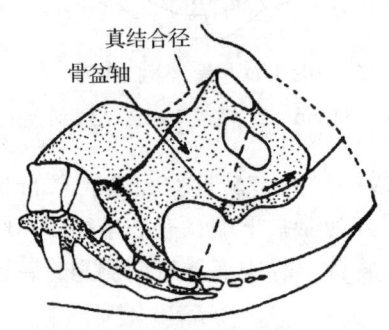

图 1-14　骨盆轴

2. 骨盆倾斜度 为妇女直立时骨盆入口平面与地平面所夹的角度，一般为60°（图1-15）。倾斜度过大常影响胎头衔接。

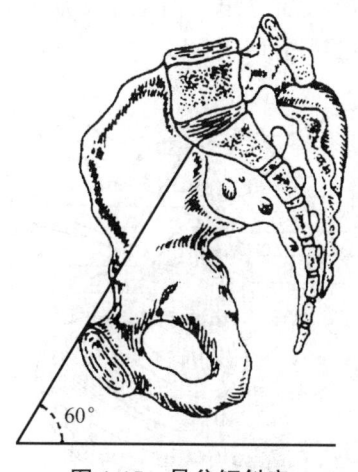

图1-15 骨盆倾斜度

第三节 骨盆底

骨盆底由多层肌肉和筋膜构成，封闭骨盆出口，承托并保持盆腔脏器于正常位置，与分娩关系密切。若骨盆底结构和功能出现异常，可导致盆腔脏器膨出、脱垂或引起功能障碍。分娩可以不同程度地损伤骨盆底组织或影响其功能。骨盆底前方为耻骨联合和耻骨弓，后方为尾骨尖，两侧为耻骨降支、坐骨升支和坐骨结节，由外向内分为3层。

一、外层

外层位于外生殖器、会阴皮肤及皮下组织的下面，由会阴浅筋膜及其深面的3对肌肉（球海绵体肌、坐骨海绵体肌、会阴浅横肌）及一括约肌（肛门外括约肌）组成。该层肌肉的肌腱汇合于阴道外口与肛门之间，形成会阴中心腱（图1-16）。

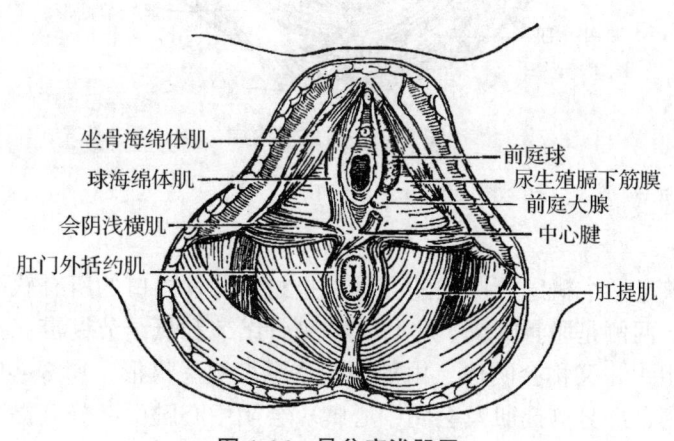

图1-16 骨盆底浅肌层

二、中层

中层即尿生殖膈，位于骨盆出口前三角，由上下 2 层坚韧的筋膜及其间 1 对尿道括约肌、会阴深横肌组成。尿道和阴道从此穿过（图 1-17）。

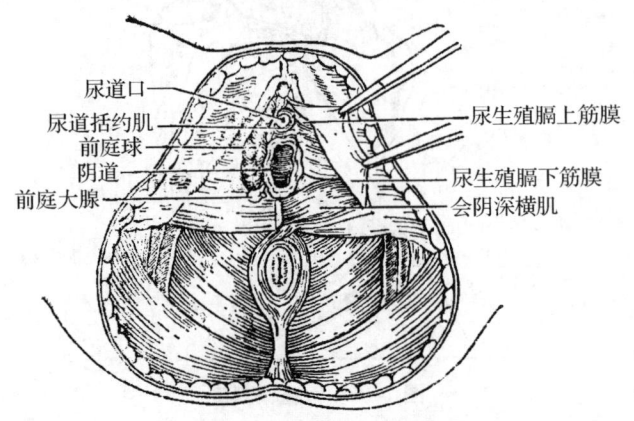

图 1-17　骨盆底中层及筋膜

三、内层

内层即盆膈，为骨盆底最里面最坚韧的一层，由肛提肌及其筋膜组成，自前向后有尿道、阴道及直肠穿过。肛提肌是位于骨盆底的 3 对扁肌，每侧肛提肌自前内向后外由耻尾肌、髂尾肌、坐尾肌组成，左右对称，向下向内形成漏斗状，构成骨盆底的大部分。肛提肌起最重要的支托作用（图 1-18）。

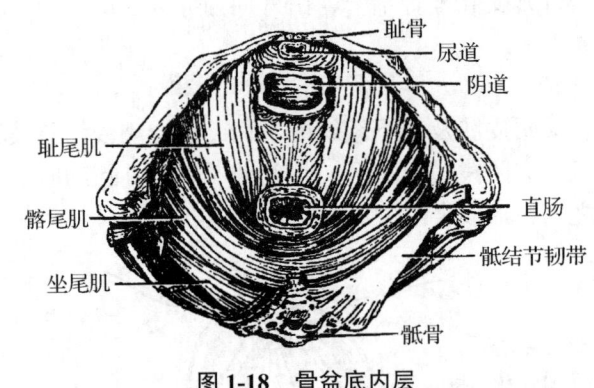

图 1-18　骨盆底内层

四、会阴

会阴有广义与狭义两个概念。广义的会阴是指封闭骨盆出口的所有软组织；前至耻骨联合下缘，后至尾骨尖，两侧是耻骨降支、坐骨支、坐骨结节和骶结节韧带。狭义的会阴是指阴道口与肛门之间的软组织，又称会阴体，由外向内逐渐变窄呈楔形，厚 3~4 cm，由表及里为皮肤、皮下脂肪、筋膜、部分肛提肌及会阴中心腱。会阴中心腱由部分肛提肌及其筋膜和会阴浅横肌、会阴深横肌、球海绵体肌及肛门外括约肌的肌腱共同交织而成。会阴伸展性很大，妊娠后期会阴组织变软，有利于分娩。分娩时须注意保护，以免发生撕裂伤。

（蒋　娜）

一、案例分析

李女士,29岁,结婚1年,未孕,到产科门诊咨询,想了解女性生殖系统的骨盆结构等相关知识,以便为顺利分娩一个健康宝宝做准备。

讨论分析:

你应该对李女士做哪些方面知识的宣传教育?

二、问答题

1. 简述女性外生殖器的组成。
2. 简述子宫的功能。
3. 简述女性骨盆的结构。

第二章 女性生殖系统生理

本章思维导图

- 女性生殖系统生理
  - 妇女一生各阶段的生理特点
    - 胎儿期
    - 新生儿期：出生后4周内
      - 乳房稍肿大等生理现象
    - 儿童期：出生后4周至12岁左右
    - 青春期：WHO规定为10～19岁
      - 生殖器官发育
      - 第二性征出现
      - 生长加速
      - 月经初潮：青春期的重要标志
      - 心理变化
    - 性成熟期：从18岁开始，持续30年左右
    - 围绝经期：从卵巢功能开始衰退到最后一次月经
      - 雌激素水平降低
      - 绝经综合征
    - 绝经后期：绝经后的生命时期
  - 月经及其临床表现
    - 定义
    - 特征：暗红色；不凝固
    - 临床表现
      - 周期：21～35日，平均28日
      - 经期：2～8日，平均4～6日
      - 经量：20～60ml；超过80ml为月经过多
      - 伴随症状：一般无特殊不适
  - 卵巢的功能及其周期性变化
    - 卵巢的功能
      - 生殖功能：产生卵子并排卵
      - 内分泌功能：分泌性激素（雌激素、孕激素、雄激素）
    - 卵巢的周期性变化
      - 生殖功能及其周期性变化
        - 卵泡的发育成熟及排卵
          - 排卵多发生在下次月经来潮前的14日左右
        - 黄体的形成及退化
          - 排卵后7～8日达高峰
          - 排卵后9～10日黄体开始退化
          - 功能仅限于14日

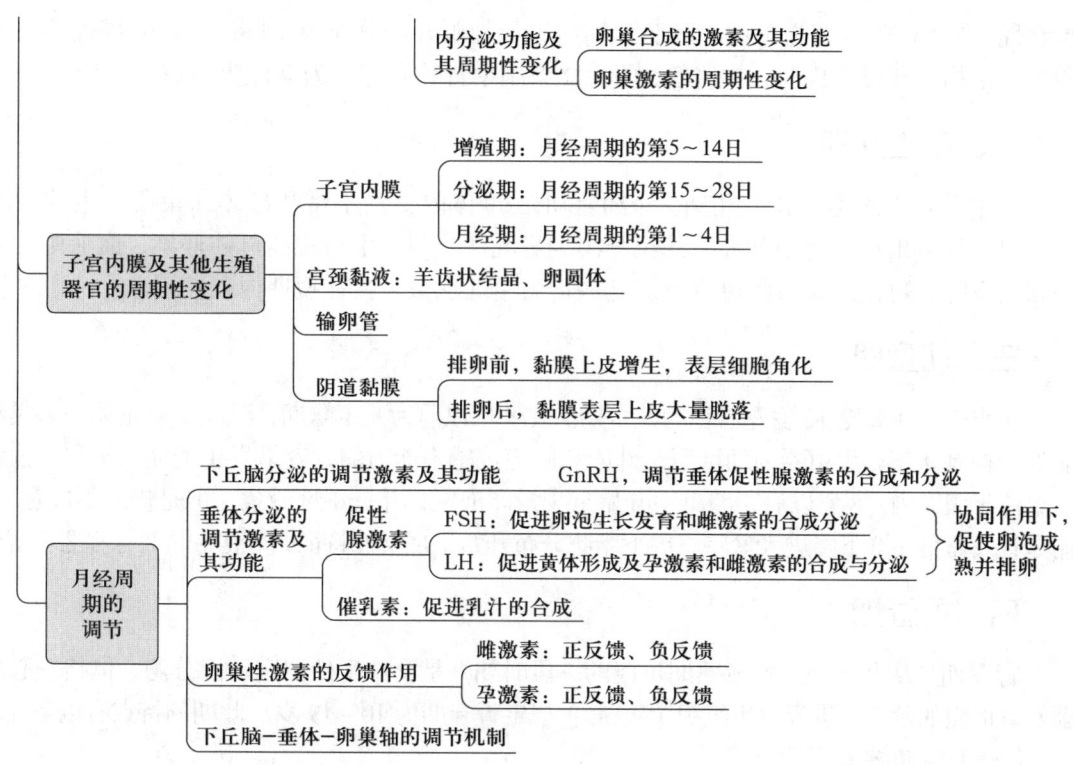

 学习目标

通过本章内容的学习，学生应能够：

识记：
1. 复述月经、月经周期的定义。
2. 描述月经的临床表现。

理解：
1. 解释子宫内膜的周期性变化特点。
2. 总结卵巢的功能及其周期性变化。
3. 比较雌激素与孕激素的生理作用。

运用：
1. 根据月经的临床表现提出月经期的健康问题。
2. 运用女性生殖系统生理知识指导育龄期妇女计算排卵期。
3. 了解女性一生各阶段的生理特点，关爱女性，促进生殖健康。

第一节　妇女一生各阶段的生理特点

女性的一生是一个渐进的生理过程，根据年龄和生理特点，可分成7个阶段，分别是：胎儿期、新生儿期、儿童期、青春期、性成熟期、围绝经期及绝经后期。这7个阶段并没有截然的分界线，受遗传、环境、营养等因素影响而有个体差异。

一、胎儿期

受精卵是由来源于父系和母系的23对（46条）染色体组成的新个体，其中有1对染色体在性发育中起决定作用，称为性染色体。性染色体 X 与 Y 决定胎儿的性别，即 XX 合子发育为女性，XY合子发育为男性。胚胎6周后原始性腺开始分化，至胚胎8~10周性腺组织出现卵巢的结构。卵巢形成后，中肾管退化，2条副中肾管发育成为女性生殖道。

二、新生儿期

出生后4周内称为新生儿期。女性胎儿在母体内受到胎盘和母体卵巢所产生的性激素影响，出生后可出现乳房稍肿大，甚至分泌少量乳汁。因出生后脱离母体环境，血液中性激素水平骤然下降，可出现少量阴道流血。这些均为生理现象，会在短期内自然消退。

三、儿童期

从出生后4周至12岁左右称为儿童期。在8岁以前为儿童早期，下丘脑-垂体-卵巢轴的功能处于抑制状态。生殖器为幼稚型，外阴和阴道抗感染能力弱，容易发生炎症；子宫、输卵管及卵巢位于腹腔内。8岁以后，卵巢中开始有少量卵泡发育并分泌性激素，但是仍然不成熟。子宫、输卵管及卵巢逐渐下降进入盆腔。皮下脂肪分布开始呈现女性特征，乳房和内外生殖器开始发育。

四、青春期

青春期是从儿童期到性成熟期过渡的一段时期，是女性生殖器官、内分泌、体格、心理等逐渐发育成熟的阶段。世界卫生组织（WHO）规定青春期为10~19岁。此期的特点有以下几方面。

（一）生殖器官发育

在促性腺激素作用下，卵巢增大，卵泡开始发育成熟并分泌雌激素。在雌激素作用下，内外生殖器不断发育，生殖器官由幼稚型转变为成人型。阴阜隆起；大、小阴唇变肥厚，有色素沉着；阴道增宽变长，阴道黏膜增厚并出现皱襞；子宫增大，宫体和宫颈比例变为2∶1；输卵管增粗，弯曲度变小，黏膜出现许多皱襞和纤毛；卵巢增大，皮质内出现不同发育阶段的卵泡。此时虽已初步具有生育能力，但整个生殖系统的功能仍未完善。

（二）第二性征出现

声调变高、乳房发育、出现阴毛及腋毛、骨盆变宽大，胸、肩部皮下脂肪增多等。其中，乳房发育是女性第二性征的最初特征。

（三）生长加速

11~12岁青春期少女体格生长迅速，身高平均每年增长9 cm，是生长发育的第二个高峰，月经初潮后生长速度减慢。

（四）月经初潮

女性第一次月经来潮称为月经初潮，是青春期的重要标志。月经来潮提示卵巢产生的雌激素已经能够引起子宫内膜变化而产生月经，但此时中枢对雌激素的正反馈机制尚未成熟，卵巢功能也不健全，所以月经周期往往不规律。

（五）心理变化

青春期女性判断力和想象力明显增强，心理也发生较大变化，性意识增强，关注自我形象，情绪容易波动，身心发展处在一种非平衡状态，容易出现心理矛盾。

五、性成熟期

性成熟期又称生育期，从18岁左右开始，持续30年左右。性成熟期是卵巢功能最旺盛的时期，卵巢周期性排卵并分泌性激素，生殖器官及乳房在卵巢作用下发生周期性变化。

六、围绝经期

围绝经期指从开始出现绝经趋势直至最后一次月经的时期，可始于40岁，历时短至1~2年，长至10~20年。此阶段卵巢功能逐渐衰退,卵泡数目明显减少,卵泡发育不全,不能排卵,多数妇女月经不规则,常为无排卵性月经。最终卵巢功能衰竭,月经永久性停止,称为绝经。我国妇女平均绝经年龄为49.5岁,80%在44~54岁。1994年WHO采用"围绝经期"取代"更年期",用来定义从卵巢功能开始衰退至绝经后1年内的时期。在围绝经期内,由于卵巢功能逐渐衰退,雌激素水平降低,可出现潮热、出汗、抑郁、烦躁、失眠等症状,称为绝经综合征。

七、绝经后期

绝经后期指绝经后的生命时期。此阶段的早期,虽然卵巢停止分泌雌激素,但是卵巢间质仍能分泌少量雄激素,雄激素在外周能转化为雌酮,维持在较低水平。一般女性从60岁以后进入老年期,卵巢功能完全衰竭,低下的雌激素水平不能维持女性第二性征,生殖器官萎缩,易患萎缩性阴道炎;骨代谢失常可引起骨质疏松,容易发生骨折。

第二节 月经及其临床表现

> **导学案例 2-1**
>
> 赵女士,45岁,因"月经紊乱半年"就诊。近半年来患者月经周期、经期、经量均不规律。患者现已停经45天,伴有潮热、心悸、烦躁、易怒。患者既往身体健康,月经史:$13\dfrac{5\sim7}{30\sim35}$,经量适中,无血块,无痛经,$G_2P_1$,使用宫内节育器避孕5年。血压130/80 mmHg,尿HCG(-),心电图正常。
>
> 讨论分析:
> 1. 该女士既往月经是否正常?为什么?
> 2. 试分析赵女士出现上述症状的可能原因。

一、定义及特征

月经是伴随卵巢周期性变化而出现的子宫内膜周期性脱落及出血。月经初潮年龄一般在13~15岁,但可提早至11岁或推迟至16岁。月经初潮的年龄主要与遗传因素有关,但是营养、气候、环境等因素也起重要作用。

月经血除血液外,还有子宫内膜碎片、宫颈黏液及脱落的阴道上皮细胞。月经血呈暗红色,由于其中含有来自子宫内膜的大量纤维蛋白溶酶,溶解纤维蛋白,故通常月经血不凝固,只有出血量多时才出现血凝块。

二、临床表现

正常月经具有周期性,出血的第1日为一次月经周期的开始,两次月经第1日的间隔时间称为月经周期,一般为21~35日,平均28日。每次月经持续的时间称为经期,一般为2~8日,平均4~6日。每次月经的总失血量称为经量,正常为20~60 ml,超过80 ml为月经过多。月经期一般无特殊不适,但是由于盆腔充血及月经血中含有的前列腺素作用,部分女性会出现下腹及腰骶部坠胀或子宫收缩痛,并可出现恶心、呕吐、腹泻等胃肠道功能紊乱症状。少数女性可出现头痛、失眠、易怒等轻度神经系统不稳定症状。上述不适症状一般程度较轻,如果严重到影响女性日常工作和学习,则为病态。

第三节 卵巢的功能及其周期性变化

一、卵巢的功能

卵巢具有生殖和内分泌两方面功能，分别是产生卵子并排卵和分泌性激素。

二、卵巢的周期性变化

（一）卵巢的生殖功能及其周期性变化

从胚胎形成后，卵泡就开始自主发育和闭锁，其机制目前尚不清楚。出生时，卵巢内有 100 万～200 万个卵泡，至青春期只剩下 30～40 万个，但是，女性一生中仅有 400～500 个卵泡发育成熟并排卵，其余的卵泡则在发育到一定程度时通过细胞凋亡机制自行退化。从青春期开始，直至绝经前，卵巢在形态和功能上都会发生周期性变化。

1. 卵泡的发育成熟及排卵 每个月经周期有 3～11 个卵泡发育，经过募集、选择，一般只有一个优势卵泡可以完全成熟并排出卵子。随着卵泡的发育成熟，逐渐向卵巢表面移行并突出，卵泡所接触的卵巢表面细胞膜变薄，最后破裂，卵泡内的卵细胞和它周围的卵丘颗粒细胞一起被排出，即发生排卵。排卵多发生在下次月经来潮前的 14 日左右。卵子可由两侧卵巢轮流排出，也可由一侧卵巢连续排出。

2. 黄体的形成及退化 排卵以后，卵泡腔内压力下降，卵泡壁塌陷，形成黄体。排卵后 7～8 日，黄体的体积和功能达到高峰。如果排出的卵子未受精，排卵后 9～10 日黄体开始退化，功能逐渐衰退，最后周围结缔组织逐渐替代黄体细胞，组织纤维化，外观呈白色，称为白体。黄体的功能仅限于 14 日，黄体衰退后月经来潮，卵巢中又有新的卵泡发育，开始新的周期。正常黄体功能的建立需要理想的排卵前卵泡发育，特别是 FSH 的刺激以及一定水平的持续性 LH 维持。如果排出的卵子受精，则黄体在胚胎滋养细胞分泌的绒毛膜促性腺激素作用下增大，成为妊娠黄体，直至妊娠 3 个月末才退化，此时由胎盘接替黄体功能来维持妊娠。

（二）卵巢的内分泌功能及其周期性变化

1. 卵巢合成的激素及其功能 卵巢主要能合成雌激素和孕激素，另外还有少量的雄激素，均为甾体激素。卵泡膜细胞和颗粒细胞能分泌雌激素；黄体细胞分泌孕激素和少量雌激素；卵巢间质细胞和门细胞能分泌少量雄激素，女性雄激素主要来自肾上腺。雄激素能促进阴蒂、阴唇和阴阜的发育，促进阴毛、腋毛的生长，提高性欲。此外，雄激素还能促进蛋白质合成和肌肉生长，刺激骨髓中红细胞生成，性成熟前促进长骨生长和钙的沉积，性成熟后导致骨骺闭合。雄激素是合成雌激素的前体；雌激素和孕激素的主要生理作用有协同作用，也有拮抗作用（表 2-1）。

表 2-1 雌、孕激素的生理功能

作用		雌激素	孕激素
生殖系统	子宫内膜	促进其增生和修复	使增生期的子宫内膜转化为分泌期内膜
	子宫平滑肌	增加其对缩宫素的敏感性	降低其对缩宫素的敏感性
	宫颈黏液	分泌增加、变稀薄	分泌减少、变黏稠
	阴道上皮	促进阴道上皮增生角化，细胞内糖原增加	促进阴道上皮脱落
	输卵管	增强输卵管肌节律性收缩	抑制输卵管肌节律性收缩
乳腺		促进乳腺管增生，乳头、乳晕着色	促进乳腺腺泡发育

续表

作用	雌激素	孕激素
代谢	促进水、钠潴留,降低血液循环中胆固醇水平,维持和促进骨基质代谢	促进水、钠排泄
神经调节	通过对下丘脑、垂体的正反馈和负反馈调节,控制促性腺激素的分泌	参与对下丘脑、垂体的正反馈和负反馈调节。兴奋下丘脑体温调节中枢,使排卵后基础体温升高 0.3~0.5 ℃

2. 卵巢激素的周期性变化

（1）雌激素：卵泡发育早期，循环中的雌激素很少，之后雌激素分泌量随着卵泡发育而逐渐增加，并从月经第 7 日开始增加迅速，至排卵前达高峰。排卵后雌激素水平暂时下降。排卵后，随着黄体形成，黄体分泌的雌激素使循环中雌激素水平又逐渐上升，在排卵后 7~8 日黄体成熟时达到又一个高峰。此后，随着黄体萎缩，雌激素水平急剧下降，到月经来潮时达到最低水平。

（2）孕激素：卵泡期，孕激素分泌量极低。排卵后，随着黄体形成，孕激素水平逐渐增高，至排卵后 7~8 日黄体成熟时，分泌量达最高峰。此后，随着黄体萎缩，孕激素水平逐渐下降，到月经来潮时降到卵泡期水平。

第四节　子宫内膜及其他生殖器官的周期性变化

一、子宫内膜的周期性变化

卵巢的周期性变化使其他生殖器官也发生相应的周期性变化，尤其以子宫内膜的变化最为明显（图 2-1）。以一个正常月经周期 28 日为例，子宫内膜的周期性变化分为以下 3 个阶段。

（一）增殖期

月经周期的第 5~14 日。此阶段对应卵巢周期中的卵泡期，在雌激素的影响下，子宫内膜上皮、腺体、间质、血管增殖，子宫内膜厚度由 0.5 mm 增生至 3~5 mm。

（二）分泌期

月经周期的第 15~28 日。此阶段对应卵巢周期中的黄体期，在雌激素和孕激素的影响下，子宫内膜在增殖期的基础上继续增厚，腺体更增长弯曲，出现分泌现象，螺旋小动脉增生并弯曲，间质疏松、水肿。至分泌晚期，子宫内膜厚度达 10 mm，呈海绵状。

（三）月经期

月经周期的第 1~4 日。此时，雌激素和孕激素水平骤然降低，子宫内膜的螺旋小动脉开始节律性和阵发性收缩、痉挛，导致远端血管壁及组织缺血、坏死、剥脱，剥脱的内膜碎片与血液一起排出，表现为月经来潮。

二、宫颈黏液的周期性变化

宫颈腺细胞的分泌受雌、孕激素的影响，发生着周期性变化。月经干净后，体内雌激素水平降低，宫颈管分泌的黏液量很少。随着雌激素水平逐渐升高，宫颈黏液分泌量增多，到排卵期，宫颈黏液量多、稀薄、透明，拉丝度可达 10 cm 以上。此时宫颈黏液涂片检查可见羊齿植物叶状结晶。排卵后受孕激素影响，宫颈黏液分泌量逐渐减少，黏稠、混浊，拉丝度差，易断裂。宫颈黏液涂片检查结晶逐渐被排列成行的椭圆体取代（图 2-1）。

三、输卵管的周期性变化

输卵管的形态和功能随着雌、孕激素的周期性变化而发生变化。雌激素能促进输卵管黏膜上皮纤毛细胞生长、体积增大，使非纤毛细胞分泌增加，还能促进输卵管发育，输卵管肌层节律性收缩的振幅增大。孕激素能抑制输卵管黏膜上皮纤毛细胞的生长，非纤毛细胞分泌黏液减少，抑制输卵管节律性收缩的振幅。在雌、孕激素的协同作用下，受精卵才能在输卵管内正常运行。

四、阴道黏膜的周期性变化

阴道黏膜的周期性变化以阴道上段最明显。排卵前，受雌激素影响，阴道黏膜底层细胞增生，逐渐演变为中层与表层细胞，阴道上皮增厚；表层细胞角化，以排卵期最为明显。阴道黏膜上皮细胞内富含糖原，被阴道杆菌分解成为乳酸，使阴道保持一定的酸度，可以抑制致病菌的繁殖。排卵后，受孕激素影响，阴道黏膜表层细胞脱落。临床上可通过阴道脱落细胞检查，了解体内雌激素水平及有无排卵（图2-1）。

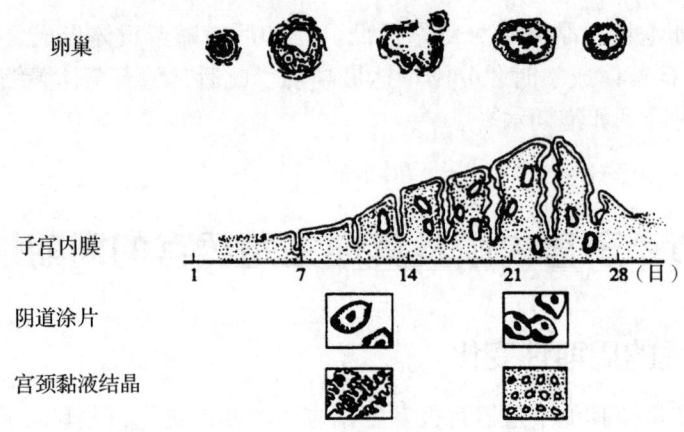

图 2-1　卵巢、子宫内膜、阴道涂片、宫颈黏液的周期性变化

第五节　月经周期的调节

月经是女性生殖系统周期性变化的重要标志。规律月经的建立标志着女性生殖功能成熟。月经周期主要受到下丘脑 – 垂体 – 卵巢轴（hypothalamic-pituitary-ovarian axis）的神经内分泌调节，而此轴又受中枢神经系统控制（图2-2），外界环境、精神因素等均可以影响月经周期。此外，HPO轴还受到甲状腺、肾上腺、胰腺的影响，当这些内分泌腺功能异常时，也会导致月经失调。

一、下丘脑分泌的调节激素及其功能

促性腺激素释放激素（gonadotropin-releasing hormone，GnRH）是下丘脑调节月经的主要激素。它主要调节垂体促性腺激素的合成和分泌。其分泌特征是脉冲式释放。

二、垂体分泌的调节激素及其功能

腺垂体分泌的直接与生殖调节有关的激素是促性腺激素和催乳素。

（一）促性腺激素

腺垂体分泌的促性腺激素分别是促卵泡激素（follicle-stimulating hormone，FSH）和黄体生成素（luteinizing hormone，LH）。两者均为糖蛋白激素。促卵泡激素能促进卵泡生长发育，

促进雌激素的合成和分泌。促卵泡激素在黄体生成素的协同作用下，促使卵泡成熟并排卵。另外，黄体生成素还能促进黄体形成并促进孕激素和雌激素的合成和分泌。

（二）催乳素

催乳素（prolactin，PRL）是由腺垂体的催乳细胞分泌的多肽激素，能促进乳汁的合成。

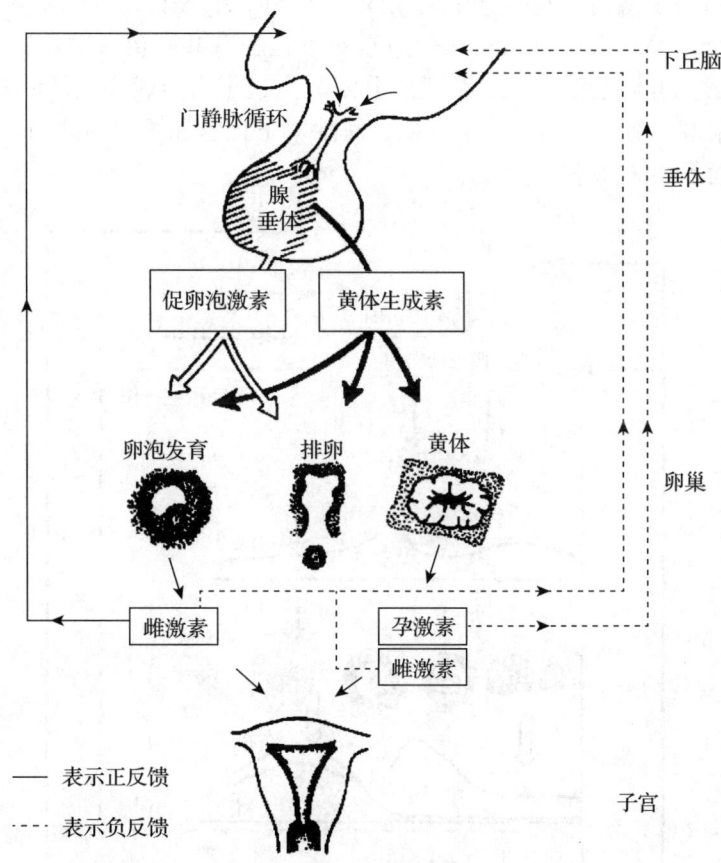

图 2-2　下丘脑 - 垂体 - 卵巢轴之间的相互关系示意图

三、卵巢性激素的反馈作用

（一）雌激素

雌激素对下丘脑产生负反馈和正反馈两种作用。在卵泡发育早期，一定水平的雌激素对下丘脑起负反馈作用，抑制 GnRH 的释放，并降低垂体对 GnRH 的反应性。随着卵泡发育成熟，当雌激素的分泌 ≥ 200 pg/ml 并维持 48 小时以上，雌激素对下丘脑和垂体即产生正反馈作用，促进形成 LH 和 FSH 分泌高峰。黄体期，雌激素与孕激素协同对下丘脑、垂体有负反馈作用，使 LH 和 FSH 分泌减少。

（二）孕激素

排卵前，低水平的孕激素可增强雌激素对下丘脑、垂体的正反馈作用。在黄体期，高水平的孕激素对下丘脑、垂体产生负反馈抑制作用。

四、下丘脑 - 垂体 - 卵巢轴的调节机制

月经周期中黄体萎缩后，雌、孕激素水平降至最低，对下丘脑和垂体的抑制解除，下丘脑分泌 GnRH。GnRH 作用于腺垂体，促进其分泌 FSH 和 LH，卵泡逐渐发育并分泌雌激素，子宫内膜在雌激素影响下呈增生期变化。随着雌激素逐渐增加，通过负反馈作用，抑制下丘脑分

泌 GnRH，垂体促性腺激素分泌减少。随着卵泡发育成熟，高水平的雌激素对下丘脑和垂体产生正反馈作用，促进其分泌大量 GnRH 及 LH、FSH，LH 和 FSH 分泌达高峰，两者协同作用，促使成熟卵泡排卵。

排卵后 LH 和 FSH 急剧下降，在少量 LH 的作用下，黄体形成并逐渐发育成熟。黄体分泌的孕激素使增生期的子宫内膜发生分泌期改变。排卵后 7~8 日，孕激素含量达到高峰，雌激素含量达到第二个高峰，大量雌激素和孕激素对下丘脑有共同负反馈作用，使 GnRH 和 LH、FSH 分泌减少，黄体开始萎缩，雌、孕激素分泌减少，子宫内膜失去性激素支持，发生坏死、脱落而出现月经来潮。雌、孕激素水平降低，解除对下丘脑和垂体的抑制，又开始一个新的月经周期。如此周而复始（图 2-3）。

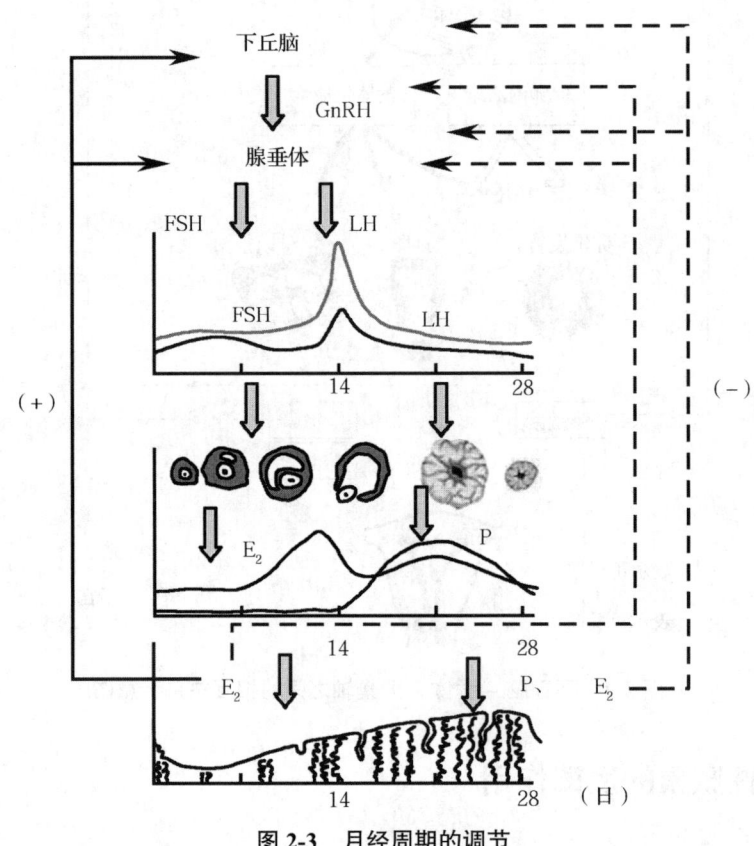

图 2-3 月经周期的调节

（欧春平）

一、案例分析

孙女士，28 岁，已婚未育，月经周期 30 日，经期 6~7 日，经量适中，无痛经。末次月经 9 月 1 日。张女士计划怀孕。

讨论分析：

1. 张女士月经是否正常？
2. 最近最可能怀孕的时间是哪一天？

3. 根据本章知识，总结判断排卵时间的方法。

二、问答题

1. 复述月经的临床表现。
2. 描述子宫内膜的周期性变化。

第三章 正常妊娠孕妇的护理

第三章
数字资源

思政之光

 本章思维导图

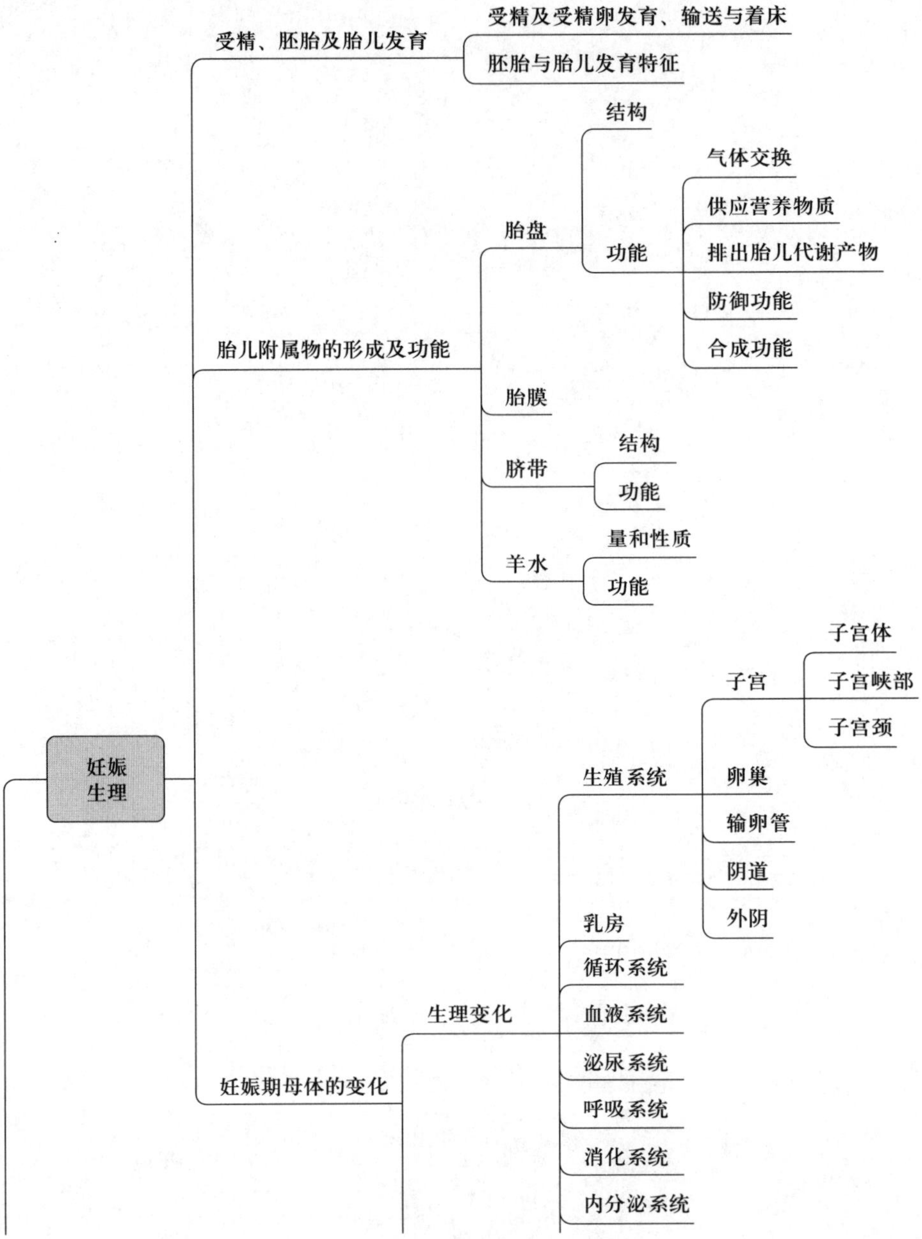

```
                           ┌── 受精、胚胎及胎儿发育 ──┬── 受精及受精卵发育、输送与着床
                           │                        └── 胚胎与胎儿发育特征
                           │                                      ┌── 结构
                           │                              ┌── 胎盘 ┤         ┌── 气体交换
                           │                              │        │         ├── 供应营养物质
                           │                              │        └── 功能 ─┼── 排出胎儿代谢产物
                           ├── 胎儿附属物的形成及功能 ──┤                   ├── 防御功能
                           │                              │                   └── 合成功能
                           │                              ├── 胎膜
                           │                              │        ┌── 结构
                           │                              ├── 脐带 ┤
                           │                              │        └── 功能
                           │                              │        ┌── 量和性质
妊娠                       │                              └── 羊水 ┤
生理 ──────────────────────┤                                       └── 功能
                           │                                                        ┌── 子宫体
                           │                                               ┌── 子宫 ┼── 子宫峡部
                           │                                               │        └── 子宫颈
                           │                              ┌── 生殖系统 ────┼── 卵巢
                           │                              │                ├── 输卵管
                           │                              │                ├── 阴道
                           │                              │                └── 外阴
                           │                              ├── 乳房
                           └── 妊娠期母体的变化 ──────────┤── 循环系统
                                                          ├── 生理变化 ── 血液系统
                                                          ├── 泌尿系统
                                                          ├── 呼吸系统
                                                          ├── 消化系统
                                                          └── 内分泌系统
```

第三章 正常妊娠孕妇的护理

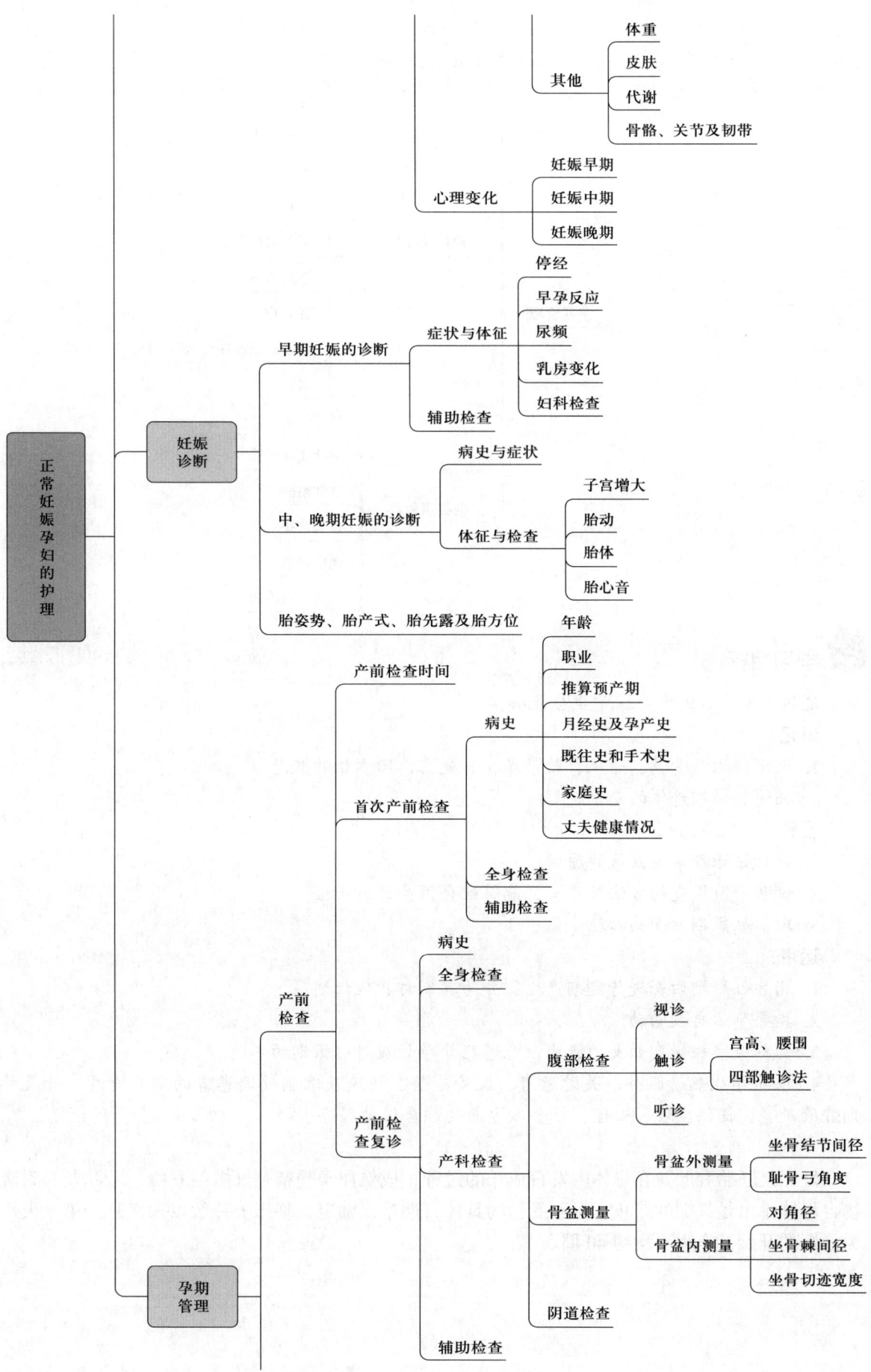

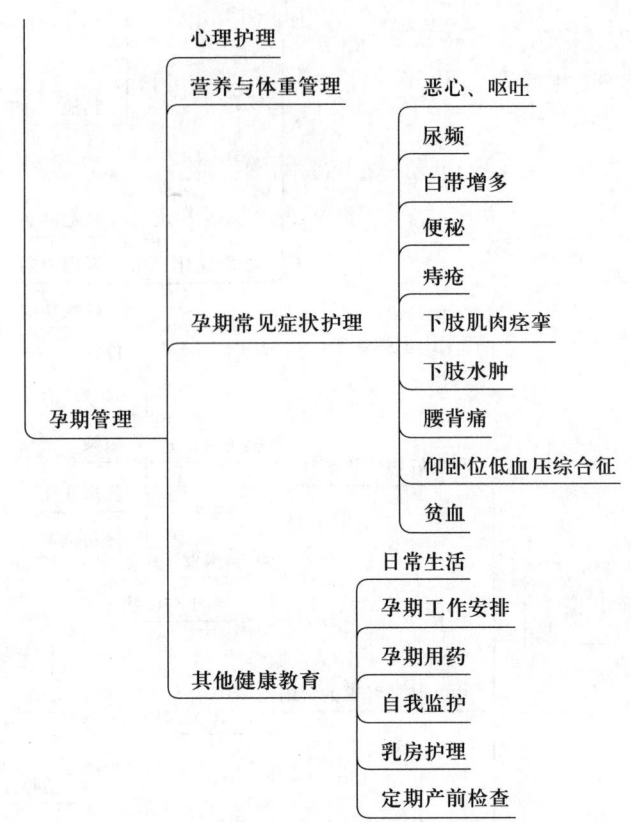

 学习目标

通过本章内容的学习，学生应能够：

识记：
1. 说出妊娠、受精、着床、胎产式、胎先露、胎方位的概念。
2. 描述妊娠期母体的变化。

理解：
1. 分析妊娠期常见症状的原因。
2. 说明产前检查的方法及意义，能够配合医生进行产检。
3. 理解妊娠期妇女的心理变化。

运用：
1. 指导妊娠期妇女进行定期产检，并为其制订护理计划。
2. 指导孕妇自数胎动。
3. 具备观察妊娠期妇女的能力，能够指导孕妇应对妊娠期的不适。
4. 培养学生热情服务、关爱患者、沉着冷静、快速及准确处理患者的职业素质。开展孕期健康教育，提供生理、心理、社会多方面的综合保健服务。

妊娠是胚胎和胎儿在母体内发育成长的过程，成熟卵子受精是妊娠的开始，胎儿及其附属物自母体排出是妊娠的终止。由于受精的具体日期难以确定，临床上一般以末次月经第一天作为妊娠的开始，全程平均约40周。

第一节 妊娠生理

一、受精、胚胎及胎儿发育

(一)受精及受精卵发育、输送与着床

成熟卵子从卵巢排出后,经输卵管伞部的"拾卵"作用进入输卵管,停留在输卵管壶腹部与峡部连接处等待。精液射入阴道后,精子从中游出,游过宫颈管、经子宫腔进入输卵管后,获得受精能力。精子和卵子相遇后,借助头部顶体外膜与精细胞顶端破裂释放出的顶体酶,穿过卵子外围的放射冠和透明带,与卵子表面接触并逐渐融合,形成受精卵。精子和卵子的结合过程称为受精,发生在排卵后12小时内,整个过程约24小时。受精卵的形成标志着新生命的诞生。

随着输卵管蠕动及输卵管内膜上皮纤毛的推动,受精卵向宫腔方向移动的同时,开始有丝分裂。约在受精后72小时,受精卵分裂为16个细胞组成的实心细胞团,称桑葚胚。受精后第4日早期胚泡进入宫腔,继续分裂发育形成晚期胚泡。受精后第6~7日开始,晚期胚泡逐渐侵入子宫内膜,称为着床或植入(图3-1)。着床于受精后第11~12日完成,部位一般在子宫体部,后壁多于前壁。

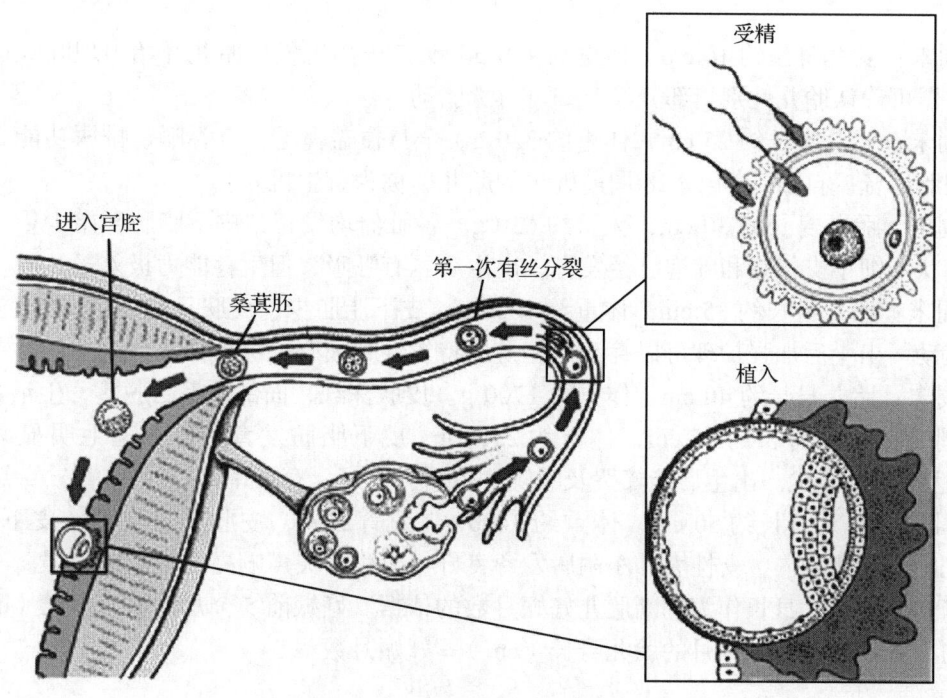

图 3-1 卵子受精与受精卵着床

受精卵着床后,子宫内膜同步迅速发生蜕膜样改变,致密层蜕膜样细胞增大变成蜕膜细胞,此时的子宫内膜称为蜕膜(图3-2)。按蜕膜与胚泡的部位关系,将蜕膜分为三部分:①底蜕膜,是与胚泡极滋养层接触的子宫肌层的蜕膜,以后发育成胎盘的母体部分。②包蜕膜,是覆盖在胚泡表面的蜕膜,随胚泡的发育逐渐凸向宫腔,在14~16周与真蜕膜相贴近并融合,子宫腔消失。③真蜕膜,指底蜕膜及包蜕膜以外覆盖于子宫腔其他部分的蜕膜(又称壁蜕膜)。

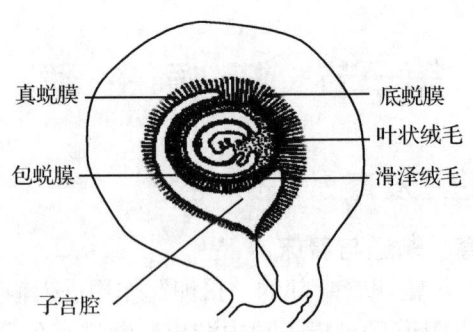

图 3-2 早期妊娠子宫蜕膜与绒毛的关系

（二）胚胎与胎儿发育特征

孕周从末次月经第一天开始计算，通常比受精时间提前 2 周。妊娠 10 周（受精后 8 周）内的人胚称为胚胎，为器官分化、形成的时期。从妊娠 11 周（受精第 9 周）起称为胎儿，是生长、成熟的时期。以 4 周（妊娠月）为孕龄单位，描述胚胎及胎儿的发育特征如下：

4 周末：可辨认胚盘与体蒂。

8 周末：胚胎初具人形，头大，约占整个胎体的一半，可分辨眼、耳、鼻、口、手指及足趾，各器官分化发育。超声显像可见早期心脏形成且有搏动。

12 周末：胎儿身长约 9 cm，体重约 14 g。外生殖器已发育，部分可辨性别。四肢可活动。

16 周末：胎儿身长约 16 cm，体重约 110 g。头皮长出毛发，胎儿开始出现呼吸运动。根据外生殖器可确认胎儿性别。部分经产妇可自觉胎动。

20 周末：胎儿身长约 25 cm，体重约 320 g。全身覆盖毳毛，有吞咽、排尿功能。用听诊器能听到胎心音。自 20 周至满 28 周前娩出的胎儿，称为有生机儿。

24 周末：胎儿身长约 30 cm，体重约 630 g。各脏器均发育，皮下脂肪开始少量沉积，皮肤呈皱缩状。细小支气管和肺泡已经发育，出生后可有呼吸，但生存能力极差。

28 周末：胎儿身长约 35 cm，体重约 1000 g。皮下脂肪少，皮肤呈粉红色，四肢活动好，有呼吸运动。出生后加强护理可以存活，但易患特发性呼吸窘迫综合征。

32 周末：胎儿身长约 40 cm，体重约 1700 g。皮肤深红，面部毳毛已脱落，生活力尚可。

36 周末：胎儿身长约 45 cm，体重约 2500 g。皮下脂肪发育良好，毳毛明显减少，指（趾）甲达指（趾）尖。出生后能啼哭及吸吮，生活力良好，存活率高。

40 周末：胎儿身长约 50 cm，体重约 3400 g。发育成熟，皮肤呈粉红色，皮下脂肪多。男性睾丸已降至阴囊内，女性大、小阴唇发育良好。出生后哭声响亮，吸吮能力强。

临床常用新生儿身长作为判断胎儿妊娠月数的依据。妊娠前 5 个月的胎儿身长（cm）= 妊娠月数的平方，妊娠后 5 个月的胎儿身长（cm）= 妊娠月数 × 5。

二、胎儿附属物的形成及功能

胎儿附属物包括胎盘、胎膜、脐带和羊水，对维持胎儿生命及生长发育有重要作用。

（一）胎盘

1. 结构 胎盘于妊娠 6～7 周开始形成，妊娠 12 周功能基本完善。妊娠足月时胎盘呈圆形或椭圆形盘状，重 450～650 g，直径 16～20 cm，厚 1～3 cm，中间厚，边缘薄。胎盘分胎儿面和母体面。胎儿面被覆羊膜，呈灰蓝色，脐带附着于中央或偏侧。母体面粗糙，呈暗红色，由 18～20 个胎盘小叶组成（图 3-3）。

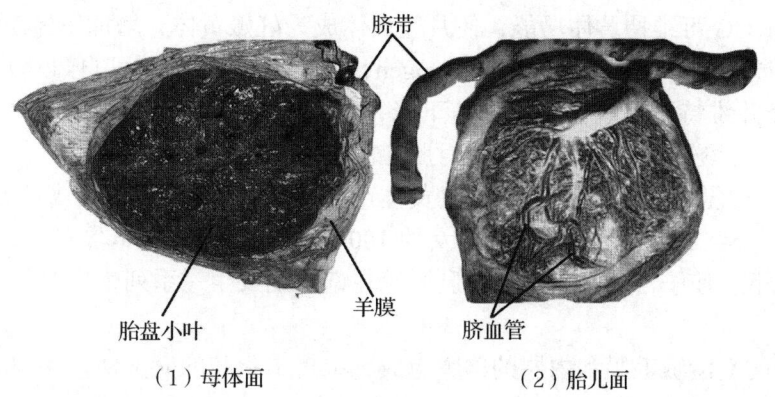

(1)母体面　　　　　　　　　(2)胎儿面

图 3-3　胎盘

胎盘由羊膜、叶状绒毛膜和底蜕膜构成（图 3-4）。

（1）羊膜：羊膜是胎盘的最内层，构成胎盘的胎儿部分，是光滑、无血管、神经或淋巴管的半透明薄膜。

（2）叶状绒毛膜：是与底蜕膜相接触、营养丰富且发育良好的绒毛，构成胎盘的胎儿部分，是胎盘的主要部分。

（3）底蜕膜：是胎盘附着部位的子宫内膜，构成胎盘的母体部分。

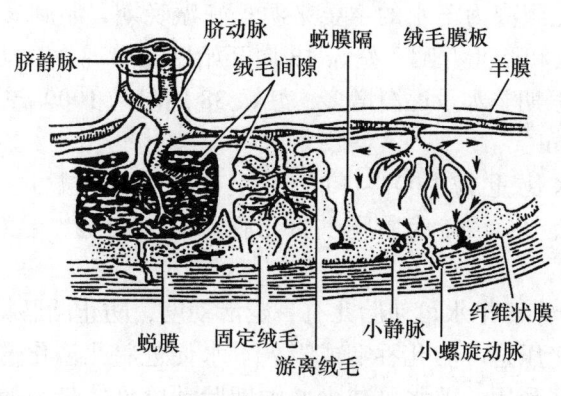

图 3-4　胎盘模式图

2. **功能**　胎盘的功能极其复杂，是维持胎儿生长发育的重要器官。

（1）气体交换（O_2 和 CO_2 的交换）：相当于呼吸系统的功能。在母儿间，O_2 和 CO_2 在胎盘中以简单扩散的方式交换。

（2）供应营养物质：相当于消化系统的功能。葡萄糖是胎儿代谢的主要能源，胎儿体内的葡萄糖来自母体，以易化扩散方式通过胎盘。氨基酸、钙、磷、铁、碘以主动运输方式通过胎盘。水、游离脂肪酸、钾、钠、镁、维生素以简单扩散方式通过胎盘。

（3）排出胎儿代谢产物：相当于泌尿系统的功能。胎儿的代谢产物（如尿素、尿酸、肌酐、肌酸等）经胎盘入母血，由母体排出体外。

（4）防御功能：母血中的免疫物质（如 IgG）可通过胎盘，使胎儿获得抗体并在出生后短时间内得到保护。胎盘有一定的屏障作用，但各种病毒（如风疹、流感、巨细胞病毒等）及大部分药物可通过胎盘影响胎儿，导致畸形甚至死亡。细菌、弓形虫、衣原体、支原体虽不能通过胎盘屏障，但可在胎盘部位先形成病灶，破坏绒毛结构后进入胎体引起感染。

（5）合成功能：胎盘能合成多种激素和酶，以帮助维持妊娠。

1）人绒毛膜促性腺激素（human chorionic gonadotropin，HCG）：由合体滋养细胞分泌，受精卵着床后 1 日即可自母血中测出，妊娠 8~10 周血清 HCG 浓度达高峰，之后下降，于产后2周内消失。HCG可维持黄体功能，使月经黄体成为妊娠黄体，增加甾体激素的分泌。

2）人胎盘催乳素（human placental lactogen，HPL）：妊娠5周可自母体血中测出，妊娠39~40周达高峰并维持至分娩。产后迅速下降，产后7小时母血中测不到。HPL可促进乳腺腺泡发育，以备产后泌乳；亦可抑制母体对胎儿的排斥作用。

3）雌激素、孕激素：妊娠早期由卵巢黄体产生，妊娠10周后主要由胎儿-胎盘单位合成。至妊娠末期，雌二醇及雌酮为非孕妇女的100倍，雌三醇值为非孕妇女的1000倍。孕激素在雌激素协同下，使子宫内膜、肌层、乳腺等在妊娠期发生一系列生理变化。

（二）胎膜

胎膜由外层的平滑绒毛膜和内层的羊膜组成，维持羊膜腔的完整性，保护胎儿。

（三）脐带

脐带是连接胎儿和胎盘的条索状组织，一端连于胎儿腹壁的脐轮，另一端附着于胎盘的胎儿面。胚胎及胎儿借助脐带悬浮于羊水中。足月胎儿脐带长30~100 cm，平均约55 cm，直径0.8~2.0 cm，表面有羊膜覆盖，呈灰白色。脐带内有一条管腔较大、管壁较薄的脐静脉和两条管腔较小、管壁较厚的脐动脉。血管周围充以胶样胚胎结缔组织，称为华通氏胶，可保护脐血管。脐带是母体及胎儿气体交换、营养物质供应和代谢产物排出的重要通道。

（四）羊水

羊水是充满于羊膜腔的液体。妊娠早期，羊水主要来自母体血清经胎膜进入羊膜腔的透析液；妊娠中期以后，胎儿尿液为羊水的主要来源；妊娠晚期，胎肺参与羊水的生成。羊水的吸收方式主要是胎膜吸收和胎儿吞咽。妊娠18周开始胎儿出现吞咽动作，近足月时每日可吞咽50~700 ml羊水。妊娠期羊水量逐渐增多，妊娠38周时约1000 ml，此后羊水量逐渐减少。妊娠40周羊水量约800 ml。

妊娠足月时，羊水比重为1.007~1.025，呈中性或弱碱性，pH值约为7.20，含有98%~99%的水分，其余1%~2%为胎脂、胎儿脱落上皮细胞、毛发、毳毛、少量白细胞、白蛋白、激素和酶。

羊水可保护胎儿和母亲。羊水可使胎儿有一定活动度，防止胎肢粘连及胎体畸形，避免子宫肌壁或胎儿对脐带直接压迫。胎儿吞咽或吸入羊水促进胎儿消化道和肺的发育。临产宫缩时，羊水可避免胎儿局部受压。羊水可减少妊娠期胎动给母体带来的不适感。临产胎膜破裂后，羊水润滑和冲洗阴道，减少感染发生。

三、妊娠期母体的变化

为了适应胚胎和胎儿的生长发育需要，为产后哺乳做好准备，孕妇身体各系统可发生一系列变化。

（一）生理变化

1. 生殖系统

（1）子宫

1）子宫体：随妊娠进展，子宫体逐渐增大变软，足月时体积约为35 cm×22 cm×25 cm，容量约5000 ml，是非孕期的500~1000倍，重量约1100 g，增加近20倍。子宫增大主要是肌细胞肥大，细胞质内充满具收缩活性的肌动蛋白和肌球蛋白，为临产后子宫阵缩提供物质基础。子宫肌壁非孕时厚约1 cm，至妊娠中期逐渐增厚达2.0~2.5 cm，至妊娠末期逐渐变薄为1.0~1.5 cm或更薄。

妊娠早期，子宫略呈球形且不对称。妊娠12周后，增大子宫的逐渐超出盆腔，于耻骨联合上方可触及。妊娠晚期，由于乙状结肠占据在盆腔左侧，子宫多轻度右旋。

自妊娠早期开始，子宫可出现不规则无痛性收缩，特点为稀发、不规则和不对称。

子宫血管扩张、增粗，子宫血流量逐渐增加，足月时，血流量为450~650 ml/min，较非孕时增加4~6倍，其中80%~85%供应胎盘。

2）子宫峡部：位于子宫体与子宫颈之间最狭窄的组织结构。非孕时长约1 cm，随着妊娠进展，峡部逐渐变软、伸展拉长变薄，临产后伸展至7~10 cm，成为软产道的一部分，此时称为子宫下段。

3）子宫颈：妊娠早期宫颈充血、水肿，使子宫颈变软，呈紫蓝色。宫颈管内腺体肥大增生，宫颈黏液分泌增多，形成黏稠的黏液栓，可保护宫腔免受外来感染侵袭。

（2）卵巢：略增大，排卵和新卵泡发育均停止。妊娠6~7周至10周内，卵巢黄体分泌雌激素及孕激素以维持妊娠。

（3）输卵管：伸长，但肌层不增厚。黏膜有时呈蜕膜样改变。

（4）阴道：黏膜变软、水肿、充血，呈紫蓝色（Chadwick征）。阴道壁皱襞增多、伸展性增加。阴道脱落细胞及分泌物增多呈白色糊状。阴道上皮细胞糖原及乳酸含量增多，使阴道pH值降低，利于防止感染。

（5）外阴：充血，皮肤增厚，大、小阴唇色素沉着；大阴唇内血管增多及结缔组织松软，伸展性增加，利于分娩时胎儿通过。

2. 乳房　妊娠早期，乳房开始增大、充血，孕妇自觉乳房发胀或偶有触痛及针刺感。乳头增大变黑，易勃起。乳晕颜色加深，其外围的皮脂腺肥大形成散在的结节状小隆起，称蒙氏结节。

雌激素刺激乳腺管发育，孕激素刺激腺泡发育，垂体催乳激素、人胎盘催乳素等多种激素参与乳腺发育，为泌乳做准备。由于大量雌、孕激素抑制乳汁生成，因此妊娠期间并无乳汁分泌。在妊娠晚期，尤其是接近分娩时挤压乳房，可有少量淡黄色稀薄液体溢出，称为初乳。分娩后，雌、孕激素迅速下降，新生儿吸吮乳头，乳汁开始分泌。

3. 循环系统

（1）心脏：妊娠后期增大的子宫使得膈肌升高，心脏向左、上、前方移位，心尖搏动左移，心浊音界稍扩大。至妊娠末期，心脏容量约增加10%，休息时心率每分钟增加10~15次。因血流量增加、血流加速及心脏移位使大血管轻度扭曲，部分孕妇可闻及心尖区Ⅰ~Ⅱ级柔和吹风样收缩期杂音，产后逐渐消失。

（2）心排血量：心排血量增加可为子宫、胎盘、乳房提供足够的血液供应，是妊娠期循环系统最重要的改变。自妊娠10周起，心排血量逐渐增加，至妊娠32~34周时达高峰，持续至分娩。临产后，尤其是第二产程期间，心排血量显著增加。

（3）血压：妊娠晚期若孕妇长时间仰卧，增大的子宫压迫下腔静脉，使回心血量减少，心排出量减少，使得血压下降，称仰卧位低血压综合征。妊娠期下肢静脉压明显升高，易发生下肢水肿、外阴静脉曲张及痔，同时深静脉血栓的发生风险也增高。

4. 血液系统

（1）血容量于妊娠6~8周起开始增加，至妊娠32~34周时达高峰，增加40%~45%，平均增加约1450 ml，维持此水平直至分娩。其中血浆平均增加1000 ml，红细胞平均增加450 ml，血浆增加量多于红细胞增加量，出现血液稀释。

（2）红细胞：妊娠期骨髓造血增加，但由于血液稀释，红细胞计数约为3.6×10^{12}/L，血红蛋白值约为110 g/L（非孕时约为130 g/L），出现生理性贫血。

（3）白细胞：妊娠期白细胞计数轻度增加，为$(5~12) \times 10^9$/L，临产时白细胞计数显著增加，为$(14~16) \times 10^9$/L，主要为中性粒细胞增多。

（4）凝血因子：除凝血因子Ⅺ、ⅩⅢ降低外，凝血因子Ⅱ、Ⅴ、Ⅶ、Ⅷ、Ⅸ、Ⅹ均增加，使血液处于高凝状态。妊娠期妇女发生血栓性疾病的风险较非孕妇女增高5~6倍。

（5）血浆蛋白：由于血液稀释，血浆蛋白自妊娠早期开始降低，至妊娠中期为60～65 g/L，并维持该水平直至分娩。

5. 泌尿系统 肾血浆流量（renal plasm flow，RPF）及肾小球滤过率（glomerular filtration，GFR）于妊娠早期开始增加，并维持高水平。孕妇仰卧位时尿量增加，故夜尿量多于日尿量。由于GFR增加，而肾小管对葡萄糖的重吸收能力不能相应增强，约15%孕妇餐后出现生理性糖尿。肾盂及输尿管自妊娠中期增粗及蠕动减弱，且右侧输尿管受右旋增大的子宫压迫，使尿流缓慢甚至逆流，因此孕妇易患右侧急性肾盂肾炎。

6. 呼吸系统 妊娠中期，孕妇耗氧量增加10%～20%，肺通气量约增加40%，过度通气有利于满足孕妇及胎儿所需的氧。孕妇呼吸次数变化不大，但呼吸深大。上呼吸道（鼻、咽、气管）黏膜增厚，轻度充血、水肿，易发生上呼吸道感染。

7. 消化系统 受雌激素的影响，齿龈充血、水肿、增厚，刷牙时易出血。妊娠中晚期，由于胃部受压及贲门括约肌松弛，胃内酸性内容物反流至食管下部产生胃灼热。因肠蠕动减弱，粪便在肠道内停留的时间延长，加之增大子宫对肠道下段压迫，易出现便秘。因胆囊排空时间延长，胆道平滑肌松弛，胆汁稍黏稠使胆汁淤积，易诱发胆囊炎及胆石症。

8. 内分泌系统 腺垂体增大，嗜酸性粒细胞肥大、增多，形成"妊娠细胞"。由于大量雌、孕激素对下丘脑及腺垂体具有负反馈作用，促性腺激素分泌减少，故孕期无卵泡发育成熟，也无排卵。催乳素随妊娠进展而增加，至足月分娩前达高峰，为非妊娠期的10倍，促进乳腺发育。甲状腺中度增大，但血清中游离甲状腺激素并未增多，孕妇通常无甲状腺功能亢进症表现。

9. 其他

（1）体重：妊娠12周前无明显变化，以后平均每周增加约350 g，如果每周增加超过500 g，要警惕隐性水肿。

（2）皮肤：由于腺垂体分泌促黑素细胞激素增加，使黑色素增加，孕妇面颊、乳头、乳晕、腹白线、外阴等处色素沉着。随着子宫逐渐增大，腹壁皮肤弹力纤维断裂，呈现紫色或淡红色不规律平行的条纹，称妊娠纹。陈旧的妊娠纹呈银色光亮，见于经产妇。

（3）代谢：由于胎盘产生能降解胰岛素的酶，使孕妇胰岛素分泌相对不足，引起空腹血糖低于非孕期，餐后高血糖和高胰岛素血症，有利于胎儿葡萄糖供给，但亦可致妊娠糖尿病的发生。血脂较孕前高，脂肪易积存。孕妇对蛋白质的需求量明显增高，若蛋白质储备不足，可出现水肿。

（4）骨骼、关节及韧带：妊娠期骨质一般无改变，在妊娠次数过多、间隔时间过短又不注意补充维生素D及钙时，可出现骨质疏松。胎盘分泌的松弛素可使关节活动度增加、骨盆韧带松弛。

（二）心理变化

妊娠期是妇女一生中极其重要的阶段，在计划妊娠和意外妊娠中，孕妇及家庭成员的心理状况会有不同。在漫长的40周里，由于生理状态的各种变化，孕妇的心理变化也将随之而来。细致地了解这些变化有利于帮助孕妇顺利度过妊娠期。

1. 妊娠早期 获知妊娠时，孕妇往往出现惊讶和震惊的反应，计划妊娠的孕妇一方面非常欣喜，一方面充满不确定感；而意外妊娠的妇女最初反应往往是"否认"，或因与工作和学习冲突，或因缺乏抚养孩子的知识与技能等而出现矛盾心理。随着孕期体内激素的变化，妊娠引起早孕反应等各种不适，孕妇可能出现情绪波动。

2. 妊娠中期 随着妊娠进展，增大的腹部使孕妇逐渐接受怀孕的事实，尤其是胎动出现后，孕妇真正感受到"孩子"的存在，更加关注胎儿，并出现"筑巢反应"，计划为孩子购买用品，给孩子取名，温柔地跟胎儿对话。听到多普勒检查时胎心的声音，在四维彩色超声中看到胎儿的面孔可增进孕妇和胎儿的交流。

3. 妊娠晚期 由于孕晚期的行动不便以及出现腰背痛等不适症状，多数孕妇迫切盼望分娩。随着预产期的临近，孕妇一方面因孩子将要出生而感到期待，又对即将到来的分娩感到焦虑：担心分娩方式的选择、能否顺利分娩、胎儿是否健康、分娩后是否能够胜任母亲的角色等；也有些孕妇担心孩子的性别能否被家人接受。

在妊娠期，帮助孕妇获得良好的心理适应有助于建立产后亲子关系及完善母亲角色。美国妇产科护理专家鲁宾（Rubin）认为，妊娠期孕妇为接受新生命的诞生，维持个人及家庭功能的完整，必须完成4项心理发展任务：①确保自己及胎儿能安全顺利地度过整个孕产期。②促使家庭重要成员接受新生儿，在此过程中，丈夫是关键人物，应获得丈夫的接受和支持。③学习对孩子的奉献，学会给予，延迟自己的需要以满足胎儿的需要。④情绪上与胎儿连成一体。

第二节 妊娠诊断

妊娠期从末次月经的第一日开始至第13周末称为早期妊娠；第14周开始至第27周末称为中期妊娠；第28周及其后称为晚期妊娠。

一、早期妊娠的诊断

（一）症状与体征

1. **停经** 育龄期有性生活史的健康妇女，平时月经周期有规律，一旦月经过期，应考虑可能妊娠。停经10日以上，高度怀疑妊娠。停经8周以上，妊娠的可能性更大。停经是妊娠最早的症状，但不是特有症状，精神、环境、疾病也可引起停经，应予以鉴别。

2. **早孕反应** 约半数妇女在停经6周左右出现乏力、嗜睡、头晕、食欲缺乏、厌恶油腻、恶心、晨起呕吐等症状，称早孕反应。多于停经12周左右自然消失。早孕反应持续时间和程度因人而异。

3. **尿频** 妊娠早期，因前倾增大的子宫在盆腔内压迫膀胱引起。约至12周，子宫增大超出盆腔，尿频症状自然消失。

4. **乳房变化** 孕妇自觉乳房轻度胀痛，乳房体积逐渐增大，乳头、乳晕着色加深，乳晕周围出现深褐色蒙氏结节。正在哺乳的妇女妊娠后乳汁明显减少。

5. **妇科检查** 阴道黏膜及子宫颈阴道部充血呈紫蓝色。妊娠6~8周时，双合诊检查子宫峡部极软，子宫体与子宫颈似不相连，称黑加征。

（二）辅助检查

1. **妊娠试验** 受精卵着床后不久，即可用放射免疫法测出血中HCG增高。临床上多用早早孕试纸法检测受检者尿液，结果阳性可以协助诊断妊娠。

2. **超声检查** 妊娠早期超声检查可以确定宫内妊娠及胚芽是否存活，排除异位妊娠、滋养细胞疾病，以及估计孕龄等。超声检查是诊断妊娠快速、准确的方法。停经5周时，可见增大的子宫轮廓中有圆形或椭圆形妊娠囊；妊娠6周在囊内见到胚芽和原始心管搏动，可确诊为宫内妊娠、活胎。

二、中、晚期妊娠的诊断

（一）病史与症状

孕妇有早期妊娠的经过，腹部逐渐增大，自觉有胎动，可扪及胎体。

（二）体征与检查

1. **子宫增大** 腹部检查可见增大的子宫，用手测子宫底高度或用尺测耻骨联合上子宫长度（表3-1），可以估计胎儿大小与孕周是否相符（图3-5）。

表 3-1　不同妊娠周数的子宫底高度及子宫长度

妊娠周数	手测子宫底高度	尺测子宫长度（cm）
12周末	耻骨联合上 2~3 横指	
16周末	脐与耻骨联合之间	
20周末	脐下 1 横指	18（15.3~21.4）
24周末	脐上 1 横指	24（22.0~25.1）
28周末	脐上 3 横指	26（22.4~29.0）
32周末	脐与剑突之间	29（25.3~32.0）
36周末	剑突下 2 横指	32（29.8~34.5）
40周末	脐与剑突之间或略高	33（30.0~35.3）

2. **胎动**　孕妇于妊娠 18~20 周（经产妇略早些）开始自觉有胎动，胎动随妊娠进展而逐渐增强，至妊娠 32~34 周达高峰，38 周后逐渐减少。

3. **胎体**　妊娠 20 周后，经腹壁可触及子宫内的胎体。妊娠 24 周后，通过四部触诊法可区分胎头、胎臀、胎背和胎儿肢体，了解胎儿在宫内的位置。

4. **胎心音**　听到胎心音可确诊为妊娠且为活胎。妊娠 18~20 周后用一般听诊器经孕妇腹壁可听到胎心音。胎心音呈双音，如钟表的"滴答"声，正常每分钟 110~160 次。胎心音须与子宫杂音、腹主动脉音及脐带杂音相鉴别。

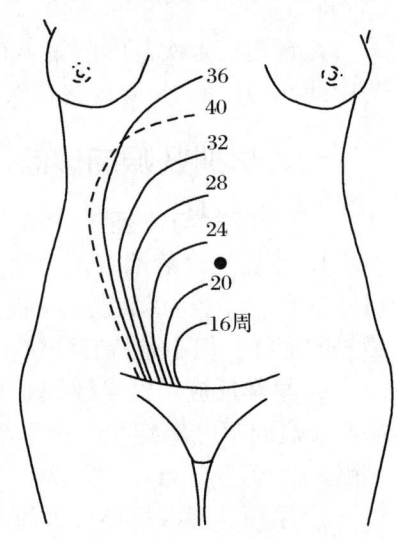

图 3-5　妊娠周数与宫底高度

三、胎姿势、胎产式、胎先露及胎方位

妊娠 28 周前胎儿较小，羊水相对较多，胎儿在宫内的姿势和位置不固定。妊娠 32 周后，其姿势和位置相对恒定。

1. **胎姿势**　指胎儿在子宫内的姿势。正常为胎头俯屈，颌部贴近胸部，脊柱略向前弯，四肢屈曲交叉于胸腹前。整个胎儿呈头端小、臀端大的椭圆形。

2. **胎产式**　是指胎体纵轴与母体纵轴的关系。两纵轴平行者称纵产式，占足月妊娠分娩总数的 99.75%；两纵轴垂直者称横产式，占足月妊娠分娩总数的 0.25%；两纵轴交叉者称斜产式，是暂时的，在分娩过程中多转为纵产式，偶尔转为横产式（图 3-6）。

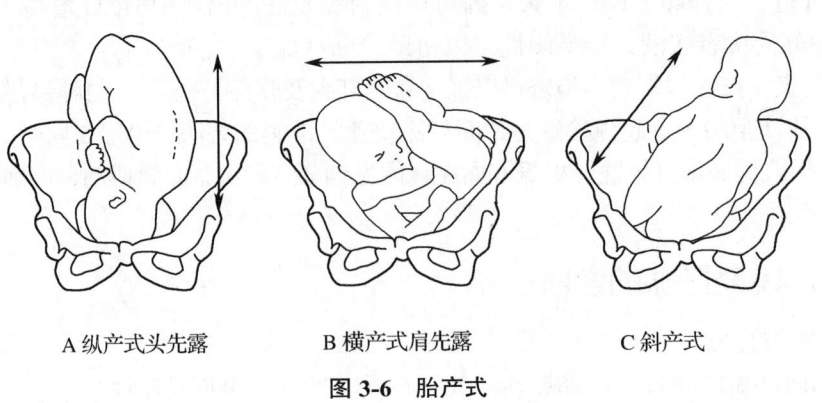

A 纵产式头先露　　B 横产式肩先露　　C 斜产式

图 3-6　胎产式

3. **胎先露**　最先进入母体骨盆入口的胎儿部分。纵产式有头先露和臀先露，横产式为肩先露。头先露的分类见图 3-7；臀先露的分类见图 3-8；偶见复合先露（图 3-9）。

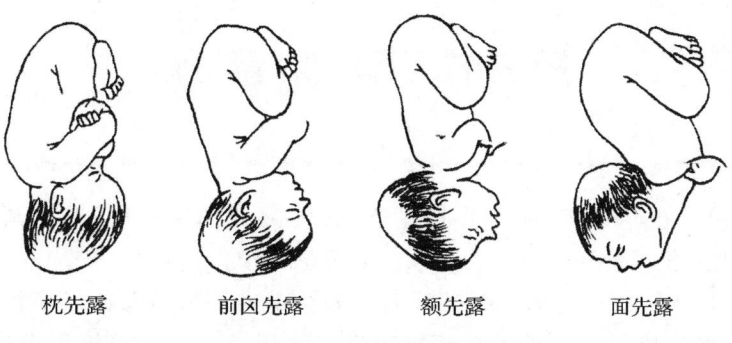

枕先露　　　前囟先露　　　额先露　　　面先露

图 3-7　头先露的种类

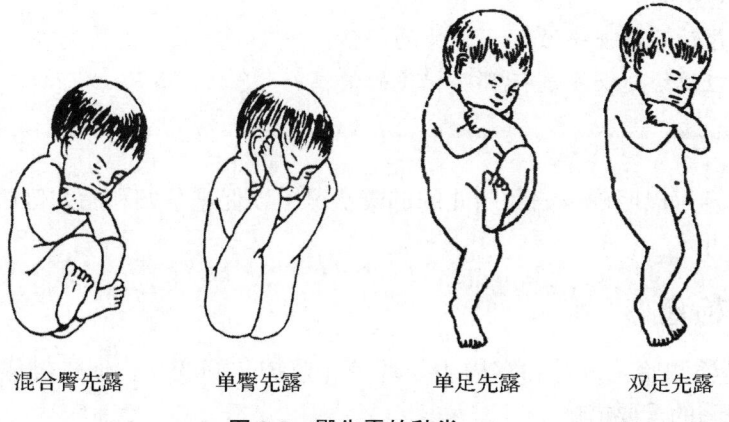

混合臀先露　　单臀先露　　单足先露　　双足先露

图 3-8　臀先露的种类

4. **胎方位**　是指胎儿先露部的指示点与母体骨盆的关系，简称胎位。枕先露以枕骨、面先露以颏骨、臀先露以骶骨、肩先露以肩胛骨为指示点。每个指示点与母体骨盆入口前、后、左、右、横的不同关系而有不同的胎位。如枕先露时，若胎头枕骨位于母体骨盆的左前方，为枕左前，其余依此类推（表 3–2）。

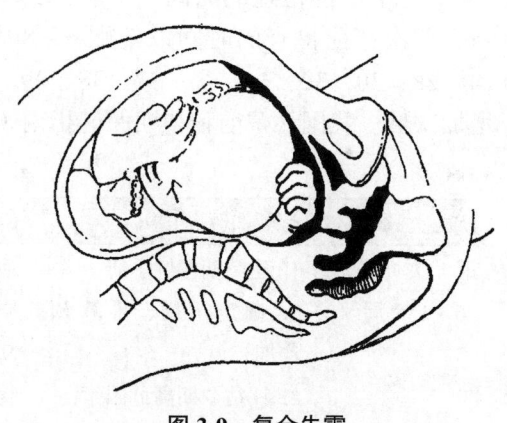

图 3-9　复合先露

表 3-2　胎产式、胎先露及胎方位的种类及关系

纵产式 （99.75%）	头先露 （95.75%~97.75%）	枕先露 （95.75%~97.75%）	枕左前（LOA）、枕左横（LOT）、枕左后（LOP） 枕右前（ROA）、枕右横（ROT）、枕右后（ROP）
		面先露 （0.2%）	颏左前（LMA）、颏左横（LMT）、颏左后（LMP） 颏右前（RMA）、颏右横（RMT）、颏右后（RMP）
	臀先露 （2%~4%）		骶左前（LSA）、骶左横（LST）、骶左后（LSP） 骶右前（RSA）、骶右横（RST）、骶右后（RSP）
横产式 （0.25%）	肩先露 （0.25%）		肩左前（LS$_C$A）、肩左后（LS$_C$P） 肩右前（RS$_C$A）、肩右后（RS$_C$P）

第三节 孕期管理

> **导学案例 3-1**
>
> 赵女士，28岁，已婚，平素月经规则，经期5~6日，月经周期28~30日，停经35日，自测验孕试纸结果阳性，来医院就诊。
>
> 赵女士自诉工作较忙，并未计划近期生小孩，但如果已经怀孕，自己和家人都接纳新生命的到来。近1个月有陪同客户饮酒2次，不知是否对胎儿有影响，也想知道接下来应该如何做。
>
> **讨论分析：**
> 1. 应该为赵女士做哪些相关的评估？
> 2. 应该给赵女士进行哪些相关的健康指导？

加强孕期管理可以明确孕妇和胎儿的健康状况，以促进孕妇和胎儿健康，帮助孕妇以最低风险娩出健康婴儿。

一、产前检查

产前检查是检测胎儿发育和宫内生长环境，监护孕妇变化，促进健康教育，提高妊娠质量，减少出生缺陷的重要措施。

（一）产前检查的时间

首次产前检查的时间以妊娠6~8周为宜。对首次产前检查未发现异常者，于妊娠20、24、28、30、32、34、36、37、38、39、40周各检查一次，共9~11次。对高危孕妇应酌情增加次数。我国《孕前和孕期保健指南（2018年）》推荐的产检方案见表3-3。

表3-3 产前检查方案

产检次数	常规保健内容	辅助检查必查项目	备查项目
第1次 （6~13^{+6}周）	1. 建孕期保健手册 2. 确定孕周、推算预产期 3. 评估孕期高危因素 4. 血压、体重、BMI 5. 妇科检查 6. 胎心率（妊娠12周）	血常规、尿常规、血型、空腹血糖、肝功能、肾功能、乙肝表面抗原、梅毒、HIV筛查、B超确定宫内妊娠和孕周、地中海贫血筛查（广东、广西、海南、湖南、湖北、四川、重庆等）	HCV筛查、抗D滴度检测（Rh血型阴性者）、75g OGTT（高危孕妇）、甲状腺功能检查、血清铁蛋白（血红蛋白<110 g/L者）、宫颈细胞学检查、宫颈分泌物检查淋球菌和沙眼衣原体、妊娠11~13^{+6}周B超测量胎儿颈后透明层厚度（NT）、心电图、孕早期胎儿染色体非整倍体母体血清学筛查
第2次 （14~19^{+6}周）	1. 分析首次产检结果 2. 血压、体重 3. 宫高、腹围 4. 胎心率	无	无创产前基因检测、孕中期胎儿染色体非整倍体母体血清学筛查、羊膜腔穿刺术检查胎儿染色体（妊娠16~22周）
第3次 （20~24周）	1. 血压、体重 2. 宫高、腹围 3. 胎心率	胎儿系统超声筛查（妊娠20~24周） 血常规、尿常规	B超测量宫颈长度（早产高危者）

续表

产检次数	常规保健内容	辅助检查必查项目	备查项目
第4次 （25~28周）	1. 血压、体重 2. 宫高、腹围 3. 胎心率	75 g OGTT 血常规 尿常规	抗D滴度复查（Rh血型阴性者） 宫颈阴道分泌物胎儿纤维连接蛋白 （fFN）检测（早产高危者）
第5次 （29~32周）	1. 血压、体重 2. 宫高、腹围 3. 胎心率 4. 胎位	产科超声检查 血常规 尿常规	无
第6次 （33~36周）	1. 血压、体重 2. 宫高、腹围 3. 胎心率 4. 胎位	尿常规	B族链球菌（GBS）筛查（35~37 周）、肝功能、血清胆汁酸、心电图 （高危孕妇）、NST检查（妊娠34周 后）
第7~11次 （37~41周）	1. 血压、体重 2. 宫高、腹围 3. 胎心率 4. 胎位	产科超声检查 NST（每周一次）	宫颈检查（Bishop评分）

（二）首次产前检查

详细询问病史，进行系统的全身检查和必要的辅助检查。

1. 病史

（1）年龄：年龄<18岁或≥35岁为妊娠高危因素；≥35岁为高龄孕妇。

（2）职业：孕早期如接触放射线及铅、汞等有毒物质，可造成流产、胎儿畸形。

（3）本次妊娠的经过：有无病毒感染及用药情况；孕早期早孕反应及程度、胎动开始时间、饮食、运动、睡眠、大小便情况；有无阴道流血、头痛、眼花、心悸、气促、下肢水肿等症状。

（4）推算预产期（expected date of confinement，EDC）：按末次月经第1日算，月份减3或加9，日数加7即为预产期。若为农历，月份减3或加9，日期加15。实际分娩日期与EDC可能相差1~2周。若孕妇记不清末次月经的日期或哺乳期尚未月经来潮而受孕，或月经周期不规律，可根据早孕反应出现的时间、胎动开始时间、子宫底高度及B超测头臀长度、胎头双顶径、股骨长度值等加以估计。B超测头臀长度是较为准确的方法。

（5）月经史及孕产史：月经初潮年龄、月经周期、月经持续时间和末次月经（last menstruation period，LMP）日期。既往有无流产、早产、难产、死胎、死产、产后出血史。

（6）既往史和手术史：有无高血压、心脏病、肝病、肾疾病、血液病、糖尿病、结核病等，有无做过手术及手术情况。

（7）家族史：家族中有无妊娠合并症、双胎妊娠及其他遗传性疾病等。

（8）丈夫健康情况：着重询问健康状况及有无遗传性疾病等。

2. 全身检查 观察孕妇的发育、精神状态及步态。测量身高、体重，身高<145 cm者常伴骨盆狭窄。计算体重指数BMI［体重（kg）/身高^2（m^2）］，评估营养状况。测量血压，进行全身体格检查，检查乳房发育情况、乳头大小及有无乳头凹陷；注意有无心肺疾病、水肿，脊柱及下肢有无畸形。

3. 辅助检查 如血常规、尿常规、肝功能、肾功能、甲状腺功能、肝炎、梅毒、HIV抗体、血糖、宫颈细胞学及阴道分泌物检查等。

(三)产前检查复诊

了解妊娠进展过程中孕妇的健康情况和胎儿的生长发育状况。

1. 病史 询问孕妇有无异常情况,如头痛、眼花、水肿、胎动变化、阴道出血以及分泌物异常、饮食、睡眠、运动情况等。

2. 全身检查 测量孕妇血压、体重,了解体重增长情况。检查有无水肿及其他异常。测量宫底高度及腹围,判断是否与妊娠月份相符,估计胎儿大小、羊水量等。

3. 产科检查

(1)腹部检查:检查者站在孕妇右侧,孕妇排尿后仰卧于检查床,头部稍高,暴露腹部,双腿略屈曲分开,使腹肌放松。

1)视诊:观察腹部形状、大小,有无妊娠纹、手术瘢痕及水肿。若腹部过大、宫底过高,应考虑双胎妊娠、羊水过多或巨大胎儿;若腹部过小、宫底过低,应考虑胎儿生长受限或孕周推算错误等。

2)触诊:包括用软尺测子宫的长度和腹围,以及进行四部触诊。子宫的长度即宫底高度,指耻骨联合上缘到宫底的弧线长度;腹围是平脐绕腹一周的值。通过四步触诊法检查子宫大小、胎产式、胎先露、胎方位及先露部是否衔接(图 3-10)。

检查者做前三步手法时面向孕妇头端。

第一步:双手置于宫底部,手测宫底高度,根据宫高估计胎儿大小与孕周是否相符。然后以双手指腹相对交替轻推,判断宫底部的胎儿部分。若感觉硬而圆且有浮球感,为胎儿头部;若宽而软且形态不规则,考虑为胎臀。

第二步:双手掌分别置于腹部左右两侧,一手固定,另一手轻按检查,两手交替,分辨胎背及胎儿四肢。胎背平坦饱满,胎儿肢体高低不平。

第三步:右手拇指与其余4指分开,置于耻骨联合上方握住胎先露部,进一步查清先露部为胎头或胎臀,左右推动胎先露部。若先露部可左右移动,表示尚未衔接入盆;若不能被推动,判断已衔接。

第四步:检查者面向孕妇足端,双手分别置于胎先露部的两侧,沿骨盆入口方向往下深按,进一步核实先露部的诊断是否正确,并确定先露部入盆的程度。

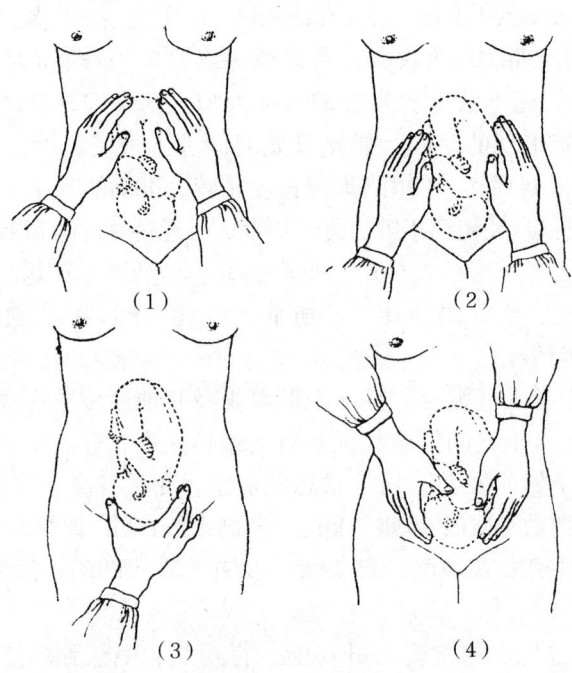

图 3-10 四步触诊法

3）听诊：胎心音在靠近胎背上方的孕妇腹壁上听得最清楚（图 3-11）。不同先露部胎心听诊最清楚的部位见图 3-12。

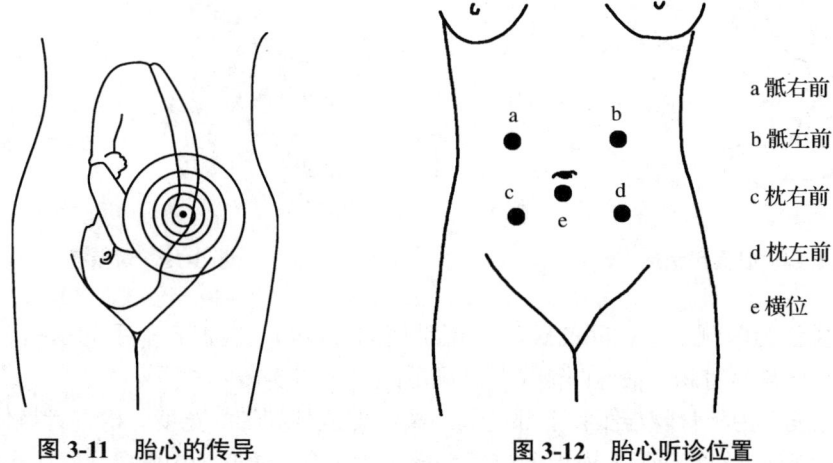

图 3-11　胎心的传导　　　　图 3-12　胎心听诊位置

（2）骨盆测量：进行骨盆测量可了解骨产道情况，推测胎儿是否能经阴道分娩，包括外测量和内测量。

1）骨盆外测量：用骨盆测量器测量髂棘间径、髂嵴间径、骶耻外径、坐骨结节间径，是间接判断骨盆情况的一种传统方法。目前临床不常规测量，仅在怀疑骨盆出口狭窄时，测量坐骨结节间径和耻骨弓角度。

坐骨结节间径：又称出口横径。孕妇取仰卧位，两腿向腹部屈曲，双手抱膝，测量两侧坐骨结节内侧缘之间的距离，正常值为 8.5～9.5 cm，平均值 9 cm。也可用检查者的拳头估测，能容纳成人横置拳头则属正常（图 3-13）。若测量值 < 8 cm，应加测出口后矢状径（坐骨结节间径中点至骶尖的长度），正常值为 8～9 cm。若出口后矢状径与出口横径之和 > 15 cm，表明骨盆出口狭窄不明显。

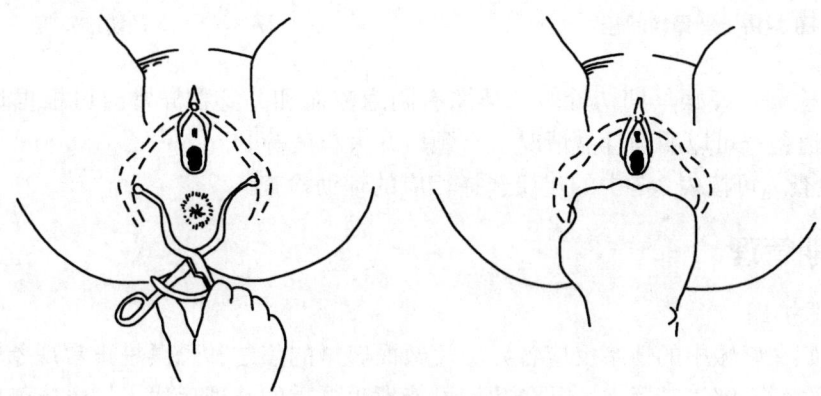

图 3-13　坐骨结节间径

耻骨弓角度：将两手拇指尖斜着对拢置于耻骨联合下缘，左右两拇指平放在耻骨降支上，测量拇指间的角度即为耻骨弓角度（图 3-14）。正常值为 90°，< 80° 为异常。

2）骨盆内测量：经阴道分娩前或分娩时，需确定骨产道情况者可进行骨盆内测量。测量时，孕妇取仰卧截石位，消毒外阴，检查者戴无菌手套并涂以润滑剂。

对角径（diagonal conjugate，DC）：也称骶耻内径，为耻骨联合下缘至骶骨岬上缘中点的距离。正常值为 12.5～13 cm，此值减去 1.5～2 cm，即骨盆入口前后径长度，又称真结合径（正常值为 11 cm）。检查者一手示指、中指伸入阴道，中指尖触及骶骨岬上缘中点，示指上缘紧贴耻骨联合下缘，另一手标记示指与耻骨联合下缘的接触点。中指尖至此接触点的距离，即对角径（图3-15）。

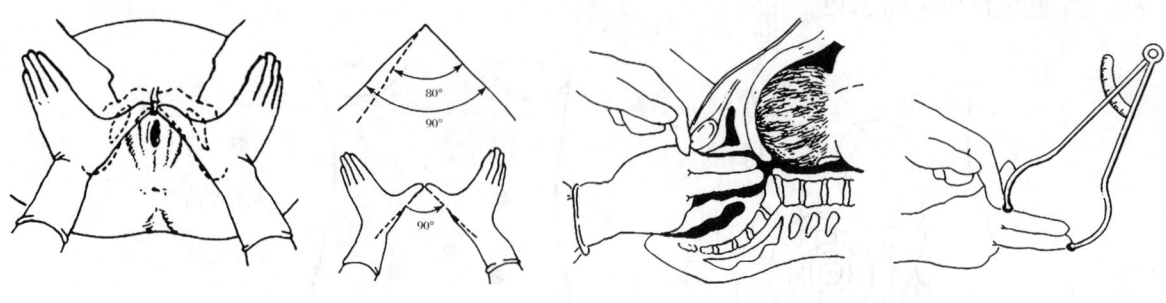

图3-14　耻骨弓角度　　　　　　　　　　　图3-15　对角径

坐骨棘间径：为两侧坐骨棘间的距离，正常值为10 cm。检查者一手的示指、中指伸入阴道内，分别触及两侧坐骨棘，估计两侧坐骨棘间的距离（图3-16）。

坐骨切迹宽度：为坐骨棘与骶骨下部间的距离，即骶棘韧带的宽度。检查者将伸入阴道内的示指置于韧带上移动，如能容下3横指（5.5~6 cm）为正常，否则为中骨盆狭窄（图3-17）。

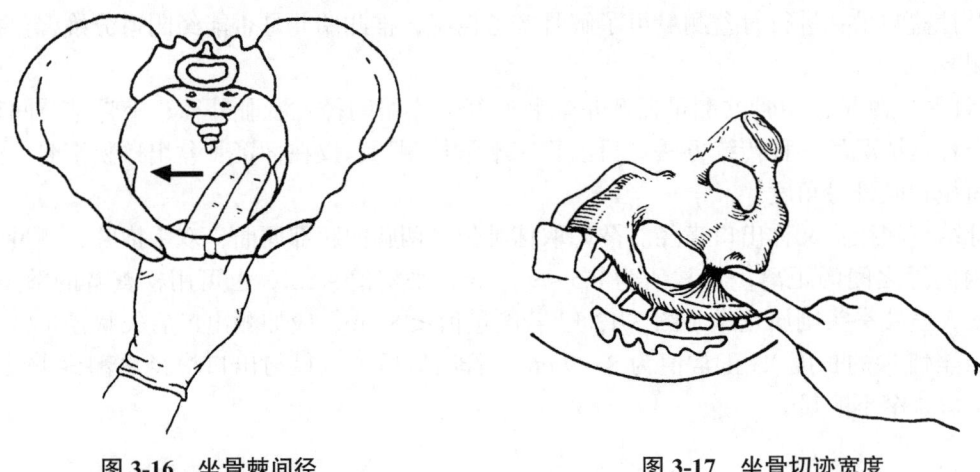

图3-16　坐骨棘间径　　　　　　　　　　　图3-17　坐骨切迹宽度

（3）阴道检查：妊娠早期初诊时、孕期有阴道流血和分泌物异常时可根据情况行阴道检查。分娩前阴道检查可以明确骨盆情况、宫颈口开大程度等。

4. **辅助检查**　可按表3-3中的建议选择相应的辅助检查。

二、孕期管理

（一）心理护理

每一位孕妇在妊娠中的情绪反应各异，短暂而轻微的焦虑和恐惧是正常现象，护士可以给予关注、支持，耐心解答其疑虑。部分孕妇可能发生严重的心理疾病，护士应鼓励孕妇说出自己的真实感受，了解其心理适应程度，判断有无潜在的心理问题。对于存在潜在严重心理问题的孕妇，应转给专业人士提供评估及咨询服务。

（二）营养与体重管理

孕妇营养不良可致胎儿生长发育受限，而孕妇超重、肥胖及孕期体重增长过多会给母儿带来诸多影响。因此，合理的孕期营养和体重管理有重要意义。

1. **体重管理**　体重是评价营养状况最简单、直接的指标，体重指数是用来判断体重情况的常用方法。但目前我国尚缺乏孕妇体重增长的指南。美国医学研究所（institute of medicine，IOM）提出根据孕妇孕前体重指数的情况对孕期增重范围进行管理，孕早期平均增重 0.5~2 kg，孕中、晚期增重则依据孕前 BMI 不同而异。表 3-4 中对孕期体重增长的建议可作为孕期体重管理的参考。

表 3-4　孕期体重增长建议（IOM，2009 年）

孕前 BMI	单胎孕妇		双胎孕妇
	孕期总增重（kg）	妊娠中晚期每周增重（kg）	孕期总增重（kg）
体重不足（<18.5 kg/m²）	12.5~18	0.51（0.44~0.58）	暂无
正常体重（18.5~24.9 kg/m²）	11.5~16	0.42（0.35~0.50）	17~25
超重（25~29.9 kg/m²）	7~11.5	0.28（0.23~0.33）	14~23
肥胖（≥30 kg/m²）	5~9	0.22（0.17~0.27）	11~19

2. **孕期饮食健康教育**　孕期应在监测体重的基础上摄入适宜能量的食物。膳食品种应多样化，营养素全面、比例恰当。同时适当补充一些特殊营养素，以满足孕期母儿的需求。

（1）孕早期：孕妇应戒烟、戒酒，宜食用清淡、少油腻、易消化的食物，少食多餐。除摄入富含叶酸的食物（主要是新鲜绿叶蔬菜）外，还需额外补充叶酸 400~800 μg/d。

（2）孕中、晚期：在多样化饮食的基础上，适当增加瘦肉、鱼、鸡蛋、家禽等富含蛋白质的食物。常食用含铁丰富的食物（如动物血、猪肝、瘦肉等）预防缺铁性贫血。适当增加奶类补充钙质。食用充足的蔬菜等高纤维素食物预防便秘。必要时在医生指导下补充铁剂、钙剂。

（三）孕期常见症状护理

1. **恶心、呕吐**　这是约半数孕妇孕早期会出现的常见症状，多于妊娠 6 周开始，妊娠 10~12 周明显减轻至消失，典型表现是晨起恶心、呕吐。轻度症状不做特殊处理，指导孕妇少量多餐、饮食清淡，避免油腻、难消化的食物。可给予维生素 B_6 10~20 mg，每日 3 次口服可缓解。若呕吐剧烈导致摄入不足或脱水，须及时就诊。

2. **尿频**　孕早期尿频多于妊娠 12 周子宫增大超出盆腔以后消失，孕晚期尿频的原因是胎头入盆压迫膀胱及尿道，均无需减少饮水及特殊处理。

3. **白带增多**　保持外阴清洁、干燥，每日用清水清洗外阴，穿透气性好的棉质内裤，勤更换。若除了白带增多，尚有会阴部瘙痒、白带有异味等，应警惕感染，及时就诊。

4. **便秘**　增加摄入富含纤维素的新鲜蔬菜、水果，适当运动，每日定时排便。必要时在医生的指导下服用缓泻药，如乳果糖 30 ml/d。禁止使用峻泻药（如硫酸镁），以免导致流产或早产。

5. **痔疮**　30%~40% 的孕妇受到痔疮的困扰。指导孕妇多吃新鲜蔬果，饮足量水，避免辛辣食物，严重时及时就诊。

6. **下肢肌肉痉挛**　妊娠后期夜间多见，多发生于小腿腓肠肌，可能与孕妇缺钙有关。指导孕妇孕晚期补充钙剂、伸腿时避免足趾尖向前伸，走路时足跟先着地以预防痉挛。当发生痉挛时，应伸膝屈足背，下床行走，伸展和按摩痉挛部位的肌肉。

7. **下肢水肿**　妊娠晚期孕妇常有踝部、小腿下半部轻度水肿，休息后消退。指导孕妇避免久站或久坐，睡眠时取左侧卧位，下肢垫高 15° 帮助改善下肢血液回流。如下肢水肿明显，经休息后不消退，须及时诊治。

8. **腰背痛**　妊娠后期常见，指导孕妇穿着可支撑足弓的舒适低跟鞋（非平跟鞋），避免提重物，下蹲捡物时保持背部挺直，屈膝蹲下，避免弯腰前倾。坐位休息时，腰背部垫枕支撑。

9. **仰卧位低血压综合征**　妊娠末期，若孕妇长时间仰卧，可出现低血压症状。应立即向左侧卧位，症状可自然消失。指导孕妇避免长时间仰卧预防其发生。

10. **贫血**　妊娠中晚期孕妇对铁的需求量增多，饮食中含铁量不足极易导致贫血。可以根据孕期检查结果遵医嘱进行铁剂补充，注意铁剂应在餐后服用以减少胃肠道反应，可与维生素

C或果汁同时服用，以促进其吸收。

（四）其他健康教育

1. **日常生活** 孕妇日常宜穿轻便、舒适的低跟非平跟鞋。每日保证8小时睡眠，1~2小时午休，卧床时以左侧卧位最佳。因运动可促进血液循环，增进食欲和睡眠，还可强化肌肉为分娩做准备，孕妇应适当运动，散步、快走、孕妇瑜伽、游泳均比较适宜。

注意个人卫生，宜用更为柔软的牙刷进行口腔清洁，避免口腔疾患。经常洗澡，以促进血液循环和皮肤代谢，以淋浴为宜，避免盆浴。每日用清水清洗外阴，更换内衣裤，预防感染。

2. **孕期工作安排** 大部分没有并发症的孕妇如果工作环境允许，都可以继续工作至产程发动，但应避免长时间、高强度体力劳动或精神压力大的工作。我国2012年通过的《女职工劳动保护特别规定》中规定：对怀孕7个月以上的女职工，用人单位不得延长劳动时间或者安排夜班劳动，并应当在劳动时间内安排一定的休息时间。

3. **孕期用药** 由于大多数药物可通过胎盘屏障，因此，孕期应尽量减少使用药物，尤其是妊娠12周内。若病情需要，应在医师的指导下合理用药。若孕妇在未知怀孕的情况下已经服用可能致畸的药物，应及时就诊，由专科医生根据用药种类、剂量、时间及胎龄等综合情况给出建议。

4. **自我监护** 胎动是反映胎儿宫内安危重要而直观的指标，孕妇自数胎动是自我监护简单、有效的方法。妊娠28周以后至少每周数胎动2次，妊娠36周后坚持每天数胎动3次。数胎动通常在三餐后，孕妇取坐位或者卧位，双手轻放腹部，用心感受胎儿活动。从胎儿开始活动到停止算1次，如没有明显间隔连续动几次也算1次，可使用手机APP、纸笔或者可以计数的实物等来记录1小时内胎动的次数。正常胎动3~5次/小时，12小时胎动计数≥30次（将1天3次的胎动次数加起来乘以4，得到12小时的胎动计数），反映胎儿情况良好。若12小时胎动计数<10次，或次数下降大于50%而不能恢复，提示胎儿可能缺氧，应及时就诊。

5. **乳房护理** 检查乳头情况，若存在乳头扁平或凹陷，应指导孕妇妊娠28周后进行乳头矫正，可采用十字操法和佩戴乳头矫正器等。孕晚期应常用温水清洗乳头为哺乳做好准备。乳头处如有痂垢，应先用油脂浸软后再用温水洗净。

6. **定期产前检查** 告知孕妇定期进行产前检查的意义和重要性，根据具体情况预约下次产前检查的时间和内容。

（彭　霞）

一、案例分析

李女士，30岁，G_2P_0，现妊娠21周，无头晕、头痛、腹痛、阴道流血等不适，来医院行产前检查。李女士身高156 cm，其他产检记录如下：

产检次数	孕周（周）	血压（mmHg）	体重（kg）	产科检查		
				宫高（cm）	胎心（次/分）	胎位
1	6^{+1}	118/70	49			
2	13^{+2}	116/72	50		152	
3	17	116/68	51.5		150	
4	21	120/72	53.5	19	146	ROP

讨论分析：

1. 分析李女士的体重增长情况是否理想，请为其进行体重管理建议。
2. 李女士询问："怎么这一次宝宝的胎心比以前慢了呢？是正常的吗？"请回答。
3. 李女士询问："我只有来医院才能听宝宝的胎心，在家里是否也需要买一台这样的仪器呢？在家里如何知道宝宝的情况呢？"该如何解答？

二、选择题

1. 指导孕妇自我计数胎动，出现以下哪项结果时孕妇应提高警惕或入院检查
   A. ＞3 次 / 小时　　　　　　　　　　　　B. ＜6 次 / 小时
   C. ＜10 次 /12 小时　　　　　　　　　　D. ＞20 次 /12 小时
   E. ＜30 次 /12 小时

2. 张某，初孕妇，妊娠 36 周，四步触诊时，在子宫底部触到的部分圆而硬，母体腹部左方凹凸不平，右方平坦，在耻骨联合上方触诊较软而宽，并且不规则。据此可推断出其胎方位为
   A. 骶左前　　　　　　　B. 骶右前　　　　　　　C. 骶左后
   D. 枕右前　　　　　　　E. 枕左前

3. 孕妇在妊娠期最适宜的卧位是
   A. 半坐卧位　　　　　　B. 仰卧位　　　　　　　C. 左侧卧位
   D. 端坐位　　　　　　　E. 抬高下肢

三、问答题

1. 简述胎盘的功能。
2. 简述如何指导孕妇进行定期产检。
3. 试述如何指导孕妇进行孕期体重管理。
4. 试述如何指导孕妇进行计数胎动自我监测。

第四章 正常分娩期产妇的护理

第四章
数字资源

思政之光

本章思维导图

- 正常分娩期产妇的护理
  - 影响分娩的因素
    - 产力
      - 主力：子宫收缩力，有节律性、对称性、极性及缩复作用
      - 辅力：腹肌、膈肌、肛提肌收缩力
    - 产道
      - 骨产道
      - 软产道
    - 胎儿
      - 胎儿大小
        - 胎儿颅缝及囟门：前囟 后囟 矢状缝
        - 胎儿径线：双顶径 枕额径 枕下前囟径 枕颏径
      - 胎位：枕前位是正常方位
      - 胎儿畸形
    - 精神心理因素
  - 先兆临产、临产及产程分期
    - 先兆临产
    - 临产：有逐渐增强的规律宫缩，伴有颈管消失、宫口扩张，胎先露部下降
    - 总产程与产程分期
  - 枕先露的分娩机制
    - 分娩机制的概念
    - 枕左前位分娩步骤：衔接-下降-俯屈-、内旋转-仰伸-复位及外旋转-胎儿娩出
  - 第一产程
    - 临床经过：规律宫缩 宫口扩张 胎头下降 胎膜破裂
    - 护理评估：健康史 身体评估 辅助检查 诊疗要点
    - 护理诊断/问题：疼痛 知识缺乏 焦虑 潜在并发症
    - 护理措施
      - 一般护理：清洁卫生 饮食 活动与休息 排尿与排便
      - 监测生命体征
      - 心理护理
      - 减轻产痛
      - 观察产程
        - 宫缩情况
        - 胎心
        - 宫口扩张与胎儿露下降
        - 破膜及羊水
      - 健康指导

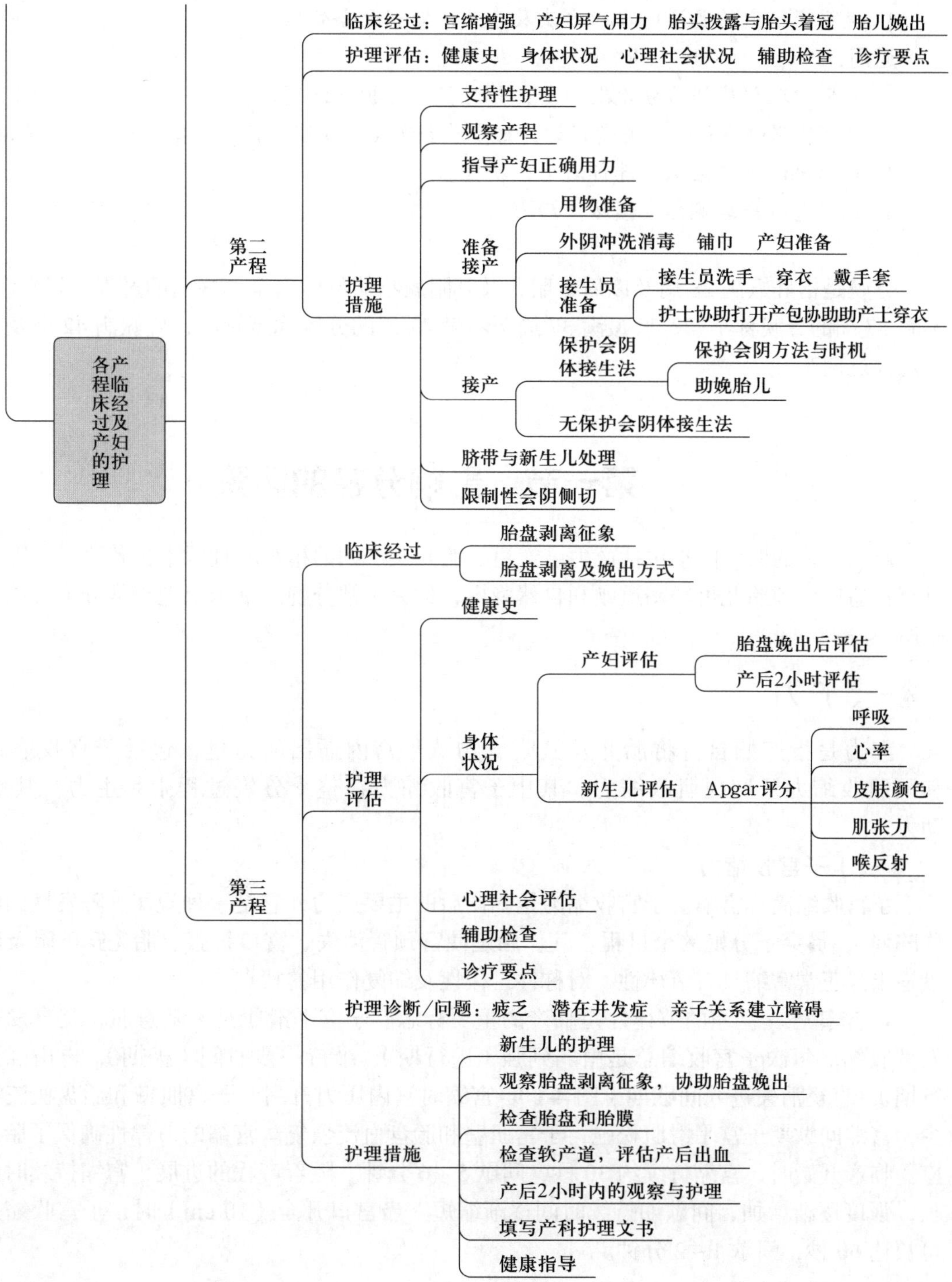

```
                              ┌─ 临床经过：宫缩增强  产妇屏气用力  胎头拨露与胎头着冠  胎儿娩出
                              ├─ 护理评估：健康史  身体状况  心理社会状况  辅助检查  诊疗要点
                              │           ┌─ 支持性护理
                              │           ├─ 观察产程
                              │           ├─ 指导产妇正确用力
                              │           │           ┌─ 用物准备
                        第二  │           │      准备 ├─ 外阴冲洗消毒  铺巾  产妇准备
                        产程  │           │      接产 │           ┌─ 接生员洗手  穿衣  戴手套
                              │      护理 │           └─ 接生员准备 └─ 护士协助打开产包协助助产士穿衣
                              │      措施 │           ┌─ 保护会阴 ┌─ 保护会阴方法与时机
                              │           ├─ 接产      体接生法  └─ 助娩胎儿
                              │           │           └─ 无保护会阴体接生法
                              │           ├─ 脐带与新生儿处理
                              │           └─ 限制性会阴侧切
各产程
临床
经过
及产
妇的
护理                          ┌─ 临床经过 ┌─ 胎盘剥离征象
                              │           └─ 胎盘剥离及娩出方式
                              │           ┌─ 健康史
                              │           │                   ┌─ 胎盘娩出后评估
                              │           │        ┌─ 产妇评估 └─ 产后2小时评估
                              │           │        │                       ┌─ 呼吸
                              │      护理 │        │                       ├─ 心率
                              │      评估 ├─ 身体   └─ 新生儿评估 ── Apgar评分 ├─ 皮肤颜色
                              │           │   状况                           ├─ 肌张力
                        第三  │           │                                 └─ 喉反射
                        产程  │           ├─ 心理社会评估
                              │           ├─ 辅助检查
                              │           └─ 诊疗要点
                              ├─ 护理诊断/问题：疲乏  潜在并发症  亲子关系建立障碍
                              │           ┌─ 新生儿的护理
                              │           ├─ 观察胎盘剥离征象，协助胎盘娩出
                              │           ├─ 检查胎盘和胎膜
                              └─ 护理措施 ├─ 检查软产道，评估产后出血
                                          ├─ 产后2小时内的观察与护理
                                          ├─ 填写产科护理文书
                                          └─ 健康指导
```

 学习目标

通过本章内容学习，学生应能够：

识记：

1. 说出分娩、早产、足月产、过期产、临产、总产程的概念。
2. 描述三个产程的临床经过。

理解：

1. 分析影响产程进展的各种因素，区别假临产与临产。
2. 解释枕先露的分娩机制。

3. 说明产程中的观察内容、方法及意义，能够配合处理产程。

运用：
1. 应用护理程序评估分娩期妇女，并为其制订护理计划。
2. 具有较强的责任心，关爱产妇，初步学会观察及处理产程，具备与产妇良好沟通的能力。
3. 正确地评估新生儿，进行新生儿护理。
4. 正确进行产后观察，预防产后出血。

分娩是指妊娠满 28 周及以后，胎儿及其附属物从母体内全部娩出的过程。妊娠满 28 周至不满 37 周的分娩称早产；妊娠满 37 周至不满 42 周的分娩称足月产；妊娠满 42 周及其以后的分娩称过期产。

第一节　影响分娩的因素

影响分娩的四个因素包括产力、产道、胎儿及产妇的精神心理因素。若这四个因素均正常且相互适应，则胎儿可经阴道顺利自然娩出，称为正常分娩。临床上把正常分娩又称为平产或顺产。

一、产力

产力是指产妇自身将胎儿及其附属物从子宫内逼出的力量，包括子宫收缩力、腹肌和膈肌收缩力及肛提肌收缩力。其中子宫收缩力在整个分娩过程中是主力，其他则为辅助力。

（一）子宫收缩力

子宫收缩简称宫缩。子宫收缩力是临产后的主要产力，它是一种规律、阵发性的收缩（俗称阵痛），贯穿于分娩的全过程。其作用是使宫颈管消失、宫口扩张、胎先露下降及胎儿、胎盘娩出。正常宫缩具有节律性、对称性、极性及缩复作用的特点。

1. 节律性　宫缩的节律性是临产的重要标志。子宫平滑肌是不随意肌，是自发节律的阵发性收缩。每次子宫收缩总是由弱到强（进行期），维持一段时间（极期），再由强到弱（退行期），直至消失进入间歇期（图 4-1）。宫缩时宫内压力升高，子宫肌壁和胎盘血流灌注量减少，宫缩间歇期子宫平滑肌松弛，子宫肌壁和胎盘血流恢复。宫缩的节律性确保了胎儿血液供应。临产开始时，宫缩持续约 30 秒，间歇 5~6 分钟。随着产程的进展，宫缩持续时间逐渐延长，强度逐渐增加，间歇期持续时间逐渐缩短。当宫口开全（10 cm）时，子宫收缩持续时间可长达 60 秒，间歇 1~2 分钟。

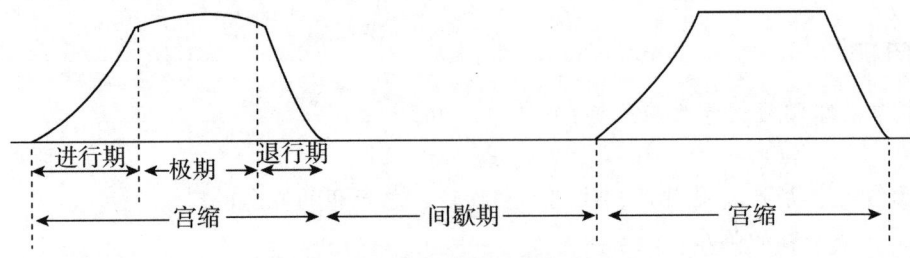

图 4-1　正常宫缩节律性示意图

2. 对称性和极性　正常宫缩起自两侧子宫角部，左右对称地迅速向宫底中线集中，然后向子宫下段扩散，约 15 秒即均匀协调地遍及整个子宫，称为宫缩的对称性。宫缩以子宫底部最强最持久,在向下传导的过程中逐渐减弱,这个特点称为子宫收缩的极性(图4-2)。

3. **缩复作用** 宫缩时子宫体部肌纤维缩短变宽,间歇期肌纤维松弛,但不能完全恢复到原来的长度,经过反复的收缩,子宫体部的肌纤维越来越短,这种现象称为缩复作用。缩复作用使子宫底部肌壁进行性增厚,宫腔变小,而子宫下段逐渐被拉长、扩张,使宫颈管逐渐消失及宫口扩张,并迫使胎先露持续下降。

(二)腹肌、膈肌收缩力

腹肌、膈肌收缩力统称腹压,是第二、第三产程的主要辅助力量。宫缩时,前羊水囊或胎先露部压迫盆底组织及直肠,引起产妇反射性的排便动作,产妇主动屏气向下用力,腹肌、膈肌及肛提肌收缩,使腹压增加,协助宫缩,胎儿及胎盘娩出。在宫口开全前,使用腹压可造成产妇疲乏和宫颈水肿,使产程延长而致难产。

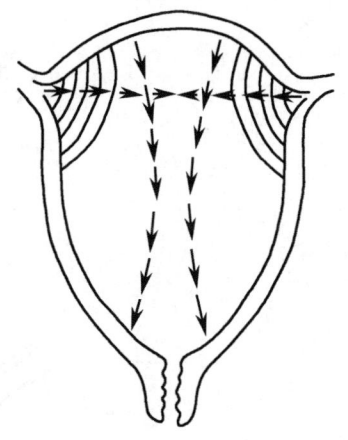

图4-2 对称性和极性

(三)肛提肌收缩力

肛提肌收缩力可协助胎先露在骨盆腔中完成内旋转、仰伸及胎儿娩出,并促进胎盘的娩出。

二、产道

产道是胎儿从母体娩出的通道,分骨产道和软产道两部分。

(一)骨产道

骨产道是指真骨盆,是产道的重要组成部分,其大小及形态与分娩关系密切。产科学上把骨盆腔分为3个假想平面(详见第1章),各个平面的大小及形态不同,分娩时胎儿只有适应骨盆各个平面的形态特点,才能经阴道顺利娩出,否则将使产程进展受阻而致难产。

(二)软产道

软产道是由子宫下段、宫颈、阴道及骨盆底软组织构成的弯曲管道。

1. **子宫下段的形成** 由非妊娠时的子宫峡部(约1cm)伸展形成,至妊娠末期逐渐被拉长形成子宫下段,临产开始发动伴随规律宫缩进一步使其拉长至7~10cm,肌壁变薄成为软产道的一部分。

2. **宫颈管的消失与宫口扩张** 临产前子宫颈管长2~3cm,初产妇较经产妇稍长。临产后由于宫缩的牵拉、胎先露部及前羊水囊对宫颈的压迫扩张作用,使宫颈内口向上、向外扩张,宫颈管形成漏斗状,随后宫颈管逐渐缩短、消失。初产妇宫颈管先消失,然后宫颈口扩张;经产妇通常是宫颈管的消失与宫口扩张同时进行(图4-3)。临产前,初产妇宫颈外口仅容一指尖,经产妇能容一指。临产后,胎先露部衔接使前羊水于宫缩时不能回流,子宫下段的胎膜与该处蜕膜分离而向宫颈管突出形成前羊水囊,协助宫口扩张。胎膜多在宫口近开全时自然破裂。破膜后,胎先露部直接压迫宫颈,扩张宫口的作用更明显。

3. **阴道、骨盆底及会阴的变化** 临产后前羊水囊及胎先露将阴道上部撑开,破膜后胎先露直接压迫骨盆底软产道,使软产道下段形成一个向前弯曲的筒状通道(图4-4),阴道黏膜皱襞展平使阴道扩张加宽,肛提肌向下向两侧扩展,肌纤维拉长,会阴中心腱(会阴体)厚度由3~4cm变成2~4mm,以利于胎儿通过。正常情况下阴道及会阴体伸展性好,一般不会影响分娩。但会阴体承受压力较大时,会阴保护不当可造成裂伤。

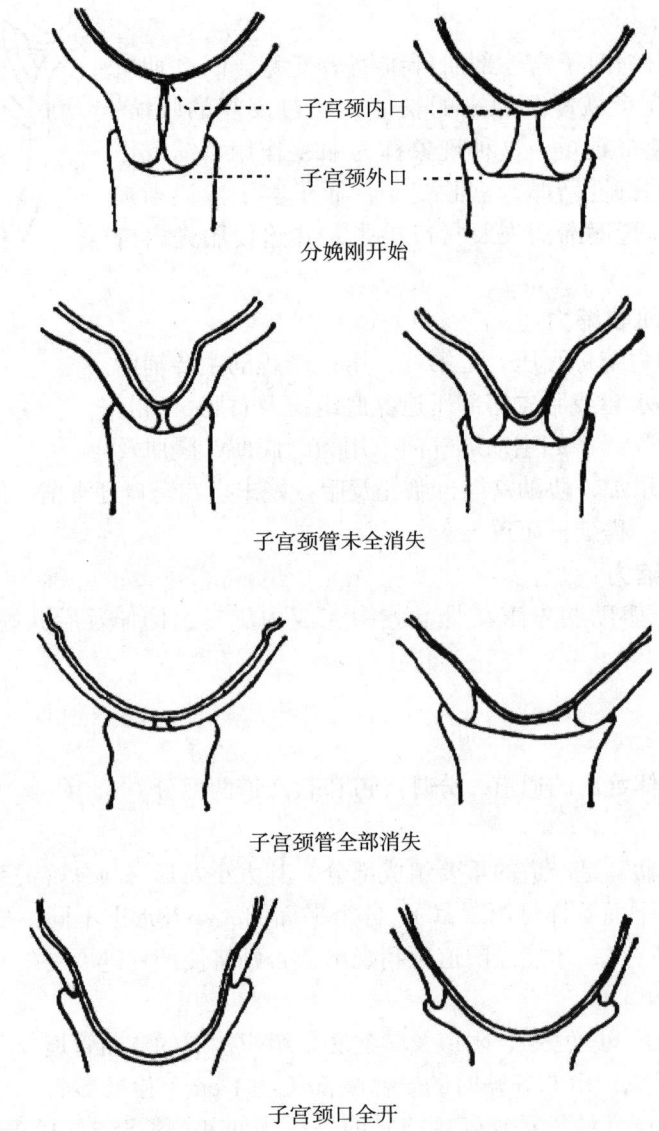

图 4-3 宫颈管消失与宫口扩张步骤示意图

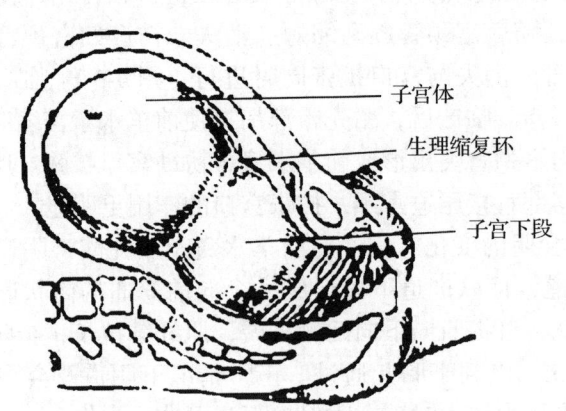

图 4-4 临产后软产道的变化

三、胎儿

胎儿是影响分娩及决定分娩能否正常的重要因素之一。胎儿因素包括胎儿的大小、胎位及胎儿发育有无畸形。

（一）胎儿大小

胎头是胎儿身体最大、最难通过骨盆的部分。胎儿过大致胎头径线增大或因胎儿过熟致胎头颅骨较硬，不易变形，即使骨盆大小正常，也可引起相对头盆不称，造成难产。

1. 胎头颅缝及囟门 胎头颅骨由顶骨、额骨、颞骨各 2 块及枕骨 1 块构成。胎儿期各骨尚未愈合在一起，其间留有的缝隙称颅缝。额骨与顶骨之间的颅缝称冠状缝，两侧顶骨之间的颅缝称矢状缝，顶骨与枕骨之间的缝隙称人字缝，颞骨与顶骨之间的颅缝称颞缝，两额骨之间的颅缝称额缝。两颅骨交界空隙较大处称囟门，胎头前部菱形的区域称前囟，后部三角形区域称后囟。囟门和矢状缝是确定胎位的重要标志（图4-5）。颅缝与囟门的存在，使胎头有一定的可塑性，头颅通过产道时通过颅缝轻度重叠使其变形，胎头体积缩小，有利于胎头娩出。

2. 胎头径线 胎头径线（图4-6）主要有 4 条。

（1）双顶径：为两顶骨隆突间的距离，正常足月胎儿平均值约为 9.3 cm，是胎头的最大横径，可通过 B 超测量此径线来估计胎儿大小。

（2）枕额径：也称前后径，为鼻根至枕骨隆突下方的距离，正常足月胎儿平均值约 11.3 cm。胎头常以此径线衔接。

（3）枕下前囟径：又称小斜径，为前囟中央至枕骨隆突下方的距离，正常足月胎儿的平均值约 9.5 cm。胎头俯屈后以此径线通过产道。

（4）枕颏径：又称大斜径，为骨下部中央至后囟顶部的距离，足月胎儿平均值约为 13.3 cm。

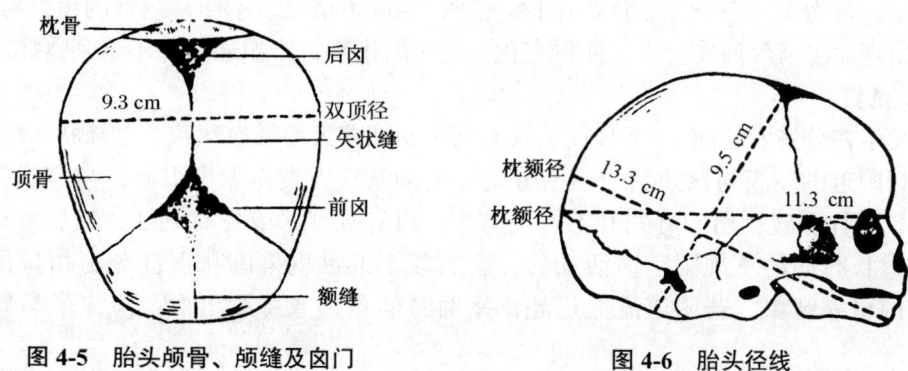

图 4-5 胎头颅骨、颅缝及囟门　　图 4-6 胎头径线

（二）胎位

常见的胎位有三大类，即头位、臀位和横位。因产道是一纵行管道，故纵产式时，胎体纵轴与骨盆轴相一致，较易通过产道。头先露中以枕前位为正常胎位，胎儿多能经阴道自然娩出，但持续性枕后位、枕横位、高直位、颏后位、前不均倾位等易造成头位难产；臀位则可能会造成后出头困难而致难产；横位时，足月活胎不能通过产道。

（三）胎儿畸形

若胎儿某部分发育异常（如连体双胎、脑积水等），胎头或胎体过大，通过产道常发生困难。

四、精神心理因素

精神心理因素对分娩过程影响很大，在分娩过程中，它会影响产力，进而影响产程的进展。分娩虽然是一个正常的生理过程，但它对产妇却是一种持久而强烈的应激源。分娩应激会引起一系列特征性的心理情绪反应，常见的有焦虑、恐惧和抑郁。大部分产妇对分娩都会有各种担忧，如能否正常分娩，分娩过程中的疼痛能否承受；担心胎儿是否健康，胎儿的长相和性别是否满意。应激状态的产妇，心理承受能力下降，缺乏自信，降低或失去了对分娩的自控力，其对疼痛的恐惧和分娩的紧张可引起宫缩乏力、宫口扩张缓慢、胎先露下降受阻，从而导致产程延长、胎儿窘迫、产后出血等发生。

在分娩的过程中应尽量消除产妇紧张、焦虑的心理状态，指导产妇相应的放松技巧，使分娩顺利完成。

第二节 先兆临产、临产及产程分期

一、先兆临产

分娩发动之前，出现一些预示孕妇不久将要临产的征兆，称为分娩先兆，又称为先兆临产。

（一）胎儿下降感

初产妇多在临产前2~3周，由于胎先露部入盆腔，使子宫底下降，多有轻松感，此时孕妇感到上腹部较之前舒适，进食量增多，呼吸较轻松，但因胎先露入盆腔压迫膀胱，常伴有尿频症状。

（二）不规则宫缩

分娩发动之前1~2周，孕妇常出现"假临产"，又称不规则宫缩。其特点是宫缩频率、持续时间不定，常为10~20秒，间歇时间不规律，强度不增强，不伴宫颈管的消失与宫口扩张，常在夜间出现而于清晨消失。或在体位变化或行走时出现，产妇通常并不感到疼痛。

（三）见红

见红发生在分娩发动前1~2日或更长时间，初期多为粉红血丝状、黏液状、块状分泌物，是宫颈内口附近的胎膜与该处的子宫壁分离，毛细血管破裂而少量出血，与宫颈管内的黏液混合成少量血性黏液排出。可先有不规则宫缩，再有见红，或先有见红，然后发动宫缩。有的产妇经过长时间的不规则宫缩活动后，会有较多的黏稠果冻状血性分泌物排出，是临产即将开始的可靠征象。若阴道流血量超出平时月经量，或持续出血，应注意与异常出血相区别。

二、临产

临产开始的标志为有规律且逐渐增强的子宫收缩，持续30秒或以上，间歇5~6分钟，同时伴随宫颈管消失、宫口扩张和胎先露部下降。给予镇静药不能抑制临产。

三、总产程与产程分期

分娩的全过程是指从规律宫缩至胎儿、胎盘全部娩出为止，称总产程。临床上分为3个产程。

（一）第一产程（宫颈扩张期）

第一产程是指从规律宫缩到宫口开全的过程。第一产程又分为潜伏期和活跃期两个阶段。潜伏期为宫口扩张的缓慢阶段，初产妇一般不超过20小时，经产妇不超过14小时；活跃期为宫口扩张的加速阶段，大多数产妇在宫口开至4~5 cm进入活跃期，最迟至6 cm进入活跃期，直到宫口开全（10 cm），此期宫口扩张速度应≥ 0.5 cm/h。

（二）第二产程（胎儿娩出期）

第二产程是指从宫口开全到胎儿娩出的过程。未实施麻醉镇痛者，初产妇最长不应超过 3 小时，经产妇最长不应超过 2 小时；实施麻醉镇痛者，初产妇最长不应超过 4 小时，经产妇最长不应超过 3 小时。初产妇第二产程超过 1 小时即应关注产程进展，超过 2 小时必须由有经验的医师进行母胎情况全面评估，决定下一步处理方案。

（三）第三产程（胎盘娩出期）

第三产程是指从胎儿娩出到胎盘娩出的过程。初产妇与经产妇无区别，需 5~15 分钟，不超过 30 分钟。

第三节　枕先露的分娩机制

分娩机制是指胎儿先露部在产力作用下通过产道时，为适应骨盆各平面的不同形态而被动地进行一系列适应性转动，以最小径线通过产道的全过程。临床上头先露占 95.55%~97.55%，而头先露中以枕左前位最常见。胎头娩出包括衔接、下降、俯屈、内旋转、仰伸、复位及外旋转等动作。现以枕左前位分娩为例来说明。

一、衔接

胎头双顶径进入骨盆入口平面，胎头颅骨的最低点接近或达到坐骨棘水平，称衔接。胎头以半俯屈状态进入骨盆入口，以枕额径（11.3 cm）衔接。由于枕额径大于骨盆入口前后径，枕左前位时，胎头矢状缝坐落于骨盆入口右斜径上，枕骨在骨盆的左前方。初产妇可在预产期前 1~2 周内胎头衔接，经产妇在分娩开始后胎头衔接（图 4-7A）。若初产妇临产后胎头仍未衔接，应警惕头盆不称。

二、下降

胎头沿骨盆轴前进的动作称下降。下降始终间歇性地贯穿于分娩的全过程。宫缩是胎头下降的主要动力，初产妇胎头下降速度因宫口扩张缓慢和软组织阻力大较经产妇慢。胎头在下降过程中受骨盆底的阻力发生俯屈、内旋转、仰伸、复位及外旋转等动作。胎头下降的程度是临床上判断产程进展的重要标志之一，并以胎先露部颅骨最低点与坐骨棘水平的关系来表示。

三、俯屈

当胎头继续下降至骨盆底时遇肛提肌阻力，借杠杆作用，使原处于半俯屈状态的胎头枕部进一步俯屈，胎头由原来衔接时的枕额径（11.3 cm）变为枕下前囟径（9.5 cm），以此径线适应产道继续下降（图 4-7B）。

四、内旋转

胎头到达中骨盆平面及出口平面时，为适应中骨盆平面的特点而发生内旋转，枕左前位的胎头枕部向母体前方旋转 45°，使胎头矢状缝与中骨盆及骨盆出口前后径相一致，后囟转至耻骨弓下方，有利于胎头下降。此时胎头的枕下前囟径与中骨盆平面的最大径线（前后径）相一致，但胎肩并未转动。胎头于第一产程末完成内旋转动作（图 4-7C）。

五、仰伸

完成内旋转后，胎头在宫缩和腹压作用下继续下降，到达阴道外口时，肛提肌的收缩又将胎头向前推进。在两者的共同作用下，胎头枕骨达到耻骨联合下缘时，以耻骨弓为支点逐渐仰伸，胎头的顶、额、鼻、口、颏相继娩出（图4-7D、图4-7E）。胎头仰伸时，胎肩已进入骨盆，并落在骨盆入口的左斜径上。

六、复位及外旋转

胎头娩出时，胎儿双肩径沿骨盆入口左斜径下降。胎头娩出后，胎头枕部向原方向回转45°，使胎头与胎肩恢复正常关系，称复位。胎肩在盆腔内继续下降，前（右）肩向前向中线旋转45°时，胎儿双肩径转成与出口前后径相一致的方向，胎肩内旋转带动胎头枕部在外继续向同一方向旋转45°，以保持胎头矢状缝与胎儿双肩径的垂直关系，称外旋转（图4-7F）。

七、胎儿娩出

胎头完成外旋转后，胎儿前肩在耻骨弓下先娩出（图4-7G），胎体侧弯，随即后肩从会阴前缘娩出（图4-7H），最后胎体及胎儿下肢随之顺利娩出。

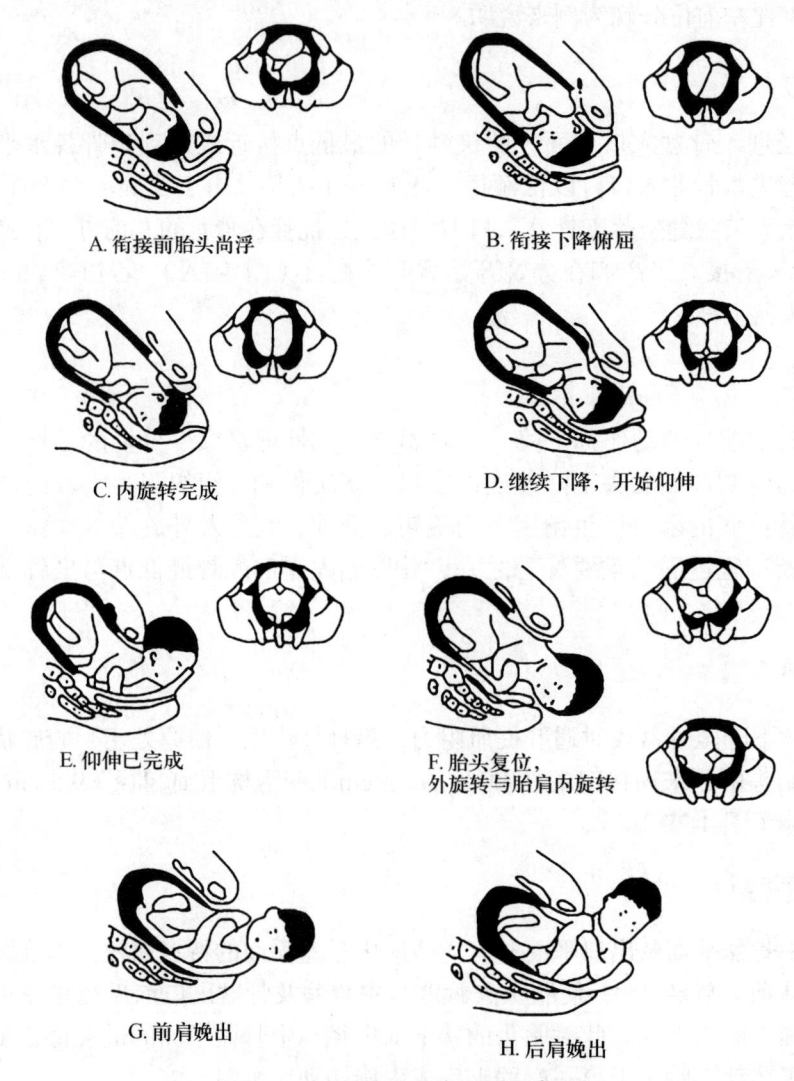

A. 衔接前胎头尚浮　　B. 衔接下降俯屈
C. 内旋转完成　　D. 继续下降，开始仰伸
E. 仰伸已完成　　F. 胎头复位，外旋转与胎肩内旋转
G. 前肩娩出　　H. 后肩娩出

图4-7　枕左前位分娩机制示意图

第四节 各产程临床经过及产妇的护理

> **导学案例 4-1**
> 王女士,26岁,第一胎,孕39周,下腹部阵痛1小时于昨晚9时入院,一夜未入眠。第二天上午8时查房时检查宫缩3~4分钟1次,每次持续40秒。阴道检查:宫口开3 cm,先露棘平,羊膜囊存在,胎心140次/分,枕左前位,胎儿估计3000 g,骨盆外测量24-27-20-9 cm。
> 讨论分析:
> 1. 该产妇产程是否正常?其依据是什么?是否需要处理?
> 2. 该患者的主要护理问题有哪些?
> 3. 如果该产妇产程进展顺利,主要护理措施有哪些?

一、第一产程

临床经过

1. **规律宫缩** 产程开始时,宫缩持续时间较短(30~40秒)且弱,间歇期较长(5~6分钟)。随着产程进展,宫缩持续时间逐渐延长(50~60秒),且强度不断增加,间歇期逐渐缩短(2~3分钟)。当宫口接近开全时,宫缩持续时间可长达约1分钟,间歇期仅1~2分钟。

2. **宫口扩张** 当宫缩逐渐频繁且不断增强时,子宫的收缩及缩复作用使宫颈管逐渐缩短直至展平,宫口逐渐扩张。宫口扩张于潜伏期较慢,进入活跃期后加快。当宫口开全时,宫口边缘消失,子宫下段及阴道形成宽阔的管腔(图4-8)。

3. **胎头下降** 胎头下降程度是决定胎儿能否经阴道分娩的指标。临床上以坐骨棘水平为判断胎先露下降的标志。胎头颅骨最低点平坐骨棘水平时,用"0"表示。在坐骨棘连线以上1 cm时用"-1"表示,在坐骨棘连线以下1 cm时用"+1"表示,以此类推(图4-9)。

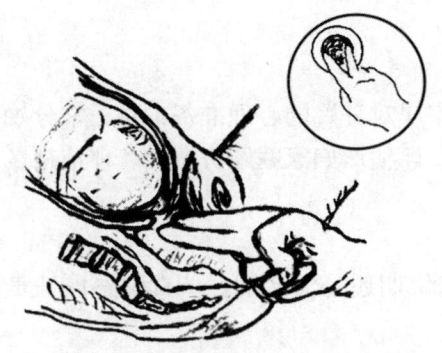

图4-8 阴道检查宫口扩张情况

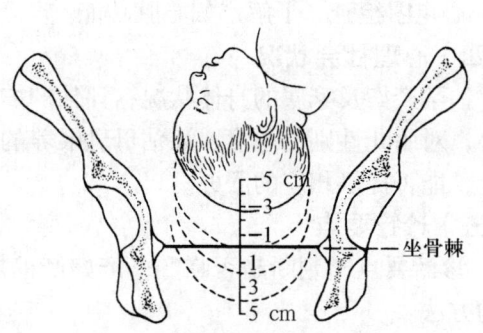

图4-9 胎头下降示意图

4. **胎膜破裂** 简称破膜。宫缩时,子宫羊膜腔内压力升高,胎先露部下降,将羊水阻断为前、后两部分。在胎先露部前方的羊水不多,约100 ml,称前羊水,形成的前羊水囊称胎胞,它有助于扩张宫口。宫缩逐渐增强,子宫羊膜腔内压力逐渐增加,当羊膜腔压力增加达到一定程度时自然破膜,前羊水流出。破膜多发生在宫口近开全时。

护理评估

（一）健康史

1. 了解孕产妇年龄、民族、居所、职业、学历等，获取身份证、联系电话等信息。评估产妇对正常分娩知识的了解程度。

2. 复习孕期检查记录并详细询问本次妊娠史，包括末次月经、预产期、初觉胎动时间、有无高危因素等。了解目前有无临产先兆，是否临产，如已临产应了解产程开始的时间，宫缩的频率、持续的时间及强度；有无阴道流血；破膜时间及羊水性状等情况。了解临产后产妇精神状态、进食、大小便及休息情况。

3. 了解孕产妇是否有糖尿病、肝病等内科和外科合并症。了解孕产妇的生活习惯、月经史、生育史、家族遗传史、药物过敏史、手术史、免疫情况等。

（二）身体评估

1. **一般情况** 产妇入院后，评估临产后产妇的生命体征、身高、体重。观察其乳房、腹部、生殖道、双下肢水肿情况，注意乳房形态及乳头有无内陷。

2. **产科检查**

（1）腹部检查：测量宫高及腹围以估计胎儿大小，评估宫高是否与孕龄相符，通过四步触诊初步判断胎产式、胎方位及胎先露是否入盆。结合骨盆测量，判断头盆是否相称。在宫缩的间歇期，用胎心听诊器或胎儿电子监护仪监测胎心。用手触摸或用胎儿电子监护仪观察子宫收缩的持续时间、间歇时间及收缩强度。

（2）阴道检查：通过阴道检查能了解宫颈的扩张程度、胎头下降的位置、胎方位、是否破膜、有无宫颈水肿、有无脐带脱垂、软产道情况及进行骨盆内测量。阴道流血不能排除前置胎盘时，一般不做阴道检查，禁止肛门检查。

（三）辅助检查

1. **实验室检查** 血常规、尿常规（有无尿蛋白、尿糖、酮症等），血型（包括 Rh 血型），肝功能、肾功能，血糖测定；凝血四项、输血前检查（包括甲型、乙型、丙型、丁型、戊型肝炎病毒抗体的测定），艾滋病、梅毒抗体等测定。

2. **B 型超声** 可了解胎方位、胎心率、胎盘功能、羊水量等。

3. **胎心监护无激惹试验（NST）** 了解胎儿在宫内是否缺氧。

4. **心电图检查** 了解产妇心脏功能。

（四）心理社会状况

评估孕产妇及家属的身体状况，评估产妇及其家属对分娩的心理准备，对正常分娩的态度与信心，对胎儿性别的态度；评估母乳喂养的准备，评估产妇家庭经济情况。评估社区护理照顾情况，能否提供相应的服务。

（五）诊疗要点

1. **诊断要点** 判断是否临产，产妇产程是在潜伏期还是活跃期。认真观察评估是目前最有效的方法。

2. **治疗要点** 对于正常分娩，一般不干涉正常的产程进展。产妇处于潜伏期时，一般不诊断为难产。没有明确的医疗指征提示母亲或胎儿异常的情况下，耐心等待和观察是最恰当的管理方案。

护理诊断/问题

1. **疼痛** 与逐渐增强的宫缩和宫颈扩张有关。

2. **知识缺乏** 与产妇缺乏分娩知识有关。

3. **焦虑** 与产程疼痛、担心胎儿安全有关。
4. **潜在并发症**：产力异常、胎儿窘迫等。

▶ 护理目标

1. **产妇能够适应产痛。**
2. **胎儿无并发症发生。**
3. **产程正常进展。**

▶ 护理措施

1. **一般护理**

（1）清洁卫生：入院后根据条件协助产妇沐浴、更衣，清洁外阴。

（2）饮食：分娩消耗体力较大，应鼓励产妇在宫缩间歇期少量多餐，进食高蛋白质、高热量、易消化、清淡饮食，注意补充足够水分，保持水、电解质平衡。

（3）活动与休息：若临产后胎膜未破、宫缩不强，鼓励产妇在室内适当活动，以促进宫缩，有利于胎先露下降和宫口扩张。指导产妇在宫缩间歇期休息，最好取左侧卧位，有利于胎盘血液循环，防止胎儿窘迫，避免仰卧位低血压综合征的发生。若胎膜已破，胎头未衔接，应卧床休息，取头低足高位，以免脐带脱出。对精神紧张，宫缩过频者，可遵医嘱给予少量镇静药，有利于分娩的顺利进行。

（4）排尿与排便：临产后，应鼓励产妇 2～4 小时排尿 1 次，以免充盈的膀胱影响宫缩及胎头下降。对胎头压迫引起排尿困难者予以导尿。不主张用灌肠等方法过早干涉产程的进展。

2. **监测生命体征** 每隔 4～6 小时测量 1 次生命体征并记录，对生命体征异常者遵医嘱增加测量次数。

3. **心理护理** 医务人员态度应和蔼可亲，加强与产妇及其家属的沟通，建立良好的护患关系，及时提供分娩过程中的信息，向产妇及其家属耐心讲解分娩的生理经过，指导产妇采取良好的应对措施，增强产妇对自然分娩的信心。对每项检查及治疗事先给予解释、指导，交流和操作始终稳重而熟练，使产妇在分娩过程中密切配合，保证分娩得以顺利进行。家属或护理人员应陪伴在产妇身边，以便及时提供护理需要及精神支持。

> 知识链接
>
> **导乐陪伴分娩**
>
> "导乐"一词出自希腊文"Doula"。导乐陪伴分娩是指一位有分娩经验或助产经验的女性，在产前、产时及产后的一段时间内陪伴产妇，给予产妇生理上、心理上、情感上的持续支持，帮助和鼓励产妇建立起自然分娩的信心。
>
> 美国的"导乐分娩"是世界上开展最早的，开始于 1996 年。导乐陪伴分娩是一种以产妇为中心的"一对一"的服务模式，能给予产妇安全感和依赖感，是减轻产妇分娩疼痛和消除产时紧张情绪的一种很好的方法。几乎 100% 的产妇都期望能够有人陪伴，专业的、和蔼的导乐陪伴能让产妇安心。

4. **减轻产痛** 协助产妇办理入院手续，提供良好的环境，待产室内保持舒适、整洁、安静，减少不良刺激。鼓励产妇变换体位，应用放松技巧、呼吸技巧等非药物镇痛法来解除疼痛。注意产妇不要弯腰过低，避免挤压腹部，助产护理人员提供良好的支持协助，防止产妇滑倒或坠床。有以下情况者不适合自由体位：①胎膜已破，胎头高浮者；②并发重度妊娠高血压者；③有异常出血者；④妊娠合并心脏病者；⑤臀位或横位已出现临床征兆者。

> **知识链接**
>
> **分娩镇痛**
>
> 分娩镇痛的目的是有效缓解疼痛，同时减少产妇因过度换气而引起的不良影响。产妇自临产至第二产程无可分娩镇痛。
>
> 分娩镇痛分非药物镇痛和药物镇痛。非药物镇痛包括调整呼吸、按摩、家属陪伴、导乐等。药物镇痛以硬膜外麻醉为常用方法。药物镇痛的必备条件有：①药物起效快，作用可靠，便于给药；②对产妇及胎儿不良作用小，母婴安全；③无运动神经阻滞，不影响子宫收缩频率及强度；④产妇清醒，能参与和配合分娩过程；⑤必要时可满足手术要求。分娩镇痛的适应证：①无剖宫产适应证；②无硬膜外麻醉禁忌证；③产妇有意愿。实施硬膜外麻醉时，第二产程初产妇最长≤4小时，经产妇≤3小时。

5. 观察产程

（1）宫缩情况：助产者将一手置于产妇腹壁，当宫缩时感觉宫体隆起变硬，宫缩间歇期宫体松弛变软的情况。每1~2小时观察1次，每次连续观察3次宫缩，并记录宫缩持续时间、宫缩强度及间歇时间。也可用胎儿监护仪描记宫缩曲线。

（2）胎心：胎心反映胎儿在宫内的情况。潜伏期每隔1~2小时听胎心1次，活跃期每隔30分钟听胎心1次，每次听1分钟并记录。听胎心应在子宫收缩间歇期在产妇腹壁听诊。出现以下情况时应当持续行胎心监护并报告产科医生：①胎心率<110次/分或>160次/分。②产妇体温有一次超过38℃，或连续2次间隔2小时测量，均高于37.5℃。③有活动性阴道出血。④需要应用缩宫素加强宫缩。⑤人工破膜后宫缩加强，并有羊水粪染者。⑥应用麻醉镇痛者。

（3）宫口扩张与胎先露下降：宫颈扩张及胎头下降的程度和速度是产程进展的重要标志，也是指导产程处理的主要依据。初产妇在潜伏期一般2~3小时检查1次，活跃期每小时1~2小时检查1次，可根据产妇的产次、宫缩强度、产程进展情况增减检查次数。如产妇过早开始屏气用力，或胎心有异常等，应行阴道检查。

（4）破膜及羊水：一旦破膜，应立即听胎心音并记录胎心率、破膜时间，观察羊水的性状、颜色和量。观察有无脐带脱垂。破膜超过12小时分娩尚未完成，无论是否出现感染征象，都应遵医嘱给予抗生素预防感染。

6. 健康指导 进行正常分娩健康教育，评估孕产妇及家属正常分娩知识水平并进行针对性的指导。进入活跃期后，实行"一对一"的助产士连续支持性护理，与产妇保持良好的沟通，提供精神心理与生理支持，使产妇保持轻松、愉快的心情，积极配合医护人员处理与护理，做好迎接新生儿的准备。

▶ **护理评价**

1. 产妇能正确地判断是否临产。
2. 产妇相信正常分娩是生理现象，能够正确对待分娩过程。
3. 产妇能够应用非药物方法适应产痛，树立分娩信心。
4. 产妇能够保持心理和生理平衡。
5. 产妇能够得到良好的支持性护理。

二、第二产程

▶ 临床经过

1. **宫缩增强** 宫口开全后，宫缩频率及强度进一步增加，宫缩持续时间约1分钟，间歇时间缩短至1~2分钟。

2. **产妇屏气用力** 宫口开全后，胎先露部下降达盆底，直接压迫直肠，反射性引起排便感，使产妇不自主屏气用力，协同宫缩迫使胎儿进一步下降，同时肛门逐渐松弛，尤其宫缩时更加明显。

3. **胎头拨露与胎头着冠** 胎头于宫缩时显露于阴道口，间歇时又回缩于阴道内，称胎头拨露。胎头经过几次拨露，胎头外露部分不断增加，直至胎头双顶径越过骨盆下口平面横径，在宫缩间歇期不再回缩，称胎头着冠（图4-10、图4-11）。

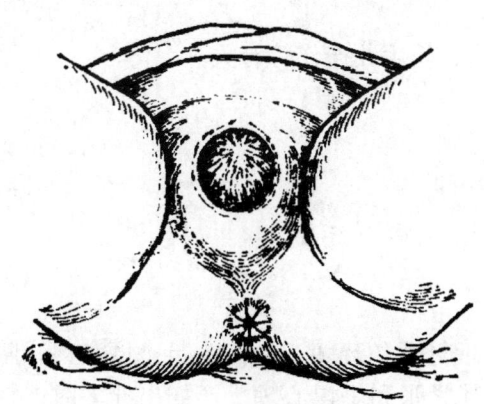

图4-10 胎头拨露示意图

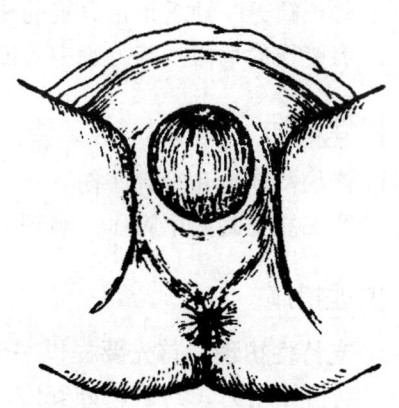

图4-11 胎头着冠示意图

4. **胎儿娩出** 胎头着冠后会阴极度扩张，胎头枕骨抵达耻骨弓下，并以此为支点，出现胎头仰伸、复位及外旋转等动作，随后前肩、后肩相继娩出，胎身很快随之娩出，后羊水也随之涌出，子宫底降至平脐。胎儿娩出后产妇顿觉轻快。

▶ 护理评估

（一）健康史

了解产妇第一产程经过及处理情况。评估胎儿宫内安危。

（二）身体状况

进入第二产程后，产妇的阴道分泌物增多，宫缩加强，每次宫缩持续时间在1分钟以上，间歇时间仅1~2分钟，出现不由自主的屏气向下用力。检查见肛门松弛，阴道检查已触不到子宫颈的边缘。应注意评估产妇的子宫收缩强度、频率和两次宫缩间是否能完全放松，警惕强直性子宫收缩和病理缩复环的出现；注意胎心及胎头下降情况；评估会阴局部情况，并结合胎儿大小，判断是否需要行会阴切开术等。如果第二产程开始后1小时胎头仍未下降，要报告医师。

（三）心理社会状况

在第二产程，产妇由于强烈宫缩的影响，疼痛难忍，表现为焦虑、急躁、恐惧、喊叫等，应及时告知产妇及家属产程进展情况，鼓励产妇增强信心，完成分娩。

（四）辅助检查

每隔5~10分钟听胎心音1次，可全程使用胎儿电子监护仪了解宫缩及胎心情况，发现异常情况，应及时通知医师，查找原因并处理。

（五）诊疗要点

1. **诊断要点** 判断产妇是否宫口开全，判断胎头是否下降至盆底，产妇是否开始屏气用力。注意是否存在头盆不称、胎方位、胎头有无变形及程度、胎儿下降程度。注意是否存在尿潴留、宫缩乏力。

2. **治疗要点** 加强支持性护理，鼓励产妇自主用力、自由体位分娩；给予能量及水分补充；注意胎儿情况，使用胎儿电子监护仪持续监测胎心；自然地缓慢娩出胎儿，胎头娩出后，等待至少一次宫缩自然娩出胎肩；晚断脐（等待脐带搏动停止后或等待胎盘娩出后断脐）。

▶ **护理诊断/问题**

1. **疼痛** 与宫缩及会阴侧切术有关。
2. **焦虑** 与担心分娩能否顺利进行有关。
3. **知识缺乏** 缺乏正常分娩的相关知识。
4. **有受伤的危险** 与分娩中可能的软产道损伤、新生儿产伤等有关。

▶ **护理目标**

1. 产妇及新生儿没有产伤。
2. 产妇能正确使用腹压，顺利完成分娩过程。

▶ **护理措施**

1. **支持性护理** 首先要提供一个利于产妇心理舒适的环境，助产人员态度和蔼，陪伴在旁，正确指导用力，给予产妇安慰，缓解、消除其紧张和恐惧心理。产妇出汗多时，帮其擦汗，宫缩间歇期协助饮水及补充能量。提供非药物镇痛方法，如呼吸法、音乐疗法，鼓励产妇采用自己感到舒适的体位，提供舒适的椅子或垫子、分娩球或采用水中待产等。注意保持产妇的清洁卫生，有粪便及时排出、及时清理。及时排空膀胱，每2小时提醒1次，必要时导尿。

2. **观察产程** 由于第二产程宫缩更加频繁且强烈，要注意胎儿有无急性缺氧，观察胎心变化，尤其注意胎心与宫缩的关系，一般于宫缩间歇期每5～10分钟听胎心音1次或用胎儿监护仪持续监护。观察宫缩，如有宫缩乏力，应遵医嘱给予催产素静脉滴注。观察胎先露的下降情况，若此时胎膜仍未破，影响胎先露下降，应立即于宫缩间歇期行人工破膜。若出现胎心异常、第二产程延长等情况，应采取相应措施，尽快结束分娩。

3. **指导产妇正确用力** 宫口开全后，告知产妇可按照自己的意愿来决定用力时间和用力方式（产妇自主用力），在产妇没有感觉到想用力时，不必指导产妇用力。不宜指导产妇在宫缩时用长力。若产妇感觉用力没有效果时，助产士可做适当的引导，协助产妇改变体位，并关注会阴膨起情况。

4. **准备接产** 初产妇宫口开全、经产妇宫口开大6 cm以上且宫缩规律有力时，将产妇送上分娩床，提前打开新生儿辐射台预热。若分娩进展较快，应适当提前做好准备。使产妇仰卧在产床上，两腿屈曲分开，露出外阴部，臀下置清洁便盆或护理垫，操作者右手持一把无菌卵圆钳用消毒纱布或棉球蘸温肥皂水擦洗外阴部。然后用消毒干纱球堵住阴道口，用温开水冲洗干净。最后以0.5%聚维酮碘溶液消毒，顺序是大小阴唇→阴阜→大腿内上1/3→会阴及肛门周围（图4-12），随后取下阴道口的纱球

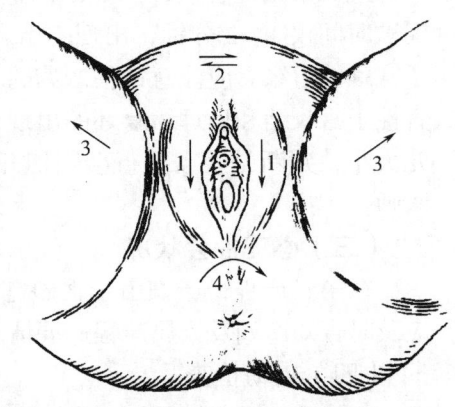

图4-12 外阴消毒顺序

和臀下便盆或护理垫,将消毒巾铺于臀下。接生者按常规无菌操作洗手、戴手套及穿手术衣,助手协助打开产包,铺好消毒巾准备接产。

5. **接产** 接生主要是保护胎儿安全娩出,防止产道损伤。接产要点是与产妇有良好的沟通,配合产妇不同体位与用力方式接产,宫缩时均匀地控制胎头娩出速度,缓慢地娩出胎儿。目前临床上提倡自然分娩(手膝俯卧位、侧卧位或其他非平卧位)。接产的方法有两种:第一种为一手控制胎头,另一手扶持保护会阴体接生法;第二种为只用一手控制胎头的无保护会阴接生法。

(1)保护会阴体接生法:接生者站在产妇右侧,当胎头拨露阴唇后联合紧张时,开始保护会阴。方法:在会阴部铺消毒治疗巾,接生者右肘支在产床上,右手拇指与其余四指分开,用右掌指关节正对会阴体中心,每当宫缩时向上向内托压会阴,左手轻轻下压胎头枕部,协助胎头俯屈(图4-13A)。宫缩间歇期,保护会阴的手稍放松,但不离开会阴,以恢复会阴正常血液循环,以免会阴受压过久引起局部水肿。经过几次拨露后胎头着冠,此时右手用力保护会阴,并嘱产妇张口哈气以消除腹压,左手协助胎头仰伸,使胎头缓慢娩出(图4-13B)。当胎头娩出后,继续保护会阴,左手拇指从胎儿鼻根向下挤压出鼻、口腔内的黏液和羊水,随后等待胎头复位及外旋转,使胎儿双肩径与骨盆出口前后径一致,轻压胎儿颈颊部,使前肩从耻骨联合下娩出(图4-13C),再托胎颈向上使后肩从会阴前缘缓慢娩出(图4-13D)。双肩娩出后,此时保护会阴的手可以离开会阴体,然后双手协助胎体及下肢娩出。胎儿娩出后,羊水随之涌出。胎儿娩出后,将一弯盘置于阴道口下方,接取阴道流血,记录胎儿娩出时间和出血量。胎头娩出后,若发现脐带绕颈1周且较松,可以用手将脐带顺胎肩上推或沿胎头下滑;若脐带绕颈2周以上或较紧,可用两把止血钳夹住颈部脐带,从中间剪断脐带。注意勿伤及胎儿颈部,松解脐带后再协助胎肩娩出。

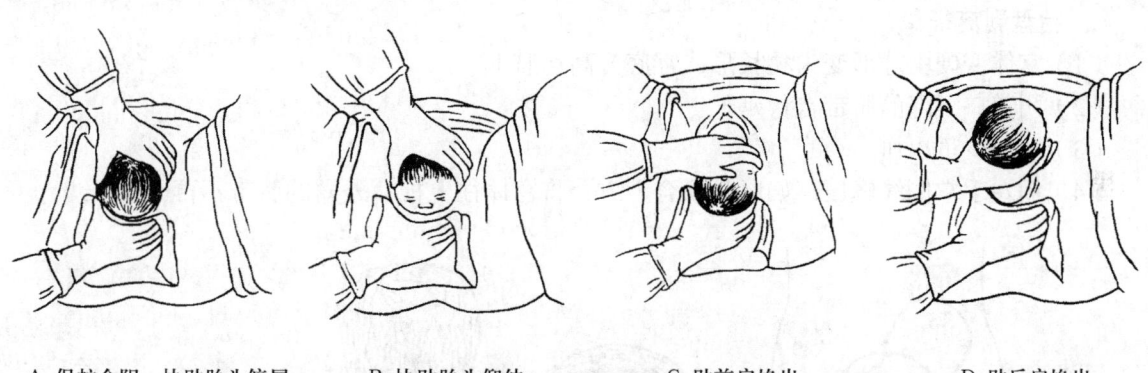

A 保护会阴,协助胎头俯屈　　B 协助胎头仰伸　　C 助前肩娩出　　D 助后肩娩出

图4-13　保护会阴体接生示意图

(2)无保护会阴体接生法:接生者正位站立,在产妇阴道口处女膜环及胎先露部涂适量润滑剂(消毒的液状石蜡或橄榄油),指导产妇用力至胎头着冠1/3时。助产士将右手五指分开置于胎头上,但并不用力,只是为了防止胎头过快窜出来。指导产妇在宫缩期张口快节奏地哈气,宫缩间歇缓慢屏气用力至胎头着冠2/3时,再次涂润滑剂。要求产妇在宫缩期继续快节奏地哈气,间歇期停止用力,放松休息。在娩出胎肩时也不保护会阴,而是缓慢地顺势旋转胎儿躯体直至背朝下娩出双足。成功的关键是指导产妇密切配合接生者,利用哈气运动所产生的腹肌力量将胎儿缓慢从阴道里滑出。无保护会阴接产技术的优点:①最大限度地减轻产妇分娩过程中的痛苦,减少出血和感染的机会。②使产妇的盆底功能很快恢复,减少因盆底功能障碍而引起的许多后遗症。③充分体现人性化分娩,使分娩回归自然。④可以最大限度地减少会阴撕裂伤,甚至使会阴无裂伤,更有利于降低会阴切开率,还明显促进自然分娩的成功率。

6. **脐带与新生儿处理** 胎儿娩出后,立即评估新生儿情况,无窒息者置于母亲两腿之间或腹部不高于胎盘位置,用预热温暖毛巾或其他物品保暖,不钳夹和切断脐带,直到搏动消失(3~5分钟),或胎盘娩出后再断脐。然后将新生儿置于母亲胸部开始早接触、早吸吮。晚断脐可增加50~80 ml血液,为新生儿提供必要的血容量,有利于新生儿呼吸功能的建立,增加铁储备,预防新生儿贫血。如果有胎儿窒息表现,保留脐带不要剪断,然后将新生儿置于母亲两腿之间开始复苏急救措施。

7. 限制性会阴侧切 不对初产妇常规行会阴切开。会阴侧切指征:阴道助产手术、会阴有瘢痕或过紧、胎儿过大估计分娩时会阴撕裂不可避免者,或胎儿窒息导致急需结束分娩者。应严格掌握会阴切开指征。不提倡常规会阴部利多卡因局部麻醉;不提倡分娩过程中按摩外阴和扩展阴道。

▶ 护理评价

1. 产妇无会阴撕裂,新生儿没有产伤。
2. 产妇能正确使用腹压,顺利完成分娩过程。

三、第三产程

▶ 临床经过

胎儿娩出后,产妇感到轻松,子宫底下降至平脐,宫缩暂时停止,几分钟后又开始出现宫缩。在子宫的缩复作用下,宫腔容积明显缩小,而胎盘不能相应缩小,导致胎盘与子宫壁发生错位、剥离,剥离面出血形成胎盘后血肿。随血肿增大,局部压力增加,胎盘剥离面不断扩大,直至胎盘完全从子宫壁剥离而娩出(图4-14)。

1. 胎盘剥离征象
(1)宫体变硬由球形变为狭长形,宫底升高达脐上。
(2)阴道口下降的脐带自行延长。
(3)阴道少量出血。
(4)用左手掌侧缘轻压产妇耻骨联合上方,将宫体往上推,外露的脐带不再回缩。

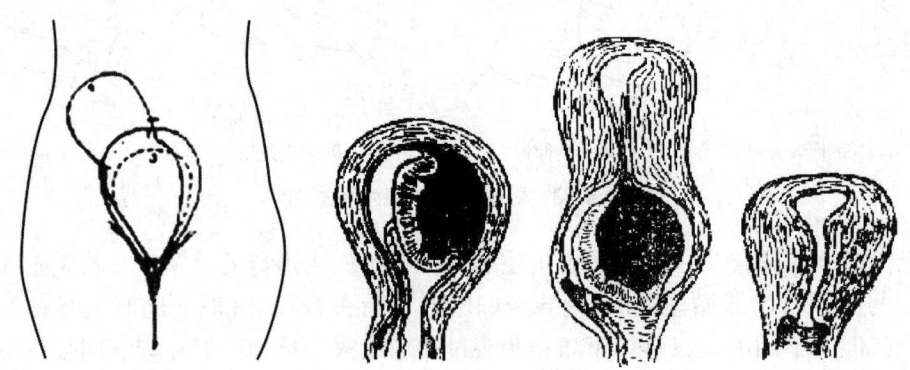

图4-14 胎盘娩出过程

2. 胎盘剥离及娩出方式 胎盘娩出有两种方式。
(1)胎儿面先娩出:胎盘先从中心剥离,形成胎盘后血肿,然后向周边剥离,特点是先见胎盘的胎儿面娩出,后见少量阴道流血,临床多见,约占3/4。
(2)母体面先娩出:胎盘从边缘开始剥离,血液沿剥离面流出,然后中心剥离。其特点是先见较多阴道流血,后见胎盘母体面娩出,临床少见,约占1/4。

3. 阴道少量流血 由胎盘与子宫壁分离所致,正常分娩的出血量一般不超过300 ml。

护理评估

（一）健康史
了解第一、第二产程的临床经过，了解产妇和新生儿的情况。

（二）身体状况

1. **产妇评估** 胎盘娩出前，评估宫缩强度及宫底高度、阴道流血情况、胎盘是否剥离。胎盘娩出后评价胎盘、胎膜娩出是否完整；检查软产道损伤情况。产后 2 小时评估产妇：①生命体征：一般平稳，在正常范围内，脉搏较第二产程变缓，呼吸减慢；②注意宫高、膀胱充盈情况、阴道流血情况、有无阴道壁血肿及软产道裂伤；③评估产妇仪容及身体清洁情况，产妇多有大汗淋漓现象，较疲惫。

2. **新生儿评估** 检查新生儿健康情况，进行阿普加（Apgar）评分，观察有无新生儿窒息及其程度、有无产伤和外观畸形。评估脐带搏动情况，由于足月新生儿血氧饱和度在产后 10 分钟才达 85%~95%，故在这个过渡过程中，新生儿应保持脐带不结扎（晚断脐），有利于维持新生儿生命体征稳定平衡。

新生儿 Apgar 评分法可判断新生儿有无窒息及窒息程度。它以新生儿出生后 1 分钟内的心率、呼吸、肌张力、喉反射及皮肤颜色 5 项体征为依据，每项 0~2 分（表 4-1），满分为 10 分。8~10 分属正常新生儿；评分 4~7 分为轻度窒息，经一般处理通常可以恢复；0~3 分为重中度窒息，应紧急抢救，并于出生后 5 分钟、10 分钟再次评分。

表 4-1 新生儿 Apgar 评分标准

体征	0分	1分	2分
心率（次/分）	0	<100	≥100
呼吸	0	浅慢不规则	情况好，哭声响
肌张力	松弛	四肢稍屈曲	四肢屈曲，活动好
喉反射	无反射	有些动作	咳嗽、恶心
皮肤颜色	全身苍白	躯干红，四肢发紫	全身红润

（三）心理社会状况
评估产妇的心理变化，对新生儿性别、健康状况、容貌等是否满意。尽早实现母婴接触，评估亲子间互动及家庭社会支持系统。

（四）辅助检查
按医嘱进行相应实验室检查，如脐带血检测等。

（五）诊疗要点

1. **诊断要点** 观察胎盘剥离征象，正确助娩胎盘；观察新生儿是否存在窒息及窒息程度。

2. **治疗要点** ①正确、完整地娩出胎盘，检查胎盘、胎膜是否完整；②常规按摩子宫，预防产后出血；③检查软产道会阴裂伤情况，及时缝合止血；④尽早实现母婴皮肤直接接触，产后 1 小时内争取成功吸吮；⑤对产后有宫缩乏力危险的产妇可使用催产素；⑥注意产妇的能量与水分的补充，加强保暖，促进舒适。

护理诊断/问题

1. **疲乏** 与产程较长、未及时补充饮食、睡眠不足及体力消耗过大有关。
2. **潜在并发症**：产后出血、新生儿窒息等。
3. **亲子关系建立障碍** 与产后疲惫、会阴切口疼痛或父母对新生儿性别及容貌不满意有关。

▶ **护理目标**

1. 产妇安全度过产程，精神好，舒适度好。
2. 不发生产后出血、新生儿窒息等并发症。
3. 产妇接受新生儿，并开始亲子互动。

▶ **护理措施**

1. 新生儿的护理

（1）清理呼吸道：胎儿娩出后，应立即用吸管吸出新生儿口、鼻腔黏液及羊水，保持呼吸道通畅并建立自主呼吸，避免发生吸入性肺炎。

（2）早接触、早吸吮：新生儿一般在出生后3~5分钟脐带搏动停止，在这个时期将新生儿放置到母亲腹部，开始早接触，鼓励新生儿早吸吮，在出生后1小时内多数新生儿能够成功开始吸吮。争取第1个24小时内吸吮8~10次。由接产助产士进行产后母乳喂养宣传，并协助第一次吸吮，评估产妇是否掌握哺乳方法，并与产后区护士交接班。对新生儿进行初步查体，观察生命体征，四肢能否自由活动，有无外观畸形，可在母亲身边观察进行，不打扰母子的接触。

（3）脐带处理：等待脐带搏动消失后，无菌断脐（可在新生儿完成吸吮后进行）。脐带处理的方法目前常用脐带夹法，即在距脐轮0.2~0.5 cm处夹上一次性脐带夹，在夹上0.2 cm处平行切断脐带，用0.5%聚维酮碘溶液消毒脐带残端及夹下脐带周围皮肤，无需无菌纱布覆盖及绷带包扎，暴露即可，24~48小时待脐带残端干枯时取下脐带夹。其他还有气门芯法、线扎法、血管钳等结扎脐带法。

（4）一般护理：产后区护士清洁新生儿身上的血迹和羊水，再次检查新生儿性别、有无外伤、外观有无畸形；称体重、测量头围与身长；在新生儿左手腕系上标有母亲姓名、床位号、新生儿性别、体重、身长、出生时间的腕带。在新生儿记录单上按上新生儿左足印和母亲右拇指印，并将新生儿穿好衣服包裹，注意保暖，其外系上标有与腕带内容完全一样的小牌，用抗生素眼液滴眼，以防新生儿眼病。

2. 观察胎盘剥离征象，协助胎盘娩出 应正确判断胎盘剥离征象，切忌过早用手按揉下压子宫或牵拉脐带。当确认胎盘已完全剥离时，立即协助胎盘娩出。方法是：助产士一手牵拉脐带，另一手经腹壁轻压宫底，嘱产妇增加腹压。当胎盘娩出至阴道口时，双手捧住胎盘，向一个方向旋转并缓慢向外牵拉，协助胎盘、胎膜完整娩出（图4-15）。如果在胎盘娩出的过程中有部分断裂，可用血管钳夹住断裂胎膜的上端，再继续朝原方向旋转，直至胎膜完全娩出。胎盘、胎膜娩出后，继续按摩宫底，刺激子宫收缩，减少出血。如子宫收缩不佳，宫体不硬，应注射子宫收缩药促进子宫收缩，预防产后出血。

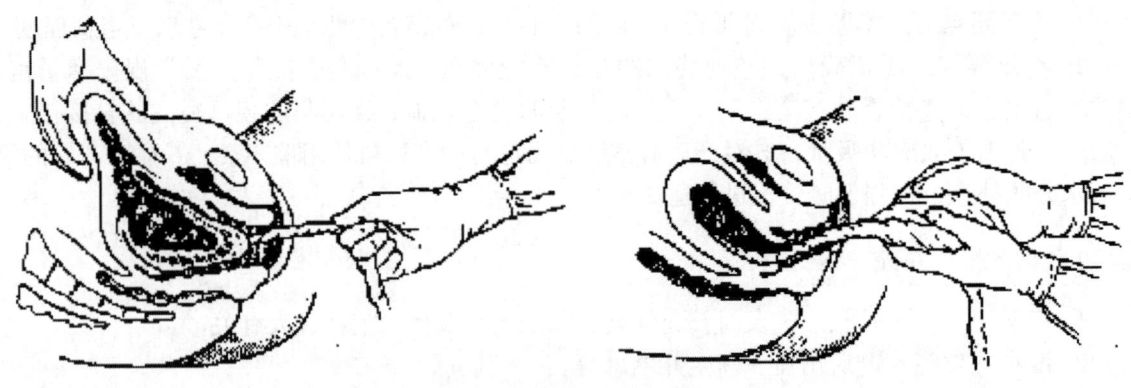

图4-15 助娩胎盘示意图

3. **检查胎盘和胎膜** 先将脐带提起,检查胎膜是否完整,然后将胎膜撕开平铺检查胎盘母体面,注意有无小叶缺损,测量胎盘直径与厚度。检查胎儿面边缘有无血管断裂,以便及时发现是否有副胎盘存留。

4. **检查软产道,评估产后出血量** 胎盘娩出后应仔细从上到下、从外到内检查会阴、尿道口周围、小阴唇内侧、阴道及子宫颈有无裂伤,如有裂伤应立即缝合。正常分娩出血量一般为 150~300 ml,不应超过 300 ml。对有产后出血史或有宫缩乏力诱因(如双胎、羊水过多、多产、滞产等)者,当胎儿双肩娩出后立即给产妇肌内注射缩宫素 10 U 以加强子宫收缩,减少产后出血。胎盘未剥离而出血多时,应徒手剥离胎盘。

5. **产后 2 小时内的观察与护理** 第三产程结束后,将产妇留在产房内观察 2 小时。需及时更换产妇臀下污染的大单,用温水为产妇擦身,垫好消毒会阴垫等,促进产妇舒适。严密观察血压、脉搏、子宫收缩情况、宫底高度、阴道流血量、膀胱充盈程度、肛门坠胀感及会阴切口情况,如有异常,立即报告医生并配合处理。2 小时后一切正常,则将产妇送回爱婴区,继续观察和护理。若在一体化产房内,则产后不必转运产妇。鼓励产妇进食、进水,在产后 6 小时自行排尿。记录好产妇第一次排尿时间。

6. **填写产科护理文书** 填写分娩记录单、新生儿出生记录单、接产器械敷料清点单等产科护理文书。

7. **健康指导** 产后协助产妇擦汗更衣,注意保暖,提供易消化、营养丰富的饮料及食物。指导产妇及时排尿,以免影响子宫收缩,尽量充分休息,放松全身,恢复体力,不可过于兴奋或抑郁。及时发现产妇的焦虑或抑郁,针对焦虑的原因进行疏导和安慰,最大限度地减轻产妇的心理负担,保证产妇安全度过分娩期。产后要及时下床活动,一般感觉体力恢复即可下床行走,有利于盆底的复旧、预防产后出血及静脉血栓等疾病。帮助产妇适应母亲角色的转换,做好早吸吮,并保持母婴同室,按新生儿需要哺乳,每天增多吸吮次数,提高母乳喂养的成功率。新生儿一天排尿 3~6 次表示母乳量充足。

▶ 护理评价

1. 产妇顺利度过分娩期,没有发生产后出血、新生儿窒息等并发症。
2. 促进产妇的舒适度,产妇体力恢复良好,心态良好。
3. 早吸吮,提高母乳喂养的成功率,建立良好亲子关系。

(熊立新)

一、案例分析

案例一: 王女士,妊娠 37 周,近 3 日自觉腹胀。检查:腹形较妊娠月份大,骨盆外测量正常,胎头高浮,跨耻征(+)(表示头盆不相称)。B 型超声检查示胎儿双顶径 11 cm。

讨论分析:
1. 该产妇能经阴道自然分娩吗?
2. 该产妇主要的护理问题是什么?

案例二: 张女士,26 岁,妊娠 39 周,规律宫缩 8 小时,宫口开大 5 cm,胎心 136 次/分,宫缩每次持续 50 秒,间歇 3~4 分钟,产妇精神非常紧张,不断叫喊:"活不成了"。

讨论分析：
1. 该产妇产程进展是否顺利？
2. 该产妇首先的护理措施是什么？

二、问答题

1. 试述影响分娩的因素。
2. 简述临产与假临产的区别。
3. 简述三个产程的临床经过。
4. 简述第一产程的临床观察。

第五章 正常产褥期产妇的护理

第五章
数字资源

本章思维导图

思政之光

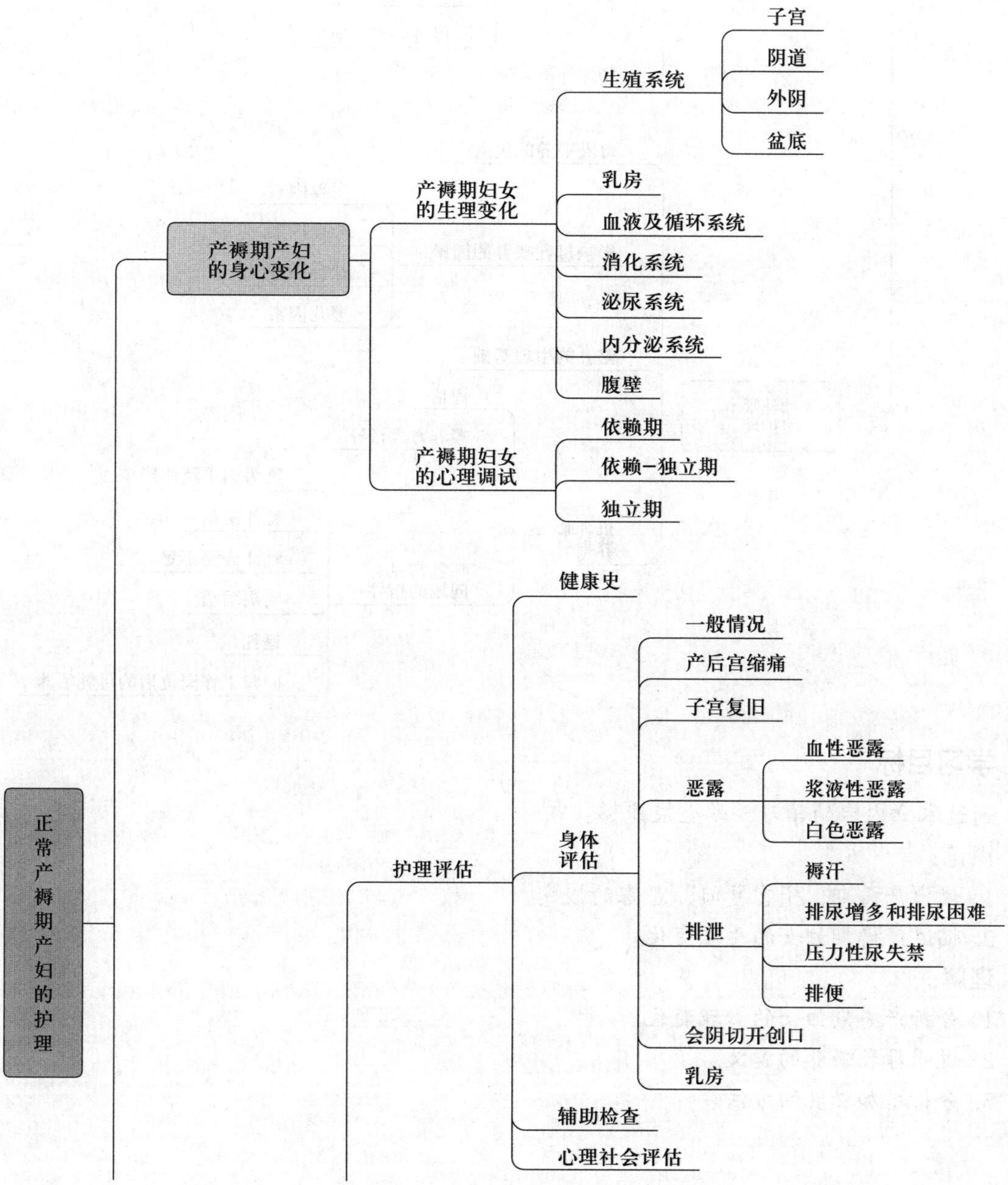

正常产褥期产妇的护理
- 产褥期产妇的身心变化
  - 产褥期妇女的生理变化
    - 生殖系统
      - 子宫
      - 阴道
      - 外阴
      - 盆底
    - 乳房
    - 血液及循环系统
    - 消化系统
    - 泌尿系统
    - 内分泌系统
    - 腹壁
  - 产褥期妇女的心理调试
    - 依赖期
    - 依赖-独立期
    - 独立期
- 护理评估
  - 健康史
  - 身体评估
    - 一般情况
    - 产后宫缩痛
    - 子宫复旧
    - 恶露
      - 血性恶露
      - 浆液性恶露
      - 白色恶露
    - 排泄
      - 褥汗
      - 排尿增多和排尿困难
      - 压力性尿失禁
      - 排便
    - 会阴切开创口
    - 乳房
  - 辅助检查
  - 心理社会评估

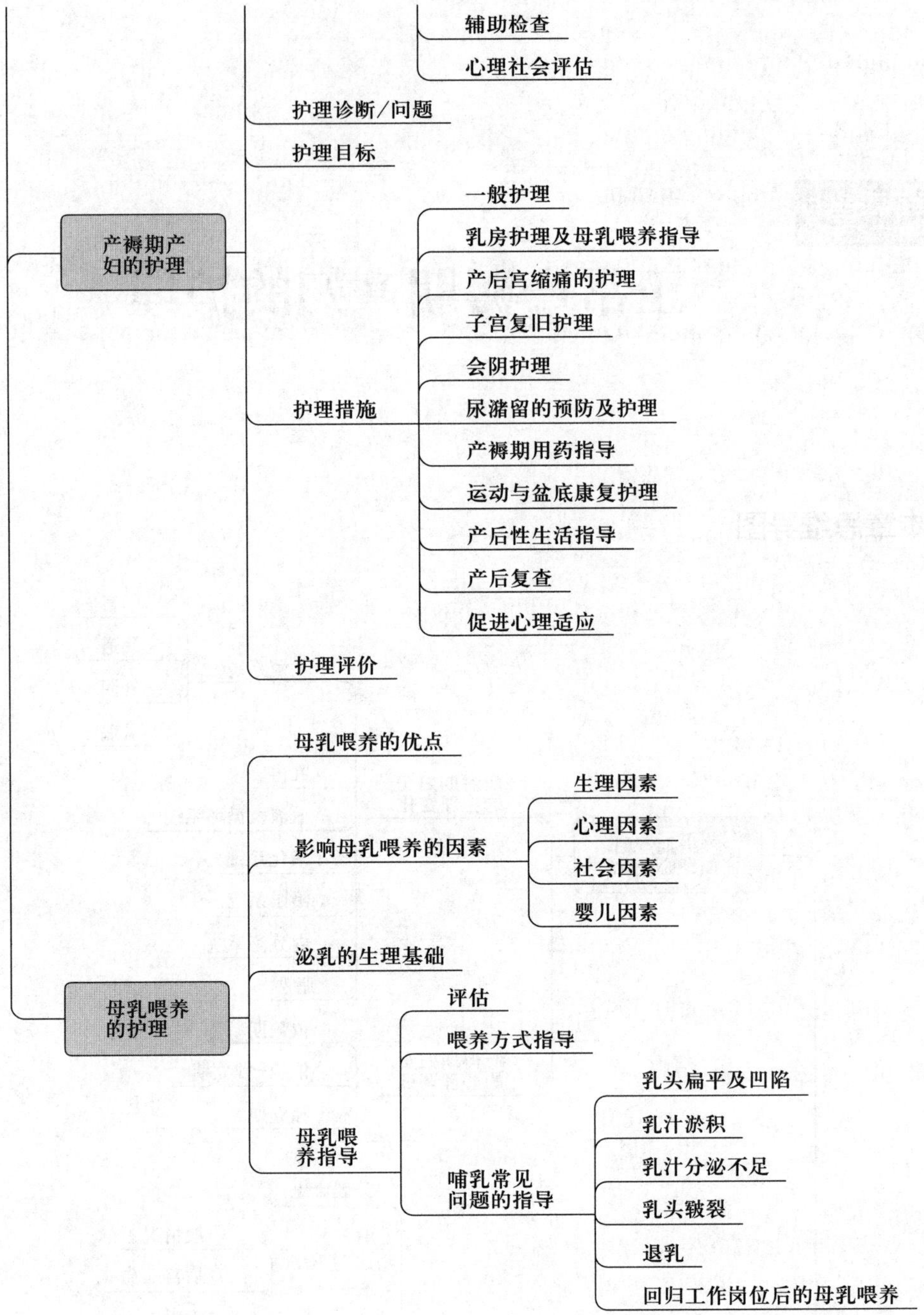

```
产褥期产妇的护理
├── 辅助检查
├── 心理社会评估
├── 护理诊断/问题
├── 护理目标
├── 护理措施
│   ├── 一般护理
│   ├── 乳房护理及母乳喂养指导
│   ├── 产后宫缩痛的护理
│   ├── 子宫复旧护理
│   ├── 会阴护理
│   ├── 尿潴留的预防及护理
│   ├── 产褥期用药指导
│   ├── 运动与盆底康复护理
│   ├── 产后性生活指导
│   ├── 产后复查
│   └── 促进心理适应
└── 护理评价

母乳喂养的护理
├── 母乳喂养的优点
├── 影响母乳喂养的因素
│   ├── 生理因素
│   ├── 心理因素
│   ├── 社会因素
│   └── 婴儿因素
├── 泌乳的生理基础
└── 母乳喂养指导
    ├── 评估
    ├── 喂养方式指导
    └── 哺乳常见问题的指导
        ├── 乳头扁平及凹陷
        ├── 乳汁淤积
        ├── 乳汁分泌不足
        ├── 乳头皲裂
        ├── 退乳
        └── 回归工作岗位后的母乳喂养
```

学习目标

通过本章内容的学习,学生应能够:

识记:
1. 说出产褥期、子宫复旧、恶露的概念。
2. 描述产褥期妇女的生理变化。

理解:
1. 分析产褥期妇女的心理变化。
2. 说明母乳喂养的意义。
3. 分析增加泌乳的方法。

运用:
1. 应用护理程序评估产褥期妇女,并为其制订护理计划。
2. 解释母乳喂养的优点,指导产妇进行母乳喂养,关爱产妇,积极进行宣传教育。
3. 具备观察产褥期妇女的能力,能够指导产妇进行产褥期康复。

第一节 产褥期产妇的身心变化

产妇全身各器官(除乳腺外)从胎盘娩出至恢复或接近正常未孕状态所需的时期称为产褥期,一般为6周。

一、产褥期妇女的生理变化

(一)生殖系统

1. **子宫** 是产褥期变化最大的器官。子宫在胎盘娩出后逐渐恢复至未孕状态的过程称子宫复旧。

(1)子宫体肌纤维缩复:随着肌细胞体积缩小,肌纤维不断缩复,子宫体逐渐缩小。产后第1日子宫底平脐,以后每日下降1~2cm,产后1周子宫缩小至约妊娠12周大小,在耻骨联合上方可触摸到宫底;产后10日,在腹部摸不到子宫底;产后6周恢复至未孕大小。子宫重量也逐渐由分娩结束时的1000g降至50g。

(2)子宫内膜修复:胎盘排出后,子宫胎盘附着面立即缩小一半,子宫复旧使得开放的螺旋动脉和静脉窦收缩和栓塞,出血逐渐减少至停止。遗留的蜕膜外层细胞发生变性、坏死、脱落,随恶露排出;深层即子宫内膜基底层逐渐再生新的功能层,大约3周,子宫内膜基本完成修复,但胎盘附着处全部修复约需6周。

(3)子宫颈复原:产后1周,子宫颈外形及子宫颈内口恢复至未孕状态;产后4周子宫颈完全恢复。由于子宫颈两侧分娩时常发生轻度裂伤,初产妇的子宫颈外口由产前的圆形(未产型)变为产后的"一"字形横裂(已产型)。

2. **阴道** 分娩后阴道壁松弛,肌张力低,黏膜皱襞消失,阴道腔扩大。产褥期阴道腔逐渐缩小,阴道壁张力逐渐恢复,约产后3周重现黏膜皱襞,但阴道较产前宽阔、皱襞少,不能完全恢复。

3. **外阴** 外阴轻度水肿,产后2~3日自行消退。会阴部如有轻度撕裂或会阴切口缝合,可在3~5日愈合。处女膜撕裂形成残缺不全的痕迹,称处女膜痕,是经产的特点。

4. **盆底组织** 盆底肌及其筋膜在分娩时过度扩张,弹性下降,常伴肌纤维部分断裂。若能坚持康复运动,盆底肌有可能恢复至接近未孕状态。若发生严重断裂又未及时修复,或于产褥期过早参加体力劳动,可导致阴道壁膨出、子宫脱垂等。

(二)乳房

乳房的主要变化是泌乳(详见本章第三节)。

(三)血液及循环系统

产后3日内,因子宫收缩及胎盘循环的停止,大量血液从子宫回到体循环,同时产后大量的组织间液被重吸收,使体循环血容量增加15%~25%,特别是产后24小时,原有心脏病的产妇易发生心力衰竭。血容量于产后2~3周恢复。

红细胞计数和血红蛋白值逐渐增高至恢复,白细胞在分娩期及产后24小时略高。红细胞沉降率于产后3~4周降至正常。血液在产后一段时间内仍延续孕期的高凝状态,有利于胎盘剥离面迅速形成血栓,减少产后出血。纤维蛋白原、凝血激酶、凝血酶原于产后2~3周内降至正常。

（四）消化系统

产后 1～2 日产妇常感口渴。食欲不佳，约 2 周恢复。胃肠蠕动较弱，加上腹直肌和盆底肌松弛，易发生便秘。

（五）泌尿系统

妊娠期体内潴留的多余水分在产后主要经肾排出，故产后数日尿量增多。分娩过程中膀胱受压造成黏膜水肿、充血，肌张力降低，以及会阴伤口疼痛、不习惯卧床排尿等原因，易导致尿潴留。妊娠期肾盂及输尿管生理性的扩张一般在产后 2～8 周恢复。

（六）内分泌系统

雌激素和孕激素急剧下降，产后 1 周降至未孕水平。催乳素于产后 6 小时测不出。催乳素水平因是否哺乳而异。产褥期恢复排卵的时间与月经复潮的时间受哺乳影响，非哺乳产妇于产后 6～8 周恢复月经，哺乳妇女平均在产后 4～6 个月恢复排卵。

（七）腹壁

下腹正中线色素沉着逐渐消退。紫红色的妊娠纹变为银白色，不能消退。腹壁皮肤受子宫膨胀的影响，弹力纤维断裂。腹直肌呈不同程度分离，产后腹壁明显松弛，产后 6 周甚至更长时间才能恢复。

二、产褥期妇女的心理调适

产妇产后需要从妊娠及分娩期的不适、疼痛、焦虑中恢复过来，接纳家庭新成员，进行心理调适。美国心理学家 Rubin 将产妇心理调适分为 3 期。

1. **依赖期**　为产后 2～3 日。产妇依赖护士和家人完成很多活动和决定，较多地谈论自己的妊娠和分娩感受，对孩子的关心多用言语来表达。在依赖期，产妇主要存在对新角色的适应问题，护士应给予产妇足够的心理支持。

2. **依赖-独立期**　为产后第 3～14 日。产妇从依赖状态慢慢开始关注婴儿，认识到母亲的责任，主动参与照顾新生儿的工作。产妇表现出较强的独立性，但由于知识和技能的不足，尚不能完全胜任母亲角色，需要护士和家人的鼓励以树立信心。护士可在这个时期进行相关健康教育，指导其照顾婴儿的技巧。

3. **独立期**　为产后 2 周～1 个月，产妇逐渐胜任新角色，新家庭形成。产妇开始恢复分娩前的家庭日常活动，家庭成员共同分享欢乐、分担责任。在这一时期，产妇往往会承受许多压力，如兴趣与需要的背离、哺育孩子、承担家务及处理夫妻关系中各自角色的矛盾等。此期家庭成员相互关心、合作非常重要。

第二节　产褥期产妇的护理

张女士，29 岁，G_2P_1，昨天顺产一男婴。新生儿 Apgar 评分 10 分，身长 49 cm，体重 3.6 kg，会阴左侧裂伤，缝合 3 针。今晨查房时张女士主诉：出汗多，每天衣服都湿透几套，感觉有点发热，腹部也时不时痛，哺乳时疼痛更严重，都不敢哺乳了。

讨论分析：

1. 该产妇主要存在的问题有哪些？
2. 针对以上问题，护士应采取哪些主要护理措施？
3. 在整个妊娠期，孕妇身体会出现哪些生理变化？该如何进行健康教育？

护理评估

（一）健康史

1. 了解产妇基本情况、婚育史、既往健康状况、有无妊娠期并发症及合并症，分娩的方式、过程，有无伤口及缝合情况。

2. 了解新生儿基本情况、出生时 Apgar 评分、健康状况以及产妇对其的性别期望等。

（二）身体评估

1. 一般情况

（1）生命体征：产后 24 小时内体温可升高，不超过 38 ℃。未及时有效哺乳的产妇可在产后 3~4 日因乳房血管、淋巴管极度充盈而引起泌乳热，体温最高可达 39 ℃。脉搏略慢，为 60~70 次/分，于产后 1 周恢复。呼吸深慢，为 14~16 次/分。产后腹压降低，膈肌下降，产妇以腹式呼吸为主。血压一般无明显变化。

（2）产妇产后最初几天常表现为疲乏、口渴、食欲欠佳。

（3）体重减轻：由于胎儿及胎盘的娩出、羊水排泄及产时失血，产后即刻体重约减轻 6 kg。产后第 1 周，由于子宫复旧，恶露及汗液、尿液的大量排出，体重又减轻 4 kg 左右。

2. 产后宫缩痛 因宫缩引起的下腹部阵发性疼痛，一般持续 2~3 日自然消失。经产妇比初产妇明显。哺乳时，婴儿吸吮乳头可使催产素分泌增加，导致疼痛加重。

3. 子宫复旧 胎盘娩出后，宫底平脐或脐下 1 横指，以后每天下降 1~2 cm，产后 10 日在耻骨联合上方触不到宫底。

4. 恶露 产后随子宫蜕膜的脱落，血液、坏死蜕膜组织等经阴道排出，称为恶露。持续 4~6 周，总量约 500 ml。根据颜色、内容物的特点把恶露分为三种，见表 5-1。

表 5-1 恶露分类

	血性恶露	浆液性恶露	白色恶露
时间	产后 3 日内	产后 4~14 日	产后 2 周后
颜色	红色	淡红色	白色
内容物	大量血液、少量胎膜、坏死蜕膜组织	少量血液、较多的坏死蜕膜组织、子宫颈黏液、细菌	大量白细胞、坏死蜕膜组织、表皮细胞及细菌

5. 排泄

（1）褥汗：产后 1 周内，体内多余的水分需要排出。产妇大量出汗，尤其是睡眠和初醒时明显，称"褥汗"。

（2）排尿增多和排尿困难：产后 2~3 日内，产妇尿量增多，但因分娩过程膀胱受压使其黏膜水肿、充血，肌张力降低，加之会阴切口疼痛，使产妇产后容易出现排尿困难，易发生尿潴留。

（3）压力性尿失禁：盆底肌及其筋膜在妊娠、分娩时过度扩张，弹性下降常伴肌纤维部分断裂，使得产妇在咳嗽、大笑、运动等腹压增加时，尿道关闭压不能抵消膀胱里产生的压力，导致尿液不受控制，从尿道口漏出。

（4）排便：产后易发生便秘，与产妇卧床较多、活动少、肠蠕动减弱、腹直肌及盆底肌松弛有关。

6. 会阴切开创口 初产妇多见。在产后 3 日内可见切口处水肿，活动时有疼痛，切口愈合需要 3~5 日。

7. 乳房 详见本章第三节。

（三）辅助检查

必要时行血、尿常规检查，以评估产后出血情况，了解有无感染征象等。

（四）心理社会评估

由于产后产妇体内雌、孕激素水平急剧下降，加之分娩过程的疲劳以及尚未适应母亲的新角色等问题，产妇可出现情绪波动。密切关注产妇情绪、心理变化，留意产后抑郁症的征象，如情绪低落、哭泣、自责等情绪反应。必要时请专业人士介入干预。

▶ 护理诊断/问题

1. **潜在并发症**：产后出血、产褥感染、尿潴留。
2. **舒适的改变** 与产后宫缩、会阴部切口、褥汗及多尿等有关。
3. **母乳喂养无效** 与母亲缺乏自信、喂养技能不熟练有关。
4. **知识缺乏** 缺乏产褥期保健、母乳喂养知识。
5. **角色适应不良** 与初为人母角色改变、缺乏照顾技能及喂养疲惫等有关。

▶ 护理目标

1. 产妇生命体征稳定，无产后出血等并发症发生。
2. 产妇舒适感增加。
3. 母乳喂养成功。
4. 产妇掌握产褥期保健知识，身体逐渐恢复至未孕状态。
5. 产妇逐渐适应母亲角色，心理调适良好。

▶ 护理措施

1. **一般护理** 提供舒适环境以保障睡眠充足，及时更换汗湿的衣物、被单，协助进行身体的清洁，促进舒适。每日监测生命体征。给予产妇进食清淡的流质或半流质饮食，再进普通饮食。摄入食物营养丰富、保证足够热量和水分，多进食富含纤维素的食物以预防便秘。鼓励产妇适当下床活动，预防下肢静脉血栓形成。

2. **乳房护理及母乳喂养指导** 详见本章第三节。

3. **产后宫缩痛的护理** 告知患者产后宫缩痛的原理，指导呼吸和放松技巧以减轻疼痛，必要时按医嘱给予止痛药。

4. **子宫复旧护理**

（1）产后2小时内每30分钟观察宫底位置、子宫收缩情况、阴道流血量。可行腹部按摩刺激子宫收缩，预防产后出血。

（2）每天评估子宫复旧及恶露情况，检查前嘱产妇先排尿。了解宫底高度、恶露的性质和量是否与产后所处时期相符。若恶露量多且颜色鲜红，或恶露有异味，应及时通知医生进一步评估。

5. **会阴护理**

（1）仔细观察会阴切口有无渗血、血肿、水肿。

（2）指导产妇勤换会阴垫，每日进行会阴部自我清洁。有伤口者排便后使用清水清洗肛门及会阴部。每天用0.5%聚维酮碘溶液擦洗2次，预防感染。

（3）对会阴水肿严重者可遵医嘱使用红外线照射及50%硫酸镁溶液湿敷，每天2次，每次20分钟。

（4）会阴切开者，嘱产妇向健侧卧。如切口疼痛剧烈或产妇有肛门坠胀感，警惕血肿形成，及时报告医生。

6. **尿潴留的预防及护理** 产妇常因会阴伤口疼痛、卧床排尿不习惯、疲乏以及分娩过程膀胱受压等原因影响产后排尿。护士应督促并协助产妇产后4小时内排尿，若首次尝试失败，可提供更私密的环境、协助产妇坐起或下床、听流水声、使用温水冲洗外阴或者按摩膀胱等诱导促进排尿。若仍无效，应给予导尿，避免膀胱过度膨胀。

7. **产褥期用药指导** 大部分药物均可通过乳汁作用于婴儿，所以产褥期应避免随意自行使用药物（包括保健品）。病情需要时在医生的指导下合理用药，必要时暂停哺乳，避免对婴儿的影响。

8. **运动与盆底康复护理**

（1）产后尽早适当活动可以促进血液循环，预防下肢静脉血栓形成；促进肠蠕动、增进食欲及预防便秘；增强盆底肌张力，促进盆底功能的康复，使骨盆恢复对盆腔器官的承托功能，预防脏器脱垂及相关的腰背疼痛。运动强度和持续时间应循序渐进。产后当日，可在床上进行适当的肢体活动，产后第2日开始可下床进行运动。

（2）指导产妇分娩后42日进行盆底功能评估，根据评估情况可以通过盆底肌肉训练、生物反馈治疗及电刺激来进行盆底康复。

9. **产后性生活指导** 产褥期禁止性生活，避免感染。产后42日检查显示生殖器官恢复良好后可恢复性生活，并应采取避孕措施。哺乳者不宜选用药物避孕，以选择工具避孕为宜，可用阴茎套或子宫帽。

10. **产后复查** 产妇出院后，通常由社区医疗保健人员在产妇出院后3日内、14日、28日分别进行产后访视，了解产妇及新生儿情况。产妇于产后42日左右携带婴儿一起去医院复查，对其进行全身检查及妇科检查，并了解哺乳情况、全身器官复旧等。对婴儿则在儿科进行全身检查评估，了解喂养及生长发育状况。

11. **促进心理适应** 耐心倾听产妇诉说分娩经历，了解产妇的想法，尊重产妇的风俗习惯，引导产妇逐渐适应新角色。在依赖期，给予产妇足够的支持和帮助；在依赖-独立期，指导产妇逐渐掌握育儿技能；在独立期，鼓励产妇在新生活中和家人一起探讨解决生活中的角色矛盾。

▶ **护理评价**

1. 产妇没有出现产褥期并发症。
2. 产妇身体舒适、恢复良好，各项指标在正常范围。
3. 产妇能胜任照顾新生儿，表现出愉快和满足。
4. 母乳喂养成功，新生儿体重增长理想。

第三节 母乳喂养的护理

一、母乳喂养的优点

产后7日内所分泌的乳汁称为初乳，呈淡黄色，含较多的蛋白质及IgA，脂肪和乳糖相对较少。产后7~14日所分泌的乳汁为过渡乳，蛋白质含量逐渐减少，脂肪、乳糖含量逐渐增加。产后14日以后所分泌的乳汁为成熟乳，呈白色。世界卫生组织建议，在婴儿6个月以内纯母乳喂养，6个月以后坚持母乳结合辅食喂养至2岁或更长时间。母乳喂养对婴儿、母亲、家庭都有诸多益处。

1. 母乳含有最适合婴儿消化、吸收的营养物质，比例适当。随着婴儿生长发育，母乳的质和量随之发生变化以适应其需求。

2. 母乳（尤其是初乳）中含有淋巴细胞、巨噬细胞、溶菌酶、补体等，有较强的抗感染作用，可增强婴儿的抵抗力。

3. 母乳有轻泻的作用，利于胎粪的排出，可减少黄疸的发生。

4. 婴儿在母亲怀中吸吮乳头的过程中，频繁地与母亲皮肤接触，可促进婴儿的心理和智力发育，也利于联络母子间的感情。

5. 婴儿的吸吮动作通过神经反射，促进子宫收缩，减少产后出血，促进子宫复旧。母乳喂养可消耗母体妊娠期储存的脂肪，有助于母亲体型恢复。

6. 母乳喂养可抑制排卵，使月经复潮推迟，并能降低母亲乳腺癌和卵巢癌的发病率、减少产后抑郁的发生。

7. 母乳温度适宜，喂养经济、省时、方便，对家庭和社会均有益。

二、影响母乳喂养的因素

1. **生理因素** 母亲有严重的心脏病、子痫、传染病；营养不良；睡眠障碍；分娩及产后疲劳；乳房问题；会阴及腹部切口疼痛；服用药物等。

2. **心理因素** 不良的分娩体验；自尊紊乱；缺乏信心；焦虑、产后抑郁等。

3. **社会因素** 工作负担过重；家庭支持不足；母婴分离；家庭成员间观念不一致；多胎；社区支持系统不完善；喂养知识缺乏等。

4. **婴儿因素** 先天畸形，如唇腭裂；早产儿；产时并发症，如新生儿窒息、颅内出血；病理性黄疸需要治疗等母婴分离或婴儿吸吮力弱的因素。

三、泌乳的生理基础

女性在妊娠期大量雌、孕激素的作用下，乳腺进一步发育，为泌乳做好准备。孕中期开始，乳腺开始有合成乳汁的能力。产后随着胎盘的娩出，雌、孕激素急剧下降，在催乳素作用下，乳腺开始泌乳。随着婴儿吸吮乳头，由乳头、乳晕传来的感觉信号使得产妇腺垂体催乳素呈脉冲式释放，催乳素促进乳汁分泌。吸吮动作还通过刺激乳头、乳晕，反射性引起神经垂体释放缩宫素。缩宫素可促进肌上皮细胞收缩，促使乳汁排出。因此，婴儿频繁吸吮乳头是保持乳腺泌乳的关键。此外，产妇的健康状况、营养、睡眠、情绪都将影响乳汁的分泌。

四、母乳喂养指导

1. **评估** 评估产妇和新生儿的健康状况，产妇对母乳喂养的态度、相关知识的掌握情况、有无乳头扁平或凹陷等。了解产妇情况是有针对性地进行有效指导的关键。

2. **喂养方式指导** 指导母乳喂养的方法，提倡产后半小时内开始喂养（早吸吮），鼓励按需哺乳。

（1）产妇清洁双手，选择舒适的坐位或卧位。婴儿的头与身体呈一条直线，面对乳房。

（2）哺乳时注意使婴儿含住乳头和大部分（尽量多）乳晕，并用手协助避免乳房堵住婴儿鼻孔。哺乳时间由最初的3~5分钟逐渐延长至15~20分钟。

（3）每次哺乳以不同侧乳房开始，吸空一侧再换另一侧乳房。哺乳结束时，用示指轻轻向下按压婴儿下颌，避免在口腔负压情况下拉出乳头而引起局部疼痛或皮肤损伤。

（4）每次哺乳后，应将新生儿抱起轻拍背部1~2分钟，排出胃内空气，以防吐奶。

（5）成功哺喂母乳的征象：出生1~2个月龄婴儿每天进食母乳8~12次；吸吮时有吞咽动作；常在吸吮中入睡，自动放弃乳头；每日尿湿尿片6块以上；有少量多次或大量一次质软粪便；每月增重0.5~1 kg，4~6个月时体重增至出生时的2倍；婴儿睡得很安详，清醒时眼睛明亮，反应灵敏。

五、哺乳常见问题的指导

1. **乳头扁平及凹陷** 鼓励产妇和婴儿坚持练习。指导产妇哺乳前将乳头拉出,必要时指导产妇使用吸奶器、乳头保护罩。每次哺乳先喂哺凹陷或扁平更严重的一侧。

2. **乳汁淤积** 产后早开奶可预防淤积的发生。若已发生,哺乳时先给婴儿吸吮患侧。若过度肿胀,可热敷后由边缘往中心处按摩(切忌暴力),挤出部分乳汁后再喂哺婴儿,哺乳后用冷敷减轻肿胀和疼痛。

3. **乳汁分泌不足** 产妇应保障足够的营养和水分,充分休息,适当活动,和婴儿同步休息,保持心情放松、增强信心。因为婴儿吸吮是泌乳的关键,可适当增加婴儿吸吮次数和时间,保持夜间哺乳(夜间是催乳素释放高峰)。

4. **乳头皲裂** 症状轻者可先喂健侧再喂患侧,注意婴儿含接乳头和退出的方式是否正确。哺乳结束后挤出几滴乳汁涂抹于乳头、乳晕上,并暴露在空气中待干。疼痛严重者可暂停亲自喂哺,将乳汁挤出用小勺喂哺。

5. **退乳** 对于有母乳喂养禁忌的产妇需要退乳,应限制汤汁类饮食摄入,停止哺乳及挤奶,可用生麦芽60~90 g煎水饮配合退乳。若乳房胀痛,用芒硝250 g分装外敷。遵医嘱给予维生素B_6 200 mg,每日3次口服,连用3~5日。

6. **回归工作岗位后的母乳喂养** 产妇可将乳汁挤出或使用吸奶器吸出乳汁存放于冰箱,在婴儿需要时由他人哺喂。冷藏的母乳应使用37 ℃左右的温水热浴加热,不可直接加热或使用微波炉,避免破坏营养成分。母乳保存方法见表5-2。

表5-2 母乳保存方法及时间

	母乳保存方法	足月儿保存时间	早产儿保存时间
新鲜母乳	室温(25 ℃以下)	4小时	1小时
	冷藏盒(15 ℃)	24小时	不建议
	冰箱冷藏室(4 ℃)	72小时	48小时
冰冻母乳	单开门冰箱制冰室	2周	不建议
	双开门冰箱冷冻室	3~6个月	3个月
解冻母乳		24小时	24小时

(彭 霞)

一、案例分析

案例一:张女士,36岁,管理人员,G_2P_1,足月顺产一男婴,身长50 cm,体重3900 g,出生1分钟Apgar评分10分。产后第3天患者主诉打喷嚏、大笑时有漏尿。

讨论分析:

1. 张女士出现这种情况的原因可能是什么?
2. 如何指导张女士改善这种情况?

案例二:陈女士,31岁,公司职员,G_2P_1,足月剖宫产一女婴,身长49 cm,体重2800 g,出生1分钟Apgar评分10分。产后42日复诊时护士询问其母乳喂养情况,产妇回答:"我的母乳量较少，需要补充奶粉。喝了很多催奶汤都不见效，单纯喂母乳，宝宝很快就饿了"。

讨论分析：

1. 如何判断产妇是否存在母乳量不足？
2. 为了指导产妇提高奶量，还需要做哪些评估？

二、选择题

1. 关于乳房胀痛的护理，描述错误的是
   - A. 产后尽早哺乳
   - B. 哺乳前热敷乳房
   - C. 两次哺乳之间热敷
   - D. 按摩乳房
   - E. 婴儿吸吮力不足时，可借助吸奶器吸引
2. 李女士，第一胎，足月阴道分娩，会阴Ⅰ度裂伤，产后2日裂伤缝合处水肿明显，会阴护理措施中哪项是错误的
   - A. 1：2000苯扎溴铵溶液冲洗会阴
   - B. 放置消毒会阴垫
   - C. 50%硫酸镁溶液湿敷伤口
   - D. 取伤口对侧卧位
   - E. 1：5000高锰酸钾溶液坐浴，每日2次
3. 促进母乳喂养成功的措施，错误的是
   - A. 对所有保健人员进行技术培训
   - B. 向孕妇宣传母乳喂养的好处
   - C. 帮助母亲早开奶
   - D. 实行母婴同室
   - E. 实行按时哺乳

三、问答题

1. 试述恶露的分类及特点。
2. 简述母乳喂养的优点。
3. 简述如何预防及护理产后尿潴留。

第六章 异常妊娠孕妇的护理

第六章
数字资源

思政之光

本章思维导图

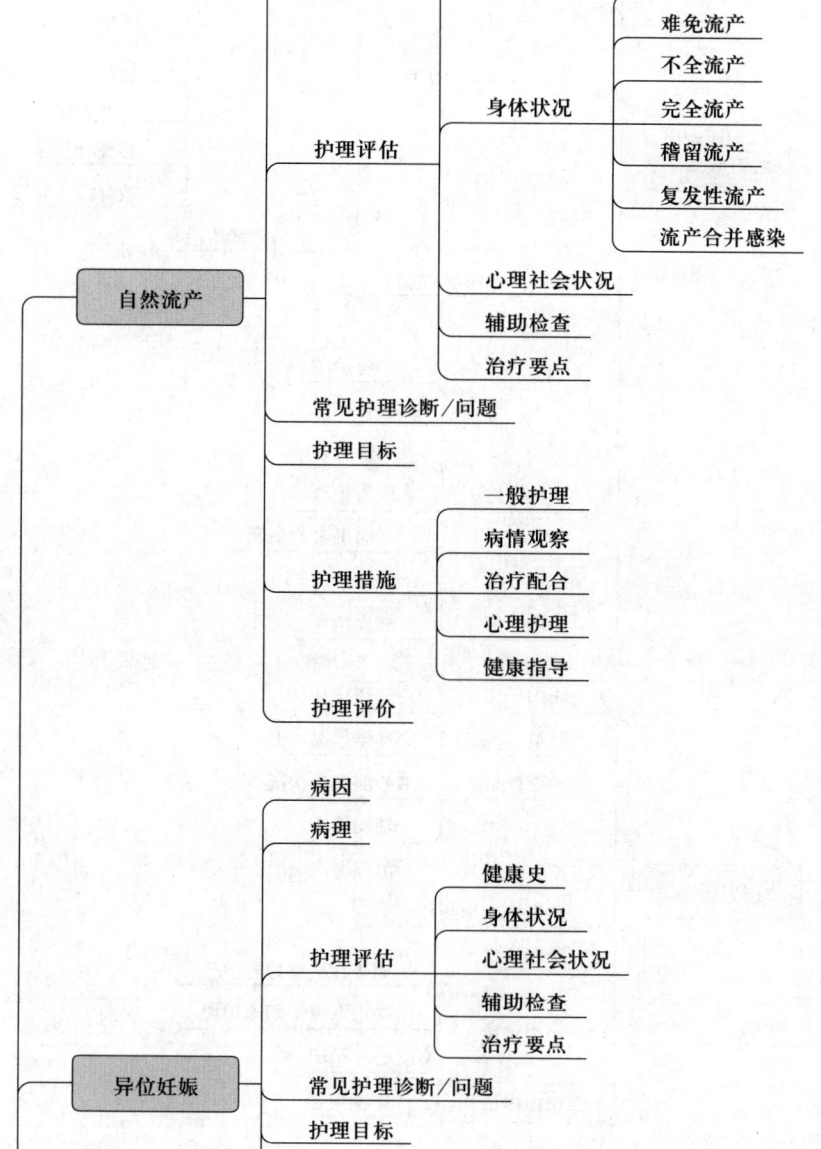

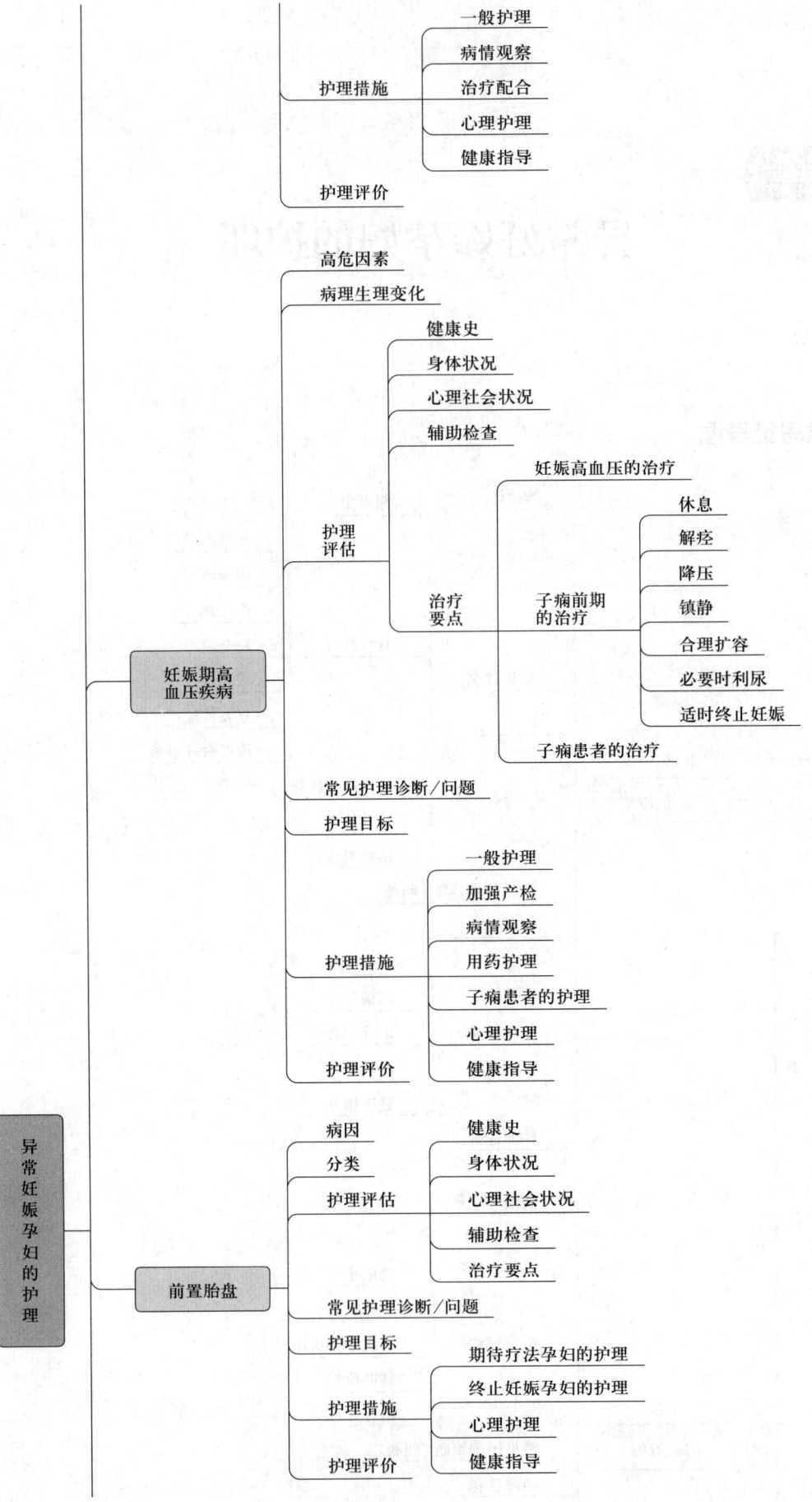

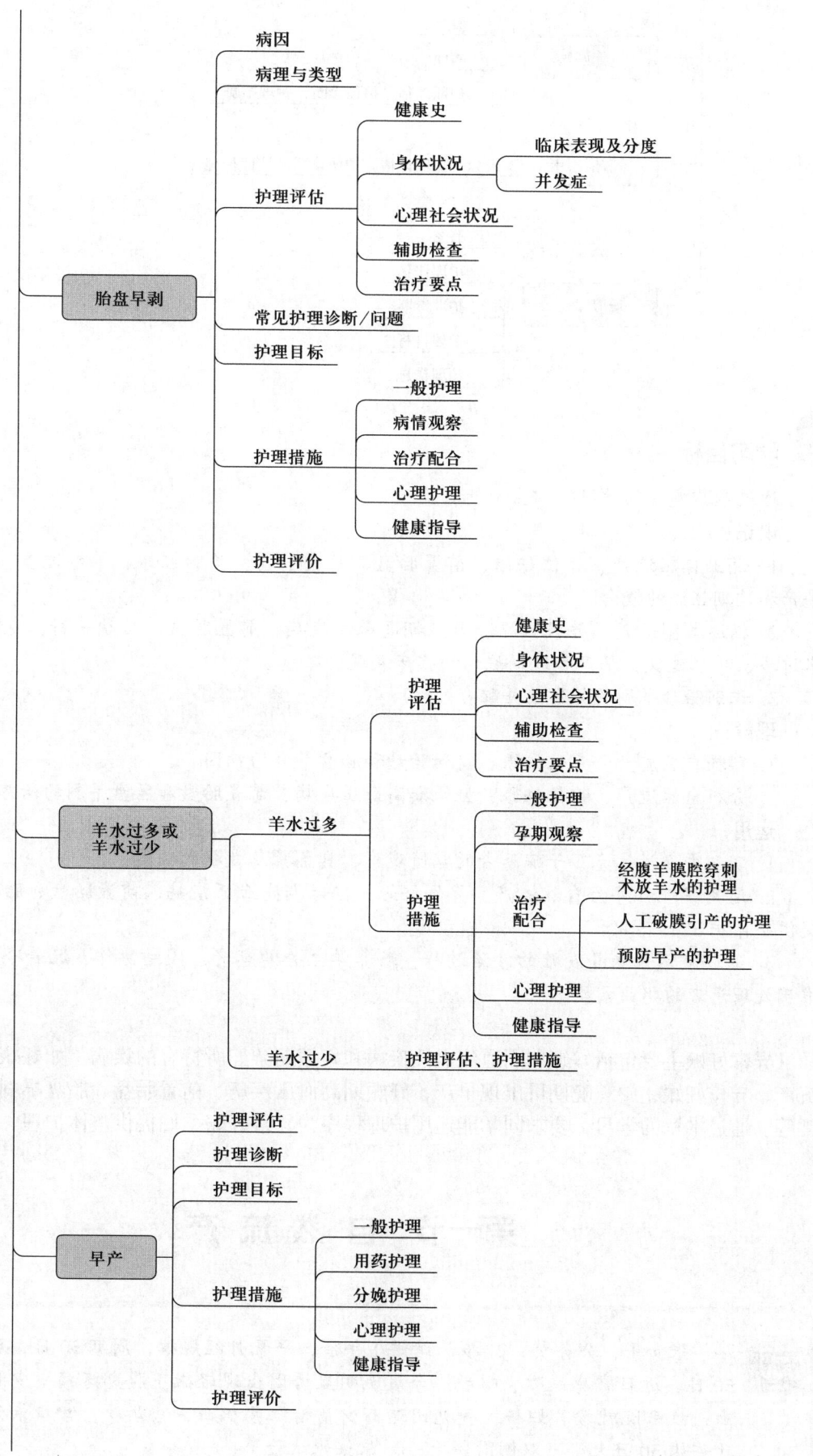

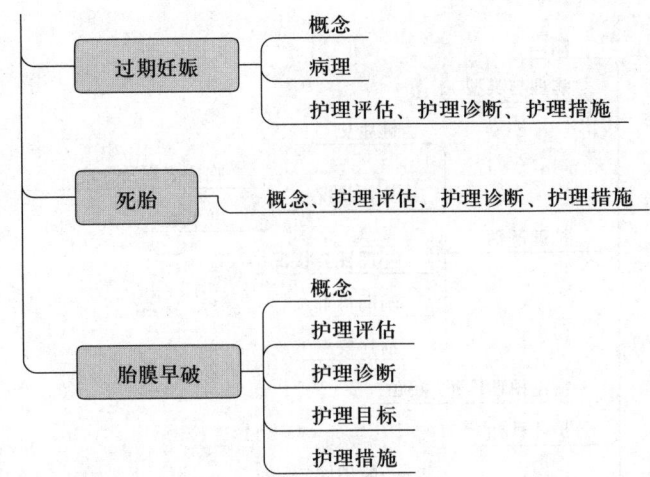

学习目标

通过本章内容的学习，学生应能够：

识记：

1. 说出自然流产、异位妊娠、前置胎盘、胎盘早剥、多胎妊娠、羊水过多、羊水过少、早产和过期妊娠的概念。

2. 描述各型流产、异位妊娠、妊娠期高血压疾病、前置胎盘、胎盘早剥、多胎妊娠、羊水过多、羊水过少、早产和过期妊娠的临床表现。

3. 识别胎盘早剥的并发症并配合处理。

理解：

1. 解释自然流产、异位妊娠、前置胎盘和胎盘早剥的病因。

2. 分析自然流产、异位妊娠、妊娠期高血压疾病、前置胎盘和胎盘早剥的治疗要点。

运用：

1. 实施失血性休克、子痫患者的病情观察，具备紧急救护的技能。

2. 运用护理程序为自然流产、异位妊娠、妊娠期高血压疾病、前置胎盘和胎盘早剥患者提供整体护理。

3. 通过演示妊娠并发症的诊治过程，培养学生关爱患者、团结协作、沉着冷静、快速及准确处理患者的职业素质。

异常妊娠主要包括妊娠期阴道流血性疾病和妊娠期孕妇所特有的疾病。如妊娠早期可发生流产、异位妊娠，中、晚期可出现早产、妊娠期高血压疾病、前置胎盘、胎盘早剥、羊水量异常等。通过本章的学习，要求同学能运用护理程序为异常妊娠孕妇提供整体护理。

第一节 自 然 流 产

导学案例 6—1 　张女士，公务员，27岁。结婚1年余，平素月经规律，周期30日，现已停经50日。近日常感恶心、呕吐。今晨无明显诱因出现轻微下腹部疼痛，少量阴道流血，故来院就诊。妇科检查见阴道有少量暗红色积血，宫颈软，宫口未开，子宫于妊娠50日大小，双侧附件（－）。尿妊娠试验（＋）。

讨论分析：
1. 该女士发生了什么情况？
2. 此时应采取哪些护理措施？

妊娠不足 28 周、胎儿体重不足 1000 g 而终止者称为流产（abortion）。流产发生于妊娠 12 周以前者称为早期流产，发生在妊娠 12 周至不足 28 周者称为晚期流产。流产又分为自然流产和人工流产，本节内容仅阐述自然流产。自然流产占妊娠总数的 10%~15%，其中早期流产占 80% 以上。

▶ 病因

1. **胚胎因素** 胚胎或胎儿染色体异常是早期流产最常见的原因，占 50%~60%。
2. **母体因素** 妊娠期患有全身性疾病（如严重贫血、心力衰竭、高血压、慢性肾炎、严重感染等）；生殖器官异常（如子宫发育不良、子宫畸形、子宫肌瘤、子宫腺肌病、宫颈重度裂伤、宫颈内口松弛等）；内分泌功能异常（如黄体功能不全、甲状腺功能低下、多囊卵巢综合征等）；强烈应激与不良习惯（如手术、腹部受外力撞击、过度精神创伤、过量吸烟及酗酒等）均可引起流产。
3. **环境因素** 如过多接触某些有害的化学物质（如苯、甲醛等）和物理因素（如放射线、噪声、高温等）也可引起流产。

▶ 病理

妊娠 8 周以内流产，因早期胚胎多先死亡，胎盘绒毛尚未发育成熟，与子宫蜕膜联系不牢固，妊娠物多能完全排出，因此出血不多。妊娠 8~12 周时，胎盘绒毛发育旺盛，与底蜕膜联系较牢固，妊娠物不易完整剥离排出，导致出血量较多。妊娠 12 周后胎盘已完全形成，流产时先出现子宫收缩，然后胎儿、胎盘排出。

▶ 护理评估

（一）健康史

评估时应详细询问孕妇的停经史、有无早孕反应及其出现时间、既往史等；了解孕妇有无腹痛及其腹痛出现的时间、程度和治疗经过等，阴道流血的量及持续时间，有无妊娠物排出；了解孕妇妊娠期间有无全身性疾病、生殖器官疾病、有无有害物质接触史等，以协助识别流产的致病因素。

（二）身体状况

停经、腹痛及阴道流血是流产的主要症状。按流产发展的不同阶段将其分为以下临床类型：

1. **先兆流产** 停经后出现少量阴道流血，多呈点滴状，无或伴有轻微下腹痛或腰背痛。妇科检查：宫颈口未开，胎膜未破，子宫大小与停经周数相符。经休息与治疗后，若症状消失，妊娠可继续；若阴道流血量增多或下腹痛加重，可发展为难免流产。
2. **难免流产** 指流产已经不可避免。由先兆流产发展而来，阴道流血量增多，阵发性下腹痛加重，或出现阴道流液（胎膜破裂）。妇科检查：宫颈口已扩张，有时可见胚胎组织或胎囊堵塞于宫颈口，子宫大小与停经周数相符或略小。
3. **不全流产** 指妊娠物部分排出体外，尚有部分残留于宫腔内，由难免流产发展而来。由于宫腔内残留部分妊娠物，可影响子宫收缩，导致阴道流血持续不止，甚至发生失血性休克。妇科检查：宫颈口扩张，宫颈口有妊娠物堵塞及持续性流血，子宫小于停经周数。

4. **完全流产** 指妊娠物已全部排出，阴道流血逐渐停止，腹痛逐渐消失。妇科检查：宫颈口已关闭，子宫接近正常大小。

5. **稽留流产** 又称过期流产，指胚胎或胎儿已死亡滞留在宫腔尚未自然排出者。胚胎或胎儿死亡后子宫不再增大反而缩小，早孕反应消失。若已至妊娠中期，孕妇腹部不见增大，胎动消失。妇科检查：宫颈口未开，子宫小于停经周数，听不到胎心。稽留流产易引起凝血功能障碍及 DIC。

6. **复发性流产** 指自然流产连续发生 3 次或 3 次以上者。每次流产多发生于同一妊娠月份，临床经过与一般流产相同。

7. **流产合并感染** 流产过程中如阴道流血时间过长、有组织残留于宫腔，或非法堕胎等，有可能引起宫腔内感染。严重者感染可扩散至盆腔、腹腔甚至全身，并发盆腔炎、腹膜炎、败血症及感染性休克等，称流产合并感染。

（三）心理社会状况

孕妇及其家属面对阴道流血时，常感到惊慌失措，担心胎儿的健康及安全问题，多表现为焦虑、烦躁不安等情绪反应。

（四）辅助检查

1. **妊娠试验** 连续测定血 β-HCG 水平，有助于妊娠诊断和预后判断。
2. **B 型超声检查** 目前应用较广，可显示妊娠囊的形态、有无胎心搏动及胎动等，以确定胎儿是否存活，鉴别流产类型，指导正确处理。
3. **实验室检查** 血常规检查，了解有无贫血及感染；稽留流产时应做凝血功能检查，判断有无凝血功能障碍，及早发现 DIC。

（五）治疗要点

1. **先兆流产** B 型超声检查监测胎儿存活情况。若胚胎已死亡，应及时清宫；若发育正常，应保胎治疗。
2. **难免流产及不全流产** 确诊后，尽快清宫，防止大出血和感染。
3. **完全流产** 如无感染征象，一般不需特殊处理。
4. **稽留流产** 应促使胎儿、胎盘组织尽早排出。手术前检查凝血功能并做好输血准备，给予雌激素提高子宫肌对缩宫素的敏感性。
5. **复发性流产** 以预防为主，对妊娠前夫妇双方做全面体检，针对病因进行治疗。
6. **流产合并感染** 如阴道流血不多，待感染控制后行清宫术；阴道流血多者，在应用抗生素的同时用卵圆钳夹出宫腔内大块残留组织，待感染控制后再彻底清宫。

▶ 常见护理诊断/问题

1. **有感染的危险** 与出血时间长、宫腔内有残留组织、生殖道开放等有关。
2. **焦虑** 与担心胎儿安危、自身健康状况及舒适度改变有关。
3. **组织灌注量改变** 与大量阴道流血有关。

▶ 护理目标

1. 患者无感染征象或感染得到控制，体温正常。
2. 孕妇焦虑消除，心态平稳，能积极配合保胎措施或手术。
3. 患者无大出血或出血得到有效控制，生命体征稳定。

护理措施

（一）一般护理

嘱患者卧床休息，直至阴道流血停止后 3~5 日；禁止性生活，避免不良刺激；每日用消毒液擦洗会阴 2 次，排尿、排便后也要擦洗，保持外阴部清洁。流产合并感染患者取半卧位并注意床旁隔离。摄入富含铁、维生素及蛋白质的食物，加强营养，纠正贫血。

（二）病情观察

密切监测患者生命体征、面色及神志，阴道流血的量及性状，有无组织物排出及腹痛的转化。

（三）治疗配合

1. **保胎治疗的护理** 遵医嘱给予镇静药、黄体酮、维生素 E 等保胎药物并严密监测保胎效果。如用药 2 周病情无缓解，甚至症状加剧，β-HCG 持续不升或下降，提示胚胎发育异常，或 B 型超声显示胚胎已死亡，应立即行清宫术。

2. **手术护理** 做好清宫术的术前准备，输液、备血，术中监护，术后将吸出物及时送病理学检查。加强会阴护理，必要时使用抗生素预防和治疗感染。

（四）心理护理

帮助患者消除紧张、焦虑，稳定情绪，增强治疗的信心对接受清宫术患者应给予同情、理解和关怀，帮助其接受现实。

（五）健康指导

1. 对复发性流产病因明确者，积极进行对因治疗。下次妊娠确诊后应卧床休息，加强营养，避免性生活，保胎时间超过既往流产周数。

2. 清宫术后如阴道流血量多于月经量或持续 10 日以上，或出现发热、腹痛时，应及时到医院复诊。

3. 术后 1 个月内禁止性生活和盆浴，术后 1 个月后到医院复查。

护理评价

1. 孕妇有无出血及感染征象，体温、白细胞是否正常。
2. 孕妇焦虑情绪是否消除，能否配合保胎和手术治疗。

第二节 异位妊娠

> **导学案例 6-2**
>
> 患者，女性，30 岁，停经 50 日，和丈夫在小区花园里散步时突感右下腹剧烈疼痛，继而感觉整个下腹疼痛剧烈，伴恶心、呕吐。丈夫紧急拨打 120 求救。很快，妻子被送到医院。入院查体：血压 80/60 mmHg，脉搏 120 次/分，妇科检查：阴道通畅，有少量血液，宫颈举痛明显，阴道穹后部触痛（+），尿妊娠试验弱阳性。
>
> 讨论分析：
> 1. 该女性患者最可能的诊断是什么？
> 2. 制订相应的护理措施。

受精卵在子宫体腔以外部位着床发育者称异位妊娠（ectopic pregnancy），又称宫外孕。异位妊娠是妇产科常见急腹症之一。根据受精卵着床部位不同分为输卵管妊娠、卵巢妊娠、腹腔妊娠、宫颈妊娠、子宫残角妊娠及剖宫产瘢痕部位妊娠等。异位妊娠以输卵管妊娠最为常见（占95%）（图6-1），输卵管妊娠以壶腹部妊娠最多见（占78%），其次为峡部、伞部，间质妊娠较少见。本节主要阐述输卵管妊娠。

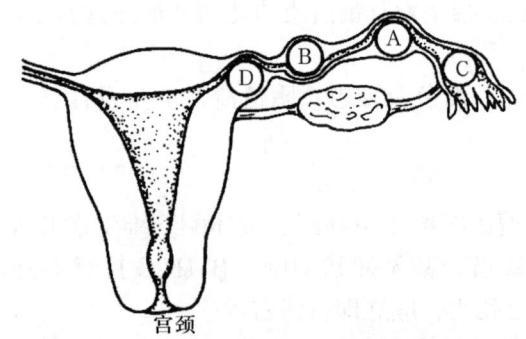

图6-1 输卵管妊娠发生的部位
A 壶腹部妊娠　B 峡部妊娠　C 伞部妊娠　D 间质部妊娠

▶ 病因

凡是影响受精卵进入子宫腔着床的因素，均可导致宫外孕。输卵管炎症是输卵管妊娠最常见的病因。输卵管妊娠史或手术史、输卵管发育异常或功能异常、辅助生殖技术、避孕失败及肿瘤压迫等均可引起宫外孕。

▶ 病理

1. 输卵管妊娠的结局（图6-2）

（1）输卵管妊娠流产：多见于壶腹部妊娠，发病多在妊娠8～12周。因输卵管妊娠时形成的蜕膜不完整，发育中的囊胚向管腔内突出生长，突破包膜引起出血，致使囊胚与输卵管壁分离落入管腔。

（2）输卵管妊娠破裂：多见于输卵管峡部妊娠，发病多在妊娠6周左右。囊胚生长发育时，绒毛向管壁方向侵蚀输卵管肌层及浆膜，最后穿破浆膜层，导致输卵管妊娠破裂。输卵管肌层血管丰富，破裂后短期内即可造成大量腹腔内出血，致使患者出现休克。亦可反复出血，形成盆腔及腹腔血肿。

（3）陈旧性宫外孕：输卵管妊娠流产或破裂后未及时治疗，内出血逐渐停止，病情稳定，时间过久，胚胎死亡或被吸收。但长期反复内出血形成的盆腔血肿可机化变硬，并与周围组织粘连，临床上称为陈旧性宫外孕。

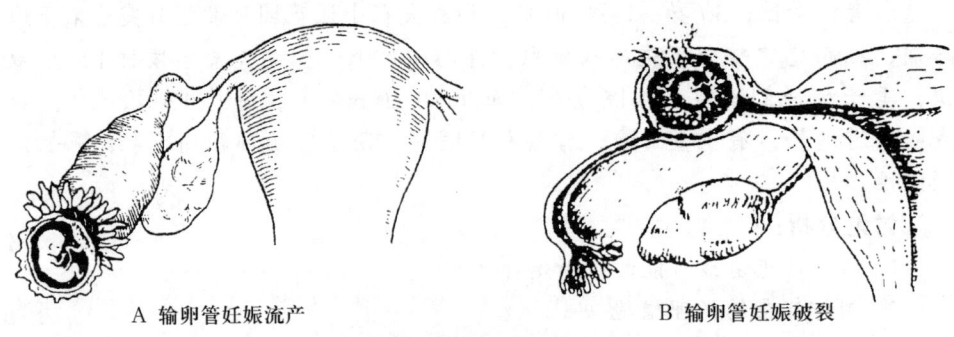

A 输卵管妊娠流产　　　　　　　　B 输卵管妊娠破裂

图6-2 输卵管妊娠的结局

（4）继发性腹腔妊娠：输卵管妊娠流产或破裂后，胚胎排入腹腔后偶尔存活，存活胚胎的绒毛组织仍附着于原位或重新种植于腹腔脏器、大网膜处而获得营养，可使胚胎继续生长发育，形成继发性腹腔妊娠。

2. **子宫的变化**　输卵管妊娠和正常妊娠一样，合体滋养细胞产生的HCG维持黄体生长，使甾体激素分泌增加，因此月经停止来潮，子宫增大变软，子宫内膜呈蜕膜变化。若胚胎死亡，滋养细胞失去活力，蜕膜自子宫壁剥离而发生阴道流血。有时蜕膜完整剥离呈三角形的蜕膜管型排出，有时蜕膜随阴道流血呈碎片排出。排出的组织中见不到绒毛，组织学检查无滋养细胞。

▶ 护理评估

（一）健康史

评估时应仔细询问月经史，注意不规则阴道流血与月经的区别，以准确推断停经时间。了解患者有无输卵管炎症、盆腔炎性疾病史，是否放置宫内节育器，有无输卵管妊娠、输卵管绝育、输卵管成形手术史等诱发输卵管妊娠的高危因素。

（二）身体状况

输卵管妊娠未发生流产或破裂前，患者多无明显异常，表现与正常早孕相同。部分患者表现出一侧下腹部隐痛或酸胀感。发生流产或破裂可出现以下临床表现。

1. **症状**　典型症状为停经后发生腹痛与阴道流血。

（1）停经：多数患者有6~8周停经史。20%~30%患者将不规则阴道流血误认为是末次月经，或由于月经仅过几日，不认为是停经。

（2）腹痛：是患者就诊的主要症状。输卵管妊娠流产或破裂时，患者突感一侧下腹部撕裂样疼痛，常伴有恶心、呕吐；血液积聚在直肠子宫陷凹时可出现肛门坠胀感；如血液流向全腹，患者表现为全腹痛。

（3）阴道流血：占60%~80%。胚胎死亡后，常有不规则阴道流血，呈暗红色，少于月经量。流血时常伴有蜕膜管型或蜕膜碎片排出，为剥离的子宫蜕膜。

（4）晕厥与休克：由于大量腹腔内出血及剧烈疼痛，患者可发生晕厥，严重者出现失血性休克，休克程度与腹腔内出血量及出血速度有关，与阴道流血量不呈正比。

2. **体征**

（1）一般情况：由于失血，患者呈贫血貌。如短时间内大量出血，患者可出现面色苍白、体温下降、脉搏细速、血压下降等休克体征。

（2）腹部检查：下腹部有明显压痛及反跳痛，尤以患侧为甚，肌紧张轻微。内出血较多时叩诊有移动性浊音。

（3）妇科检查：阴道穹窿部饱满、有触痛；宫颈举痛或摇摆痛明显；子宫稍大而软，内出血多时子宫可有漂浮感；子宫一侧或后方可触及边界不清、压痛明显的包块。

（三）心理社会状况

由于剧烈腹痛、急性流血及妊娠的终止，患者表现为恐惧、焦虑、无助、哭泣等情绪反应，有的患者还存在自尊问题，担心以后的受孕能力。

（四）辅助检查

1. **阴道穹窿部穿刺**　是一种简单可靠的诊断方法，适用于疑有腹腔内出血的患者。腹腔内血液易积聚在直肠子宫陷凹，即使血量不多，也能经阴道穹窿部穿刺抽出。若抽出暗红色不凝血，说明腹腔内有积血存在。穿刺阴性不能排除异位妊娠。

2. **血 β-HCG 测定**　采用灵敏度高的放射免疫法定量测定血 β-HCG，是早期诊断异位妊娠的重要方法，且对保守治疗患者的效果评价具有重要意义。

3. **超声检查**　B型超声检查可见宫腔内空虚，子宫旁出现低回声区，如在该区内查到胚芽及原始心管搏动，即可确诊异位妊娠。如盆腔内出现无回声暗区，提示有内出血。阴道超声检查较腹部超声准确性高。

4. **诊断性刮宫** 较少用，仅适用于阴道流血较多的患者，以排除可能同时合并的宫内妊娠流产。宫腔内容物病理学检查仅见蜕膜组织而不见绒毛，有助于诊断异位妊娠。

5. **腹腔镜检查** 是诊断异位妊娠的金标准，并且可以在确诊的同时进行镜下手术治疗，主要用于输卵管妊娠尚未破裂或流产的早期和诊断有困难的患者。

（五）治疗要点

1. **手术治疗** 根据患者出血量的多少、是否保留生育功能以及对侧输卵管情况，选择患侧输卵管切除术或保留患侧输卵管及其功能的保守性手术。对大量腹腔内出血伴有休克症状者，应在积极纠正休克的同时进行患侧输卵管切除术。近年来腹腔镜下手术治疗输卵管妊娠已成为主要手段，可在腹腔镜下穿刺输卵管的妊娠囊吸出囊液或切开输卵管吸出胚胎、注入药物或行输卵管切除术。

2. **药物治疗** 适用于早期输卵管妊娠、要求保留生育能力的年轻妇女。适应证有：①无药物治疗的禁忌证；②未发生破裂和流产；③输卵管妊娠包块直径≤4 cm；④无明显内出血；⑤血 β-HCG < 2000 U/L。化疗药物常用氨甲蝶呤（MTX），也可用中医中药配合治疗。治疗期间应用 B 超及血 β-HCG 测定严密监护胚胎存活情况，并注意病情变化。

▶ 常见护理诊断/问题

1. **潜在并发症**：失血性休克与输卵管妊娠流产或破裂导致的腹腔大出血有关。
2. **急性疼痛** 与输卵管妊娠破裂及腹腔内出血刺激腹膜有关。
3. **恐惧** 与生命受到威胁、担心手术会影响未来生育有关。

▶ 护理目标

1. 患者休克征象被及时发现和纠正，生命体征稳定在正常范围。
2. 患者急性疼痛得到有效缓解。
3. 患者恐惧感减轻，情绪稳定，积极配合治疗。

▶ 护理措施

（一）一般护理

1. **卧床休息** 避免增加腹压的动作，保持排便通畅，以免诱发输卵管妊娠破裂。卧床期间，为患者提供日常生活护理。

2. **加强营养** 合理饮食，给予高营养，富含铁、蛋白质的食物，纠正贫血。多食含粗纤维的食物，保持排便通畅。

（二）病情观察

严密监测患者生命体征并记录。注意腹痛部位、性质及伴随症状。严密观察阴道出血情况，以准确评估出血量。

（三）治疗配合

1. **手术治疗患者的护理** ①对严重内出血并发休克的患者，立即去枕平卧，吸氧，建立静脉通道，交叉配血，按医嘱输血、输液、补充血容量；②对决定手术者在最短时间内做好手术前准备；③严密观察手术后患者的生命体征，观察伤口有无渗血，有无阴道流血、腹痛、发热等情况。

2. **非手术治疗患者的护理**：①嘱患者避免突然改变体位、用力排便等增加腹压的动作，禁止性生活、禁止灌肠；②严密观察病情变化，如腹痛突然加重、出现肛门坠胀感和面色苍白、脉搏加快等应立即报告医生并做好急诊手术准备；③遵医嘱正确使用药物治疗，注意观察药物的不良反应及治疗效果。

（四）心理护理

讲解手术的必要性，缓解紧张和恐惧心理。介绍病情及处理方案，取得患者及家属的理解和配合；讲解相关知识，减少对未来再次妊娠的顾虑。

（五）健康指导

1. 注意休息，加强营养，纠正贫血，提高抵抗力。
2. 注意外阴清洁，禁止性生活及盆浴 1 个月，以免导致盆腔感染。
3. 嘱患者再次妊娠时及时就诊，及早排除异位妊娠。

▶ 护理评价

1. 患者休克征象是否及时被发现并纠正，生命体征是否平稳。
2. 患者急性疼痛是否得到有效缓解。
3. 患者恐惧心理是否消除，能否积极配合手术或非手术治疗。

第三节 妊娠期高血压疾病

> **导学案例 6-3**
>
> 李女士，36 岁，G_1P_0，妊娠 35 周。最近几天感觉有些眼花、上腹部不适，并有头晕、头痛，故来院就诊。经检查发现 BP 167/110 mmHg，实验室检查尿蛋白（+++）。医生告知孕妇诊断为妊娠期高血压疾病重度子痫前期，必须立即住院治疗。
>
> **讨论分析：**
> 1. 列出李女士的主要护理诊断。
> 2. 制订相应的护理措施。

妊娠期高血压疾病（hypertensive disorder in pregnancy）是妊娠与血压升高并存的一组疾病，发病率为 5%~12%，是妊娠期特发疾病。患者主要表现为妊娠期出现一过性高血压、蛋白尿、水肿等症状，分娩后随即消失。该疾病严重影响母婴健康，是目前孕产妇及围生儿死亡的主要原因之一。

▶ 高危因素

确切病因不明，研究发现可能与下列因素有关：①孕妇年龄≥40 岁、多胎妊娠、子痫前期病史及家族史、慢性高血压、慢性肾炎、肥胖、糖尿病、营养不良、低社会经济状况等。②血管内皮细胞受损。③遗传因素。④营养缺乏。⑤胰岛素抵抗等。

▶ 病理生理变化

基本病理变化为全身小动脉痉挛。由于全身小动脉痉挛，引起外周阻力增大、血管内皮细胞损伤、通透性增加、体液及蛋白质渗漏，继而可出现高血压、蛋白尿及水肿等临床症状。严重时致全身重要器官功能障碍甚至衰竭，出现昏迷、抽搐、脑水肿、肺水肿、胎盘早剥及凝血功能障碍而导致 DIC 的发生。

> **知识链接**
>
> **HELLP 综合征**
>
> HELLP 综合征是一种以溶血、肝酶升高及血小板减少为特点的综合征，常危及母儿生命，需引起高度重视。其主要病理变化为：与妊娠期高血压疾病相同，如血管痉挛、血管内皮损伤、血小板聚集与消耗、纤维蛋白沉积和终末器官缺血。确切病因不明，可能与自身免疫机制有关。治疗：在重度子痫前期治疗的基础上给予肾上腺皮质激素和输注血小板（浓缩血小板、新鲜冻干血浆均可）。

▶ 护理评估

（一）健康史

详细询问患者妊娠 20 周前有无高血压、蛋白尿、水肿，有无上腹不适、头痛、眼花等自觉症状以及出现异常现象的时间及治疗经过等；询问既往健康状况、孕产史及家族史；了解有无发病的高危因素，有无癫痫史。

（二）身体状况

1. **妊娠期高血压疾病的分类与临床表现**（表 6-1、表 6-2）

表 6-1　妊娠期高血压疾病的分类与临床表现

分类	临床表现
妊娠高血压	妊娠期血压升高，收缩压 ≥ 140 mmHg 和（或）舒张压 ≥ 90 mmHg，产后 12 周可恢复正常 尿蛋白（-），一般无水肿。少数患者可伴有上腹部不适或血小板减少，产后方可确诊
子痫前期	妊娠 20 周以后出现 BP ≥ 140/90 mmHg；尿蛋白 ≥ 0.3 g/24h 或随机尿蛋白（+）； 或虽无尿蛋白，但符合下列任何一项者： 血小板 < 100×10^9/L； 肝功能损害：血清 ALT 或 AST 升高，超过正常值的 2 倍； 肾功能损害：血肌酐大于 1.1 mg/dl，或为正常值的 2 倍； 肺水肿； 新发生的中枢神经系统异常或视觉障碍
子痫	在子痫前期基础上发生抽搐，不能用其他原因解释 子痫分为：产前子痫、产时子痫和产后子痫，以产前子痫最常见。子痫前驱症状短暂，进展迅速。抽搐时先是眼球固定，瞳孔放大，头迅速扭向一侧，牙关紧闭，继而口角及颜面肌肉开始颤动，全身、四肢肌肉强直，双臂伸直，双手紧握，强烈抽动。抽动时呼吸暂停，面部充血、口吐白沫。持续 1~1.5 分钟。抽搐停止后，呼吸恢复，但患者仍昏迷，虽恢复意识，但困惑、烦躁、易激惹
慢性高血压并发子痫前期	慢性高血压患者妊娠前蛋白尿（-），妊娠后出现蛋白尿 ≥ 0.3 g/24 h；或妊娠前虽有蛋白尿，但妊娠后蛋白尿明显增加或血压明显升高或出现血小板 < 100×10^9/L
妊娠合并慢性高血压	妊娠 20 周前收缩压 ≥ 140 mmHg 和（或）舒张压 ≥ 90 mmHg（除外滋养细胞疾病），妊娠期加重不明显；或妊娠 20 周后高血压首次诊断并持续至产后 12 周以后

2. **子痫的典型发作经过**　子痫分为产前子痫、产时子痫、产后子痫，以产前子痫最多见。患者抽搐发展迅速，前驱症状短暂，子痫发作的典型表现为开始眼球固定，两眼凝视，牙关紧闭，随之口角及面部肌肉痉挛，进而发展为全身及四肢强直性收缩，双手紧握，双臂屈曲，随

后出现强烈抽搐。抽搐时呼吸暂停，面部青紫，1~5分钟后肌肉松弛，呼吸恢复，但仍处于昏迷状态。患者清醒后表现为烦躁、易激惹（表6-1）。

表 6-2 重度子痫前期的诊断标准

子痫前期伴有以下任何一种表现，为重度子痫前期：

收缩压≥160 mmHg或舒张压≥110 mmHg；

血小板<$100×10^9$/L；

肝细胞功能障碍，肝细胞损伤，血清转氨酶至少升高2倍，上腹部或右上象限痛，不能用其他疾病解释，或两者均存在；

肾功能损害；血肌酐大于1.1 mg/dl，或为正常值的2倍；

肺水肿；

新发生的中枢神经系统异常或视觉障碍

（三）心理社会状况

因缺乏对疾病的认识，表现出淡漠，不重视，不按时接受产前检查和及时治疗，从而使病情加重。孕妇及家属因担心自身健康及胎儿受到伤害而焦虑不安。

（四）辅助检查

1. **尿液检查** 查尿蛋白，以判断病情及肾受损程度。
2. **血液检查及血液生化检查** 了解血液浓缩情况；了解病损程度；测血小板计数、出血与凝血时间，了解有无凝血功能障碍及HELLP综合征等严重并发症。
3. **眼底检查** 严重时可出现视网膜水肿、出血，视网膜剥离。
4. **其他检查** 心电图、胎儿电子监护、胎盘功能、胎儿成熟度等。对疑有脑出血者可做颅脑CT检查。

（五）治疗要点

1. **妊娠高血压的治疗** 妊娠高血压患者可住院治疗，也可接受门诊治疗。治疗原则以休息、镇静和监测母儿情况为主，酌情降压。
2. **子痫前期的治疗** 子痫前期患者可在门诊接受治疗，重度子痫前期患者应住院治疗。治疗目的是控制病情发展，延长孕周，确保母儿安全。治疗原则为休息、解痉、降压、镇静、合理扩容及必要时利尿，适时终止妊娠。应根据病情轻重程度及胎儿宫内状况进行个体化治疗。
3. **子痫的治疗** 应积极控制抽搐，纠正缺氧和酸中毒，病情稳定后终止妊娠。硫酸镁是预防子痫发作及控制抽搐的一线药物。

▶ 常见护理诊断/问题

1. **有受伤的危险** 与子痫抽搐昏迷、硫酸镁治疗、胎盘血流量减少导致胎儿宫内缺氧等有关。
2. **潜在并发症**：胎盘早剥、急性肾衰竭、心力衰竭、脑出血等。
3. **焦虑** 与担心自身及胎儿健康状况有关。

▶ 护理目标

1. 患者病情控制良好，受伤的危险性降至最低。
2. 患者并发症得到及时发现和正确处理。
3. 患者焦虑减轻，情绪稳定，积极配合治疗和护理。

护理措施

（一）一般护理

1. **休息** 提供安静、舒适的环境，保证睡眠和休息，取左侧卧位每日休息不少于10小时。对精神紧张、夜间睡眠欠佳者，遵医嘱给予镇静药，如地西泮2.5～5 mg，睡前口服。

2. **饮食** 增加蛋白质、维生素摄入，补足铁和钙剂，全身水肿者应限制食盐摄入。

（二）加强产检

增加产前检查的次数，加强母儿的监护；指导孕妇计数胎动，测量体重及血压，密切观察病情变化；间断吸氧以增加母体血氧含量，改善主要脏器及胎盘的血供。

（三）病情观察

观察孕妇是否有头痛、视物模糊、上腹部不适等子痫前期表现；监测血压及体重变化；监测尿蛋白；监测胎心、胎动及宫缩等情况，注意有无胎盘早剥、DIC、脑出血、肺水肿、急性肾衰竭等并发症的发生。对重症者记录24小时液体出入量。

（四）用药护理

1. **解痉药** 硫酸镁是治疗子痫的一线药，也是子痫的预防药物。

（1）用药指征：①控制子痫抽搐及防止再抽搐；②预防重度子痫前期发展成为子痫；③重度子痫前期患者临产前用药，预防产时子痫或产后子痫。

（2）用药方法：静脉给药，负荷剂量硫酸镁4～6 g，稀释于20 ml 5%葡萄糖溶液中，缓慢静脉注入（15～20分钟），维持剂量为1～2 g/h持续静脉滴注。晚间睡前可停用静脉给药，改为肌内注射，方法为25%硫酸镁20 ml加2%利多卡因2 ml，臀部深部肌内注射。硫酸镁24小时用药总量一般不超过为25 g，用药时限一般不超过5日。

（3）注意事项：硫酸镁的有效浓度为1.8～3.0 mmol/L。超过3.5 mmol/L易引起中毒症状，首先表现为膝反射减弱或消失，随血镁浓度增加可出现全身肌张力减退及呼吸抑制，严重者可出现心搏骤停。使用硫酸镁必备条件：①用药前备好钙剂作为解毒药，如10%葡萄糖酸钙注射液。②用药前及用药过程中应监测血压，同时监测以下指标，即腱反射必须存在；呼吸≥16次/分；尿量≥17 ml/小时或≥400 ml/24小时。发现中毒症状应立即停药，并静脉注射10%葡萄糖酸钙溶液10 ml解毒，静脉推注时间应在3分钟以上，必要时可重复使用。

2. **镇静药** 缓解紧张和焦虑，预防子痫。常用药物有地西泮（安定）和催眠药。催眠药仅用于子痫或硫酸镁治疗效果不佳者，注意预防体位性低血压，分娩期慎用，以免抑制新生儿呼吸中枢。

3. **抗高血压药** 降压治疗的目的是预防子痫、心脑血管意外和胎盘早剥等严重并发症。适用于血压≥160/110 mmHg者。为保证子宫胎盘血流灌注，血压不应低于130/80 mmHg。常用药物有拉贝洛尔、硝苯地平等。

4. **利尿药** 仅限于全身性水肿、急性心力衰竭、脑水肿等患者。常用利尿药有呋塞米、甘露醇等。甘露醇主要用于子痫、脑水肿患者。

5. **促进胎儿肺成熟** 对妊娠＜34周的子痫前期患者，预计1周内可能分娩者，给予糖皮质激素促进胎儿肺成熟。

（五）子痫患者的护理

（1）协助医生控制抽搐：硫酸镁为首选药物，必要时加用镇静药。

（2）避免刺激：将患者安置在单间暗室，保持绝对安静，避免声、光刺激。各项护理操作应相对集中，动作轻柔，以免诱发抽搐。

（3）专人护理，防止受伤：保持呼吸道通畅，吸氧；对昏迷患者应禁食、禁饮水，取头低侧卧位，随时吸出咽喉部黏液及呕吐物，防止窒息或吸入性肺炎；抽搐发作时床边加床栏以防坠伤，用开口器或缠有纱布的压舌板和舌钳置于上、下磨牙间并固定舌，防止唇舌咬伤或舌后坠阻塞呼吸道。

（4）严密监护病情变化：及早发现胎盘早剥、急性肾衰竭、心力衰竭、脑出血等并发症。

（5）做好终止妊娠的准备：抽搐控制后2小时考虑终止妊娠。

（6）产后护理：产后24小时直至5日内仍有发生子痫的可能，需继续治疗及严密监护。

（六）心理护理

讲解相关知识，使孕妇认识到预防疾病的重要性，按规定进行产前检查，配合护理和治疗。

（七）健康指导

1. 知识宣传教育　进行孕期健康教育，使孕妇及家属了解妊娠期高血压疾病的相关知识及其对母儿的危害，重视并自觉从妊娠早期开始产前检查及坚持定期产前检查，以便及时发现异常并得到指导和治疗。进行休息和饮食指导。指导孕妇自我监护（如计数胎动），掌握常见的自觉症状。再次妊娠时再发风险高，应权衡利弊。

2. 随访指导　做好妊娠期高血压疾病的随访工作。

▶ 护理评价

1. 患者水肿是否减轻或消失。
2. 子痫前期患者血压是否得到控制。
3. 母儿是否健康。
4. 患者情绪是否稳定。

第四节　前　置　胎　盘

导学案例 6-4　　李女士，30岁。结婚3年来未生育，曾经历人工流产3次。现妊娠32周，清晨醒来，自觉会阴潮湿，开灯后发现下身已被血浸湿，无腹痛、自觉胎动尚好，速来院就诊。体格检查：T 36.5 ℃，P 85次/分，R 18次/分，BP 110/80 mmHg。腹部检查：宫底位于脐与剑突之间，头先露，胎心率140次/分，腹软，无压痛。

讨论分析：
1. 李女士最可能的诊断是什么？
2. 制订相应的护理措施。

正常妊娠胎盘附着于子宫体部的前壁、后壁或侧壁。妊娠28周后如胎盘附着于子宫下段或胎盘边缘达到或覆盖宫颈内口处，位置低于胎先露部，称为前置胎盘（placenta praevia）。前置胎盘是妊娠晚期出血的主要原因之一，多见于经产妇及多产妇。

▶ 病因

病因不明确，可能与下列因素有关：

1. 子宫内膜病变或损伤　是引起前置胎盘的常见原因。多次流产、刮宫术、剖宫产、子宫手术史、产褥感染等，可引起子宫内膜炎症或子宫内膜受损，再次受孕时子宫蜕膜血管形成不良，胎盘供血不足。为摄取足够营养，胎盘面积增大而伸展到子宫下段。

2. **胎盘异常** 双胎妊娠、胎盘面积过大、副胎盘、膜状胎盘等均可导致前置胎盘。

3. **受精卵滋养层发育迟缓** 当受精卵到达子宫腔时，滋养层尚未发育到能着床的阶段，继续下移至子宫下段才着床，形成前置胎盘。

▶ 分类

依据胎盘边缘与子宫颈内口的关系，将前置胎盘分为3种类型（图6-3）。

1. **完全性前置胎盘** 胎盘组织完全覆盖子宫颈内口，又称中央性前置胎盘。
2. **部分性前置胎盘** 胎盘组织部分覆盖子宫颈内口。
3. **边缘性前置胎盘** 胎盘附着于子宫下段，下缘达到宫颈内口，但未覆盖宫颈内口。

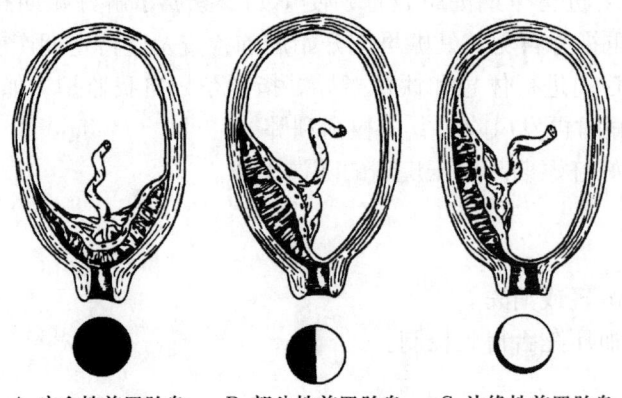

A 完全性前置胎盘　B 部分性前置胎盘　C 边缘性前置胎盘

图6-3 前置胎盘的类型

▶ 护理评估

（一）健康史

评估时应仔细询问孕产史，有无前置胎盘的诱发原因，如多次刮宫术、剖宫产术、多产、子宫内膜炎等。了解本次妊娠经过，是否有多胎妊娠。了解出现阴道流血的时间、量，有无其他异常等。

（二）身体状况

1. **症状** 妊娠晚期或临产时突然发生的无诱因、无痛性、反复阴道出血是前置胎盘的典型症状。失血症状与其阴道出血量呈正比。阴道出血时间的早晚、量的多少、发作的次数与前置胎盘的类型有关。完全性前置胎盘，28周左右即可发生出血，出血频繁，量较多；边缘性前置胎盘，出血多发生在妊娠37~40周或临产初期，量少；部分性前置胎盘，出血时间和出血量介于二者之间。

2. **体征** 如反复出血或大量出血，患者可出现贫血及血压下降、脉搏细速等休克征象。腹部检查：子宫大小与孕周相符，腹壁柔软无压痛，胎位清楚，出血不多者胎心正常。因前置胎盘影响胎先露入盆，胎先露常高浮或胎位异常。

（三）心理社会状况

突发无诱因的阴道流血甚至反复流血，孕妇及家属感到紧张、害怕，担心孕妇健康及胎儿安危。常需剖宫产终止妊娠，孕妇及家属对手术有担忧。

（四）辅助检查

1. **B型超声检查** 可清楚显示宫颈和胎盘的位置，并能确定前置胎盘类型，对胎盘定位的准确率达95%。因具有准确性、安全性和无创性，并可重复检查的特点，是目前最安全、有效的首选诊断方法。

2. 磁共振检查（MRI） 可用于确诊前置胎盘，国内已逐渐开展应用。

（五）治疗要点

以抑制宫缩、止血、纠正贫血和预防感染为治疗原则。根据孕妇的出血量、全身情况、孕周、胎儿成熟度、产道条件及前置胎盘类型等综合分析，制订处理方案。

1. 期待疗法 阴道流血不多、全身情况好、胎儿存活，胎龄不足36周，胎儿体重不足2300 g时，可在保证孕妇安全的前提下采用期待疗法，使胎儿能达到或接近足月，以提高围生儿成活率。以住院治疗为宜。

2. 终止妊娠 期待疗法过程中发生大出血；出血量虽少，但妊娠达到36周，或胎儿成熟度检查提示胎儿肺成熟者；出现胎儿窘迫征象者，应采用剖宫产和阴道分娩终止妊娠。阴道分娩适用于边缘性前置胎盘，枕先露，阴道流血不多，无头盆不称和胎位异常，估计在短时间内可结束分娩者。若试产过程中产程进展不顺利或者大出血，应立即改行剖宫产术。剖宫产能迅速结束分娩，提高胎儿存活率，减少出血，是处理前置胎盘的主要手段。

▶ 常见护理诊断/问题

1. 潜在并发症： 失血性休克、产后出血。

2. 有胎儿受伤的危险 与大量出血导致胎儿窘迫及早产有关。

3. 有感染的危险 与失血导致抵抗力下降、胎盘剥离面靠近子宫颈口细菌易上行感染有关。

▶ 护理目标

1. 患者出血得到有效控制，生命体征稳定在正常范围。
2. 胎儿窘迫被及时发现和纠正，早产得以及时处理。
3. 孕妇无感染或感染被及时发现和控制，体温、血象正常。

▶ 护理措施

（一）期待疗法孕妇的护理

1. 一般护理 嘱孕妇绝对卧床休息，取左侧卧位，避免各种刺激。医护人员做腹部检查时动作要轻柔，禁止阴道检查及肛门检查。

2. 纠正贫血 指导孕妇多食富含铁的食物，必要时补充铁剂纠正贫血。

3. 病情观察 勤听胎心或行胎儿电子监护，指导孕妇自测胎动；观察孕妇生命体征，严密监测血压、脉搏，尤其是大出血时，关注休克的症状和体征；了解阴道流血情况，如有病情变化，须及时处理。

4. 遵医嘱用药 遵医嘱给予促进胎肺成熟治疗，如糖皮质激素、补血药、子宫收缩抑制药、镇静药等，以延长孕周，提高围生儿的存活率。

5. 预防感染 做好外阴护理，保持会阴清洁、干燥，出血时勤换月经垫，会阴擦洗每日2次；定时测体温，发现感染征象及时报告；遵医嘱应用抗生素预防感染。

6. 完全性前置胎盘的孕妇应提前住院待产。

（二）终止妊娠孕妇的护理

1. 剖宫产手术孕妇的护理

（1）术前护理：严密观察孕妇的生命体征变化，积极配合医生纠正休克；使患者取去枕左侧卧位，开放静脉通道，做好配血、输血准备及剖宫产术前准备。严密监测母儿情况，做好抢救准备工作。

（2）术后严密观察患者伤口有无渗血、阴道流血、腹痛、发热等。发现异常须及时报告，遵医嘱应用抗生素预防感染。

2. 经阴道分娩产妇的护理

（1）决定阴道分娩后，先行人工破膜，破膜后胎头下降压迫胎盘止血，并可促进子宫收缩加速分娩。若破膜后胎先露部下降不理想，仍有出血，或分娩进展不顺利，应立即改行剖宫产术。

（2）胎儿娩出后及早使用缩宫素，注意观察子宫收缩情况，预防产后出血。

（3）严密观察产妇的生命体征及阴道流血情况，发现异常及时报告医生处理。做好会阴护理，保持会阴部清洁、干燥。遵医嘱用抗生素预防感染。

（三）心理护理

关心、体贴患者，讲解病情、处理方案及相关知识，缓解其紧张、焦虑、恐惧情绪，保持乐观心态，积极配合护理和治疗。

（四）健康指导

1. 知识宣传教育及生活指导 进行计划生育指导，采取有效避孕措施，避免多次刮宫术，减少子宫内膜损伤，防治子宫内膜炎。

2. 加强孕期监护 妊娠期一旦发生出血，应及时就诊，查明原因，正确处理。

▶ **护理评价**

1. 患者情绪是否稳定，医患配合是否良好。
2. 孕妇感染是否得到及时发现和控制，体温、血象是否正常。
3. 阴道出血是否得到控制，母儿生命体征是否正常。

第五节 胎盘早剥

> **导学案例 6-5**
>
> 李女士，30岁。妊娠30周，因下楼时不慎摔倒，感到腹痛并逐渐加剧伴少量阴道流血，立即到医院就诊。入院检查：神志清楚，面色苍白。T 36.5℃，P 110次/分，R 20次/分，BP 80/60 mmHg。腹部检查：宫底在剑突下两横指，硬如板状，压痛明显，胎位、胎心不清。B超检查提示胎盘早剥。
>
> **讨论分析：**
> 1. 列出李女士的主要护理诊断。
> 2. 制订相应的护理措施。

妊娠20周后或分娩期，正常位置的胎盘在胎儿娩出前部分或全部从子宫壁剥离，称为胎盘早剥（placental abruption）。本病是妊娠晚期的严重并发症，常急性起病，进展迅速，如处理不及时可危及母儿生命。

▶ **病因**

病因尚不清楚，可能与下列因素有关。

1. **血管病变** 重度子痫前期、妊娠合并慢性高血压、慢性肾炎患者胎盘早剥发生率增高。因底蜕膜小螺旋动脉痉挛或硬化,引起远端毛细血管缺血、坏死或破裂出血,形成胎盘后血肿,使胎盘与子宫壁分离。

2. **机械性因素** 腹部受到撞击或挤压、脐带过短或脐带缠绕等可引起胎盘早剥。

3. **宫腔内压力骤降** 双胎妊娠时,第一胎娩出过快或羊水过多破膜时羊水流出过快,使子宫内压力骤然降低,子宫突然收缩,导致胎盘与子宫壁发生错位而剥离。

▶ 病理与分型

主要病理变化是底蜕膜出血形成血肿,促使胎盘自附着处剥离。按病理分为三种类型(图6-4)。

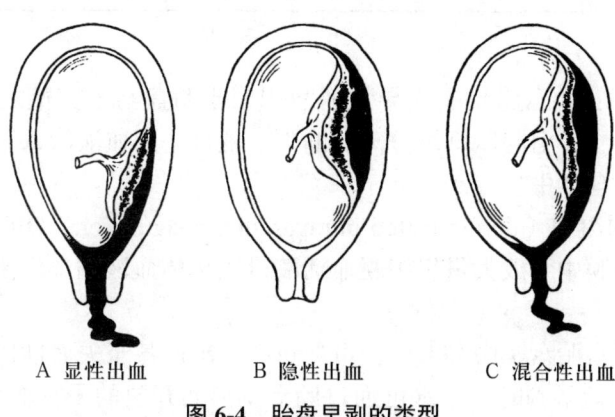

图 6-4 胎盘早剥的类型

1. **显性剥离(又称显性出血)** 血肿位于胎盘边缘,血液沿胎膜与子宫壁之间从宫颈管向外流出,出现阴道流血。

2. **隐性剥离(又称隐性出血)** 血肿位于胎盘中央,血液不能外流,积聚在胎盘与子宫壁之间。

3. **混合性出血** 随着内出血逐渐增多,胎盘后血肿逐渐增大,子宫底随之升高。出血量达到一定程度时,冲开胎盘边缘及胎膜而使血液外流,称为混合性出血。偶有出血穿破胎膜,溢入羊水中成为血性羊水。

▶ 护理评估

(一)健康史

评估时应了解有无母体血管病变性疾病,如妊娠期高血压疾病、慢性高血压、慢性肾炎。了解有无宫腔内压力骤减因素、长时间仰卧、腹部外伤史。了解有无腹痛及阴道流血,腹痛的程度及性质,阴道流血的量、颜色以及有无血块等。

(二)身体状况

1. **临床表现及分度** 妊娠晚期突然发生腹部持续性剧烈疼痛,伴或不伴阴道出血是胎盘早剥患者的主要症状。病情严重程度取决于胎盘剥离面积的大小和出血量的多少。根据胎盘剥离面积的大小和出血量的多少可分为Ⅰ度、Ⅱ度、Ⅲ度(表6-3)。

表 6-3 胎盘早剥的分度

临床表现	Ⅰ度	Ⅱ度	Ⅲ度
发病时期	分娩期	妊娠中、晚期	妊娠中、晚期
胎盘剥离面积	<1/3	≥1/3	≥1/2
出血类型	外出血	以内出血为主	以内出血为主

续表

临床表现	Ⅰ度	Ⅱ度	Ⅲ度
腹痛	无或轻微	突发持续性腹痛或腰背痛	突发持续性腹痛或腰背痛
阴道流血	少量	无或少量	无或少量
贫血与休克	无	有贫血而无休克，贫血程度与阴道出血量不相符	有贫血及休克，贫血程度与阴道出血量不相符
腹部检查	子宫软，大小与孕周相符，胎位清楚，胎心正常	子宫大于孕周，胎盘附着处压痛明显，胎位可扪及，胎儿存活	子宫明显大于孕周，硬如板状，胎位扪不清，胎心消失

2. 并发症

（1）子宫胎盘卒中：胎盘隐性剥离导致血液积聚于胎盘与子宫壁之间，随着血肿压力增大，血液可浸入子宫肌层，引起肌纤维分离、断裂、变性。当血液渗入浆膜层时，子宫表面呈紫蓝色瘀斑，称子宫胎盘卒中。

（2）弥散性血管内凝血（disseminated intravascular coagulation，DIC）：严重胎盘早剥者，剥离处的胎盘绒毛和蜕膜中释放大量组织凝血活酶进入母体血液循环，激活凝血系统引起弥散性血管内凝血。

（3）产后出血：子宫胎盘卒中和DIC，可导致产后出血甚至失血性休克。

（4）羊水栓塞：胎盘早剥时，羊水可通过胎盘剥离面开放的子宫血窦进入母体血液循环，导致羊水栓塞。

（5）胎儿窘迫：严重出血可引起胎儿急性缺氧，导致胎儿窘迫甚至死亡。

（6）急性肾衰竭：失血性休克及DIC均严重影响肾血流量，导致肾小管或肾皮质缺血、坏死，引起急性肾衰竭。

（三）心理社会状况

胎盘早剥病情变化迅速，孕妇及家属常措手不及，感到紧张和恐惧。病情危重者因胎儿死亡或因产后出血需行子宫切除，常出现忧伤、悲哀等情绪反应。

（四）辅助检查

1. B型超声检查　了解胎盘位置、胎盘后血肿及胎儿情况。

2. 实验室检查　进行全血细胞计数，了解贫血程度。行凝血功能检查了解有无DIC。对重度患者应进行肾功能检查。

（五）治疗要点

以早期识别、纠正休克、及时终止妊娠、控制DIC、处理并发症为治疗原则。胎盘早剥一旦确诊，须及时终止妊娠，根据病情严重程度、胎儿宫内状况及宫口开大情况等决定行阴道分娩或剖宫产。

▶ 常见护理诊断/问题

1. **有休克的危险**　与胎盘早剥大量出血导致失血性休克有关。
2. **潜在并发症**：弥散性血管内凝血、急性肾衰竭、胎儿窘迫。
3. **预感性悲哀**　与胎儿死亡、子宫切除有关。

▶ 护理目标

1. 患者出血得到有效控制，生命体征稳定在正常范围。
2. 患者无并发症发生或并发症得到及时处理。

3. 患者能接受现实，情绪稳定。

护理措施

（一）一般护理

提供安静、舒适的环境及日常生活护理。加强营养，纠正贫血。保持外阴清洁、卫生。

（二）病情观察

1. 严密监测患者生命体征及阴道出血情况，监测胎动、胎心；观察宫底高度、子宫的软硬、压痛情况；发现异常及时报告医生。

2. **并发症的观察** 注意观察皮下、黏膜和注射部位有无异常出血情况；胎儿娩出后，观察阴道出血的量、颜色和性状，注意有无血凝块及宫缩情况；注意观察尿量；发现异常立即报告医生并配合处理。

（三）治疗配合

1. 积极配合医生抢救休克，严密观察生命体征，迅速开放静脉通道，补充血容量，输入新鲜血液。

2. **立即做好终止妊娠的准备** 胎盘早剥一旦确诊，应立即终止妊娠。对 I 度估计短时间内能结束分娩者，可在严密监护下经阴道分娩；对 II、III 度或短时间内难以结束分娩者，立即行剖宫产，应做好术前准备、术中及术后的护理，以及抢救新生儿的准备。

3. **预防产后出血及感染** 产后严密监测阴道出血及宫缩情况，及早使用子宫收缩药，按摩子宫。出血不止时，应做好子宫切除术的准备，预防感染。

4. 对胎儿死亡的患者，遵医嘱给予退乳药。

（四）心理护理

关心、体贴孕妇，向孕妇和家属解释病情及处理方案，缓解紧张、恐惧心理，取得支持和配合。对胎儿死亡或行子宫切除术者，要同情、理解、耐心劝导，允许亲人陪伴，帮助患者面对现实，顺利度过痛苦期。

（五）健康指导

1. **孕期健康指导** 妊娠晚期避免腹部受伤及长时间仰卧位；对妊娠期高血压疾病、慢性肾炎的孕妇要及时治疗。

2. **产后指导** 注意休息，加强营养，纠正贫血，促使身体早日康复；保持外阴清洁，预防感染；剖宫产后应避孕 2 年。

护理评价

1. 患者出血是否得到有效控制，生命体征是否稳定在正常范围。
2. 患者有无并发症发生或并发症是否被及时发现和纠正。
3. 患者能否接受现实，情绪是否稳定。

第六节　双胎妊娠

一次妊娠宫腔内同时有两个或两个以上胎儿者称为多胎妊娠，以双胎妊娠最为多见。双胎妊娠分为单卵双胎（占 1/3）和双卵双胎（占 2/3）两种。近年来，由于促排卵药物的应用及辅助生殖技术的开展，双胎妊娠的发生率有增高趋势。双胎妊娠的孕产妇并发症发生率及胎儿围生期死亡率均较单胎妊娠明显增高，属于高危妊娠的范畴。

分类

1. **双卵双胎** 由2个卵子同时分别受精形成的双胎妊娠。两个胎儿的性别及血型可相同或不同，容貌似家庭中的兄弟姐妹，2个胎儿有各自的胎盘和胎膜，两者血液循环互不相通。

2. **单卵双胎** 由1个受精卵分裂而成的双胎妊娠，两个胎儿性别及血型相同，容貌相近，胎盘、胎膜因受精卵分裂时间不同而异，2个胎儿的血液循环通过胎盘相通。

护理评估

（一）健康史

1. 询问孕妇的年龄、胎次、种族及家族中有无多胎妊娠史。双胎发生率随着孕妇年龄增大而增高，尤其以35～39岁孕妇为最多见孕妇胎次越多，发生多胎妊娠的概率越大。

2. 了解孕前是否使用促排卵药或曾行助孕手术（体外受精多个胚胎移植）。

（二）身体状况

1. 早孕反应较重，妊娠中后期体重增加迅速，腹部增大明显，尤其是妊娠24周以后。

2. 因子宫增大明显，易出现压迫症状，孕妇会感觉腰背疼痛、呼吸困难、胃部饱胀、下肢水肿及静脉曲张等。

3. 孕妇常自诉多处有胎动，部位不固定且胎动频繁。

4. **腹部检查** 子宫底高度及腹围大于孕周，可触及两个胎头及多个肢体，在腹部不同部位可听到两个胎心，两者速率不同，相差＞10次/分。

（三）心理社会状况

双胎妊娠属于高危妊娠，孕妇及家属既为孕育双胎而高兴，又为母儿的安危而担忧。

（四）辅助检查

B型超声检查对诊断及监护双胎有较大帮助，并可协助诊断两个胎儿的胎位。

知识链接

双胎妊娠的家庭护理

1. 双胎妊娠孕妇妊娠期早孕反应较重，要合理膳食，保证营养充足，并多食富含铁、钙及维生素等的食品，以保证母婴营养需要。

2. 双胎妊娠属高危妊娠，并发症多。应严格定期产前检查，如感不适，应及早就诊。

3. 双胎妊娠子宫大于妊娠月份，孕妇应尽量减少家务劳动及外出活动，避免腹部受到挤压、碰撞。妊娠晚期易出现呼吸困难等压迫症状，应保证孕妇有充分的休息及睡眠，以预防早产。

4. 妊娠期末2个月应禁止性生活，以预防早产及产后感染等。

护理诊断

1. **营养失调** 与早孕反应较重、摄入减少、低于机体需要量有关。
2. **焦虑** 与担心自身和胎儿安危有关。
3. **潜在并发症**：胎膜早破、早产、胎盘早剥、产后出血等。

护理目标

1. 未发生贫血，胎儿发育良好。

2. 孕妇情绪稳定。
3. 未发生并发症或及早发现并处理。

▶ 护理措施

（一）一般护理

1. 加强孕期监护，增加产前检查次数，指导孕妇自测胎动的方法，以便及时发现胎儿窘迫征象。
2. 指导孕妇补充足够营养，增加富含蛋白质、钙、铁、维生素以及必需脂肪酸的食物，预防贫血及妊娠期高血压疾病。
3. 及时防治妊娠期并发症，如出现胎膜早破、早产等，立即入院待产，选择合适的分娩方式，防治并发症。

（二）心理护理

1. 提供心理支持，帮助孕妇完成角色的转变，接受成为两个孩子母亲的事实。
2. 对于担心自身及胎儿安危的孕妇，应耐心解释病情，介绍目前处理双胎的医护水平，增强孕妇信心。告诉孕妇双胎妊娠虽属高危妊娠，但不必过分担心母儿安危，鼓励孕妇保持愉快的心情，积极配合孕产期的各项监测、治疗及护理。

（三）治疗配合

1. 临产后密切观察产程进展和胎心变化，如出现产程延长和胎儿窘迫，应及时报告医生并配合处理。第一个胎儿娩出不应过快，以防发生胎盘早剥。第一个胎儿娩出后立即断脐以防第二个胎儿失血，并协助扶正第二个胎儿的胎位使其保持纵产式。第二个胎儿娩出后遵医嘱给予子宫收缩药，腹部放置沙袋或用腹带包扎，以防产后出血和腹压骤降引起休克。
2. 加强新生儿尤其是早产儿的观察和护理。

（四）健康指导

1. 重视产前检查，加强孕期营养，注意补充铁、钙、叶酸、维生素等，以满足两个胎儿生长发育的需要。
2. 指导孕妇注意休息，妊娠晚期避免长时间站立活动，增加每日卧床休息时间，左侧卧位休息，抬高下肢，促进血液回流，减轻水肿。
3. 指导孕妇认识并预防并发症，有异常随时就诊。如妊娠晚期多休息、少活动，预防早产。一旦胎膜破裂立即平卧，并及时送医院。
4. 准备两套新生儿用物，指导正确进行母乳喂养及新生儿护理。
5. 指导产妇注意产褥期卫生及避孕。

▶ 护理评价

1. 孕妇营养合理，胎儿发育良好。
2. 分娩过程顺利，母儿未出现并发症。

第七节　羊水过多或羊水过少

一、羊水过多

妊娠期羊水量超过 2000 ml 者称羊水过多。羊水量在短期内急剧增多者称急性羊水过多，较少见。羊水量在数周内缓慢增多者称慢性羊水过多，较为多见。

引起羊水过多的原因有：①孕妇有无妊娠合并症，妊娠合并糖尿病、母儿血型不合、妊娠期高血压疾病等。②有无胎儿畸形，以胎儿中枢神经系统或消化系统畸形（如无脑儿、脊柱裂、食管及十二指肠闭锁）最多见。③检查是否有羊水外漏增加（如羊膜病变）、多胎妊娠等原因。

护理评估

（一）健康史

评估孕妇有无糖尿病、妊娠期高血压疾病、多胎妊娠或母儿血型不合等病史。

（二）身体状况

1. **症状** 急性羊水过多发生于妊娠 20~24 周，因羊水量数天内急剧增多，子宫于数日内迅速增大，孕妇出现呼吸困难、心悸、气促、腹壁胀痛、不能平卧、下肢水肿等症状。慢性羊水过多发生于妊娠晚期，因羊水在数周内逐渐增多，子宫逐渐膨胀，故症状较缓和，孕妇能逐渐适应。

2. **体征** 腹部检查：腹壁紧张发亮，子宫底高度及腹围明显大于妊娠周数，宫壁张力大，有液体震颤感，胎位触不清，胎心遥远或听不到。

羊水过多的并发症

羊水过多因子宫过度膨胀常并发妊娠期高血压疾病、胎膜早破和胎位异常；因子宫肌纤维张力过高易发生早产；破膜后羊水流出过快可诱发胎盘早剥、脐带脱垂、休克等并发症；因子宫肌纤维伸展过度分娩时，可造成宫缩乏力、产程延长和产后出血。

（三）心理社会状况

孕妇因子宫迅速异常增大、压迫症状严重、活动受限而烦躁不安。担心胎儿可能有畸形且危及自身与胎儿健康，产生焦虑、紧张情绪。

（四）辅助检查

1. **B 型超声检查** 是重要的辅助检查方法。如羊水最大暗区垂直深度（AFV）≥ 8 cm 或羊水指数（AFI）≥ 25 cm，可诊断羊水过多，并可确定羊水过多的程度，了解有无多胎妊娠及胎儿神经管开放性畸形，如无脑儿、脊柱裂等。

2. **胎儿疾病检查** 行羊水生化检查，甲胎蛋白（AFP）值异常升高有助于胎儿神经管畸形的诊断。做羊水细胞培养或采集胎儿脐带血细胞培养可了解有无染色体异常。

（五）治疗要点

治疗要点取决于胎儿是否有畸形、孕周及孕妇自觉症状严重程度。

1. 对羊水过多合并胎儿畸形者，及时终止妊娠。

2. 若胎儿无畸形，应寻找病因，积极治疗母体疾病。对胎肺不成熟者尽量延长孕周，如孕妇症状严重，可考虑经腹壁羊膜腔穿刺放出适量羊水以缓解症状。对羊水量反复增长、孕妇自觉症状严重、妊娠 ≥ 34 周、胎肺已成熟者可终止妊娠。

护理诊断

1. **舒适改变** 与子宫增大引起的压迫症状有关。
2. **焦虑** 与担心自身及胎儿安危有关。
3. 有围生儿受伤的危险。

▶ 护理目标

1. 孕妇自诉舒适感增加。
2. 孕妇情绪稳定。
3. 并发症未发生或及早被发现并处理。

▶ 护理措施

（一）一般护理

1. 指导孕妇注意休息，取左侧卧位，抬高下肢，增加静脉回流。急性羊水过多压迫症状严重者可取半卧位，改善呼吸情况。
2. 适当低盐饮食，多食蔬菜、水果等，保持排便通畅，减少升高腹压的活动，以减轻压迫症状，预防胎膜早破和早产。每天测体温2次，定期测体重。
3. 每日吸氧1~2次，每次30分钟，以改善胎儿缺氧症状。

（二）孕期观察

1. 询问孕妇的自觉症状，密切关注胎心音及有无临产先兆，教会孕妇自测胎动，如有异常立即告知医生。
2. 定期测量宫高、腹围，配合B型超声检查，监测羊水量及胎儿情况。严密观察孕妇生命体征、宫缩、胎心率、阴道流血等情况，及时发现胎盘早剥征象并配合处理。
3. 如发生胎膜破裂，指导孕妇立即平卧、抬高臀部，防止脐带脱垂，并立即听胎心。若破膜超过12小时，遵医嘱使用抗生素预防感染。每日行外阴擦洗2次，便后擦洗，并指导孕妇使用消毒会阴垫，勤换内裤，保持外阴清洁、干燥。

（三）治疗配合

1. **经腹羊膜腔穿刺术放羊水的护理** 术前向孕妇解释穿刺过程，做好心理安抚。做好术前准备，术中应严格无菌操作。控制羊水流出速度及量，羊水流出速度不超过500 ml/h，一次放羊水量不超过1500 ml。术中协助监测孕妇生命体征及胎心音。放羊水后于腹部放置沙袋或加腹带包扎，以防腹压骤降发生休克，观察有无宫缩、阴道流血等，同时遵医嘱给予抗感染药。
2. **人工破膜引产的护理** 协助医师边放羊水边用腹带束紧腹部。观察并记录羊水的颜色、性状及量，注意胎心、胎位的变化。
3. **预防早产的护理** 遵医嘱给予镇静药、子宫收缩抑制药预防早产。

（四）心理护理

1. 主动、耐心向孕妇及家属讲解引起羊水过多的常见原因，使他们了解羊水过多不一定有胎儿畸形，减轻其焦虑感。
2. 对合并胎儿畸形的孕妇，应加倍关心和照顾，主动、耐心与孕妇及家属交谈，使孕妇和家属了解胎儿畸形并非孕妇过错，并帮助寻找原因，指导丈夫理解、安慰孕妇。告知再孕时的注意事项，使其获得心理安慰，配合治疗及护理。

（五）健康指导

1. 嘱孕妇注意休息和饮食，以减轻症状。指导孕妇积极就诊，寻找病因，接受高危妊娠监护。
2. 如有胎儿畸形，嘱孕妇再次受孕后应进行遗传咨询及产前诊断，加强孕期检查，严格进行高危监护。

护理评价

1. 孕妇积极参与治疗及护理过程。
2. 母婴安全,未发生并发症。
3. 胎儿畸形孕妇接受终止妊娠处理,正确面对现实。

二、羊水过少

妊娠晚期羊水量少于 300 ml 者称为羊水过少,发生率为 0.4%~4%。羊水过少可严重影响围生儿预后,羊水量少于 50 ml 者围生儿病死率高达 88%。

引起羊水过少的原因有:①胎儿泌尿系统畸形(如肾小管发育不全等)。②胎盘功能减退,如过期妊娠、胎盘退行性变。③胎膜破裂,羊水外漏。

护理评估

(一)健康史

评估孕妇是否合并妊娠期高血压疾病、过期妊娠、慢性肾炎等;有无胎儿畸形,如先天性肾缺如、泌尿道畸形等;有无胎儿宫内发育迟缓等。

(二)身体状况

羊水过少的临床表现多不典型。孕妇于胎动时常感觉腹痛,腹部检查子宫底高度及腹围较同期孕周小,胎位异常,有子宫紧裹胎体感。子宫敏感,轻微刺激即可引发宫缩。

(三)心理社会状况

羊水过少往往是因为胎儿畸形或母体疾病,且羊水过少时胎儿在宫内极其危险,因此孕妇常有负疚感,孕妇及家属常担心胎儿畸形和自身健康,产生焦虑、紧张情绪。

(四)辅助检查

1. **B型超声** 妊娠晚期,羊水最大暗区垂直深度(AFV)≤ 2 cm 或羊水指数(AFI)≤ 5 cm 可诊断为羊水过少。羊水指数(AFI)≤ 8 cm 为羊水偏少,羊水最大暗区垂直深度(AFV)≤ 1 cm 为严重羊水过少。B型超声检查还可发现胎儿生长受限和胎儿畸形。

2. **胎儿电子监护仪监测** 羊水过少易导致脐带及胎盘受压,使胎儿的储备能力降低,出现异常 NST,分娩时则会出现晚期减速,表现为 OCT 阳性,胎儿出现急性宫内窘迫。

(五)治疗要点

1. **期待疗法** 对妊娠未足月、胎肺不成熟者,应行增加羊水量的期待疗法,延长孕周。可行经腹或经宫颈羊膜腔输液补充羊水。

2. **终止妊娠** 妊娠足月羊水过少应立即终止妊娠。终止妊娠的方法有:

(1)阴道试产:适用于胎盘功能尚好,胎心情况良好者。行人工破膜后,观察羊水情况,严格观察下试产。若发现胎儿窘迫且在短时间内无法结束分娩,立即改行剖宫产术。

(2)剖宫产:对合并胎盘功能减退、胎儿窘迫或破膜时羊水少且胎粪污染严重,估计短时间不能结束分娩者,应行剖宫产术。

护理诊断

1. **胎儿有受伤的危险** 与羊水过少有关。
2. **预感性悲哀** 与羊水过少致胎儿宫内窘迫有关。
3. **焦虑** 与担心胎儿畸形、安危有关。

护理目标

1. 胎儿安全。
2. 孕妇情绪稳定。

护理措施

（一）一般护理

嘱孕妇左侧卧位，改善胎盘血液供应。教会孕妇自我监测胎动，如有异常立即告知医生。

（二）病情观察

1. 询问孕妇的自觉症状，勤听胎心音，了解胎儿宫内情况。
2. 定期测量宫高、腹围及体重，配合 B 型超声检查，监测羊水量及胎儿情况，做胎盘功能检查及胎儿储备功能检查。

（三）治疗配合

1. 期待疗法时，协助医师行羊膜腔内灌注液体。
2. 做好经阴道试产或剖宫产的准备工作，严密监测产程，做好新生儿抢救准备工作。

（四）心理护理

主动、耐心地向孕妇及家属解释本病的一些情况，解答相关疑问，提供情绪上的支持，缓解紧张情绪，帮助其积极参与治疗和自我保健护理，说明保持心情愉快、配合治疗对胎儿发育的好处。

（五）健康指导

嘱产妇产后要注意休息，保持情绪平稳。

护理评价

1. 胎儿没有发生因羊水过少而受损。
2. 孕妇能积极配合分娩处理及护理过程。

第八节　早　产

妊娠满 28 周至不满 37 周（196～258 日）分娩者称为早产。此时娩出的新生儿称早产儿，出生体重多不足 2500 g，各器官发育尚不成熟。出生孕周越小，体重越轻，其预后越差。早产占分娩总数的 5%～15%。随着早产儿的治疗及监护手段不断进步，其生存率明显提高，伤残率下降。部分国家已将早产的时间下限定义为妊娠 24 周或 20 周等。

护理评估

（一）健康史

1. 询问有无导致早产的高危因素，如合并急性或慢性疾病、生殖器官异常、外伤史、严重精神创伤等。
2. 询问本次妊娠有无异常，如宫内感染、前置胎盘、胎盘早剥、胎儿窘迫、胎膜早破、羊水过多、多胎妊娠等。

（二）身体状况

1. 早产与足月分娩过程相似，主要表现为子宫收缩，最初为不规则子宫收缩，伴有少量阴道流血或血性分泌物，继之可发展为规律性子宫收缩。其过程与足月临产相似，并伴有子宫颈管消失和宫颈口扩张，胎膜早破的发生率较足月临产者高。

2. 临床上早产可分为先兆早产和早产临产两个阶段。先兆早产表现为出现规律性或不规律性宫缩，伴宫颈管进行性缩短。早产临产指出现规律性子宫收缩（20分钟≥4次，或60分钟≥8次，持续≥30秒），伴子宫颈管消退≥80%及宫口扩张1 cm以上。

（三）心理社会状况

由于提前分娩，孕妇及家属没有思想及物质准备，同时担心新生儿的安全和健康，多有焦虑不安、自责、伤感等情绪反应。

（四）辅助检查

1. **B型超声检查** ①腹部B型超声检查：胎头双顶径的测量对判断胎儿大小较为准确。早产儿双顶径常小于85 mm，体重低于2500 g。②阴道B型超声检查：检查宫颈长度及宫颈内口漏斗形成情况，若测得宫颈内口漏斗长度＞宫颈总长度的25%，或功能性宫颈管长度＜3 cm，提示早产可能性大。

2. **阴道穹后部棉拭子检测** 检查胎儿纤维连接蛋白（fFN），若fFN为阴性，1周内不分娩的预测值为98%，2周内不分娩的预测值为95%。

（五）治疗要点

若胎膜完整，母胎情况允许，应尽量保胎至34周。若胎膜已破，早产不可避免，应尽可能预防新生儿并发症，提高早产儿的存活率。

> **知识链接**
>
> **"世界早产日"**
>
> 每年的11月17日是"世界早产日"。世界卫生组织呼吁世人更多地关注早产问题，加强相关研究，采取有效行动，减少早产导致的健康问题和死亡。早产是新生儿死亡的首要原因，并且是继肺炎之后5岁以下儿童死亡的第二大原因。研究显示，许多早产儿即使有幸生存下来，也将面临终身残疾，包括学习障碍和视力、听力问题。

▶ 护理诊断

1. **有围生儿受伤的危险** 与胎儿发育未成熟、出生后生存能力低下有关。
2. **焦虑** 与担心早产儿存活率低、早产儿预后差有关。
3. **知识缺乏**：缺乏早产相关知识。

▶ 护理目标

1. 早产儿生命体征平稳，转归良好。
2. 产妇能与医护人员交流自己的感受，情绪稳定，每天保证8小时睡眠。
3. 产妇及家属了解早产及早产儿的相关知识。

▶ 护理措施

（一）一般护理

1. 嘱孕妇卧床休息，取左侧卧位，禁止性生活，勿刺激乳头及腹部，慎做肛门检查和阴道检查，以避免诱发宫缩。
2. 定时测量产妇生命体征，严密观察宫缩、宫口扩张及胎心音情况。对于破膜的孕妇要观察羊水的量及性状。
3. 低流量、间歇吸氧。

（二）用药护理

1. **β-肾上腺素受体激动药** 具有抑制宫缩，延长胎龄的作用。常用药物有利托君、硫酸镁、硝苯地平等。其不良反应有母体心搏加快、血压下降、血糖升高、血钾升高、恶心、出汗、头痛等。用药要根据宫缩调节速度，关注孕妇的主诉、血压、心率及宫缩的变化。

2. **硫酸镁** 镁离子直接作用于子宫平滑肌，拮抗钙离子对子宫的收缩作用，抑制子宫收缩。用法：硫酸镁 4~5 g 静脉注射，继而 1~2 g/h 缓慢滴注 12 小时，一般用药不超过 48 小时。用药时需注意腱反射、尿量、呼吸及镁离子浓度，并备好 10% 葡萄糖酸钙溶液解毒。

3. **糖皮质激素** 对妊娠 < 34 周，1 周内有可能分娩的孕妇，遵医嘱给予地塞米松促进胎儿肺成熟。

4. **预防感染** 感染是早产的重要因素之一，对未足月胎膜早破、先兆早产和早产临产的孕妇做阴道分泌物细菌培养。对胎膜早破早产者，必须预防性使用抗生素。

（三）分娩护理

1. 给产妇吸氧，持续胎心监护，慎用吗啡、哌替啶等镇静药。
2. 早产儿大部分可经阴道分娩，不提倡常规做会阴切开，也不支持使用没有指征的产钳助产术。若为臀位特别是足先露，应权衡剖宫产利弊，恰当选择分娩方式。
3. 早产儿应延迟 60 秒后断脐，可减少新生儿输血的需要和降低脑室内出血发生率。
4. 做好早产儿保暖和复苏的准备，加强早产儿的护理。

（四）心理护理

多陪伴孕妇，采用适当的语言向产妇介绍早产的相关知识，减轻孕妇及家属的焦虑。帮助产妇以良好的心态承担早产儿母亲的角色。鼓励家属给予产妇良好的心理支持。

（五）健康指导

1. 加强孕期保健，积极治疗妊娠合并症和并发症；嘱孕妇在妊娠晚期多取左侧卧位休息，禁止性生活及重体力劳动，预防早产；加强营养，保持身心健康；对已明确宫颈功能不全者，应于妊娠 14~18 周行宫颈环扎术。
2. 指导孕妇及家属识别先兆早产，及时就诊。
3. 指导产妇保持个人卫生，防止发生逆行感染。
4. 教会产妇及家属掌握护理早产儿的技能。

▶ 护理评价

1. 先兆早产症状得到控制，妊娠得以继续维持。
2. 保胎期间，孕妇未发生继发性感染。
3. 早产儿出生后得到及时、良好的护理。
4. 产妇及家属情绪平稳，很快进入早产儿母亲的角色。

第九节 过期妊娠

平素月经周期规律，妊娠达到或超过 42 周（≥ 294 日）尚未分娩者称过期妊娠，发生率占妊娠总数的 3%~15%。过期妊娠的围生儿患病率和死亡率均增高，并随妊娠时间延长而增高。因此，如确诊过期妊娠，应根据胎儿安危状况、胎儿大小、产道情况及宫颈成熟度综合分析，选择恰当的分娩方式终止妊娠。

病理

1. 胎盘 过期妊娠胎盘分为两种类型：①胎盘功能正常，除胎盘重量略有增加外，外观和镜检均与妊娠足月胎盘相似。②胎盘功能减退，胎盘母体面呈片状或多灶性梗死和钙化，胎盘老化，导致绒毛内血管床减少，间质纤维化增加，合体细胞小结增加等，使胎盘物质交换与转运能力降低。

2. 羊水 妊娠晚期羊水量明显减少，妊娠42周后甚至减少到300 ml以下。如胎儿缺氧，肛门括约肌松弛，可导致羊水粪染。

3. 胎儿 胎儿宫内生长模式有以下3种。

（1）正常生长和巨大胎儿：见于胎盘功能正常者，胎儿可继续生长，约25%可生长为巨大胎儿，阴道分娩困难。

（2）胎儿过熟综合征：多见于胎盘功能减退者，胎儿表现为过熟综合征外貌，似"小老人"，表现为胎脂消失，皮肤干燥松弛，皮下脂肪减少，头发浓密，指（趾）甲长，身体瘦长，新生儿睁眼且异常警觉等。胎儿缺氧，可导致肛门括约肌松弛，排出胎粪，造成羊水及胎儿皮肤粪染。

（3）胎儿生长受限：可见于过期妊娠，胎儿的危险性增加，约1/3过期妊娠死产儿为生长受限。

护理评估

（一）健康史

1. 询问平时月经是否规律，核实末次月经日期，了解早孕反应开始出现的时间及胎动出现的时间，进一步确定妊娠周数。
2. 了解家族史及本人有无过期妊娠史。

（二）身体状况

1. 症状 孕妇月经周期规律，妊娠已经超过预产期2周或2周以上；平时月经不规律，或记不清末次月经的时间，可根据早孕反应时间、早孕检查子宫大小、孕妇自觉胎动时间、B型超声检查结果等推算。

2. 体征 产科检查子宫符合足月大小、胎儿较大，羊水偏少等。

（三）心理社会状况

因超过预产期仍迟迟不发动分娩，担心胎儿安全，孕妇常出现烦躁、焦虑心理。少数孕妇及家属对医生提出的引产建议不配合，想尽快分娩又不愿意接受引产，产生矛盾心理。

（四）辅助检查

1. 通过B型超声检查确定孕周及了解胎盘成熟度、羊水量及胎儿宫内情况。
2. 通过胎儿电子监护仪检测胎儿有无宫内缺氧，尿E_3值测定了解胎盘功能有无减退。

（五）治疗要点

1. 促宫颈成熟 对Bishop评分≥7分者，直接引产；如<7分，先促宫颈成熟再引产。促宫颈成熟的目的是促进宫颈变软、变薄并扩张，能提高引产的成功率，缩短从引产到分娩的时间。目前常用的促宫颈成熟方法主要有前列腺素和宫颈扩张球囊（Bishop评分表见第九章）。

2. 引产术 宫颈已成熟可直接静脉滴注缩宫素引产。若宫颈未成熟，待促进宫颈成熟后引产。若胎头已衔接者，先行人工破膜，1小时后静脉滴注缩宫素引产。

3. 剖宫产 对胎盘功能减退、胎儿储备能力差、引产失败者需行剖宫产术结束妊娠。过期妊娠时，常伴胎儿窘迫、羊水粪染，分娩时要做好新生儿抢救准备。

▶ **护理诊断**

1. **知识缺乏**：与缺乏过期妊娠的相关知识有关。
2. **焦虑** 与担心自身健康、胎儿安全有关。
3. **有胎儿受伤的危险** 与胎盘功能减低、胎儿过熟、难产手术有关。

▶ **护理目标**

1. 产妇了解过期妊娠的相关知识，了解过期妊娠对母儿的影响。
2. 产妇情绪稳定，能分享自己的感受，积极配合各项检查与治疗。
3. 产妇及胎儿无产伤发生，新生儿发育良好。

▶ **护理措施**

1. **一般护理** 嘱孕妇左侧卧位休息，间断吸氧。做好生活护理。
2. **加强胎儿监护** 教会孕妇自测胎动，勤听胎心，必要时行胎儿电子监护，有异常及时报告医师。
3. **观察产程** 临产后严密观察产程进展，注意监测胎心和羊水性状，发现胎心异常或羊水混浊及时报告，做好剖宫产术前准备和抢救新生儿的准备工作。
4. **新生儿护理** 对过期儿则按高危儿加强护理。
5. **心理护理** 向孕妇及家属介绍过期妊娠对母儿的不良影响，说明适时终止妊娠的必要性及终止妊娠的方法，减轻他们的矛盾心理，并取得合作。对围生儿死亡者，给予孕妇及家属心理安慰及疏导。
6. **健康指导** 做好孕期保健知识宣传教育，向孕妇及家属介绍过期妊娠对母儿的不良影响。加强产前检查，准确核实预产期，超过预产期 1 周仍尚未临产者，必须到医院检查，避免过期妊娠。

第十节 死 胎

妊娠 20 周后胎儿在子宫内死亡，称为死胎。胎儿在分娩过程中死亡，称为死产，也是死胎的一种。

▶ **护理评估**

（一）健康史

1. 评估有无严重的妊娠合并症、并发症，如妊娠期高血压疾病、糖尿病、心血管疾病、各种原因引起的休克等。前置胎盘、胎盘早剥、脐带脱垂、脐带打结等异常，可导致胎儿缺氧死亡。
2. 评估有无子宫张力过大或收缩力过强、子宫畸形、子宫破裂等致局部缺血而影响胎盘、胎儿的供血。
3. 了解有无胎儿严重畸形、双胎输血综合征、严重遗传性疾病、母儿血型不合等情况。

（二）身体状况

孕妇自觉胎动停止，子宫停止增长、体重减轻、乳房胀感消失，腹部检查听不到胎心，子宫大小与停经周数不符。胎儿死亡在宫内停留过久会引起母体 DIC 的发生。超过 4 周未排出者，发生 DIC 机会增加，可引起分娩时的产后出血。

（三）心理社会状况

孕妇担心胎儿安危，知晓胎儿死亡后会出现内疚、自责、悲哀等情绪反应。

（四）辅助检查

B型超声检查发现胎动、胎心消失可确诊。

（五）治疗要点

一经确诊，应尽早引产。尽力寻找死胎的原因。引产方法有多种，因根据孕周及子宫有无瘢痕，结合孕妇的意愿，知情同意选择。

▶ 护理诊断

1. **悲哀** 与失去胎儿、担心是否还能生育健康孩子有关。
2. **感染** 与死胎宫内滞留时间过长有关。
3. **潜在并发症**：DIC。

▶ 护理目标

1. 产妇情绪稳定，能与医护人员分享自己的感受，接受胎儿死亡的现实。
2. 产妇生命体征平稳，未发生感染。
3. 血液检查各项指标正常，阴道无流血。

▶ 护理措施

1. **一般护理** 加强孕期监护，教会孕妇自测胎动，告知孕妇胎动出现频繁或减少应立即就诊。
2. **治疗配合** 遵医嘱完善病史及术前准备。对胎儿死亡超过4周尚未排出者，应协助做有关凝血功能的检查。配合医生进行引产术，术前配好新鲜血备用，注意预防产后出血和感染。
3. **心理护理** 协助查明胎儿死亡原因，进行心理疏导。
4. **健康指导** 引产术后及时指导退乳，可口服已烯雌酚或用炒麦芽煎后代茶饮。注意保持外阴清洁。

第十一节 胎 膜 早 破

胎膜于临产前破裂者，称为胎膜早破。胎膜破裂后常会引发宫缩，导致早产；如胎先露衔接不良，可发生脐带脱垂；破膜时间长可引起宫内感染。一般认为由多种因素共同作用导致胎膜早破：①由细菌、病毒或弓形虫等引起的下生殖道感染。②机械性刺激（如创伤或妊娠后期性交）。③子宫颈内口松弛。④羊膜腔内压力升高，如多胎妊娠、羊水过多、剧烈咳嗽等。⑤胎儿先露部与骨盆入口未能很好地衔接（如头盆不称、胎位异常等）。⑥胎膜发育不良等。

▶ 护理评估

（一）健康史

询问阴道开始流液的时间、量和性质。确定胎膜破裂的时间、妊娠周数，以及是否伴有其他症状，如腹痛、发热、阴道分泌物有异味等。详细询问病史及妊娠经过，了解诱发胎膜早破的原因。

（二）身体状况

1. **症状** 孕妇突感有较多液体自阴道流出，继而少量、间断性排出。

2. **体征** 直肠指检触不到前羊膜囊，将胎先露上推时见到液体流量增多。当咳嗽、打喷嚏、负重等腹压增加时，羊水即流出。

（三）心理社会状况

由于突然出现不可控制的阴道流液，孕妇可能惊慌而不知所措，担心影响胎儿及自身健康，有些孕妇可能开始设想胎膜早破会带来的各种后果，甚至会产生恐惧心理。

（四）辅助检查

1. **阴道流液酸碱度检查** 正常时阴道分泌物为弱酸性，pH 值为 4.5～5.5。羊水偏碱性，pH 值为 7.0～7.5。若阴道液 pH ≥ 7.0，则视为阳性，性质倾向于羊水，胎膜早破的可能性极大。

2. **阴道液涂片检查** 吸取阴道穹后部液体，置一滴于玻片上，干燥后镜检，可见羊齿植物状结晶，或涂片染色后见胎儿上皮细胞、毳毛及脂肪小滴，可确定为羊水。

3. **羊膜镜检查** 可以直视胎儿先露部，看不到前羊膜囊，即可确诊为胎膜早破。

（五）治疗原则

结合孕周、胎儿肺成熟度及是否合并感染、胎儿窘迫等情况综合考虑给予期待疗法或终止妊娠。

1. 对脐带脱垂，而胎心尚未消失者，应在数分钟内结束分娩。
2. 对孕龄达到 36 周以上且已有分娩发动者，若羊水量正常，可经阴道分娩，采用助产术；对有胎儿窘迫及产科指征者可行剖宫产术。

▶ 护理诊断

1. **有胎儿受伤的危险** 与脐带脱垂和早产儿肺部不成熟有关。
2. **有感染的危险** 与胎膜破裂、下生殖道内病原体上行感染有关。
3. **焦虑** 与早产、担心胎儿与新生儿健康有关。
4. **自理能力缺陷** 与绝对卧床休息有关。

▶ 护理目标

1. 孕妇了解胎膜早破的表现及其注意事项，知道胎膜早破可能出现的危险。
2. 胎儿无并发症发生。
3. 孕妇无感染发生，生命体征平稳，血常规检查正常。
4. 在护士和家属的协助下，孕妇生活能基本自理。

▶ 护理措施

1. **一般护理** 对胎先露未衔接或臀先露者，嘱其绝对卧床休息，取左侧卧位，抬高臀部，防止脐带脱垂造成胎儿缺氧或宫内窘迫；若胎头已衔接，孕妇可行走。遵医嘱每日用 0.5% 聚维酮碘溶液擦洗外阴 2 次，保持外阴清洁。

2. **病情观察** 密切关注孕妇的体温和白细胞计数，及时发现感染的征象。密切关注胎心和胎动变化、羊水情况等以了解胎儿宫内窘迫迹象。经阴道检查有无脐带脱垂或隐性脱垂，发现异常情况立即报告医师。

3. **预防感染** 对破膜 12 小时以上尚未临产者，应遵医嘱预防性使用抗生素，预防感染的发生。

4. **用药护理** 孕龄 < 35 周时，应遵医嘱给予地塞米松，以促进胎儿肺成熟。

5. **心理护理** 向孕妇说明治疗方案，告知可能的预后，给予安慰。在紧急处理时，护理人员应保持镇静，并安慰孕妇，以减轻其紧张、恐惧心理，使其配合处理。

6. 健康指导

（1）指导孕妇妊娠期注意营养、卫生，做好产前检查。对胎位不正者及时纠正。妊娠最后1个月禁止性生活，避免重体力劳动、过度使用腹压等，避免腹部受冲撞。

（2）对有胎膜早破高危因素的孕妇应积极治疗危险因素，如治疗下生殖道感染，重视孕期卫生指导。对宫颈内口松弛者在妊娠中期行宫颈环扎术。

（3）指导孕妇一旦出现胎膜破裂，应立即平卧，并抬高臀部，尽快将其送往医院就诊。

（李靖萍　冉素一）

一、案例分析

1. 李女士，教师，27岁，停经52日，阴道点滴出血，无腹痛。经检查以"先兆流产"入院保胎治疗。

讨论分析：

（1）保胎期间护士应重点评估的内容有哪些？

（2）应如何对其进行健康指导？

2. 李女士，25岁，停经50日，突然出现左下腹剧痛，伴肛门坠胀感，急诊入院。体格检查：痛苦面容，面色苍白，血压80/60 mmHg，脉搏110次／分，左下腹明显压痛、反跳痛。妇科检查：宫颈口闭合，阴道穹后部饱满并有触痛，有明显的宫颈举痛。

讨论分析：

（1）该女士发生了什么情况？

（2）此时应立即采取哪些护理措施？

3. 初孕妇，23岁，妊娠35周，从未进行过产前检查。主诉近1周来头晕、头痛明显。检查：血压160/110 mmHg，尿蛋白（++）。

讨论分析：

（1）该孕妇发生了什么情况？治疗时首选的药物是什么？

（2）使用该药物时的注意事项有哪些？

4. 初孕妇，25岁，妊娠32周。因洗澡跌倒出现持续性腹痛，速来院就诊。体格检查：子宫硬如板状，有压痛，宫底高度大于妊娠周数，无阴道出血，胎心、胎动消失。诊断为胎盘早剥。

讨论分析：

（1）此时正确的处理措施是什么？

（2）该患者最易出现的并发症是什么？

二、问答题

1. 简述各类流产的治疗要点。
2. 简述子痫患者的护理要点。
3. 简述前置胎盘的典型临床表现。
4. 简述早产的护理要点。
5. 简述胎膜早破的护理要点。

第七章 妊娠合并症孕妇的护理

第七章
数字资源

本章思维导图

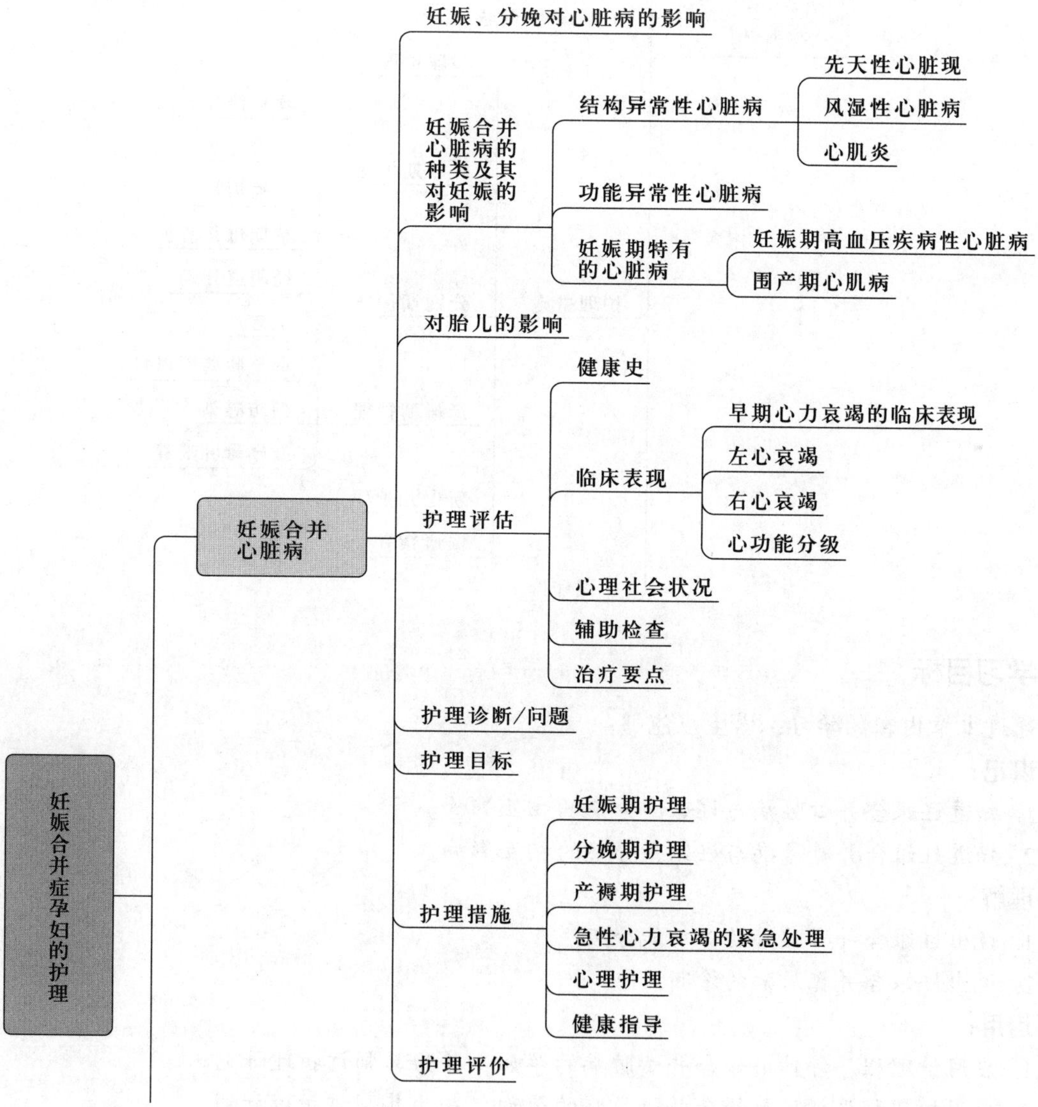

```
妊娠合并症孕妇的护理
├── 妊娠合并心脏病
│   ├── 妊娠合并心脏病的种类及其对妊娠的影响
│   │   ├── 妊娠、分娩对心脏病的影响
│   │   ├── 结构异常性心脏病
│   │   │   ├── 先天性心脏病
│   │   │   ├── 风湿性心脏病
│   │   │   └── 心肌炎
│   │   ├── 功能异常性心脏病
│   │   └── 妊娠期特有的心脏病
│   │       ├── 妊娠期高血压疾病性心脏病
│   │       └── 围产期心肌病
│   ├── 对胎儿的影响
│   ├── 护理评估
│   │   ├── 健康史
│   │   ├── 临床表现
│   │   │   ├── 早期心力衰竭的临床表现
│   │   │   ├── 左心衰竭
│   │   │   ├── 右心衰竭
│   │   │   └── 心功能分级
│   │   ├── 心理社会状况
│   │   ├── 辅助检查
│   │   └── 治疗要点
│   ├── 护理诊断/问题
│   ├── 护理目标
│   ├── 护理措施
│   │   ├── 妊娠期护理
│   │   ├── 分娩期护理
│   │   ├── 产褥期护理
│   │   ├── 急性心力衰竭的紧急处理
│   │   ├── 心理护理
│   │   └── 健康指导
│   └── 护理评价
```

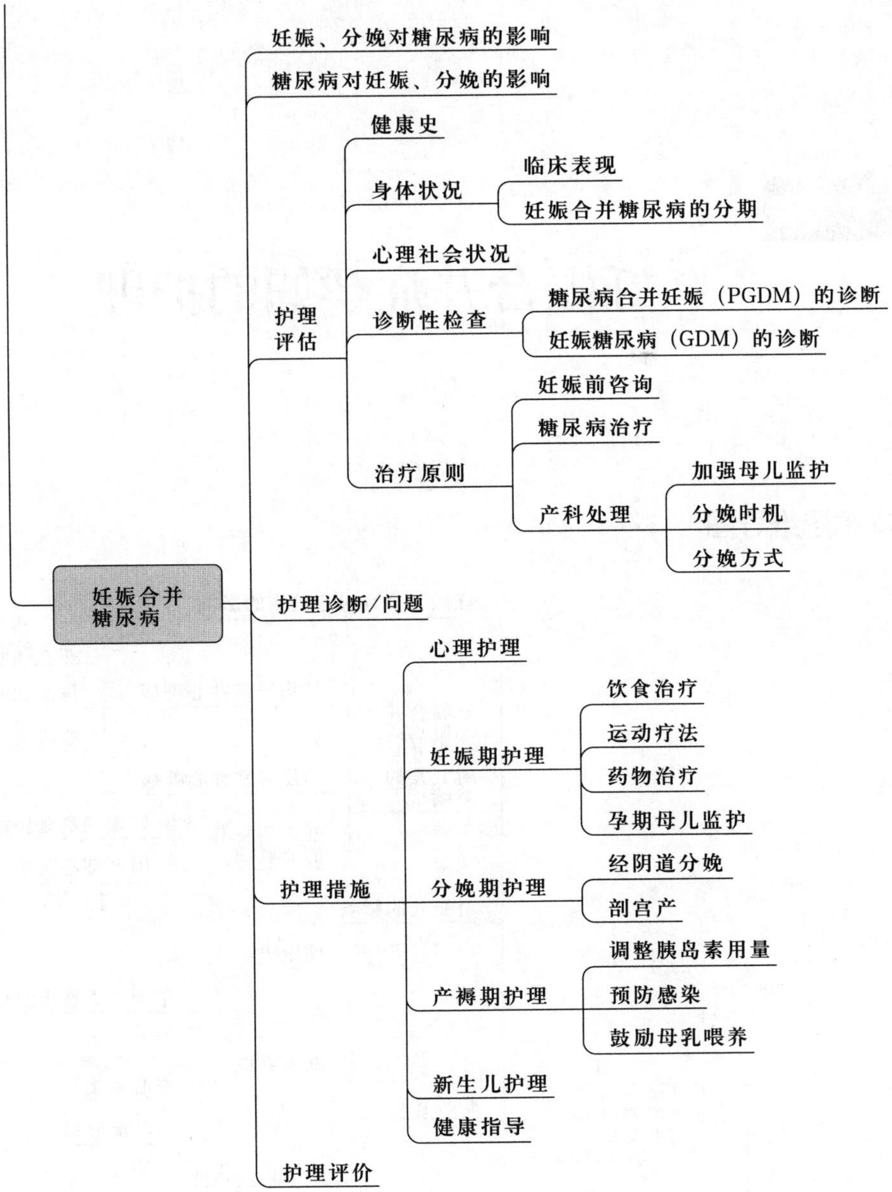

```
妊娠合并糖尿病
├── 护理评估
│   ├── 妊娠、分娩对糖尿病的影响
│   ├── 糖尿病对妊娠、分娩的影响
│   ├── 健康史
│   ├── 身体状况
│   │   ├── 临床表现
│   │   └── 妊娠合并糖尿病的分期
│   ├── 心理社会状况
│   ├── 诊断性检查
│   │   ├── 糖尿病合并妊娠（PGDM）的诊断
│   │   └── 妊娠糖尿病（GDM）的诊断
│   └── 治疗原则
│       ├── 妊娠前咨询
│       ├── 糖尿病治疗
│       └── 产科处理
│           ├── 加强母儿监护
│           ├── 分娩时机
│           └── 分娩方式
├── 护理诊断/问题
├── 护理措施
│   ├── 心理护理
│   ├── 妊娠期护理
│   │   ├── 饮食治疗
│   │   ├── 运动疗法
│   │   ├── 药物治疗
│   │   └── 孕期母儿监护
│   ├── 分娩期护理
│   │   ├── 经阴道分娩
│   │   └── 剖宫产
│   ├── 产褥期护理
│   │   ├── 调整胰岛素用量
│   │   ├── 预防感染
│   │   └── 鼓励母乳喂养
│   ├── 新生儿护理
│   └── 健康指导
└── 护理评价
```

学习目标

通过本章内容的学习，学生应能够：

识记：

1. 知道妊娠合并心脏病与妊娠、分娩的相互影响。
2. 知道妊娠合并糖尿病与妊娠、分娩的相互影响。

理解：

1. 说出妊娠合并心脏病的心功能分级。
2. 说出妊娠合并糖尿病的诊断。

运用：

1. 应用护理程序评估妊娠合并心脏病的孕妇，并为其制订护理计划。
2. 应用护理程序评估妊娠合并糖尿病的孕妇，并为其制订护理计划。
3. 了解学科发展前沿，更新对妊娠糖尿病孕产妇的护理理念，对妊娠糖尿病孕妇有耐心与爱心，积极进行宣传教育，控制血糖，及时处理。

第一节 妊娠合并心脏病

> **导学案例 7-1**　张某，女性，29岁，G_1P_0。孕30周，近10日来，每天上班到3楼办公室即感疲劳、心悸、气促，休息片刻后好转。
> 讨论分析：
> 1. 该孕妇目前的心功能状态怎样？
> 2. 可能的护理诊断/问题有哪些？
> 3. 预防心力衰竭的措施有哪些？

妊娠合并心脏病是产科严重的合并症。心脏病不影响受孕，但由于妊娠、分娩及产褥期可加重心脏的负担，导致心脏功能减退而诱发心力衰竭，严重威胁母婴生命安全。妊娠合并心脏病在我国孕产妇死因顺位居第2位，为非直接产科死亡原因的首位。我国发生率约为1%。

▶ 妊娠、分娩对心脏病的影响

1. 妊娠期　正常情况下，随着妊娠进展，母体循环系统会发生一系列适应性变化，主要是总血容量、心排血量的逐渐增加，一般从妊娠第6周开始逐渐增加，32~34周达高峰。血容量的增加使心排血量增加，心率也逐渐加快，至分娩前1~2个月每分钟平均增加10~15次。其次，妊娠晚期子宫增大，膈肌升高，心脏向左上移位，心底部大血管轻度扭曲，使心脏负荷进一步加重。心脏病孕妇的血容量变化和血流动力学改变更加重发生心力衰竭的风险。

2. 分娩期　分娩期是心脏负担最重的时期。在第一产程，每次子宫收缩有250~500 ml液体被挤入体循环，全身血容量增加，使心排血量及右心房压力增加，平均动脉压也增高，加重心脏的负担。在第二产程，除子宫收缩外，腹肌、膈肌的收缩也使外周循环阻力增加；同时产妇屏气用力，使肺循环压力增加；产妇使用腹压，使内脏血液向心脏回流增加，此期心脏前、后负荷显著加重。在第三产程，胎儿娩出后，腹腔内压力骤减，大量血液流向内脏，回心血量急剧减少；胎盘娩出后，胎盘循环停止，子宫收缩使子宫血窦内约500 ml血液突然进入体循环，血流动力学急剧变化，此时，患心脏病孕妇极易诱发心力衰竭。

3. 产褥期　产后3日内，子宫收缩和缩复使大量血液进入体循环；产妇体内组织间潴留的液体被重吸收至体循环，体循环血量再度增加，也易引起心力衰竭。

妊娠32~34周、分娩期及产褥期的最初3日内，是患有心脏病的孕妇最危险的时期，应严密监护，避免心力衰竭的发生。

▶ 妊娠合并心脏病的种类及其对妊娠的影响

1. 结构异常性心脏病　最常见，包括先天性心脏病、风湿性心脏病和心肌炎。其中先天性心脏病合并妊娠占35%~50%。妊娠期高血压疾病性心脏病、围产期心肌病等也占一定比例。

（1）先天性心脏病：①左向右分流型，如房间隔缺损、室间隔缺损、动脉导管未闭等。缺损面积小可耐受妊娠及分娩，缺损面积大者，在左向右分流的基础上形成肺动脉高压，极易发生心力衰竭。②右向左分流型，包括法洛四联症、艾森门格综合征，是最常见的发绀型心脏病。患者对妊娠血容量增加和血流动力学改变的耐受性极差，孕妇及胎儿死亡率高达30%~50%。故此类先天性心脏病妇女不宜妊娠。③无分流型，包括肺动脉瓣狭窄、主动脉瓣狭窄及马方综合征。肺动脉瓣轻度狭窄者能度过妊娠期及分娩期,重度狭窄者需矫形手术后妊娠;主动脉狭窄及马方综合征患者不宜妊娠。

(2)风湿性心脏病:二尖瓣狭窄最多见,轻度狭窄患者可耐受妊娠;中、重度患者,肺水肿及心力衰竭的发生率高,母胎死亡率高。其他瓣膜狭窄患者一般可耐受妊娠。

(3)心肌炎:可发生于妊娠的任何阶段,由病毒感染引起的心肌局灶性或弥漫性炎性改变。轻者可没有症状,重者出现心源性休克及猝死。心肌严重受累时妊娠期发生心力衰竭的风险极大。

2. 功能异常性心脏病 指各种心律失常。根据心律失常的类型、严重程度及对妊娠的影响,决定是否妊娠和选择终止妊娠。

3. 妊娠期特有的心脏病

(1)妊娠期高血压疾病性心脏病:妊娠期高血压疾病孕妇,突然发生以左心衰竭为主的全心衰竭,称为妊娠期高血压疾病性心脏病。及时诊治常能度过妊娠期及分娩期。产后病因消除,无后遗症。

(2)围产期心肌病:既往无心血管疾病史的孕妇,在妊娠晚期至产后6个月内发生扩张型心肌病,表现为心肌收缩障碍和充血性心力衰竭。初次治疗后1/3~1/2的患者可完全康复,再次妊娠可能复发。故曾患围产期心肌病、心力衰竭且遗留心脏扩大者,应避免再次妊娠。

▶ **对胎儿的影响**

不宜妊娠的心脏病患者一旦受孕,或妊娠后心功能状态不良,则流产、早产、死胎、胎儿生长受限、胎儿宫内窘迫及新生儿窒息的发生率明显增高,围生儿死亡率增高。如已妊娠,应在早期终止。若心脏病孕妇心功能良好,胎儿相对安全,但剖宫产发生率高。父母中任何一方有先天性心脏病者,其后代先天性心脏病和胎儿畸形的发生率增高。

▶ **护理评估**

(一)健康史

全面了解患者孕产史、心脏病史及与心脏病有关的疾病史、相关检查、心功能状态及诊疗经过、有无心力衰竭病史等。了解孕妇用药、休息与睡眠情况、日常活动、营养与排泄等。孕期连续监测心功能状态及妊娠过程。

(二)临床表现

1. 早期心力衰竭的临床表现 ①轻微活动后即有胸闷、心悸、气促。②休息时心率超过110次/分,呼吸超过20次/分。③夜间常因胸闷而端坐呼吸,或需到窗口呼吸新鲜空气。④肺底部出现少量持续性湿啰音,咳嗽后不消失。

2. 左心衰竭 表现为夜间阵发性呼吸困难、端坐呼吸、咳嗽、咯血及咳粉红色泡沫样痰(其内可找到心力衰竭细胞)、疲乏、心悸、少尿、肾功能损害症状。体征有心率增快、呼吸次数增多、唇面发绀、肺底部有持续性湿啰音。

3. 右心衰竭 以体静脉淤血的临床表现为主。临床表现为腹胀、恶心和呕吐等,体征有颈静脉怒张、下肢明显水肿、脾大等。

4. 心功能分级 美国纽约心脏病协会(NYHA)依据患者生活能力状况,将心脏病患者心功能分为4级:

Ⅰ级:一般体力活动不受限。

Ⅱ级:一般体力活动稍受限,活动后心悸、轻度气促,休息时无自觉症状。

Ⅲ级:心脏病患者体力活动明显受限,休息时无不适,轻微日常活动即感不适、心悸,呼吸困难或既往有心力衰竭病史者。

Ⅳ级：不能进行任何体力活动，休息状态下即出现心力衰竭症状，体力活动后加重。心脏病不影响患者的受孕。

（三）心理社会状况

患者及家属往往对心脏病表现为恐惧、无助等反应，担心生命安全，产生绝望感。评估患者家庭及社会支持系统。

（四）辅助检查

1. **心电图检查** 可见心房颤动、心房扑动、房室传导阻滞、ST段改变及T波异常等。
2. **X线检查** 显示有心脏扩大，尤其个别心腔扩大。
3. **超声心动图** 可反映心脏和大血管结构、各心腔大小的变化、心瓣膜结构及功能情况，了解心脏病变。
4. **胎儿电子监护仪** 可预测宫内胎儿储备能力，评估胎儿健康。

（五）治疗要点

心脏病孕妇的主要死亡原因是心力衰竭。其处理原则为：

1. **孕前咨询** 根据孕妇所患有的心脏病类型、病情程度及心功能状态，确定患者是否可以妊娠。对不宜妊娠者，应指导其采用正确的避孕措施。

（1）可以妊娠：心脏病变轻，心功能Ⅰ~Ⅱ级，且既往无心力衰竭史，亦无其他并发症，妊娠风险低，可以妊娠。但需动态进行妊娠期风险评估，加强孕期监测。

（2）不宜妊娠：心脏病变较复杂或较重，心功能Ⅲ~Ⅳ级、有极高孕产妇死亡风险和严重母儿并发症、心脏病史过长者，不宜妊娠。心脏病矫形手术后患者，应由心脏科和产科医师共同评估妊娠风险。患者在充分了解病情及风险情况下选择是否妊娠。

2. **妊娠期** 对不宜妊娠者，应在妊娠12周前行人工流产术。妊娠超过12周者，终止妊娠的危险性不亚于继续妊娠和分娩。故应由内科医师及产科医师密切合作，定期进行产前检查，正确评估母体和胎儿情况，动态观察心脏功能，积极预防和治疗各种引起心力衰竭的诱因，适时终止妊娠。

3. **分娩期** 心功能Ⅰ~Ⅱ级，胎儿不大，胎位正常，宫颈条件良好者，在严密监护下可经阴道分娩。第二产程时需给予阴道助产，注意防止心力衰竭和产后出血发生。对心功能Ⅲ~Ⅳ级、胎儿偏大，宫颈条件不佳，合并其他并发症者，可选择剖宫产术终止妊娠，从而减轻心脏负担。

4. **产褥期** 产后3日内，尤其是产后24小时内，仍是心力衰竭发生的危险时期，产妇应充分休息并加强监护。给予广谱抗生素预防感染，产后1周左右无感染征象时停药。心功能Ⅲ级或以上者不宜哺乳。对不宜再妊娠者，产后1周行绝育术。

▶ 护理诊断/问题

1. **知识缺乏**：缺乏有关妊娠合并心脏病的自我护理知识。
2. **活动无耐力** 与心排血量下降有关。
3. **自理能力缺陷** 与心功能不全需卧床休息有关。
4. **焦虑** 与担心自身及胎儿安全有关。
5. **潜在并发症**：心力衰竭、感染。

▶ 护理目标

1. 孕产妇能理解并说出有关妊娠合并心脏病的相关知识。
2. 孕产妇能结合自身情况，描述进行日常活动所需要的应对技巧。
3. 孕产妇能有效地控制焦虑情绪，心理和生理上的舒适感增加。
4. 孕产妇能说出与感染有关的潜在危险因素，并能实施预防措施。

护理措施

（一）妊娠期护理

1. 加强孕期检查 自妊娠早期开始进行产前检查。妊娠风险低者，产前检查频率同正常妊娠。妊娠32周后，发生心力衰竭的概率增加，产前检查应每周1次。心功能在Ⅲ级或以上，有心力衰竭者，应立即入院治疗。

2. 预防心力衰竭

（1）充分休息：保证孕妇每晚至少10小时的睡眠且中午宜休息2小时，休息时应采取左侧卧位或半卧位。提供良好的支持系统，避免因过度劳累及精神压力过大诱发心力衰竭。

（2）合理营养：限制过度营养和体重过度增加。孕妇应摄入合理的高蛋白质、高维生素、低盐低脂饮食，防止便秘加重心脏负担。整个孕期孕妇体重增加不超过12 kg。妊娠16周后，每日食盐量不超过5 g。妊娠20周后，补充铁剂预防贫血。

（3）防治诱发心力衰竭的各种诱因：贫血、心律失常、妊娠期高血压疾病、各种感染，尤其是上呼吸道感染，是诱发心力衰竭的重要因素，应加强防治。

（4）动态观察心脏功能：定期进行超声心动图检查，测定心脏射血分数、每分排血量、心脏排血指数及室壁运动状态，及时判断孕妇心功能。

（二）分娩期护理

对产道及胎儿异常、心功能Ⅲ～Ⅳ级者，选择剖宫产术。心功能Ⅰ～Ⅱ级者、胎儿小、胎位正常、宫颈条件好，可经阴道分娩。如合并心力衰竭，应先控制心力衰竭，再行手术。产程开始后直至产后1周遵医嘱给予抗生素预防感染。

（1）第一产程：临产时持续监测胎心率及宫缩，每15分钟测量产妇的生命体征。产妇吸氧并取左侧卧位。宫缩时指导产妇深呼吸或为产妇按摩腹部，以减轻产妇不适。必要时使用镇静药，如地西泮、哌替啶等。

（2）第二产程：避免产妇屏气用力。宫口开全后行产钳术或胎头吸引术缩短产程，减少产妇体力消耗。

（3）第三产程：胎儿娩出后，产妇的腹部应立即加压沙袋，持续放置24小时，以防腹压骤降诱发心力衰竭。为防止产后出血，可用缩宫素10～20 U静脉或肌内注射，禁用麦角新碱，以防静脉压升高。遵医嘱输血、输液并注意调整其速度，随时评估心脏功能。

（三）产褥期护理

1. 预防心力衰竭 产后72小时内严密监测生命体征。产后24小时内应绝对卧床休息，休息时产妇应取半卧位或左侧卧位。在心脏功能允许的情况下，鼓励产妇早期下床适度活动，以减少血栓形成。

2. 一般护理 保持外阴部清洁；防止便秘。

3. 产后用药 预防性使用抗生素及恢复心功能的药物。

4. 指导母乳喂养 心功能Ⅰ～Ⅱ级的产妇可以母乳喂养，但应避免过劳；心功能Ⅲ级或以上者，应及时退乳。指导家属人工喂养的方法。

（四）急性心力衰竭的紧急处理

处理方法与未妊娠者基本相同。但孕妇对洋地黄的耐受性较差，不主张预防性应用洋地黄。对早期心力衰竭可选择作用快、排泄快的地高辛。

1. 体位 患者取坐位，双腿下垂，必要时应用四肢轮流结扎法，以减少静脉回心血量，减轻心脏负担。

2. 吸氧 立即进行高流量加压吸氧，为增加气体交换面积，一般可以用50%乙醇置于氧气的过滤瓶中，随氧气吸入。

3. **遵医嘱用药** 地高辛 0.25 mg，每日 2 次口服，2~3 日后，据临床效果改为每日 1 次。吗啡 5~10 mg 静脉缓慢推注，可使患者镇静以减少躁动所造成的额外的心脏负担，同时扩张小血管以减轻心脏负荷。快速利尿药呋塞米 20~40 mg 静脉推注，2 分钟内注射完，可利尿缓解肺水肿。血管扩张药硝酸甘油以 10 μg/min 开始，每 10 分钟调整 1 次，每次增加 5~10 μg，使收缩压维持在 100 mmHg 左右。洋地黄类药物可增强心肌收缩力。氨茶碱用以解除支气管痉挛，缓解呼吸困难。用药后注意观察药物疗效与不良反应。

4. **适时终止妊娠** 孕晚期心力衰竭原则上先控制心力衰竭再行产科处理，适当放宽剖宫产的指征。若为严重心力衰竭，经内科治疗仍不能控制，则一边控制心力衰竭一边紧急行剖宫产，减轻孕妇心脏负担，挽救孕妇生命。

（五）心理护理

促进亲子互动，避免产后抑郁发生。心脏病产妇常因担心婴儿是否有心脏缺陷，不能亲自照顾新生儿等原因产生担心、愧疚、抑郁的心理。护理人员应详细评估其心理状况及家庭功能，并与家人一起共同制订康复计划。对心功能状态尚可者，应鼓励产妇适度地参与照顾婴儿，以增加母子互动。如果新生儿有缺陷或死亡，应允许产妇表述其情感，并给予理解和安慰，减少产后抑郁症的发生。

（六）健康指导

1. **出院指导** 详细制订出院计划，确保产妇和新生儿得到良好的照顾，根据病情及时复诊。

2. **健康知识宣传教育** 指导孕妇及家属掌握妊娠合并心脏病的相关知识，包括如何自我照顾，限制活动程度，预防诱发心力衰竭的因素，识别早期心力衰竭的常见症状和体征。尤其是告知孕妇和家属遵医嘱服药的重要性，告知其抢救和应对措施。完善家庭支持系统。

3. **避孕方式的选择** 对不宜妊娠者应在产后 1 周做绝育术，对未做绝育术者应采取适宜的避孕措施。

▶ 护理评价

1. 孕产妇心力衰竭和胎儿窘迫是否得到预防或及时纠正。
2. 孕产妇心功能是否得到改善，活动耐力是否增加。
3. 孕产妇感染是否被预防或控制。
4. 孕产妇及家属焦虑是否缓解。
5. 孕产妇是否能理解并说出有关妊娠合并心脏病的相关知识。

第二节　妊娠合并糖尿病

导学案例 7-2

王女士，29 岁，G_1P_0，妊娠 28 周，既往无糖尿病病史。妊娠 20 周行 B 型超声检查示羊水过多，胎儿未见明显畸形。妊娠 26 周时行 OGTT，诊断为妊娠合并糖尿病。

讨论分析：
1. OGTT 的诊断标准是什么？
2. 王女士的护理问题是什么？
3. 护士如何对王女士进行健康指导？

妊娠合并糖尿病包括两种情况，一种为孕前糖尿病（pregestational diabetes mellitus，PGDM）合并妊娠，又称为糖尿病合并妊娠；另一种为妊娠后才发生或首次发现的糖尿病，又称妊娠糖尿病（gestational diabetes mellitus，GDM）。妊娠合并糖尿病孕妇中90%的情况是GDM。我国GDM发生率为1%~5%。妊娠合并糖尿病对母儿危害大，属高危妊娠，应予以重视。

▶ 妊娠、分娩对糖尿病的影响

1. **妊娠期** 妊娠可使既往无糖尿病的孕妇发生妊娠糖尿病，使原有糖尿病患者的病情加重，使隐性糖尿病显性化。孕早期，胎儿从母体摄取葡萄糖的量增加，加之早孕反应及孕妇体内激素水平的变化，孕妇血糖尤其是空腹血糖偏低。随着妊娠的进展，血容量逐渐增加，血液稀释使胰岛素相对不足；拮抗胰岛素物质增加，胎盘胰岛素酶使胰岛素降解加快，使孕妇的胰岛素需要量增加和糖耐量减低。另外，妊娠期肾糖阈下降也易引发糖尿病。

2. **分娩期** 宫缩时消耗大量糖原，加之产妇进食减少，体力消耗大，容易发生低血糖和酮症酸中毒。

3. **产褥期** 胎盘排出及全身内分泌激素逐渐恢复至非孕水平，胰岛素的需要量相应减少，若不及时调整胰岛素的用量，极易出现低血糖症。

▶ 糖尿病对妊娠、分娩的影响

妊娠合并糖尿病对母儿的危害及其程度取决于糖尿病的病情及血糖控制水平。病情较重或血糖控制不良者，对母儿影响极大，母儿近期和远期并发症发生率较高。

1. **对孕妇的影响** 糖尿病孕妇受孕率低于正常妇女。受孕后流产、妊娠期高血压疾病、感染、羊水过多、产伤、产后出血、糖尿病酮症酸中毒等发生率高。

2. **对胎儿、新生儿的影响** 容易导致巨大胎儿、胎儿生长受限、早产、流产、胎儿畸形、死胎、死产、新生儿呼吸窘迫综合征和新生儿低血糖等。

▶ 护理评估

（一）健康史

评估患者糖尿病史及家族史，有无不明原因的反复流产、死胎、巨大胎儿，或分娩足月新生儿呼吸窘迫综合征、胎儿畸形、新生儿死亡等不良孕产史等。了解本次妊娠经过、疾病控制及目前用药情况；有无羊水过多或胎儿偏大等潜在高危因素等。

（二）身体状况

1. **临床表现** 妊娠期有不同程度的"三多"（多饮、多食、多尿）症状，或外阴阴道假丝酵母菌感染反复发作，反复难治性肾盂肾炎或皮肤疖肿、毛囊炎、视物模糊、孕妇肥胖、本次妊娠并发羊水过多或巨大胎儿者，应警惕合并糖尿病的可能。但大多数GDM孕妇没有明显症状。

2. **妊娠合并糖尿病的分期** 采用White分类法。

A级：妊娠期出现或发现的糖尿病。

A1级：经饮食控制，空腹血糖 < 5.3 mmol/L，餐后2小时血糖 < 6.7 mmol/L。

A2级：经饮食控制，空腹血糖 ≥ 5.3 mmol/L，餐后2小时血糖 ≥ 6.7 mmol/L。

B级：显性糖尿病，20岁以后发病，病程 < 10年。

C级：发病年龄在10~19岁，或病程达10~19年。

D级：10岁以前发病，或病程 ≥ 20年，或合并单纯性视网膜病。

F级：糖尿病肾病。

R级：眼底有增生性视网膜病变或玻璃体积血。

H级：冠状动脉粥样硬化性心脏病。

T级：有肾移植史。

（三）心理社会状况

评估孕产妇及家属对糖尿病相关知识的掌握程度和认知态度，有无焦虑、恐惧心理，社会及家庭支持是否完善。

（四）诊断性检查

1. 糖尿病合并妊娠的诊断

（1）妊娠前已确诊为糖尿病患者。

（2）妊娠前未进行过血糖检查但存在糖尿病高危因素者，首次检查明确是否存在妊娠前糖尿病，达到以下任何一项标准应诊断为糖尿病合并妊娠：①空腹血糖（FPG）≥7.0 mmol/L；②糖化血红蛋白（HbA_{1c}）≥6.5%，但不推荐妊娠期常规用 HbA_{1c}；③伴有典型的高血糖或高血糖危象症状，同时任意时间血糖≥11.1 mmol/L。如果没有明确的高血糖症状，任意时间血糖≥11.1 mmol/L，需要次日复测①或②确诊。不建议孕早期做口服葡萄糖耐量试验（oral glucose tolerance test，OGTT）。

2. 妊娠糖尿病（GDM）的诊断

（1）有条件的医疗机构，在孕妇妊娠24~28周及以后，应进行75 g OGTT。

OGTT的方法：OGTT前1日晚餐后至少禁食8小时至次晨9时前，试验前3日正常体力活动、正常饮食，检查期间静坐、禁吸烟。检查时，于5分钟内口服含75 g葡萄糖的液体300 ml。分别抽取服糖前、服糖后1小时、服糖后2小时的静脉血，测取血糖值。

OGTT的诊断标准：空腹及服糖后1、服糖后2小时的血糖值分别是5.1 mmol/L、10.0 mmol/L、8.5 mmol/L，如果任何一项达到或超过上述标准即可诊断为GDM。

（2）医疗资源缺乏的地区，建议妊娠24~28周首先检查FPG。FPG≥5.1 mmol/L，可以直接诊断为GDM，不必再做75 g OGTT；若4.4 mmol/L≤FPG<5.1 mmol/L，应尽早做75 g OGTT；FPG<4.4 mmol/L，可暂时不做75 g OGTT。

（3）孕妇存在GDM高危因素，首次OGTT正常者，必要时在妊娠晚期重复OGTT。

（五）治疗原则

1. 妊娠前咨询 对糖尿病患者于妊娠前应确定糖尿病严重程度。对未经治疗的D、F、R级孕妇，应在早期行人工流产术终止妊娠。器质性病变轻者，如血糖控制较好，可以继续妊娠。从妊娠前开始，应在内科医师协助下严格控制血糖值。

2. 糖尿病治疗 糖尿病孕妇应严格控制血糖值，确保孕前、妊娠期及分娩期血糖在正常范围。对于运动和饮食治疗不能有效控制血糖在正常值范围的孕产妇可使用药物治疗。药物治疗首选胰岛素。

3. 产科处理

（1）加强母儿监护：孕早期监测血糖，每周一次，直至妊娠第10周。妊娠中期应每2周监测一次。每月测定肾功能及糖化血红蛋白含量，同时进行眼底检查。妊娠32周以后应每周监测一次。监测有无羊水过多等并发症。监测胎儿发育情况。必要时及早住院。

（2）分娩时机：应尽量推迟终止妊娠的时间。不需要胰岛素治疗且无母儿并发症的GDM孕妇，可妊娠至足月终止妊娠。对血糖控制良好的PGDM或胰岛素治疗的GDM孕妇，在严密监测下，妊娠39周后可终止妊娠。对血糖控制不满意或有母儿并发症的孕妇，应在严密监测下，适时终止妊娠，必要时抽羊水了解胎儿肺成熟度，给予地塞米松促进胎儿肺成熟。

（3）分娩方式：糖尿病不是剖宫产指征。伴有微血管病变及其他产科指征时可行剖宫产术。若血糖控制不满意，胎儿偏大或既往有死胎、死产史者，适当放宽剖宫产指征。

护理诊断/问题

1. **营养失调：低于或高于机体需要量** 与血糖代谢异常有关。
2. **知识缺乏**：缺乏饮食控制及胰岛素使用的相关知识。
3. **有胎儿受伤的危险** 与血糖控制不满意和胎儿肺成熟度差有关。
4. **潜在并发症**：感染、低血糖症、酮症酸中毒。
5. **焦虑** 与疾病及担心母儿安全有关。

护理目标

1. 孕产妇在孕期、分娩期及产褥期血糖控制有效。
2. 孕产妇及家属能了解并掌握自我检测血糖的方法。
3. 孕产妇未出现并发症或得到及时处理，能够维持母儿健康。
4. 新生儿低血糖及呼吸窘迫综合征得到预防或及时处理。

护理措施

（一）心理护理

应向孕产妇及家属提供各种交流的机会，鼓励患者讨论面临的问题及心理感受，以积极的心态面对压力，促进身心健康。

（二）妊娠期护理

1. **饮食治疗** 少食多餐，使孕妇血糖在正常范围且无饥饿感。早期孕妇需要热量与孕前相同。孕中期后，每周热量增加 3%~8%，其中糖类占 40%~50%、蛋白质 20%~30%、脂肪 30%~40%。一般建议将热量分配于三餐及三次点心中，早餐及早点摄取 25% 热量，午餐及午点占 30% 热量，晚餐占 30%，睡前占 15%，睡前点心需包含蛋白质及糖类，以预防夜间低血糖。提倡多食绿叶蔬菜、豆类、粗谷物、低糖水果等，并坚持低盐饮食。每日补充钙剂 1~1.2 g，叶酸 5 mg，铁 15 mg 及维生素等。

2. **运动疗法** 孕妇适度运动可提高胰岛素敏感性，改善血糖及脂代谢紊乱，避免体重增长过快，利于糖尿病病情的控制和正常分娩。运动方式以有氧运动最好，如散步、中速步行，每日至少 1 次，于餐后 1 小时进行，持续 20~40 分钟。通过饮食和适度运动，使孕期体重增加控制在 10~12 kg 内较为理想。孕妇多以左侧卧位休息。

3. **药物治疗** 孕妇不宜口服降血糖药，因磺脲类及双胍类降血糖药均能通过胎盘，易对胎儿产生毒性反应。糖尿病患者经饮食治疗不能控制者应选用胰岛素。显性糖尿病患者在孕前期就应用胰岛素治疗。

4. **孕期母儿监护** 应密切监测血糖变化，及时调整胰岛素用量以防发生低血糖。

（1）孕妇监护：①血糖监测，对血糖控制不良或应用胰岛素的治疗者，常需每日监测血糖 7 次（三餐前 30 分钟、三餐后 2 小时和夜间血糖）；每月测定肾功能及糖化血红蛋白含量。妊娠期血糖控制目标，GDM 患者餐前和餐后 2 小时血糖血糖值分别 ≤ 5.3 mmol/L；夜间不低于 3.3 mmol/L，妊娠期 HbA_{1c} < 5.5%。PGDM 患者妊娠期血糖控制目标，空腹、餐前及夜间宜控制在 3.3~5.6 mmol/L，餐后血糖 5.6~7.1 mmol/L，HbA_{1c} < 6.0%。②羊水过多及其并发症的监测，定期行 B 型超声检查，了解羊水量。③酮症酸中毒的监测，若孕期出现不明原因的恶心、呕吐、乏力、头痛甚至昏迷，应监测血糖、尿酮体水平，必要时做血气分析以明确诊断。④感染及其他并发症的监测，定期进行尿常规检查、必要时做甲状腺功能、肾功能、血脂检查和眼底检查。

（2）胎儿监测：定期常规进行 B 超检查，确定有无胎儿畸形，监测胎头双顶径、羊水量、胎盘成熟度等。胎儿超声心动图是产前诊断胎儿心脏结构异常的重要方法。自妊娠32周开始，每周1次无激惹试验（NST）检查，36周后每周2次，了解胎儿宫内储备能力。若血糖控制不满意，伴母儿并发症，应及早抽取羊水，了解胎肺成熟度。若需要终止妊娠，应在计划终止妊娠前48小时羊膜腔内注射地塞米松10 mg，促进胎儿肺成熟，减少新生儿呼吸窘迫综合征的发生。

（三）分娩期护理

1. **经阴道分娩** 经阴道分娩过程中，应密切监测产妇血糖、宫缩及胎心变化，避免产程过长，应在12小时内结束分娩，超过16小时可增加酮症酸中毒、胎儿缺氧和感染危险。

2. **剖宫产** 在手术前一日停止应用晚餐前精蛋白锌胰岛素，手术当日停止皮下注射胰岛素。一般在早上监测血糖、尿糖及尿酮体。根据其空腹血糖水平及每日胰岛素用量，改为小剂量胰岛素持续静脉滴注。尽量使术中血糖控制在6.67~10.0 mmol/L。术后每2~4小时测一次血糖，直到饮食恢复。

（四）产褥期护理

1. **调整胰岛素用量** 分娩后体内抗胰岛素物质迅速下降，应将胰岛素用量减少至分娩前的1/3~1/2，并根据产后空腹血糖值调整用量。大部分GDM患者在分娩后即不再需要使用胰岛素，仅少数患者仍需胰岛素治疗。

2. **预防感染** 糖尿病产妇易发生感染。产后应加强伤口、会阴部的护理并遵医嘱使用抗生素预防感染。

3. **鼓励母乳喂养** 产后母乳喂养可减少产妇胰岛素的应用，且子代发生糖尿病的风险降低。

（五）新生儿护理

新生儿出生时应留脐血，进行血糖、胰岛素、胆红素、血细胞比容、血红蛋白、钙、磷、镁的测定。无论体重大小均按早产儿护理。重点防止新生儿低血糖（足月新生儿血糖< 2.2 mmol/L，可诊断新生儿低血糖）。同时注意预防低血钙、高胆红素血症及RDS发生。新生儿出生后30分钟开始定时滴服葡萄糖溶液。多数新生儿在出生后6小时内血糖值可恢复正常。产后24小时可开始哺乳。

（六）健康指导

1. 向患者讲解妊娠合并糖尿病的相关知识。对不适宜妊娠的患者应劝其尽早终止妊娠；对适宜妊娠的患者应控制血糖水平在正常范围内再妊娠。

2. 讲解控制血糖稳定的重要性。指导患者认真执行治疗和护理方案，使患者的血糖有效控制在正常或接近正常的范围内。

3. 指导孕产妇坚持饮食控制及运动治疗。鼓励母乳喂养。

4. 指导产妇产后接受定期随访。

5. 糖尿病患者产后应长期避孕，最好选择使用安全套或绝育术，不宜选择使用避孕药及宫内节育器。

▶ 护理评价

1. 孕产妇能按照正确的方法进行饮食、运动、用药及病情监测。

2. 孕产妇及家属能掌握自我保健的知识和技能。

3. 妊娠和分娩经过顺利，母儿健康状况良好。

（周珂羊　熊立新）

一、案例分析

苏女士，28岁，结婚前曾因"先天性心脏病"做过矫形手术，术前及术后均无心力衰竭史。夫妻俩婚后很想有一个健康宝宝，但又因担心苏女士的身体问题而有所顾虑。现苏女士已妊娠10周，其日常活动不受限制，也无心悸、气促等表现。

讨论分析：
1. 苏女士能否继续妊娠？
2. 如何指导苏女士做好孕期保健工作？

二、问答题

1. 简述早期心力衰竭的表现。
2. 简述妊娠合并糖尿病时控制血糖的目标。
3. 简述 OGTT 的方法及诊断标准。
4. 简述妊娠合并糖尿病患者运动疗法的注意事项。
5. 简述 GDM 的新生儿护理要点。

第八章 高危妊娠管理

第八章
数字资源

📚 **本章思维导图**

思政之光

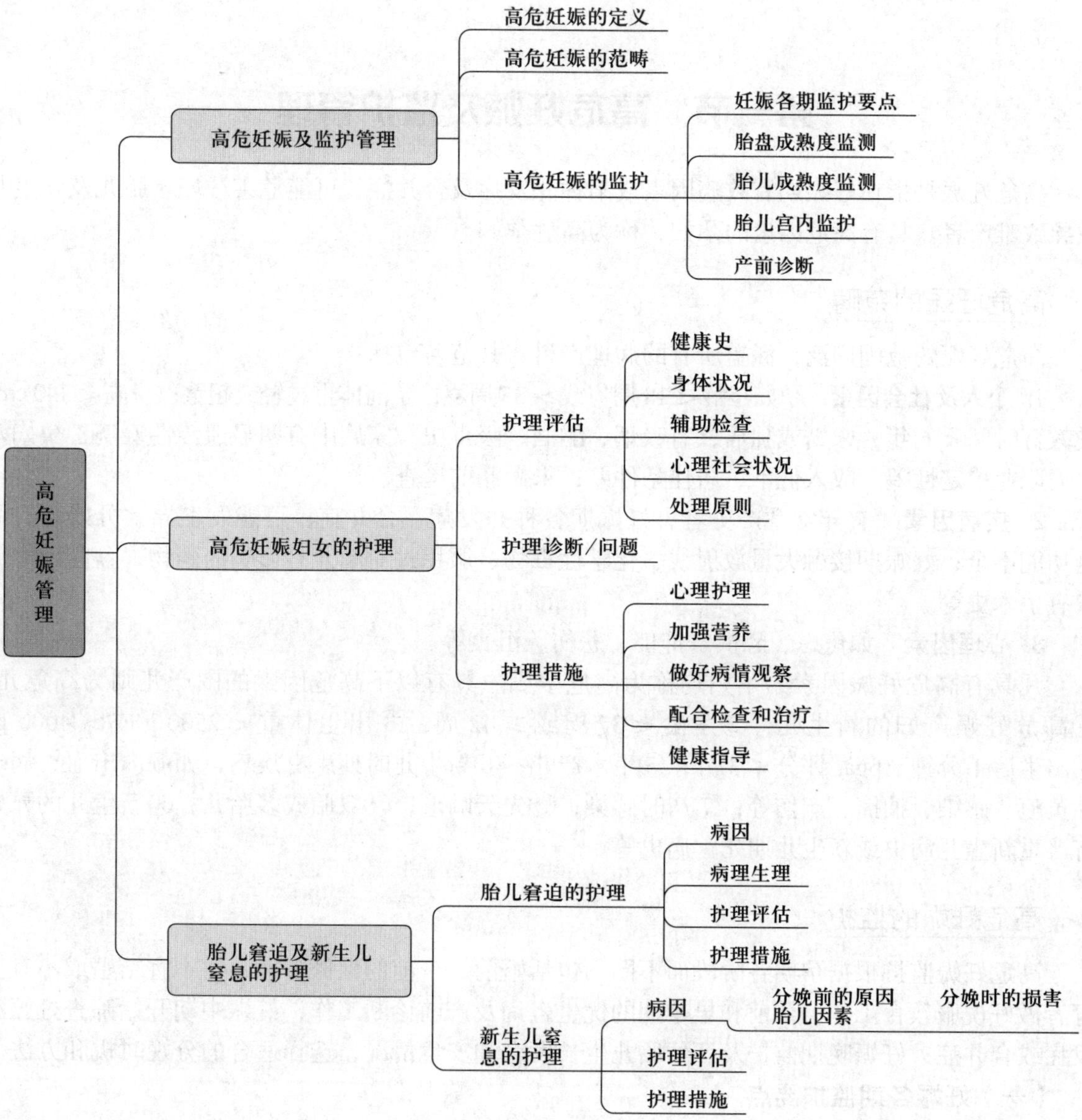

```
高危妊娠管理
├── 高危妊娠及监护管理
│   ├── 高危妊娠的定义
│   ├── 高危妊娠的范畴
│   └── 高危妊娠的监护
│       ├── 妊娠各期监护要点
│       ├── 胎盘成熟度监测
│       ├── 胎儿成熟度监测
│       ├── 胎儿宫内监护
│       └── 产前诊断
├── 高危妊娠妇女的护理
│   ├── 护理评估
│   │   ├── 健康史
│   │   ├── 身体状况
│   │   ├── 辅助检查
│   │   ├── 心理社会状况
│   │   └── 处理原则
│   ├── 护理诊断/问题
│   └── 护理措施
│       ├── 心理护理
│       ├── 加强营养
│       ├── 做好病情观察
│       ├── 配合检查和治疗
│       └── 健康指导
└── 胎儿窘迫及新生儿窒息的护理
    ├── 胎儿窘迫的护理
    │   ├── 病因
    │   ├── 病理生理
    │   ├── 护理评估
    │   └── 护理措施
    └── 新生儿窒息的护理
        ├── 病因
        │   ├── 分娩前的原因  分娩时的损害
        │   └── 胎儿因素
        ├── 护理评估
        └── 护理措施
```

学习目标

通过本章内容的学习，学生应能够：

识记：
1. 说出高危妊娠的范畴和辅助检查方法。
2. 描述高危妊娠的护理措施。
3. 描述胎儿窘迫与新生儿窒息的临床表现和护理措施。

理解：
1. 分析胎心电子监护检查结果。
2. 解释高危妊娠评分指标。

运用：
1. 关爱生命，对高危妊娠孕产妇加强母儿安全监测，初步学会胎儿监测技术，并能对胎儿窘迫制订相应的护理措施。
2. 努力练习新生儿窒息抢救复苏技术，降低围产儿死亡率，减少远期并发症。

第一节 高危妊娠及监护管理

高危妊娠是指在妊娠期有致病因素或某种并发症及合并症，可能危害孕妇、胎儿及新生儿或导致难产者。具有高危因素的孕妇，称为高危孕妇。

高危妊娠的范畴

高危妊娠的范围广泛，涵盖所有的病理产科，其范畴包括：

1. 个人及社会因素 孕妇年龄＜18周岁或＞35周岁；孕前体重过轻或超重；身高＜140 cm；受教育时间＜6年；未婚或独居；有吸烟、酗酒、吸毒史；家族中有明显遗传性疾病；孕妇及丈夫职业稳定性差、收入低下、居住条件差；未做产前检查。

2. 疾病因素 有异常孕产史者；妊娠期各种并发症、合并症；可能发生异常分娩者；胎盘功能不全；妊娠期接触大量放射线、化学性毒物、服用过对胎儿有影响的药物；盆腔肿瘤或曾有手术史等。

3. 心理因素 如焦虑、恐惧、抑郁、悲伤、沮丧等。

凡具有高危妊娠因素的孕妇均称为高危孕妇。具有以下高危因素的围产儿则为高危儿：①高危妊娠产妇的新生儿；②孕龄＜37周或≥42周；③出生体重＜2500 g或＞4000 g；④出生后1分钟Apgar评分≤3分；⑤手术产儿；⑥新生儿时期患有疾病，如颅内出血、病理性黄疸、感染、抽搐、产伤等；⑦产时感染；⑧先天畸形；⑨双胎或多胎儿；⑩新生儿的兄姐有严重新生儿病史或新生儿期死亡病史等。

高危妊娠的监护

高危妊娠监护根据孕期各阶段而不同，包括婚前、孕前的保健咨询，对不宜结婚或不宜生育者做好说服教育工作；孕前和早孕期的优生咨询及产前诊断工作；妊娠中期开始筛查妊娠并发症或合并症；妊娠晚期监护及评估胎儿生长发育和安危情况，选择适合的分娩时机和方法。

（一）妊娠各期监护要点

1. 妊娠早期监护内容 早期监护应从确诊为妊娠时开始，确定子宫大小与妊娠周数是否相符；对月经周期规律者常按末次月经来推算预产期；B型超声检查，胎囊最早可在妊娠第 5 周显示，胎囊为圆形，妊娠第 7 周可测出胎芽及胎心搏动，孕 $9\sim13^{+6}$ 周 B 型超声测量胎儿颈后透明层厚度（nuchal translucency，NT）和胎儿发育情况。

2. 妊娠中、晚期监护内容 妊娠满 20 周后，可通过腹部检查了解胎儿的大小、胎先露、胎方位、胎心率及胎动等，通过测量耻骨联合上子宫长度及腹围或 B 型超声检查测量胎头双顶径，协助判断胎儿大小与妊娠周数是否相符；通过辅助检查了解胎盘位置及胎盘成熟度；了解胎儿发育情况及胎儿成熟度；一般在孕 34 周后，通过胎儿电子监护了解胎儿宫内安危情况。

3. 妊娠图 是反映胎儿宫内发育及孕妇健康情况的动态曲线图。

（二）胎盘成熟度监测

1. 通过血液和尿液 HCG 测定 反映胎盘绒毛功能状况，对先兆流产、葡萄胎监护具有意义。

2. 雌三醇 孕期 E_3 主要由孕妇体内的胆固醇经胎儿肾上腺、肝及胎盘共同合成，称为胎儿胎盘单位功能。连续测定孕妇体内 E_3 值，可以了解胎盘功能并间接判断胎儿状态。①24 小时尿雌三醇（E_3）测定：正常值为 15 mg/24 h 尿；10~15 mg/24 h 为警戒值；<10 mg/24 h 为危险值，提示胎盘功能严重损害；若 ≤4 mg/24 h，则将发生胎儿宫内死亡。②任意时间尿液测雌激素与肌酐比值（E/C）：E/C>15 为正常，10~15 为警戒值，E/C<10 为危险值。

3. 血清胎盘催乳素（PPL）测定 采用放射免疫法测定，正常值为 4~11 mg/L。若妊娠足月<4 mg/L 或突然下降 50% 以上，提示胎盘功能低下。

4. B 型超声检查 胎盘成熟度应根据绒毛膜板、基底板、胎盘光点加以判定。三级胎盘（绒毛膜板与基底相连，形成明显胎盘小叶）为成熟胎盘。若孕足月胎盘有增强光点或羊水量过少，提示胎盘功能减退。

5. 催产素激惹试验（oxytocin challenge test，OCT） OCT 阳性提示胎盘功能低下。

6. 胎动 胎盘功能减退时，胎动会较前期有所减少。

（三）胎儿成熟度监测

1. 确定孕龄 根据末次月经、早孕反应的时间、胎动出现的时间核算预产期。孕早期可根据妇科检查以确定子宫大小与孕周是否相符，或行 B 型超声检查了解孕囊大小来估计胎龄；孕中、晚期通过测量孕妇的子宫底高度和腹围，可估计胎儿大小，也可以根据 B 型超声检查测量胎儿的双顶径、股骨长度、头围和腹围来估计胎龄。

2. 羊水检查 羊水中卵磷脂/鞘磷脂比值（L/S），用于评估胎儿肺成熟度。羊水中肌酐值、胆红素类物质含量、淀粉酶值及脂肪细胞出现分别用于评估胎儿肾、肝、唾液腺及皮肤成熟度。L/S>2 提示胎儿肺成熟；肌酐值 ≥176.8 μmol/L 提示胎儿肾成熟；胆红素类物质值<0.02，提示胎儿肝成熟；淀粉酶值 ≥450 U/L，提示胎儿唾液腺成熟；脂肪细胞出现率达 20% 则提示胎儿皮肤成熟。

（四）胎儿宫内监护

1. 胎动计数 胎动为胎儿在宫内健康状况的一种标志，是孕妇自我监护胎儿安危的简便、安全、可靠的方法。胎儿在缺氧早期躁动不安，胎动次数增加；当缺氧严重时，胎动逐渐减少。

2. 胎心听诊 用听诊器或多普勒监测仪，了解胎儿是否存活。听诊胎心时要注意胎心音的速率、强弱和节律。

3. 超声多普勒血流监测 用多普勒超声监测脐动脉血液波形，能了解胎儿宫内血流动力学改，提供胎儿安危信号。常用指标包括脐动脉和胎儿大脑中动脉的 S/D 比值（收缩期峰值流速/舒张期末流速）、RI 值【阻力指数（S-D）/S】、PI 值【搏动指数（S-D）/平均流速】、脐静脉与静脉导管的血流波形等。当 S/D>3、RI>1.7、PI>0.7 时，提示胎儿宫内窘迫。

4. 胎儿电子监测 应用胎儿电子监护仪可以连续观察并记录胎心率的动态变化，同时可以记录胎动和宫缩。根据连续记录胎心率（fetal heart rate, FHR）及子宫收缩图形，结合临床情况，评估胎儿宫内安危情况。监护可从妊娠34周开始，高危孕妇可提前至妊娠32周开始监护。胎心率（FHR）可以有两种基本变化，即基线胎心率（baseline hear rate, BFHR）及周期性胎心率（periodic fetal heart rate, PFHR）。

（1）基线胎心率（BFHR）：即在无宫缩或宫缩之间记录下的胎心率。正常的胎心音波动在110～160次/分，历时10分钟，BFHR持续在160次以上称为心动过速，BFHR持续在110次/分以下为心动过缓。胎心率变异是指胎心率有小的周期性波动。BFHR有变异即所谓基线摆动，包括胎心率变异振幅和胎心率变异频率，前者是正常胎心率有一定的波动，波动范围正常为10～25次/分，后者是计算1分钟内波动的次数，正常≥6次/分。基线波动活跃则频率增高，基线平直则频率降低或消失，基线摆动说明胎儿对外界刺激有反应，表示胎儿有一定的储备能力，是胎儿健康的表现。胎心率基线变平即变异消失或静止型，提示胎儿储备能力的丧失。其分类意义见表8-1。

表8-1 基线变异分类

分型	基线摆动幅度（次/分）	临床意义
无变异（0）	<5	①胎儿应激力差，已有代谢性酸中毒；②镇静药应用
一般变异（Ⅰ度）	5～10	①生理性睡眠；②潜在性代谢性酸中毒；③中枢神经系统潜在抑制
中等变异（Ⅱ度）	11～25	①有一定储备力；②无中枢神经系统及心肌缺氧；③有较好的交感及副交感神经调节；④胎儿酸碱平衡正常
显著变异（Ⅲ度）	≥25	①脐带受压；②胎儿与胎盘循环紊乱、缺氧

（2）周期性胎心率（PFHR）：也称为一过性胎心率，即与子宫收缩有关的胎心率变化。有加速型和减速型两种变化。减速型分为早期减速、晚期减速及变异减速3种类型。

1）加速：子宫收缩后胎心率增加，增加范围为15～20次/分，加速的原因可能是胎儿躯干局部或脐静脉暂时受压。散发的、短暂的胎心率加速是无害的。但如脐静脉持续受压，则进一步发展为减速。

2）减速：当子宫收缩时胎心率减慢，可分为三种。①早期减速（early deceleration, ED）（图8-1）：它的发生与子宫收缩几乎同时开始，子宫收缩后即恢复正常，幅度不超过40次/分。早期减速一般认为是胎头受压，脑血流量一过性减少（一般无伤害性）的表现。②变异减速（variable deceleration, VD）（图8-2）：宫缩开始后胎心率不一定减慢。减速与宫缩的关系并不是恒定的。但在出现后，胎心率下降迅速，幅度大（60～80次/分），持续时间长，而恢

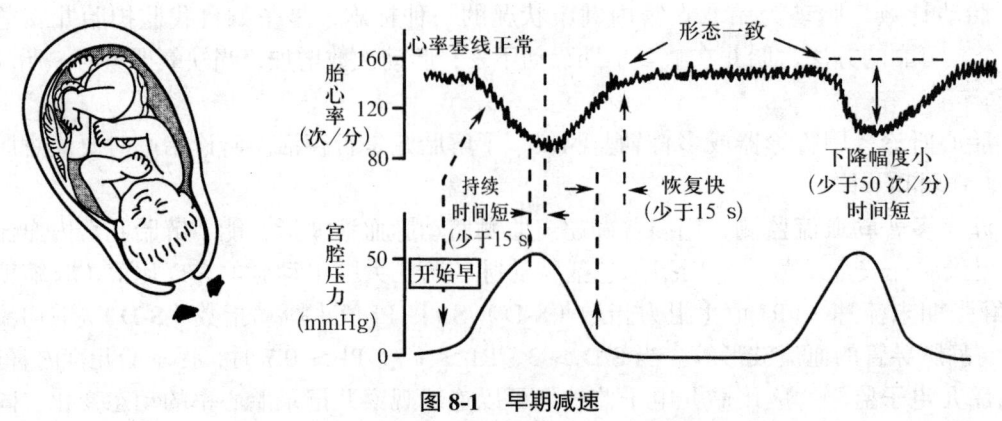

图8-1 早期减速

复也迅速。一般认为变异减速是因子宫收缩时脐带受压兴奋迷走神经所致。③晚期减速（late deceleration，LD）（图8-3）：子宫收缩开始后一段时间（多在高峰后）出现胎心率减慢，但下降缓慢，持续时间长，恢复亦缓慢，晚期减速是胎儿缺氧的表现，它的出现提示应对胎儿的安危予以高度注意。

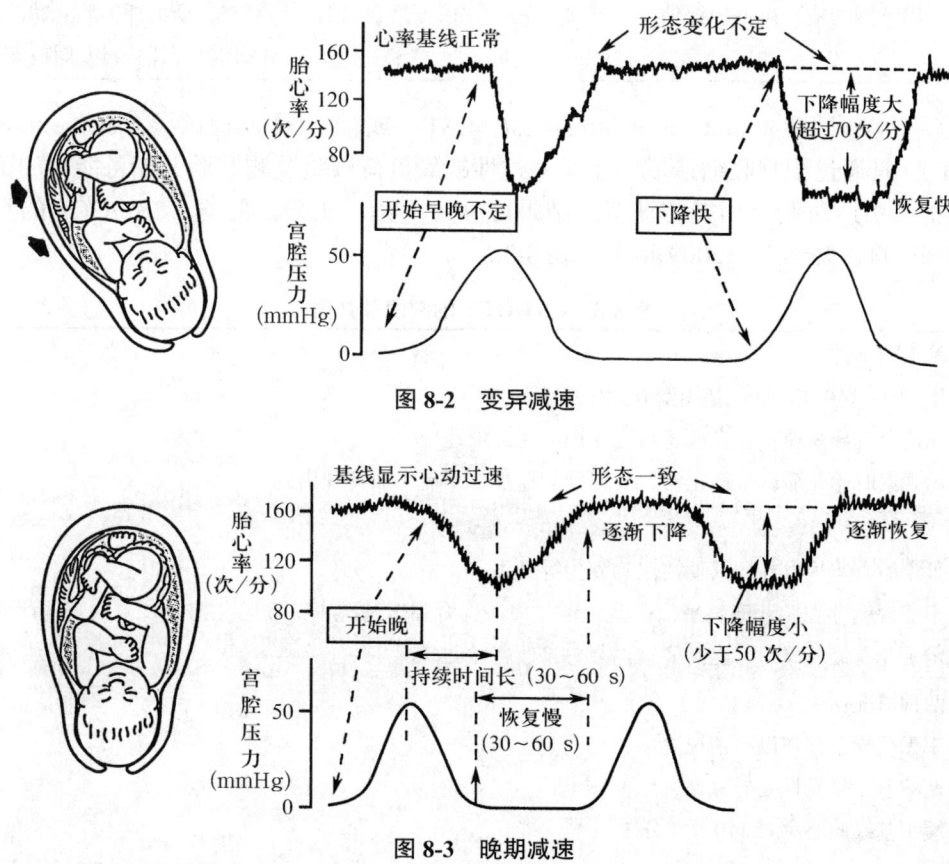

图8-2　变异减速

图8-3　晚期减速

（3）预测胎儿宫内储备能力

1）无应激试验（non stress test，NST）是以胎动时伴有一过性胎心率加快为基础的产前胎儿监护方法，故又称胎心率加速试验。通过试验观察胎动时胎心率的变化，以了解胎儿储备能力。于孕妇腹壁放置电子监护探头，在描记胎心率的同时，孕妇自觉胎动时做出记号，连续记录至少20分钟。试验结果有正常NST、不典型NST和异常NST，见表8-2。

表8-2　NST的判读和处理

参　数	正常（反应型）NST	不典型（可疑型）NST	异常（无反应型）NST
基线	110~160次/分	100~110次/分 或>160次/分（30分钟内）	胎心率过缓<100次/分 胎心率过速>160次/分，超过30分钟
变异	6~25次/分（中等变异） ≤5次/分，（无变异及最小变异）持续<40分钟	≤5次/分，持续40~80分钟	≤5次/分，持续≥80分钟 ≥25次/分（持续≥10分钟） 正弦型
减速	无减速或者偶发变异减速持续<30秒	变异减速持续30~60秒	变异减速时间≥60秒 晚期减速
加速 ≥32周	40分钟内≥2次加速超过15次/分，持续15秒	40~80分钟内<2次加速超过15次/分，持续15秒	>80分钟2次以下加速超过15次/分，持续15秒

续表

参　数	正常（反应型）NST	不典型（可疑型）NST	异常（无反应型）NST
<32周	40分钟内≥2次加速超过10次/分，持续10秒	40~80分钟内<2次加速超过10次/分，持续10秒	>80分钟2次以下加速超过10次/分，持续10秒
处理	继续随访或者进一步评估	需要进一步评估（复查NST）	复查；全面评估胎儿状况生物物理评分；及时终止妊娠

2）宫缩应激试验（contraction stress test，CST）或催产素激惹试验（oxytocin challenge test，OCT）是通过子宫收缩造成的胎盘一过性缺氧负荷试验及测定胎儿储备能力的试验。用于产前监护及引产时胎盘功能的评价。结果可分为Ⅰ类、Ⅱ类、Ⅲ类，CST/OCT的判读及处理（美国妇产科医师学会，2009年）见表8-3。

表8-3　CST/OCT的判读及处理

Ⅰ类　满足下列条件：
基线胎心率110~160次/分；基线变异为中度变异
没有晚期减速及变异减速；存在或者缺乏早期减速、加速
处理　提示观察时胎儿酸碱平衡正常，可以常规监护，不需采取特殊措施

Ⅱ类
除Ⅰ类和Ⅲ类胎心监护以外的其他情况均划为第Ⅱ类
处理　尚不能说明存在胎儿酸碱平衡紊乱，但是应该综合临床情况、持续胎儿监护、采取其他评估方法来判定胎儿有无缺氧，可能需要宫内复苏来改善胎儿状况

Ⅲ类　有两种情况：
基线胎心率无变异且存在以下情况之一：
复发性晚期减速、复发性变异减速；
胎心率过缓（基线胎心率<110次/分）
正弦波型
处理　提示在观察时胎儿存在配套平衡失调即胎儿缺氧，应立即采取相应措施纠正胎儿缺氧，包括改变孕妇体位、给孕妇吸氧、停止缩宫素使用、抑制宫缩、纠正孕妇低血压等措施。如果这些措施均不奏效，应立即终止妊娠

5. 胎儿生物物理监测　是综合胎心电子监护及B型超声所示某些生理活动，以判断胎儿有无急、慢性缺氧的一种产前监护方法，可供临床参考。Manning评分法（表8-4），满分为10分，得分<6分提示胎儿缺氧。

表8-4　胎儿生物物理监测评分

指标	2分（正常）	0分（异常）
NST（20分钟）	≥2次胎动，FHR加速，振幅≥15次/分，持续≥15秒	<2次胎动，FHR加速，振幅<15次/分，持续<15秒
FBM（30分钟）	≥1次胎动，持续≥30秒	无或持续<30秒
FM（30分钟）	≥3次躯干或肢体活动（连续出现计一次）	≤2次躯干或肢体活动
FT	≥1次躯干伸展后恢复到屈曲，手指摊开合拢	无活动，肢体完全伸展，伸展缓慢，部分恢复到屈曲

续表

指标	2分（正常）	0分（异常）
AFV	＞2 cm	无或 ≤ 2 cm

NST：无应激试验；FBM：胎儿呼吸运动；FM：胎动；FT：肌张力；AFV：羊水最大暗区垂直深度

（五）产前诊断

产前诊断（prenatal diagnosis）又称宫内诊断（intrauterine diagnosis），是指对胎儿进行先天性缺陷和遗传性疾病的诊断或筛查，对降低出生缺陷具有一定的指导意义。

1. 孕妇外周血检查 主要对唐氏综合征进行筛查。

（1）血清生化筛查：是通过生物化学方法检测母体血清中多种生化筛查指标的浓度，并结合孕妇的年龄、体重、孕周等，预测胎儿患 21-三体综合征、13-三体综合征、18-三体综合征、神经管缺陷的风险。根据筛查孕周分为妊娠早期和中期血清生化筛查。

1）妊娠早期筛查指标：β-人绒毛膜促性腺激素（β-HCG）、妊娠相关性血浆蛋白（PAPP-A）。游离 β-HCG 水平越高，PAPP-A 越低，则 21-三体综合征患病风险越高。妊娠早期检测结果应结合超声监测胎儿颈后透明带厚度（NT）。

2）妊娠中期（15~22 周）血清生化筛查指标：主要包括甲胎蛋白（AFP）、β-HCG、游离雌三醇（uE$_3$）和抑制素 A。应将检测结果与实际孕龄以及孕妇的年龄、体重、孕产次、有无吸烟史等信息综合进行分析，计算胎儿患唐氏综合征的危险度。高危孕妇应在知情选择的基础上进一步做羊水或脐带血染色体核型分析，以明确诊断。

3）羊水甲胎蛋白（AFP）测定：妊娠 8~24 周正常值为 20~48 μg/ml。若胎儿患脊柱裂、无脑儿、脑脊膜膨出则 AFP 值可异常增高 10 倍。多胎妊娠、胎儿上消化道闭锁、死胎等也伴有 AFP 值升高。

（2）无创产前 DNA 检测（NIPT）：妊娠 12~22^{+6} 周，通过对母体血浆中含有的胎儿游离 DNA 进行测序，并进行生物信息学分析，得出胎儿患唐氏综合征的风险概率，从而预测胎儿患唐氏综合征的风险。

2. 介入性宫内取材检查 这项检查应在知情选择的基础上进行，有一定的创伤性。主要是对胎儿染色体进行核型分析，以判断胎儿性别、胎儿有无遗传性疾病等。

（1）妊娠早期绒毛活检：B 超引导下经宫颈管针吸绒毛后培养，行核型分析，协助诊断。

（2）羊膜腔穿刺术：妊娠 16~20 周抽取羊水培养，做染色体核型分析，了解染色体数目与结构改变。一旦染色体数目结构异常即终止妊娠。

3. 超声检查 通过超声检查能动态观察胎儿的发育情况及有无先天畸形。

4. 羊膜腔内胎儿造影术或胎儿镜检查 可诊断胎儿泌尿系统、消化系统畸形及体表畸形。

第二节 高危妊娠妇女的护理

▶ 护理评估

（一）健康史

询问孕妇年龄、月经史、婚姻史、生育史、疾病史、家族史，了解妊娠早期是否使用过药物或接触农药及放射性元素，是否有过病毒性感染等。

（二）身体状况

1. 观察孕妇体态，测量孕妇身高、体重、血压 对步态不正常者应注意有无骨盆异常。

若孕妇体重过重或过轻,妊娠和分娩危险性增加。血压≥140/90 mmHg为异常。

2. **全身检查** 包括听诊心脏有无杂音、判断心功能等。

3. **产科生理情况** 测量宫高、腹围,测量骨盆径线,触诊胎位,听诊胎心音。

(三)辅助检查

1. **实验室检查** 血、尿常规检查;血小板计数、出血和凝血时间测定;肝、肾功能检查;感染检测(梅毒、艾滋病、乙型肝炎病毒等);血糖、糖耐量测定等。

2. **B型超声检查** 从妊娠22周起,每周双顶径增加0.22 cm,通过声像图反映胎盘的结构。测定最大羊水池在5.1 cm±2.1 cm范围,最大羊水池与子宫轮廓相垂直深度测量法≤2 cm为羊水过少;≤1 cm为严重羊水过少,提示胎盘功能减退或胎儿缺氧。

3. **胎儿监测技术** 胎盘成熟度的检查、胎儿成熟度检查、胎儿宫内安危的监测及产前诊断等。

(四)心理社会状况

孕妇可因为前次妊娠的失败对此次妊娠产生恐惧、悲伤,因为自己的健康与维持妊娠相矛盾而感到焦急、无助。要评估高危孕妇的应对机制、心理能力及社会支持关系。

(五)处理原则

1. **一般处理**

(1)加强营养:给予孕妇高热量、高蛋白质饮食以及足够维生素和适量微量元素。积极预防贫血、妊娠期高血压疾病等并发症或合并症的发生。注意休息,卧床休息以左侧卧位为宜。

(2)提高胎儿对缺氧的耐受力:对胎盘功能减退的孕妇,定期面罩给氧。维生素C可改善细胞缺氧,可给予葡萄糖溶液加维生素C静脉滴注,以提高胎儿对缺氧的耐受力。

2. **病因治疗** 针对不同的病因给予相应的处理。

(1)遗传性疾病:防治原则是预防为主,早发现、早诊断,及时处理。有异常要终止妊娠。

(2)妊娠并发症:及时发现高危人群,预防并发症和不良结局的发生。

(3)妊娠合并症:妊娠合并糖尿病应与内科共同监护,控制饮食,积极、正确使用胰岛素。应加强孕期保健和产前检查,增加检查次数和项目。以预防为主,保障母婴安全。

3. **加强孕产妇及胎儿监护。**

4. **产科处理**

(1)预防早产:考虑高危妊娠的处理方案时,应在保证母儿安全的前提下,尽量避免早产,降低围生儿死亡率。

(2)终止妊娠问题:应权衡母儿安危情况,最好做多项测定互相对照,避免单项测定导致假阳性或假阴性结果。若妊娠严重威胁母体健康或影响胎儿生存,应考虑适时终止妊娠。终止妊娠的方法有引产和剖宫产术两种,需根据病情、孕产妇的产科情况、宫颈成熟度和胎盘功能,综合分析做出选择。

(3)产时处理:产程开始后应加强对母儿的监护,观察病情发展、胎心率、羊水性状等变化,注意及时给氧。对胎儿窘迫者,无论经阴道分娩还是行剖宫产,均应做好新生儿抢救准备,最好有新生儿科医护人员协助处理。新生儿娩出后首先清理呼吸道,必要时行气管插管加压给氧。对早产儿、宫内生长迟缓的新生儿,有感染可能或曾接受抢救的高危儿均进行重点护理工作。

▶ 护理诊断/问题

1. **知识缺乏**:孕妇缺乏有关预防、监护高危妊娠的知识。

2. **焦虑/恐惧** 与现实或设想的对胎儿及自身健康的威胁有关。

3. **自尊紊乱** 与分娩的愿望及对孩子的期望得不到满足有关。

4. **功能障碍性悲伤** 与现实的或预感到将会丧失胎儿有关。

▶ **护理目标**

1. 孕产妇获得高危妊娠的相关知识,能积极接受检查及治疗。
2. 孕妇焦虑感减轻或消失。

▶ **护理措施**

1. **心理护理** 评估孕妇的心理状态,鼓励其诉说内心的不悦,评估孕妇的言语和行为。与孕妇讨论分析产生矛盾心理的直接或间接原因,指导正确的应对方式。采取必要的手段减轻和转移孕妇的焦虑和恐惧。鼓励和指导家人的参与和支持。提供有利于孕妇倾诉和休息的环境,避免不良刺激。

2. **加强营养** 保证母婴的生理需要。与孕妇讨论食谱及烹饪方法,尊重其饮食喜好,同时提出建议供选择。对妊娠合并糖尿病患者则要进行控制饮食的指导。嘱孕妇取左侧卧位休息,注意个人卫生。

3. **做好病情观察** 对高危孕妇做好观察记录。如孕妇的脉搏、血压、活动耐受力,有无阴道流血、高血压、水肿、心力衰竭、腹痛、胎儿缺氧等症状和体征,及时报告医生并记录处理经过。产时严密观察胎心率及羊水的颜色、量,做好母儿监护。

4. **配合检查和治疗** 认真执行医嘱并配合处理。对妊娠合并糖尿病孕妇做好尿糖测定,正确留取血、尿标本;对妊娠合并心脏病者则按医嘱正确给予药物,做好用药观察,间歇吸氧;对前置胎盘患者做好输血、输液准备;如需人工破膜、阴道检查、剖宫产术,应及时做好用物准备及配合工作;做好新生儿的抢救准备等。

5. **健康指导** 对孕妇的高危因素给予相应的健康指导。提供相应的信息,嘱其按时到医院接受产前检查,指导孕妇自我监测。

第三节 胎儿窘迫及新生儿窒息的护理

导学案例 8-1

某36岁女士,G_3P_1,妊娠32周,近两天明显感觉胎动减少,立即去社区医院检查,听胎心率为100次/分。

讨论分析:
1. 该女士的主要护理问题有哪些?
2. 对该女士的主要护理措施有哪些?

一、胎儿窘迫的护理

胎儿窘迫是指胎儿在宫内有缺氧征象,危及健康和生命的综合症状。胎儿窘迫分为急性胎儿窘迫和慢性胎儿窘迫两种。急性胎儿窘迫主要发生于分娩期,慢性胎儿窘迫多发生于妊娠晚期。胎儿慢性缺氧时间延长可发生胎儿宫内发育迟缓,临产后常表现为急性胎儿窘迫。胎儿窘迫是当前剖宫产的主要适应证之一。

▶ **病因**

胎儿窘迫的病因涉及多方面,可归纳为3类。

1. 母体因素 ①微小动脉供血不足：如妊娠期高血压疾病、慢性肾炎和高血压等。②红细胞携氧量不足：如重度贫血、心力衰竭和肺源性心脏病等。③急性失血：如产前出血性疾病和创伤等。④子宫胎盘血运受阻：急产或子宫不协调性收缩等；产程延长；子宫过度膨胀；催产素使用不当；胎膜早破，脐带可能受压等。

2. 胎儿因素 ①胎儿畸形。②胎儿心血管系统功能障碍：如严重的先天性心血管疾病。

3. 脐带、胎盘因素 ①脐带血运受阻。②胎盘功能低下：如过期妊娠、胎盘发育障碍和胎盘感染等。

病理生理

胎儿窘迫的基本病理生理变化是缺血、缺氧引起的一系列变化。胎儿血含量降低、二氧化碳蓄积出现呼吸性酸中毒。初期是通过自主神经反射，兴奋交感神经，肾上腺儿茶酚胺及皮质醇分泌增多，使血压上升及心率加快。如果缺氧未得到纠正，则转为兴奋迷走神经，胎心率减慢。若缺氧继续发展，则刺激肾上腺分泌增加，再次兴奋交感神经，胎心率由慢变快，此时胎儿正处于代偿功能极限，提示病情严重。同时无氧糖酵解增加，导致丙酮酸、乳酸等有机酸增加，转为代谢性酸中毒。胎儿有宫内呼吸运动加强、肠蠕动亢进，肛门括约肌松弛，胎粪排出污染羊水。若在孕期慢性缺氧，可出现胎儿营养不良，造成胎儿宫内发育迟缓，临产后缺氧加重，可导致新生儿窒息。

护理评估

（一）健康史

了解孕妇的年龄、生育史、内科疾病史（如高血压、慢性肾炎、心脏病病史），本次妊娠经过，分娩经过（如产程延长、催产素使用不当）。了解有无胎儿畸形、胎盘功能的情况。

（二）身体状况

胎儿窘迫主要表现为胎心率改变、胎动异常及羊水污染。

1. 胎心变化 胎心出现异常改变是胎儿窘迫最早出现的症状，胎儿正常心率为110~160次/分，＞160次/分以上或＜110次/分均属不正常，＜100次/分以下下表示严重缺氧。窘迫时先是表现为胎心率加快，而且心搏规则、有力，之后心搏开始变慢、变弱，节律也变得不规则。

2. 胎动异常 胎动是胎儿生命体征之一。监测胎动是孕妇自我监护的好方法，可靠性达80%以上。正常情况下，胎动每小时不少于3次，12小时应不低于30次。如果临产后胎动突然急剧增加，变得频繁而强烈，则提示胎儿可能出现急性窘迫。若当天胎动次数较以往减少30%甚至更多，就是胎动减少。而胎动一旦消失，胎儿随时可能发生死亡，死亡时间大多在胎动消失后12~48小时。

3. 羊水改变 正常情况下，羊水为白色透明的液体，当胎儿缺氧时就会排出胎粪，使羊水颜色改变。头位分娩时，出现胎粪并伴有胎心异常，是胎儿窘迫的典型症状。胎粪污染羊水的程度可分为3度：Ⅰ度污染时羊水呈淡绿色，稀薄；Ⅱ度污染时，羊水呈绿色，较黏稠，可污染胎儿皮肤、黏膜；Ⅲ度污染时，羊水中混有大量黄褐色胎便，质稠厚，是胎儿窘迫明显的表现。胎膜、胎盘、胎儿皮肤及指甲被染成黄褐色，提示胎儿缺氧已超过6小时，处于危急状态。

（三）辅助检查

1. B型超声检查 胎儿双顶径、头围与腹围之比、股骨长度、羊水量等。

2. 综合生物物理监测评分检查 即通过B型超声测胎儿呼吸、胎动、羊水量，结合胎心监护试验，可表现为评分低。

3. **胎盘功能检查** 可测雌三醇、胎盘催乳素、雌激素/肌酐比值，有持续低值或递减趋向。胎儿窘迫的孕妇一般 24 h 尿 E_3 值急骤降低 30%~40%，或于妊娠晚期连续多次测定在 10 mg/24 h 以下。

4. **胎心监测** 胎动时胎心率加速不明显，基线变异率 < 3 次/分，出现晚期减速、变异减速。

5. **胎儿头皮血血气分析** pH < 7.20。

（四）心理社会状况

发生胎儿窘迫时，孕产妇及其家属会因为担心胎儿的安危而产生焦虑和恐惧，对需要提前终止妊娠的处理表示不理解，在分娩方式的选择上表现出无助感。胎儿死亡后，孕产妇及其家属在感情上受到强烈的创伤，表现为愤怒、忧伤和无法接受。

（五）治疗原则

1. **慢性胎儿窘迫** 应针对病因，根据孕周、胎儿成熟度和窘迫的严重程度决定处理。加强孕期监测，争取改善胎盘供血，延长妊娠周数。对缺氧难以改善，接近足月妊娠者，可考虑行剖宫产。

2. **急性胎儿窘迫**

（1）对宫口开全，胎先露部已达坐骨棘平面以下 3 cm 者，应尽快助产经阴道娩出胎儿。

（2）宫颈尚未完全扩张，胎儿窘迫情况不严重，可予吸氧，通过提高母体血氧含量，以改善胎儿血氧供应。同时嘱产妇取左侧卧位，观察 10 分钟。若胎心率变为正常，可继续观察。若因使用催产素使宫缩过强造成胎心率异常减缓者，应立即停止滴注。对病情紧迫或经上述处理无效者，应立即行剖宫产结束分娩。

▶ 护理诊断/问题

气体交换受损（胎儿） 与胎盘子宫的血流改变、血流中断（脐带受压）或血流速度减慢（子宫-胎盘功能不良）有关。

▶ 护理目标

1. 胎儿情况改善，胎心率在 110~160 次/分。
2. 孕妇能运用有效的应对机制来控制焦虑。
3. 产妇能够接受胎儿死亡的现实。

▶ 护理措施

1. 孕妇取左侧卧位，间断吸氧。严密监测胎心变化，一般每 15 分钟听 1 次胎心或进行胎心监护，注意胎心变化。

2. 为手术者做好术前准备，如宫口开全、胎先露部已达坐骨棘平面以下 3 cm，应尽快助产娩出胎儿。

3. 做好新生儿抢救的准备。

4. **心理护理** 向孕产夫妇提供相关信息，包括医疗措施的目的、操作过程、预期结果及孕产妇需做的配合，将真实情况告知孕产夫妇，有助于减轻焦虑，也可帮助他们面对现实。对于胎儿不幸死亡的夫妇，护理人员可陪伴他们或安排家人陪伴他们，勿让他们独处。鼓励他们诉说悲伤，理解其哭泣及抑郁的情绪，陪伴在旁提供支持及关怀。

5. **健康教育** 胎儿宫内窘迫可直接危及胎儿健康和生命。因此，产前定期检查非常重要，及时发现母亲或胎儿的异常，认真制订相应的治疗方案和预防方法。孕期注意自我保健，加强营养，避免不良生活习惯。自觉身体不适、胎动减少须及时就医。

二、新生儿窒息的护理

导学案例 8-2

某 28 岁女士，G_2P_0，妊娠 39 周，下午阴道分娩一活男婴，男婴出生 1 分钟内心率 90 次/分，喘息样微弱呼吸，全身四肢青紫，四肢稍屈曲，吸痰时反射差。

讨论分析：
1. 该男婴的主要护理问题有哪些？
2. 男婴的主要护理措施有哪些？

新生儿窒息是指胎儿娩出后 1 分钟，仅有心搏无自主呼吸或未能建立规律呼吸，以低氧血症、高碳酸血症和酸中毒为主要病理生理改变的疾病。严重窒息是导致新生儿伤残和死亡的重要原因之一。

▶ 病因

新生儿窒息与胎儿在子宫内环境及分娩过程密切相关。凡影响母体和胎儿间血液循环和气体交换的原因都会造成胎儿缺氧而引起窒息。

1. 分娩前的原因 母体疾病，如妊娠高血压疾病、急性失血、严重贫血、心脏病等。胎盘因素，如胎盘功能不全、前置胎盘、胎盘早剥等。脐带因素，如脐带扭转、打结、绕颈、脱垂等。另外，还有应用麻醉、镇痛药物抑制呼吸中枢所致等。

2. 分娩时的损害 骨盆狭窄、头盆不称、胎位异常、胎膜早破、滞产等，助产术不顺利或处理不当使胎儿颅脑损害等。

3. 胎儿因素 早产儿、新生儿呼吸道阻塞、肺发育不成熟、颅内出血以及严重的中枢神经系统和心血管系统畸形、膈疝等。

▶ 护理评估

（一）健康史

了解有无胎儿窘迫的诱因，如妊娠高血压疾病、重度贫血、心脏病、产程过长、子宫过度膨胀、前置胎盘、胎盘早剥。有无胎儿先天性心脏病、颅内出血、脐带脱垂、胎儿窘迫。

（二）身体状况

重点评估窒息的程度，胎儿出生 1 分钟、5 分钟进行 Apgar 评分。

1. 轻度窒息 Apgar 评分 4~7 分。新生儿面部与全身皮肤青紫；呼吸浅表或不规律；心搏规则，强而有力，心率 80~110 次/分；对外界刺激有反应，肌肉张力好；喉反射存在。

2. 重度窒息 Apgar 评分 0~3 分。新生儿皮肤苍白，口唇暗紫；无呼吸或仅有喘息样微弱呼吸；心搏不规则，心率 < 60 次/分，且搏动弱；对外界刺激无反应，肌肉张力松弛；喉反射消失。

（三）心理社会状况

产妇及家属担心新生儿的安危而表现为紧张、焦虑、恐惧、悲伤，急切询问新生儿情况。

（四）治疗原则

预防为主，一旦发生，应及时抢救。动作应准确、迅速、轻柔，以免二次损伤。产前估计胎儿娩出后有窒息的可能时，要做好复苏准备。复苏方案为 ABCDE 方案：①尽量吸净呼吸道黏液；②建立呼吸，增加通气；③维持正常循环，保证足够心排血量；④药物治疗；⑤评价。如果发生窒息应及时按 A→B→C→D（药物治疗）评估→决策→实施程序，循环往复，直至复苏完成。新生儿窒息复苏流程见图 8-4。

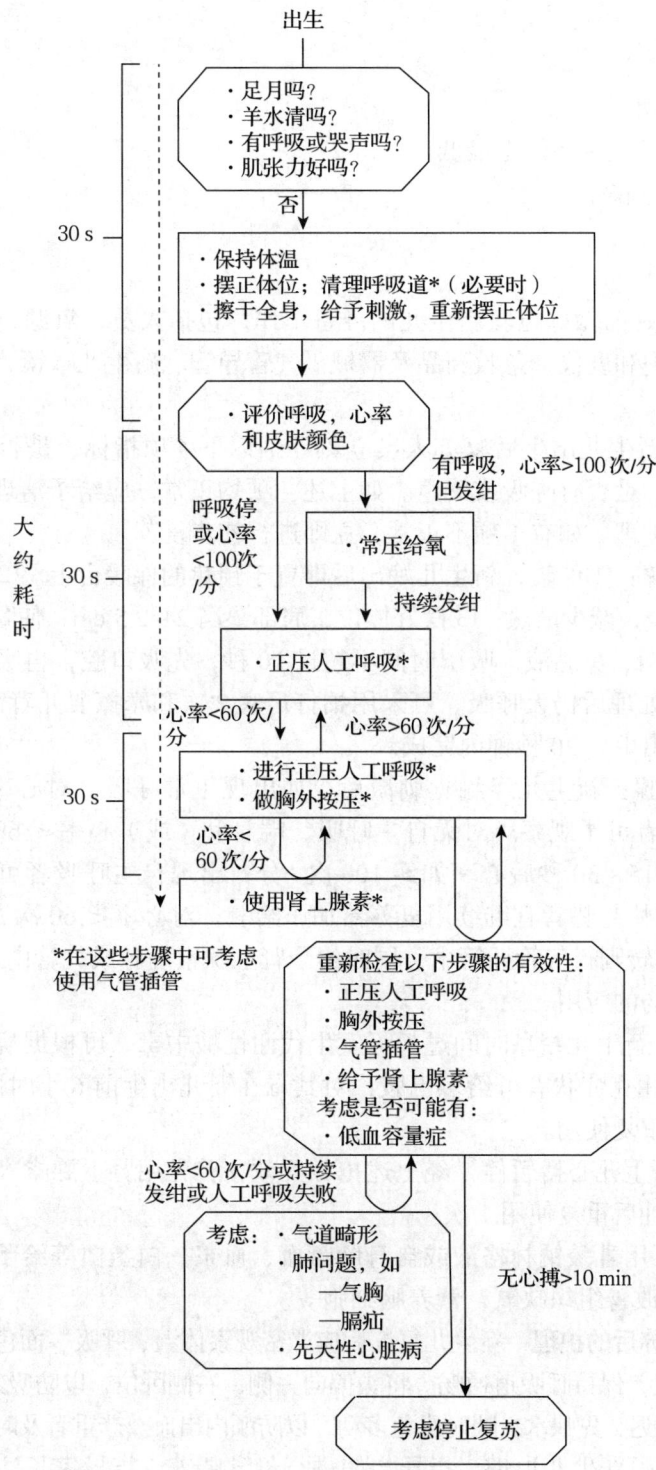

图 8-4 新生儿窒息复苏流程图

> 护理诊断 / 问题

1. **气体交换受损**　与呼吸道内存有羊水、黏液有关。
2. **有受伤的危险**　与抢救操作、脑缺氧有关。
3. **恐惧**　与新生儿的生命受到威胁有关。

护理目标

1. 新生儿抢救成功。
2. 新生儿并发症发生率降低至最低。
3. 产妇及家属情绪稳定。

护理措施

1. 一般护理 分娩前做好抢救新生儿的准备工作，包括人员、氧源、保暖物品、远红外辐射抢救台、脉搏氧饱和度仪、急救药品及器械（气管导管、新生儿喉镜、吸氧管、面罩等）。

2. 配合复苏治疗

（1）初步评估：新生儿出生后复苏人员立刻评估以下4项指标，是否足月；羊水是否清亮；肌张力是否正常；是否有呼吸或哭声。如上述4项均正常，应给予清理呼吸道，擦干新生儿全身，保暖等常规护理。如有1项不正常，立即进行初步复苏。

（2）初步复苏步骤：①保暖，新生儿娩出后即置于预热的保暖台上。②减少散热，用温热干毛巾擦干头部及全身，减少散热。③摆好体位，肩部垫高2～2.5 cm，使颈部轻微伸仰。④在娩出后立即吸净口、咽、鼻黏液，吸引时间不超过10秒，先吸口腔，再吸鼻腔黏液。⑤触觉刺激，新生儿经上述处理后仍无呼吸，可采用拍打足底2次和摩擦婴儿背部来促使呼吸出现。以上5个步骤要求在出生后20秒钟内完成。

（3）通气复苏步骤：新生儿经触觉刺激后，如出现正常呼吸，对心率＞100次/分，肤色红润或仅手足青紫者可予观察。对无自主呼吸、喘息和（或）心率＜60次/分，应立即用复苏器加压给氧；对15～30秒后心率如＞100次/分，出现自主呼吸者可予以观察；心率在60～100次/分，有增快趋势者宜继续用复苏器加压给氧；对心率＜60次/分者，同时加胸外按压心脏30秒，无好转则行气管插管术，同时给予肾上腺素静脉或气管内注入。

（4）各种抢救药物的应用

1）纠正酸中毒：新生儿窒息时间过长可发生代谢性酸中毒，可根据病情酌情用纠正酸中毒、扩张血管药，有休克症状者可给多巴胺；对其母在婴儿出生前6小时内曾用过麻醉药者，可用纳洛酮，必要时重复使用。

2）肾上腺：若新生儿心搏暂停，经上述抢救无效，首先用肾上腺素经脐静脉推注或气管导管注入，可在5分钟后重复使用1次。

3）其他用药：可用乳酸钠林格液或自身胎盘血、血浆、白蛋白等给予扩充血容量，还可给予ATP、辅酶A等改善组织缺氧，营养脑细胞等。

3. 加强新生儿复苏后的护理 新生儿复苏后应严密观察体温、呼吸、面色、心率、末梢循环，肌张力、大小便等情况，保持呼吸道通畅。将头偏向一侧，右侧卧位，以防吸入胃内容物、呼吸道分泌物。哺乳应适当延迟，先喂水，喂时避免多动，以防颅内出血。严重者及时转入儿科病房。

4. 健康指导 加强新生儿护理，指导产妇进行母乳喂养，指导家长注意观察新生儿的精神情况及远期表现。若有后遗症，指导家长对患儿进行康复训练，促进功能逐渐恢复。

（孙　英）

一、案例分析

某 30 岁产妇，妊娠 39 周，分娩过程中，产程较长。新生儿出生后心率 85 次/分，呼吸表浅，喉反射微弱存在，四肢无力，全身四肢青紫。

讨论分析：

1. 此新生儿 Apgar 评分为多少？说明得分依据。
2. 请列出新生儿窒息复苏的主要步骤。

二、问答题

1. 简述羊水胎粪污染的分度。
2. 简述新生儿窒息轻度窒息的临床表现。
3. 简述新生儿窒息重度窒息的临床表现。

第九章 异常分娩产妇的护理

第九章
数字资源

思政之光

 本章思维导图

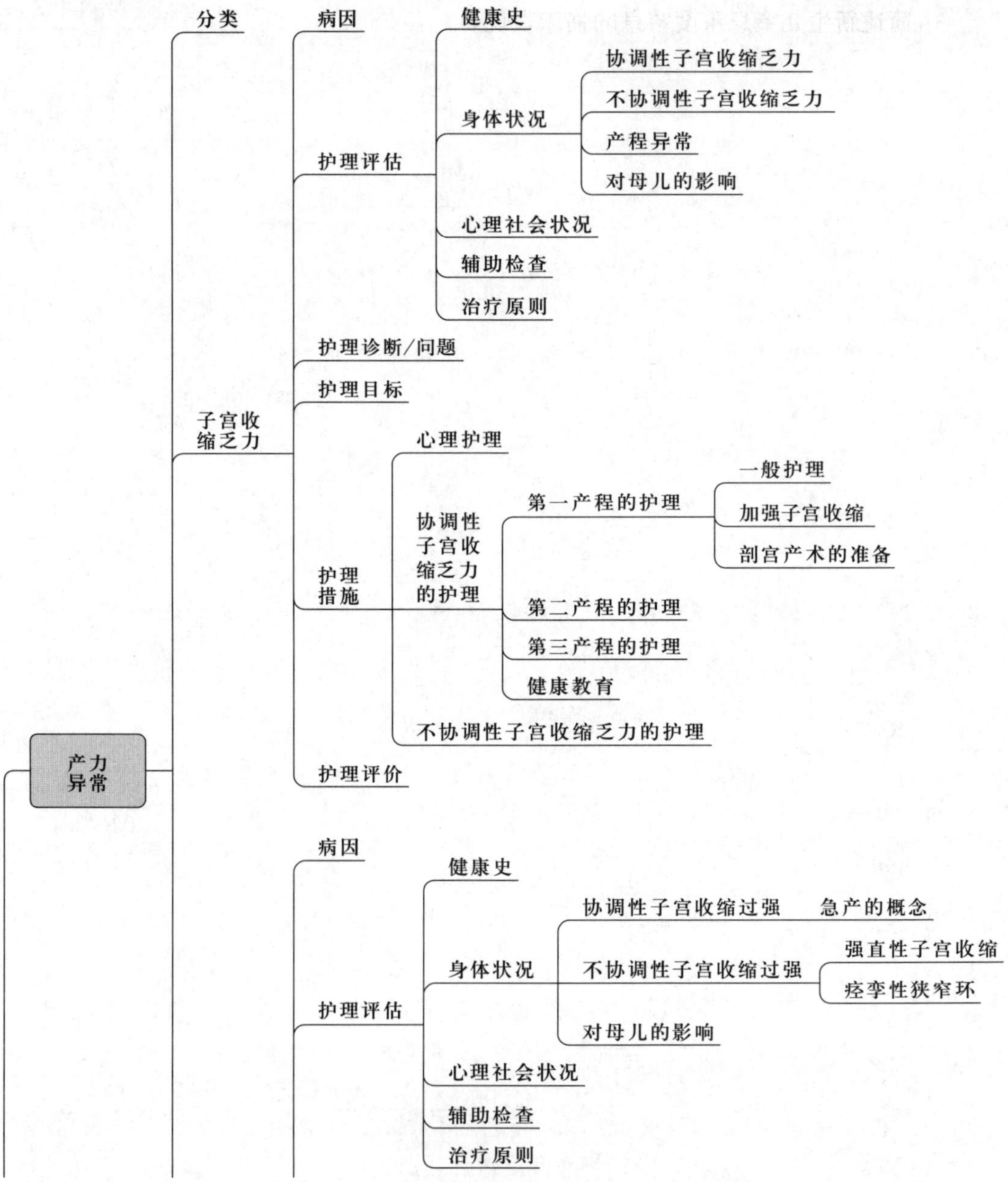

- 产力异常
  - 子宫收缩乏力
    - 分类
    - 护理评估
      - 病因
      - 健康史
      - 身体状况
        - 协调性子宫收缩乏力
        - 不协调性子宫收缩乏力
        - 产程异常
        - 对母儿的影响
      - 心理社会状况
      - 辅助检查
      - 治疗原则
    - 护理诊断/问题
    - 护理目标
    - 护理措施
      - 心理护理
      - 协调性子宫收缩乏力的护理
        - 第一产程的护理
          - 一般护理
          - 加强子宫收缩
          - 剖宫产术的准备
        - 第二产程的护理
        - 第三产程的护理
        - 健康教育
      - 不协调性子宫收缩乏力的护理
    - 护理评价
  - 护理评估
    - 病因
    - 健康史
    - 身体状况
      - 协调性子宫收缩过强
        - 急产的概念
      - 不协调性子宫收缩过强
        - 强直性子宫收缩
        - 痉挛性狭窄环
      - 对母儿的影响
    - 心理社会状况
    - 辅助检查
    - 治疗原则

- 异常分娩产妇的护理
  - ……
    - 子宫收缩过强
      - 护理诊断/问题
      - 护理目标
      - 护理措施
        - 心理护理
        - 抑制宫缩，缓解疼痛
          - 消除宫缩过强的诱因
          - 调整宫缩
        - 加强产时监护，防止母儿受伤
          - 急产的护理
          - 协调性子宫收缩过强的护理
          - 不协调性子宫收缩过强的护理
          - 预防产后出血和感染
          - 健康教育
      - 护理评价
  - 产道异常
    - 骨产道异常
      - 护理评估
        - 健康史
        - 身体状况
          - 一般检查
          - 腹部检查
            - 估计胎儿大小
            - 腹部四步触诊
            - 估计头盆关系
              - 跨耻征阳性：头盆不称
              - 跨耻征可疑阳性：可疑头盆不称
              - 跨耻征阴性：头盆相称
          - 狭窄骨盆的类型及表现
            - 骨盆入口平面狭窄
            - 中骨盆平面及出口平面狭窄
              - 男型骨盆
              - 类人猿型骨盆
            - 三个平面均狭窄 均小骨盆
            - 畸形骨盆
          - 对母儿的影响
        - 心理社会状况
        - 辅助检查
        - 治疗原则
          - 剖宫产
          - 试产
          - 阴道助产
      - 护理诊断/问题
      - 护理目标
      - 护理措施
        - 心理护理
        - 手术护理
        - 阴道试产的护理
        - 产后护理
        - 新生儿护理
        - 健康指导
      - 护理评价

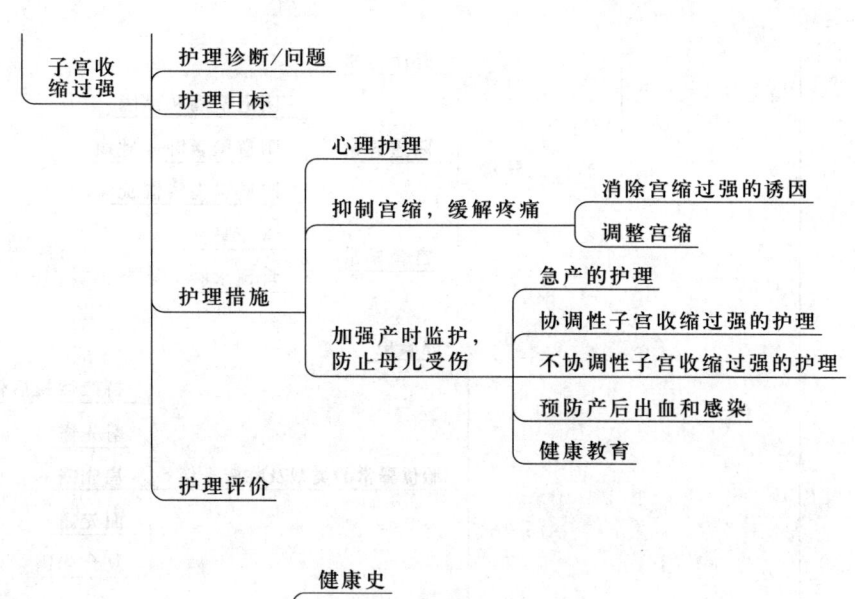

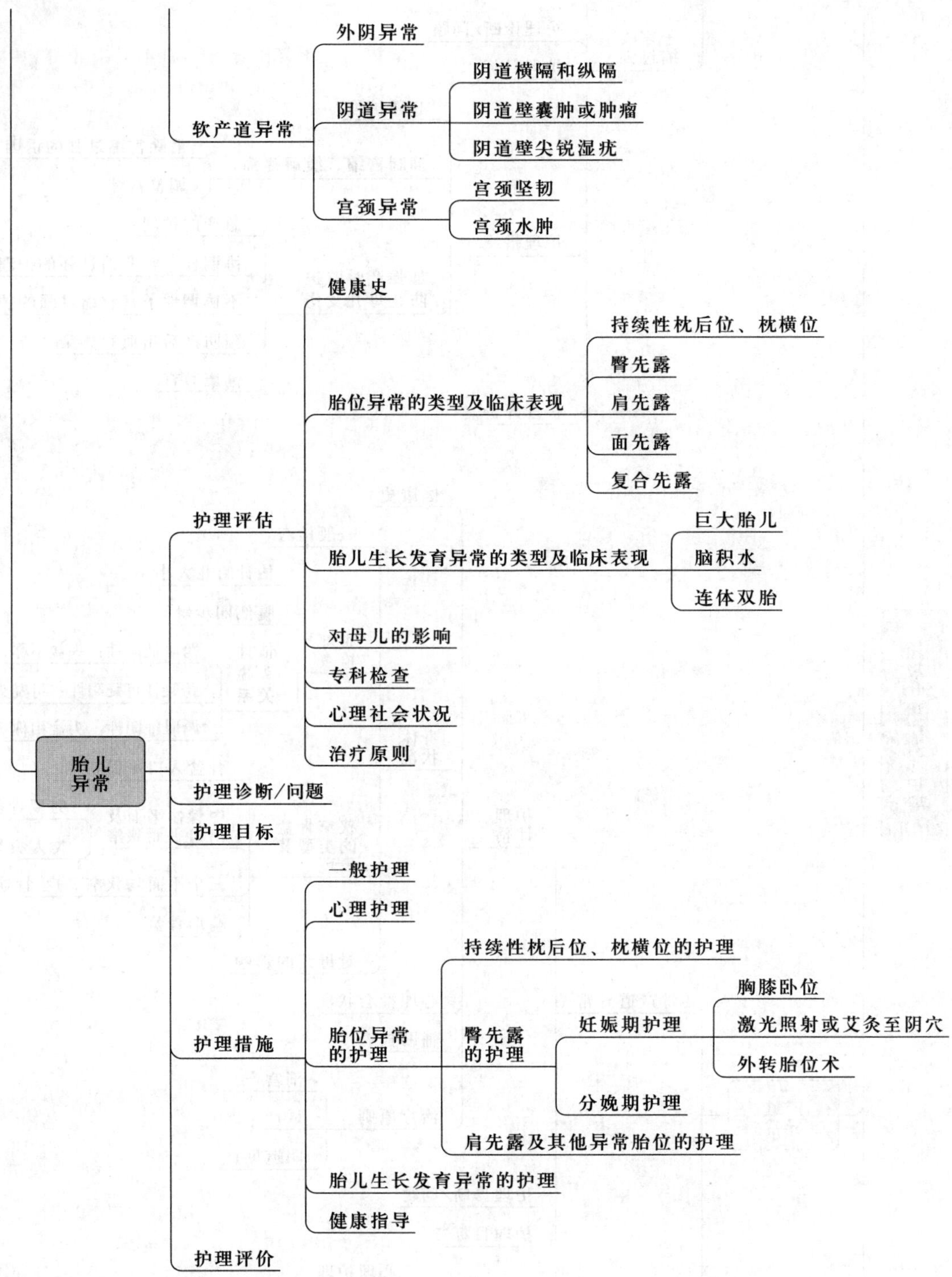

```
                              ┌─ 外阴异常
                              │                  ┌─ 阴道横隔和纵隔
              ┌─ 软产道异常 ──┼─ 阴道异常 ──────┼─ 阴道壁囊肿或肿瘤
              │               │                  └─ 阴道壁尖锐湿疣
              │               │
              │               └─ 宫颈异常 ──┬─ 宫颈坚韧
              │                              └─ 宫颈水肿
              │
              │               ┌─ 健康史
              │               │                              ┌─ 持续性枕后位、枕横位
              │               │                              ├─ 臀先露
              │               ├─ 胎位异常的类型及临床表现 ──┼─ 肩先露
              │               │                              ├─ 面先露
              │               │                              └─ 复合先露
              │               │
              ├─ 护理评估 ────┤                                ┌─ 巨大胎儿
              │               ├─ 胎儿生长发育异常的类型及临床表现 ┼─ 脑积水
              │               │                                └─ 连体双胎
              │               │
              │               ├─ 对母儿的影响
              │               ├─ 专科检查
              │               ├─ 心理社会状况
              │               └─ 治疗原则
  胎儿异常 ───┤
              ├─ 护理诊断/问题
              ├─ 护理目标
              │
              │               ┌─ 一般护理
              │               ├─ 心理护理
              │               │                  ┌─ 持续性枕后位、枕横位的护理
              │               │                  │                              ┌─ 胸膝卧位
              ├─ 护理措施 ────┤                  │              ┌─ 妊娠期护理 ─┼─ 激光照射或艾灸至阴穴
              │               ├─ 胎位异常的护理 ─┼─ 臀先露的护理┤              └─ 外转胎位术
              │               │                  │              └─ 分娩期护理
              │               │                  └─ 肩先露及其他异常胎位的护理
              │               ├─ 胎儿生长发育异常的护理
              │               └─ 健康指导
              │
              └─ 护理评价
```

学习目标

通过本章内容的学习，学生应能够：

识记：
1. 说出异常分娩、子宫收缩乏力、子宫收缩过强的定义。
2. 描述产力异常、产道异常、胎儿异常的分类及临床表现。
3. 说出产力异常、产道异常、胎儿异常的护理评估及护理措施。

理解：
1. 解释产力异常、产道异常、胎儿异常的原因。

2. 分析产力异常、产道异常、胎儿异常的处理原则。

运用：

1. 评估异常分娩产妇，并为其制订护理计划。

2. 培养学生求真务实、具有高度责任感和临危不乱的职业素质，认真观察产程，及时发现产程的异常，减少分娩并发症的发生。

影响分娩的因素是产力、产道、胎儿及产妇的精神心理因素。这些因素在分娩过程中相互影响，其中任何一个或一个以上因素发生异常以及各因素之间不能相互协调、适应，而使分娩进展受到阻碍，称为异常分娩，俗称难产（dystocia）。

异常分娩主要包括产力异常、产道异常、胎位及胎儿发育异常。顺产与难产在一定条件下可以相互影响。护士的主要任务就是正确地认识影响分娩的4个因素，在产程中提供整体护理，及时发现和处理异常分娩，获得产妇的配合。确保母婴安全。

第一节 产力异常

导学案例 9-1

冯某，女，25岁，G_1P_0，宫内妊娠39周。因规律腹痛2小时于2018年11月15日凌晨2：00入院待产。入院后检查：骨盆测量值正常，头位，已衔接，胎膜未破，宫口开大0.5 cm，胎先露S^{-1}，胎心率145次/分。早晨8：00宫缩每3~4分钟持续25~30秒。查体：宫颈口开大5 cm，早晨11：00产妇宫缩较之前减弱。查体：宫口开大6 cm。

讨论分析：

1. 该产妇入院时是否临产？你认为最有可能的诊断是什么？
2. 该产妇可能出现的护理问题有哪些？
3. 对该产妇应采取哪些护理措施？

产力包括子宫收缩力、腹肌及膈肌收缩力和肛提肌收缩力，其中子宫收缩力是主要产力，贯穿于分娩全过程。分娩过程中，子宫收缩的节律性、对称性、极性不正常或者频率、强度发生改变，称子宫收缩力异常，简称产力异常（abnormal uterine action）。产力异常包括子宫收缩乏力（简称宫缩乏力）和子宫收缩过强（简称宫缩过强）两类，每类又分为协调性和不协调性子宫收缩（图9-1）。

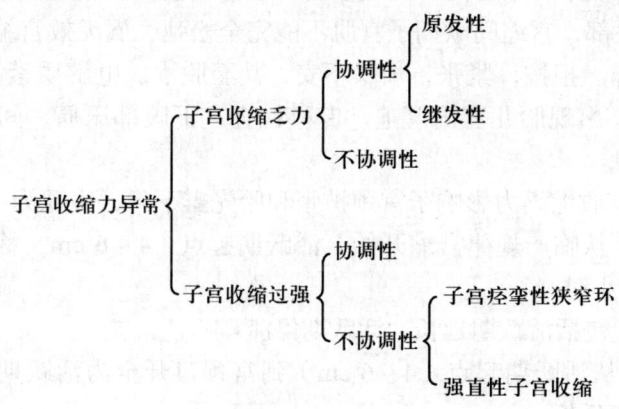

图9-1 子宫收缩力异常的分类

一、子宫收缩乏力

子宫收缩乏力依据出现时期不同分为两类：①原发性子宫收缩乏力，产程开始即出现子宫收缩乏力，常表现为潜伏期延长。②继发性子宫收缩乏力，产程开始子宫收缩正常，在产程进展到某一阶段后宫缩减弱，常表现为活跃期或第二产程延长，多见于头盆不称和胎位异常。

▶ 病因

1. **头盆不称或胎位异常** 胎儿先露部下降受阻，胎先露不能紧贴子宫下段及子宫颈内口，不能有效刺激子宫阴道神经丛引起有力的反射性子宫收缩，是导致继发性宫缩乏力的最常见原因。

2. **精神因素** 由于初产妇对分娩有强烈恐惧心理，精神过度紧张，干扰了中枢神经系统正常功能，导致大脑皮质功能紊乱，容易造成原发性宫缩乏力。

3. **子宫因素** 子宫壁过度伸展（如双胎、羊水过多、巨大胎儿等）、多产、子宫肌瘤、子宫发育不良、子宫畸形等，均可影响子宫收缩。

4. **内分泌失调** 临产后产妇体内雌激素、催产素、前列腺素的合成与释放减少、孕激素下降缓慢、子宫平滑肌细胞钙离子浓度降低、肌浆蛋白轻链激酶及ATP酶不足，均可影响子宫收缩。

5. **药物影响** 临产后不恰当地使用大剂量镇静药、解痉药、镇痛药和子宫收缩抑制药，如吗啡、氯丙嗪、硫酸镁、哌替啶、苯巴比妥钠等，可以使宫缩受到抑制。

▶ 护理评估

（一）健康史

详细询问病史，了解产妇的本次妊娠经过及既往生育史，是否存在导致子宫收缩乏力的因素。

（二）身体状况

1. **协调性子宫收缩乏力（低张性子宫收缩乏力）** 子宫收缩具有正常的节律性、对称性和极性，但子宫收缩力弱，持续时间短、间歇期长且不规律（宫缩 < 2 次 /10 分钟）。临床上多为继发性宫缩乏力，于第一产程活跃期后期或第二产程时宫缩减弱，产程延长，产妇易出现疲乏、肠胀气、排尿困难等，但对胎儿的影响并不大。专科检查：①腹部检查，在宫缩高峰时，宫体隆起不明显，用手按压宫底部仍可出现凹陷；胎心率正常。②阴道检查，宫颈口扩张及胎先露下降缓慢。

2. **不协调性子宫收缩乏力（高张性子宫收缩乏力）** 子宫收缩失去其正常的节律性、对称性和极性。子宫的兴奋点来自子宫的一处或多处，子宫收缩可能出现极性倒置，子宫收缩时子宫下段收缩力强于宫底部，宫缩间歇期子宫肌不能完全松弛，属无效宫缩，产程进展停滞。产妇自觉下腹部持续疼痛、拒按、紧张、烦躁不安，甚至脱水、电解质紊乱、肠胀气、尿潴留；胎儿-胎盘循环障碍，出现胎儿宫内窘迫。专科检查：下腹部压痛，间歇期子宫张力高，胎位触不清，胎心不规律。

3. **产程异常** 子宫收缩乏力影响子宫颈扩张和胎先露下降，表现为：

（1）潜伏期延长：从临产规律宫缩开始至活跃期起点（4~6 cm）称为潜伏期。初产妇 > 20 小时，经产妇 > 14 小时。

（2）活跃期异常：包括活跃期延长、活跃期停滞。

1）活跃期延长：从活跃期起点（4~6 cm）到宫颈口开全为活跃期。此期宫颈口扩张速度 < 0.5 cm/h 为活跃期延长。

2）活跃期停滞：当破膜且宫颈口扩张≥6 cm后，若宫缩正常，宫颈口停止扩张≥4小时，或宫缩欠佳，宫颈口停止扩张≥6小时称为活跃期停滞。

（3）第二产程异常：包括胎头下降延缓、胎头下降停滞、第二产程延长。

1）胎头下降延缓：第二产程胎头下降速度初产妇<1 cm/h、经产妇<2 cm/h，称为胎头下降延缓。

2）胎头下降停滞：第二产程胎头停留在原处不下降>1小时，称为胎头下降停滞。

3）第二产程延长：初产妇第二产程>3小时，经产妇>2小时（硬膜外麻醉镇痛分娩时，初产妇>4小时，经产妇>3小时），产程无进展（包括胎头下降、旋转），称为第二产程延长。

上述产程异常可单独或合并存在。

4. 对母儿的影响

（1）对产妇的影响：①体力耗损，由于产程延长，可致产妇出现疲乏、肠胀气和尿潴留等，严重时引起脱水、酸中毒和低钾血症，既增高手术产率，又进一步加重子宫收缩乏力。②产后出血，与子宫收缩乏力影响胎盘剥离、娩出以及胎盘剥离面的子宫壁血窦关闭有关。③产褥感染，与产程延长、滞产、体力消耗、胎膜早破、多次阴道检查、手术产以及产后出血等有关。④生殖道瘘，由于产程延长，胎先露压迫阴道前后壁组织及毗邻器官膀胱、直肠等，导致局部组织缺血、缺氧、水肿和坏死脱落，形成生殖道瘘。

（2）对围生儿的影响：不协调性子宫收缩乏力、产程延长以及手术助产等因素，容易导致胎儿宫内窘迫、新生儿窒息或产伤。

（三）心理社会状况

由于产程延长或产程停滞，产妇及家属易出现烦躁不安、恐惧。因担心母儿安危，家属易激动。产妇及家属通常要求手术分娩。部分家属对异常分娩的认识不够，对治疗和护理的配合不到位。

（四）辅助检查

1. 胎儿电子监护仪监测胎心　通过胎儿电子监护仪监测胎心率，了解胎儿是否存在胎儿宫内窘迫征象。

2. 实验室检查　血液生化检查可出现钾、钠、氯及钙等电解质的改变；二氧化碳结合力可降低；尿液检查可出现尿酮体阳性。

3. Bishop宫颈成熟度评分　可以利用Bishop宫颈成熟度评分法（表9-1），判断引产和加强宫缩的成功率。该评分法满分为13分。若产妇得分≤3分，人工破膜多失败，应改用其他方法；4~6分的成功率约为50%；7~9分的成功率约为80%；≥10分可引产成功。

表9-1　Bishop宫颈成熟度评分法

指标	分数			
	0分	1分	2分	3分
宫口开大（cm）	0	1~2	3~4	5~6
宫颈管消退（%）（未消退为2 cm）	0~30	40~50	60~70	80~100
先露位置（坐骨棘水平=0）	−3	−2	−1~0	+1~+2
宫颈硬度	硬	中	软	
宫口位置	后	中	前	

（五）治疗原则

1. **协调性子宫收缩乏力** 首先应寻找原因，针对原因进行恰当处理。行阴道检查了解产程进展情况，确定有无头盆不称和胎位异常。对有明显头盆不称和胎位异常者，行剖宫产术。对无头盆不称和胎位异常，估计胎儿能经阴道分娩者，改善产妇全身状况，加强子宫收缩。积极预防产后出血和感染。

2. **不协调性子宫收缩乏力** 首先调整子宫收缩，使其协调，可给予镇静药，使产妇充分休息，醒后多能恢复；若子宫收缩仍不协调或出现胎儿窘迫或头盆不称，行剖宫产术。若宫缩恢复为协调性，但宫缩仍不强，可按协调性宫缩乏力的方法加强宫缩，但宫缩不协调时禁忌使用缩宫素；若宫缩恢复为正常等待自然分娩。

▶ 护理诊断/问题

1. **疲乏** 与产程延长导致体力消耗及水、电解质紊乱有关。
2. **焦虑** 与担心母儿安全有关。
3. **潜在并发症**：产后出血、产褥感染。
4. **有体液不足的危险** 与产程长，孕妇体力消耗、过度疲乏影响摄入有关。

▶ 护理目标

1. 产妇在产程中能保持良好的体力，舒适感增加。
2. 产妇情绪稳定，安全度过分娩期。
3. 避免出现并发症。
4. 产妇体液问题得到纠正，水、电解质达到平衡。

▶ 护理措施

（一）心理护理

进入产程后，进行任何操作前均应向产妇解释，鼓励家属给予产妇情感和促进舒适的支持；提供一对一的导乐陪护，减轻产妇的宫缩痛；随时告知产程进展情况；解除产妇及家属的思想顾虑和恐惧心理，增强其对分娩的信心。

（二）协调性子宫收缩乏力的护理

对明显头盆不称、骨盆狭窄、胎位异常者，应遵医嘱做好剖宫产术前准备。对估计可经阴道分娩者做好以下护理。

1. **第一产程的护理**

（1）一般处理：指导产妇休息，嘱产妇取左侧卧位，消除精神紧张，保存体力。鼓励产妇进食、进水，必要时静脉补充液体和能量。及时排尿、排便，一般临产后督促产妇每2~4小时排尿一次，以免膀胱充盈影响宫缩。必要时行分娩镇痛。对产程长、产妇过度疲劳或烦躁不安者按医嘱给予镇静药，如地西泮10 mg缓慢静脉推注或哌替啶10 mg肌内注射，使其休息后体力和子宫收缩可得以恢复。遵医嘱对酸中毒者根据二氧化碳结合力补充适量5%碳酸氢钠；低钾血症时应给予氯化钾缓慢静脉滴注；经上述处理后大部分产妇宫缩能好转。

（2）加强子宫收缩：宫缩无改善时应加强子宫收缩。

1）刺激乳头。

2）针刺合谷、三阴交、关元等穴位。

3）人工破膜：对宫颈口扩张≥3 cm、无头盆不称，胎头已衔接而产程延缓者，可行人工破膜，使先露部紧贴子宫下段及宫颈内口，反射性加强子宫收缩。破膜前必须检查有无脐带先露，破膜应在宫缩间歇期进行。破膜后术者手指应停留在阴道内，经过1~2次宫缩待胎头入盆后，术者再将手指取出，便于查看和处理脐带脱垂。同时应观察羊水量、性状和胎心变化。

4）催产素静脉滴注：适用于产程延长且协调性宫缩乏力、胎心良好、胎位正常、头盆相称者。用法：将催产素2.5 U加入0.9%生理盐水500 ml内，使每滴溶液含缩宫素0.33 mU，从4~5滴/分开始。根据宫缩强弱进行调整，每隔15~30分钟观察1次子宫收缩、胎心、血压脉搏及产程进展。若子宫收缩不强，可逐渐加快滴速，最大剂量通常不超过60滴/分（20 mU/min），维持宫缩时宫腔内压力达50~60 mmHg，以子宫收缩达到持续40~60秒，间隔2~3分钟为好。使用催产素加强宫缩注意事项：需签知情同意书；在胎儿娩出前禁止肌肉注射；必须由专人监护，监测宫缩、胎心、血压及产程进展等状况，并记录。通过触诊子宫、胎儿电子监护和宫腔内导管测量子宫收缩力的方法，评估宫缩强度。随时调节剂量、浓度和滴速，若10分钟内宫缩≥5次、宫缩持续1分钟以上或胎心率异常，应立即停止催产素使用，避免因子宫收缩过强而发生子宫破裂或胎儿窘迫等严重并发症。

（3）剖宫产术的准备：经上述处理，试产2~4小时产程无进展（如活跃期延长或停滞）或出现胎儿窘迫征象时，应做好剖宫产的术前准备。

2. **第二产程的护理**　进入第二产程，密切观察生命体征、子宫收缩、胎心及胎先露下降情况。若出现宫缩乏力，也应加强宫缩，遵医嘱给予催产素静脉滴注促进产程进展。若胎头双顶径已通过坐骨棘平面，则等待自然分娩或行阴道助产结束分娩。若出现第二产程异常（第二产程延长或胎头下降停滞，胎先露在S^{+3}以上水平时）或出现胎儿窘迫征象，应遵医嘱做好剖宫产的术前准备及抢救新生儿的准备。

3. **第三产程的护理**　①密切观察子宫收缩、阴道出血情况及生命体征各项指标。②预防产后出血：遵医嘱于胎儿前肩娩出时静脉推注缩宫素10 U，并同时静脉滴注催产素10~20 U，加强子宫收缩，促使胎盘剥离与娩出及子宫血窦关闭。③预防感染：凡破膜时间超过12小时、总产程超过24小时者，均应用抗生素预防感染。④注意产后保暖，及时帮助产妇摄入一些高热量饮品，使产妇得到休息与恢复。

（三）**不协调性子宫收缩乏力的护理**

关心产妇，耐心地向产妇及家属解释疼痛的原因，取得产妇及家属的配合。遵医嘱给予适当的镇静药，如派替啶100 mg、吗啡10 mg肌内注射或地西泮10 mg静脉推注等，确保产妇充分休息。充分休息后不协调性宫缩多能恢复为协调性子宫收缩，产程得以顺利进展。若子宫收缩仍不协调或出现胎儿窘迫征象，或伴有头盆不称、胎位异常等，应及时通知医师，并做好剖宫产术和抢救新生儿的准备。

（四）**健康教育**

加强产前教育，使孕妇及家属了解分娩的过程，避免精神紧张。临产后给予产妇陪伴分娩，鼓励家属给予产妇情感和舒适的支持。产后指导产妇母乳喂养和产后避孕措施，剖宫产术后至少避孕2年。

▶ 护理评价

1. 产妇进食正常，保持水、电解质平衡。
2. 产程在正常时限范围，产妇顺利分娩，母婴安全。
3. 产妇体温正常，无感染。

二、子宫收缩过强

▶ 病因

目前尚不十分明确，但与以下因素有关：

1. **急产** 经产妇多见,主要原因是软产道阻力小。
2. **缩宫素应用不当** 如引产时剂量过大或个体对缩宫素过于敏感,分娩发生梗阻或胎盘早剥使血液浸润子宫肌层,均可导致强直性子宫收缩。
3. 待产妇精神过度紧张、极度疲劳、胎膜早破及粗暴、多次宫腔内操作等。
4. **胎盘早剥** 血液浸润子宫肌层导致全子宫肌强直性收缩。

护理评估

(一)健康史

认真阅读产前检查记录。经产妇需了解既往有无急产史,本次妊娠胎儿及骨盆是否异常,临产后是否行粗暴的产科检查及不适当地使用子宫收缩药。

(二)身体状况

1. 协调性子宫收缩过强

(1)子宫收缩的对称性、节律性和极性正常,但子宫收缩力过强、节律过频(宫缩次数≥5次/10分钟,持续60秒或以上),产妇疼痛难忍,往往有痛苦面容。

(2)急产:若产道无梗阻,无头盆不称及胎位异常情况,可使宫口迅速开全,分娩会在短时间内结束。总产程不足3小时称为急产,经产妇多见。

2. 不协调性子宫收缩过强

(1)强直性子宫收缩:其特点是宫颈内口以上部分的子宫肌层出现强直性痉挛性收缩,失去节律性,间歇期短或无间歇期。产妇烦躁不安,持续性腹痛、拒按。胎方位触诊不清,胎心音听不清。合并产道狭窄时可出现病理性缩复环,腹部呈葫芦状,子宫下段压痛明显,并有血尿。

(2)子宫痉挛性狭窄环:子宫壁局部肌肉呈痉挛性不协调性收缩,形成环状狭窄,持续不放松,称子宫痉挛性狭窄环。狭窄环可因精神紧张、过度疲劳、不适当使用缩宫药物或粗暴的进行阴道内操作所致。狭窄环可发生在宫颈、宫体的任何部分,多在子宫上下段交界处,也可在胎体某一狭窄部,以胎颈、胎腰处常见。产妇出现持续性腹痛,烦躁,宫颈扩张缓慢,胎先露下降停滞,胎心不规则。阴道检查时在宫腔内可触及狭窄环(图9-2)。

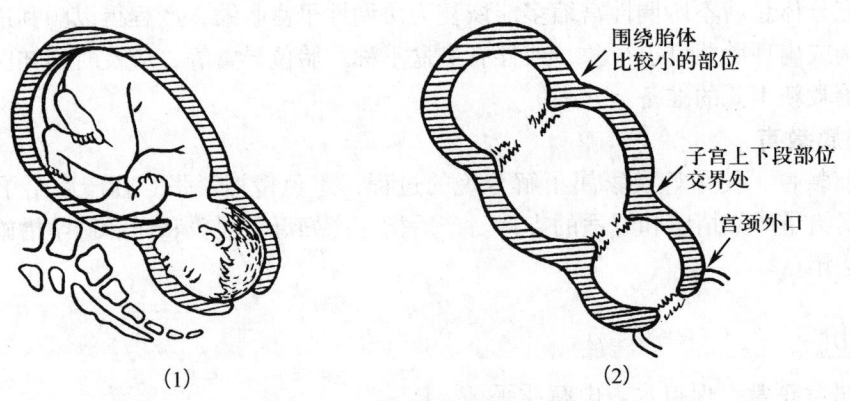

图 9-2 子宫痉挛性狭窄环
(1)狭窄环绕胎颈;(2)狭窄环容易发生的部位

3. 对母儿的影响 由于宫缩过强、过频,产程过快,可导致产妇软产道裂伤,产褥感染机会增加。影响子宫和胎盘血液循环,易发生胎儿窘迫和新生儿窒息。胎儿娩出过快易发生新生儿颅内出血或坠地外伤。若存在产道梗阻或瘢痕子宫,则可能出现病理性缩复环,甚至子宫破裂。

（三）心理社会状况

因宫缩过频、过强，产妇精神过度紧张，情绪急躁，与医护人员极不配合，呼叫疼痛难忍，盼望尽早结束分娩。家属对此也盲目焦虑、恐惧。

（四）辅助检查

使用胎儿电子监护仪监测宫缩及胎心音的变化。

（五）治疗原则

认真寻找宫缩过强发生的原因，及时纠正。正确处理急产，预防并发症。必要时使用子宫收缩抑制药，如无缓解或出现胎儿窘迫征象，应立即行剖宫产术。

▶ 护理诊断/问题

1. **急性疼痛** 与过频、过强的子宫收缩有关。
2. **焦虑** 与担心自身和胎儿安危有关。
3. **有母儿受伤的危险** 与产程过快造成产妇软产道损伤、新生儿产伤有关。
4. **潜在并发症**：子宫破裂。

▶ 护理目标

1. 产妇能应用缓解疼痛的常用技巧，疼痛减轻。
2. 产妇能了解宫缩过强对母儿的影响，能描述自己的焦虑和并找到应对方法。
3. 分娩顺利，产妇未受伤，新生儿健康。
4. 未发生子宫破裂等并发症。

▶ 护理措施

（一）心理护理

鼓励陪伴分娩，关心安慰产妇，及时给予解释和支持，防止精神紧张。提供有关异常分娩的信息和对母儿的影响，并及时将产程进展和护理计划告知产妇及家属，使产妇对分娩有信心，并鼓励家属为产妇提供心理支持。

（二）抑制宫缩，缓解疼痛

1. **消除宫缩过强的诱因** 如禁止阴道内操作、停用缩宫素等。鼓励产妇做深呼吸，提供背部按摩，嘱其不要向下屏气，以减慢分娩过程。
2. **调整宫缩** 遵医嘱给予25%硫酸镁20 ml加入5%葡萄糖注射液20 ml内缓慢静脉推注，推注时间应不少于5分钟，并严格掌握剂量，等待异常宫缩自然消失。如果经上述处理不能缓解，宫口未开全，胎先露较高，或伴有胎儿窘迫征象，则做好剖宫产的术前准备。

（三）加强产时监护，防止母儿受伤

1. **急产的护理** 有急产史的孕妇在预产期前1～2周住院待产，以防院外分娩，造成损伤和意外。对急产来不及消毒接生者，严格消毒后协助结扎脐带、缝合软产道裂伤。观察新生儿有无外伤和颅内出血情况，遵医嘱给予新生儿破伤风抗毒素、维生素K_1和抗生素肌内注射，预防新生儿破伤风、颅内出血和其他感染。
2. **协调性子宫收缩过强的护理** 应迅速做好接产准备；吸氧；分娩时尽可能行会阴切侧切术，防止会阴撕裂。宫口开全后，指导产妇宫缩时张口哈气，勿屏气，协助胎儿娩出，防止软产道裂伤。若伴有产道狭窄或出现胎儿窘迫，遵医嘱做好术前准备和新生儿抢救的准备。
3. **不协调性子宫收缩过强的护理** 遵医嘱给予哌替啶100 mg调整宫缩，促使其转为协调性宫缩，然后按协调性宫缩过强处理。对未能纠正者遵医嘱做好术前准备和抢救新生儿的准备。
4. **预防产后出血和感染** 产后严密观察产妇的生命体征、子宫收缩情况及阴道出血量。

观察子宫复旧、会阴伤口、恶露及体温变化，遵医嘱给予缩宫素和抗毒素。

（四）健康教育

加强产前检查健康教育，避免精神紧张；有急产史者提前住院待产；临产后避免粗暴的产科操作。产后仔细检查软产道，防止软产道裂伤导致的产后出血。

▶ 护理评价

1. 产妇能应用减轻疼痛的技巧，舒适感增加。
2. 产妇情绪稳定，母儿安全。

第二节 产道异常

> **导学案例 9-2**
>
> 程某，女，31岁，G_1P_0，妊娠40周，规律宫缩8小时入院。骨盆检查：髂棘间径24 cm，骶耻外径20 cm，坐骨结节间径7 cm，坐骨结节间径加后矢状径之和为14 cm，枕右前位，胎心率134次/分。检查宫口开大4 cm，胎先露S^0。3小时后产妇呼叫腹痛难忍，检查宫缩1~2分钟一次，持续45秒，胎心105次/分，子宫下段压痛明显。出现病理性缩复环和血尿。检查宫口开大5 cm，胎先露S^0。
>
> **讨论分析：**
> 1. 此时产程受阻于骨盆的哪个平面？
> 2. 此时可能的诊断是什么？
> 3. 对该产妇应采取的护理措施有哪些？

产道是胎儿经阴道分娩的通道，包括骨产道和软产道两部分。产道异常包括骨产道异常及软产道异常，临床上以骨产道异常多见。

一、骨产道异常

骨产道异常是指骨盆径线过短或形态异常，致使骨盆腔小于胎先露可通过的限度，阻碍胎先露下降，影响产程顺利进展，又称为狭窄骨盆。常见有四种类型：骨盆入口平面狭窄、中骨盆及出口平面狭窄、三个平面均狭窄（均小骨盆）和畸形骨盆。

▶ 护理评估

（一）健康史

仔细阅读产妇产前检查的有关资料，询问产妇幼年有无佝偻病、脊髓灰质炎、脊柱和髋关节结核以及外伤史。若为经产妇，应了解既往有无难产史及其难产原因，新生儿有无产伤等。

（二）身体状况

1. **一般检查** 孕妇身高在145 cm以下者、跛行、脊柱及髋关节畸形、米氏菱形窝不对称、尖腹或悬垂腹等，应警惕狭窄骨盆。

2. **腹部检查**

（1）测量子宫底高度和腹围，估计胎儿大小。

（2）腹部四步触诊：了解胎先露、胎方位。

（3）评估头盆关系：正常情况下，初产妇在预产期前1~2周、经产妇在临产后胎头入盆。若初产妇临产后胎头未入盆，应行跨耻征检查，判断头盆是否相称。方法为：产妇排空膀胱后仰卧，两腿伸直。检查者将手放在耻骨联合上方，向骨盆腔方向推压浮动的胎头。如胎头低于耻骨联合平面，为跨耻征阴性，表示头盆相称；若胎头与耻骨联合在同一平面，为跨耻征可疑阳性，表示头盆可能不称；若胎头高于耻骨联合平面，为跨耻征阳性，表示头盆明显不称（图9-3）。

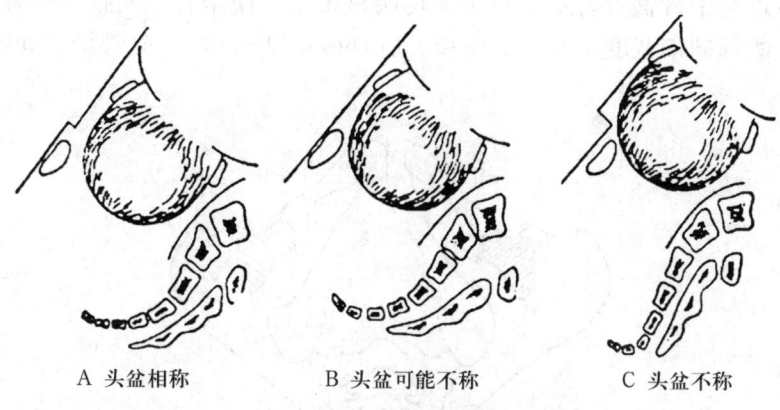

A 头盆相称　　　B 头盆可能不称　　　C 头盆不称

图 9-3　检查头盆相称程度

3. 狭窄骨盆的类型及表现

（1）骨盆入口平面狭窄：常见于扁平骨盆。主要是骨盆入口平面前后径狭窄。骶耻外径＜18 cm、对角径＜11.5 cm。扁平骨盆包括单纯扁平骨盆和佝偻病性扁平骨盆两种。骨盆入口平面狭窄影响胎头衔接，易导致胎位异常（如臀先露、面先露或肩先露等）、胎膜早破和继发性子宫收缩乏力。临产时初产妇腹部多呈尖腹，经产妇多呈悬垂腹，跨耻征阳性。临产后表现为潜伏期及活跃早期延长。

1）单纯扁平骨盆（图9-4）：骨盆入口平面形态呈横扁圆形，骶骨岬向前下突出，使骨盆入口前后径缩短而横径正常。

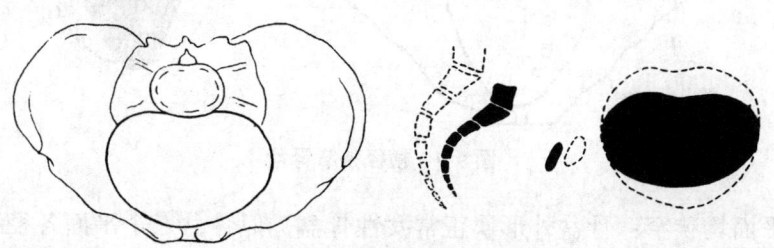

图 9-4　单纯扁平骨盆

2）佝偻病性扁平骨盆（图9-5）：骨盆入口平面形态呈肾形，骶骨岬向前突，骨盆入口前后径缩短；骶骨变直向后翘，尾骨呈钩状突向骨盆出口平面。髂棘间径≥髂嵴间径，耻骨弓角度＞100°。

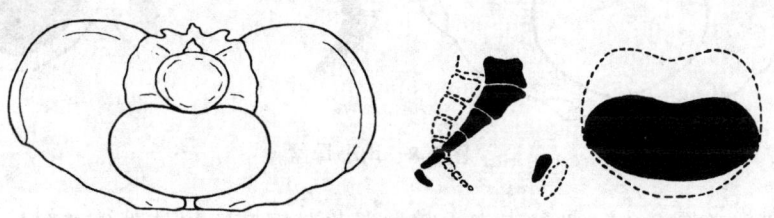

图 9-5　佝偻病性扁平骨盆

(2)中骨盆平面及出口平面狭窄:比较常见,主要见于男型骨盆及类人猿型骨盆,以中骨盆及出口横径缩短为特点。临产后先露入盆不困难,胎头能正常衔接,但影响胎头的内旋转,常出现持续性枕横位或枕后位,同时出现继发性宫缩乏力。产程进入活跃晚期及第二产程后进展缓慢,甚至停滞。

1)男型骨盆(图9-6):又称漏斗骨盆。骨盆入口平面各径线正常,两侧骨盆壁向内收,状似漏斗,其特点是中骨盆及骨盆出口平面均明显狭窄,使坐骨棘间径和坐骨结节间径缩短,坐骨切迹宽度(骶棘韧带宽度)小于2横指,耻骨弓角度<90°,坐骨结节间径与出口后矢状径之和<15 cm。

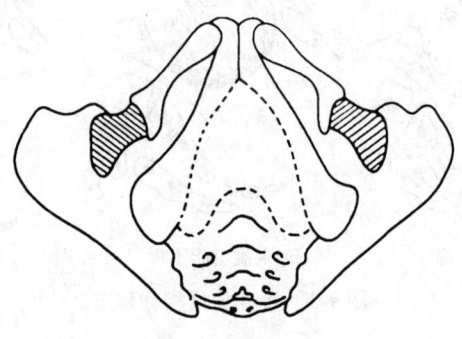

图9-6 漏斗骨盆

2)类人猿型骨盆(图9-7):又称横径狭窄骨盆。骨盆各平面横径均缩短,入口平面呈纵椭圆形。常因中骨盆及骨盆出口平面横径狭窄导致难产。

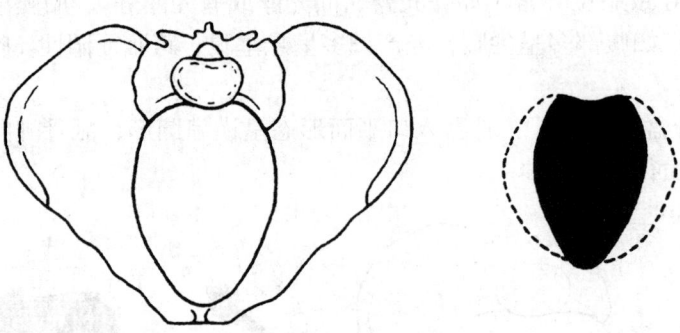

图9-7 横径狭窄骨盆

(3)三个平面均狭窄:骨盆外形属正常女性骨盆,但骨盆三个平面各径线均比正常值小2 cm或更多,称为均小骨盆(图9-8)。多见于身材矮小、体形匀称的女性。

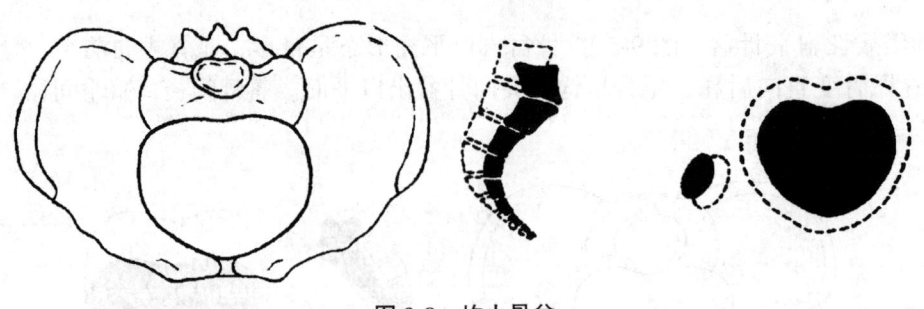

图9-8 均小骨盆

(4)畸形骨盆(图9-9):骨盆失去正常形态及对称性,包括跛行及脊柱侧凸所致的偏斜骨盆和骨盆骨折所致的畸形骨盆。孕妇常有米氏菱形窝不对称等表现。

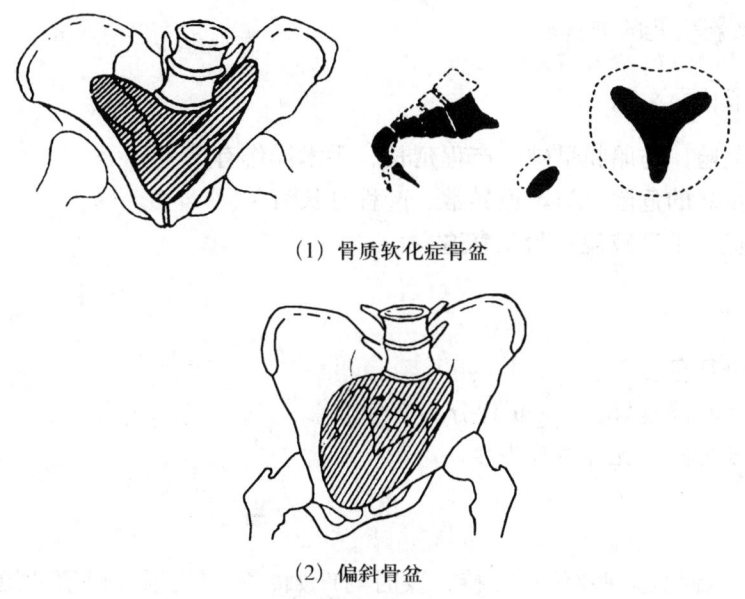

(1) 骨质软化症骨盆

(2) 偏斜骨盆

图 9-9　畸形骨盆

4. 对母儿的影响

（1）对产妇的影响：骨盆狭窄影响胎头衔接和内旋转，容易导致胎位异常、胎膜早破、宫缩乏力和异常产程，使手术助产机会增加。产程延长，导致产道受压过久可形成生殖道瘘。若子宫收缩过强，可导致子宫破裂危及产妇生命。

（2）对胎儿及新生儿的影响：头盆不称易致胎膜早破、脐带脱垂，诱发早产、胎儿窘迫甚至死亡。产程延长使胎头受压过久，易致新生儿颅内出血、颅骨骨折。手术助产可使新生儿产伤发生率增高。

（三）心理社会状况

产前检查确诊为产道明显异常，孕妇及家属多表现为过早的担忧、焦虑。临产后表现为对手术的恐惧和紧张，担心难产对母儿的影响。产前应评估孕妇及家属对骨盆狭窄可能造成难产的心理及焦虑程度，临产后应评估产妇及家属对选择分娩的态度。

（四）辅助检查

1. B 型超声检查　观察胎先露与骨盆的关系，测量胎头双顶径、胸径、腹径、股骨长度，预测胎儿体重，判断胎儿能否通过骨产道。

2. 胎儿电子监护仪　监测子宫收缩和胎儿胎心率的情况。

（五）治疗原则

明确骨盆狭窄类型及程度，了解胎位、胎心、胎儿大小、宫缩及宫口扩张情况、胎先露下降程度等，结合产妇年龄、产次、既往分娩史等进行综合判断，决定分娩方式。

1. 剖宫产　若骨盆入口平面明显头盆不称，胎先露部不能入盆，必须以剖宫产结束分娩。宫口开全后，若胎头未达坐骨棘水平，并出现胎儿窘迫征象，应做好剖宫产术前准备。出口平面狭窄者不宜试产。

2. 试产　如轻度头盆不称，足月活胎体重 < 3000 g，胎心率及产力均正常，应在严密监护下试产。对胎膜未破者可在宫口扩张 3 cm 时行人工破膜。若破膜后宫缩较强，产程进展顺利，多数能经阴道分娩。试产过程中若出现宫缩乏力，可用缩宫素静脉滴注加强宫缩。若试产 2 ~ 4 小时，胎头仍迟迟不能入盆，宫口扩张缓慢，或伴有胎儿窘迫征象，应及时行剖宫产术结束分娩。

3. 阴道助产　若宫口已开全，胎头双顶径达坐骨棘水平或更低，可采用阴道助产术结束分娩，并做好抢救新生儿的准备。

护理诊断/问题

1. **有感染的危险**　与胎膜早破、产程延长、手术操作有关。
2. **有新生儿窒息的危险**　与产道异常、产程延长有关。
3. **潜在并发症**：子宫破裂、胎儿窘迫。

护理目标

1. 产妇无感染征象。
2. 新生儿出生状况良好，Apgar 评分 > 7 分。
3. 产妇能平安分娩，无并发症发生。

护理措施

1. **心理护理**　提供心理及信息支持，及时与产妇、家属沟通，讲解产道异常对母儿的影响，阴道分娩的可能性及优点。提供优质的护理服务，建立良好的护患关系，增强产妇的自信心。主动向产妇说明产程进展情况，减轻产妇的恐惧和不安情绪。
2. **手术护理**　对明显头盆不称，不能经阴道分娩者，遵医嘱做好剖宫产术的术前准备与护理。
3. **阴道试产的护理**　有轻度头盆不称，在严密监视下可以试产，试产过程一般不用镇静药、镇痛药，避免直肠指检。若试产失败，遵医嘱做好手术产的术前准备。试产过程中关心产妇营养饮食、休息，必要时遵医嘱补充水、电解质和维生素 C，保证良好的体力。破膜后立即听胎心，注意羊水的情况。密切观察产程进展及子宫收缩情况，以防子宫破裂。
4. **产后护理**　胎儿娩出后，遵医嘱使用缩宫素和抗生素，预防产后出血和感染。保持外阴清洁，勤换内裤，每日擦（冲）洗会阴 2 次。若有留置导尿管者，必须保证导尿管通畅。
5. **新生儿护理**　对胎头在产道压迫时间过长或经手术产的新生儿均应按产伤处理。严密观察有无颅内出血或其他症状，延期哺乳，防止并发症。
6. **健康指导**　对产前发现骨盆狭窄者，应进行产前指导，使孕妇及家属了解骨盆狭窄对母儿的影响及处理措施，提前入院待产。对有窒息、复苏时间较长的新生儿，须指导产妇及家属关注新生儿的精神状态和运动能力，警惕瘫痪等远期后遗症的发生。指导产妇产后注意休息，保持外阴清洁。产后采取合理的避孕措施，严格避孕。

护理评价

1. 产妇无感染征象。
2. 产妇理解对分娩的处理。
3. 产妇及胎儿没有发生因产道异常而致的并发症。

二、软产道异常

软产道包括阴道、宫颈、子宫及盆底软组织。软产道异常所致的异常分娩相对少见，容易被忽视。应在妊娠早期常规行妇科检查，了解软产道有无异常。

1. **外阴异常**　常见于外阴坚韧、水肿、瘢痕。外阴坚韧、外阴瘢痕由于组织缺乏弹性，易造成严重撕裂伤，应行预防性会阴侧切术或剖宫产术。对外阴水肿者临产前局部可用 50% 硫酸镁湿热敷。临产后可在消毒后多点针刺放液，并行会阴切开术。

2. **阴道异常**

（1）阴道横隔和纵隔：阴道横隔薄时，可将横隔做"X"形切开，待分娩结束再切除剩余的隔。若横隔高且坚厚，妨碍胎先露部下降，则需行剖宫产结束分娩。阴道纵隔薄时，在分娩时被推向对侧，分娩多无阻碍。若纵隔厚阻碍胎先露部下降，须在纵隔中间剪断才能分娩。

（2）阴道壁囊肿或肿瘤：阴道壁囊肿较大时，阻碍胎先露下降，可行囊肿穿刺抽出其内容物，待产后再选择时机进行处理。对阴道内肿瘤影响胎先露部下降而又不能经阴道切除者，应行剖宫产。原有病变待产后再行处理。

（3）阴道壁尖锐湿疣：以行剖宫产术为宜，预防新生儿患喉乳头状瘤。

3. **宫颈异常**

（1）宫颈坚韧：常见于高龄初产妇，宫颈成熟不良、缺乏弹性或精神过度紧张使宫颈挛缩，致宫颈不易扩张。

（2）宫颈水肿：多见于持续性枕后位或滞产，宫口未开全时过早使用腹压，致使宫颈前唇长时间被压于胎头与耻骨联合之间，血液回流受阻引起水肿，影响宫颈扩张。轻者可抬高产妇臀部，减轻胎头对宫颈压力，也可于宫颈两侧各注入 0.5% 利多卡因 5~10 ml 或地西泮 10 mg 静脉推注。待宫口近开全，用手将水肿的宫颈前唇向上推，使其逐渐越过胎头即可经阴道分娩。对经上述处理无效者行剖宫产术。

第三节 胎儿异常

导学案例 9-3

刘某，女，24岁，G_1P_0，妊娠40周，规律宫缩24小时，检查宫口开全1小时20分钟，胎头下降无进展。阴道检查：坐骨棘间径为 9.5 cm，胎头前囟位于耻骨联合后方，胎先露 S^{+1}，胎膜已破，羊水浑浊呈绿色，胎心率104次/分。

讨论分析：

1. 该产妇可能的诊断是什么？
2. 对该产妇应采取哪种处理？
3. 对该产妇应采取的护理措施有哪些？

胎位异常或胎儿发育异常，均可导致异常分娩。胎位异常包括胎头位置异常、臀先露、肩先露及复合先露等。其中胎头位置异常占 6%~7%，常见于持续性枕横位、持续性枕后位；臀先露占 3%~4%；肩先露是对母儿最不利的胎位。胎儿发育异常包括巨大胎儿、脑积水和连体双胎。

▶ **护理评估**

（一）健康史

了解产妇身高、骨盆有无异常、胎方位。评估胎儿大小、羊水量、有无前置胎盘及盆腔肿瘤等。了解既往孕产史，有无异常胎位、难产、死产及手术产史。

（二）胎位异常的类型及临床表现

1. **持续性枕后位、枕横位** 在分娩过程中，胎头枕骨持续不能转向前方，直至分娩后期仍位于母体骨盆后方或侧方,致使分娩发生困难者,称为持续性枕后位或持续性枕横位(图9-10)。由于胎先露部不能紧贴子宫下段及宫颈内口,导致协调性宫缩乏力及宫口扩张缓慢,易出现胎儿窘迫征象。枕后位者,胎儿枕骨直接压迫直肠,产妇自觉肛门坠胀及有排便感;宫口尚未开全就过早使用腹压,易致宫颈前唇水肿、胎头水肿、产妇疲劳、肠胀气、尿潴留,影响产程进展。持续性枕后位、枕横位者常致活跃期晚期及第二产程延长。若阴道口已见到胎头,但经历多次宫缩屏气却不见胎头继续顺利下降,应考虑为持续性枕后位。

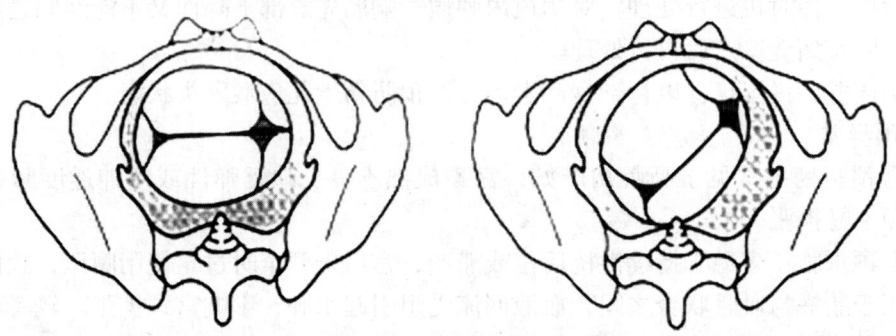

图9-10 持续性枕后位、枕横位

2. **臀先露** 是指胎儿以臀、足或膝为先露。因胎臀比胎头小而不规则,分娩时后出胎头无法变形,往往娩出困难,易导致胎膜早破、脐带脱垂、胎儿窘迫和新生儿损伤等并发症,使围生儿死亡率较枕前位增高。孕妇常感肋下有圆而硬的胎头。临产后由于胎臀不能紧贴子宫下段及宫颈内口,导致宫缩乏力,宫口扩张缓慢,使产程延长,使手术机会增多。

3. **肩先露** 胎儿横卧于骨盆入口以上,其纵轴与母体纵轴垂直,先露为肩,称肩先露,常造成宫缩乏力和胎膜早破,破膜后可伴有脐带和上肢脱垂等情况,可导致胎儿窘迫甚至死亡。足月活胎不可能经阴道娩出。如不及时处理,容易造成子宫破裂,威胁母儿生命。

4. **面先露** 多于临产后发现,经产妇多于初产妇,发生率约为2‰。胎头枕部与背部接触,胎头呈极度仰伸的姿势通过产道,以面部为先露时称为面先露。临床表现为潜伏期延长、活跃期延长或阻滞,胎头不能入盆,容易发生会阴裂伤,处理不及时可导致子宫破裂。

5. **复合先露** 较少见,胎头或胎臀伴有肢体同时进入骨盆入口,称为复合先露,可致梗阻性难产,胎儿可因脐带脱垂或产程延长导致缺氧,从而造成死亡。

(三)胎儿生长发育异常的类型及临床表现

1. **巨大胎儿** 胎儿体重达到或超过4000 g,称巨大胎儿。临床表现为腹部明显膨隆。由于胎儿大,手术助产机会增加。巨大胎儿常导致头盆不称、肩难产、软产道损伤、新生儿产伤、产后出血、生殖道瘘等不良后果。

2. **脑积水** 是指胎头颅腔内、脑室内外有大量脑脊液潴留(500~300 ml),致颅缝明显增宽,囟门显著增大,头颅体积增大,压迫正常脑组织。脑积水可致明显头盆不称、跨耻征阳性、子宫破裂等严重危害。

3. **连体双胎** 极少见。单卵双胎在孕早期发育过程中,机体不能完全分裂成两部分,形成不同形式的连体双胎,可导致梗阻性难产。

(四)对母儿的影响

1. **对母体的影响** 胎位异常及胎儿发育异常均可导致继发性宫缩乏力,产程延长,常需手术助产,且容易发生软产道损伤,严重者可造成宫颈撕裂、子宫破裂,增加产后出血及感染的机会。若胎头长时间压迫软产道,可形成生殖道瘘。

2. **对胎儿和新生儿的影响** 可致胎膜早破、脐带先露、脐带脱垂,从而引起胎儿窘迫和新生儿窒息,使围生儿死亡率增高。面先露者,胎儿娩出后面部受压变形、口唇青紫、肿胀,影响吸吮。臀先露、巨大胎儿可导致新生儿臂丛神经损伤、胸锁乳突肌损伤及颅内出血。巨大胎儿出生后易发生低血糖、红细胞增多症等。

（五）专科检查

1. **胎位异常** 可通过腹部检查、阴道检查、B 型超声检查，明确诊断，见表 9-2。

表 9-2 胎位异常的检查、诊断项目及内容

	持续性枕后位、枕横位	臀先露	肩先露
腹部检查	胎背偏向母体的后方或侧方，腹部前方可清楚触及胎儿肢体。胎心音多在脐下偏外侧听得最清楚	宫底部可触及圆而硬、有浮球感的胎头；胎心音在脐的左上方或右上方最清楚	子宫底部及耻骨联合上方较空虚，在母体腹部一侧可触及胎头。胎心在脐周两侧最清楚
阴道检查	胎头矢状缝位于骨盆斜径或横径上，胎儿耳廓朝向骨盆后方或侧方	可触及胎臀或胎足、胎膝	可触及胎儿肩胛骨、肋骨及腋窝，腋窝尖指向胎头端及肩部
B超检查	根据胎头颜面及枕部位置探清胎头位置并确定胎方位	能准确探及臀先露并确定胎方位	能准确探及肩先露并确定胎方位

2. **实验室检查** 对产程延长者注意监测尿酮体是否为阳性。对怀疑巨大胎儿的孕妇应监测血液检查指标，孕晚期抽羊水做胎儿肺成熟度检查、胎盘功能检查。对疑为脑积水合并脊柱裂者，妊娠期可查孕妇血清或羊水中的甲胎蛋白水平。

（六）心理社会状况

临产初期，产妇无明显心理负担。随着产程进展，产妇产生高度紧张、焦虑不安的心理。若家属支持不够，医护人员不够负责，可致产妇心情更为焦虑与恐惧。

（七）治疗原则

1. **胎位异常者** 定期产前检查，妊娠 30 周以前顺其自然；妊娠 30 周以后胎位仍不正常者，则根据不同情况予以矫治。临产前胎位异常者要提前 1 周住院待产观察，根据情况综合分析，决定阴道分娩或手术助产。

2. **胎儿发育异常者** 定期产前检查，一经发现为巨大胎儿，应及时查明原因。如为糖尿病孕妇，则需积极治疗。对各种畸形胎儿一经确诊，应及时终止妊娠。

▶ 护理诊断 / 问题

1. **恐惧** 与难产、胎儿安全及胎儿发育异常有关。
2. **有新生儿受伤的危险** 与产程延长、胎头受压过久及手术助产有关。
3. **有感染的危险** 与产程延长，多次阴道检查及手术产有关。

▶ 护理目标

1. 产妇情绪稳定，恐惧感减轻。
2. 新生儿无异常。
3. 产妇体温正常，伤口无红肿等感染征象。

▶ 护理措施

（一）一般护理

鼓励产妇进食与休息，指导产妇不要过早屏气用力，以免宫颈水肿。督促产妇每 2 小时排尿一次，避免膀胱充盈阻碍胎先露下降。

(二)心理护理

针对产妇及家属的疑问、焦虑与恐惧,及时向产妇与家属说明实际情况,给予相关知识指导。鼓励产妇增强信心,与医护人员积极合作,安全度过分娩。对需行剖宫产者,给予术前的有关解释和安慰。

(三)胎位异常的护理

1. 持续性枕后位、枕横位的护理

(1)一般护理:指导产妇向胎背对侧卧位。有利于纠正胎位,宫口开全前避免过早屏气用力,防止宫颈水肿。保持体力,减轻疲乏。

(2)严密观察产程:观察子宫收缩、胎心和产程进展情况,发现异常及时报告医师并协助处理。

(3)预防并发症:遵医嘱做好手术产的准备和护理配合,做好新生儿窒息的抢救准备。预防产后出血和感染。选择正确的分娩方式,防止新生儿产伤。

2. 臀先露的护理

(1)妊娠期护理:加强孕期保健,定期产检。若发现胎位异常,妊娠30周前臀先露多能自然转成头先露,不必处理。若妊娠30周后仍为臀先露,应用以下方法矫正。

1)胸膝卧位(图9-11):嘱孕妇排空膀胱、松解裤带,做胸膝卧位姿势,每日2次,每次15分钟,连做1周后复查。这种姿势可使胎臀退出盆腔,借助胎儿重心改变,使胎头与胎背所形成的弧形顺着宫底弧面滑动而完成胎位矫正。

2)激光照射或艾灸至阴穴:近年多用激光照射两侧至阴穴,也可用艾条灸,每日1次,每次15~20分钟,5次为一个疗程。

3)外转胎位术:医师通过向孕妇腹壁施加压力,用手向前或向后旋转胎儿,使其由臀先露或肩先露变成头先露的一种操作。该方法有导致胎盘早剥、胎儿窘迫、胎膜早破、早产等潜在风险,但发生率低。应用上述方法矫正无效时,一般建议在36~37周后,排除禁忌证后选择适宜人群,在严密监测下实施。术前做好紧急剖宫产的准备,在超声及电子胎心监护下进行。

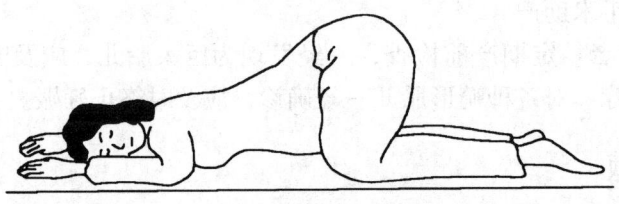

图9-11 胸膝卧位

(2)分娩期护理

1)阴道分娩:第一产程嘱产妇左侧卧位休息,少活动、少做直肠指检,避免胎膜早破、脐带脱垂。一旦胎膜破裂,应立即听胎心音,抬高床尾,并做阴道检查,了解宫口大小及有无脐带脱垂。发现异常立即吸氧并报告医师。若胎足脱出至阴道口,应消毒外阴,在子宫收缩时用手掌垫以无菌巾堵住阴道口(图9-12),直至宫口开全。保证软产道充分扩张,防止后出胎头困难。第二产程接产前给产妇导尿排空膀胱,对初产妇协助行会阴侧切后助娩胎儿,协助接产人员行臀助产术。第三产程协助接产人员娩出胎盘,检查软产道有无裂伤并协助缝合,遵医嘱用缩宫素和抗生素预防出血和感染。

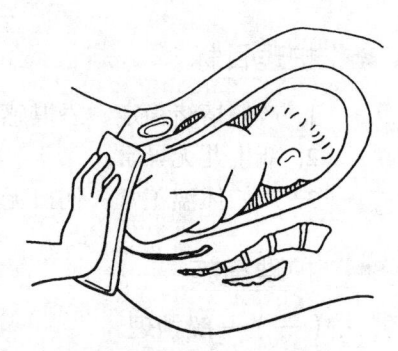

图9-12 用手堵胎臀

2) 对高龄初产、有难产史、不完全臀先露、骨盆狭窄、软产道严重异常、胎儿体重大于 3500 g 且存活、胎儿窘迫等均应做好剖宫产术的术前准备工作。

3. **肩先露及其他异常胎位的护理** 对肩先露者在妊娠期做好矫正胎位，分娩时应做好剖宫产准备。对面先露等在分娩期根据胎儿是否存活、宫口开大情况、母体情况采用剖宫产术或阴道助娩术结束分娩。

（四）胎儿生长发育异常的护理

一旦发现为巨大胎儿，应及时查明原因。如为糖尿病孕妇，则需积极治疗，于妊娠 36 周后根据胎儿成熟度、胎盘功能及血糖控制情况择期引产或行剖宫产。各种畸形胎儿一经确诊，协助医师做好引产的准备及配合，术后遵医嘱给予退乳药。

（五）健康指导

1. 加强孕期保健，通过产前检查及时发现并处理异常情况。鼓励孕妇参加活动。孕晚期忌性生活，保持外阴清洁，避免胎膜早破。
2. 临产后不要过早干涉产程，尽量减少不必要的阴道检查。
3. 产后注意外阴卫生，加强会阴护理，遵医嘱使用抗生素。

▶ 护理评价

1. 产妇心情舒畅，焦虑、恐惧感减轻。
2. 母儿顺利度过分娩期。
3. 新生儿无窒息、无产伤。
4. 产妇无腹痛、恶露无臭味，体温、血象正常，未发生感染。

（吕艳莹）

一、案例分析

1. 刘女士，28 岁，G_2P_1，妊娠 38 周，腹痛 1 小时入院。3 年前经阴道分娩一女婴，产程顺利，胎儿体重 3800 g。入院检查：血压 120/70 mmHg，脉搏 82 次/分，心、肺正常，宫高 33 cm，腹围 95 cm，骶左前位，胎心 140 次/分，宫缩 30～40 秒/5～6 分钟。骨盆测量无异常。检查：宫口开大 1 cm。医生与林女士及家属协商后决定经阴道分娩。

讨论分析：

（1）该产妇的护理诊断有哪些？

（2）目前护士应做好哪些护理措施？

2. 孙女士，30 岁，经产妇，某日凌晨 4 时开始临产。21 时检查：宫缩具有正常的节律性、对称性和极性，宫缩 20～30 秒/5～6 分钟。阴道检查：宫口开大 2 cm，头先露，S^{-1}。

讨论分析：

（1）该待产妇的产程进展是否正常？

（2）目前主要的护理问题是什么？

（3）此时应采取的处理措施有哪些？

二、问答题

1. 简述宫缩乏力对母儿的影响。
2. 简述跨耻征的检查方法和判断标准。
3. 简述协调性宫缩乏力时使用缩宫素的方法及注意事项。

第十章 分娩期并发症产妇的护理

第十章
数字资源

思政之光

本章思维导图

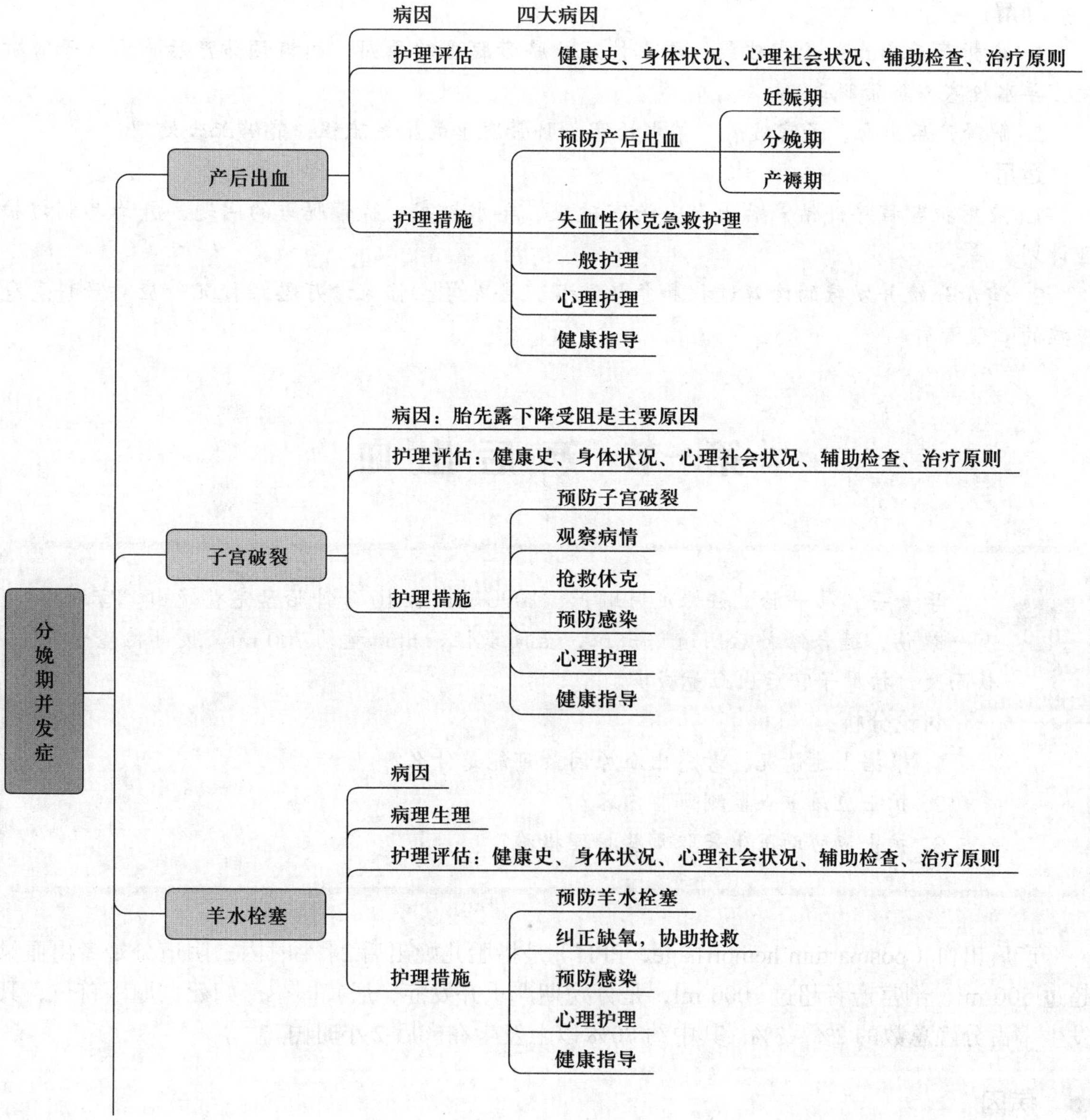

```
分娩期并发症
├── 产后出血
│   ├── 病因 —— 四大病因
│   ├── 护理评估 —— 健康史、身体状况、心理社会状况、辅助检查、治疗原则
│   └── 护理措施
│       ├── 预防产后出血
│       │   ├── 妊娠期
│       │   ├── 分娩期
│       │   └── 产褥期
│       ├── 失血性休克急救护理
│       ├── 一般护理
│       ├── 心理护理
│       └── 健康指导
├── 子宫破裂
│   ├── 病因：胎先露下降受阻是主要原因
│   ├── 护理评估：健康史、身体状况、心理社会状况、辅助检查、治疗原则
│   └── 护理措施
│       ├── 预防子宫破裂
│       ├── 观察病情
│       ├── 抢救休克
│       ├── 预防感染
│       ├── 心理护理
│       └── 健康指导
└── 羊水栓塞
    ├── 病因
    ├── 病理生理
    ├── 护理评估：健康史、身体状况、心理社会状况、辅助检查、治疗原则
    └── 护理措施
        ├── 预防羊水栓塞
        ├── 纠正缺氧，协助抢救
        ├── 预防感染
        ├── 心理护理
        └── 健康指导
```

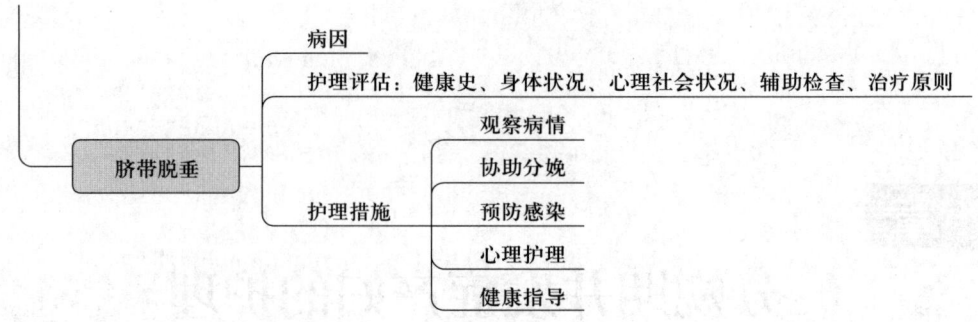

学习目标

通过本章内容的学习，学生应能够：

识记：
1. 说出产后出血、子宫破裂、羊水栓塞、脐带脱垂的概念。
2. 描述产后出血、子宫破裂、羊水栓塞、脐带脱垂的病因。

理解：
1. 分析产后出血、子宫破裂、羊水栓塞、脐带脱垂的原因，积极预防产后出血、子宫破裂、羊水栓塞、脐带脱垂。
2. 解释产后出血、子宫破裂、羊水栓塞、脐带脱垂的抢救流程，能够配合处理。

运用：
1. 应用护理程序评估产后出血、子宫破裂、羊水栓塞、脐带脱垂的问题，并为其制订护理计划。
2. 演示分娩并发症的诊疗过程和急救流程，培养学生临床诊疗思维和沉着应对产科急危重症的心理素质。

第一节 产后出血

导学案例 10-1

李女士，第一胎，妊娠足月顺产，胎儿娩出后10分钟胎盘完整娩出。宫颈处有一裂伤，缝合修补后阴道仍出血，呈间歇性，出血量约700 ml。腹部检查子宫软而大，按摩子宫后出血量减少。

讨论分析：
1. 根据上述情况，考虑出血原因最可能是什么？
2. 护士应该重点监测哪些内容？
3. 护士应协助医生采取哪些护理措施？

产后出血（postpartum hemorrhage，PPH）是指胎儿娩出后24小时内，阴道分娩者出血量超过500 ml，剖宫产者超过1000 ml，是分娩期严重并发症，居我国孕产妇死亡原因首位，其发生率占分娩总数的2%~3%，其中约80%以上发生在产后2小时内。

 病因

子宫收缩乏力、胎盘因素、软产道裂伤、凝血功能障碍是导致产后出血的主要原因。其中，子宫收缩乏力是产后出血最常见的原因，占产后出血的 70%～80%。产后出血的发生可由单一因素所致，以上因素也可以共存、相互影响，互为因果。

1. **子宫收缩乏力** 凡能影响子宫收缩和缩复功能的因素，均可引起子宫收缩乏力性产后出血。常见因素如下：

（1）全身因素：①精神因素，产妇精神过度紧张，对分娩产生恐惧。②药物影响：临产后使用过多镇静药、麻醉药或子宫收缩抑制药。③产妇全身衰竭，产程延长或难产，体力消耗过多。④体质虚弱、高龄、过度肥胖或合并急、慢性全身性疾病。

（2）局部因素：①子宫肌纤维过度伸展，双胎、多胎妊娠、巨大胎儿、羊水过多等。②子宫肌壁损伤，剖宫产史、子宫肌瘤剔除术后、产次过多等。③子宫病变，子宫肌瘤、子宫发育不良、子宫畸形等。

（3）产科因素：①妊娠并发症，妊娠期高血压疾病、子宫胎盘卒中、前置胎盘、胎盘早剥等。②妊娠合并症，重度贫血、宫腔感染、盆腔炎等。

2. **胎盘因素** 根据胎盘剥离情况，胎盘因素导致产后出血，常见情况有：

（1）胎盘滞留（retained placenta）：胎盘多在胎儿娩出后 5～15 分钟娩出，若胎儿娩出后 30 分钟胎盘尚未娩出，称胎盘滞留。常见原因有：①胎盘剥离不全，第三产程处理不当，过早牵拉脐带或挤压子宫，影响胎盘正常剥离，导致胎盘剥离不全，剥离面血窦开放而致出血。②胎盘剥离后滞留，因宫缩乏力或膀胱充盈等因素使已剥离的胎盘滞留在宫腔，影响子宫收缩而出血。③胎盘嵌顿，因子宫产生痉挛性狭窄环，使已剥离的胎盘嵌顿于宫腔，影响子宫收缩而出血。

（2）胎盘粘连或胎盘植入：胎盘绒毛仅穿入子宫肌层表层，称胎盘粘连；胎盘绒毛穿入子宫肌层，称胎盘植入。胎盘粘连或胎盘植入因胎盘部分剥离、部分未剥离，导致子宫收缩不良，已剥离面血窦开放而致出血。

（3）胎盘、胎膜残留：指部分胎盘小叶、副胎盘或胎膜残留于宫腔，影响子宫收缩而出血。

3. **软产道裂伤** 分娩过程中软产道裂伤后未及时发现，导致产后出血。常见原因有急产、宫缩过强、胎儿过大、阴道手术助产不当、外阴水肿、软产道静脉曲张、软产道组织弹性差等。

4. **凝血功能障碍** 较少见，主要原因有：

（1）妊娠并发症：胎盘早剥、重度子痫前期和子痫、死胎、羊水栓塞等。

（2）妊娠合并症：原发性血小板减少、再生障碍性贫血、重症肝炎等。

▶ 护理评估

（一）健康史

详细询问与产后出血有关的病史，包括此次妊娠有无妊娠并发症，如胎盘早剥、重度子痫前期和子痫、死胎、羊水栓塞等；有无妊娠合并症，如原发性血小板减少、再生障碍性贫血、重症肝炎等。评估分娩期产妇精神状态，有无产程延长、体力消耗过多、胎儿过大、急产、阴道手术助产不当、宫缩过强等。临产后是否使用过多镇静药、麻醉药或子宫收缩抑制药等情况。

（二）身体状况

1. **症状** 产后出血的主要临床表现是胎儿娩出后阴道流血，不同原因引起的产后出血症状不完全相同，引起产后出血的原因可共存或相互影响，在诊断中应仔细评估。

（1）胎儿娩出后立即出现持续性多量阴道流血，色鲜红，能自凝，应考虑软产道裂伤。

（2）胎盘娩出后间歇性出血，呈暗红色，子宫柔软或轮廓不清或时软时硬，应考虑子宫收缩乏力。

（3）胎儿娩出后间歇性出血，呈暗红色，胎盘娩出延迟，应考虑胎盘滞留。

（4）胎盘、胎膜娩出不完整或胎盘边缘有血管断端，应考虑胎盘、胎膜及副胎盘残留。

（5）胎儿或胎盘娩出后阴道持续流血，且血液不凝固，伴全身性出血，应考虑凝血功能障碍。

（6）阴道流血不多，失血表现明显，伴阴道疼痛或肛门坠胀，应考虑隐匿性软产道损伤，如阴道壁血肿。

2. **体征** 不同原因引起的产后出血体征不同。

（1）子宫收缩乏力：检查子宫轮廓不清，摸不到宫底，质软，按摩子宫后阴道流血可减少。

（2）胎盘因素：胎盘、胎膜及副胎盘残留，检查可发现胎盘及胎膜不完整或胎盘胎儿面边缘有血管断端。胎盘剥离不全、粘连、植入，无胎盘剥离征象，徒手剥离胎盘时胎盘牢固附着在子宫壁上。若胎盘嵌顿，胎盘已剥离娩出困难，检查可发现在子宫颈内有痉挛性狭窄环，胎盘嵌顿于子宫颈内口。

（3）软产道裂伤：仔细检查软产道可发现宫颈、阴道或会阴有不同程度裂伤。

（4）凝血功能障碍：检查子宫收缩良好，胎盘、胎膜完整，无软产道裂伤，而发生持续性阴道出血，血液不凝固，同时可出现身体其他部位出血征象。

3. **评估出血量** 有以下几种方法：

（1）容积法：用专用的产后接血容器收集血液，用量杯测量失血量。

（2）面积法：失血面积按每 1 cm^2 折合 1 ml 血量计算失血量。

（3）称重法：失血量（ml）=〔分娩后敷料重（g）-分娩前敷料重（g）〕/1.05〔血液比重（g/ml）〕

（4）休克指数（shock index，SI）法：休克指数 = 脉率/收缩压（mmHg）。

休克指数正常值为0.5。据休克指数可粗略估计失血量，见表10-1。

表 10-1 休克指数与失血量的关系

休克指数（SI）	估计失血量	占循环血量比例
1.0	500～1500 ml	10%～30%
1.5	1500～2500 ml	30%～50%
2.0	2500～3500 ml	50%～70%

（三）心理社会状况

产后出血一旦出现，产妇的生命即受到威胁。产妇及其家属多感到紧张、恐惧和焦虑，担忧产妇的安危和身体康复等问题。若产妇死亡，家属则可能表现为震惊、不愿意接受，甚至因悲伤、愤怒而责怪别人，出现过激行为。

（四）辅助检查

检查血常规、血型及凝血功能等，了解贫血程度、有无感染及凝血功能异常等，必要时行B型超声检查协助诊断有无胎盘、胎膜残留。

（五）治疗原则

治疗原则为针对病因迅速止血，补充血容量，防止休克，预防感染。根据不同原因引起的出血采取不同止血方法，主要措施如下。

1. **子宫收缩乏力** 加强宫缩能迅速止血。导尿排空膀胱后可使用以下方法。

（1）按摩子宫：①单手按摩法，术者一手拇指置于宫底前壁，其余四指置于宫底后壁，挤出宫腔内残余血液，均匀有节律地按摩子宫（图10-1）。②双手按摩法，术者一手置于耻骨联合上方按压下腹部上推子宫，另一手同单手按摩法（图10-2）。③经阴道-腹壁双手按摩子宫，经上法按摩无效可使用。术者一手戴无菌手套伸入阴道握拳置于阴道穹前部，顶住子宫前壁，另一手置于腹部子宫后壁，两手相对压迫按摩子宫（图10-3），此法快捷、有效，注意无菌操作。按压时间以子宫恢复正常收缩并能保持收缩状态为止。

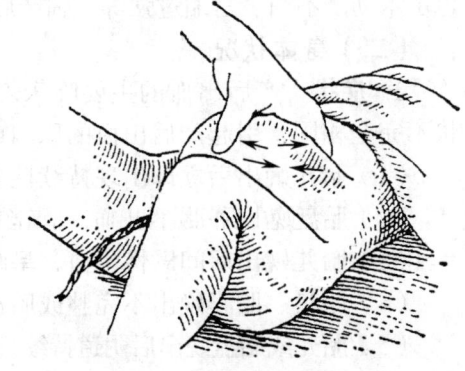

图 10-1 经腹壁单手按摩子宫

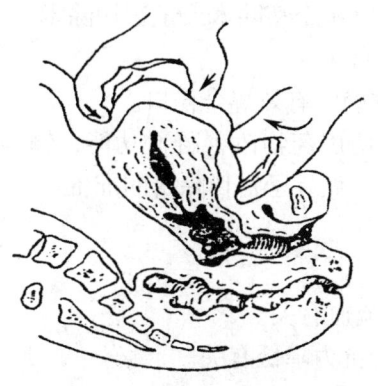
图10-2 经腹壁双手按摩子宫

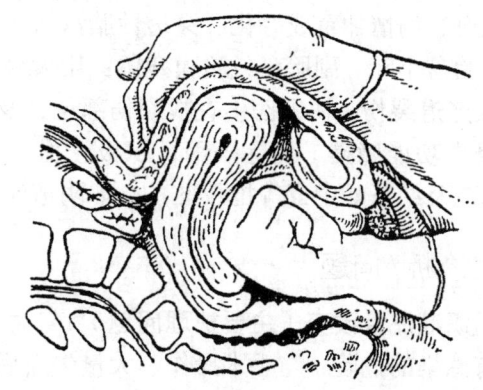
图10-3 经阴道-腹壁双手按摩子宫

(2) 应用子宫收缩药：①将缩宫素 10~20 U 加入 0.9% 氯化钠注射液 500 ml 中静脉滴注；也可将缩宫素 10 U 直接经腹壁宫体注射或经阴道宫颈注射。②麦角新碱 0.2 mg 直接肌内注射或静脉推注。但妊娠高血压疾病或其他心血管病变者禁用。③前列腺素类药物，$PGF_{2\alpha}$ 500~1000 μg，直接肌内注射或宫体注射；米索前列醇 200 μg 舌下含化，或卡前列甲酯 1 mg 置于阴道穹后部。

(3) 宫腔填塞：包括宫腔纱条填塞（图10-4）和宫腔球囊填塞（图10-5）。宫腔填塞后腹部用腹带或砂袋加压并给予缩宫素和抗生素，严密观察出血量、宫底高度、血压及脉搏的变化。24~48 小后取出，取出前先注射子宫收缩药，应注意预防感染。

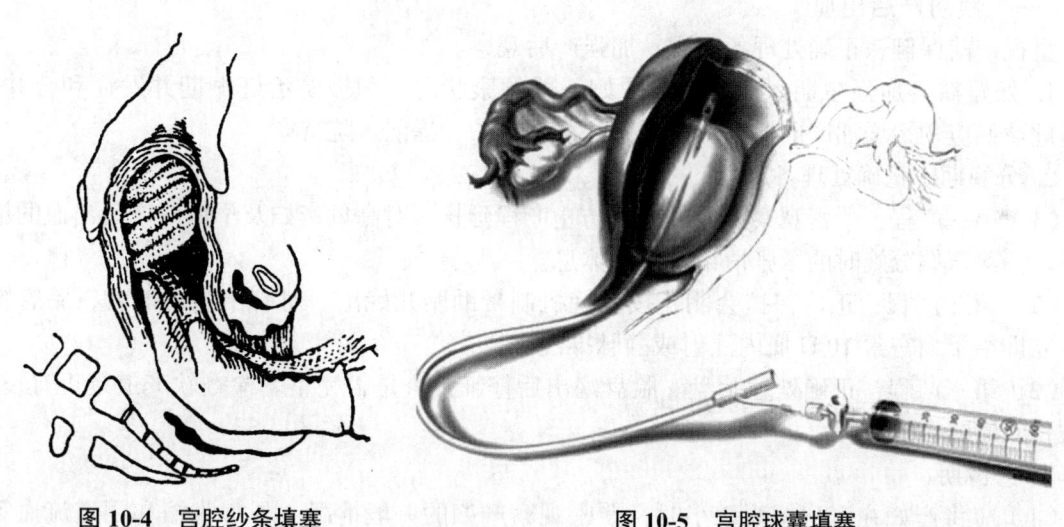

图10-4 宫腔纱条填塞　　　　图10-5 宫腔球囊填塞

(4) 手术：经上述处理无效，子宫出血不止，危及产妇生命时，可采用以下方法。①子宫压缩缝合术：常用 B-Lynch 缝合法。②结扎盆腔血管：子宫动脉或髂内动脉结扎或栓塞术。③子宫切除：以上方法无效、危及产妇生命时，应尽早行子宫次全切术或子宫全切术。

2. 胎盘因素 根据不同原因采取相应的止血方法。

(1) 胎盘剥离后滞留：助产者一手按摩子宫，使子宫收缩，嘱产妇屏气向下用力，另一手轻拉脐带协助胎盘、胎膜娩出。

(2) 胎盘粘连、胎盘剥离不全：行人工剥离胎盘术。

(3) 胎盘嵌顿：肌内注射阿托品 0.5 mg 或 1% 肾上腺素 1 ml，待子宫狭窄环松解后，用手取出胎盘。无效时可在乙醚麻醉下取出胎盘。

(4) 胎盘植入：胎盘植入面积小、子宫壁厚、子宫收缩好、出血量少者可保守治疗；如有活动性出血、病情加重或恶化、穿透性胎盘植入时行子宫次全切除术或子宫切除术。

（5）胎盘小叶、副胎盘或胎膜残留：用大号刮匙清宫。

3. **软产道裂伤** 协助医生查找裂伤部位，及时、准确、有效缝合伤口。

4. **凝血功能障碍** 消除病因，积极止血。遵医嘱使用药物改善凝血功能，输新鲜血液，做好抗休克及纠正酸中毒等抢救准备。如阴道流血不止，做好子宫切除术的准备。

▶ 护理诊断/问题

1. **组织灌注量改变（主要护理问题）** 与大量阴道流血有关。
2. **有感染的危险** 与手术操作、大量失血后机体抵抗力降低有关。
3. **恐惧** 与担心生命安危有关。
4. **潜在并发症**：失血性休克、席汉综合征。

▶ 护理目标

1. 产妇生命体征稳定，出血被控制。
2. 感染被及时发现并得到有效控制。
3. 产妇恐惧消除，情绪稳定，能积极配合医护人员的工作。
4. 并发症被及时发现并得到有效处理。

▶ 护理措施

（一）预防产后出血

重视产前保健，正确处理各产程，加强产后观察。

1. **妊娠期** 加强孕期保健，注意孕妇一般健康状况，积极防治妊娠期并发症和合并症。对高危孕妇应酌情增加产前检查次数，做好孕期监护，提前入院待产。

2. **分娩期** 正确处理各产程。

（1）第一产程：严密观察产程进展，防止产程延长。对高危产妇及早做好产后出血的抢救准备。消除产妇分娩时的紧张情绪，注意休息。

（2）第二产程：正确保护会阴，按分娩机制帮助胎儿娩出。对有出血可能者，胎肩娩出后，立即给予缩宫素 10 U 肌内注射或静脉推注。

（3）第三产程：正确处理胎盘。胎盘娩出后仔细检查是否完整。检查软产道是否有裂伤，有裂伤及时缝合。

3. **产褥期**

（1）应将产妇在产房留观 2 小时，严密观察产妇的一般情况、子宫收缩和阴道流血等情况。定时监测生命体征。

（2）鼓励产妇及时排尿。

（3）指导产妇产后 30 分钟内哺乳。

（二）失血性休克急救护理

1. 呼叫有经验的助产士、产科医师及麻醉师等帮助。协助产妇取中凹卧位，给予保暖，吸氧。
2. 立即建立静脉通道，补充血容量，纠正失血性休克。
3. 严密观察生命体征、出入量等并记录。
4. 做好交叉配血试验，做好输血准备。
5. 复查血常规，观察血红蛋白、红细胞计数，判断贫血有无改善。
6. 遵医嘱给予抗生素预防感染。
7. 做好术前准备。

(三）一般护理

失血使产妇机体抵抗能力下降，遵医嘱给予抗生素预防感染。注意休息，加强营养，纠正贫血。保持外阴清洁，每日冲洗会阴2次，注意观察恶露及会阴或腹部伤口情况。

（四）心理护理

及时向产妇及家属解释病情，介绍产后出血相关知识，取得产妇及家属的理解和配合。陪伴在产妇身旁，关心、体贴、照顾产妇，给予精神支持，增加信任及安全感。理解家属的心理和行为反应，耐心倾听其诉求，提供必要的帮助。

（五）健康指导

1. 注意休息，加强营养，合理安排休息与活动。
2. 教会产妇观察恶露及会阴伤口，学会产后自我护理知识，发现异常及时就诊。
3. 指导母乳喂养，促进子宫缩复，减少出血。
4. 产褥期禁止性生活，产后6周复查。

护理评价

1. 产妇生命体征正常，全身状况得以改善。
2. 出院时产妇体温正常，白细胞数正常、恶露正常，无感染征象。
3. 产妇情绪稳定，积极配合治疗和护理。

知识链接

产后出血抢救规程

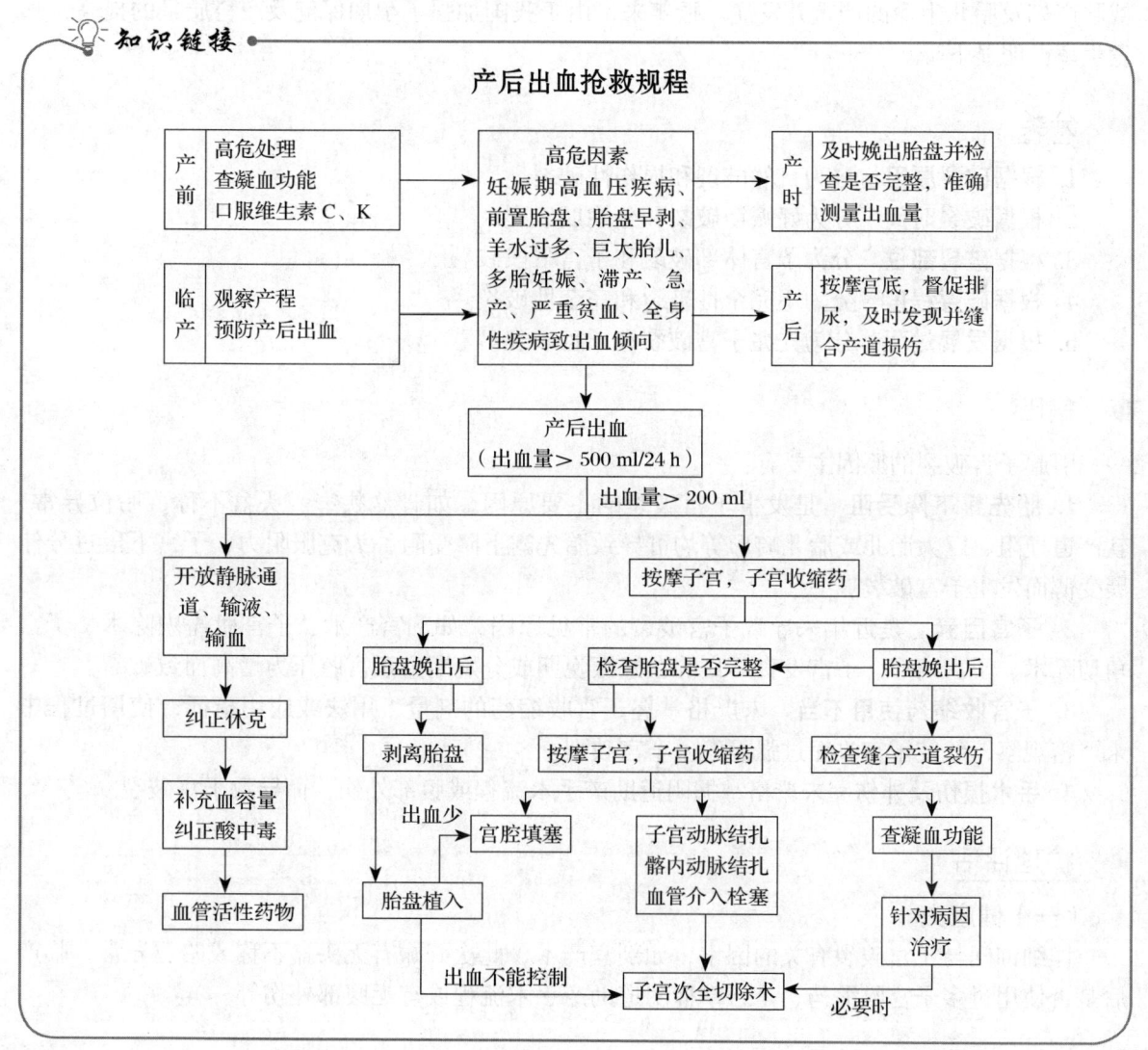

第二节 子宫破裂

> **导学案例 10-2**
> 林女士,30岁,G_2P_1,妊娠足月临产。产程中产妇烦躁不安,腹痛难忍。2年前曾行剖宫产术。检查:BP 118/80 mmHg,P110次/分。腹部呈葫芦形,宫高36 cm,子宫收缩1 min/1~2 min,宫缩强,胎位ROA,胎头浮,胎心率170次/分。
>
> **讨论分析:**
> 1. 最可能的医疗诊断是什么?请写出主要的护理问题和护理措施。
> 2. 在观察过程中,产妇突感腹部撕裂样剧痛,随之腹痛减轻。体格检查:面色苍白,BP 80/50 mmHg,阴道少量流血,有血尿。这时可能出现的新诊断是什么?请写出新的护理问题和护理措施。
> 3. 处理原则是什么?
> 4. 本病的病因有哪些?应如何预防?

子宫破裂(rupture of uterus)指在妊娠晚期或分娩期子宫体部或子宫下段发生破裂,直接威胁产妇及胎儿生命的严重并发症。近年来,由于我国加强了孕期保健及产科质量的提高,其发生率已明显下降。

▶ 分类

1. **根据破裂原因** 分为自然破裂和损伤性破裂。
2. **根据破裂时间** 分为妊娠期破裂和分娩期破裂。
3. **根据破裂部位** 分为子宫体部破裂和子宫下段破裂。
4. **根据破裂程度** 分为不完全性破裂和完全性破裂。
5. **根据发展过程** 分为先兆子宫破裂和子宫破裂。

▶ 病因

引起子宫破裂的原因主要有:

1. **胎先露下降受阻** 是发生子宫破裂的主要原因,如骨盆狭窄、头盆不称、胎位异常、软产道梗阻、巨大胎儿或胎儿畸形等均可导致胎先露下降受阻,为克服阻力,子宫下段过分伸展变薄而发生子宫破裂。
2. **子宫因素** 是近年来导致子宫破裂的常见原因,如剖宫产术、子宫肌瘤剔除术、子宫角切除术、子宫畸形、子宫发育不良等在妊娠晚期或分娩期由于宫腔压力增高而致破裂。
3. **子宫收缩药使用不当** 未严格掌握子宫收缩药的剂量、用法或应用指征,使用过程中未严密观察,致使子宫收缩过强而发生子宫破裂。
4. **手术损伤及外伤** 未严格掌握阴道助产手术流程或腹部外伤,而导致子宫破裂。

▶ 护理评估

(一)健康史

详细询问与子宫破裂有关的因素,如剖宫产术、此次妊娠有无头盆不称或胎位异常、临产后是否使用过多子宫收缩药、是否掌握阴道助产手术流程或有无腹部外伤等。

（二）身体状况

子宫破裂多发生在分娩期，部分发生在妊娠晚期。按其发展过程分为先兆子宫破裂和子宫破裂两个阶段。

1. 先兆子宫破裂　产妇烦躁不安、呼叫，自诉下腹疼痛难忍、拒按，自觉胎动频繁，排尿困难或血尿。腹部检查：子宫外形呈葫芦样（图10-6），是先兆子宫破裂最明显的临床征象。可触及病理性缩复环，且子宫下段触痛明显，胎心率改变或听不清。

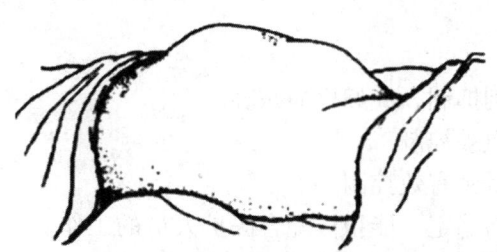

图10-6　先兆子宫破裂的腹部外观

2. 子宫破裂

（1）不完全性子宫破裂：子宫肌层仅部分或全层破裂，但浆膜层（或反折处腹膜）完整。产妇烦躁不安、自诉下腹疼痛。腹部检查：子宫轮廓清楚，在破裂处有明显压痛，急性大出血或形成阔韧带血肿，可在宫体一侧扪及逐渐增大且有压痛的包块，胎心多不规则或消失。

（2）完全性子宫破裂：子宫肌壁层全层破裂。子宫破裂瞬间，产妇突感腹部撕裂样剧痛，随之子宫收缩消失，腹痛暂时缓解，因子宫破裂急性内出血，继而出现全腹持续性疼痛。产妇表现为面色苍白、头晕、心悸、出冷汗、脉搏细弱、血压下降等。腹部检查：全腹压痛、反跳痛、肌紧张，腹壁下可触及胎体，子宫缩小位于胎儿侧方，胎心消失。阴道检查：有鲜血流出，胎先露部升高、宫口缩小，部分产妇可触及宫颈或下段裂口。

（三）心理社会状况

产妇一旦出现子宫破裂，产妇和胎儿的生命即受到威胁。产妇及其家属多感到紧张、恐惧和焦虑，担忧产妇及胎儿的安危。若胎儿或产妇死亡，家属则可能表现为震惊、不愿意接受，甚至因悲伤、愤怒而责怪别人，出现过激行为。

（四）辅助检查

检查血常规、尿常规，了解贫血程度、有无感染及血尿情况。行B型超声检查协助诊断破裂的部位及胎儿与子宫的关系。

（五）治疗原则

对先兆子宫破裂者，立即抑制子宫收缩，同时尽快行剖宫产术。对子宫破裂者，抢救休克同时立即行剖腹取胎术并清理腹腔，预防感染。主要措施如下。

1. 先兆子宫破裂　确诊后立即抑制子宫收缩，如哌替啶100 mg肌内注射或乙醚静脉全身麻醉等。同时尽快行剖宫产术，防止子宫破裂。

2. 子宫破裂　一旦确诊，不管胎儿是否存活，均应抢救休克同时立即行剖宫产取胎术并清理腹腔。手术前后应给予大量广谱抗生素预防感染。根据子宫破裂程度、破裂的部位、破裂时间长短，有无感染以及产妇有无生育要求等处理。

（1）子宫修补术：产妇有生育要求，子宫破裂口整齐、破裂时间短、无明显感染征象。

（2）子宫切除术：对子宫破裂口大、不整齐、有明显感染者，行子宫次全切除术；对破裂口大、裂伤超过宫颈者，应行子宫全切术。

▶ 护理诊断/问题

1. **疼痛** 与强直性子宫收缩或病理性收缩环，或子宫破裂后血液刺激腹膜有关。
2. **组织灌注量改变** 与子宫破裂后大量出血有关。
3. **有感染的危险** 与子宫破裂致大量失血后机体抵抗力降低有关。
4. **预感性悲哀** 与子宫破裂后胎儿死亡或切除子宫有关。

▶ 护理目标

1. 强直性子宫收缩得到抑制，产妇疼痛减轻。
2. 生命体征正常，出血被控制。
3. 感染被及时发现并得到有效控制。
4. 产妇恐惧消除，情绪稳定，能积极配合医护人员的工作。

▶ 护理措施

（一）预防子宫破裂

1. **加强孕期宣传教育** 指导孕妇加强孕期检查，避免多产、多次人工流产；剖宫产术后避孕2年，可再次妊娠；有子宫破裂高危因素者，应提前2周入院待产。
2. 严格掌握缩宫素的使用指征和方法，并有专人监护，在胎儿娩出前禁止肌内注射催产素。正确掌握阴道助娩术的指征和操作规程，助产后检查软产道。

（二）观察病情

严密观察产程进展、子宫收缩情况、孕妇生命体征、出入量并记录。发现先兆子宫破裂征象时，立即报告医师，遵医嘱给予吸氧、哌替啶100 mg肌内注射，抑制子宫收缩，并做好剖宫产的术前准备。发现失血时，应急查血常规，评估出血量，制订护理方案。

（三）抢救休克

一旦发生子宫破裂，应立即按照休克抢救原则进行护理。

1. 取中凹卧位，保暖，吸氧。
2. 立即建立静脉通道，补充血容量，纠正失血性休克。
3. 补充电解质，纠正酸中毒。
4. 做好交叉配血试验，做好输血准备。
5. 对子宫破裂者，做好术前准备，协助医师完成子宫修补术或切除术。

（四）预防感染

失血使产妇机体抵抗能力下降，遵医嘱给予抗生素预防感染。保持外阴清洁，每日冲洗会阴2次，注意观察恶露及会阴或腹部伤口情况。

（五）心理护理

1. 及时向产妇及家属解释病情，介绍子宫破裂相关知识，取得产妇及家属的理解和配合。
2. 陪伴在产妇身旁，关心、体贴、照顾产妇，给予精神支持，增加信任及安全感。
3. 理解家属的心理和行为反应，耐心倾听其诉求，提供必要的帮助。

（六）健康指导

1. 指导产妇注意休息，加强营养，合理安排休息与活动。
2. 向产妇及家属解释子宫破裂的治疗方案对再次妊娠的影响。
3. 为产妇提供产褥期的休养计划，帮助产妇尽快调整情绪，接受现实。

护理评价

1. 产妇症状减轻或消失。
2. 产妇的血容量得到及时补充，手术经过顺利。
3. 出院时产妇白细胞计数、血红蛋白正常，伤口愈合好且无并发症。
4. 产妇情绪稳定，积极配合治疗和护理。

第三节 羊水栓塞

> **导学案例 10-3**
>
> 李女士，28岁，G_1P_0，妊娠足月临产。因头盆不称，在硬膜外麻醉下行剖宫产术。胎儿取出后，产妇突感寒战，呼吸困难。测 BP 100/50 mmHg，心率快而弱，肺部听诊有湿啰音，子宫出血不止。
>
> **讨论分析：**
> 1. 最可能的诊断是什么？
> 2. 为明确诊断，还应做什么检查？
> 3. 处理原则是什么？
> 4. 请列出主要的护理问题并制订护理措施。

羊水栓塞（amniotic fluid embolism，AFE）指在分娩过程中羊水进入母体血液循环，引起肺动脉高压（肺栓塞）、休克、弥散性血管内凝血（DIC）、急性肾衰竭等极其严重的分娩并发症。本病发生于足月妊娠时产妇死亡率高达 70%～80%，也可见于中期引产或钳刮术，但病情较轻，死亡率较低。

病因

高龄产妇、宫颈裂伤、子宫破裂、胎盘早剥、胎膜早破、羊水过多、多胎妊娠、急产、宫缩过强、前置胎盘、剖宫产、钳刮术等均可诱发羊水栓塞。具体原因不明，引起羊水栓塞的原因可能与以下因素有关。

1. **羊膜腔内压力过高** 临产后，宫缩过强或强直性收缩、急产等，使羊膜腔内压力过高，羊水被挤入破裂的微血管而进入母体血液循环。

2. **血窦开放** 分娩过程中各种原因引起血窦开放，如宫颈或宫体裂伤、胎盘早剥、子宫破裂、剖宫产术等，羊水可通过破损血管进入母体血液循环。

3. **胎膜破裂** 羊水栓塞多发生在胎膜破裂以后，羊水从破裂的小血管进入母体血液循环。

病理生理

1. **肺动脉高压** 羊水中的有形物质可直接形成栓子阻塞肺小血管，反射性迷走神经兴奋引起肺血管痉挛、冠状血管痉挛及支气管痉挛，引起肺动脉高压、肺水肿、急性肺心病及心力衰竭。

2. **过敏性休克** 羊水中含有致敏原，进入母体血液循环中可导致过敏性休克。

3. **弥散性血管内凝血** 羊水中含有丰富的凝血活酶，进入母体血液后引起弥散性血管内凝血，能促进血液凝固而形成纤维蛋白栓，消耗大量凝血因子。同时，由于羊水中还有纤溶激活酶，激活纤溶系统，使血液进入纤溶状态，血液不凝固，导致严重的产后出血。

4. 急性肾衰竭 由于弥散性血管内凝血、休克，导致重要脏器微血栓形成和血流灌注量减少，如长时间肾缺血引起急性肾衰竭。

▶ 护理评估

（一）健康史

评估是否存在引起羊水栓塞的诱发因素，如高龄产妇、宫颈裂伤、子宫破裂、胎盘早剥、胎膜早破、羊水过多、多胎妊娠、急产、宫缩过强、前置胎盘、剖宫产、钳刮术等。

（二）身体状况

羊水栓塞多数起病急、病情凶险。70%发生在阴道分娩、19%发生在剖宫产。多数发生在分娩前2小时至产后30分钟。

1. 症状 分娩过程中或分娩后短时间内突然出现寒战、烦躁不安、咳嗽、气促、发绀、呕吐等，迅速出现循环衰竭，马上进入休克或昏迷状态。产后有大量持续阴道流血，血液不凝固。继而出现少尿、无尿等肾衰竭表现。严重者发病急，甚至没有先兆症状，仅尖叫一声后，因心搏、呼吸骤停而死亡。

2. 体征 血压下降、心率加快、面色苍白、四肢厥冷、肺底部湿啰音。全身广泛性出血，如大量阴道流血、切口渗血、针眼出血、全身皮肤黏膜出血，甚至出现消化道大出血。

（三）心理社会状况

一旦发生羊水栓塞，产妇生命便危在旦夕，家属往往措手不及，表现为惊慌、恐惧。如果抢救无效产妇死亡家属则可能表现为悲伤、愤怒，不愿意接受现实，情绪激动甚至出现过激行为。

（四）辅助检查

1. 血涂片 抽取下腔静脉、末梢静脉血，镜检发现羊水有形成分，是确诊的依据。

2. 床旁胸部X线检查 示双肺弥漫性点片状浸润影，沿肺门周围分布、轻度肺不张、右心扩大。

3. 床旁心电图 示右心房、右心室扩大而左心室缩小，ST段下降。

4. DIC相关实验室检查 提示凝血功能障碍。

5. 尸检 主要脏器（如肺、心、脑、子宫血管）有羊水成分；肺水肿、肺泡出血。

（五）治疗原则

一旦怀疑羊水栓塞，应立刻抢救。处理原则：改善低氧血症、抗过敏、抗休克、防治DIC和肾衰竭、预防感染及进行产科处理。

1. 改善低氧血症 改善缺氧是抢救成功的关键之一。嘱产妇取半卧位，立即加压给氧。

2. 维持血流动力稳定，解除肺动脉高压 羊水栓塞初始阶段表现为肺动脉高压和右心功能不全，使用多巴酚丁胺、磷酸二酯酶-5抑制剂具有强心和扩张肺动脉的作用，是治疗的首选药物。

（1）低血压时应予升压：多巴酚丁胺5~10 μg/（kg·min）；静脉泵入；磷酸二酯酶-5抑制剂25~75 μg/kg静脉推注，然后1.2~3 ml/h静脉泵入；去甲肾上腺素0.01~0.1 μg/（kg·min），静脉泵入。

（2）解除肺动脉高压：推荐使用磷酸二酯酶-5抑制剂、内皮素受体拮抗药等扩张肺血管平滑肌。前列环素1~2 ng/（kg·h），静脉泵入；西地那非口服，20 mg/次，每日3次。也可考虑使用盐酸罂粟碱、氨茶碱、阿托品、酚妥拉明等药物。

（3）液体管理：注意管理液体出入量，避免左心衰竭和肺水肿。

3. 抗过敏 改善缺氧的同时，迅速抗过敏。当出现前驱症状时立即应用大剂量肾上腺糖皮质激素。将地塞米松 20 mg 加于 25% 葡萄糖注射液静脉推注后，再加 20 mg 于 5%~10% 葡萄糖注射液中静脉滴注。

4. **抗休克**　补充血容量，使用升压药物，纠正酸中毒，纠正心力衰竭。

5. **防止 DIC**　控制 DIC 发展的关键是尽早应用抗凝血药。产后羊水栓塞及 DIC 后期继发性纤溶亢进时，则以补充凝血因子，改善微循环，纠正休克及抗纤溶药物治疗为主。

6. **全面监测**　包括血压、呼吸、心率、血氧饱和度、心电图、中心静脉压、心排血量、动脉血气分析和凝血功能等。

7. **产科处理**　若羊水栓塞发生在分娩前，应考虑立即终止妊娠。对心脏骤停者应实施心肺复苏。若效果不佳考虑立即剖宫产。出现 DIC 时，应果断快速实施子宫切除术。

8. **防止肾衰**　在血容量补足的情况下，若仍少尿，可选用利尿药。

9. **预防感染**　选择肾毒性小的广谱抗生素预防感染。

▶ 护理诊断/问题

1. **气体交换受损**　与肺动脉高压、肺水肿有关。
2. **组织灌注无效**　与 DIC 及失血有关。
3. **潜在并发症**：右心衰竭、肾衰竭、胎儿窘迫等。
4. **恐惧（家属）**　与担心母儿安危有关。

▶ 护理目标

1. 产妇胸闷、呼吸困难症状有所缓解。
2. 产妇能维持体液平衡，并维持最基本的生理功能。
3. 未发生并发症，或及早发现、及早处理。
4. 产妇恐惧消除，情绪稳定，能积极配合医护人员的工作。

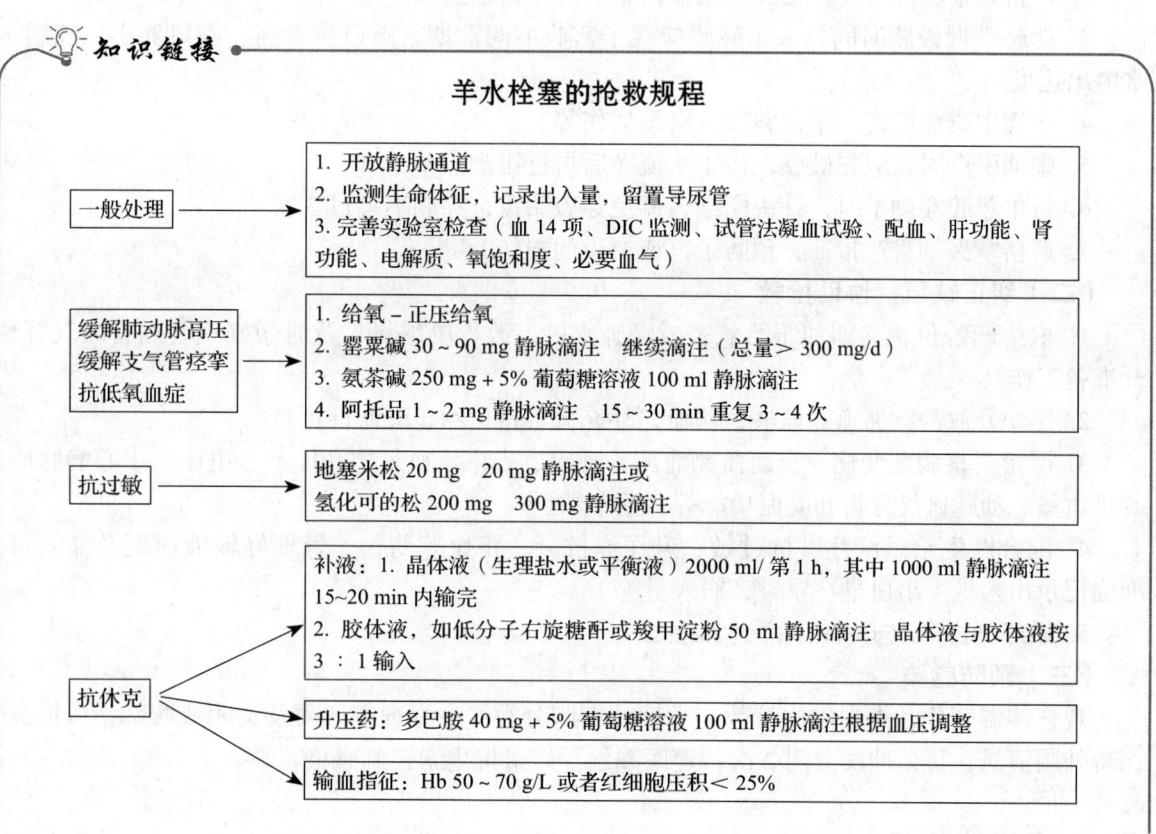

知识链接

羊水栓塞的抢救规程

一般处理：
1. 开放静脉通道
2. 监测生命体征，记录出入量，留置导尿管
3. 完善实验室检查（血 14 项、DIC 监测、试管法凝血试验、配血、肝功能、肾功能、电解质、氧饱和度、必要血气）

缓解肺动脉高压 缓解支气管痉挛 抗低氧血症：
1. 给氧 - 正压给氧
2. 罂粟碱 30~90 mg 静脉滴注　继续滴注（总量＞300 mg/d）
3. 氨茶碱 250 mg + 5% 葡萄糖溶液 100 ml 静脉滴注
4. 阿托品 1~2 mg 静脉滴注　15~30 min 重复 3~4 次

抗过敏：
地塞米松 20 mg　20 mg 静脉滴注或
氢化可的松 200 mg　300 mg 静脉滴注

抗休克：
补液：1. 晶体液（生理盐水或平衡液）2000 ml/第 1 h，其中 1000 ml 静脉滴注 15~20 min 内输完
2. 胶体液，如低分子右旋糖酐或羟甲淀粉 50 ml 静脉滴注　晶体液与胶体液按 3∶1 输入

升压药：多巴胺 40 mg + 5% 葡萄糖溶液 100 ml 静脉滴注根据血压调整

输血指征：Hb 50~70 g/L 或者红细胞压积＜25%

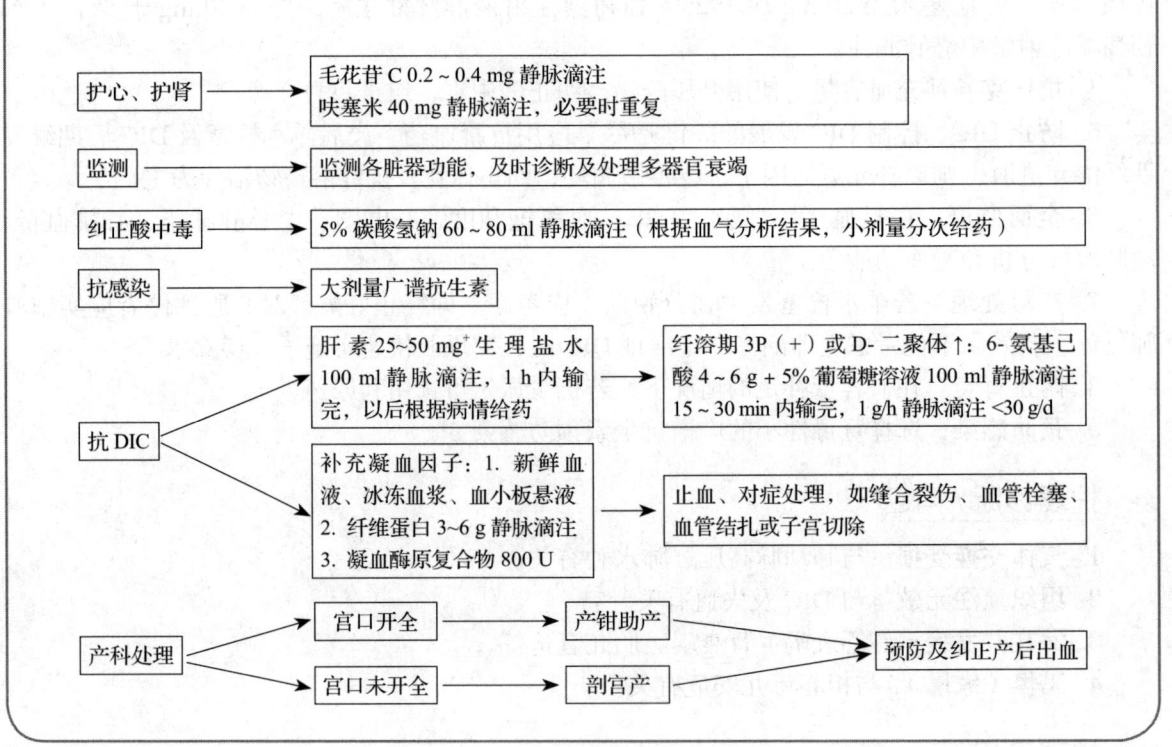

▶ 护理措施

（一）预防羊水栓塞

1. 加强产前检查，注意诱发因素，出现并发症及时处理。
2. 严密观察产程进展，正确使用缩宫素，防止宫缩过强。
3. 严格掌握破膜时间，人工破膜应在子宫收缩间歇期，破口位置高、破口要小，控制羊水流出速度。
4. 产程中避免产伤、子宫破裂、宫颈裂伤等。
5. 中期引产时，应先破膜，待羊水流净后再行钳刮。
6. 行羊膜腔穿刺术时，针头应细，避免穿破胎盘，穿刺不超过3次。
7. 严格掌握剖宫产指征，预防子宫或产道的损伤。

（二）纠正缺氧，协助抢救

1. 取中凹卧位，立即加压给氧，减轻肺水肿，改善脑缺氧，及时做好气管插管或气管切开准备工作。
2. 尽快开放静脉通道，输液、输血，补充血容量，纠正失血性休克。
3. 严密观察病情变化，全面监测血压、呼吸、心率、血氧饱和度、心电图、中心静脉压、心排血量、动脉血气分析和凝血功能等各项参数。
4. 配合医生给予解痉、抗过敏、升压、抗凝、止血等药物，管理好输液速度及输入量。准确记录出入量（出血量、尿量、输入量等）。
5. 做好剖宫产或子宫切除手术准备。

（三）预防感染

观察体温变化，查白细胞计数，中性粒细胞分类；注意观察恶露及会阴或腹部伤口情况；保持外阴清洁，每天冲洗会阴2次；遵医嘱给予广谱抗生素控制感染。

(四)心理护理

及时向家属解释病情,介绍羊水栓塞相关知识,取得产妇及家属的理解和配合。陪伴在产妇身旁,关心体贴、照顾产妇,给予精神支持,增加信任及安全感。理解家属的心理和行为反应,耐心倾听其诉求,提供必要的帮助。

(五)健康指导

1. 注意休息,加强营养,合理安排休息与活动。
2. **做好心理护理** 对失去胎儿或子宫的患者给予精神支持。
3. 产褥期禁止性生活,产后6周复查。
4. 再次妊娠时应加强产前检查。

▶ 护理评价

1. 实施处理方案后,产妇胸闷、呼吸困难症状改善。
2. 产妇血容量及时得到补充,手术经过顺利且无并发症。
3. 情绪稳定,积极配合治疗和护理。

第四节 脐带脱垂

脐带脱垂(prolapse of umbilical cord)指胎膜已破,脐带脱出于胎先露的下方,经宫颈进入阴道内,甚至显露于外阴部,称为脐带脱垂(图10-7)。胎膜未破时脐带位于胎先露部前方或一侧,称为脐带先露(presentation of umbilical cord),又称隐性脐带脱垂。

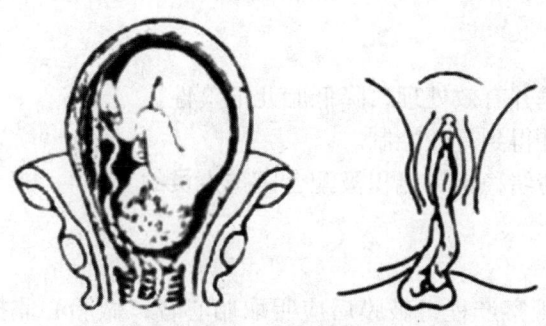

图 10-7 脐带脱垂

▶ 病因

引起脐带脱垂的原因主要有:
1. **胎头未衔接** 如骨盆狭窄、头盆不称等。
2. **胎位异常** 如臀先露、肩先露、枕后位等,以足先露发生脐带脱垂概率最高。
3. **脐带过长** 脐带长度超过70 cm,伴有头盆不称。
4. 胎儿过小、胎膜早破、羊水过多、脐带边缘附着等。

▶ 护理评估

(一)健康史

评估是否存在引起脐带脱垂的因素,如骨盆狭窄、头盆不称、胎位异常、脐带过长、胎膜早破、胎儿过小、羊水过多等。

（二）身体状况

1. **症状** 当发生胎儿窘迫时，孕妇感觉胎动改变，早期胎动频繁，继而减弱，然后消失。
2. **体征** 当发生胎儿窘迫时，可出现胎心异常，如加快、减慢或不规则，变换体位或抬高臀部后可缓解。未破膜时，行肛诊检查，可触及搏动的条索状物，若已破膜，行阴道检查，能触及脐带或看到脐带脱出宫颈口甚至露于外阴。

（三）心理社会状况

产妇一旦发生脐带脱垂，孕妇多感到紧张、恐惧和焦虑。医护人员的紧急处理，会使产妇及家属感到情况危急，担心胎儿的安危。

（四）辅助检查

1. **胎心监护** 有变异减速，说明脐带受压。
2. **B型超声检查** 有助于判定脐带位置，用阴道探头显示会更清晰。
3. 脐血流图及彩色多普勒等也有助于诊断。

（五）治疗原则

及时发现胎位异常，及早入院待产。一旦发现脐带脱垂，若胎心尚好，胎儿存活，争取尽快娩出胎儿。对宫口未开全者，行脐带还纳术，并做好新生儿窒息抢救准备，尽快以剖宫产结束分娩。

▶ 护理诊断/问题

1. **有胎儿受伤的危险** 与脐带脱垂使胎儿血液循环受阻有关。
2. **有感染的危险** 与增加阴道检查和行助产术有关。
3. **焦虑** 与担心胎儿安危有关。

▶ 护理诊断/问题

1. 及时发现脐带脱垂并有效处理，降低胎儿危险性。
2. 感染被及时发现并得到有效控制。
3. 产妇恐惧消除，情绪稳定，能积极配合医护人员的工作。

▶ 护理措施

1. **观察病情** 严密观察产程，破膜后应听取胎心音，做胎心监护，观察阴道流出的液体颜色、性状，有无胎粪污染。发现脐带脱垂时应协助产妇立即平卧，并抬高臀部，必要时戴无菌手套在阴道内上推先露部，减轻脐带受压，并立即给予吸氧。
2. **协助分娩** 一旦发现脐带脱垂，若胎心尚好，宫口已开全，先露较低，应协助医师还纳脐带及接产，争取数分钟内娩出胎儿。如宫口未开全，应立即使产妇取头低臀高位，必要时戴无菌手套，一手置于阴道内上推先露部，并做好剖宫产及抢救新生儿窒息的准备。
3. **预防感染** 做好外阴护理，每日擦洗会阴2次。对临产后胎先露部未入盆者，应提高警惕，尽量不做或少做直肠或阴道检查。对破膜超过12小时者遵医嘱给予抗生素预防感染。
4. **心理护理** 向孕妇及家属解释脐带脱垂对胎儿可能造成急性缺氧或死亡的危害，引导孕妇及家属说出其担忧的问题和心理感受，并给予安慰。在紧急处理时，护理人员应保持镇静，并安慰产妇，以减轻其紧张、恐惧心理，使其配合处理。
5. **健康教育** 加强孕期检查，及时发现与纠正异常胎位；妊娠最后1个月禁止性生活，防止劳累、过度使用腹压、腹部受冲撞。若发生破膜，应立即取平卧位，垫高臀部，急送产科病房。

护理评价

1. 产妇平安、顺利分娩，新生儿健康。
2. 产妇出院时无感染等并发症。
3. 产妇情绪稳定，积极配合治疗和护理。

（王淑贞）

自测题

一、名词解释

1. 产后出血
2. 子宫破裂
3. 羊水栓塞
4. 脐带脱垂
5. 脐带先露

二、问答题

1. 简述产后出血的主要病因。
2. 简述子宫收缩乏力加强宫缩的方法。
3. 简述如何预防产后出血。
4. 简述产后出血失血性休克的急救护理。
5. 简述先兆子宫破裂及子宫破裂的治疗原则。

第十一章 异常产褥期妇女的护理

第十一章
数字资源

思政之光

本章思维导图

- 异常产褥期妇女的护理
  - 产褥感染妇女的护理
    - 护理评估
      - 健康史
      - 身体状况
        - 急性外阴炎、阴道炎、宫颈炎
        - 子宫感染
        - 急性盆腔结缔组织炎和急性输卵管炎
        - 急性盆腔腹膜炎及弥漫性腹膜炎
        - 血栓性静脉炎
        - 脓毒症
      - 辅助检查
      - 心理社会状况
      - 病因
        - 诱因
        - 病原体
        - 感染途径
          - 内源性感染
          - 外源性感染
      - 治疗要点
        - 一般处理
        - 抗生素治疗
        - 宫腔残留物的清除
        - 切开引流
        - 肝素治疗
        - 手术治疗
    - 护理诊断/问题
      - 体温过高
      - 疼痛
      - 知识缺乏
    - 护理目标
    - 护理措施
      - 一般护理
      - 心理护理
      - 病情观察
      - 配合治疗
        - 局部护理
        - 全身护理
      - 健康指导
    - 护理评价

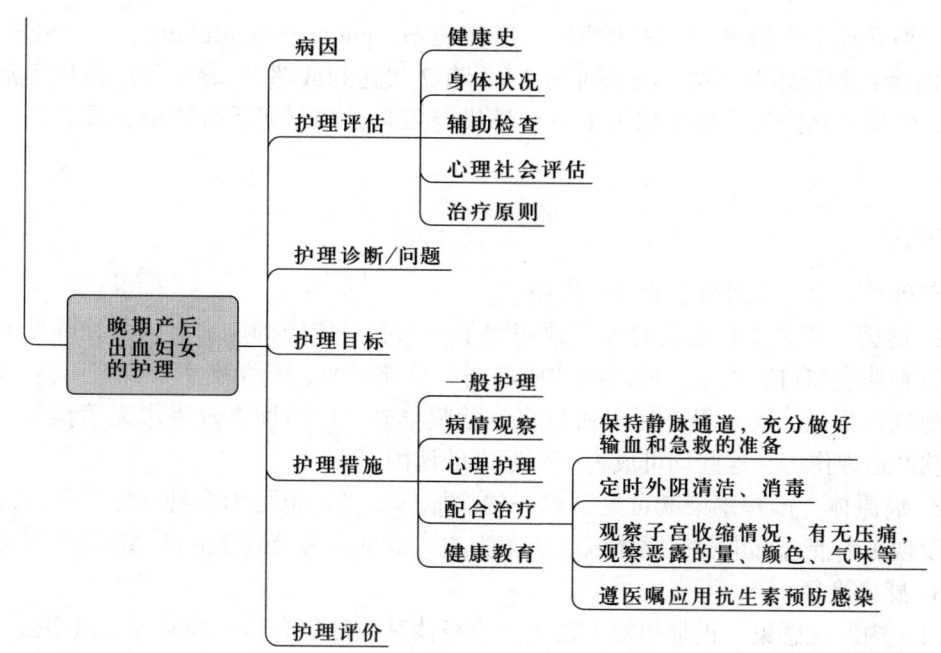

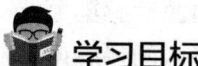 学习目标

解释通过本章内容的学习，学生应能够：

识记：
1. 说出产褥感染与产褥病率的概念及区别。
2. 描述产褥感染的病因及临床表现。
3. 说出晚期产后出血的概念、病因及临床表现。

理解：
1. 解释产褥感染的护理评估、护理诊断、处理原则及护理措施。
2. 解释晚期产后出血的护理评估和护理措施。

运用：
加强产褥期管理，减少产褥感染，做好孕产妇的卫生宣传教育。

第一节 产褥感染妇女的护理

导学案例 11-1 黄某，初产妇，产钳助产，产后第4天，产妇自述发热，下腹微痛。检查：体温38℃，双乳房胀，无明显压痛，子宫脐下2横指，轻压痛，恶露多而混浊，有臭味。

讨论分析：
1. 患者可能的医疗诊断是什么？
2. 对此患者应采取的护理措施有哪些？

产褥感染（puerperal infection）是指分娩及产褥期生殖道受病原体感染引起局部和全身的炎性变化，发病率为6%。产褥感染与产后出血、妊娠合并心脏病及严重的妊娠期高血压疾病，是导致孕产妇死亡的四大原因。产褥病率（puerperal morbidity）是指分娩 24 h 以后至 10 日内每日测量体温 4 次，间隔时间 4 h，有 2 次达到或超过 38 ℃。产褥病率常由产褥感染引起，但也包括产后生殖道以外的其他感染与发热，如泌尿系统感染、乳腺炎、上呼吸道感染等。

▶ 病因

产褥感染为多方面因素的共同作用。

1. 诱因 正常女性阴道对外界致病因子侵入有一定防御能力。因分娩降低或破坏女性生殖道防御功能和自净作用，如产妇体质虚弱、孕期贫血、慢性疾病、营养不良、羊膜腔感染、妊娠晚期性生活，产前及产后出血过多、胎膜早破、阴道检查及手术无菌操作不严、产程延长、软产道裂伤等，这些均可成为产褥感染的诱因。

2. 病原体 产褥感染既可见于单一的病原体感染，也可为多种病原体的混合感染，临床观察发现多为混合感染。病原体以厌氧菌为主，常见的为厌氧性的链球菌及大肠埃希菌。

3. 感染途径

（1）内源性感染：正常孕妇生殖道内或身体其他部位有多种病原体，但多数不致病。在机体抵抗力下降或有感染诱因存在时可大量繁殖成为致病菌。近年研究表明，内源性感染更重要，因孕妇生殖道病原体不仅可导致产褥感染，而且还能通过胎盘、胎膜、羊水间接感染胎儿，导致流产、早产、胎儿生长受限、胎膜早破、死胎等。

（2）外源性感染：指外界病原菌进入产道所致的感染。可通过医务人员消毒不严或被污染衣物、用具、各种手术器械及产妇临产前性生活等途径侵入机体。

▶ 护理评估

（一）健康史

评估产褥感染的诱发因素，主要包括健康史和孕产史。健康史应注意评估产妇有无贫血、营养不良、慢性疾病等，除此之外应详细询问患者的个人卫生习惯。孕产史包括妊娠经过及分娩经过。妊娠经过包括妊娠期间有无妊娠合并症，如妊娠合并糖尿病、心脏病等，妊娠期间有无泌尿生殖系统炎症，临近预产期有无盆浴、性交史。分娩过程中有无出现胎膜早破、产程延长、产道损伤、产后出血、胎盘残留等并发症。

（二）身体状况

由于感染的病原体及其数量不同和感染范围不同，导致感染后的临床表现也有较大差别。轻型者仅表现为急性外阴炎、阴道炎，体温缓慢上升，维持在低热或中等热。重型者可表现为弥漫性腹膜炎及血栓性静脉炎，体温骤然上升，维持在高热。

1. 急性外阴炎、阴道炎、宫颈炎 多见于分娩时会阴、阴道、宫颈损伤导致的感染，临床表现为局部组织出现发红、肿胀甚至脓肿，并有脓性分泌物，灼热、疼痛。

2. 子宫感染 包括急性子宫内膜炎、子宫肌炎。病原体感染至子宫内膜时导致子宫内膜炎。子宫内膜炎时患者恶露增多，且有臭味，下腹部出现疼痛及压痛，体温增高。当病原体侵及子宫肌层时导致子宫肌炎，表现为子宫复旧不良，有压痛，重者可出现高热、头痛、寒战、白细胞增高等全身感染症状。

3. 急性盆腔结缔组织炎和急性输卵管炎 感染未得到控制时，局部感染可通过淋巴或血行扩散到宫旁组织，出现急性炎症反应而形成炎性包块，同时波及输卵管，形成急性输卵管炎。临床表现为下腹痛伴肛门坠胀，可伴寒战、高热、脉搏细速、头痛等全身症状。体征为下腹明显压痛、反跳痛、肌紧张；宫旁一侧或两侧结缔组织增厚、压痛和（或）触及炎性包块，严重者整个盆腔形成"冰冻骨盆"。

4. **急性盆腔腹膜炎及弥漫性腹膜炎** 感染继续发展，扩散到盆腔浆膜，形成急性盆腔腹膜炎，进一步可发展成为弥漫性腹膜炎。患者出现全身中毒症状，如高热、寒战、恶心、呕吐、腹胀等，腹部触诊可发现有明显的压痛、反跳痛及肌紧张等腹膜刺激征。炎症在局部可形成腹腔、膈下脓肿，若脓肿波及肠管与膀胱，可出现腹泻、里急后重与排尿困难。急性期治疗不彻底发展为盆腔炎性疾病后遗症则可导致不孕。

5. **血栓性静脉炎** 因胎盘剥离面的血栓受到病原体感染，感染后的血栓脱落后引起血栓性静脉炎。多发于产后1～2周，感染后的栓子可引起感染性栓塞性静脉炎，造成脑、肾、盆腔及下肢静脉感染性栓塞。下肢静脉栓塞时患者除有高热外，还有下肢持续性疼痛、下肢肿胀、皮肤发白，称为"股白肿"。

6. **脓毒症** 当感染血栓脱落进入血液循环可引起菌血症，继续发展可并发脓毒症和迁徙性脓肿（肺脓肿、肾脓肿）。若病原体大量进入血液循环，繁殖并释放毒素，可形成严重脓毒症、感染性休克或及多器官功能衰竭，表现为持续高热、寒战、全身明显中毒症状、多器官受损，甚至危及生命。

（三）辅助检查

1. **血液检查** 白细胞计数增高，尤其是中性粒细胞比例明显升高，红细胞沉降率加快。

2. **细菌培养及药物敏感试验** 宫腔分泌物、宫颈管拭子细菌培养及药物敏感试验，有助于明确诊断。

3. **B型超声检查、CT检查、核磁共振成像检查** 这些检查可对炎性包块、脓肿、静脉血栓等作出定位及定性诊断。

（四）心理社会状况

产妇由于感染引起的全身症状及局部疼痛，同时因自己不能照顾孩子而产生不同程度的焦虑与沮丧情绪。家庭经济状况、丈夫及家属对产妇的态度也会影响产妇的情绪。

（五）治疗要点

1. **一般处理** 加强营养并补充足够维生素，增强抵抗力，纠正水、电解质失衡。若病情严重或贫血严重，可输血或人血白蛋白，以增强机体抵抗力。产妇取半卧位有利于恶露的排出和局限盆腔炎症。

2. **抗生素治疗** 未确定病原体时应选用广谱高效抗生素，然后根据细菌培养和药物敏感试验结果选择抗生素种类和剂量。对中毒症状严重者，短期选用肾上腺皮质激素，提高机体应激能力。

3. **宫腔残留物的清除** 在有效抗感染的同时清除宫腔残留物。若患者病情严重，可在控制感染后再行清宫术，避免因清宫引起感染扩散或子宫穿孔。

4. **切开引流** 会阴伤口或腹部切口感染应及时切开引流，疑为盆腔脓肿应经腹或阴道穹后部切开引流。

5. **肝素治疗** 血栓性静脉炎应用大剂量抗生素的同时，给予肝素150 U/（kg·d）加入5%葡萄糖溶液500 ml静脉滴注，6小时1次，体温下降改为每日2次，连用4～7日。将尿激酶40万U加入0.9%氯化钠注射液或5%葡萄糖溶液500 ml，静脉滴注10日。口服阿司匹林等。用药期间监测凝血功能。

6. **手术治疗** 若子宫严重感染，经积极治疗无效，炎症继续扩展，出现不能控制的出血、败血症或脓毒症，应及时行子宫切除术，清除感染源，抢救患者的生命。

▶ 护理诊断/问题

1. **体温过高** 与产褥感染有关。

2. **疼痛** 与感染有关。

3. **知识缺乏**：缺乏关于产褥感染的预防及护理知识。

护理目标

1. 产妇体温正常，无疼痛。
2. 产妇感染无扩散，无感染并发症。
3. 产妇能了解预防产褥感染的知识并能主动、积极配合治疗与护理。

护理措施

1. **一般护理** 保证产妇休息与睡眠充足、休息时鼓励采取半卧位或抬高床头，有利于炎症的局限及恶露的流出。加强营养，提高机体抵抗力，给予高热量、高蛋白质、高维生素、易消化的饮食，鼓励患者多饮水，保持大小便通畅，减轻盆腔充血，从而减轻疼痛，利于子宫复旧。

2. **心理护理** 向产妇及家属讲解病情，耐心解答产妇及家属的疑问，减轻其心理压力。指导产妇自我护理技巧，提供母婴接触的机会，鼓励家属为产妇提供有力的支持。

3. **病情观察** 做好生命体征的测量，患者高热时可行物理降温，降温期间要密切注意体温变化，观察降温效果。密切观察恶露的颜色、量、气味。密切观察疼痛情况。

4. **配合治疗**

（1）局部护理：保持外阴清洁、干燥，取健侧卧位。遵医嘱行会阴擦洗，每日2次。嘱患者排尿、排便后及时冲洗会阴；对外阴伤口感染者早期行红外线照射，每日2次，每次20~30分钟；对脓肿形成者应拆线引流；盆腔脓肿可行阴道穹后部切开引流。产妇使用的会阴清洁用物应及时清洁和消毒。

（2）全身护理：遵医嘱正确使用抗生素。遵医嘱静脉补液，促进毒素的排出，维持机体水、电解质平衡。对下肢血栓性静脉炎产妇应抬高患肢，局部保暖、湿热敷，以增加血流回流，减轻肿胀及疼痛。配合医生做好清宫、脓肿引流、阴道穹后部穿刺术的准备及护理工作。

5. **健康指导** 做好妊娠期卫生宣传教育，嘱孕妇养成良好的卫生习惯，防止炎症的发生。积极治疗妊娠期阴道炎、外阴炎等，减少产褥期感染机会。产后嘱产妇保持会阴部清洁，大小便后应及时清洗会阴，勤换会阴垫。告知产妇有异常及时就诊。

护理评价

1. 产妇体温下降到正常范围。
2. 通过治疗及护理，产褥感染症状消失。
3. 产妇了解产褥感染的原因。产妇能讲述预防产褥感染的措施。

第二节 晚期产后出血妇女的护理

分娩24小时后，在产褥期内发生的子宫大量出血，称为晚期产后出血（late puerperal hemorrhage）。产后1~2周发病最常见，亦有延迟至产后2个月左右发病。阴道出血多为少量或中等量，持续或间断；亦可表现为大量出血，同时有血凝块排出。产妇可伴有寒战、低热，且常因失血过多导致贫血或失血性休克。

病因

近年来随着各地剖宫产率的升高，晚期产后出血发生率有上升趋势。胎盘、胎膜残留是晚期产后出血最常见的原因，多发生在产后10天左右。黏附在子宫腔内的小块胎盘组织发生变性、坏死、机化，形成胎盘息肉。当坏死组织脱落时，暴露基底部血管，引起大量出血。此外，蜕膜残留、子宫胎盘附着面感染或复旧不全、剖宫产子宫切口裂开、子宫黏膜下肌瘤、绒癌等均可引起晚期产后出血。

▶ 护理评估

（一）健康史

询问患者妊娠期、分娩期及产褥期的相关信息，如有无子宫肌瘤，是否有多次人工流产史，分娩方式，有无急产、产程延长，胎盘、胎膜娩出情况及完整性等。

（二）身体状况

评估产妇全身情况、子宫复旧及伤口愈合情况。检查宫底高度、子宫软硬度、有无压痛及其疼痛程度，观察会阴部有无疼痛、局部红肿、硬结及脓性分泌物，并观察恶露的量、颜色、性状、气味等。用阴道窥器检查阴道、宫颈及分泌物的情况，双合诊检查宫颈有无举痛、子宫一侧或双侧是否扪及包块。

（三）辅助检查

1. **血、尿常规** 了解感染与贫血情况。
2. **病原菌和药物敏感试验** 选择有效广谱抗生素。
3. **B型超声检查** 了解子宫大小、宫腔内有无残留物及子宫切口愈合状况等。
4. **病理学检查** 宫腔刮出物或切除子宫标本应送病理学检查。

（四）心理社会状况

晚期产后出血一旦发生，产妇及家属会表现出恐惧、紧张的情绪。评估产妇的情绪与心理状态，是否存在沮丧、烦躁与焦虑情绪。

（五）治疗原则

1. 在应用抗生素、子宫收缩药的基础上查明原因，对症处理。
2. 对怀疑有胎盘、胎膜残留者给予刮宫，刮出物送病理学检查。
3. 剖宫产术后切口裂开者，如少量阴道流血，密切观察；对大量阴道流血者应剖腹探查。
4. 若为肿瘤，要做相应的处理。

▶ 护理诊断/问题

1. **组织灌注量改变** 与大出血有关。
2. **有感染的危险** 与手术操作、失血后机体抵抗力降低有关。
3. **活动无耐力** 与贫血、产后体质极度虚弱有关。
4. **焦虑** 与不能很好地照顾婴儿和哺乳，担心自己身体是否能很好地康复有关。

▶ 护理目标

1. 患者血容量得到恢复，血压、脉搏、尿量正常。
2. 产妇没有出现感染。
3. 产妇主诉疲乏感觉减轻。
4. 患者能说出内心的感受，情绪稳定，积极配合治疗和护理。

▶ 护理措施

1. **一般护理** 提供安静的环境，保证患者休息与睡眠充足。鼓励患者进食高热量、高维生素、高蛋白质饮食，促进伤口的愈合。
2. **病情观察** 密切观察患者的生命体征、子宫收缩、阴道流血及腹部伤口情况。详尽记录患者的意识状态、皮肤颜色、血压、脉搏、呼吸及尿量。

3. 心理护理 晚期产后出血产妇因出血时间长，出血量多而导致紧张、恐惧、焦虑等情绪。护士应向患者及家属解释出血的原因及对应的治疗方案，关心、安慰产妇，消除不安、焦虑情绪，使产妇积极配合治疗。

4. 配合治疗 ①保持静脉通道，充分做好输血和急救的准备。若为剖宫产子宫切口裂开所致大出血，应在开放静脉通道的同时做好剖腹探查的术前准备。②定时外阴清洁、消毒。③观察子宫收缩情况，有无压痛，观察恶露的量、颜色、气味等。④遵医嘱应用抗生素预防感染。

5. 健康教育 指导产妇加强营养，多吃富含蛋白质、铁的食物，有效地纠正贫血。适当锻炼，以促进康复。教会产妇产褥期保健，保持会阴清洁，避免产褥感染。督促产妇尽早下床活动，以促进子宫复旧。禁止性生活至产褥期结束。出院后，发现异常情况及时随访。

▶ 护理评价

1. 患者出血减少，生命体征平稳，切口生长良好。
2. 患者及家属对医护工作满意。

（胡蘅芬）

一、案例分析

26岁初产妇，产后4日感头痛、发热，伴恶心、呕吐，下腹部疼痛。体格检查：体温40℃，下腹压痛、反跳痛、腹肌紧张。妇科检查：子宫复旧不良，有压痛。

讨论分析：

1. 患者有什么问题，最可能的临床诊断是什么？
2. 对患者的身心状况进行评估，如何根据病情做出护理诊断和制订预期目标？
3. 如何根据患者病情制订护理措施？

二、问答题

1. 说出产褥感染和产褥病率的定义。
2. 简述产褥感染的类型。

第十二章 妇科护理病史采集及检查配合

第十二章
数字资源

本章思维导图

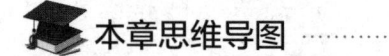

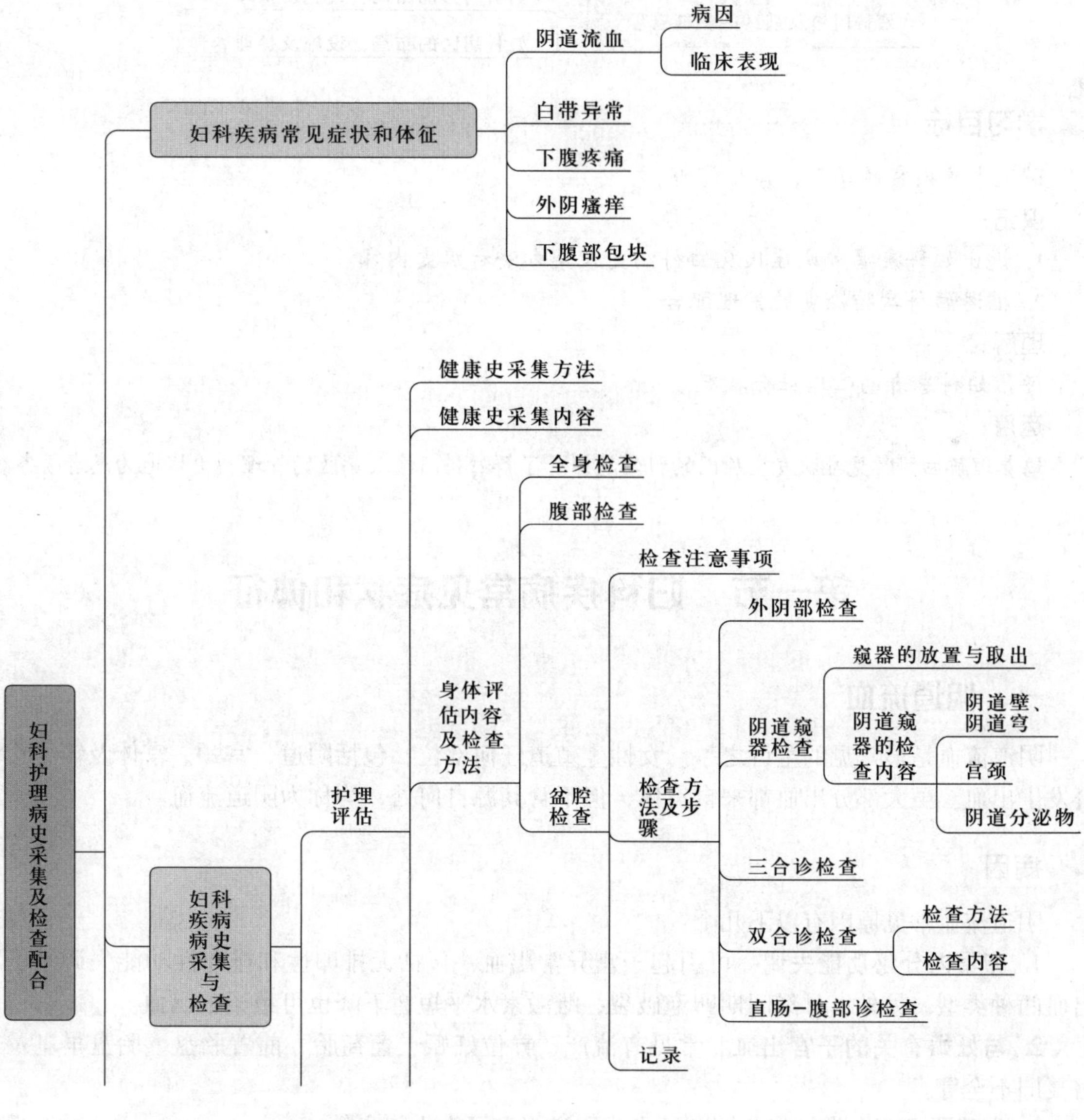

```
妇科护理病史采集及检查配合
├── 妇科疾病常见症状和体征
│   ├── 阴道流血 ── 病因
│   │              临床表现
│   ├── 白带异常
│   ├── 下腹疼痛
│   ├── 外阴瘙痒
│   └── 下腹部包块
└── 妇科疾病病史采集与检查
    ├── 护理评估
    │   ├── 健康史采集方法
    │   ├── 健康史采集内容
    │   └── 身体评估内容及检查方法
    │       ├── 全身检查
    │       ├── 腹部检查
    │       └── 盆腔检查
    │           ├── 检查注意事项
    │           └── 检查方法及步骤
    │               ├── 外阴部检查
    │               ├── 阴道窥器检查
    │               │   ├── 窥器的放置与取出
    │               │   └── 阴道窥器的检查内容
    │               │       ├── 阴道壁、阴道穹
    │               │       ├── 宫颈
    │               │       └── 阴道分泌物
    │               ├── 三合诊检查
    │               ├── 双合诊检查
    │               │   ├── 检查方法
    │               │   └── 检查内容
    │               └── 直肠-腹部诊检查
    └── 记录
```

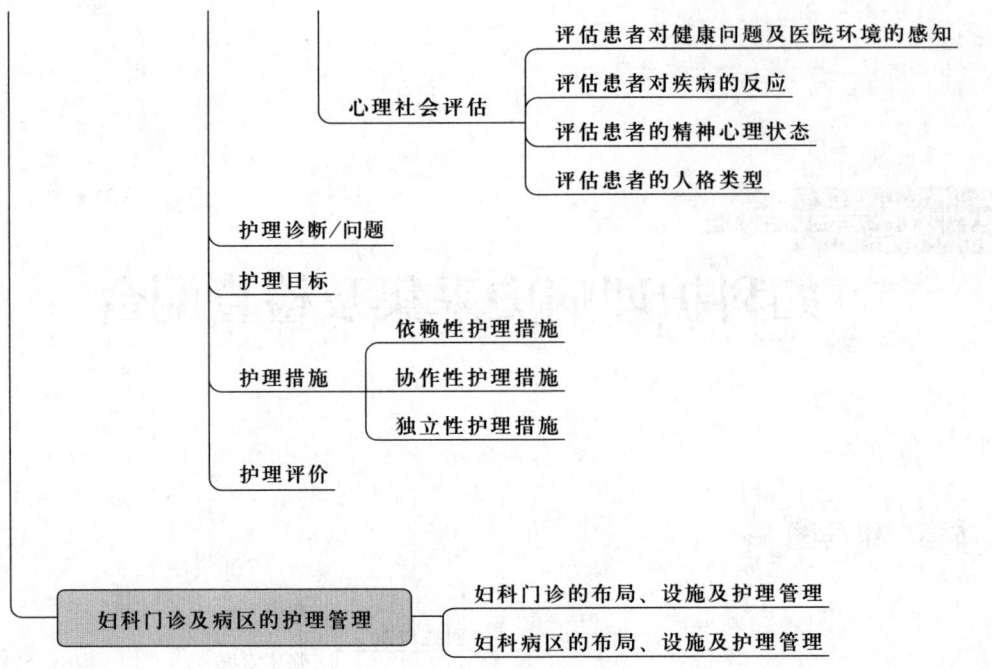

 学习目标

通过本章内容的学习，学生能够：

识记：

1. 说出妇科疾病常见症状及妇科病史采集方法和病史内容。
2. 描述妇科盆腔检查的护理配合。

理解：

评估妇科患者的心理社会状况。

运用：

培养理解妇科常见症状发生原因的科学思维。了解妇科门诊及病区的管理，更好地为患者服务。

第一节 妇科疾病常见症状和体征

一、阴道流血

阴道流血是最常见的主诉之一。女性生殖道任何部位，包括阴道、宫颈、宫体及输卵管均可发生出血。虽大部分出血都来自宫体，但不管其源自何处，均称为阴道流血。

▶ 病因

阴道流血常见原因有以下几个：

1. 卵巢内分泌功能失调 可引起子宫异常出血，包括无排卵性和排卵性功能失调性子宫出血两种类型。另外，月经间期卵泡破裂，雌激素水平短暂下降也可致子宫出血。

2. 与妊娠有关的子宫出血 常见有流产、异位妊娠、葡萄胎、前置胎盘、胎盘早剥及子宫复旧不全等。

3. 生殖器炎症 常见有急性宫颈炎、阴道炎和子宫内膜炎等。

4. 生殖器肿瘤 子宫肌瘤是引起阴道流血的常见良性肿瘤。分泌雌激素的卵巢肿瘤也可致阴道流血。其余均为恶性肿瘤，包括宫颈癌、阴道癌、子宫内膜癌、妊娠滋养细胞肿瘤、子宫肉瘤、输卵管癌等。

5. 损伤、异物和外源性刺激　生殖道创伤（如骑跨伤、处女膜损伤及阴道损伤），放置宫内节育器，阴道内放入异物等均可致阴道出血。雌激素或孕激素药物可导致"突破性出血"。

6. 全身疾病有关的阴道流血　如血小板减少性紫癜、白血病、再生障碍性贫血、肝功能损害等，均可导致阴道流血。

▶ 临床表现

1. 月经量增多　月经量增多＞80 ml或经期延长，月经周期基本正常，是子宫肌瘤的典型症状。其他还有子宫腺肌病、放置宫内节育器、排卵性功能失调性子宫出血，均可致月经量增多。

2. 周期不规则的阴道流血　多为无排卵性功能失调性子宫出血，但围绝经期妇女应注意排除早期子宫内膜癌。性激素或避孕药物引起的"突破性出血"也表现为不规则阴道流血。

3. 停经后阴道流血　见于育龄期女性，应先考虑与妊娠有关的疾病，如流产、异位妊娠、葡萄胎等。见于围绝经期妇女，多为无排卵性功能失调性子宫出血，且需排出生殖道恶性肿瘤。

4. 阴道流血伴白带增多　考虑为晚期宫颈癌、子宫内膜癌或子宫黏膜下肌瘤伴感染。

5. 接触性出血　于性交后或阴道检查后，立即有鲜血出现，应考虑急性宫颈炎、宫颈癌、子宫息肉或子宫黏膜下肌瘤的可能。

6. 经间出血　若发生于下次月经来潮前14～15日，历时3～4日，且血量少，偶有下腹不适或疼痛，多为排卵期出血。

7. 绝经多年后阴道流血　若流血量少，历时2～3日后干净，多考虑绝经后子宫内膜脱落引起的出血或萎缩性阴道炎；若流血量多，持续时间长或反复阴道出血，考虑子宫内膜癌的可能。

8. 外伤后阴道流血　多见于骑跨伤后，血量可多可少。

二、白带异常

白带由阴道黏膜渗出液、宫颈管及子宫内膜腺体分泌液等混合而成，与雌激素作用有关。正常白带呈蛋清样或白色稀糊状，黏稠、量少，无腥臭味，称为生理性白带。生殖道炎症（如宫颈炎、阴道炎）或出现癌变时，白带量增多，性状也会发生改变，称为病理性白带。临床常见有以下几种：

1. 透明黏性白带　外观和正常白带相似，但其数量增多，可考虑为卵巢功能失调、阴道腺病或宫颈高分化癌的可能。

2. 豆渣样或凝乳状白带　是典型的外阴阴道假丝酵母菌病的特征，伴有严重外阴瘙痒及灼痛。

3. 灰黄色或黄白色稀薄泡沫状白带　是典型的滴虫性阴道炎的特征，可伴有外阴瘙痒。

4. 灰白色匀质鱼腥味白带　可见于细菌性阴道病，可伴有轻度瘙痒。

5. 脓性白带　呈黄色或黄绿色，黏稠，多有臭味，为细菌感染所致，见于淋病性阴道炎、急性宫颈炎及子宫颈管炎。阴道癌或宫颈癌并发感染、宫腔积液及阴道内异物残留均可致脓性白带。

6. 水样白带　持续流出淘米水样白带且伴恶臭，一般为晚期宫颈癌、阴道癌或黏膜下肌瘤伴感染。间断性排出清澈、红色或黄红色水样白带，应考虑输卵管癌的可能。

7. 血性白带　白带中混有血液，血量多少不等，应考虑宫颈癌、子宫内膜癌、宫颈息肉或子宫黏膜下肌瘤等。放置宫内节育器也可致血性白带。

三、下腹疼痛

下腹疼痛是女性常见症状，多因妇科疾病引起。应依据下腹疼痛的性质、特点，考虑各种不同情况。但下腹疼痛来自内生殖器以外的疾病也并不少见，应注意鉴别。

1. **下腹疼痛部位** 下腹正中疼痛，多为子宫病变引起，少见；一侧下腹疼痛，考虑该侧附件病变，如异位妊娠、卵巢囊肿蒂扭转等；右侧下腹疼痛还应考虑急性阑尾炎；双侧下腹疼痛见于盆腔炎性病变；输卵管妊娠破裂、卵巢囊肿破裂或盆腔腹膜炎时，可出现整个下腹疼痛或全腹部疼痛。

2. **起病缓急** 起病缓慢而逐渐加剧者，多由内生殖器炎症或恶性肿瘤导致；起病急，应考虑卵巢囊肿蒂扭转或破裂等；反复出现隐痛后又有撕裂样剧痛，应考虑输卵管妊娠破裂或流产。

3. **下腹疼痛性质** 持续性钝痛大多是炎症或腹腔积液所致；顽固性疼痛难以忍受，常于晚期生殖器官癌肿所致；撕裂样锐痛常见于输卵管妊娠破裂或卵巢囊肿蒂扭转或破裂所致；阵发性绞痛常为子宫或输卵管等空腔器官收缩的表现；宫腔内有积液或积血不能排出可致下腹坠痛。

4. **下腹疼痛时间** 在月经周期中出现下腹一侧隐痛，考虑排卵性疼痛；经期出血且腹痛，可为原发性痛经或有子宫内膜异位症的可能；周期性下腹痛但无月经来潮多为月经血排出受阻所致，见于先天性生殖道畸形或术后宫腔、宫颈管粘连。与月经周期无关的慢性下腹部疼痛常见于盆腔炎症、子宫内膜异位症、下腹部术后组织粘连及妇科肿瘤等。

5. **疼痛放射部位** 疼痛放射至腰骶部，多为宫颈、子宫病变所致；放射至肩部，考虑为腹腔内出血；放射至腹股沟及大腿内侧，多为该侧附件病变所致。

6. **腹痛伴随症状** 腹痛伴有停经史，多为妊娠合并症；伴恶心、呕吐，考虑卵巢肿瘤蒂扭转可能；伴休克症状，考虑有腹腔内出血。

四、外阴瘙痒

外阴瘙痒是妇科疾病患者常见症状，多由外阴病变所致，外阴正常者也可出现。如瘙痒严重，可出现坐卧不安，甚至影响生活及工作。

1. **外阴瘙痒部位** 外阴瘙痒多位于阴蒂、大阴唇、小阴唇及会阴，甚至肛周等皮损区。长期瘙痒可出现抓痕、血痂或继发性毛囊炎。

2. **外阴瘙痒症状与特点** 常为阵发性，亦可为持续性，夜间加重。瘙痒程度因疾病不同或个体差异而有所不同。滴虫阴道炎、外阴阴道假丝酵母菌病的主要症状为外阴瘙痒、白带增多。外阴色素减退性疾病以外阴奇痒为典型症状，伴有外阴皮肤色素脱失。糖尿病患者尿糖可刺激外阴皮肤，特别是并发外阴阴道假丝酵母菌病时，外阴瘙痒尤其严重。无原因的外阴瘙痒一般仅发生于生育年龄或绝经后女性，外阴瘙痒严重，甚至难以忍受，但局部皮肤及黏膜外观正常，或仅有抓痕或血痂。

五、下腹部包块

下腹部包块是妇科疾病患者就诊时常见的主诉。包块可因本人无意中发现，也可因其他症状（如阴道流血、下腹疼痛等）做妇科检查或B型超声检查时发现。根据包块质地不同，可分为囊性和实性。囊性包块大多为良性病变，如卵巢囊肿、输卵管卵巢囊肿等。实性包块在妊娠期为生理性，良性包块有子宫肌瘤、盆腔炎性包块、卵巢纤维瘤等；其他实性包块可考虑为恶性肿瘤。

1. **子宫增大** 位于下腹部正中，与宫颈相连，其原因可能与以下因素有关。

（1）妊娠子宫：育龄期妇女有停经史，扪及下腹部正中包块，应考虑妊娠子宫。停经后出现阴道不规则流血，且子宫增大超过停经周数，应考虑葡萄胎。

（2）子宫肌瘤：子宫呈均匀性增大，表面可有单个或多个隆起。其典型症状是月经量增多。带蒂浆膜下肌瘤仅蒂与宫体连接，一般无症状，妇科检查时需与卵巢肿瘤进行鉴别。

（3）子宫恶性肿瘤：绝经后患者子宫增大伴阴道不规则流血，应考虑子宫内膜癌的可能。若为子宫肉瘤，症状是子宫增大迅速伴有腹痛和不规则阴道流血。有生育史或流产史者，尤其有葡萄胎史，子宫增大且外观不规则、子宫不规则出血时，应考虑为妊娠滋养细胞肿瘤。

（4）子宫畸形：双子宫或残角子宫可扪及子宫另一侧有与其对称或不对称的包块，硬度相似且两者相连。

（5）子宫腺肌病：子宫均匀增大，且不超过妊娠3个月大小，质硬。患者可有逐年加重的痛经、月经量增多、经期延长等症状。

2. **附件包块** 生理状态下，妇科检查时通常不能扪及输卵管和卵巢。当附件出现包块时，可扪及肿大的包块，属于病理现象。临床常见的有以下几种。

（1）输卵管妊娠：包块位于宫旁，大小、性状不一，有明显触痛。患者多有停经史，然后出现阴道少量流血及腹痛。

（2）附件炎性包块：包块多为双侧，位于子宫两旁，压痛明显，且与子宫有粘连。急性附件炎症患者可伴发热、腹痛。慢性附件炎症患者，多有不孕及下腹痛史，可出现盆腔炎性疾病反复发作。

（3）卵巢子宫内膜异位囊肿：多为与子宫粘连、活动限制、有压痛的囊性包块，可有继发性痛经、性交痛、不孕史等。

3. **肠道及肠系膜肿块**

（1）阑尾囊肿：肿块位于右下腹，边界不清，较子宫远且固定，有明显压痛、发热、白细胞计数明显升高。初始可有脐周疼痛，随后疼痛转移并逐渐局限于右下腹。

（2）腹部手术后感染或继发性肠管、大网膜粘连：包块边界不清，叩诊部分区域呈鼓音，患者既往有手术史或盆腔炎症。

（3）结肠癌：包块位于一侧下腹部，呈条状，稍能推动，有轻压痛。患者多有下腹部隐痛、腹泻、便秘及粪便带血史，晚期出现贫血、恶病质。

4. **腹腔包块**

（1）腹腔积液：大量腹腔积液可与卵巢肿瘤相似。腹腔积液的典型特征为腹部两侧叩诊呈浊音，脐周呈鼓音。腹腔积液合并卵巢肿瘤，腹部冲击触诊法可发现潜在包块。

（2）直肠子宫陷凹脓肿：包块呈囊性，向阴道穹后部突出，压痛明显，常伴有发热及急性盆腔腹膜炎特征。阴道穹后部穿刺抽出脓液可确诊。

第二节 妇科疾病病史采集与检查

▶ 护理评估

（一）健康史采集方法

采集病史是护理人员对患者进行护理的基础，也是医患沟通、建立良好医患关系的重要时机。为正确判断病情，需细致询问病情和耐心聆听陈述，收集有关患者的全面资料，以了解患者目前的健康状况，并评价患者既往和目前的应对情况。有效的交流是对患者正确评估和处理的首要条件，能增加患者的满意度及安全感。采集病史时，由于女性生殖系统疾病通常涉及患者隐私等内容，收集资料时会使患者感到不适或害羞，甚至不愿说出实情，因此应做到态度和蔼、语言亲切，关心并尊重患者。采用启发式提问，但应避免暗示和主观臆测。询问病史应有目的性,切勿遗漏关键性的病史内容,以免造成疾病的漏诊或误诊。对危重患者在初步了解病情后,应配合医生立即抢救,以免延误治疗。对院外转诊患者,应当索要患者的病情介绍作为重要参考资料。对不能亲自口述的危重患者,可询问最了解其病情的家属、亲友、护送转诊的医务人员或病发现场的目击者。此外,还应注意病史的可靠性和某些场合下的保密性。遇有不愿说出实情(如性生活史)者,不宜反复追问,可先行各项检查,待明确病情后再予补充。

(二)健康史采集内容

1. **一般项目** 包括患者的姓名、性别、年龄、婚姻、籍贯、民族、职业、教育程度、住址、入院日期、入院方式、病史记录日期、病史陈述者及可靠程度。若非患者陈述,应注明陈述者及其与患者的关系。

2. **主诉** 指导致患者就诊的主要症状(或体征)及持续时间。需通过主诉初步评估疾病的大致范围。力求简明扼要,通常不超过20字。妇科常见症状有外阴瘙痒、白带异常、阴道流血、下腹痛、下腹部包块、闭经、不孕等。如患者有停经、阴道流血及腹痛3种主要症状,应按其发生时间的顺序,将主诉书写为:停经×日后,阴道流血×日,腹痛×小时。若患者无任何自觉不适症状,仅检查时发现卵巢囊肿,主诉应写为:检查发现"卵巢囊肿"×日。

3. **现病史** 指患者从发病初到就诊时的病情演变过程、治疗经过、采取的护理措施及效果,是病史主要组成部分,可按时间顺序询问并书写。现病史包括发病时间、主要症状特点、发病原因及可能的诱因、伴随症状、发病后诊疗情况及结果,睡眠、饮食、体重及大小便等一般情况的变化,以及与鉴别诊断有关的阳性或阴性资料等。常见症状的采集要点:

(1)阴道出血:注意出血时间、出血量以及出血持续时间、颜色、性质,有无血块或组织物,出血与月经的关系,有无诱因及伴随症状,正常末次月经和末次前月经。

(2)白带异常:白带的性状、气味、发病时间,与月经的关系及伴随症状。

(3)腹痛:发生时间、部位、性质及程度,起病缓急,持续时间,疼痛与月经的关系,诱因及伴随症状。

(4)腹部包块:发生时间、部位、大小、活动度、硬度、增大情况、疼痛及伴随症状。

4. **月经史** 包括初潮年龄、月经周期、经期持续时间(简写为:初潮年龄$\frac{经期}{月经周期}$绝经年龄或末次月经起始日期)。如:14岁初潮,周期28~30日,经期5日,48岁绝经,简写为$14\frac{5}{28\sim30}48$。了解每次月经量多少,可询问每日更换卫生巾次数,有无血块;伴随症状包括经前和经期有无不适,如乳房胀痛、水肿、精神抑郁或易激动等;有无痛经及疼痛的部位、性质、程度以及痛经起始和消失时间。常规询问并记录末次月经起始日期以及其月经量和持续时间。若流血情况不同于以往正常月经时,还应询问末次前月经。对绝经患者应询问绝经年龄、绝经后有无阴道出血、阴道分泌物增多或其他不适。

5. **婚育史** 包括婚次及每次结婚年龄,是否为近亲结婚(直系血亲及三代以内旁系血亲),男方健康情况,有无性病史及双方性生活情况等。生育史包括足月产、早产、流产次数及现存子女数(记录为:足–早–流–存或孕n产m)。如足月产2次,无早产,流产1次,现存子女2人,可简写为2-0-1-2。也可记录为孕3产2(G_3P_2)。记录分娩方式,新生儿出生情况,有无难产史,有无产后出血或产褥感染史;自然流产或人工流产情况;末次分娩或流产日期和情况;采用的避孕措施及效果。

6. **既往史** 指患者以往的健康和疾病情况。内容包括以往健康状况、疾病史、传染病史、预防接种史、手术外伤史、输血史、药物过敏史。如患过某种疾病,应询问疾病的治疗及转归情况。

7. **个人史** 包括患者生活和居住情况,出生地和曾居住地区,生活方式、睡眠饮食、营养、卫生习惯等，有无吸毒史及烟、酒嗜好。

8. **家族史** 了解患者父母、兄弟、姐妹及子女健康状况。家族成员有无遗传性疾病（如血友病、白化病等），是否患可能与遗传有关的疾病（如糖尿病、高血压等）以及传染病（如结核、梅毒等）。

（三）身体评估内容及检查方法

检查配合是指妇科护理人员通过系统地运用视、触、叩、听、嗅、查等手段，对患者各系统进行检查。女性生殖系统是人体最隐秘的部位，在妇科检查时患者会感到害羞与不适，检查时要关心患者，向患者做好解释工作，态度认真、严肃，语言亲切，动作轻柔，注意使用屏风遮挡保护患者隐私。体格检查应在采集病史后进行，主要包括全身检查、腹部检查及盆腔检查。

1. **全身检查** 常规测量体温、脉搏、呼吸、血压，必要时可测量身高和体重。其他检查包括患者神志、面容、精神状态、体态、全身发育及毛发分布、皮肤、浅表淋巴结（尤其是左锁骨上淋巴结和腹股沟淋巴结）、头面部、颈、乳房（注意其发育，皮肤有无凹陷，有无包块、分泌乳汁或液体）、心、肺、脊柱及四肢。

2. **腹部检查** 是妇科体格检查的重要组成部分，应在盆腔检查前进行。患者取平卧位，暴露腹部。视诊观察腹部大小、形状，有无隆起或呈蛙腹状，腹壁有无瘢痕、静脉曲张、妊娠纹、腹壁疝、腹直肌分离等。触诊腹壁厚度，肝、脾、肾有无增大及压痛，腹部有无压痛、反跳痛及肌紧张，能否触及包块。如有包块，应描述其部位、大小（以 cm 为单位表示或相当于妊娠月份表示，如包块相当于妊娠 4 个月大）、形状、质地、活动度、表面是否光滑或高低不平隆起以及有无压痛等。叩诊时注意鼓音和浊音分布区，有无移动性浊音。必要时听诊了解肠鸣音。若合并妊娠，应进行四部触诊，测量腹围、子宫底高度及胎心率等。

3. **盆腔检查** 又称妇科检查，包括外阴、阴道、宫颈、宫体及双侧附件检查。

（1）检查注意事项：①检查者应关心、体贴患者，检查前告知患者盆腔检查可能引起不适和配合及缓解的方法，消除其紧张情绪。检查时认真，动作轻柔。②除尿失禁患者外，检查前嘱患者排空膀胱，必要时导尿。粪便充盈者应在排空粪便或灌肠后检查。③为避免感染或交叉感染，置于臀部下的垫单或纸单、无菌手套及检查器械应一人一换，一次性使用。④患者取膀胱截石位。头部略高，臀部置于检查台边缘，双手平放于身旁，以使腹肌松弛。检查者面向患者，站在患者两腿之间。不宜搬动的危重患者可在病床上检查。⑤应避免月经期做盆腔检查。若为阴道异常出血必须检查时，检查前常规消毒外阴，严格无菌操作，以防发生感染。⑥无性生活史患者禁做阴道窥器、双合诊及三合诊检查，可行直肠-腹部诊。如确有必要检查，应先征得患者及其家属同意后，方可做阴道窥器检查、双合诊及三合诊检查。⑦疑有盆腔内病变的腹壁肥厚、高度紧张不合作者，若盆腔检查不满意，可行超声检查，必要时可在肌肉麻醉下进行盆腔检查，以做出准确判断。⑧男性医护人员对患者进行检查时，需有其他女性医护人员在场，以减轻患者紧张心理和避免产生不必要的误会。

（2）检查方法及步骤：

1）外阴部检查：观察外阴发育、阴毛多少及分布情况，有无畸形、水肿、溃疡、皮炎、赘生物或肿块，注意皮肤和黏膜色泽及质地变化，有无增厚、变薄或萎缩。分开小阴唇，暴露阴道前庭，观察尿道口和阴道口，观察尿道口周围皮肤色泽，了解有无赘生物。无性生活史患者处女膜一般完整未破，其阴道勉强可容一示指；有性生活患者的阴道口能容两指通过；经产妇的处女膜仅剩余残痕或可见会阴侧切瘢痕。检查时还应嘱患者用力向下屏气，观察有无阴道前后壁膨出、子宫脱垂或尿失禁等情况。

2）阴道窥器检查：根据患者阴道大小和阴道壁松弛情况，选用适宜大小的阴道窥器。未婚者未经本人同意，禁用窥器检查。使用阴道窥器检查阴道和宫颈时需注意阴道窥器的结构特点，旋转 360° 不同方向，检查阴道壁四周、阴道穹及宫颈组织，以免漏诊。

①放置和取出：临床常见鸭嘴形阴道窥器，可以固定，便于阴道内治疗操作。阴道窥器有大小之分，根据阴道大小及阴道壁松弛程度选用。当放置窥器时，先将窥器前后两叶前端合拢，表面涂润滑剂以利插入，避免损伤。若拟做宫颈细胞学检查或取阴道分泌物做涂片检查，不应用润滑剂，可采用生理盐水润滑，以免影响涂片质量。放置窥器时，检查者一手拇指和示指将两侧小阴唇分开，另一手将窥器避开敏感的尿道周围区，斜行沿阴道侧后壁缓慢插入阴道内，边推进边旋转，将窥器两叶转正并逐渐张开，完全暴露宫颈、阴道壁及阴道穹，然后旋转窥器，充分暴露阴道各壁（图12-1）。取出窥器时，先将前后叶合拢，再沿阴道侧后壁缓慢取出，以免小阴唇及阴道壁黏膜被夹入两叶侧壁间引起患者剧痛不适。

②视诊：首先观察阴道前后壁、侧壁及阴道穹黏膜颜色、皱襞多少，是否有阴道先天畸形（如阴道纵隔等），有无溃疡、赘生物或囊肿等。注意阴道分泌物的量、性状、色泽，有无臭味。对阴道分泌物异常者应做滴虫、假丝酵母菌、淋病奈瑟菌及线索细胞等检查。暴露宫颈后，观察宫颈大小、颜色、外口形状，有无出血、糜烂样改变、肥大、外翻、撕裂、息肉、腺囊肿、赘生物、畸形，宫颈管内有无出血或分泌物。同时可采集宫颈外口鳞-柱状交接部脱落细胞或取宫颈分泌物标本做宫颈细胞学检查。

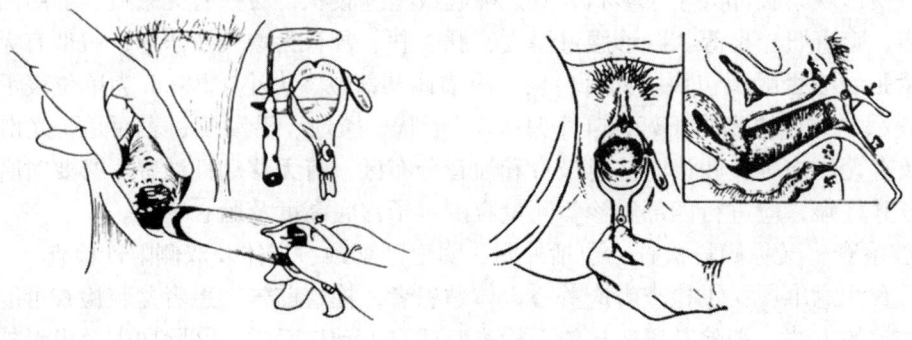

图12-1　阴道窥器检查

3）双合诊：是盆腔检查中最重要的项目。检查者一手的两指或一指放入阴道内，另一手放在腹部配合检查，即为双合诊。目的在于检查阴道、宫颈、宫体、输卵管、卵巢、宫旁结缔组织、韧带以及骨盆腔内壁有无异常。

检查方法：检查者戴无菌手套，一手示指、中指蘸润滑剂，顺阴道后壁轻轻插入，检查阴道通畅度、深度、弹性，有无畸形、瘢痕、肿块、结节及阴道穹情况。然后触诊宫颈大小、形状、硬度及宫颈外口情况，有无接触性出血和宫颈举痛（将宫颈向上向两边拨动，观察患者有无不适），此法常是诊断妇科疾病的重要依据。随后检查子宫体，将阴道内两指放在宫颈后部，另一手掌的掌心朝下手指平放于患者腹部平脐处，当阴道内手指向上向前抬举宫颈时，腹部手指往下往后按压腹部，并逐渐向耻骨联合部位移动，通过内、外手指同时分别抬举和按压，相互协调，即能扪清子宫位置、大小、形状、软硬度、活动度及有无压痛（图12-2A）。子宫位置一般是前倾略前屈，位于盆腔正中央。扪清子宫后，将阴道内两指由宫颈后方移至一侧穹窿部，尽可能往上向盆腔深部扪触；同时，另一手从同侧下腹壁髂嵴水平开始，由上往下按压腹壁，与阴道内手指相互对合，以触摸该侧附件区有无肿块、增厚及压痛（图12-2B）。如扪及肿块，应查清其位置、大小、形状、软硬度、活动度、与子宫的关系及有无压痛等。正常卵巢偶可扪及，接触后稍有酸胀感，正常输卵管不能扪及。

4）三合诊：经直肠、阴道、腹部联合检查，称为三合诊。方法是双合诊结束后，一手示指放入阴道，中指插入直肠以替代双合诊时的两指，其余检查步骤与双合诊相同，该项检查是对双合诊检查不足的重要补充（图12-3）。通过三合诊能扪清后倾或后屈子宫的大小，发现子宫后壁、宫颈旁、直肠子宫陷凹、子宫骶韧带和双侧盆腔后壁病变，估计盆腔内病变范围，尤

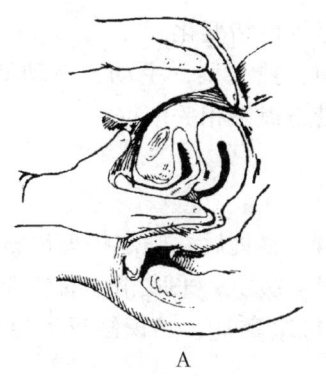
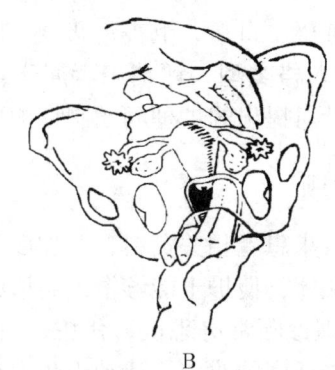

图 12-2 双合诊检查

其是癌肿与盆壁间的关系。因此，三合诊用于生殖器官肿瘤、结核、子宫内膜异位症、炎症的检查时尤显重要。

5）直肠-腹部诊：又称肛腹诊。检查者一手示指伸入直肠，另一手在腹部配合检查。适用于无性生活史、阴道闭锁、经期，或有其他原因不宜做双合诊的患者。

（3）记录：盆腔检查结束后，应根据检查结果按解剖部位先后顺序记录：

外阴：发育情况、阴毛分布形态及婚产式（未婚、已婚未产或经产）。有异常时应详加描述。

阴道：是否通畅，黏膜情况，分泌物的量、颜色、性状及有无气味。

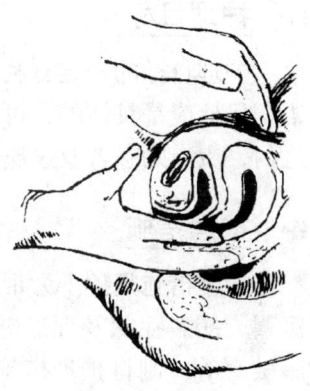

图 12-3 三合诊检查

子宫颈：大小、硬度，有无柱状上皮异位、撕裂、息肉、腺囊肿，有无接触性出血、举痛及摇摆痛等。

宫体：位置、大小、硬度、活动度、表面是否平整、有无突起、有无压痛等。

附件：有无肿物、增厚及压痛。如扪及包块物，记录其位置、大小、硬度、表面是否光滑、活动度，有无压痛以及与子宫及盆壁的关系。左右两侧情况分别记录。

（四）心理社会评估

妇科患者由于疾病或手术可能涉及生育、婚姻、性生活等家庭方面的问题，常影响家庭和夫妻生活，所以妇科患者的思想压力大、顾虑多。心理社会问题尤其不容忽视。心理社会评估方面主要评估心理状况、精神状态、对健康问题的理解、应激水平和应对能力、人格类型等。

1. 评估患者对健康问题及医院环境的感知 一般患者对疾病的认识程度取决于其文化程度和病程的长短，多数患者缺乏疾病的相关知识，会产生不同表现。了解患者对健康问题的感受，对自己所患疾病的认识和态度，对手术治疗的态度，对住院、治疗和护理的期望及感受，对患者角色的接受。了解患者对住院环境的感受；评估住院对患者是否造成心理压力。

2. 评估患者对疾病的反应 可应用量化评估表，评估患者患病前、后的应激方法，面对压力时的解决方式，处理问题过程中遇到的困难，以确定导致患者疾病的心理社会因素，并采取相应的心理护理措施，帮助患者预防、减轻甚至消除心理因素对健康的影响。评估患者的睡眠、食欲、精神有无变化，评估患者的应对方式及能力。询问患者平时应对困难的潜力和积极性。

3. 评估患者的精神心理状态 评估发病后患者的定向力、意识水平、注意力、认知水平、情绪、仪表、言谈举止、沟通交流能力、思维、记忆和判断能力有无变化。患病后患者有无焦虑、恐惧、否认、绝望、自责、沮丧、悲哀、愤怒等情绪变化。

4. 评估患者的人格类型 评估患者属于依赖、独立型，主动、被动型，紧张、松弛型，内向、外向型，为针对提出的护理问题制订护理措施提供相关依据。

▶ 护理诊断/问题

妇科护士全面收集患者相关资料，并加以分析、整理后，确定护理诊断，并按照其重要性和紧迫性排列先后顺序，使护士能够根据病情的轻重缓急，采取相应的护理措施。

妇科患者的护理诊断常有恐惧、焦虑、自我形象紊乱、知识缺乏、疼痛、皮肤完整性受损、预感性悲哀、舒适度的改变、活动无耐力等。

▶ 护理目标

护理目标的确定有利于护理措施的制订及实施。目标陈述包括主语、谓语、行为标准和状语。目标应是具体的，可被测量或观察到，应避免不明确和含糊之词。目标应在患者能力范围之内，应鼓励患者及家属参与讨论，共同制订。

▶ 护理措施

护理措施是护士为帮助护理对象达到预定护理目标所采取的具体护理活动，一般包括执行医嘱、缓解症状及促进舒适的护理措施，预防、减轻、消除病变反应的措施，用药指导和健康教育等。制订护理措施须具有科学性和可行性，能实现护理目标。护理措施的内容分三个部分：

1. 依赖性护理措施 指护士执行医生、营养师或药剂师等人的医嘱，如遵医嘱及时应用抗生素，预防感染。

2. 协作性护理措施 指护士与其他医务人员协同来完成的护理活动，如协助医师好腹腔穿刺放腹水的准备，协助医师完成腹腔穿刺放腹水。

3. 独立性护理措施 护士运用自己的专业知识和技能，自行或授权其他护理人员进行的护理活动，包括生活护理、住院评估、健康教育、对患者住院环境的管理及对患者病情和心理社会反应的监测等，属于护士独立提出和采取的措施，如产妇的会阴护理、乳房护理及母乳喂养指导等。

▶ 护理评价

护理评价可以判断执行护理措施后患者的反应，是评价预期目标是否达到的过程，是对整个护理效果的评价。现实与目标之间可能会存在目标完全实现、部分实现和未实现几种结果。若目标未能完全实现，应寻找原因，重新收集资料，调整护理诊断和计划，然后实施护理。在评价过程中应注意总结经验教训，不断改进和提高护理质量，争取患者早日康复。

第三节 妇科门诊及病区的护理管理

一、妇科门诊的布局、设施及护理管理

（一）妇科门诊的布局和设施

1. 布局 妇科病史和检查具有特殊性，为方便女性就诊，妇科门诊一般应设在门诊的一端，靠近卫生间，包括候诊室、妇科诊室、妇科治疗室和检查室，男性陪伴应另设休息室。候

诊室配宣传栏、卫生知识宣传单（册）、多媒体播放设备等，方便向患者及家属宣传妇女保健和计划生育相关知识。

2. **设施**　妇科检查室是进行各种妇科检查、治疗、护理及术前准备的场所，要求室内光线明亮，空气流通，清洁整齐，室内温度保持在16～25℃为宜。检查床边备屏风，室内安装紫外线灯或空气消毒机，以便定期进行空气消毒。

（1）妇科检查床：床上铺橡皮单和消毒单，床旁备踏足凳，床下放置污物桶，床尾配一转凳以供治疗、护理用。

（2）照明用物：保证室内光线，备可移动的照明灯具。

（3）储存柜：放置手术包、医用耗品等。

（4）边台或桌子：放置检查用物，如储槽、泡镊筒、器械、药品、敷料、棉签、试管、手套等。

（5）器械：有消毒阴道窥器、宫颈钳、子宫探针、卵圆钳、活检钳、刮匙、止血钳、剪刀等。

（6）药品：95%乙醇、75%乙醇、0.5%聚维酮碘溶液、2.5%碘酊、10%氢氧化钠溶液、无菌液状石蜡、0.9%氯化钠溶液等。

（7）医用耗品：敷料、棉签、宫颈刮片、玻片、试管、一次性会阴垫、棉球、带线棉球、一次性阴道窥器、手套等。

（二）妇科门诊的护理管理

1. **室内保持清洁**　定时通风，进行消毒，检查时应做到一人一具并更换臀下治疗单。使用过的物品、器具可先用消毒液浸泡30分钟预处理，然后用流水冲洗干净，高压消毒备用。每日室内用紫外线灯照射30分钟进行空气消毒1次，每周彻底清洁消毒1次。

2. **做好开诊前的组织和准备**　治疗室内物品应固定安放，整齐有序，每日清点，及时补充备齐。积极配合医生做好病史采集和体格检查，做好各项记录和资料登记、整理，检查前告知患者先排尿。对年老体弱、病情危重者应安排优先就诊。

3. **减轻患者的心理压力**　妇科患者多有害羞、紧张、恐惧等心理，护理人员应主动热情、态度和蔼地接待患者。解释诊疗程序和目的，耐心解答患者及家属的疑问，维持候诊秩序，避免非工作人员和家属随意进出，为患者创造一个良好的就诊环境。

4. **复诊及用药指导**　对需要多次诊治（如需人工周期）的患者，护理人员需详细加以说明并使其认识坚持诊治的必要性，对复诊（用药）时间进行交代，以免因忘记复诊或半途而废，失去治疗的最佳时机。

5. **健康指导**　充分利用候诊室的宣传设施进行有关妇女保健、防癌普查、计划生育的宣传指导。

二、妇科病区的布局、设施及护理管理

（一）妇科病区的布局和设施

妇科病区设有妇科病室、妇科检查室、治疗室、污物处理室等。病房分为普通病室及危重病室（需备抢救物品同ICU病房），病房的一端应设有卫生间。

（二）妇科病区的护理管理

1. **环境要求**　病房环境应安静、舒适、清洁、安全，病室应定时通风，空气和地面及时消毒，床头和桌子用湿法清洁和消毒，被服应定时更换。护理人员诊疗操作动作要轻柔，夜间尽量减少检查和治疗，使用暗灯以保证患者充足的睡眠。

2. **组织管理**

（1）护理人员应热情接待入院患者，详细介绍住院管理制度，使患者及家属尽快熟悉环

境，陪送到病房并安排好床位及用物。

（2）严格执行各项操作规程和疾病护理常规，严格查对制度，各项医疗文件记录应规范、准确、整齐、完备。

（3）对急危重症患者必须做到忙而不乱，及时配合抢救。

（4）建立物品使用、保养和维修制度，以保证诊疗和护理工作的顺利进行。

3. **健康指导** 护理人员要有良好的职业道德和业务素质，善于稳定患者的情绪，消除其思想顾虑，增强患者康复的信心，促进患者早日康复。对出院患者应根据其对疾病的认识、心理特征、治疗效果、生活习惯等给予必要的健康指导。

（周珂羊）

一、案例分析

患者，女性，33岁，腹痛，腹部肿块伴发热1周。原发不孕症10年。体格检查：T 38.5 ℃，消瘦，心、肺（-），下腹部可触及质韧肿块，压痛（+），活动欠佳。

讨论分析：

护士应配合医师进行妇科检查时应做好哪些准备？

二、问答题

1. 简述妇科常见症状。
2. 简述妇科检查时的注意事项。
3. 简述阴道窥器检查和盆腔检查的内容。
4. 简述护理措施的内容。
5. 简述心理社会评估的内容。

第十三章
妇产科常用诊疗及手术的护理

第十三章
数字资源

📖 **本章思维导图**

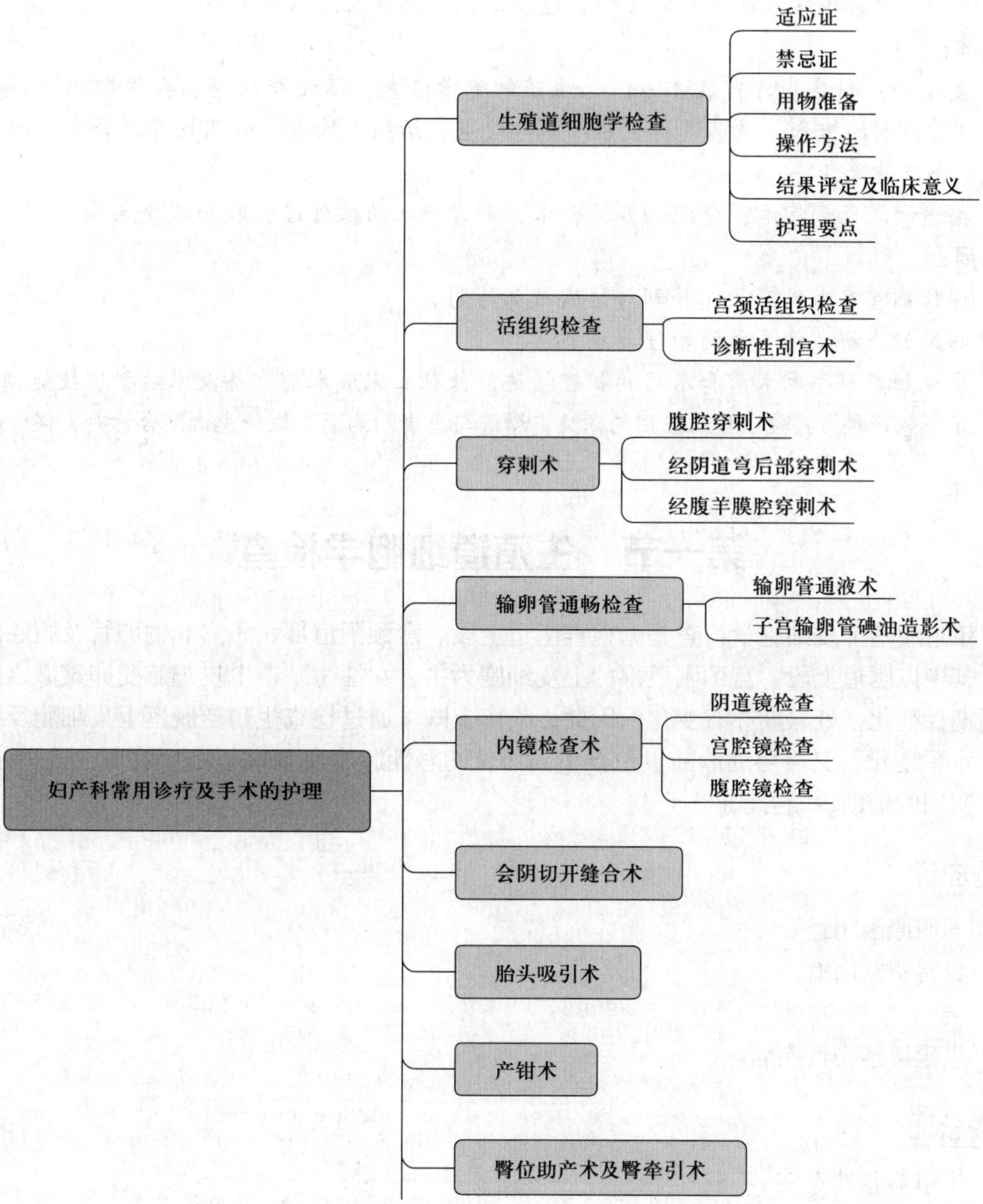

```
妇产科常用诊疗及手术的护理
├── 生殖道细胞学检查
│   ├── 适应证
│   ├── 禁忌证
│   ├── 用物准备
│   ├── 操作方法
│   ├── 结果评定及临床意义
│   └── 护理要点
├── 活组织检查
│   ├── 宫颈活组织检查
│   └── 诊断性刮宫术
├── 穿刺术
│   ├── 腹腔穿刺术
│   ├── 经阴道穹后部穿刺术
│   └── 经腹羊膜腔穿刺术
├── 输卵管通畅检查
│   ├── 输卵管通液术
│   └── 子宫输卵管碘油造影术
├── 内镜检查术
│   ├── 阴道镜检查
│   ├── 宫腔镜检查
│   └── 腹腔镜检查
├── 会阴切开缝合术
├── 胎头吸引术
├── 产钳术
└── 臀位助产术及臀牵引术
```

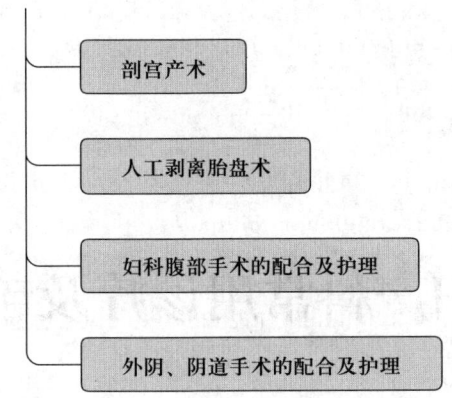

 学习目标

通过本章内容的学习，学生能够：

识记：
知道妇产科常用诊疗及手术的目的、适应证、禁忌证及注意事项等。

理解：
1. 复述妇产科常用诊疗及手术，如生殖细胞学检查、活组织检查、会阴切开缝合术、产钳术、剖宫产术的概念；准确进行生殖细胞学检查、活组织检查、会阴切开缝合术、剖宫产术的护理配合及健康指导。
2. 描述诊断性刮宫术、会阴切开缝合术、剖宫产术的操作过程和护理要点等。

运用：
1. 评估剖宫产术的产妇，并制订健康教育计划。
2. 归纳妇产科急诊手术的护理要点。
3. 实施妇产科手术术前和术后的护理措施，并独立完成术前准备及术后护理技能操作。
4. 了解妇产科诊疗技术临床应用的意义，增进与患者的沟通，促使患者配合诊疗，促进康复。

第一节　生殖道细胞学检查

生殖道脱落上皮细胞学检查是指检查阴道上段、宫颈阴道部、子宫、输卵管及腹腔的上皮细胞，其中以阴道上段、宫颈阴道部的上皮细胞为主。女性生殖道上皮细胞受卵巢激素的影响出现周期性变化，妊娠期亦有变化。因此，临床上既可通过检查生殖道脱落上皮细胞反映体内性激素水平变化，又可协助诊断生殖器不同部位的恶性肿瘤及观察其治疗效果，是一种简便、经济、实用的辅助诊断方法。

▶ **适应证**

1. 不明原因闭经。
2. 异常子宫出血。
3. 流产。
4. 生殖道感染性疾病。

▶ **禁忌证**

1. 生殖器急性炎症。

2. 月经期。

用物准备

1. 留取标本的用具必须无菌、干燥。

2. **用物准备** 阴道窥器1个、宫颈刮匙（木质小刮板）2个、载玻片若干张、0.9% 氯化钠溶液、无菌干燥棉签及棉球、装有固定液（95% 乙醇）的标本瓶1个或新柏氏液（细胞保存液）1瓶。

操作方法

1. **阴道涂片** 主要目的是了解卵巢功能或胎盘功能。对已婚妇女一般用木质小刮板在阴道侧壁上1/3处轻轻刮取黏液及细胞制作涂片，避免将深层细胞混入而影响诊断。对无性生活妇女应签署知情同意书后，用浸湿的消毒棉签深入阴道在其侧壁上1/3处，紧贴阴道侧壁卷曲后取出棉签，薄而均匀地涂于玻片上，将其置于95% 乙醇中固定。

2. **宫颈刮片（图13-1）** 是宫颈上皮内瘤变（cervical intraepithelial neoplasia，CIN）及早期宫颈癌的筛查方法。采集时应在宫颈外口鳞-柱状上皮交界处，用木质刮板以宫颈外口为圆心，轻刮一周，均匀涂于玻片上，避免损伤组织引起出血而影响检查结果，若受试者白带过多，应先用无菌干棉球轻轻擦净黏液，再刮取标本。然后均匀地涂布于玻片上。该法获取细胞数目不全面，制片也较粗劣，故多推荐涂片法。

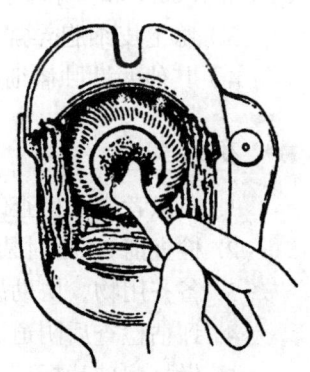

图 13-1 宫颈刮片

3. **液基薄层细胞学检查（thin-prep cytology test，TCT）** 先将宫颈表面分泌物拭净，将"细胞刷"置于子宫颈管内，达子宫颈外口约10 mm，在子宫颈管内放置数圈后取出，旋转"细胞刷"将附着于小刷子上的标本均匀地涂布于玻片上或洗脱于保存液中。液基薄层细胞学检查所制备的单层细胞涂片效果清晰。该技术可多次重复制片并可供高危型HPV检测和自动阅片。

4. **宫腔吸引涂片** 疑有子宫腔内恶性病变时，可采用宫腔吸引涂片，取材效果好，特别适用于绝经后出血妇女。与诊刮效果比，患者痛苦小，易于接受，但取材不够全面。选择直径1~5 mm不同型号塑料管，一端连接无菌注射器，另一端送入子宫腔内达宫底部，边轻轻抽吸边上下左右转动方向，将吸出物涂片、固定、染色。

结果评定及临床意义

1. **阴道脱落细胞在内分泌检查方面的应用** 阴道与子宫颈阴道部被覆的上皮均为无角化的复层鳞状上皮，上皮细胞分为底层、中层和表层。通过计算阴道上皮的底层细胞、中层细胞及表层细胞数的百分比，得到正常时各层细胞的比例随月经周期中雌激素水平变化而变化。正常情况下，育龄妇女宫颈涂片中表层细胞居多，基本无底层细胞。卵巢功能低下时出现底层细胞，若底层细胞 < 20%，提示轻度低下；底层细胞占20%~40%，提示中度低下；底层细胞 > 40%，提示高度低下。

2. **宫颈细胞学诊断标准及临床意义** 生殖道脱落细胞学诊断的报告方式有两种：一种是分级诊断，以往我国多用分级诊断，应用巴氏5级分类法。另一种是描述性诊断，采用TBS（the Bethesda system）分类法，目前我国正在推广应用。

(1) 巴氏5级分类法：

巴氏Ⅰ级：未见不典型或异常细胞，为正常阴道细胞涂片。

巴氏Ⅱ级：发现不典型细胞，但无恶性特征细胞，属良性改变或炎症。

巴氏Ⅲ级：发现可疑恶性细胞，为可疑癌。

巴氏Ⅳ级：发现不典型癌细胞，待证实，为高度可疑癌。

巴氏Ⅴ级：发现多量典型的癌细胞。

巴氏5级分类法存在以级别表示细胞改变的程度容易造成假象、对癌前病变缺乏客观标准及不能与组织病理学诊断名词相对应等缺点。

（2）TBS分类法及其描述性诊断：为使细胞学诊断与组织病理学术语一致，使细胞学报告与临床处理密切结合，1988年美国制订宫颈/阴道TBS命名系统，1991年被国际癌症协会正式采用。TBS分类法包括标本满意度的评估和对细胞形态特征的描述性诊断。对细胞形态特征的描述性诊断内容包括：

1）良性细胞学改变：包括病原体及非瘤样细胞学改变。

2）鳞状上皮细胞异常：①不典型鳞状上皮细胞（ASC），包括意义未明的不典型鳞状上皮细胞（ASC-US）和不能排除高级别鳞状上皮内病变的不典型鳞状上皮细胞（ASC-H）；②低级别鳞状上皮内病变（LSIL），相当于CIN Ⅰ；③高级别鳞状上皮内病变（HSIL），包括CIN Ⅱ、CIN Ⅲ和原位癌；④鳞状细胞癌。

3）腺上皮细胞异常：包括不典型腺上皮细胞（AGC）、腺原位癌（AIS）和腺癌。

4）其他恶性肿瘤细胞。

▶ 护理要点

1. 向患者讲解检查的目的、方法、注意事项及检查过程中可出现的不适，取得配合。
2. 检查前24小时禁止性生活、阴道检查、阴道灌洗、上药等。
3. 备齐用物，协助患者摆好体位。
4. 评估检查后阴道流血情况，询问有无其他不适，发现异常及时通知医师。
5. 做好载玻片标记，标本应立即放入装有95%乙醇的固定液标本瓶中固定并及时送检。
6. 向患者说明生殖道脱落细胞学检查结果的临床意义，嘱其及时将病理报告结果反馈给医师，以免延误诊治。

第二节 活组织检查

生殖器官活组织检查是自生殖器官病变处或可疑部位取小部分组织做病理学检查，简称活检。绝大多数的活检可以作为诊断的最可靠依据。常用的取材方法有局部活组织检查、诊断性宫颈锥形切除术、诊断性刮宫术、组织穿刺检查。

一、宫颈活组织检查

宫颈活组织检查简称宫颈活检，常用检查方法有局部活组织检查和诊断性宫颈锥形切除术。

▶ 局部活组织检查

（一）适应证

1. 宫颈脱落细胞学涂片检查示巴氏Ⅲ级或Ⅲ级以上。
2. TBS分类为鳞状上皮细胞异常者。
3. 阴道镜检查示反复可疑阳性或阳性者。
4. 疑有宫颈癌或慢性特异性炎症，需进一步明确诊断者。

（二）禁忌证

1. 生殖道急性、亚急性炎症。
2. 妊娠期原则上不做活检，以避免流产、早产，但对临床高度怀疑宫颈恶性病变者仍应检查。月经前期不宜做活检，以免与活检处出血相混淆，且月经来潮时创口不易愈合可增加内膜在切口种植的机会。
3. 患血液病有出血倾向者。

（三）术前准备

阴道窥器 1 个、宫颈活检钳 1 把、宫颈钳 1 把、刮匙 1 把、长镊子 2 把、纱布卷 1 个、洞巾 1 块、棉球及棉签若干、手套 1 副、复方碘溶液、装有固定液（10%甲醛溶液）的标本瓶 4~6 个及 0.5%聚维酮碘溶液。

（四）操作方法

1. 嘱患者排空膀胱，协助患者取膀胱截石位。
2. 用 0.5%聚维酮碘溶液常规消毒外阴，铺无菌洞巾，放置阴道窥器，充分暴露宫颈，用干棉球擦净宫颈表面黏液后，用消毒液消毒宫颈、阴道。
3. 在宫颈外口鳞-柱交界处或特殊病变处，持宫颈活检钳取适当大小的组织。对临床明确为宫颈癌，只为确定病理类型或浸润程度者可以行单点取材；对可疑宫颈癌者，应按时钟位置 3、6、9、12 点 4 处钳取组织。为提高取材准确性，应在阴道镜引导下取材，或在宫颈阴道部涂以复方碘溶液，选择不着色区域取材。
4. 手术结束时，用带尾棉球或带尾纱布卷局部压迫止血。
5. 将取出的组织分别放在标本瓶内，做好标记并及时送检。

（五）护理要点

1. 术前应向患者讲解手术的目的、过程、注意事项及检查过程中可能出现的不适，取得患者的配合。
2. 询问病史并评估患者的生命体征。对患有阴道炎者应治愈后再取活检。
3. 应在月经干净后 3~7 日内施行，以防感染和出血过多。
4. 术中协助医师在标本瓶或标本袋上注明钳取部位，便于确定病变所在。
5. 手术过程中陪伴在患者身边，观察患者反应，给予心理上的支持。
6. **术后健康指导** 嘱患者 24 小时后自行取出棉球或纱布卷。若出现大量阴道流血，应及时就诊。指导患者保持会阴部清洁，术后 1 个月内禁止性生活、盆浴及阴道灌洗。
7. 提醒患者按要求取病理报告单并及时复诊。

▶ 诊断性宫颈锥形切除术

（一）适应证

1. 宫颈刮片细胞学检查多次找到恶性细胞，而宫颈多处活检及分段诊刮病理学检查均未发现癌灶者。
2. 宫颈活检为原位癌或镜下早期浸润癌，而临床可疑为浸润癌，为明确病变累及程度及决定手术范围者。
3. 宫颈活检证实有重度不典型增生者。

（二）禁忌证

同宫颈局部活组织检查。

（三）术前准备

阴道窥器 1 个、无菌导尿包 1 个、宫颈钳 1 把、宫颈扩张器 4~7 号各 1 个、子宫探针 1 个、长镊子 2 把、尖手术刀 1 把（或高频电切仪 1 台、环形电刀 1 把、等离子电切刀 1 把、电切球1个）、刮匙1把、肠线、持针器1把、圆针1枚、棉球及棉签若干、洞巾1块、无菌手套1副、复方碘溶液、标本袋或标本瓶1个及0.5%聚维酮碘溶液。

（四）操作方法（图13-2）

1. 在蛛网膜下腔或硬膜外麻醉下，患者取膀胱截石位，外阴阴道消毒后，铺无菌洞巾并导尿。

2. 放置阴道窥器，暴露宫颈，消毒阴道和宫颈。

3. 用宫颈钳钳夹宫颈前唇向外牵引，扩张宫颈管并做宫颈管搔刮术，将刮取物装入标本瓶或标本袋。

4. 在宫颈涂碘液在病灶外或碘不着色区外0.5 cm处，以尖刀在宫颈表面做环状切口，深约0.2 cm，包括宫颈上皮及少许皮下组织。以30°~50°向内做宫颈锥形切除。根据不同的手术指征，可深入宫颈管1~2.5 cm，呈锥形切除，残端止血。用于诊断时，不宜用电刀、激光刀，以免破坏边缘组织，影响诊断。

5. 用无菌纱布卷按压创面止血。若有动脉出血，协助医生用肠线缝扎止血，或加用吸收性明胶海绵或止血粉止血。

6. 行宫颈成形缝合术或荷包缝合术，术毕探查宫颈管。

7. 在切除组织12点处做一标记后，装入标本瓶中以10%甲醛溶液固定，做好标记及时送检。

8. 术后留置导尿管24小时。

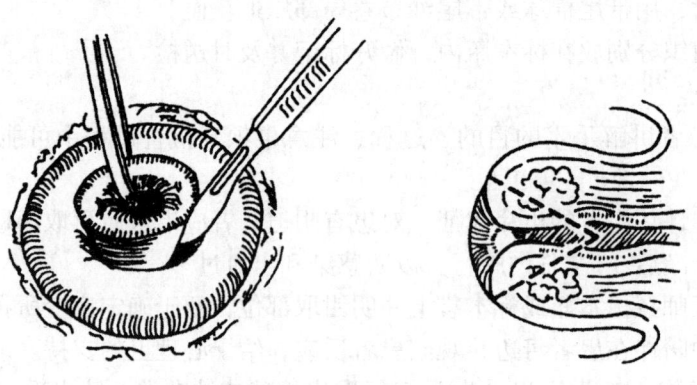

图13-2 宫颈锥形切除术

（五）护理要点

1. 术前告知患者手术的目的、方法、注意事项及手术过程中可能出现的不适，取得患者配合。

2. 术前告知患者应在月经干净后3~7日内进行。

3. 术后留患者在观察室内观察，注意阴道出血情况、有无头晕及血压下降等情况。若出血多，须及时告知医师。

4. 遵医嘱服用抗生素预防感染。

5. 嘱患者术后注意休息，保持会阴部清洁。若阴道出血多，须及时就诊。术后6周到门诊复查宫颈管有无狭窄。2个月内禁止性生活及盆浴。

二、诊断性刮宫术

诊断性刮宫术是刮取宫腔内容物行病理学检查的一种诊断方法，简称诊刮，是诊断宫腔疾病最常使用的方法。临床上分为一般诊断性刮宫和分段诊断性刮宫。怀疑同时有宫颈管病变时，需对宫颈管及宫腔分别进行诊断性刮宫，简称分段诊刮。

▶ 适应证

1. 异常子宫出血，或阴道排液患者，需进一步诊断者。
2. 排卵障碍性子宫出血、闭经、不孕症，为进一步了解子宫内膜变化及有无排卵等情况，可行一般诊断性刮宫，并有迅速止血的效果。
3. 怀疑同时有宫颈病变时，应对宫颈管及宫腔行分段诊刮。
4. 宫腔内残留组织的清除。

▶ 禁忌证

1. 急性阴道炎、急性宫颈炎、急性或亚急性盆腔炎性疾病。
2. 体温超过 37.5 ℃。

▶ 术前用物准备

无菌刮宫包1个（内有宫颈钳1把、阴道窥器1个、卵圆钳1把、宫颈扩张器4~7号各1个、子宫探针1个、长镊子2把、大小刮匙各1把、取环器1个、洞巾1块），棉球及棉签若干、无菌手套1副、复方碘溶液、标本瓶2~3个及0.5%聚维酮碘溶液。

▶ 操作方法

1. 嘱患者排空膀胱后取膀胱截石位，双合诊查清子宫位置、大小及子宫屈曲方向。
2. 消毒外阴、阴道，铺无菌洞巾，协助医生放置阴道窥器，暴露宫颈，消毒阴道和宫颈。用宫颈钳钳夹宫颈前唇或后唇，用探针探测宫腔深度，按子宫屈曲方向逐渐扩张宫颈管，一般不需麻醉。对宫颈内口较紧者，酌情给予镇痛药，行局部麻醉或静脉麻醉。用刮匙自上而下沿宫壁刮取，宫腔前壁、侧壁、后壁，以及宫底和两侧宫角部，避免来回刮。对于疑子宫内膜结核者，刮宫时要特别注意刮子宫两角部，因该部位阳性率较高。
3. 将刮出组织装入标本瓶中送检。
4. 行分段诊刮时，先不探及宫腔深度，以免将宫颈管组织带入宫腔，混淆诊断。先用小刮匙顺序刮取宫颈内口及以下的宫颈管组织一周，再刮取宫腔内膜组织，并将宫颈管和宫腔内膜组织分开装入标本瓶中，固定，做好记录并及时送检。若刮出物肉眼观察高度怀疑为癌组织，不应继续刮宫，以防出血及癌肿扩散。若肉眼观察未见明显癌组织，应全面刮宫，以防漏诊。术者有时在操作时唯恐不彻底，反复刮宫，这不但伤及子宫内膜基底层，甚至刮出肌纤维组织，造成子宫内膜炎或宫腔粘连，导致闭经，应注意避免。

▶ 护理要点

1. 告知患者诊刮的目的、方法、注意事项及手术过程中可能出现的不适，取得患者的配合。
2. 评估患者的检查时间，诊断目的不同，检查时间不同。不孕症或功能失调性子宫出血患者应选在月经前或月经来潮6小时内刮宫，以判断有无排卵或黄体功能不良。
3. 有些疾病可能导致刮宫时大出血。术前应输液、配血并做好开腹准备。
4. 长期有阴道流血者宫腔内常有感染，术前应给予抗生素。
5. 手术过程中陪伴在患者身边，观察患者的生命体征，给予心理上的支持。
6. 术后留患者在观察室内观察，注意阴道出血情况、有无头晕及血压下降等情况。如出现上述症状，立即通知医师处理。
7. 遵医嘱给予抗生素预防感染。

8. 嘱患者术后注意休息，保持会阴部清洁，术后2周内禁止性生活及盆浴。
9. 若出血量大，应及时就诊。
10. 按时取病理学检查结果后复诊。

第三节 穿 刺 术

一、腹腔穿刺术

经腹壁腹腔穿刺术（abdominal parcentesis）是指在无菌条件下用穿刺针经腹壁进入腹腔抽出膜腔液体或组织，观察其颜色、性状并行常规实验室检查、细菌培养、药物敏感试验及脱落细胞学检查等，以达到诊断、治疗目的。经腹壁腹腔穿刺术还可以用于人工气腹、腹腔积液放液及腹腔化疗等。

▶ 适应证

1. 协助诊断腹腔积液的性质。
2. 鉴别贴近腹壁的盆腔各下腹壁的肿物性质。
3. 穿刺放出部分腹腔积液。
4. 穿刺注入抗癌药物进行腹腔化疗。
5. 穿刺注入二氧化碳进行气腹造影。

▶ 禁忌证

1. 疑腹腔内器官有严重粘连时，特别是晚期卵巢癌发生盆腔、腹腔广泛转移致肠梗阻患者。
2. 疑是巨大卵巢囊肿者。
3. 大量腹腔积液伴有严重电解质紊乱者。
4. 中、晚期妊娠。
5. 有弥散性血管内凝血者。
6. 精神异常或不能配合者。

▶ 检查前准备

1. **物品准备** 无菌腹腔穿刺包1个（内有腰椎穿刺针或长穿刺针1个、洞巾1块、弯盘1个、小镊子2把、止血钳1把），20 ml注射器1支，无菌手套1副，无菌纱布块若干，棉球若干，标本瓶，胶布，消毒液。根据需要准备无菌导管或橡胶管、引流袋、腹带。
2. **药品准备** 2%利多卡因注射液，根据需要准备化疗药物。

▶ 操作方法

1. 经腹B型超声引导穿刺时，膀胱需充盈；经阴道B型超声引导穿刺时，需术前排空膀胱。
2. 准备好所需用物，选择好体位和穿刺点（腹腔积液较多或行囊内穿刺时，应取仰卧位；积液量较少时，取半卧位或侧卧位），穿刺点选择在左下腹，脐与左髂前上棘连线中外1/3交界处或脐与耻骨联合连线的中点偏左或偏右1.5 cm处。
3. 常规消毒皮肤，铺无菌洞巾。术者需戴无菌手套，注意无菌操作。

4. 通常穿刺不需要麻醉，若患者精神过度紧张，可用 2% 利多卡因给予局部麻醉。

5. 用穿刺针从选定的穿刺点垂直刺入，有突破感时，证明通过腹壁，应停止进入，拔出管芯，即有液体流出。然后连接 20 ml 注射器或引流袋，按需要量抽取液体或注入药物。

6. 操作结束，拔出穿刺针再次消毒局部，用无菌纱布覆盖并固定。若针眼有腹水渗出可稍加压。

▶ 护理要点

1. 告知患者腹腔穿刺的目的、方法、注意事项及检查过程中的配合要点。
2. 评估患者心理状况，为患者提供心理支持，缓解紧张、恐惧情绪。
3. 严格无菌操作规程，避免腹腔感染。
4. 评估患者的生命体征、腹围、腹水性质及引流量，并详细记录。
5. 注意观察引流管是否通畅及引流速度，放腹水速度应缓慢，每小时不应超过 1000 ml，一次放腹水不应超过 4000 ml，以免腹压骤减出现休克征象。若患者在放腹水过程中出现异常，应立即停止放液，放液过程中逐渐束紧腹带或腹部加压砂袋。
6. 留取足量送检标本，腹腔积液细胞学检查需 200 ml 液体，其他检查需 20 ml 液体。若为脓性液体，应做细菌培养和药物敏感试验。抽出液体标记后及时送检。
7. 注入化疗药物应指导患者变换体位，使药物充分吸收。
8. 对于因气腹造影而行穿刺者，X 线检查完毕需将气体排出。
9. 告知患者术后需卧床休息 8~12 小时，遵医嘱给予抗生素预防感染。

二、经阴道穹后部穿刺术

直肠子宫陷凹是腹腔最低部位，故腹腔内的积血、积液、积脓易积存于该处。阴道穹后部顶端与直肠子宫陷凹贴接，用穿刺针经阴道穹后部刺入直肠子宫陷凹处，抽取积血、积液、积脓进行肉眼观察及生物化学、微生物学和病理学检查的方法称为经阴道穹后部穿刺术（transvaginal culdocentesis），是妇产科常用的辅助诊断方法（图 13-3）。

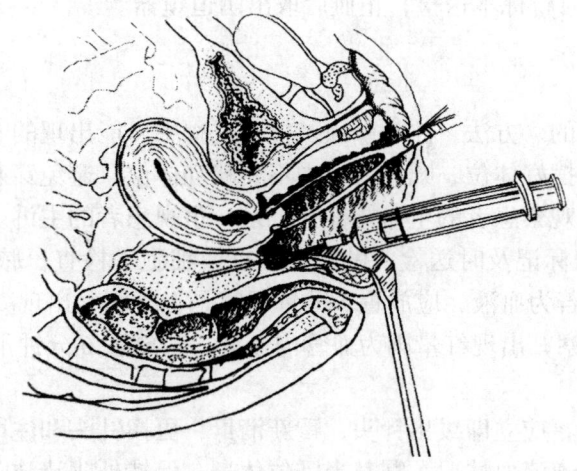

图 13-3　经阴道穹后部穿刺术

▶ 适应证

1. 疑有腹腔内出血时（如异位妊娠或卵巢黄体破裂等），可协助诊断。
2. 疑腔内有积液、积脓时，穿刺抽液可了解积液性质。若为盆腔脓肿，可穿刺引流及注入广谱抗生素治疗。

3. 盆腔肿块位于直肠子宫陷凹内，经阴道穹后部穿刺直接抽吸肿块内容物做涂片，行细胞学检查以明确肿块性质。若高度怀疑恶性肿瘤，应尽量避免穿刺。一旦穿刺诊断为恶性肿瘤，应及早手术。

4. B型超声引导下行卵巢子宫内膜异位囊肿或输卵管妊娠部位注药治疗。

5. B型超声引导下经阴道穹后部穿刺取卵，用于各种辅助生殖技术。

▶ 禁忌证

1. 盆腔严重粘连，粘连肿块占据直肠子宫陷凹部位，并已凸向直肠者。
2. 疑有子宫后壁和肠管粘连者。
3. 高度怀疑恶性肿瘤者。
4. 对异位妊娠采取非手术治疗者应避免穿刺，以免引起感染。

▶ 检查前准备

腰椎穿刺针或22号长针头1个、20 ml注射器1支、阴道窥器1个、宫颈钳1把、长镊子2把、无菌试管数个、洞巾1块、纱布块若干、棉球若干、手套1副，消毒液等。

▶ 操作方法

1. 嘱患者排空膀胱后取膀胱截石位，常规消毒外阴、阴道，铺无菌洞巾。
2. 行阴道检查了解子宫、附件情况，注意阴道穹后部是否膨隆。调整检查光源，准备好所需用物。
3. 用宫颈钳夹持宫颈后唇并向前提拉，充分暴露阴道穹后部后，再次消毒。用腰椎穿刺针或22号长针头接5~10 ml注射器，于宫颈后唇与阴道后壁黏膜交界处稍下方或稍偏病变侧，平行进针，以免针头刺入宫体或进入直肠。一般穿刺深度为2~3 cm，有落空感后立即抽吸，深度要适当。如无液体抽出，适当改变方向或深浅度，抽吸时可边退针边抽吸。
4. 抽吸满足标本检验量，即可拔出穿刺针。若针眼处有活动性出血，用无菌棉球压迫穿刺点片刻。协助医生及时将标本送检，止血后取出阴道窥器。

▶ 护理要点

1. 告知患者穿刺目的、方法、注意事项及检查过程中可能出现的不适，取得患者配合。
2. 手术前帮助患者摆好体位，嘱患者术中不要移动体位，避免穿刺伤及盆腔脏器。
3. 手术过程中注意观察患者的生命体征并记录，重视患者的主诉。
4. 抽出液体应注明标记及时送检，做常规检查或细胞学检查，脓性液体应行细菌培养和药物敏感试验；抽出液若为血液，应放置5分钟观察是否凝固，出现凝固为血管内血液；或将血液滴注于纱布块上观察，出现红晕则为血管内血液；若放置6分钟不凝集，可诊断为腹腔内出血。
5. 术中若误入直肠，应立即拔出针头，重新消毒，更换针头和注射器后再穿刺。
6. 术后观察患者阴道流血情况，嘱其半卧位休息，保持外阴清洁。

三、经腹羊膜腔穿刺术

经腹羊膜腔穿刺术（amniocentesis）是指中晚期妊娠阶段，在无菌条件下用穿刺针经腹壁、子宫肌壁进入羊膜腔抽取羊水，进行生化和细胞学检测的方法，以了解胎儿成熟度及胎盘功能，也是胎儿先天性疾病产前诊断及中期妊娠引产的主要手段（图13-4）。

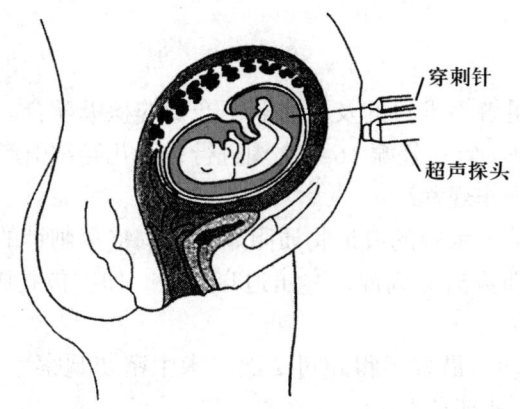

图 13-4 羊膜腔穿刺部位

▶ 适应证

1. 产前诊断 羊水细胞染色体核型分析、基因及基因产物检测。对经产前筛查怀疑有异常胎儿的高危孕妇，抽取羊水细胞，通过检查以明确胎儿性别、确诊胎儿染色体病及遗传病等。行羊水生化测定，了解宫内胎儿成熟度、胎儿血型及胎儿神经管缺陷。

2. 治疗 胎儿异常或死胎需向羊膜腔内注入药物行引产术终止妊娠；羊水过多，需抽出适量羊水；若羊水过少，需向羊膜腔内注入适量生理盐水；母儿血型不合，需给胎儿输血；胎儿未成熟但必须短时间内终止妊娠，需向羊膜腔内注射促进胎儿肺成熟药物（地塞米松 10 mg）；胎儿无畸形而生长受限，需向羊膜腔内注入氨基酸等药物促进胎儿发育。

▶ 禁忌证

1. 孕妇曾有流产征兆者。
2. 心、肝、肺、肾功能严重异常者，或各种疾病的急性阶段。
3. 术前 24 小时内 2 次体温 > 37.5 ℃。
4. 穿刺部位有皮肤感染。

▶ 用物准备

无菌腰椎穿刺针 1 个、弯盘 1 个、长镊子 2 把、洞巾 1 块、棉球若干、纱布 4 块、20 ml 注射器 1 支、标本瓶 1 个、2% 利多卡因注射液 1 支、0.5% 聚维酮碘溶液、手套 1 副、胶布。

▶ 操作方法

1. 术前经 B 型超声检查，标记羊水暗区及胎盘位置。穿刺点尽量避开胎盘，一般选在胎儿肢体侧或胎头与胎背间的颈下部。
2. 嘱孕妇排空膀胱后取仰卧位，常规消毒皮肤，铺无菌洞巾。
3. 在选择好的穿刺点用 0.5% 利多卡因行局部浸润麻醉，然后用 7 号腰椎穿刺针经穿刺点垂直腹壁刺入，有突破感后，拔出穿刺针芯。如果有羊水溢出，说明进入羊膜腔内。
4. 根据穿刺目的抽取羊水或注入药物。
5. 插入针芯，拔出穿刺针并压迫穿刺点 5 分钟，观察针孔是否有外渗或出血等，一般无需加压包扎。用纱布覆盖穿刺点，用胶布固定。

▶ 护理要点

1. 术前向产妇及家属讲解手术目的及方法取得产妇的积极配合。
2. 产前诊断（羊水穿刺）宜在妊娠 16~22 周进行；胎儿异常引产宜在妊娠 16~26 周进行。
3. 术中严格执行无菌操作规程。
4. 抽不出羊水常因针被羊水中的有形物质阻塞，需调整穿刺针的穿刺方向或深度。
5. 抽出血液时，应立即拔出穿刺针，并压迫穿刺点，加压包扎腹部。若胎心无明显改变，一周后再行穿刺。
6. 穿刺尽可能一次成功，最多不得超过 2 次。术中密切观察生命体征变化及注意孕妇有无呼吸困难、发绀等羊水栓塞征象。
7. 穿刺后严密观察胎心率和胎动变化，若有异常，立即通知医师处理。
8. 术后当天嘱孕妇注意休息，减少活动，注意观察穿刺部位有无液体渗出。
9. 术后遵医嘱给予保胎治疗，如有不适及时就医。若是中期引产的孕妇，一般于 24~48 小时发动分娩，注意观察子宫收缩情况及产程进展；产后保持外阴清洁，遵医嘱给予抗生素预防感染；遵医嘱给予退乳。

第四节 输卵管通畅检查

输卵管通畅检查的主要目的是检查输卵管是否畅通，了解宫腔和输卵管腔的形态及输卵管的阻塞部位。常用方法有输卵管通液术、子宫输卵管碘油造影术。近年来，随着内镜技术的临床应用，普遍采用腹腔镜直视下输卵管通液检查，以及宫腔镜下经输卵管口插管通液检查和腹腔镜联合检查等方法。

一、输卵管通液术

▶ 适应证

1. 原发性或继发性不孕，男方精液正常，疑有输卵管阻塞者。
2. 检测和评价输卵管造口术或粘连分离术后手术效果。
3. 输卵管结扎术、输卵管再通术或输卵管成形术的手术效果。
4. 轻度输卵管阻塞的治疗。

▶ 禁忌证

1. 急性、亚急性生殖器官炎症或盆腔炎性疾病。
2. 月经期或有不规则阴道流血。
3. 可疑妊娠者。
4. 体温 > 37.5 ℃者。
5. 严重的全身性疾病，如心、肺功能异常等，不能耐受手术。

▶ 用物准备

1. **常用器械** 阴道窥器 1 个、宫颈钳 1 把、妇科钳 1 把、宫颈导管 1 根、Y 形管 1 根、压力表、5 ml 注射器 1 支、20 ml 注射器 1 支、弯盘 1 个、纱布 6 块、治疗巾和孔巾各 1 块，棉签、棉球若干等。

2. **常用药品** 0.9%氯化钠溶液20 ml、抗生素溶液（庆大霉素8 U、地塞米松5 mg、透明质酸酶1500 U、注射用生理盐水20 ml）。

操作方法

1. 嘱患者排空膀胱后，取膀胱截石位，行双合诊检查了解子宫大小及位置。
2. 常规消毒外阴及阴道，铺无菌巾，放置阴道窥器，充分暴露宫颈，再次消毒阴道及宫颈。
3. 用Y形管将宫颈导管与压力表、注射器相连，压力表应高于Y形管水平，以防液体进入压力表。
4. 将注射器与宫颈导管相连，并使宫颈导管内充满生理盐水或抗生素溶液。排出空气后沿宫腔方向将其置入宫颈管内，缓慢推注液体，压力不超过160 mmHg。观察推注时阻力，有无液体回流及患者有无下腹疼痛等。
5. 术毕取出宫颈导管，再次消毒宫颈、阴道，取出阴道窥器。

结果评定

1. **输卵管通畅** 顺利推注20 ml生理盐水无阻力，压力维持在60~80 mmHg以下，无液体回流，患者无不适感。
2. **输卵管阻塞** 勉强注入5 ml生理盐水即有阻力感，压力表可见压力持续上升而无下降，患者感下腹胀痛，停止注射后液体又回流至注射器内。
3. **输卵管通而不畅** 注射液体有阻力，再加压注入又能推进，说明有轻度粘连已被分离，患者感觉轻微腹痛。

护理要点

1. 患者宜于月经干净后3~7日进行检查，术前3日禁止性生活。
2. 告知患者检查的目的、方法、注意事项及检查过程中可能出现的不适，消除患者紧张、焦虑心理，取得患者的合作。
3. 遵医嘱于检查前半小时肌内注射阿托品0.5 mg解痉。
4. 所推注液体温度宜加温至接近体温，以免引起输卵管痉挛。
5. 注入液体必须使宫颈导管紧贴宫颈外口，防止液体外漏，导致注入液体压力不足。
6. 术后2周内禁止性生活和盆浴，遵医嘱应用抗生素。

二、子宫输卵管碘油造影术

适应证

1. 了解输卵管是否通畅及其形态、阻塞部位。
2. 了解宫腔形态，确定有无子宫畸形及类型，有无宫腔粘连、子宫黏膜下肌瘤、子宫内膜息肉及异物等。
3. 输卵管结核非活动期。
4. 不明原因的复发性流产，了解宫颈内口是否松弛，宫颈及子宫有无畸形。

禁忌证

1. 急性、亚急性生殖器官炎症或盆腔炎性疾病。
2. 月经期或有不规则阴道流血。

3. 严重的全身性疾病，不能耐受手术。
4. 产后、流产、刮宫术后 6 周内。
5. 碘过敏者不能做子宫输卵管造影术。

▶ 用物准备

1. **设备及器械** X 线放射诊断仪、阴道窥器、5 ml 注射器、20 ml 注射器等。
2. **造影剂** 40% 碘化钠造影剂 1 支或 70% 泛影葡胺 1 支。

▶ 操作方法

1. 患者排空膀胱后，取膀胱截石位，行双合诊检查了解子宫大小及位置。
2. 常规消毒外阴及阴道，铺无菌巾，放置阴道窥器，充分暴露宫颈，再次消毒阴道及宫颈。
3. 用宫颈钳钳夹宫颈前唇，探查宫腔。
4. 将 40% 碘化钠造影剂注满宫颈导管，排出空气，沿宫腔方向将其置入宫颈管内，缓慢注入碘油，在 X 线透视下观察造影剂流经输卵管及宫腔情况并摄片，观察腹腔内有无游离造影剂。应在注射后立即摄片，10～20 分钟后再次摄片。
5. 若在注入造影剂后子宫角圆钝而输卵管不显影，应考虑输卵管痉挛，可保持原位，肌内注射阿托品 0.5 mg，20 分钟后再透视、摄片；或停止操作，下次摄片前先使用解痉药。
6. 术毕取出宫颈导管及宫颈钳，再次消毒宫颈、阴道，取出阴道窥器。

▶ 护理要点

1. 造影时间以月经干净后 3～7 日为宜，术前 3 日禁止性生活。
2. 告知患者检查的目的、方法、注意事项及检查过程中可能出现的不适，消除患者紧张、焦虑心理，取得患者的合作。
3. 术前应清洁灌肠，使子宫保持正常位置。
4. 术前应询问患者过敏史并做碘过敏试验，对试验阴性者方可造影。
5. 遵医嘱于检查前半小时肌内注射阿托品 0.5 mg 解痉。
6. 注入造影剂必须使宫颈导管紧贴宫颈外口，防止造影剂外漏。
7. 宫颈导管不要插入太深，以免损伤子宫或引起子宫穿孔。
8. 注入造影剂时用力不可过大，推注不可过快，以防止损伤输卵管。
9. 术中随时了解患者的感受，观察患者下腹部疼痛的性质、程度。若患者出现咳嗽，应警惕发生碘油栓塞，立即停止操作，取头低足高位，严密观察。
10. 术后 2 周内禁止性生活和盆浴，遵医嘱给予抗生素预防感染。

第五节 内镜检查术

内镜检查（andoscopy）是利用连接于摄像系统和冷光源的内镜观察人体体腔及脏器的一种诊疗技术。妇产科常用的内镜检查有阴道镜、宫腔镜和腹腔镜。

一、阴道镜检查

阴道镜（colposcope）是一种双目立体放大镜式的光学内镜，在强光源照射下将外阴、阴道、宫颈上皮放大 10～40 倍直接观察，从而发现肉眼看不到的微小病变，指导可疑部位的活组织检查,以提高宫颈、阴道疾病的确诊率。阴道镜分为光学阴道镜和电子阴道镜两种。

适应证

1. 宫颈刮片细胞学检查结果 LISL 及以上,或 ASC-US 伴高危型人乳头瘤病毒(human papilloma virus, HPV)DNA 阳性或 AGC 者。
2. HPV 检测 16 型或 18 型阳性者,或其他高危型 HPV 阳性持续 1 年以上者。
3. 有接触性出血,肉眼观察宫颈无明显病变者,肉眼观察可疑宫颈病变者。
4. 宫颈锥形切除术前确定切除范围。
5. 可疑外阴皮肤病变;可疑阴道鳞状上皮病变、阴道恶性肿瘤。
6. 外阴、阴道和宫颈病变治疗后复查和效果评估。

相对禁忌证

1. 阴道、宫颈炎症未经治疗。
2. 月经期;大量阴道流血。
3. 检查前 24 小时内有阴道放置药物、有性生活、宫颈刮片和妇科双合诊者。

检查前准备

1. **物品准备** 阴道窥器 1 个,卵圆钳 1 把,宫颈活检钳 1 把,尖手术刀 1 把,阴道上下叶拉钩,棉球及长棒棉签若干,纱布 4 块,弯盘 1 个,标本瓶 4 个等。
2. **药品准备** 生理盐水,3% 醋酸溶液,复方碘溶液(碘试验用)。

操作步骤

1. 患者取膀胱截石位,用阴道窥器暴露宫颈,用干棉球轻轻擦去宫颈表面分泌物,肉眼观察子宫颈形态。
2. 系统检查电视系统、镜头、光源是否处在正常工作状态。
3. 调整阴道镜物镜距阴道口 15~20 cm(距宫颈 25~30 cm)处,将镜头对准宫颈或病变部位。打开光源,连接好监视器,调节焦距。
4. 先用低倍镜观察,然后增大倍数循视野观察。
5. **醋酸试验** 用 3% 醋酸溶液棉球浸湿宫颈表面 1 分钟,正常及异常组织中核质比增加的细胞会出现暂时的白色,周围的正常鳞状上皮则保留其原有的粉红色。醋酸效果出现或消失的速度随病变类型的不同而不同。一般病变级别越高,醋酸白出现得越快,持续时间也越长。必要时加用绿色滤光镜片并放大 20 倍,进行精密血管的观察。
6. **碘试验** 用复方碘溶液棉球浸润子宫颈,富含糖原的成熟鳞状上皮细胞被碘染成棕褐色。不典型增生和癌变上皮因糖原少而不着色。
7. 在醋酸试验及碘试验异常图像部位或可疑病变部位取活检送病理学检查。

护理要点

1. 嘱检查者于检查前 24 小时避免性生活、阴道和宫颈检查或治疗等。对急性阴道炎、宫颈炎症患者应治疗后再行检查。
2. 告知检查目的、方法及注意事项,取得患者配合。
3. 检查过程中协助医师,及时递送医生所需物品。需活检时,及时用相应溶液固定标本、标记并及时送检。对活检后阴道有纱布填塞者,指导患者 24 小时后自行取出。
4. 嘱患者 2 周内禁止性生活、盆浴,保持外阴清洁,预防感染。

二、宫腔镜检查

宫腔镜检查（hysteroscopy）是应用膨宫介质扩张宫腔，通过插入宫腔的光导玻璃纤维内镜直视观察宫颈管、宫颈内口、子宫内膜及输卵管开口的生理与病理变化，并通过摄像系统将所见图像显示在监视屏幕上放大观看，对病变组织直观准确取材；同时也可在宫腔镜下直接手术治疗。

▶ 宫腔镜检查适应证

1. 异常子宫出血。
2. 影像学检查提示有宫腔内占位病变。
3. 可疑宫腔粘连或畸形。
4. 宫内异物（如节育器、流产残留物等）的定位。
5. 原因不明的不孕或反复流产。
6. 宫腔镜术后相关评估。

▶ 宫腔镜手术适应证

1. 子宫内膜息肉。
2. 子宫黏膜下肌瘤及部分影响宫腔形态的肌壁间肌瘤。
3. 宫腔粘连。
4. 纵隔子宫。
5. 子宫内膜切除。
6. 宫内异物的取出。
7. 宫腔镜引导下输卵管插管通液、注药及绝育术。

▶ 禁忌证

1. 绝对禁忌证
（1）急性生殖道感染。
（2）心、肝、肾衰竭急性期及其他不能耐受手术者。

2. 相对禁忌证
（1）体温＞37.5 ℃者。
（2）宫颈瘢痕，不能充分扩张者。
（3）近期（3个月内）有子宫穿孔史或子宫手术史者。
（4）浸润性宫颈癌、生殖道结核未经系统抗结核治疗者。

▶ 术前准备及麻醉

1. **检查时间** 以月经干净后1周内为宜，此时子宫内膜处于增生早期，壁薄且不易出血，黏液分泌少，易于发现宫腔病变。

2. **术前检查及阴道准备** 仔细询问病史，进行全身检查、妇科检查、宫颈脱落细胞学及阴道分泌物检查。阴道准备同妇科腹部手术。

3. **术前禁食** 患者术前禁食6~8小时。

4. **麻醉** 宫腔镜检查无需麻醉或行宫颈局部麻醉；宫腔镜手术多采用硬膜外麻醉或静脉麻醉。

5. **物品准备** 宫腔镜、膨宫泵、高频电发生器、单极和双极电切及电凝阴道窥器1个，以及宫颈钳 1 把、卵圆钳 1 把、3~6 号扩宫棒 1 套、无齿镊 1 把、探针 1 把、弯盘 1 个、纱布棉球若干。

6. 药品准备 5% 葡萄糖溶液 1000 ml（糖尿病患者应选用 5% 甘露醇溶液）、庆大霉素 8 万 U 1 支、地塞米松 5 mg 1 支。

操作方法及护理配合

1. 手术流程

（1）患者排空膀胱后取膀胱截石位，常规消毒外阴、阴道，铺无菌巾单。用阴道窥器暴露宫颈，再次消毒阴道、宫颈，用宫颈钳夹持宫颈。通过探针了解宫腔深度和方向，放置宫颈扩张棒，放置时间依据扩张棒的种类或遵医嘱，扩张宫颈至大于镜体外鞘直径半号。接通液体膨宫泵，调节压力，用膨宫液膨开子宫颈。将宫腔镜在直视下缓慢插入宫腔，调整出水口液体流量，使宫腔内压达到所需压力。

（2）观察宫腔：先观察宫腔全貌，然后注意观察宫底、宫腔前后壁及输卵管开口，在退出过程中观察子宫颈内口和子宫颈管。

（3）宫内操作：快速、简单的手术操作可在确诊后立即施行，如易操作的子宫内膜息肉切除、内膜活检等。需时间较长、较复杂的宫腔镜手术应在手术室麻醉下进行。

2. 术中护理配合

（1）协助患者取膀胱截石位。

（2）系统检查电视系统、摄像头、光源、电刀、膨宫泵是否处于正常工作状态。连接好摄像头、电源线、膨宫液管、电刀电缆线、负极板回路垫。加入灌流液，铺好负极板回路垫后，打开电源开关，调节电切电流、功率和电凝电流、功率。

（3）接通电源后，协助医生连接好镜头，调节镜头的清晰度，调整电切功率、宫腔压力。保持容器内有足够的灌流液，防止空气栓塞，记录出入量。当入量超过出量时，及时报告医生。配合医师控制宫腔总灌流量，葡萄糖液体进入患者血液循环量不应超过 1 L，否则易发生低钠水中毒。

（4）术中取出的病理标本，按要求及时送检。

护理要点

1. 术前全面评估患者的健康状况，排除有禁忌证患者，做好心理护理。

2. 月经干净后 1 周检查为宜，此时子宫内膜处于增生早期，较薄而不易出血，黏液分泌少，宫腔病变易暴露。

3. 术中、术后应注意观察患者的生命体征，有无腹痛、阴道流血情况等。评估患者有无子宫穿孔、泌尿系及肠管损伤，与腹痛、过度水化综合征等相关的并发症。术后嘱患者卧床观察 1 小时，按医嘱使用抗生素 3~5 日。

4. 告知患者术后 3~7 日阴道可能有少量血性分泌物，需保持会阴部清洁，术后 2 周内禁止性生活及盆浴。

知识链接

宫腔镜器械及设备的保养

（1）器械的保养：光学视管需单独放置，避免受压。光学系统用脱脂棉蘸乙醇与乙醚混合液轻拭，忌用硬质布料擦拭，防止划痕。所有宫腔镜器械每月一次进行除锈、润滑保养。各轴节部位用注射器滴入液状石蜡，注意打开关节、通道、弹簧、活塞、螺帽等部位。

（2）宫腔镜设备的保养：定期检测高频电流发生器。更换灯泡前冷却15分钟以上，避免烫伤。冷光源使用完毕，将亮度调到最小再关机，用湿软布擦净机身，下次开机使用时亮度调节从小到大逐渐增大，以免损坏灯泡。关机后应待灯泡完全冷却后使用，两次开机要间隔15分钟以上。主机放置在宽敞通风、阴凉处。

三、腹腔镜检查

腹腔镜检查（laparoscopy）也是内镜检查的一种。经脐部切开置入穿刺器，通过注入CO_2使盆腔、腹腔形成操作空间，将接有冷光源照明的腹腔镜置入腹腔，连接摄像系统，将盆腔、腹腔内脏器显示于监视屏幕上。通过屏幕检查诊断疾病称为诊断腹腔镜（diagnostic laparoscopy）；在体外操纵经穿刺器进入盆腔、腹腔的手术器械，直视屏幕对疾病进行手术治疗称为手术腹腔镜（operative laparoscopy）。对绝大多数疾病在腹腔镜探查后，随即进行手术治疗，很少有诊断腹腔镜单独使用。

▶ 适应证

1. 急腹症（如异位妊娠、卵巢囊肿破裂、卵巢囊肿蒂扭转等）。
2. 盆腔包块。
3. 子宫内膜异位症。
4. 确定急、慢性腹痛和盆腔痛的原因。
5. 不孕症。
6. 计划生育并发症（如寻找和取出异位宫内节育器、子宫穿孔等）。
7. 有手术指征的各种妇科良性疾病。
8. 子宫内膜癌分期手术和早期宫颈癌根治术。

▶ 禁忌证

1. 绝对禁忌证
（1）严重的心、脑血管疾病及肺功能不全。
（2）严重的凝血功能障碍。
（3）绞窄性肠梗阻。
（4）大的腹壁疝或膈疝。
（5）腹腔内大出血。

2. 相对禁忌证
（1）盆腔肿块过大。
（2）妊娠＞16周。
（3）腹腔内广泛粘连。
（4）晚期或广泛转移的妇科恶性肿瘤。

▶ 术前准备

1. 患者准备
（1）详细了解病史，准确掌握诊断或手术腹腔镜指征。
（2）术前检查及肠道、阴道准备同妇科腹部手术。
（3）腹部皮肤准备注意脐孔的清洁。
（4）选用全身麻醉。

（5）手术时需取头低臀高位并倾斜15°~25°，使肠管滑向上腹部，以暴露盆腔术野。

2. 用物准备 腹腔镜1台、阴道窥器、充气装置、气腹针、套管穿刺针、转换器、举宫器、阴道拉钩、分离器、剪刀、夹持钳、子宫探针、持针器、缝合器、带有刻度的拨棒、缝线、缝针、刀片、刀柄、棉球、纱布、敷贴、注射器等；0.9%氯化钠1000 ml、2%利多卡因2支。

▶ 操作步骤及护理配合

1. 操作流程

（1）常规消毒：常规消毒腹部、外阴及阴道，留置导尿管，放置举宫器（有性生活史者）。

（2）检测系统：连接好各内镜附件，打开各设备电源开关，确认腹腔镜处于完好备用状态。

（3）人工气腹：患者先取平卧位，根据穿刺器外鞘直径切开拟穿刺点处皮肤及皮下筋膜，提起腹壁。气腹针与腹部皮肤呈90°沿切口穿刺进入腹腔，连接CO_2气腹机，以1~2 L/min流速进行充气。当充气1 L后，放低床头倾斜15°~25°，调整至头低臀高位，继续充气，使腹腔内压力达12~15 mmHg，拔去气腹针。

（4）放置腹腔镜 提起腹壁，沿皮肤切口置入穿刺器，当穿刺入腹壁筋膜层及腹膜层后有突破感。去除套管内针芯，打开摄像系统和冷光源，将腹腔镜沿套管放入腹腔，可见盆腔脏器后连接CO_2气腹机，开始镜下操作。

（5）腹腔镜检查：按顺序常规检查盆腔、腹腔。

（6）腹腔镜手术：在腹腔镜的监测下，根据不同的手术选择下腹部不同的穿刺点，分别置入穿刺器，插入恰当的手术器械进行操作。穿刺点应避开下腹壁血管。

（7）手术结束：用生理盐水冲洗腹腔，检查无出血、无内脏损伤，停止注入CO_2气体，取出腹腔镜及各穿刺点的穿刺套管并排出腹腔内CO_2，缝合穿刺口。

2. 操作护理配合

（1）连接腹腔镜各部分相关电源设备：连接主机电源线，连接脚踏开关；连接主机和手柄，开机系统自检，刀头自检；接通各设备电源，接通CO_2气源，气腹机自检；设定好气腹压力；连接各设备管线，超声刀、高频电刀自检，放好脚踏开关；按下气腹机开始（s点t）键，协助医生建立人工气腹；打开监视器、摄像主机、光源开关，根据医嘱调整各设备参数；协助医生将腹腔镜与冷光源、电视摄像系统、录像系统、打印系统连接。

（2）术毕清点敷料和器械。

（3）病理标本：管理好术中取出的病理标本，按要求及时送检。

▶ 并发症

1. **血管损伤** 穿刺器可误伤腹壁血管、腹主动脉及下腔静脉，引起大出血。
2. **脏器损伤** 误伤膀胱、肠管、输尿管等。
3. **皮下气肿** 气腹针未能正确穿入腹腔而引起。
4. **其他并发症** 如切口不愈合、穿刺口痛、术后感染、术后肩痛或者腹壁穿刺部位子宫内膜异位症等。

▶ 护理要点

1. 术前全面评估患者的身心状况，告知患者腹腔镜检查的目的、方法及注意事项，缓解紧张、恐惧情绪，积极配合手术。

2. 术前一日按妇科手术要求做好阴道、肠道及皮肤准备（注意清洁脐孔）。

3. 术中做好配合，观察患者的生命体征变化。

4. 术后按全身麻醉标准进行术后护理。术后常规留置导尿管24小时，密切注意患者的生命体征、有无并发症、尿量、引流液的性状及量。如发现异常，及时汇报医师处理。

5. 向患者解释可能因腹腔残留气体而导致的上腹不适及肩痛等症状会逐渐缓解。鼓励患者早期活动，尽快排出腹腔气体。

6. 遵医嘱给予抗生素预防感染。

第六节 会阴切开缝合术

会阴切开缝合术是产科常用手术之一。其目的是避免自然分娩或手术产所引起的严重会阴裂伤，减轻会阴阻力，缩短第二产程。它包括会阴后-侧切开术和会阴正中切开术，临床常做左侧会阴切开术。

▶ 适应证

1. 会阴过紧、会阴体过长或胎儿过大，估计分娩时会阴撕裂难以避免者。
2. 经阴道助产术者，视情况确定。
3. 母儿有病理情况急需结束分娩，缩短第二产程。
4. 预防早产儿因会阴阻力引起颅内出血。

▶ 术前准备

1. **物品准备** 无菌会阴切开包1个（内有弯盘1个，弯血管钳2把，止血钳2把，长镊子2把，组织镊1把，持针器1把，圆针、角针各1枚，治疗巾4张，1号丝线1根、2/0号可吸收线1根），纱布1包，棉球若干，消毒液。

2. **药品准备** 2%利多卡因1支，缩宫素注射液、止血药。

▶ 操作步骤及配合

（一）操作准备

1. 向产妇解释会阴切开的目的及方法，取得产妇的合作及配合。建立静脉通道。
2. 调节产床的高度，调整体位。协助产妇取屈膝仰卧位或膀胱截石位。
3. 外阴消毒并铺无菌巾。
4. 打开接生器械包、敷料，添加所需药物。

（二）会阴左侧后-侧切开术

1. **麻醉方式** 阴部神经阻滞麻醉。用0.5%利多卡因局部麻醉浸润和阴部神经阻滞麻醉。2分钟后显效。

2. 术者于宫缩时以左手示、中两指伸入阴道内，撑起左侧阴道壁，右手用钝头直剪自会阴后联合中线向左侧45°~60°（会阴高度膨隆为70°）剪开会阴，长4~5 cm。切开后用纱布压迫止血（图13-5）。

3. **缝合** 胎盘娩出后，检查有无阴道等其他部位裂伤，在阴道内填塞一带尾纱布卷使手术视野清晰，便于缝合。有三层：用2/0号可吸收线在切口上端0.5~1.0 cm处开始连续缝合黏膜及黏膜下组织，至处女膜；用2/0号可吸收线间断缝合会阴肌层，皮下组织；最后行皮内缝合或用常规丝线

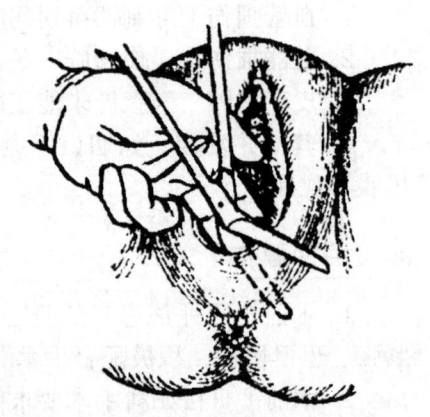

图13-5 会阴后-侧切开术

间断缝合皮肤。缝合切口，应注意彻底止血，不留无效腔，将皮肤对合整齐，恢复解剖结构。

4. 检查切口有无血肿或出血，然后行直肠指检查缝线有无穿透直肠黏膜，并记录。

5. 取出阴道内带尾纱布后擦净周围外阴部血渍，再次消毒外阴及伤口。

（三）会阴正中切开术

局部浸润麻醉后，术者于宫缩时沿会阴后联合正中垂直剪开 2 cm。此法优点为剪开组织少、出血不多、术后组织肿胀及疼痛轻微，切口愈合快；缺点为切口有自然延长撕裂至肛门括约肌的危险。胎儿大、接产技术不熟练时不宜采用此法（图 13-6）。

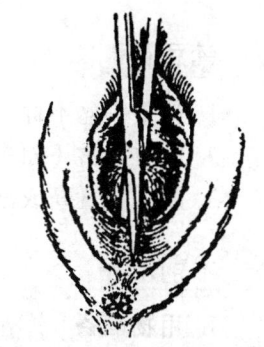

图 13-6　会阴正中切开术

▶ **护理要点**

1. 保持外阴清洁，每日用 0.5% 聚维酮碘溶液擦洗外阴 2 次；术后 5 日内，每次排尿、排便后，用聚维酮碘棉球擦洗外阴，勤更换外阴垫。

2. 健侧卧位，避免恶露流出污染伤口，影响愈合。

3. 对外阴伤口处水肿、疼痛明显者，术后 24 小时内可用 95% 乙醇湿敷或冷敷；24 小时后可用 50% 硫酸镁纱布湿热敷，或进行超短波或红外线照射，每日 2 次，每次 15 分钟。手术后 3～5 日拆除缝线。

4. 术后每日查看切口，若发现感染，应立即拆线，彻底清创、引流、换药。

5. 对糖尿病患者应延迟拆线。

第七节　胎头吸引术

胎头吸引术是将胎头吸引器置于胎头顶部，形成负压，按分娩机制牵引胎头，配合产力、协助胎儿娩出的一项助产技术（图 13-7）。

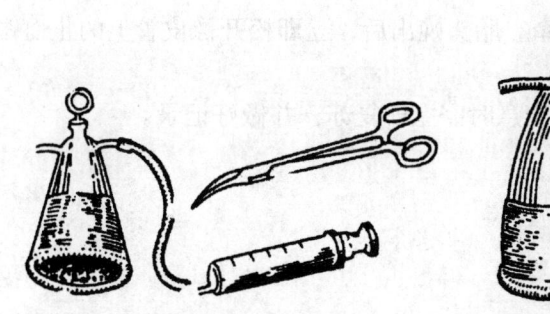  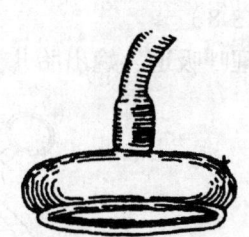

A 直开空筒胎头吸引器　　B 牛角开空筒胎头吸引器　　C 金属扁圆形胎头吸引器

图 13-7　胎头吸引器

▶ **适应证**

1. 需要缩短第二产程的情况，如胎儿窘迫、妊娠合并心脏病、妊娠高血压疾病子痫前期等。

2. 子宫收缩乏力导致第二产程延长，或胎头拨露已达半小时仍不能娩出者。

3. 有剖宫产史或瘢痕子宫，不易屏气加压的产妇。

禁忌证

1. 严重头盆不称、产道阻塞或畸形不能经阴道分娩者。
2. 胎位异常（面先露、横位、臀位）。
3. 胎头位置高或宫口未开全者。

术前准备

1. **用物准备** 产包、会阴切开缝合包、胎头吸引器等设备、50 ml 注射器 1 个、新生儿抢救设备等。
2. **药品准备** 局部麻醉药、新生儿抢救药品等。
3. **环境准备** 温暖、舒适、隐蔽性好。

操作方法及配合

1. 向产妇解释胎头吸引术的目的和方法，以取得积极配合，签知情同意书。建立静脉通道。

2. **消毒铺巾** 产妇取膀胱截石位，导尿，排空膀胱，冲洗后消毒外阴。打开接生器械、敷料，添加所需药物，套上脚套，铺无菌巾。

3. **阴道检查** 检查了解宫口开全、胎膜已破、先露已衔接下降（以骨质进展为准）及胎方位、骨盆情况，评估有无手术条件。评估胎心率的变化。

4. 评估会阴情况，若会阴体较长或会阴皮肤弹性较差，应行会阴后 - 侧切开术。

5. **麻醉** 阴部神经阻滞与局部浸润麻醉。

6. **放置胎头吸引器** 检查无漏气后涂润滑油，将胎头吸引器置于胎头顶部小囟门前 3 cm 处。检查无宫颈及阴道组织夹入，调整吸引器横柄与胎头矢状缝相一致。开启负压在 200～300 mmHg，或助手（或护士）将 50 ml 的注射器连接于吸引器横柄的橡皮管上，抽出空气 150～200 ml（硅胶喇叭形杯吸引器仅 60～80 ml），形成负压，用止血钳夹紧橡皮管即可。再次检查无宫颈、阴道、脐带等组织夹入。

7. **试牵引** 了解有无漏气，并听胎心有无异常。

8. **牵引** 先稍向下牵引；随胎头下降、会阴部稍有膨隆时转为平牵。当胎头枕部露于耻骨弓下，会阴部明显膨隆时，渐渐向上提牵。胎头娩出后，立即松开橡皮管上的止血钳，减除负压（图 13-8）。

9. 清理呼吸道，娩出胎儿。有新生儿窒息时需立即复苏，并做好记录。

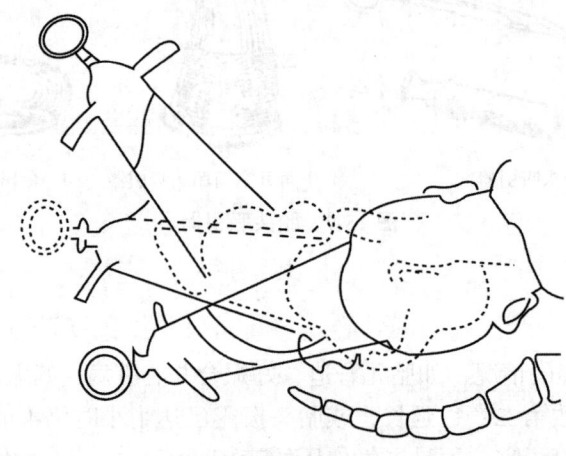

图 13-8 胎头吸引术

护理要点

1. 术中注意观察产妇生命体征及意识，保护会阴，配合牵引。吸引器滑脱不能超过 2 次，牵引时间不超过 10 分钟。

2. 检查软产道，特别是宫颈有无损伤。计测出血量，观察产妇宫缩情况，遵医嘱给予子宫收缩药。术后保持会阴清洁，避免会阴伤口感染。

3. 如果新生儿有产瘤，则需观察其部位及大小并记录，但不需要特殊处理。密切观察新生儿有无头皮血肿及头皮损伤。注意观察新生儿面色、反应、肌张力，警惕发生新生儿颅内出血。常规给予新生儿维生素 K_1 肌内注射，防止出血。24 小时内避免搬动新生儿。必要时将新生儿转入新生儿科予以治疗。

第八节 产 钳 术

产钳术是用产钳牵引胎头，娩出胎儿的助产技术。为降低风险，目前临床常采用低位或出口产钳术（图 13-9）。

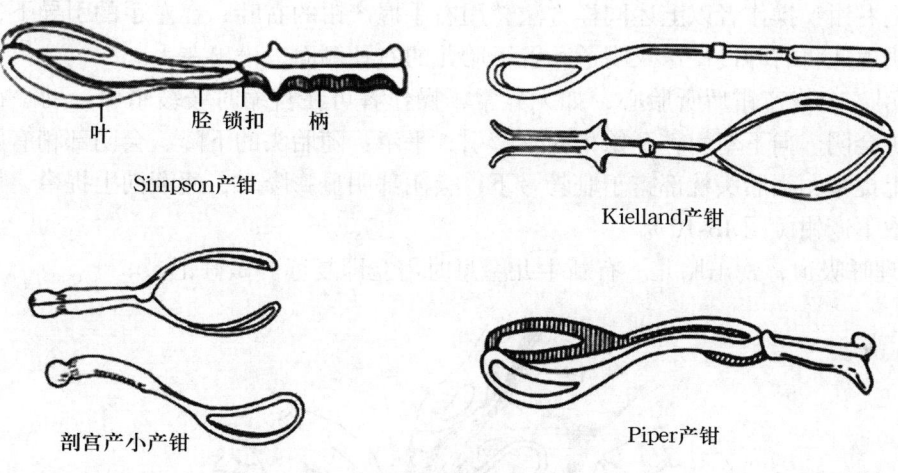

图 13-9 产钳

适应证

1. 同"胎头吸引术"。
2. 胎头吸引术失败而胎儿存活者。
3. 臀先露胎头娩出困难者。
4. 剖宫产胎头娩出困难者。

禁忌证

1. 有明显头盆不称者。
2. 严重胎儿窘迫，估计短时间内不能结束分娩者。
3. 畸形胎儿、死胎，行穿颅术者。
4. 其他同胎头吸引术。

术前准备

1. **用物准备** 产钳1把、正常产包1个、会阴切开包1个、吸氧面罩1个、无菌手套2副、新生儿抢救设备等。
2. **药品准备** 局部麻醉药、抢救药品等。
3. **环境准备** 温暖、舒适、隐蔽性好。

操作方法及配合

1. 向产妇解释产钳术的目的和方法，以取得积极配合，签知情同意书。建立静脉通道。
2~5. 同"胎头吸引术"。
6. **检查和润滑产钳** 润滑产钳左、右叶，助手或护士扣合产钳左、右叶，检查产钳的对合情况。
7. **放置产钳**

（1）上左钳：操作者左手握左叶，右手于胎头左侧方触及胎耳作为引导，左手将左叶头曲顺右手缓缓送入，再按产钳阴道曲方向将产钳左叶放置在胎头的左耳侧面，使叶柄与地面平行，放妥后松出右手，由助手托住左叶叶柄。

（2）上右钳：操作者以上述同样方法，用右手握产钳的右叶，在左手的引导下，以执笔式按头曲、阴道曲将右叶慢慢送入阴道，置于胎儿的右耳侧面，松出左手。

8. **牵引** 合拢产钳后听胎心，如无异常，操作者可在宫缩时缓缓牵引。助手在牵引同时配合，保护会阴。向下牵引：开始稍向下牵引；平牵：随胎头的下降、会阴部稍有膨隆时转为平牵；向上提牵：当胎头枕部露于耻骨弓下，会阴部明显膨隆时，逐渐向上提牵，协助胎头仰伸娩出。取下产钳（图13-10）。

9. 清理呼吸道，娩出胎儿。有新生儿窒息时需立即复苏。做好记录。

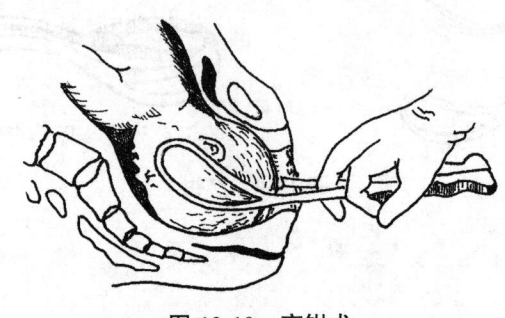

图13-10 产钳术

护理要点

同"胎头吸引术"，特别须注意观察有无宫颈、阴道损伤及血尿发生。

第九节 臀位助产术及臀牵引术

臀位经阴道娩出有3种方式：自然分娩、臀位助产术和臀位牵引术。臀位助产术是指胎臀自然娩出至脐部后，由接生者协助胎肩及胎头娩出，是临床常采用的方式。臀牵引术是指接生者牵拉胎臀至娩出全部胎儿，通常因胎儿损伤大而禁用。

一、臀位助产术

▶ 操作步骤

（一）第一产程处理

第一产程如无脐带脱垂、胎心率好，宜采取"不过早干涉"原则。宫口扩张至 4~5 cm，宫缩时在阴道外口见胎足（单臀位除外），应当用无菌巾以手掌堵住阴道口，阻止胎儿下肢娩出。10~15 分钟听一次胎心，直到手掌感到相当大的冲力，阴道口见大部分胎臀时止。

（二）第二产程处理

1. **消毒与铺巾**　同正常分娩接产；阴道检查示宫口开全；导尿。
2. **麻醉**　阴部神经阻滞麻醉。
3. **会阴侧切术**。
4. **胎臀娩出**　宫缩时，协助胎臀自然娩出至脐部。
5. **骶左前娩出上肢及胎肩法**

（1）滑脱法助娩胎肩：即术者右手握持上提胎儿双足，使胎体向上侧曲后肩露出于会阴前缘，左手示指、中指伸入阴道内顺胎儿后肩及上臂滑行屈其肘关节，使上举的胎手按洗脸样动作顺胸前滑出阴道。同时后肩娩出，再向下侧伸胎体使前肩自然由耻骨弓下娩出。

（2）旋转胎体法助娩胎肩：即术者双手握持胎臀，按逆时针方向旋转胎体同时稍向下牵拉，先将前肩娩出于耻骨弓下，再按顺时针方向旋转娩出后肩。

6. **助娩胎头**

（1）胎肩及上肢全部娩出后，将胎背转向前方，胎体骑跨在术者左前臂上，同时术者左手中指伸入胎儿口中，示指及环指扶于两侧上颌骨。术者右手中指压低胎头枕骨助其俯屈，示指和环指置于胎儿两侧锁骨上（避开锁骨上窝），先向下方牵拉至胎儿枕骨结节抵于耻骨弓下时，再将胎体上举，以枕部为支点，相继娩出胎儿下颏、口、鼻、眼及额（图13-11）。

（2）助娩胎头下降困难时，可用后出胎头产钳助产分娩。产钳助产可避免用手强力牵拉所致的胎儿锁骨骨折等损伤，但需将产钳弯扣在枕颏径上，并使胎头充分俯屈后娩出。

7. **清理呼吸道，断脐**　同正常分娩。交给助手或护士继续进行新生儿复苏。

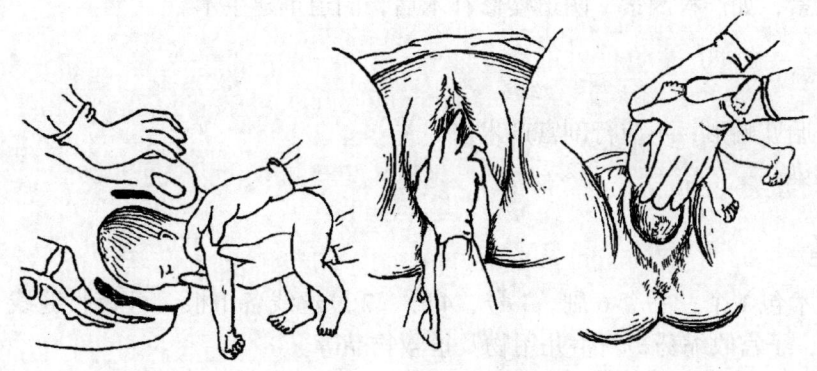

图 13-11　臀位助娩胎头

二、臀牵引术

▶ 操作步骤

1. **宫口开全后，牵出胎足**　术者右手伸两指入阴道内，牵拉出胎儿双足，后旋转胎体，使粗隆间径与母体骨盆出口前后径一致，下拉双下肢使前髋从耻骨弓下滑出，上提双下肢使后髋从会阴前缘娩出，随即胎臀娩出。

2. **胎肩、胎头娩出**　同臀位助产术。

▶ 护理要点

1. 术前建立静脉通道。术中注意观察产妇生命体征及意识。助手或护士保护会阴，配合接生者牵引，并注意监测胎心。

2. 胎儿脐部娩出后2~3分钟娩出胎头，最长不超过8分钟，避免脐带受压导致死产。

3. 检查软产道，特别是宫颈有无损伤；计测出血量，观察产妇宫缩情况，遵医嘱给予子宫收缩药；术后保持会阴清洁，避免会阴伤口感染。

4. 注意检查有无新生儿窒息及产伤，按手术产儿转入新生儿科加强护理。

第十节　剖宫产术

剖宫产术是指妊娠达到28周及以后，经腹壁切开子宫，取出胎儿及其附属物的手术，有子宫下段剖宫产术、腹膜外剖宫产术、子宫体部剖宫产术、改良横切口的新式剖宫产术。目前临床应用最广泛的是子宫下段剖宫产术，有宫腔感染者应选择腹膜外剖宫产术。

▶ 适应证

1. 子宫破裂或先兆破裂。
2. 大部分前置胎盘和完全性前置胎盘、胎盘早剥。
3. 头盆不称、骨盆狭窄、胎位不正或巨大胎儿等。结合产科因素综合考虑。
4. 先兆子痫或子痫，除非有产科因素不适合阴道分娩，否则应首先试图引产。
5. 胎儿窘迫、脐带脱垂。
6. 前次子宫瘢痕愈合不良，本次有产科指征。
7. 宫颈难产、宫颈癌。
8. 复合因素，如产科因素、阴道瘘修补术后，阴道重建手术。

▶ 禁忌证

1. 死胎及胎儿畸形，不应行剖宫产术。
2. 腹部感染。

▶ 物品准备

剖宫产手术包1个，手套6副，1号、4号、7号丝线各1根，可吸收缝线若干包，0.5%聚维酮碘溶液，子宫收缩药，新生儿用物及抢救物品等。

▶ 麻醉方式

一般以持续硬膜外麻醉为主，个别选用全身麻醉、局部麻醉或蛛网膜下腔联合硬膜外麻醉。

▶ 手术方式

术式有子宫下段剖宫产术、子宫体部剖宫产术和腹膜外剖宫产术。以子宫下段剖宫产术最为常见。其手术步骤如下：

1. 腹部常规消毒，铺无菌巾。

2. 切开腹壁 取下腹中线纵切口、中线旁纵切口和耻骨联合上横纹处横切口，长 10～12 cm。切口大小应以充分暴露子宫下段及顺利娩出胎儿为原则。逐层切开腹壁各层，进入腹腔。

3. 探查腹腔及子宫 常规探查腹腔有无异常，探查子宫旋转方向及程度、子宫下段形成情况、胎头大小、先露高低，以估计子宫切口的位置及大小、手术的难易程度。

4. 剪开膀胱反折腹膜 距子宫膀胱腹膜反折 2 cm 处钳夹反折腹膜，横行剪开一小口，向两侧弧行延长至 10～12 cm，两侧各达圆韧带内侧。

5. 分离下推膀胱 用鼠齿钳将子宫下段反折腹膜切口近膀胱侧的游离缘提起，术者以左手示指及中指钝性将膀胱后壁与子宫下段分离并向下推移，使子宫下段充分暴露。

6. 切开子宫 常规取子宫下段横切口，切口高度根据胎头位置高低而定。在子宫下段正中横行切开 2～3 cm，然后用两手示指向左、右两侧钝性撕开延长切口，切不可用暴力。切口长度 10～12 cm，尽量避免刺破羊膜囊。

7. 娩出胎儿 用血管钳刺破羊膜，吸净羊水后，一手进入宫腔，探查先露的方位及高低。如为头位，一手伸入子宫腔，绕过胎头最低点、托起胎头，另一手于子宫底部加压，协助娩出胎头（图 13-12）。胎头娩出后立即用手挤出胎儿口、鼻腔中的液体，两手牵拉胎儿相继娩出胎肩胎体。如为臀位，则牵出胎足，按臀牵引法协助娩出并清理新生儿口腔、鼻腔的黏液与羊水。剪断脐带后，将新生儿交给台下助手处理。在子宫体注射缩宫素 10 U。

8. 娩出胎盘 胎儿娩出后，用组织钳钳夹子宫切口边缘及两角，待胎盘自然剥离或徒手剥离胎盘后，用卵圆钳钳夹干纱布擦拭宫腔，避免胎膜、胎盘残留。

9. 缝合子宫 用 0 号微荞线连续或间断缝合子宫肌层及浆膜层，尽可能使缝线不穿过内膜层，然后连续包埋子宫浆膜层。

10. 关腹 常规检查盆腔内有无出血，探查双侧附件有无异常，清点纱布、器械无误后，逐层关闭腹腔，缝合腹壁。

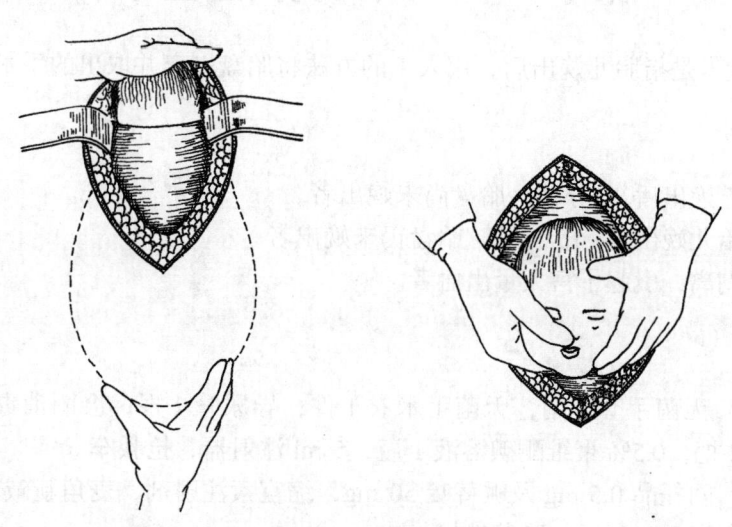

图 13-12　娩出胎儿

▶ 护理要点

（一）术前准备

1. 术前准备 告知产妇剖宫产术的目的，解答产妇及家属的相关疑问，缓解其焦虑。

2. 做药物敏感试验、交叉配血试验、备血（估计在术中出血量超过 1500 ml）等准备。一般准备同妇科开腹手术患者的护理。

3. 术前禁食、禁饮水，留置导尿管。
4. 遵医嘱于术前半小时注射麻醉药。
5. 在腹部消毒前必须常规复查胎心率并记录，做好新生儿保暖和抢救工作，如气管插管、氧气、急救药品等。
6. 产妇可取侧斜仰卧位，防止仰卧位低血压综合征的发生。

（二）术中配合

1. 密切观察并记录产妇生命体征。协助医师完成手术过程。
2. 若因胎头入盆太深导致取胎头困难，助手可在台下戴无菌手套自阴道向宫腔方向上推胎头。
3. 观察并记录留置导尿管是否通畅、尿量及尿液颜色。
4. 当刺破胎膜时，应注意产妇有无咳嗽、呼吸困难等症状，预防羊水栓塞的发生。

（三）术后护理

1. 密切观察并记录产妇生命体征变化。
2. 评估产妇子宫收缩及阴道流血情况。术后 24 小时产妇取半卧位，以利于恶露排出。
3. 评估手术切口有无红肿、渗出。
4. 留置导尿管 24 小时，拔管后指导产妇自行排尿。
5. 鼓励产妇勤翻身并尽早下床活动，6 小时后进流食，根据肠道功能恢复情况指导饮食。
6. 指导产妇进行母乳喂养。
7. 指导产妇出院后保持外阴部清洁；落实避孕措施，至少应避孕 2 年；做产后保健操，促进骨盆肌及腹肌张力恢复；若出现发热、腹痛或阴道流血过多等，及时就医；产后 42 日去医院做健康检查。

第十一节　人工剥离胎盘术

人工剥离胎盘术是指胎儿娩出后，用人工的方法将胎盘剥离并取出的手术。

▶ 适应证

1. 胎儿经阴道娩出后 30 分钟，胎盘尚未娩出者。
2. 剖宫产，胎儿娩出 5～10 分钟，胎盘仍未娩出者。
3. 胎盘部分剥离，引起子宫大量出血者。

▶ 术前准备

1. **物品准备**　无菌手套 1 副，无菌手术衣 1 件，导尿管 1 根，会阴消毒包 1 个，无菌洞巾 1 个，止血钳 2 把，0.5% 聚维酮碘溶液 1 瓶，5 ml 注射器，抢救车。
2. **药品准备**　阿托品 0.5 mg 及哌替啶 50 mg，缩宫素注射剂，麦角新碱，抢救药品。
3. **环境准备**　温暖、舒适、隐蔽性好。

▶ 操作方法

1. 评估产妇心理状况，向产妇说明行人工胎盘剥离术的目的及必要性，取得配合。监测产妇的生命体征、宫缩、阴道流血等情况。建立静脉通道。
2. 产妇保持膀胱截石位或屈膝仰卧位，导尿以排空膀胱。
3. 重新消毒外阴，铺无菌洞巾，术者更换无菌手术衣及无菌手套。

4. 术者一手五指并拢，沿脐带伸入宫腔，找到胎盘边缘，掌心向上，以手掌尺侧缘钝性剥离胎盘。另一手在腹壁协助按压子宫底（图 13-13），待胎盘全部剥离后，手握胎盘并将其取出。若无法剥离，应考虑胎盘植入，切忌暴力剥离。

5. 胎盘取出后应仔细检查是否完整。若有缺损，应再次徒手伸入宫腔清除残留胎盘及胎膜，必要时行刮宫术。

6. 胎盘取出后立即测量出血量，遵医嘱给予止血药。

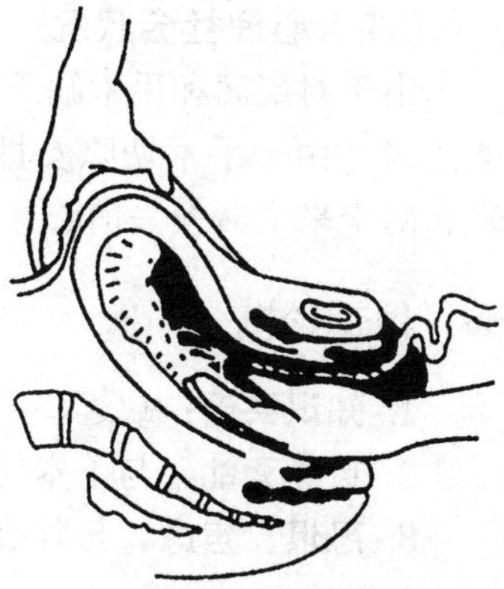

▶ 护理要点

1. 手术全过程中密切观察产妇的生命体征，必要时备血、输血。

图 13-13 人工胎盘剥离术

2. 手术过程中严格执行无菌操作，并评估产妇宫颈、阴道、会阴是否有裂伤，发现裂伤及时缝合。

3. 术后继续观察产妇的生命体征、子宫收缩及出血情况，宫缩不佳时应按摩子宫，并遵医嘱给予缩宫素或麦角新碱。

4. 评估产妇体温有无升高、下腹有无疼痛及阴道分泌物是否正常，遵医嘱应用抗生素预防感染。

第十二节　妇科腹部手术的配合及护理

妇科腹部手术主要分为经腹手术及腹腔镜手术两大类。根据手术范围，经腹的手术有剖腹探查术、经腹子宫全切除术或次全子宫切除术、附件切除术、卵巢囊肿剥除术、子宫肌瘤切除术、全子宫切除术加附件切除术、广泛或次广泛全子宫切除加盆腔淋巴清扫术、肿瘤细胞减灭术等；腹腔镜手术有腹腔镜探查术、腹腔镜附件切除术、腹腔镜全子宫切除术等。

一、妇科腹部手术术前准备及护理配合

▶ 护理评估

（一）健康史

了解患者既往健康状况、月经史、婚育史、药物过敏史、手术史、手术原因及麻醉方式；了解患者饮食及生活习惯，是否有便秘等；了解患者是否合并全身慢性疾病，如合并糖尿病、高血压、慢性支气管炎等。

（二）身体评估

1. **一般情况**　评估体温、脉搏、呼吸及血压，了解全身基本状况；详细了解患者一般状况及主要脏器功能；观察患者的皮肤颜色、弹性及测定血红蛋白含量，了解患者是否有贫血或营养不良。

2. **专科情况**　评估阴道出血量、性状、有无异味，白带有无异常等。

（三）辅助检查

1. **实验室检查**　血液、尿液、粪便常规，测定血型，凝血功能检查，肝功能、肾功能、血糖测定；输血前检查包括甲型、乙型、丙型、丁型、戊型肝炎病毒抗体的测定，HIV、梅毒抗体等测定。

2. B 型超声、心电图、胸部 X 线检查等。

(四)心理社会状况

由于对疾病和手术缺乏认识,多数患者会产生焦虑和(或)恐惧心理反应,特别是恶性肿瘤患者。由于手术切除女性生殖器官可能对女性特征产生一定的影响,患者容易产生自悲心理,对未来生活失去信心。

▶ 护理诊断/问题

1. **知识缺乏**:缺乏手术相关知识及护理知识。
2. **自尊紊乱** 与手术切除生殖器官有关。
3. **恐惧、焦虑** 与肿瘤可危及生命、手术是否顺利及术后恢复情况有关。

▶ 护理目标

1. 患者了解更多的疾病治疗和护理相关知识。
2. 患者对手术切除生殖器官有正确的认识。
3. 患者焦虑程度减轻。

▶ 护理措施

1. **心理护理** 护士应积极与患者沟通,使患者及其家属了解疾病相关知识及手术的目的、意义、术前准备的内容等。鼓励患者说出自己的心理感受,纠正其错误的观念,并耐心解答患者及家属的疑问,以取得患者及家属的配合。

2. **术前准备**

(1)营养与饮食:一般手术,应在术前1日进食质软、易消化的食物;可能涉及肠道的手术则应在术前3日进无渣半流质饮食,术前1日进流质饮食,术前8小时禁食,术前4小时禁饮。

(2)皮肤准备:术前1日进行个人卫生清洁,手术当日行手术区剃毛备皮,上至剑突,下至两大腿上1/3及外阴部,两侧至腋中线的皮肤,并特别注意脐孔的清洁。

(3)肠道准备:①子宫全切除术、附件切除术等一般腹部手术,术前1日行1%肥皂水灌肠或口服缓泻药,术前当晚进半流质饮食。②可能涉及肠道的手术,或考虑手术范围较大者,如卵巢癌所做的肿瘤减灭术,肠道准备应从术前3日开始进食流质饮食,并按医嘱给肠道抗生素。术前1日及手术当日清晨行清洁灌肠或口服缓泻药,直至排出的灌肠液中无粪便残渣。

(4)阴道准备:对子宫全切除患者,一般术前3日起每日用消毒液行阴道冲洗1次。手术日晨行阴道冲洗后,用棉签擦干,再用1%甲紫涂宫颈及阴道穹,作为子宫全切除术进入阴道的标志。对拟行附件手术者无需进行阴道准备。

(5)膀胱准备:手术日于术前行留置导尿管。也可在麻醉后由手术室护士安放留置导尿管。

▶ 护理评价

1. 患者能说出手术的必要性,并能积极配合术前准备工作。
2. 患者表示术前焦虑程度减轻。

二、妇科腹部手术术后护理

▶ 护理评估

(一)健康史

术后患者由麻醉师和手术室护士一同送回病房。病房责任护士应与麻醉师、手术室护士进行床边交班,详细了解患者手术中情况、麻醉的方式及效果、手术范围、术中出血量、输血量、输液量、用药情况、术中尿量、是否放置引流管及引流情况等。

（二）身体状况

评估患者生命体征，观察患者神志恢复状况，观察切口敷料是否干燥，有无渗血、渗液，检查留置导尿管、腹部或盆腔引流管是否在位通畅及引流液的性状。观察阴道流血情况，评估患者手术后疼痛的部位、程度以及止痛方式和止痛效果。

（三）心理社会状况

患者常在术后镇痛效果消失后因疼痛、不适感出现紧张、焦虑等情绪。患者及其家属常对手术效果、术后有无并发症产生焦虑、担忧等心理反应。

▶ 护理诊断／问题

1. **疼痛** 与手术创伤有关。
2. **活动无耐力** 与麻醉、手术有关。
3. **有感染的危险** 与手术伤口、留置导尿管及引流管等有关。
4. **自尊紊乱** 与手术切除生殖器官有关。

▶ 护理目标

1. 患者疼痛逐渐缓解。
2. 患者没有术后感染。

▶ 护理措施

1. **体位与活动** 根据患者手术及麻醉方式采取不同的体位。对全身麻醉患者去枕平卧并将头偏向一侧，防止呕吐物、分泌物呛入气管引起的窒息或吸入性肺炎；蛛网膜下腔麻醉者，去枕平卧12小时；硬膜外麻醉者，去枕平卧6~8小时。清醒后可根据患者需要选择卧位。无论采取何种卧位，都应协助患者定时翻身，鼓励患者尽早下床活动。

2. **术后病情观察** 严密观察患者生命体征，一般手术后0.5~1小时观察1次并记录；连续监测6次后，若情况平稳，改为每4~6小时测1次直至术后3日。手术后1~3日体温会稍有升高，一般不超过38℃，是机体对手术创伤的反应。如体温超过38℃，或术后3日出现体温升高，应考虑可能存在感染。

3. **切口情况观察** 注意观察手术切口的敷料是否干燥，有无出血或渗液，切口处是否有红、肿、热、痛等感染征象。如有异常及时向主管医生报告，并配合治疗进行护理。

4. **留置导尿管的护理** 术后应保持导尿管通畅，观察并记录尿液的量、颜色及性状。一般术后留置导尿管24~48小时；广泛性子宫切除和盆腔淋巴清扫术后，通常留尿管10~14日。留置导尿管期间，应每日行会阴擦洗并更换尿袋，每周换导尿管。在拔除导尿管前3日开始夹闭导尿管，然后定时开放，锻炼膀胱功能。导尿管拔除后应协助患者自行排尿。

5. **引流管的护理** 术后如有留置腹腔或盆腔引流管，应观察引流管的位置是否在位通畅，引流物的性状、颜色及量并做好记录。一般负压引流液24小时不超过200 ml。

6. **饮食护理** 一般手术6小时后，可进流质饮食，但应避免牛奶、豆浆等产气食物。肛门排气以后，改为半流质饮食，再逐步过渡到普通饮食；涉及肠道手术患者，术后应禁食至肠道功能恢复，排气后才能进流质饮食，逐步过渡到半流质、普通饮食。应鼓励进食高蛋白质、高能量、高维生素等营养丰富、全面的食物，促进机体恢复。

7. **疼痛护理** 麻醉作用消失后至术后24小时疼痛最明显。主要的护理措施是：保持病房环境安静；术后给予腹带绑腹部，固定伤口，有利于翻身、咳嗽及床上活动；半卧位可以减轻腹肌紧张，减轻伤口的疼痛。遵医嘱适当给予止痛药，保证患者得到充分休息。

8. 心理护理 疼痛与不适是术后早期引起不良心理反应的主要原因，护士应积极采取措施缓解患者疼痛；充分了解患者思想状况，鼓励患者说出自己的想法和感受，并耐心解答患者及家属的疑问。

9. 健康指导 制订详细的出院计划，针对性地进行健康指导，其目的是使个人自我照顾能力达到最大限度。子宫全切除术后3个月内禁止性生活及盆浴；子宫肌瘤剔除术、卵巢囊肿剔除术及宫外孕手术后1个月内禁止性生活及盆浴。患者出院后应在1个月至1个半月到医院复查。同时，评估家属对患者的照顾能力，指导家属掌握一些护理的技巧，共同参与对患者的护理。

▶ 护理评价

1. 患者自述疼痛减轻，可安静入睡。
2. 患者机体营养平衡，无消瘦、皮肤干燥等营养不良表现。
3. 患者无发热，伤口无感染征象。

第十三节 外阴、阴道手术的配合及护理

外阴、阴道手术是妇科常见手术，如外阴癌根治术、前庭大腺脓肿切开引流术、处女膜切开术、会阴裂伤修补术、经阴道子宫切除术、阴道成形术、尿瘘修补术等。外阴、阴道手术因其手术部位血管和神经丰富、组织疏松，且前方有尿道，后方邻近肛门等特点，患者容易出现与疼痛、感染和出血等相关的护理问题。由于手术暴露部位隐私性强，患者易出现焦虑、烦躁、自尊紊乱等心理问题，应予重视。

一、外阴、阴道手术术前准备及护理配合

▶ 护理评估

（一）健康史

了解患者的一般情况，如年龄、职业、月经史、性生活史、婚育史、既往史、手术产史及其他手术史、过敏史等，饮食及有无吸烟或酗酒等生活习惯等；评估疾病的轻、重、缓、急，以及拟施行的麻醉方法、手术方式、手术范围和手术时间等。

（二）身体评估

临床表现评估方式同腹部手术。

（三）辅助检查

1. **实验室检查** 白带常规、阴道脱落细胞学检查、血常规、尿液及粪便常规，测定血型，凝血功能检查，肝功能、肾功能、血糖测定；输血前进行包括甲型、乙型、丙型、丁型、戊型肝炎病毒抗体的测定，艾滋病、梅毒抗体等测定。

2. B型超声、心电图、胸部X线检查等。

（四）心理社会状况

手术涉及区域神经、血管丰富且为较隐私部位，患者可因为担心暴露身体的隐私部位、手术顺利与否、术后疼痛及手术切口瘢痕可能影响将来性生活等而产生焦虑心理，尤其是未婚女性。患者及家属也可能对手术恢复情况及性生活的恢复表示担忧。

▶ 护理诊断/问题

1. **知识缺乏：** 缺乏手术相关知识及护理知识。

2. **恐惧、焦虑**　与肿瘤可危及生命、手术是否顺利及术后恢复情况有关。

3. **自尊紊乱**　与手术切除外阴或对阴道疾病的认识有关。

▶ 护理目标

1. 患者了解更多的疾病治疗和护理相关知识。
2. 患者焦虑程度减轻。

▶ 护理措施

1. **心理护理**　护理人员应充分理解、尊重患者，保护患者隐私，并耐心解释病情，以取得患者的信任，使其积极配合手术治疗及护理。做好家属，特别是丈夫的心理疏导工作，使其充分理解患者，给患者提供心理支持，积极配合治疗和护理。

2. **术前准备**

（1）皮肤准备：保持局部皮肤清洁、干燥，每日清洗外阴。若皮肤有破溃、炎症，应治愈后再行手术。术前1日行皮肤准备，范围为上自耻骨联合上10 cm，下至会阴部、肛门周围、腹股沟和大腿上1/3处。

（3）肠道准备：术前3日开始进食无渣饮食，并按医嘱口服肠道抗生素。手术前日晚或手术当天行清洁灌肠，术前禁食8小时，禁饮4小时。

（4）阴道准备：术前3日开始进行阴道准备，一般行阴道冲洗或坐浴，每日2次。常用1∶5000高锰酸钾、0.5%聚维酮碘或1∶1000苯扎溴铵。手术当天用消毒液行阴道消毒，特别注意消毒阴道穹隆部，消毒后用大棉签擦干。

（5）膀胱准备：手术前一般不留置导尿管，嘱患者排空膀胱。

▶ 护理评价

1. 患者能说出手术的必要性，并能积极配合术前准备工作。
2. 患者表示术前焦虑程度减轻。

二、外阴、阴道手术术后护理

▶ 护理评估

同妇科腹部手术患者。

▶ 护理诊断/问题

1. **疼痛**　与手术创伤有关。
2. **焦虑**　与担心手术效果及术后康复有关。
3. **自尊紊乱**　与手术切除外阴或对阴道疾病的认识有关。
4. **有感染的危险**　与手术伤口、留置导尿管及引流管等有关。

▶ 护理目标

1. 患者疼痛、焦虑逐渐缓解。
2. 患者没有术后感染。

▶ 护理措施

除按妇科腹部手术后常规护理外，还应行以下护理：

1. **体位** 根据不同手术采取不同的体位。处女膜闭锁及有子宫的先天性无阴道患者,术后采取半卧位,有利于月经血的流出;子宫脱垂术后以平卧位为宜;外阴癌根治术患者术后取平卧位,双腿外展屈膝,膝下垫软枕,减少腹股沟及外阴部的张力,有利于伤口愈合;尿瘘修补术患者取健侧卧位,使瘘孔居于高位,以减少尿液对伤口的浸泡;阴道前后壁修补或盆底修补术后患者应取平卧位,禁止半卧位,降低外阴阴道张力,促进伤口的愈合。

2. **外阴、阴道护理** 保持外阴部清洁、干燥,每天擦洗外阴2次,便后加洗1次。手术时阴道内填塞止血纱条或纱布应于术后12~24小时内取出,核对纱布数目,并观察阴道内有无出血,并注意阴道分泌物的量、色和气味。

3. **切口护理** 应密切观察手术切口有无红肿、渗血、渗液等炎症反应;观察局部皮肤颜色、温度及湿度,有无皮肤或皮下组织坏死;术后3日对切口行红外线理疗,促进血液循环;保持手术切口清洁、干燥,及时换药,促进伤口愈合。若切口置有引流管,应注意保持引流管通畅,严密观察引流物的量、性质及颜色,有异常及时通知医生并配合进行处理。

4. **保持排便通畅** 因手术切口邻近肛门,术后排便易污染伤口,故需控制排便的时间。尿瘘及会阴Ⅲ度裂伤修补术后5日内进食少渣半流质饮食,术后第5日可给予液状石蜡,软化粪便,避免排便困难影响伤口愈合。

5. **导尿管的护理** 术后一般需留置导尿管5~7日,尿瘘术后需留置导尿管7~14日,注意保持导尿管通畅,观察并记录尿量,尤其是对尿瘘修补术患者,应注意有无阴道漏尿。拔除导尿管前帮助患者训练膀胱功能,对排尿困难者,给予诱导、热敷等措施帮助其排尿,必要时可重新留置导尿管。

6. **健康指导** 外阴部伤口需间断拆线,回家后应保持外阴部清洁,注意休息,避免重体力劳动,预防便秘、久蹲等增加腹压的危险因素。1个月及3个月后复查了解术后康复情况及伤口愈合情况,之后方可恢复性生活。若发现异常情况,应及时就诊。

▶ 护理评价

1. 患者自述疼痛减轻,可安静入睡。
2. 患者机体营养平衡,无消瘦、皮肤干燥等营养不良表现。
3. 患者无发热,伤口无感染征象。

(吕艳莹 杨红伟 宋淑慧)

一、案例分析

张女士,26岁,妊娠足月,阵发性腹痛2小时入院,10小时后经会阴后-左侧切分娩一男婴,过程顺利。现产后第1日,腹软,子宫底脐下一指,恶露色红,量中等,会阴切口略红,产妇自述会阴切口疼痛。

讨论分析:

(1)护士应如何指导该产妇产后的卧位?

(2)该产妇可能出现的护理诊断有哪些?

(3)护士如何对该产妇实施护理措施和健康宣传教育?

二、问答题

1. 简述会阴切开缝合术的目的。
2. 简述妇科腹部手术患者的术前护理措施。
3. 简述外阴、阴道手术患者的术后护理措施。

第十四章 女性生殖系统炎症患者的护理

第十四章
数字资源

思政之光

本章思维导图

- 概述
  - 女性生死系统自然防御机制 —— 解剖方面、生理生化方面、生殖道免疫系统方面
  - 病原体 —— 细菌、原虫、真菌、病毒、其他
  - 传播途径 —— 沿生殖道黏膜上行蔓延、经淋巴系统蔓延、经血行传播、直接蔓延

- 妇科炎症
  - 外阴部炎症患者的护理
    - 1. 非特异性外阴炎
    - 2. 前庭大腺炎
      - 病因
      - 护理评估 —— 健康史、身体状况、心理社会状况、辅助检查、治疗原则
      - 护理措施
        - 一般护理
        - 治疗配合
        - 心理护理
        - 健康教育
  - 阴道炎症患者的护理
    - 滴虫阴道炎
      - 病因及发病机制
      - 护理评估 —— 健康史、身体状况、心理社会状况、辅助检查、治疗原则
      - 症状
      - 护理措施
        - 配合检查
        - 用药指导
        - 心理护理
        - 健康教育
    - 外阴阴道假丝酵母菌病
    - 萎缩性阴道炎
    - 细菌性阴道病
  - 宫颈炎患者的护理
    - 病因及病原体
    - 护理评估 —— 健康史、身体状况、心理社会状况、辅助检查、治疗原则
    - 护理措施

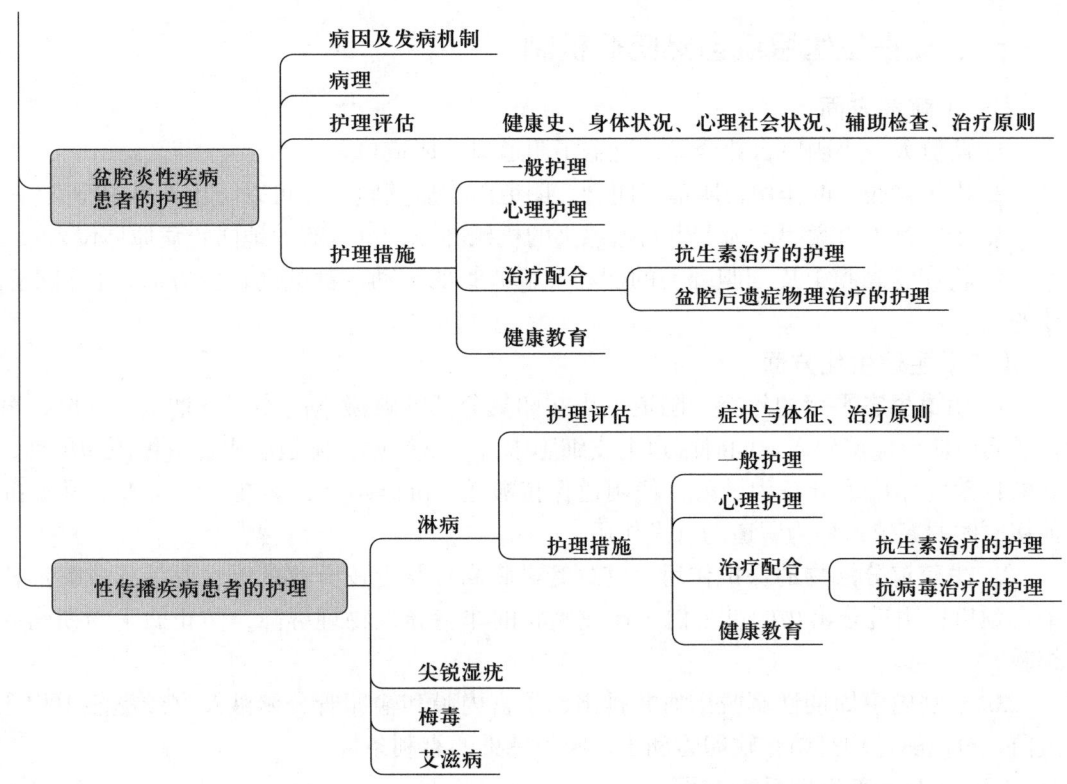

 学习目标

通过本章内容的学习,学生应能够:

识记:
1. 说出常见妇科炎症的病原体及传播途径。
2. 描述各种阴道炎白带的特点。

理解:
1. 解释女性生殖器官的自然防御功能。
2. 分析生殖系统炎症的病因、临床表现、实验室检查和治疗原则。

运用:
1. 应用护理程序评估常见妇科炎症患者,并为其制订护理计划。
2. 指导妇科炎症患者进行坐浴,并学会为患者进行阴道宫颈上药。
3. 应用所学知识做好防治妇科炎症的宣传教育,树立以预防为主的防病观念。

第一节 概 述

女性生殖系统炎症是妇科常见的疾病,可发生于各个年龄段,由于生育期妇女有较为频繁的性生活,且子宫颈、阴道、外阴是分娩及宫腔操作的必经通道,容易受到损伤及外界病原体的感染,因此此种疾病在生育期妇女最常见。女性生殖系统炎症主要有下生殖道的外阴炎、阴道炎、宫颈炎和上生殖道的盆腔炎性疾病及盆腔结核等,其中以阴道炎和宫颈炎最为多见,同一妇女可同时患有多种妇科炎症。

女性生殖系统具有较为完善的自然防御机制,一般情况下即使有病原体存在,也不会发生炎症。

一、女性生殖系统自然防御机制

（一）解剖方面

1. 两侧大、小阴唇自然合拢，遮盖了阴道口、尿道口。
2. 由于盆底肌的作用，阴道口闭合，阴道前、后壁紧贴，可以防止外界的污染。
3. 子宫颈内口紧闭，为上生殖道感染的机械屏障，可以有效地防止病原体侵入。
4. 输卵管黏膜上皮细胞纤毛的摆动及输卵管的蠕动，都朝向宫腔方向，有利于阻止病原体的侵入。

（二）生理生化方面

1. **阴道生态平衡的维持** 阴道上皮在卵巢分泌的雌激素的作用下增生、变厚，可防止损伤及病原体向深层侵入。同时阴道上皮细胞中含丰富糖原，阴道上皮分解糖原为单糖，在阴道乳酸杆菌的作用下分解为乳酸，使阴道保持酸性（pH ≤ 4.5，多在 3.8~4.4），从而抑制了其他病原体的繁殖，称为阴道的自净作用。

2. **生殖道分泌物的保护作用** 宫颈管黏膜高柱状上皮分泌的碱性黏液形成黏液栓，堵住子宫颈口；阴道分泌物的黏蛋白可形成网状的非特异性物理屏障，防止微生物损伤阴道上皮细胞。

3. 子宫内膜周期性剥脱出血并排出，子宫内膜和输卵管分泌液及宫颈黏液中均含有乳铁蛋白、溶菌酶，均是防止输卵管和子宫腔内感染的有利条件。

（三）生殖道免疫系统方面

生殖道黏膜中，如宫颈和子宫黏膜聚集着不同的淋巴组织及散在的淋巴细胞，包括 T 细胞和 B 细胞。此外，中性粒细胞、巨噬细胞、补体等细胞因子，也发挥着重要的抗感染作用。

虽然女性生殖系统具备一定的防御功能，但是同时也存在生殖系统炎症的易感因素。阴道口经由输卵管使腹腔与外界直接相通，又与尿道口、肛门口毗邻，病原体很容易从邻近器官侵入，同时阴道上皮有很多横行皱襞，子宫颈管腺体分支繁多，有许多纵行皱襞，成为病原体的最好庇护所。阴道生态平衡一旦被破坏或外界病原体侵入时，即可导致炎症发生。绝经后妇女及婴幼儿雌激素水平低下，内分泌功能发生变化（月经期、妊娠期、分娩期）、使用大量抗生素或机体免疫功能降低时，使病原体的入侵机会增加，阴道内 pH 改变时（频繁性生活、阴道灌洗等），阴道内的正常菌群失调，其他微生物大量繁殖，从而引起细菌性阴道病。

二、病原体

正常阴道内有病原体寄居形成阴道正常菌群，其中乳酸杆菌是优势菌。女性生殖系统炎症多为混合感染，常见的病原体如下：

1. **细菌** 需氧菌，如大肠埃希菌、链球菌、葡萄球菌、淋病奈瑟菌、双球菌等；厌氧菌，如脆弱类杆菌等。
2. **原虫** 阴道毛滴虫最为常见，其次是阿米巴原虫。
3. **真菌** 假丝酵母菌（白念珠菌）。
4. **病毒** 单纯疱疹病毒、尖锐湿疣病毒等。
5. **其他** 衣原体、支原体、螺旋体。

三、传播途径

1. **沿生殖道黏膜上行蔓延（图 14-1）** 病原体侵入外阴、阴道后，或阴道内的病原体经子宫颈黏膜、子宫内膜、输卵管黏膜到达卵巢和腹腔。淋球菌、衣原体及葡萄球菌等常沿此途径扩散。

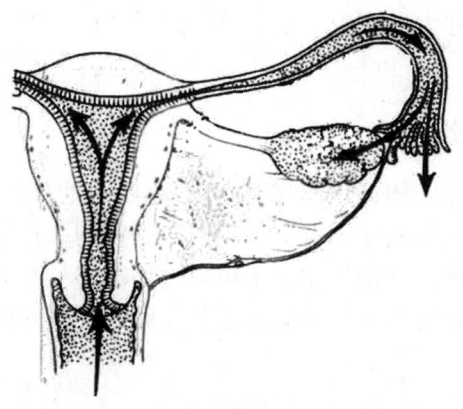

图 14-1 炎症经生殖道黏膜上行蔓延

2. **经淋巴系统蔓延**（图 14-2） 病原体侵入外阴、阴道、子宫颈和子宫体创口处的淋巴管后，经淋巴系统蔓延至内生殖器及盆腔的其他部位。厌氧菌、链球菌和大肠埃希菌等多沿此途径蔓延。

3. **经血行传播**（图 14-3） 是结核分枝杆菌感染的主要途径。病原体侵入机体其他脏器组织，经血液循环进入生殖器官。

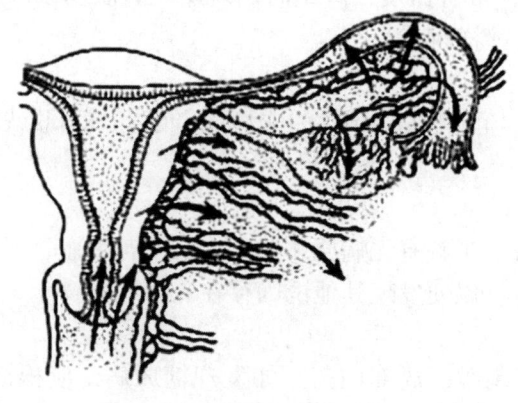

图 14-2 炎症经淋巴系统蔓延

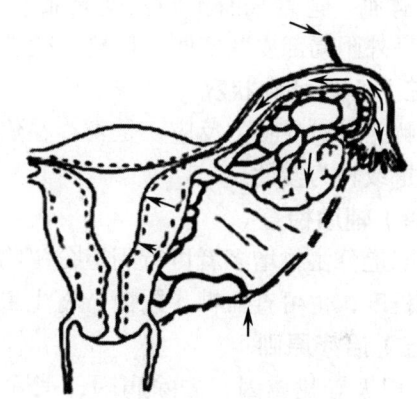

图 14-3 炎症经血行传播

4. **直接蔓延** 腹腔其他脏器感染后，直接蔓延到生殖器官。如阑尾炎可引起右侧输卵管炎症。

第二节 外阴部炎症患者的护理

> **导学案例 14-1**
>
> 患者，女性，30岁，已婚，因外阴部瘙痒、灼热感、疼痛 5 日就诊。妇科检查：外阴充血、肿胀、糜烂，有抓痕，右侧大阴唇下部有一囊性包块，前庭大腺开口处有时可见白色脓点，压痛明显，可触及波动感。
>
> 讨论分析：
> 1. 患者可能的诊断是什么？病因是什么？
> 2. 请描述其处理方法以及护理措施。

外阴皮肤与黏膜的炎症称为外阴炎，是常见的妇科炎症，可见于各年龄段的妇女，常与阴道炎同时存在。

一、非特异性外阴炎

非特异性外阴炎是由物理、化学因素而非病原体所致的外阴皮肤或黏膜的炎症，其中以大、小阴唇最多见。引起外阴炎的原因有：①阴道分泌物增多，尿液、粪便等刺激；②外阴卫生不良、穿紧身化纤材质内裤，经期使用卫生巾导致局部透气性差也可引起炎症；③糖尿病患者糖尿刺激，尿瘘、粪瘘患者尿液和粪便便污染；④幼儿蛲虫感染。

▶ 护理评估

（一）健康史

询问有无频繁受异常白带、经血、尿液、粪便刺激，穿紧身化纤材质衣裤、经期使用卫生巾致局部通透性差而潮湿等诱因存在；幼儿有无蛲虫病；糖尿病、尿瘘、粪瘘患者有无糖尿、尿液、粪便刺激等。

（二）身体状况

1. **症状** 外阴皮肤黏膜瘙痒、疼痛或灼热感，且性交、排尿、排便、行走时加重。
2. **体征** 急性期有不同程度充血、肿胀，常有抓痕，严重时出现糜烂、溃疡或湿疹。慢性期可见外阴局部皮肤增厚、粗糙、皲裂、苔藓样改变。

（三）心理社会状况

了解患者对症状的反应，是否存在焦虑、烦躁不安等情绪。未婚患者因害羞不敢就医致使炎症加重或转为慢性。

（四）辅助检查

对阴道分泌物增多者可行阴道分泌物检查，了解有无病原体感染。必要时查血、尿常规了解感染程度；也可查血糖、尿糖、寄生虫卵等，以便发现其他诱因存在。

（五）治疗原则

1. 积极寻找诱因，去除病因，消除局部刺激，局部用药。如发现糖尿病，应积极治疗。若有尿瘘、粪瘘，应及时行修补术。若有蛲虫病，应进行杀虫治疗。若过敏，应停用过敏药物。
2. **局部治疗** 保持外阴清洁干燥，选用1∶5000高锰酸钾溶液坐浴，每日2次，每次15~30分钟，有杀菌消炎作用；也可用清热解毒的中草药水煎熏洗外阴或坐浴。坐浴后涂抗生素软膏或紫草油，每日1~2次。月经期间、阴道异常出血或产后7~10日禁止坐浴。急性期还可选用微波或红外线局部物理治疗。

▶ 护理诊断

1. **皮肤完整性受损** 与炎症刺激、搔抓皮肤有关。
2. **舒适改变** 与阴道分泌物增多引起外阴瘙痒、灼痛有关。
3. **焦虑** 与炎症影响正常工作、睡眠、性生活或治疗效果不佳有关。

▶ 护理目标

1. 患者外阴皮肤黏膜受到保护，受损皮肤有所好转。
2. 患者接受治疗后，外阴不适减轻，自诉舒适感增加。
3. 患者接受医护人员的指导，积极配合治疗。

▶ 护理措施

1. **一般护理** 急性期患者卧床休息，减少局部摩擦，加强营养，提高机体抵抗力，忌辛辣刺激食物。针对病因指导患者保持外阴清洁、干燥，消除刺激源。

2. **指导用药** 指导教会患者坐浴方法及注意事项，使用1∶5000高锰酸钾溶液坐浴，配制好浓度，水温39~41℃，切忌温度过高，以免烫伤皮肤，每日2次，每次15~30分钟。坐浴时应将会阴部浸没于溶液中，有溃疡者可涂抹抗生素软膏。月经期间、阴道异常出血或产后7~10日禁止坐浴。

3. **心理护理** 向患者及家属解释导致炎症的病因、存在的诱因以及治疗和护理措施，消除其焦虑不安的情绪，给予鼓励、安慰，取得患者及家属的配合。

4. **健康教育** 指导患者注意个人卫生，勤换内裤，穿通透性好的棉质内裤，保持会阴部清洁、干燥，尤其注意月经期、妊娠期、分娩期及产褥期卫生。指导患者治疗期间忌饮酒及辛辣刺激食物。嘱患者禁止搔抓会阴，避免使用刺激性药物或碱性肥皂清洗会阴。

▶ 护理评价

1. 患者皮肤完整性受到保护。
2. 患者自诉舒适感增加。
3. 患者心态平稳，积极配合治疗。

二、前庭大腺炎

病原体侵入前庭大腺引起的炎症称为前庭大腺炎（bartholinitis），又称巴氏腺炎，多见于育龄妇女。前庭大腺位于两侧大阴唇后1/3深部，左、右各一，似黄豆粒大小，开口于小阴唇与处女膜之间的沟内。当外阴污染、机体抵抗力下降，尤其是性交、流产、分娩时，病原体易侵入而引起前庭大腺炎。急性炎症发作时，病原体先侵犯腺管，导致前庭大腺导管炎，引起腺管口肿胀阻塞，脓液无法外流而积存引发脓肿，称为前庭大腺脓肿（abscess of bartholin gland）。急性炎症消退后，脓液被吸收，黏液分泌物无法排出，形成前庭大腺囊肿（bartholin cyst）。

病原体一般为化脓菌混合感染，如大肠埃希菌、链球菌、葡萄球菌等，随着性传播疾病发生率增高，淋病奈瑟菌、沙眼衣原体感染有明显增多趋势。

▶ 护理评估

（一）健康史

询问个人卫生情况，了解有无外阴污染或不洁性生活史。

（二）身体状况

1. **症状** 炎症多发生在一侧，偶有双侧。初期表现为大阴唇下1/3处局部红肿、烧灼感，压痛明显，且步行困难，有时出现大小便困难，甚至有发热、头痛、畏寒等全身症状，常伴有腹股沟淋巴结不同程度肿大；患侧脓肿形成时，局部包块表面红肿，大小不一，直径达3~6cm，触痛且有波动感。当脓肿压力过大时，表面皮肤变薄，脓肿可自行破溃。若引流干净则痊愈，若引流不净则炎症不消退且反复发作。慢性前庭大腺囊肿形成后，局部有囊性包块，有触痛但不及急性者明显。囊肿小者多无自觉症状，较大者有外阴坠胀、性交不适等，影响正常生活。

2. **体征** 妇科检查见局部皮肤红肿、发热、压痛明显，患侧腺管开口处偶可见白色脓点，挤压包块可见腺管口有脓液排出；脓肿形成时，疼痛加剧，局部可触及波动感。

（三）心理社会状况

了解患者和家属对疾病的认识及重视程度，评估患者焦虑、紧张、情绪低落程度，评估患者对炎症久治不愈、反复发作的担忧情况。

（四）辅助检查

1. 白带常规检查及细菌培养检查　取前庭大腺开口处及尿道口、尿道旁腺分泌物行涂片检查以确定病原体，也可直接做细菌培养及药物敏感试验。

2. 其他检查　必要时查血常规了解感染程度，白细胞总数可明显增多。

（五）治疗原则

1. 急性炎症发作时，应卧床休息，保持会阴清洁干燥。取腺管开口处分泌物做细菌培养以确定病原体。

2. 根据细菌培养结果选用抗生素，或选用清热解毒中药液坐浴或熏洗外阴。

3. 脓肿形成后或囊肿较大时，应行切开引流或造口术，放置引流管。

 护理措施

1. 一般护理　指导急性期患者卧床休息，取健侧卧位，减少局部的摩擦。加强营养，提高机体抵抗力，忌辛辣刺激食物。

2. 治疗配合　急性期遵医嘱给予抗生素及止痛药，局部热敷或坐浴，促进舒适。配合医生行脓肿切开引流术或囊肿造口术，做好术前准备、术中配合及术后护理。术后放置引流条者，需每天更换引流条，擦洗会阴，每日2次。伤口愈合后可用0.5%聚维酮碘溶液棉球擦洗，每日2次。

3. 心理护理　向患者及家属说明病情，耐心解释导致炎症的病因、治疗和防护措施，鼓励、关心患者，消除其焦虑、烦躁的情绪，取得患者及家属的配合。

4. 健康教育　注意外阴清洁卫生，养成良好的卫生习惯，保持会阴清洁、干燥，穿通透性好的棉质内裤，月经期、产褥期禁止性生活，月经期使用消毒的卫生巾垫，预防感染。

第三节　阴道炎症患者的护理

> **导学案例 14-2**
> 患者，女性，33岁，已婚，因阴道分泌物增多，有臭味，外阴瘙痒且有灼热感7日就诊。妇科检查：阴道黏膜充血，散在出血点，白带量多，为灰黄色稀薄液体呈泡沫状。宫颈光滑，子宫正常，双附件未触及异常。
> 讨论分析：
> 1. 该患者可能的医疗诊断是什么？应进一步做什么检查？
> 2. 针对该患者应采取哪些护理措施。
> 3. 在治疗过程中护士应做哪些方面的健康指导？

阴道炎是阴道黏膜及黏膜下结缔组织的炎症，是常见的妇科炎症。阴道炎症包括滴虫阴道炎、外阴阴道假丝酵母菌病、萎缩性阴道炎和细菌性阴道病，其中以前两者居多，常见于生育期妇女。

一、滴虫阴道炎

滴虫阴道炎（trichomonal vaginitis）是由阴道毛滴虫引起的常见阴道炎症，也是常见的性传播疾病。其传播途径为：①直接传播，通过性交直接传染，因男性感染滴虫后常无症状，易成为感染源。②间接传播，通过公共浴池、游泳池、坐式马桶、受污染的器械和敷料等间接传染。

病因及发病机制

阴道毛滴虫是有鞭毛的梨状厌氧原虫（图14-4），仅有滋养体阶段而无包囊阶段，适宜在温度25~40 ℃、pH值5.2~6.6的潮湿环境中生长，其对外环境适应能力较强，能在3~5 ℃生存21日；在46 ℃时生存20~60分钟；在半干燥环境中约生存10小时；在普通肥皂水中也能生存45~120分钟。

正常情况下阴道因乳酸杆菌作用，阴道内环境呈弱酸性，不利于病原体生长、繁殖。但滴虫能消耗或吞噬阴道上皮细胞内的糖原，妨碍乳酸杆菌的酵解作用，阻碍乳酸生成，降低阴道酸度而利于繁殖。阴道炎患者的阴道pH一般为5.0~6.5。月经前后阴道pH下降，隐藏在腺体和阴道皱襞中的滴虫在月经前后易繁殖，常引起炎症发作。另外，滴虫不仅寄生于阴道，还常侵入尿道或尿道旁腺，甚至膀胱、肾盂以及男性的包皮皱褶、尿道或前列腺。

护理评估

（一）健康史

了解个人卫生习惯，有无接触污染的公共浴池、医疗器械等，分析感染途径；询问有无不洁性生活史；了解既往阴道炎病史，与月经周期的关系，以及治疗经过。

（二）身体状况

1. **症状** 潜伏期为4~28日，部分患者感染初期无明显症状。典型的症状为阴道分泌物增多，呈黄绿色、稀薄脓性泡沫状、有臭味，伴外阴瘙痒或有灼痛、性交痛等。若合并尿路感染，可有尿频、尿急、尿痛，有时可见血尿。阴道毛滴虫能吞噬精子，并阻碍乳酸的形成，影响精子在阴道内存活，可导致不孕。

2. **体征** 妇科检查见阴道壁黏膜充血，严重者宫颈有散在出血点或小的出血斑及溃疡，呈"草莓样"外观；阴道穹后部可见多量灰黄色、黄白色、稀薄泡沫状的分泌物，有臭味，合并其他感染时呈黄绿色脓性白带。带虫者阴道黏膜无异常变化。

（三）心理社会状况

了解患者对疾病的反应，患者常因治疗效果不佳致反复发作、夫妇同治而烦恼，有接受盆腔检查的顾虑，出现无助感。

（四）辅助检查

阴道分泌物检查：在阴道分泌物中寻找滴虫，必要时可做阴道拭子培养。

（五）治疗原则

切断传播途径，杀灭阴道毛滴虫，恢复阴道自净作用。

1. **全身用药** 初次治疗时选用甲硝唑2 g或替硝唑2 g，单次口服；也可选择口服甲硝唑400 mg，每日2次，7日为一个疗程，治愈率可达90%~95%，效果显著，也便于性伴侣同时治疗。

2. **局部用药** 不宜全身用药或无法耐受口服药者可局部给药治疗，也可全身及局部联合用药，以联合用药效果较好。选用1∶5000高锰酸钾溶液、1%乳酸溶液或0.1%~0.5%醋酸溶液进行坐浴或阴道灌洗，或选用中草药液（如苦参汤），改善阴道内环境，再选用甲硝唑泡腾片200 mg塞入阴道穹后部，每晚1次，7日为一个疗程。

护理诊断

1. **皮肤黏膜完整性受损** 与炎症刺激、搔抓皮肤有关。

2. **舒适改变** 与阴道分泌物增多，外阴、阴道瘙痒有关
3. **焦虑** 与炎症影响正常生活或性伴侣需要共同治疗有关。
4. **知识缺乏**：缺乏预防、治疗滴虫性阴道炎等知识。

▶ 护理目标

1. 患者外阴皮肤黏膜受到保护，受损皮肤有所好转。
2. 患者阴道分泌物转为正常性状，症状减轻。
3. 患者能够乐观面对疾病并积极配合治疗。
4. 患者能叙述该病的有关知识并积极配合治疗，其性伴侣也能同时接受治疗。

▶ 护理措施

1. **配合检查** 取患者阴道分泌物检查找到滴虫即可诊断。常用方法有：①悬滴法，取一滴0.9%氯化钠温溶液放于载玻片上，将阴道典型分泌物混于其中，立即在低倍光镜下观察，可见呈波状运动的滴虫。②培养法，对于有典型症状的可疑患者，多次悬滴法未能找到滴虫者，可用此法，准确性可达98%左右。

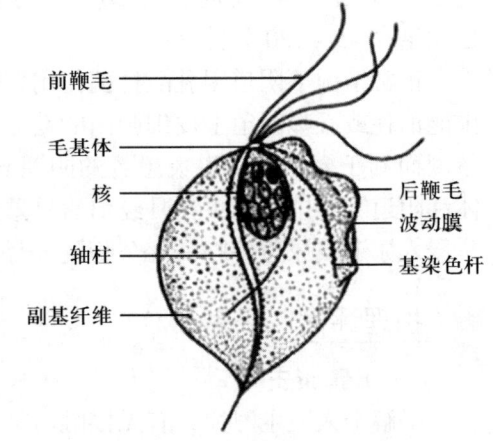

图14-4 阴道毛滴虫形态图

2. **用药指导** 对全身用药的患者，指导患者服药方法，注意药物不良反应，如服用甲硝唑后可现胃肠道反应，即食欲减退、恶心、呕吐，偶见头痛、皮疹、白细胞减少等，一旦发现应报告医师并立即停药。甲硝唑用药期间及停药24小时内、替硝唑用药期间及停药72小时内禁止饮酒。甲硝唑可通过胎盘，导致胎儿发育畸形，也可从乳汁中排出，故妊娠20周前、哺乳期妇女禁用此药。对阴道用药患者，教会患者各种剂型阴道上药的方法，用酸性溶液坐浴或阴道灌洗后再塞药，效果更佳。告知患者阴道灌洗或坐浴时的温度、浓度及方法。月经期间、阴道异常出血或产后7~10日禁止阴道灌洗、坐浴及阴道上药。

3. **心理护理** 向患者及家属解释阴道炎症相关预防知识，解释其病因及治疗与护理方法，减轻其烦恼，给予信心，并鼓励性伴侣同时接受治疗。

4. **健康教育**

（1）加强卫生知识的宣传，积极开展普查普治，消灭传染源，禁止滴虫患者、带虫者进入游泳池，浴盆、浴巾要消毒，医疗单位做好消毒隔离，以免交叉感染。

（2）教育患者注意个人卫生，勤换内裤，保持外阴清洁、干燥，避免搔抓外阴以致皮肤破溃。治疗期间禁止无保护性生活。为避免交叉和重复感染，内裤、洗漱毛巾、浴巾应煮沸消毒5~10分钟以消灭病原体。坐便器和外阴用盆单独使用，用后进行消毒。

（3）滴虫阴道炎常于月经后复发，对治疗后检查结果为阴性者，应继续治疗1~2个疗程，以巩固疗效。治疗后于月经干净后复查白带，连续3个月检查结果阴性方为治愈。性伴侣应同时接受治疗。

▶ 护理评价

1. 患者皮肤完整性受到保护。
2. 患者能自诉局部症状减轻，悬滴试验连续3个月为阴性。
3. 患者情绪平稳，积极配合治疗。
4. 患者正确复述预防及治疗疾病的有关知识。

二、外阴阴道假丝酵母菌病

外阴阴道假丝酵母菌病（vulvovaginal candidiasis，VVC）又称念珠菌性外阴阴道炎，是由假丝酵母菌引起的常见外阴阴道炎症。国外研究资料表明，75%的妇女一生中患过1次外阴阴道假丝酵母菌病，45%的妇女经历过2次或以上的发作，其主要传染途径为内源性感染。假丝酵母菌可寄存于人体阴道黏膜、手足、口腔、消化道等且为条件致病菌，一旦环境条件适宜，即可引发感染。少数患者可通过性生活或接触感染的衣物间接传染。

病因及发病机制

假丝酵母菌为双相菌，有酵母相和菌丝相。此菌对热的抵抗力不强，加热至60℃1小时即死亡，但对干燥、日光、紫外线及化学制剂抵抗力较强。酸性环境适宜假丝酵母菌的生长，假丝酵母菌感染患者的阴道pH值在4.0~4.7，通常<4.5。

假丝酵母菌为条件致病菌，有10%~20%非孕妇女、30%孕妇阴道中有此菌寄生，但不致病。当阴道内糖原增加、酸度增高、全身及阴道局部细胞免疫能力下降、假丝酵母菌大量繁殖并转变为菌丝相时，才引起炎症症状。常见发病诱因有：妊娠、糖尿病、使用广谱抗生素、免疫抑制剂治疗时、大量应用雌激素、使用避孕药。此外，肥胖、胃肠道有假丝酵母菌及穿紧身化纤内裤，致使外阴局部温度及湿度增加，也可引起假丝酵母菌生长大量生长繁殖而感染。

知识链接

VVC临床分类

根据疾病流行情况、临床症状、宿主情况，可将VVC分为单纯性VVC和复杂性VVC（表14-1）。10%~20%的妇女表现为复杂性VVC。

VVC临床分类

	单纯性VVC	复杂性VVC
发生频率	散发或非经常性发作	复发性或经常发作
临床表现	轻到中度	重度
真菌种类	假丝酵母菌	非假丝酵母菌
宿主情况	免疫功能正常	免疫力低下，应用免疫抑制剂、糖尿病、妊娠
治疗效果	好	欠佳

护理评估

（一）健康史

了解患者有无糖尿病，是否在妊娠期，使用抗生素、雌激素、免疫抑制剂的种类及时间。

（二）身体状况

1. **症状** 主要症状为外阴奇痒，甚至坐立难安，阴道分泌物增多，典型白带呈白色稠厚凝乳状或豆渣样，有臭味，伴有灼痛、性交痛等。若合并尿路感染，可有尿频、尿急、尿痛。

2. **体征** 妇科检查见阴道壁黏膜充血，小阴唇内侧及阴道壁附有白色块状薄膜，擦除后露出红肿的黏膜，严重者可见黏膜表面糜烂或溃疡。部分患者外阴有抓痕及破溃。

(三)心理社会状况

评估患者的心理障碍及影响疾病治疗的关键。外阴瘙痒致患者痛苦,影响其休息与睡眠;有些患者不愿言表,不愿就医,充满矛盾心理。

(四)辅助检查

阴道分泌物检查:取患者阴道分泌物,在镜下寻找假丝酵母菌,即可确诊。

(五)治疗原则

消除诱因,根据患者情况选择全身或局部使用抗真菌药。

1. **一般处理** 加强休息,减少各种刺激,注意局部卫生,消毒内裤及卫生用物等。
2. **消除病因** 积极治疗糖尿病,及时停用广谱抗生素、皮质类固醇激素、雌激素及免疫抑制剂等。
3. **局部治疗** 选用2%~4%碳酸氢钠溶液阴道灌洗或坐浴,改善阴道内环境,然后阴道置药。单纯性VVC选用咪康唑栓剂(200~400 mg),每晚1次,3~7日为一个疗程;克霉唑栓剂(150 mg)塞入阴道深处,每日1~2次,3~7日为一个疗程;制霉菌素栓剂(10万U),每晚1次,10~14日为一个疗程。复杂性VVC(recurrent vulvovaginal candidiasis,RVVC)是指一年内有症状并经真菌学证实的VVC发作4次或以上。因RVVC病情较为严重,易复发,故抗真菌治疗分为初始治疗和维持治疗,根据情况适当延长治疗时间,达6个月,以巩固疗效。
4. **全身用药** 对不能耐受局部用药或未婚女性及不愿局部用药者可采用口服药物治疗,常用氟康唑150 mg,一次顿服。

▶ **护理措施**

基本同滴虫阴道炎。告知患者:①消除诱因的重要性;②在局部用药前先用2%~4%碳酸氢钠溶液阴道灌洗或坐浴,以提高疗效。③坚持规范化用药,不能随意中断疗程,首次发作或首次就诊是规范化治疗的关键时期。④治疗期间应定期复查监测疗效及药物不良反应。⑤患者用过的毛巾、内裤等均应用开水烫洗。⑥VVC急性期避免性生活。⑦性伴侣无需常规治疗,对有症状男性应进行治疗,可预防女性重复感染。⑧妊娠期合并VVC应选阴道给药,禁用口服唑类药物。

三、萎缩性阴道炎

萎缩性阴道炎(atrophic vaginitis)又称老年性阴道炎,多见于自然绝经或人工绝经后的妇女,也可见于药物假绝经治疗或产后闭经妇女。

▶ **病因及发病机制**

因卵巢功能衰退,雌激素水平下降,阴道壁萎缩,黏膜变薄,上皮细胞糖原含量减少,导致阴道酸度降低,pH值增高(多为5.0~7.0),嗜酸乳杆菌不再为优势菌,局部抵抗力降低,致病菌易大量繁殖或入侵引起炎症。

▶ **护理评估**

(一)健康史

评估患者的年龄、月经史,是否闭经、绝经及绝经时间。询问患者有无卵巢手术史、盆腔放射治疗史或药物性闭经史等。

(二)身体状况

1. **症状** 主要表现为外阴瘙痒、灼热不适及阴道分泌物增多。因阴道黏膜萎缩,阴道干涩且有性交痛。白带稀薄,呈淡黄色,感染严重者可见浆液性或脓血性白带,有臭味。有时可伴有尿频、尿急、尿痛。

2. 体征 妇科检查见阴道壁黏膜呈萎缩性改变，上皮皱襞消失、萎缩、菲薄。阴道黏膜充血、有散在小出血点或点状出血斑，有时可见浅表溃疡。溃疡面可与对侧粘连，严重时造成狭窄甚至闭锁，炎症分泌物引流不畅则会形成阴道积脓或宫腔积液。

（三）心理社会状况

评估患者的心理状况，外阴瘙痒、分泌物增多可影响患者正常生活、工作、睡眠等，若有出血还会引起患者恐惧不安的心理。部分患者不愿意就诊时，应了解原因，如患者本人情绪消极、家庭支持系统等。

（四）辅助检查

1. 阴道分泌物检查 取阴道分泌物在镜下观察，可见到大量基底层细胞及白细胞，排除滴虫阴道炎和外阴阴道假丝酵母菌病，且白带清洁度多为Ⅲ度或Ⅳ度，正常乳杆菌数量减少。

2. 宫颈细胞学检查 对有血性白带者需常规行宫颈细胞学检查，以排除子宫恶性肿瘤，必要时行分段诊断性刮宫。对阴道壁肉芽组织及溃疡者，需做局部活组织检查，以排除阴道癌。

 知识链接

白带清洁度分级标准

Ⅰ度：正常，大量阴道杆菌和上皮细胞，白细胞0～5/HP，杂菌无或极少。

Ⅱ度：正常，中等量阴道杆菌和上皮细胞，白细胞10～15/HP，杂菌少量。

Ⅲ度：轻度炎症，少量阴道杆菌和上皮细胞，白细胞15～50/HP，杂菌较多。

Ⅳ度：较重炎症，无阴道杆菌，有少量上皮细胞，白细胞>50/HP，大量杂菌。

（五）治疗原则

补充适量雌激素，增强阴道抵抗力，合理使用抗生素抑制细菌生长。

1. 抑制细菌生长 选用1%乳酸溶液或0.1%～0.5%醋酸溶液进行坐浴或阴道灌洗，每天1次，抑制致病菌生长繁殖，冲洗后应用抗生素诺氟沙星100 mg或甲硝唑200 mg，塞入阴道穹窿部深部，每晚1次，7～10日为一个疗程。也可选用中药，如保妇康栓。

2. 雌激素治疗 针对病因，主要治疗方法是补充雌激素，增强阴道抵抗力。雌激素制剂可局部给药，选用雌三醇软膏或0.5%己烯雌酚软膏局部涂抹，每日1～2次，14日为一个疗程。为防止炎症复发，亦可全身用药，选用尼尔雌醇，首次4 mg，之后每2～4周1次，每晚2 mg，连续口服用药2～3个月。对同时需要性激素替代治疗的患者，可选用替勃龙2.5 mg，每日1次，或选用其他雌、孕激素制剂连续联合用药。

▶ **护理措施**

告知患者局部用药的方法，自己用药有困难者，指导其家属协助用药或由医务人员帮助使用。需向患者及家属说明雌激素治疗的适应证和禁忌证，说明雌激素制剂口服用药的目的、方法、注意事项及药物不良反应。子宫内膜癌或乳腺癌患者应慎用雌激素制剂。

四、细菌性阴道病

细菌性阴道病（bacterial vaginosis，BV）是指由于阴道内正常菌群失调，阴道内乳酸杆菌减少、加德纳菌及厌氧菌等增加导致的一种内源性混合感染，但病理特征及阴道检查时无炎症改变。本病是生育期妇女最常见的阴道感染，但不属于性传播疾病，无性生活经历女性也可发生。本病曾被称为嗜血杆菌阴道炎、加德纳菌阴道炎、非特异性阴道炎，1984年正式命名为细菌性阴道病。

病因及发病机制

正常情况下，阴道内有正常的菌群，主要以产生过氧化氢的乳酸菌为优势菌。细菌性阴道病时，阴道内产生过氧化氢的乳酸菌减少，而导致其他微生物大量繁殖，包括加德纳菌、厌氧菌（消化链球菌、类杆菌等）及人型支原体，其中以厌氧菌居多，数量可增加 100~1000 倍。目前引起阴道内菌群失调的原因仍不清楚，可能与阴道灌洗使阴道碱化、频繁性交或多个性伴侣有关。

细菌性阴道病还会引起其他疾病，如非妊娠期妇女可发生子宫内膜炎、盆腔结缔组织炎、子宫切除术后阴道断端感染；妊娠期细菌性阴道病可导致胎膜早破、早产等。

护理评估

（一）健康史

询问患者有无其他诱发因素的存在，平时性生活情况及个人卫生习惯，是否存在不适当使用女性护理液，有无白带异常、鱼腥臭味等症状，是否接受过其他治疗及护理等。

（二）身体状况

1. **症状** 10%~40% 患者无临床症状，有症状者主要表现为阴道分泌物增多，由于厌氧菌繁殖，激发加德纳菌产生氨基酸，分解产生挥发性的胺类物质，导致分泌物有鱼腥臭味。白带增多于性生活及月经后加重，并伴有轻度外阴瘙痒、疼痛或灼热。

2. **体征** 妇科检查见阴道壁黏膜无充血等炎症表现，部分患者外阴有抓痕破溃。阴道分泌物的典型特点是灰白色或灰黄色，稀薄均匀一致，黏附于阴道壁上，黏度低，容易从阴道壁上拭去。

（三）心理社会状况

外阴瘙痒可影响患者性生活、工作、睡眠等。患者可出现情绪低落、烦躁不安等表现。

（四）辅助检查

1. **线索细胞检查** 取阴道分泌物放于载玻片上，加 1 滴 0.9% 氯化钠溶液，立即在高倍镜下观察，可见到 > 20% 线索细胞。线索细胞即阴道脱落的表层细胞，于细胞边缘黏附多量的颗粒状物即各种厌氧菌，尤其是加德纳菌，细胞边缘不清。

2. **胺臭味试验** 取阴道分泌物少许放在玻片上，加入 10% 氢氧化钾溶液 1~2 滴，产生烂鱼肉样腥臭气味，由于胺遇碱释放氨所致，则为阳性。

3. **阴道分泌物 pH 值检查** pH > 4.5。

（五）治疗原则

选用抗厌氧菌的药物，抑制阴道致病菌的生长繁殖，恢复并维持阴道内酸性环境。

1. **全身用药** 首选甲硝唑，可抑制厌氧菌生长，又不影响乳酸杆菌生长，是理想的治疗药物。每次 400 mg，每日 2 次，连续口服 7 日。其他方案：替硝唑 2 g，每日 1 次，连续口服 3 日；或替硝唑 1 g，每日 1 次，连续口服 5 日；或克林霉素 300 mg，每日 2 次，连续口服 7 日。

2. **局部治疗** 选用酸性溶液进行坐浴或阴道灌洗，改善阴道内环境，再选用甲硝唑栓剂 200 mg 塞入阴道穹后部，每晚 1 次，连续上药 7 日；或 2% 克林霉素软膏涂抹阴道，每日 5 次，每晚 1 次，连续涂抹 7 日。

护理措施

加强卫生宣传，保持外阴清洁、干燥，不穿化纤内裤和紧身衣。告知患者局部用药的方法。性伴侣无需同治时接受治疗。对治疗后没有症状者无需常规随访。对于妊娠合并细菌性阴道病者需随访治疗。

第四节 宫颈炎患者的护理

> **导学案例 14-3**
>
> 患者，46岁，已婚。因"外阴瘙痒灼热，阴道分泌物增多且呈黄色脓性4个多月，偶有性生活后出血"就诊。患者极其焦虑、担心，害怕发生癌变。妇科检查：阴道内有大量黄色脓性分泌物。宫颈充血、水肿，黏膜外翻，有黏液脓性分泌物附着。宫颈管黏膜质地脆，触之见少量出血。
>
> **讨论分析：**
> 1. 为明确诊断，应给该患者进一步做哪些检查？
> 2. 对于该患者应如何做好心理护理？
> 3. 针对该患者的问题有哪些护理措施及预防方法？

宫颈炎（cervicitis）是最常见的生殖道炎症之一，多见于生育期妇女，包括子宫颈阴道部炎症和子宫颈管黏膜炎症。因子宫颈阴道部鳞状上皮与阴道鳞状上皮相延续，所以阴道炎症均可引起子宫颈阴道部炎症。由于子宫颈管黏膜上皮为单层柱状上皮，局部抵抗力差，所以易发生感染。临床上急性宫颈炎多为子宫颈管黏膜炎，若急性宫颈炎未及时诊治或病原体持续存在，则可导致慢性宫颈炎。

一、急性宫颈炎

急性宫颈炎是指子宫颈发生急性炎症，包括局部充血、水肿、上皮变性、坏死，镜下可见大量中性粒细胞浸润，腺腔中可有脓性分泌物。急性宫颈炎多见于性传播疾病的高危人群，也可因内源性感染、物理因素或化学因素刺激以及子宫损伤等伴发感染所致。

▶ **病因及病原体**

1. **病因** 常见原因有流产、分娩及宫腔操作的损伤，阴道过多分泌物刺激等。由于宫颈管黏膜皱襞多，病原体潜藏于此处不易被彻底消除而导致宫颈炎症。

2. **病原体** ①性传播疾病病原体：如沙眼衣原体、淋病奈瑟菌。②内源性衣原体：部分宫颈炎的病原体与细菌性阴道病、生殖道衣原体感染有关。病变以宫颈管明显。除宫颈管柱状上皮外，淋病奈瑟菌还常侵犯尿道移行上皮、尿道旁腺及前庭大腺。

▶ **护理评估**

（一）健康史

了解婚育史、分娩史、妇科手术史、有无宫颈损伤或产褥感染等情况，评估患者个人卫生习惯。了解患者有无不洁性生活史或多个性伴侣。

（二）身体状况

1. **症状** 大部分患者无症状，有症状者表现为阴道分泌物增多，呈黏液脓性；分泌物增多刺激可引起外阴瘙痒、灼热；也可见性交后出血、经期间出血等症状。合并尿路感染者可出现尿急、尿频、尿痛。

2. **体征** 妇科检查见宫颈充血、水肿，黏膜外翻，有脓性分泌物附着，甚至从子宫颈管流出。宫颈管黏膜质地脆，容易诱发出血。若为淋病奈瑟菌感染，可见尿道口、阴道口黏膜充血、水肿及大量脓性分泌物。

（三）心理社会状况

详细评估患者的心理状态。外阴瘙痒、分泌物增多可影响患者正常生活、工作和睡眠等，若有出血还会引起患者恐惧不安的心理。评估家庭支持系统。

（四）辅助检查

1. **白细胞检查**

（1）阴道分泌物涂片检查，白细胞＞10个/HP。

（2）宫颈管分泌物涂片做革兰氏染色检查，中性粒细胞＞30个/HP，提示宫颈炎的存在。

2. **病原体检查**

（1）宫颈分泌物涂片革兰氏染色检查：在多个中性粒细胞内找到典型肾形革兰氏阴性双球菌，提示淋病奈瑟菌感染。

（2）宫颈分泌物培养：是诊断淋病奈瑟菌感染的金标准，阳性率可达80%～90%。

（3）核酸检查：包括核酸杂交及核酸扩增，后者诊断淋病奈瑟菌的敏感性及特异性高。

（4）酶联免疫吸附试验（enzyme-linked immunosorbent assay，ELISA）：此方法快速、灵敏、特异、稳定且不需要特殊设备，是临床常用的检测沙眼衣原体抗原的方法。

（五）治疗原则

以抗生素治疗为主。有性传播疾病高危因素者，尤其是年轻女性，未获得病原体检测结果即可单次顿服阿奇霉素1g，或多西环素100mg，每日2次，连续口服7日。对于单纯急性淋病奈瑟菌性宫颈炎，主张大剂量、单次给药，可选用头孢曲松钠250mg单次肌内注射；或头孢克肟400mg，单次口服。对于沙眼衣原体宫颈炎，可选用四环素类药物，如多西环素100mg，每日2次，连续口服7日；阿奇霉素1g，1次顿服；或氧氟沙星300mg，每日2次，连续口服7日。合并细菌性阴道病可同时治疗细菌性阴道病，防止宫颈炎持续存在。

▶ 护理诊断

1. **皮肤黏膜完整性受损** 与炎症刺激、搔抓皮肤有关。
2. **舒适改变** 与阴道分泌物增多，外阴、阴道瘙痒有关。
3. **焦虑** 与炎症影响正常生活或性伴侣需要同时治疗有关。
4. **知识缺乏**：缺乏预防、治疗滴虫阴道炎等知识。

▶ 护理目标

1. 患者外阴皮肤黏膜受到保护，受损皮肤有所好转。
2. 患者阴道分泌物转为正常性状，症状减轻。
3. 患者能够乐观面对疾病并积极配合治疗。
4. 患者能叙述该病的有关知识并积极配合治疗，其性伴侣也能同时接受治疗。

▶ 护理措施

注意个人卫生，加强会阴部护理，保持外阴清洁、干燥。针对病原体选择有效抗生素，遵医嘱及时、足量、规范应用，给予患者关怀和安慰，解除患者的思想负担，引导患者积极配合治疗，促进机体康复。病原体为沙眼衣原体及淋病奈瑟菌者，其性伴侣应接受相应的检查及治疗。

▶ 护理评价

1. 患者皮肤完整性受到保护。
2. 患者阴道分泌物转为正常，自诉症状减轻、舒适度增加。
3. 患者心态稳定，不良情绪有所减轻。
4. 患者能够正确复述预防及治疗疾病的有关知识，并能积极配合治疗。

二、慢性宫颈炎

慢性宫颈炎可由急性宫颈炎迁延而来，也可由病原体持续感染所致。病原体与急性宫颈炎相似。

▶ 病理

镜下可见宫颈间质内有大量淋巴细胞、浆细胞等慢性炎症细胞浸润，可伴有子宫腺上皮及间质鳞状上皮化生。其病理类型包括：

1. **慢性宫颈管黏膜炎** 因子宫颈管黏膜皱襞多，感染后易形成持续性宫颈黏膜炎。检查可见子宫颈外口处发红、充血，子宫颈口有脓性分泌物，但阴道部光滑，无改变。病情常反复发作。

2. **宫颈息肉** 慢性炎症长期刺激使子宫颈管腺体和间质局部增生以及子宫颈黏膜（柱状上皮）增生，向子宫颈外口突出形成息肉。检查可见单个或多个宫颈息肉，红色，质地软而脆，直径小于1 cm，呈小樱桃样或舌状，有细蒂，根部可附着于子宫颈外口，也可在子宫颈管内因炎症持续存在，即使去除息肉仍易复发。宫颈息肉极少恶变，但应与子宫的恶性肿瘤鉴别。

3. **宫颈肥大** 由于炎症长期刺激引起宫颈腺体及间质的增生所致。宫颈深部纳氏囊肿可使子宫颈呈不同程度肥大、变硬。

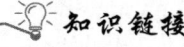

宫颈柱状上皮异位及宫颈上皮内瘤变

生理性柱状上皮异位是阴道镜下描述子宫颈管内的柱状上皮生理性外移至子宫颈阴道部的术语，由于柱状上皮菲薄，其下间质透出而成肉眼所见的红色。曾称此种情况为"宫颈糜烂"，并认为是慢性宫颈炎最常见的病理类型之一。但是目前已明确"宫颈糜烂"不是病理学中上皮溃疡的真性糜烂，而是宫颈柱状上皮异位。宫颈糜烂样改变只是一个临床征象，可以是生理性改变，也可能是病理性改变。生理性柱状上皮异位多见于青春期、生育期妇女雌激素分泌旺盛者、口服避孕药或妊娠期。此外，宫颈上皮内病变和早期宫颈癌也可使宫颈呈糜烂样改变，因此对宫颈糜烂样改变者需进行宫颈细胞学检查和（或）HPV检测，行宫颈活组织检查。

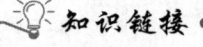

子宫颈腺囊肿

子宫颈腺囊肿绝大多数情况下是子宫颈的生理变化。子宫颈转化区内鳞状上皮取代柱状上皮的过程中，新生的鳞状上皮覆盖子宫颈腺管口或伸入腺管，将腺管口阻塞，致使腺体分泌物引流受阻，潴留形成宫颈囊肿。子宫颈局部损伤或子宫颈慢性炎症使腺管口狭窄，也可导致宫颈腺体囊肿形成，浅部的腺体囊肿表现为子宫颈表面突出单个或多个青白色小囊泡，而深部的宫颈腺囊肿表现为宫颈肥大，应与子宫颈腺癌鉴别。

护理评估

（一）健康史

了解婚育史、阴道分娩史、妇科手术史、宫颈损伤等情况；评估患者日常卫生习惯及性伴侣有无性传播疾病史；询问有无细菌性阴道病、感染性流产、免疫功能紊乱等既往病史。

（二）身体状况

1. **症状** 多数患者无症状，少数患者可出现阴道分泌物增多，呈淡黄色或脓性，也可有性交后出血、经期间出血等症状，有时有分泌物刺激引起的外阴瘙痒。

2. **体征** 妇科检查可见宫颈呈糜烂样改变，可见黄色分泌物覆盖宫颈口或流出宫颈口外，也可表现为宫颈肥大或宫颈息肉。

（三）心理社会状况

详细评估患者的心理状态、家属态度。由于病程长，白带增多且有异味致外阴不适，患者精神状态不佳，思想压力大。有接触性出血症状，使患者惊疑而害怕，拒绝性生活，又害怕癌变，引起患者恐惧与不安。

（四）辅助检查

子宫颈细胞学检查：对宫颈炎患者常规做宫颈细胞学筛查，必要时可行子宫颈及宫颈管活组织检查，以排除宫颈癌。

（五）治疗原则

慢性宫颈炎在治疗前应先排除宫颈上皮内瘤变和宫颈癌。以局部治疗为主，根据不同病理类型采取不同的治疗方法。

1. **慢性宫颈管黏膜炎** 对持续性宫颈管黏膜炎患者，需针对病因给予治疗。对宫颈糜烂样改变，有接触性出血且反复药物治疗无效者，以局部物理治疗（包括激光、微波、电凝、冷冻等方法）为主，目前也可用中药保妇康栓，每日放入阴道1枚，连续治疗7~10日，作为物理治疗前后的辅助治疗。

2. **宫颈息肉** 行息肉摘除术，术后切除的息肉常规送病理组织学检查。

3. **宫颈肥大** 排除宫颈病变后一般无需治疗。

护理措施

1. **物理治疗护理** 告知患者物理治疗相关注意事项：①急性生殖器炎症者禁用；②治疗前需常规行宫颈细胞学筛查排除宫颈癌；③治疗时间应选择月经干净后3~7日内进行，治疗前禁止性生活3日；④治疗后因炎症组织坏死，阴道分泌物增多，甚至有大量黄水样液体排出，注意观察分泌物情况，保持外阴部清洁、干燥，每日擦洗会阴1~2次，预防感染；⑤术后1~2周脱痂时可有少量出血，注意观察出血的量、颜色、性状、气味，出血量多时就诊，局部止血治疗，必要时给予抗生素预防感染；⑥治疗后4~8周，创面未愈合之前禁止盆浴、性生活及阴道灌洗；⑦物理治疗后有可能出现子宫颈狭窄环、术后出血、不孕、感染等情况，应常规定期复查，观察创面愈合情况直至痊愈，同时注意有无子宫颈管狭窄。

2. **手术治疗的护理** 做好术前准备、术中配合及术后护理，对宫颈息肉者可行息肉摘除术，对宫颈肥大、糜烂面大并累及宫颈管者可行宫颈锥形切除术。

3. **健康指导**

（1）指导妇女定期做妇科检查，对有炎症表现者及时接诊并治疗，直至痊愈，防止反复发作。

（2）预防子宫颈损伤：采取有效的避孕措施，减少人工流产对子宫颈的损伤；提高助产技术，避免分娩时对子宫颈造成的损伤，及时缝合宫颈裂伤。

第五节　盆腔炎性疾病患者的护理

> **导学案例 14-4**
>
> 患者，女性，29岁，已婚。人工流产后反复下腹疼痛1年多，加重伴发热2个月。月经规律，量多，无痛经。近1个月症状加重，伴有畏寒，分泌物带血丝。
>
> 妇科检查：阴道有大量脓性臭味分泌物，穹后部触痛明显；子宫颈柱状上皮外移，呈子宫后位，宫体增大，有压痛，活动受限；子宫附件增厚且压痛明显，宫颈举痛，宫旁可触及肿块且有波动感。
>
> **讨论分析：**
> 1. 该患者有哪些护理问题？
> 2. 请分析其腹痛的原因并进一步说明应采取的护理要点有哪些？

盆腔炎性疾病（pelvic inflammatory disease，PID）是指女性上生殖道及周围结缔组织、盆腔腹膜的一组感染性疾病，主要包括子宫内膜炎、输卵管炎、输卵管卵巢脓肿或囊肿、盆腔炎。炎症可局限于一个部位，亦可同时累及多个部位，其中最常见的是输卵管炎、输卵管卵巢炎。若未得到及时、彻底治疗，则可导致输卵管妊娠、慢性盆腔痛、炎症反复发作及不孕，将严重影响妇女的生殖健康。

▶ 病因及发病机制

引起盆腔炎性疾病的病原体包括内源性和外源性，多为混合性感染，也可单独感染。外源性病原体包括淋病奈瑟菌、沙眼衣原体、支原体等性传播疾病的病原体；内源性病原体主要包括一些原寄居在阴道内的需氧菌（金黄色葡萄球菌、淋球菌等）及厌氧菌（脆弱类杆菌、消化链球菌等）。

年轻女性性生活频繁、多个性伴侣、月经期性卫生不良、下生殖道感染、宫腔内手术操作后感染、邻近器官炎症（阑尾炎、腹膜炎等）蔓延，有盆腔炎性疾病史等均是盆腔炎性疾病发生的高危因素。

▶ 病理

1. 急性子宫内膜炎及子宫肌炎　子宫内膜充血、水肿，有炎性渗出物，严重时内膜坏死、脱落形成溃疡。镜下见大量白细胞浸润，炎症向深部侵入形成子宫肌炎。

2. 急性输卵管炎、输卵管积脓、输卵管卵巢脓肿

（1）沿生殖道黏膜上行蔓延：首先引起输卵管黏膜炎，严重者输卵管上皮发生退行性变，导致输卵管管腔及伞端闭锁。若脓液积聚于管腔内，则形成输卵管积脓。淋病奈瑟菌、沙眼衣原体及葡萄球菌多沿此途径蔓延。

（2）经淋巴系统蔓延：首先侵及浆膜层，发生输卵管周围炎，再累及肌层。输卵管管腔可因肌壁增厚受压变窄，但仍能保持通畅。多见于链球菌、大肠埃希菌、厌氧菌感染。

（3）卵巢炎极少单独发生，常与发生炎症的输卵管伞端粘连而形成卵巢周围炎，称为输卵管卵巢炎，习称附件炎。炎症通过卵巢排卵的破孔侵入卵巢实质形成卵巢脓肿，脓肿壁与输卵管积脓粘连并穿通，形成输卵管卵巢脓肿。

3. 急性盆腔腹膜炎　盆腔内脏器官发生严重感染时，往往蔓延到盆腔腹膜，致使腹膜充血、水肿，且有少量含纤维素的渗出液，从而形成盆腔脏器粘连。当有大量脓性渗出液积聚于粘连间隙时，可形成散在的小脓肿，积聚于直肠子宫陷凹则形成盆腔脓肿。脓肿破溃后进入腹腔可引起弥漫性腹膜炎。

4. 急性盆腔结缔组织炎 病原体经淋巴管进入盆腔结缔组织而引起组织充血、水肿及中性粒细胞浸润。其中以宫旁结缔组织最常见。

5. 败血症及脓毒症 当病原体毒性强、数量多、患者抵抗力降低时，常发生败血症。多见于严重的产褥感染、感染性流产及性传播疾病。当发生盆腔炎性疾病时，若身体其他部位发现多处炎症病灶，应考虑脓毒症的存在，但必须经过血培养检查确诊。

6. 肝周围炎 是指肝包膜炎症而无肝实质性损害，常见于淋病奈瑟菌及衣原体感染。5%～10%的输卵管炎患者可出现肝周围炎，临床表现为继下腹痛之后出现右上腹痛，或下腹痛与右上腹痛同时出现。

7. 盆腔炎性疾病后遗症 若盆腔炎性疾病未得到及时、正确的诊断和治疗，可能会引起一系列后遗症，既往称为慢性盆腔炎。主要病理改变有组织破坏、广泛粘连、增生及瘢痕形成，导致输卵管阻塞、输卵管增粗、输卵管积水或积脓、输卵管卵巢炎及输卵管卵巢囊肿（图14-5），还可表现为主韧带、骶韧带增生和变厚，病变广泛者，甚至使子宫固定，宫旁结缔组织增生、增厚，形成"冰冻骨盆"。

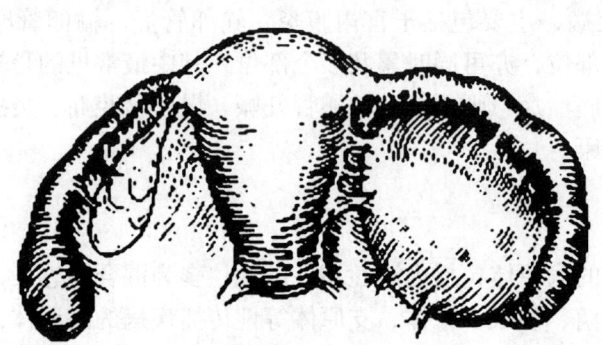

图14-5 输卵管卵巢囊肿（右）、输卵管积水（左）

护理评估

（一）健康史

了解患者起病的诱因、腹痛、腰痛的时间及程度；询问其有无分娩、流产、经期卫生不良、宫腔术后感染史或急性盆腔炎发作史；是否有接受过治疗、治疗方法、使用的药物及效果。

（二）身体状况

1. 急性盆腔炎 患者的症状与炎症的轻重及范围大小相关，轻者无症状或症状轻微。常见症状为急性下腹痛，阴道分泌物增多，腹痛呈持续性，在活动或性生活后加重。重者可有高热、寒战、头痛及食欲缺乏。月经期发病时可出现经量增多、经期延长。若有腹膜炎时，可有恶心、呕吐、腹胀、腹泻等消化系统症状。有时可伴有尿频、尿急、尿痛、排尿困难等膀胱刺激症状。患者呈急性病容，体温升高，心率加快，下腹部压痛、反跳痛及肌紧张，叩诊有鼓音，肠鸣音减弱或消失。妇科检查：阴道壁充血，有大量脓性臭味分泌物，甚至从宫颈口流出；阴道穹有触痛明显，宫颈举痛；宫体增大，有压痛，活动受限；子宫附件压痛明显；若有盆腔脓肿且位置较低，可在阴道穹后部或附件区触及肿块且有波动感。

2. 盆腔炎性疾病后遗症 患者有时出现低热、乏力，多表现为不孕、异位妊娠、慢性盆腔痛或盆腔炎性疾病反复发作等症状。妇科检查：子宫多呈后位、活动受限或粘连固定；附件区可触及条索状、囊性或质韧包块；宫旁组织增厚，骶韧带增粗，有触痛。

（三）心理社会状况

评估患者的心理状态、家属态度，患者常因病情而烦躁不安、害怕手术，或因担心治疗效果不佳而焦虑；盆腔后遗症病程长、反复发作甚至不孕使患者出现情绪低落、痛苦不堪、对治疗缺乏信心等心理障碍。

（四）辅助检查

1. **宫颈分泌物检查** 取宫颈管分泌物进行涂片检查、细菌培养及药物敏感试验。
2. **阴道穹后部穿刺检查** 对怀疑直肠子宫陷凹脓肿形成者可行阴道穹后部穿刺检查，抽出脓液即可确诊。
3. **血常规检查** 急性感染者白细胞及中性粒细胞均增加，红细胞沉降率增快。
4. **B 型超声或磁共振检查** 有助于盆腔炎性包块的诊断，同时可初步排除其他疾病，如子宫内膜异位症、生殖器恶性肿瘤等。
5. **腹腔镜检查** 临床上必要时可行腹腔镜检查。

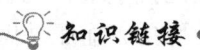

盆腔炎性疾病的诊断标准（美国 CDC 诊断标准，2015 年）

最低标准
宫颈举痛或子宫压痛或附件区压痛
附加标准
体温 > 38.3 ℃（口表）
子宫颈异常黏液脓性分泌物或脆性增加
阴道分泌物生理盐水涂片见大量白细胞
红细胞沉降率加快
C- 反应蛋白升高
实验室证实的子宫颈淋病奈瑟菌或衣原体阳性
特异标准
子宫内膜活组织检查证实子宫内膜炎
阴道超声或核磁共振检查显示输卵管增粗，输卵管积液，伴或不伴有盆腔积液
输卵管卵巢肿块，腹腔镜检查发现盆腔炎性疾病征象

（五）治疗原则

主要以抗生素治疗为主，必要时采取手术治疗。经恰当的抗生素积极治疗，绝大多数盆腔炎性疾病能彻底治愈。抗生素的治疗原则：经验性、广谱、及时和个体化。在盆腔炎性疾病诊断 48 小时内及时用药将明显降低后遗症的发生。具体方案根据医院条件、患者综合情况而定：①症状轻者，可选择给予口服或肌内注射抗生素治疗，常用的药物有头孢曲松钠、氧氟沙星等。②症状重者，选择住院治疗，给药途径以静脉注射效果快，常用的配伍方案有头孢菌素类、克林霉素与氨基糖苷类药物、青霉素类与四环素类药物、喹诺酮类药物与甲硝唑等联合方案。③对输卵管卵巢脓肿或盆腔脓肿抗生素治疗效果不佳者可采取手术治疗。④性伴侣的治疗，对于盆腔炎性疾病患者出现症状前 60 日内接触过的性伴侣进行检查和治疗。患者在治疗期间应避免无保护性生活。⑤对于盆腔炎性疾病后遗症患者，需根据不同情况选择治疗方案。对慢性盆腔痛者要给予支持疗法、中药（主要选用活血化瘀、清热解毒药物，如安工牛黄丸、银翘解毒汤或紫血丹)、理疗等综合治疗措施。对不孕患者，多需要辅助生殖技术协助受孕。对反复发作者，在抗生素治疗的基础上可根据情况选择手术治疗。对输卵管积水者需行手术治疗。

▶ 护理措施

1. 一般护理 加强饮食指导，鼓励进食，给予高热量、高蛋白质、高维生素流质饮食或半流质饮食，补充液体，注意酸碱平衡。指导患者卧床休息，急性期取半卧位，有利于分泌物引流，使脓液局限于直肠子宫陷凹，防止炎症扩散。尽量避免不必要的妇科检查，以免炎症扩散。对高热患者，给予物理降温，出汗多时，及时更换湿衣服、床单，保持床单位清洁、舒适。

2. 心理护理 向患者及家属耐心解释疾病相关知识，建立良好的护患关系，鼓励患者诉说心理感受，解除其思想顾虑，增强患者治疗的信心，使其能积极配治疗。

3. 治疗配合

（1）急性发作期患者，遵医嘱根据病原学检查结果及时选用足量、有效的抗生素，观察药物疗效及不良反应，注意纠正电解质紊乱及酸碱失衡状态；定时监测体温、脉搏、血压并做好记录，发现异常及时报告医生并配合处理。

（2）对于盆腔后遗症患者，可选择物理治疗，促进盆腔局部血液循环，改善组织营养状态，增加新陈代谢，有利于炎症的吸收消退。或选择清热利湿、活血化瘀或温经散寒、行气活血等中药治疗，从而达到治疗目的。

（3）若需要手术治疗，做好术前准备、术中配合及术后护理。

4. 健康教育 加强公共卫生教育，提高公众对生殖道感染的认识及预防感染的重要性；做好月经期、妊娠期及产褥期卫生宣传教育；指导患者注意性生活卫生，减少性传播疾病，对沙眼衣原体及淋病奈瑟菌感染高危妇女进行筛查和治疗。严格掌握妇科手术指征，做好术前准备，注意术中无菌操作，预防感染。及时治疗下生殖道感染，盆腔炎性疾病一经确诊应及时治疗、彻底治愈，防止后遗症发生。

第六节 性传播疾病患者的护理

性传播疾病（sexual transmitted diseases，STD）亦称性病，是指主要通过性行为或类似性行为传播的一组疾病。病原体包括由细菌、病毒、支原体、螺旋体、衣原体、真菌、原虫及寄生虫等。性生活是其主要的传播途径，占95%以上，其他传播方式包括间接接触传染、胎盘产道感染、医源性传播、日常生活接触传播等。目前我国重点监测、需做疫情报告的性传播疾病有8种，包括淋病、尖锐湿疣、梅毒、艾滋病、非淋菌性尿道炎、软下疳、性病淋巴肉芽肿和生殖器疱疹。本节主要介绍淋病、尖锐湿疣、梅毒、艾滋病四种。

一、淋病

淋病由淋病奈瑟菌引起，以生殖道、泌尿系统黏膜柱状上皮与移行上皮的化脓性感染为主要表现，是我国发病率最高的一种性传播疾病。淋病奈瑟菌，喜潮湿，怕干燥，在微湿的衣裤、毛巾、被褥中可生存10~17小时，离体后在干燥的情况下1~2小时死亡，对热敏感，100℃立即死亡。一般消毒剂或肥皂液就很容易将其杀灭。主要的传播途径是性接触传播，也可通过接触污染的衣物、坐便器等途径间接接触传播，分娩时胎儿经过软产道时被感染。

护理评估

1. 症状与体征 潜伏期为 2~10 日,平均为 3~7 日。急性期局部表现为宫颈炎、前庭大腺炎及急性尿道炎。主要症状是阴道分泌物增多,有脓液排出,呈黄色,双侧外阴灼痛。随着病程延长,炎症可向上蔓延,引起子宫内膜炎、输卵管炎、弥散性腹膜炎,甚至中毒性休克。慢性患者多为急性期治疗不彻底导致,可表现为前庭大腺囊肿,常伴有不孕。伴有排尿困难、尿频、尿急、尿痛。妇科检查可见外阴、阴道外口及尿道口充血。宫颈及阴道穹充血,脓性或黏液脓性液性自宫颈口流出。

2. 治疗原则 确诊后应尽早彻底治疗,遵循早期、足量、彻底的原则。首选头孢曲松钠,单次用药 250 mg 肌内注射;头孢噻肟钠 1 g,单次肌内注射;若不能耐受头孢菌素,可用大观霉素 4 g 单次肌内注射,加用阿奇霉素 1 g 单次口服,每日 2 次,连用 7 日。若合并盆腔炎播散性淋病,多用头孢曲松钠 1 g,每日 1 次,加用甲硝唑 400 mg,每日 2 次,连用 10 日。

护理措施

1. 一般护理 在淋病急性期嘱患者卧床休息,做好床边隔离。将患者接触过的生活用品(衣物、毛巾、浴具等)严格消毒,坐便器和外阴用盆单独使用,使用后进行消毒,防止交叉感染。

2. 心理护理 为患者提供心理支持,尊重患者,给予关心、安慰,解除患者求医的顾虑。

3. 治疗配合 遵医嘱正确、及时给予抗生素治疗,并注意有无药物过敏。指导患者坚持接受规范化的治疗。

4. 健康指导 治疗期间严禁性生活,性伴侣也应接受检查和治疗,且告知应杜绝不洁性生活。教会患者自行消毒隔离的方法。指导患者于治疗 7 日后复查分泌物,以后每个月复查 1 次,连续 3 次阴性方能确定治愈。淋病经充分治疗后,应随访 2~3 年。在淋病高发区,对孕妇应在产前进行筛查淋病奈瑟菌,以便尽早确诊和治疗。对淋病产妇分娩的新生儿,应预防性使用抗生素。

二、尖锐湿疣

尖锐湿疣(condylomata acuminatum,CA)发病率仅次于淋病,居第二位,常与多种 STD 同时存在。病原体是人乳头瘤病毒(human papilloma virus,HPV),HPV 耐冷不耐热,对常用抗生素较为不敏感。尖锐湿疣主要经性接触传播,不排除间接传播的可能性。孕妇感染 CA 可传染给新生儿,其感染途径尚未确定,一般认为是胎儿经过产道时受到含 HPV 的羊水、血液或分泌物而感染,在幼儿期有发生喉乳头瘤的可能。HPV 除引起生殖道尖锐湿疣外,还可引起宫颈上皮内瘤变或宫颈癌。

护理评估

1. 症状与体征 20~30 岁女性多见,潜伏期 1~6 个月,平均 3 个月。主要表现为初期症状不明显,可有外阴瘙痒、灼痛或性交后疼痛。在外阴、阴唇、尿道口及肛门周围可见散在或呈簇状增生的粉色或白色小乳头状疣,疣体相互融合向四周扩散,后期出现逐渐增大的乳头样或菜花样增生物,质软,无明显不适感,全身无明显症状。

2. 治疗原则 去除病灶,改善症状。小病灶,位于外阴者,可用药物治疗。可用 5% 5-氟尿嘧啶软膏、3% 肽丁胺霜、20% 足叶草酯酊等外涂。奥平(α-干扰素)阴道栓剂亦有一定疗效。也可行局部激光或冷冻等物理治疗。对大病灶或多次复发者可行手术切除。若合并妊娠,选择剖宫产术终止妊娠。

护理措施

1. 一般护理 以耐心、诚恳的态度对待患者，解除其思想顾虑，使患者能够尽早地接受正规诊断和治疗。对合并妊娠的患者，一般主张孕期暂不处理，分娩方式以剖宫产术为宜。

2. 健康教育 保持外阴清洁、干燥，避免不洁性生活，重视预防为主，被污染的衣裤、生活用物要及时消毒。

三、梅毒

梅毒是一种梅毒螺旋体（Microspironema pallidum,）引起的慢性全身性的性传播疾病。干燥、沸水、肥皂水以及一般的消毒剂可将梅毒螺旋体灭活。主要的传播途径是性接触传播，还可通过密切接触、哺乳、输血、污染衣物等间接传播。若合并妊娠，可发生母胎传播感染胎儿，导致流产、早产、死胎、死产。新生儿即使成活，病死率和致残率也均较高。

护理评估

1. 症状与体征 潜伏期2～4周。临床症状分为三期：一期硬下疳为外阴、阴道、宫颈等处有单个无痛硬结，呈圆形或椭圆形，溃疡后有浆性液体渗出，2～6周后自然消失，接着进入二期；二期梅毒疹遍布全身，肛周、外阴出现扁平湿疣，全身淋巴结肿大；三期可见结节性皮疹，皮肤、黏膜、骨骼树胶肿，晚期侵犯心血管和神经系统，全身多脏器受损。

2. 治疗原则 早期明确诊断，及时治疗，遵循早期、足量、彻底的原则。首选苄星青霉素，青霉素过敏者可口服红霉素0.5 g，每日4次，连用15日。或多西环素100 mg，每日2次，连用15日。

护理措施

1. 一般护理 正确对待患者，解除其思想顾虑，帮助患者建立治疗的信心。

2. 对高危妇女妊娠前应做好常规梅毒筛查。对已确诊患者，首选青霉素治疗，若过敏，则选用红霉素，禁用四环素类药物。

3. 健康教育 保持外阴清洁、干燥，治疗期间禁止性生活，性伴侣应同时接受检查和治疗。加强随访，治疗后第一年每3个月复查一次，以后每半年复查一次，连续2～3年。若血清学检查抗梅毒螺旋体特异抗体阳性或滴度升高4倍，或症状复发，应告知患者加倍药量复治。

四、艾滋病

艾滋病又称获得性免疫缺陷综合征（acquired immunodeficiency syndrome，AIDS），是一种性传播疾病。病原体是人类免疫缺陷病毒（human immunodeficiency virus，HIV），其抵抗力不强，56 ℃30分钟既可灭活。2%次氯酸钠、25%以上乙醇、漂白粉能将其灭活。HIV对0.1%甲醛、紫外线不敏感。女性感染多经性接触传播途径，血液传播多见于吸毒者共用注射器、输注被HIV污染的血制品或接触HIV感染者的血液等，合并妊娠时，也可以通过母胎垂直传播，或胎儿经过软产道时被感染，或产后母乳喂养感染新生儿。

护理评估

（一）健康史

了解患者是否接触过被HIV污染的血液、血制品或HIV感染者的血液等，是否有吸毒史等。

（二）症状及体征

艾滋病潜伏期为2～10年。患者早期症状不明显，后期可出现持续性免疫缺陷，体重减轻、慢性腹泻、全身淋巴结肿大、罕见疾病（如肺孢子菌肺炎）、非结核性杆菌与真菌感染，并发罕见的恶性肿瘤、中枢神经系统损伤，最终导致死亡。

（三）辅助检查

血清 HIV 抗体检查，HIV 培养阳性或直接检出病毒抗原是诊断 HIV 感染最可靠的方法，但灵敏度低。

（四）心理社会状况

评估患者的心理状态，多数患者产生焦虑、恐惧，甚至绝望，害怕被周围人知道而遭到歧视，甚至不敢到医院及时就医，思想负担重。了解家庭支持系统。

（五）治疗原则

目前尚无特效药，主要采取一般治疗、抗病毒治疗、免疫调节、对症处理及全身支持。

▶ 护理措施

1. 一般护理　给予患者心理支持，解除其心理障碍，帮助患者建立继续生活的信心，正视现实，战胜自我，配合治疗。解释性病的相关基本知识，帮助患者正确认识疾病。

2. 病情观察　密切观察患者症状（如腹痛、分泌物、腹泻等）有无好转或消失，定期复查，观察疗效。注意药物不良反应，出现发热、头痛、寒战、贫血、中性粒细胞减少（$<0.5\times10^9/L$）等异常情况应及时报告医生配合处理。

3. 治疗配合　遵医嘱给予抗病毒药物治疗。对于长期发热者，对症处理，建议多饮水，必要时给予物理降温。对腹泻患者遵医嘱给予止泻药，及时纠正水、电解质紊乱。

4. 健康教育

（1）艾滋病患者和 HIV 感染者均不宜妊娠，一旦妊娠应尽早终止。在妊娠各期正确使用抗病毒药物，降低新生儿感染率。对 HIV 感染者目前暂不建议母乳喂养，应指导其人工喂养的方式。明确告知 HIV 感染者"不供血、终止妊娠，固定性伴侣，使用避孕套避孕"。

（2）医护人员做好自我防护，勤洗手。避免直接接触患者的血液和体液。阴道分娩或剖宫产时需戴手套、戴眼镜、穿防水隔离衣，以防血液或羊水溅入眼睛。戴手套接触新生儿及处理胎盘，并注明感染的病原体，不可进行其他操作。

（郭珠玲）

一、案例分析

患者，女性，33 岁，已婚，G_1P_1，主诉外阴奇痒，甚至坐立难安，阴道分泌物增多 7 日，伴有灼痛、性交痛。既往身体健康，月经规律。妇科检查：可见阴道壁黏膜充血，小阴唇内侧及阴道壁附有白色块状薄膜，擦除后露出红肿的黏膜，白带呈白色稠厚凝乳状或豆渣样，有臭味。

讨论分析：

1. 为确诊应进一步做什么检查？
2. 护士应指导患者选用哪种药物进行阴道坐浴或灌洗？
3. 该患者最主要的护理问题及对应的护理措施是什么？

二、选择题

1. 患者，女性，32岁，近几天感到外阴瘙痒，白带增多，呈稀薄状且有腥臭味，应建议她到医院做
    A. 阴道分泌物悬滴检查　　B. 宫颈刮片　　C. 宫颈管涂片
    D. 阴道侧壁涂片　　E. 阴道窥器检查

2. 陈女士，35岁，已婚，外阴瘙痒，白带增多5日。白带悬滴液检查发现白念珠菌，护士应指导患者选用哪种药物阴道给药
    A. 甲硝唑　　B. 雌激素　　C. 制霉菌素片
    D. 氯霉素　　E. 磺胺类药物

3. 患者，王女士，因艾滋病住院治疗，咨询护士该疾病的相关知识，下列关于艾滋病的传播途径错误的是
    A. 性接触　　B. 共用针头或注射器　　C. 日常生活接触
    D. 母婴传播　　E. 血液、血制品传播及器官移植

三、问答题

1. 试述女性生殖器的自然防御功能。
2. 简述慢性宫颈炎接受物理治疗患者的对症护理和健康指导。
3. 试述外阴阴道假丝酵母菌病的用药指导和治愈标准。
4. 简述各种性传播疾病的病原体及传播途径。

第十五章 女性生殖系统肿瘤患者的护理

思政之光

本章思维导图

- 生殖系统肿瘤
  - 外阴癌
    - 以淋巴转移、直接浸润为主
    - 久治不愈的外阴瘙痒和各种不同形态的肿物
    - 外阴活检确诊
    - 手术治疗为主的综合治疗
    - 鳞状细胞癌
    - 与HPV感染有关
  - 宫颈癌
    - 鳞状细胞浸润为主
    - 与HPV感染有关
    - 病变多发生在宫颈外口鳞-柱交接处
    - 接触性出血为早期症状
    - 筛查：宫颈刮片细胞学检查
    - 确诊：宫颈活检
    - 手术和放疗为主、化疗为辅的综合治疗
  - 子宫肌瘤
    - 保守治疗为辅、手术治疗为主
    - 良性肿瘤
    - 肌瘤与子宫肌壁的关系
      - 浆膜下肌瘤 —— 下腹包块
      - 黏膜下肌瘤 —— 经量增多，经期延长
      - 肌壁间肌瘤 —— 下腹包块；经量增多，经期延长
    - B型超声是常用的辅助检查
    - 肌瘤生长与性激素有关
  - 子宫内膜癌
    - 以腺癌为主，发病年龄60岁左右
    - 雌激素依赖型和非雌激素依赖型
    - 多数子宫内膜癌生长缓慢，局限于内膜或宫腔内的时间较长
    - 约90%的患者出现阴道流血或阴道排液症状
    - 早期可无异常体征

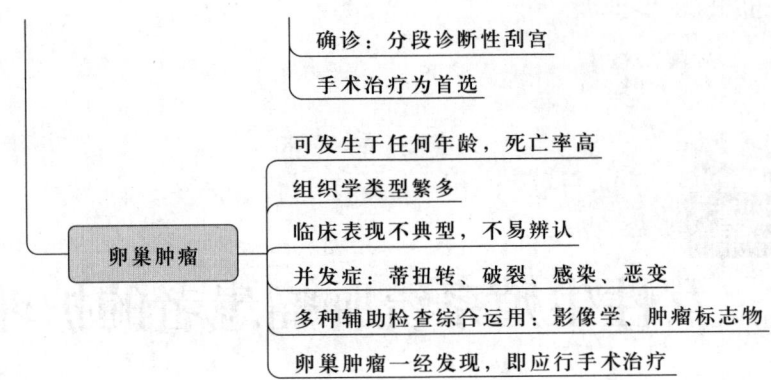

 学习目标

通过本章内容的学习，学生应能够：

识记：
1. 说出子宫颈癌的临床表现、子宫颈癌的临床分期、诊断及治疗原则。
2. 说出子宫肌瘤的临床表现、分类、病理及治疗原则。
3. 说出卵巢肿瘤常见的病理分类、临床表现、并发症和诊治要点。

理解：
1. 解释女性生殖系统肿瘤的发病诱因、社会心理因素，提出护理诊断及护理问题。
2. 解释子宫肌瘤的分类、病理特点和继发变性。
3. 解释子宫颈癌、子宫内膜癌、卵巢癌的转移途径。

运用：

评估女性生殖系统肿瘤患者，初步使学生掌握女性生殖系统肿瘤的治疗方案，并制订护理措施，培养学生不怕脏与累，热情服务患者的职业素养。

第一节 外阴癌

女性外阴恶性肿瘤较少见，占女性生殖道恶性肿瘤的 3%～5%，90% 为鳞状细胞癌，其他还有恶性黑色素瘤、基底细胞癌等。外阴鳞状细胞癌是其中最常见的一种，主要发生于绝经后妇女，发病率随着年龄的增长而升高。近年来发生率有增高趋势。

▶ 病因

目前认为外阴癌的发生与人乳头瘤病毒（HPV16 型、18 型、31 型）感染和吸烟相关，与慢性非瘤性皮肤黏膜病变相关，如外阴鳞状上皮增生和硬化性苔藓。

▶ 转移途径

外阴癌转移早、发展快、高度恶性。转移途径以淋巴转移、直接浸润为主，血行转移罕见，多发生在晚期。淋巴转移最初转移至腹股沟浅淋巴结，然后转移至股深淋巴结并经此进入盆腔淋巴结，再转移至腹主动脉旁淋巴结，最终转移至主动脉旁淋巴结和左锁骨下淋巴结。直接浸润时癌组织沿皮肤黏膜向内侵及尿道、阴道，晚期时可累及肛门、直肠和膀胱等。

▶ 临床分期

目前采用国际妇产科联盟（International Federation of Gynecology and Obstetrics，FIGO）

（2009年）分期法进行分期，见表15-1。

表15-1 外阴癌分期（FIGO，2009年）

FIGO	肿瘤累及范围
Ⅰ期	肿瘤局限于外阴
ⅠA	肿瘤直径≤2 cm，局限于外阴或会阴间质浸润≤1 mm，无淋巴结转移
ⅠB	肿瘤直径＞2 cm伴间质浸润＞1 mm，局限于外阴或会阴，无淋巴结转移
Ⅱ期	任何大小的肿瘤侵犯至会阴邻近结构（下1/3尿道、下1/3阴道、肛门），无淋巴结转移
Ⅲ期	任何大小的肿瘤，有或无侵犯至会阴邻近结构（下1/3尿道、下1/3阴道、肛门），有腹股沟－股淋巴结转移
ⅢA	（i）1个淋巴结转移（≥5 mm）；（ii）1~2个淋巴结转移（≤5 mm）
ⅢB	（i）≥2个淋巴结转移（≥5 mm）；（ii）≥3个淋巴结转移（≤5 mm）
ⅢC	阳性淋巴结伴囊外扩散
Ⅳ期	肿瘤侵犯至其他区域（上2/3尿道，上2/3阴道），或远处转移
ⅣA	肿瘤侵犯至下列任何部位：（i）上尿道和（或）阴道黏膜、膀胱黏膜、直肠黏膜，或固定于骨盆壁；或（ii）腹股沟－股淋巴结出现固定或溃疡形成
ⅣB	包括盆腔淋巴结的任何远处转移

▶ 护理评估

（一）健康史

首先应评估患者的年龄，外阴癌一般发生在60岁以上的老年人，评估该年龄组人群有无高血压、糖尿病等病史。评估患者有无外阴瘙痒史、外阴皮肤黏膜病变史等。

（二）身体状况

1. 症状 主要症状为长时间持续久治不愈的外阴瘙痒和各种不同形态的肿物，如结节状、菜花状、溃疡状。肿物合并感染或较晚期癌可以出现疼痛、渗液和出血。

2. 体征 癌灶可生长在外阴任何部位，但大多数发生于大阴唇，也可见于小阴唇、阴蒂和会阴。早期起病时局部出现丘疹、结节或小溃疡，晚期呈不规则肿块，可发生溃疡、感染，流出脓性或血性分泌物。癌灶可转移至腹股沟淋巴结，可扪及一侧或双侧腹股沟增大、质硬且固定的淋巴结。

（三）心理社会状况

因外阴局部症状、分泌物增加，影响患者工作及日常生活，常使患者感到烦躁。外阴癌为恶性肿瘤，患者担心死亡，害怕手术，常感到悲哀、恐惧、绝望。手术后致使身体完整性受损等常使患者出现自尊低下、自我形象紊乱等心理问题。

（四）辅助检查

1. 外阴活组织病理学检查 对一切外阴赘生物和可疑病灶，均需尽早做活组织检查。活检时，可用1%甲苯胺蓝染色可疑病变部位皮肤，待干后用1%醋酸擦洗脱色，在仍有蓝染部位做活检，也可以经阴道镜观察外阴皮肤定位活检。

2. 影像学检查 B型超声、CT、MRI；膀胱镜、直肠镜检查有助于判断有无局部或远处转移。

（五）治疗原则

手术治疗为主，辅以放射治疗及化学药物治疗综合治疗。

▶ 护理诊断／问题

1. 知识缺乏： 缺乏术前准备及术后注意事项的相关知识。

2. **焦虑** 与外阴癌的诊断及可能的不良后果有关。
3. **疼痛** 与外阴部手术伤口有关。
4. **有感染的危险** 与手术创面大及邻近肛门等有关。
5. **自我形象紊乱** 与外阴切除有关。

▶ 护理目标

1. 患者获得外阴癌的相关知识，能积极接受检查及治疗。
2. 患者焦虑感减轻或消失。

▶ 护理措施

（一）一般护理

1. **心理护理** 向患者耐心解释外阴癌的相关知识，鼓励患者表达自己的不适，并针对具体问题采取积极的应对方式，取得家属的理解和支持，使患者体会到家庭的温暖和关怀。做好患者的术前指导，使患者对手术的方式、手术后身体的变化等有一定的了解，使患者对手术充满信心，减轻患者对手术的恐惧和预后的担忧，积极配合治疗。

2. **饮食指导** 指导患者进食高蛋白质、高热量、易消化、富含维生素的食物，手术当日禁食，术后第一日可以进流质饮食。

3. **活动指导** 术前指导患者练习床上翻身及肢体活动，预防术后血栓形成。

（二）术前护理

按照一般外阴、阴道手术患者做好术前准备。由于外阴癌患者多为老年妇女，还应协助做好高血压、糖尿病等内科疾病的诊疗。根据手术范围做好相应的术前准备，对需植皮的患者要进行供皮区剃毛、消毒并用治疗巾包裹，并将术后要使用的棉垫、绷带消毒备用。

（三）术后护理

1. **体位** 按硬膜外麻醉或全身麻醉护理常规：患者取为平卧外展屈膝位，并在膝下垫一软垫，减轻伤口张力，有利于愈合。术后及时提醒患者床上多翻身活动，预防压疮和坠积性肺炎，以及下肢静脉血栓形成。

2. 严密监测生命体征，常规使用心电监护。

3. **疼痛护理** 护理人员要给予充分的理解，并遵医嘱给予止痛药，多和患者聊天，转移患者注意力，护理操作尽量集中进行，动作轻柔，保证患者的夜间休息和睡眠。

4. **切口护理** 手术后外阴及腹股沟伤口加压包扎24小时，压沙袋4~8小时。严密观察伤口有无渗血、渗液，敷料有无渗湿等。每日更换2次，如有渗湿，应及时更换。严格执行无菌操作规程，遵医嘱给予抗生素，外阴切口术后5日开始间断拆线；腹股沟切口术后7日拆线，外阴及腹股沟伤口拆除敷料后保持局部清洁，每日用1:40聚维酮碘溶液擦洗2次。患者排便后及时擦洗外阴部；术后2日起，会阴部、腹股沟可用红外线照射，每日2次，每次20分钟，促进伤口愈合。

5. 术后保留导尿管5~7日，观察尿液的颜色、性质和量及患者尿道口的情况；保留导尿管期间每日擦洗尿道口及尿管2次；保持导尿管通畅并使尿袋低于尿道口水平，防止逆行感染。拔除导尿管时动作轻柔，避免损伤尿道黏膜，拔除导尿管后鼓励患者饮水、排尿。

（四）放射治疗患者的皮肤护理

一般放射治疗后8~10日出现皮肤反应（表15-2）。应在放疗期间随时观察患者照射区皮肤的颜色、结构及完整性，并根据损伤程度进行相应的护理。

表 15-2 放射治疗后的皮肤反应

损伤程度	轻度	中度	重度
临床表现	红斑、干性脱屑	水疱、溃烂、组织皮层丧失	溃疡
处理原则	保护皮肤，继续放疗	停止放疗，待其痊愈。避免感染，勿刺破水疱，可用1%甲紫或用凡士林纱布换药	停止放疗，消炎止痛，保持清洁、干燥。可用生肌散或抗生素软膏换药

（五）健康教育

保持外阴清洁、干燥，尤其月经期间。定期体检，预防疾病发生。注意饮食，多吃蔬菜和水果，增强自身免疫力。预防感染，如有炎症等及时就医。早发现早治疗，如发现外阴有肿块、瘙痒、白斑等及时就医，及时发现病情。外阴根治术后3个月复诊，全面评估术后恢复情况并注意防止复发。外阴癌放疗患者随访时间为：放疗后1个月、3个月、6个月，以后每半年1次，2年以后每年1次，至少随访5年。

▶ 护理评价

1. 患者能正确面对疾病，对手术后外表的改变表示接受。
2. 患者疼痛减轻，无感染发生。

第二节　宫　颈　癌

> **导学案例 15-1**
>
> 王某，女性，48岁，已婚。因接触性阴道流血9个月入院。9个月来每次性生活后出现阴道流血，流血量不多，近2个月阴道排液增多，稀薄如米泔样，有腥臭味。月经周期尚规则，经期延长，经量增多。无尿频、尿急及肛门坠胀。病程中患者提排尿、排便、睡眠正常，食欲欠佳，体型消瘦。体格检查：体温37.1℃，脉搏90次/分，呼吸20次/分，血压103/80 mmHg；两肺呼吸音清，腹软，肝、脾肋下未触及。盆腔检查：外阴已婚经产式，阴道少量暗红色血液，宫颈下唇见一直径约1.5 cm的赘生物，呈乳头状突起，触之易出血，宫体前位，稍大，宫旁无明显增厚，两侧附件未触及。宫颈刮片细胞学检查Ⅴ级，经宫颈活组织检查确诊后拟定于近期手术。
>
> **讨论分析：**
> 1. 本患者的医疗诊断最大可能是什么？
> 2. 拟出术后如何加强膀胱功能训练？

宫颈癌是妇科最常见的恶性肿瘤，高发年龄为50～55岁。自20世纪50年代以来，由于宫颈细胞学筛查普遍应用，使得宫颈癌和癌前病变得以早发现和早治疗，宫颈癌的发病率和死亡率明显下降。

▶ 病因

国内外大量临床和流行病学资料表明，宫颈癌与人乳头瘤病毒（HPV）感染、多个性伴侣、吸烟、性生活过早（＜16岁）、性传播疾病、经济状况低下和免疫抑制等因素有关。

宫颈上皮由宫颈阴道部的鳞状上皮和阴道上部宫颈管的柱状上皮组成。鳞状上皮与柱状上皮连接部为称为鳞-柱交界。原始鳞-柱交界在胚胎20周即形成，进入青春期后，鳞-柱交界外移至宫颈阴道部。此后，在阴道酸性环境或致病菌作用下，外移的柱状上皮由原始鳞-柱交界内侧向宫颈口方向逐渐被鳞状上皮替代，形成生理性鳞-柱交界。原始鳞-柱交界与生理性鳞-柱交界之间的区域，称为转化区或移行区（图15-1）。宫颈癌起源于移行区。在移行带形成过程中，未成熟的化生上皮在一些物质的刺激下，可发生异型变，形成宫颈上皮内瘤变（cervical intraepithelial neoplasia，CIN），然后继续发展，突破上皮下基底膜，浸润间质，形成宫颈浸润癌。

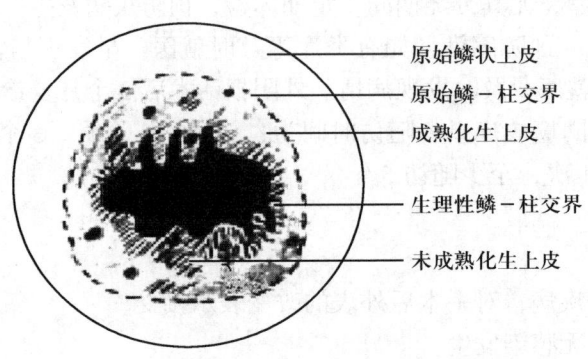

图15-1　子宫颈转化区

病理

1. 宫颈上皮内瘤变（CIN）　分为低级别鳞状上皮内病变、高级别鳞状上皮内病变和原位癌。世界卫生组织2014年发布的女性生殖器官肿瘤分类用低级别鳞状上皮内病变和高级别鳞状上皮内病变代替传统的分类（图15-2、表15-3）。

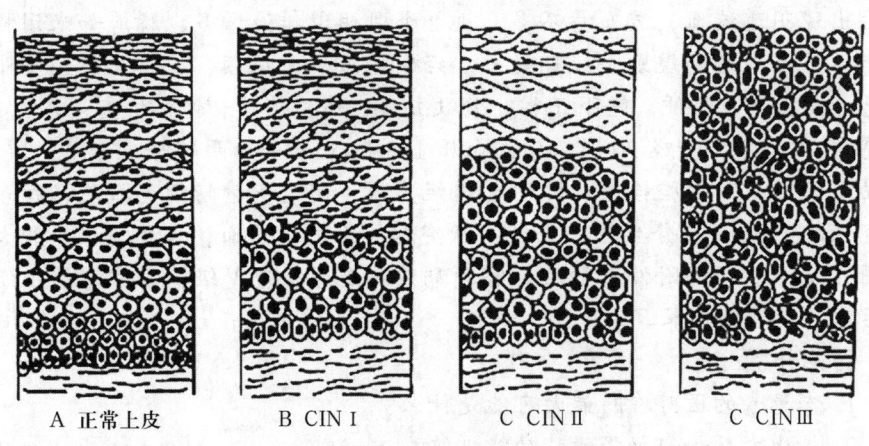

图15-2　宫颈上皮内瘤变分期

表15-3　宫颈鳞状上皮内瘤变分类变化

传统分类	2003年WHO分类	2014年WHO分类
轻度非典型增生	子宫颈上皮内瘤变Ⅰ级（CIN Ⅰ）	低级别鳞状上皮内病变（LSIL）
中度非典型增生	子宫颈上皮内瘤变Ⅱ级（CIN Ⅱ）	高级别鳞状上皮内病变（HSIL）
重度非典型增生	子宫颈上皮内瘤变Ⅲ级（CIN Ⅲ）	高级别鳞状上皮内病变（HSIL）

2. 宫颈鳞状细胞浸润癌　以鳞状细胞浸润癌为主，占75%~80%，多发生在移行区。肉眼观察外观无明显异常，或类似于宫颈柱状上皮异位。随着病程发展，表现为以下四种类

型（图15-3）：①外生型，最常见。癌灶向外生长呈乳头状或菜花样，组织脆，触之易出血；②内生型，癌组织向宫颈深部组织浸润、宫颈表面光滑或仅有柱状上皮异位，宫颈肥大而硬，呈桶状；③溃疡型，外生型或内生型进一步发展合并感染、坏死，脱落后均形成溃疡或空洞，形如火山口状；④颈管型，癌灶发生于宫颈管内，常侵入宫颈管及子宫峡部供血层，并转移至盆腔的淋巴结。镜下可以呈微小浸润癌，甚至浸润癌。

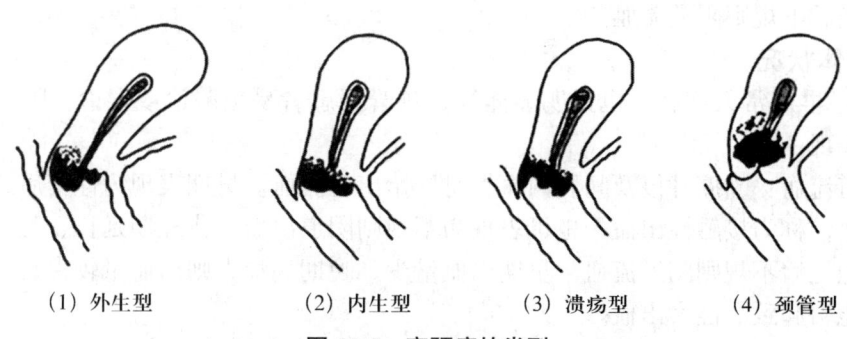

（1）外生型　　（2）内生型　　（3）溃疡型　　（4）颈管型

图 15-3　宫颈癌的类型

2. 宫颈腺癌　近年来发生率有上升趋势，占 20%～25%，来自宫颈管，浸润管壁，或自宫颈管内向宫颈外口突出生长，常可侵犯宫旁组织。病灶向宫颈管内生长时，宫颈外观可正常，但因宫颈管膨大，形如桶状。镜下主要有黏液腺癌和恶性腺癌2种类型。

3. 其他　少见类型有腺鳞癌、间叶性肿瘤、神经内分泌肿瘤等宫颈癌。

转移途径

宫颈癌的转移途径以直接蔓延和淋巴转移为主，血行转移极少见，其中最常见的是直接蔓延。

临床分期

目前采用国际妇产科联盟（FIGO，2009年）的临床分期法标准，见表15-4。

表 15-4　宫颈癌临床分期（FIGO，2009年）

FIGO	肿瘤累及范围
Ⅰ期	肿瘤局限于子宫颈（扩展至宫体将被忽略）
ⅠA	镜下浸润癌（所有肉眼可见的病灶，包括表浅浸润，均为ⅠB），间质浸润深度＜5 mm，宽度≤7 mm
ⅠB	临床病灶局限于子宫颈，或者镜下病灶＞ⅠA
Ⅱ期	肿瘤超越子宫，但未达骨盆壁或未达阴道下1/3
ⅡA	肿瘤侵犯阴道上2/3，无明显宫旁浸润
ⅡB	有明显宫旁浸润，但未达盆壁
Ⅲ期	肿瘤已扩展到骨盆壁，在进行直肠指检时，肿瘤和盆壁之间无间隙。肿瘤累及阴道下1/3，由肿瘤引起的肾盂积水或无功能肾的所有病例，除非已知道由其他原因所引起
ⅢA	肿瘤累及阴道下1/3，未扩展到骨盆壁
ⅢB	肿瘤扩展到骨盆壁，或引起肾盂积水或无功能肾
Ⅳ期	肿瘤超出真骨盆范围，或侵犯膀胱和（或）直肠黏膜
ⅣA	肿瘤侵犯邻近盆腔器官
ⅣB	远处转移

护理评估

(一)健康史

仔细询问患者婚育史、性生活史,特别是与高危男性有性接触的病史。注意未治疗的慢性宫颈炎以及遗传等诱发因素。聆听有关主诉,如年轻患者有无接触性出血及月经情况,年老患者常主诉绝经后不规则阴道流血。

(二)身体状况

1. 症状 早期常无症状,也无明显体征,颈管型患者易被漏诊或误诊。随病变发展,可以出现以下表现:

(1)阴道流血:当癌肿侵及间质内血管时开始出现流血。早期表现为性交后或双合诊检查后有少量流血,称为接触性出血。也可表现为不规则阴道出血,或经期延长、月经量增多。老年患者常为绝经后不规则阴道流血。早期出血量少,晚期病灶大则出血量较多,一旦侵及较大血管,即可能引起致命性大出血。

(2)阴道排液:多发生在阴道流血之后,最初量不多,无臭味,呈白色或淡黄色。随着癌组织破溃可产生浆液性分泌物;晚期癌组织坏死继发感染时,则出现大量脓性或米汤样恶臭白带。

(3)晚期症状:当病变累及盆壁、闭孔神经、腰骶神经等时,患者可出现严重持续性腰骶部疼痛或坐骨神经痛。当盆腔病变广泛时,可因静脉和淋巴回流受阻,导致下肢肿痛、输尿管梗阻、肾盂积水及尿毒症等。癌症晚期患者可有贫血、恶病质等全身衰竭症状。

2. 体征 微小浸润癌无明显病灶,宫颈光滑或呈糜烂样改变。随着宫颈浸润癌的发展,不同类型的宫颈癌宫颈局部表现不同。外生型癌可见宫颈表面有呈息肉状或乳头状突起的赘生物向外生长,继而向阴道突出,形成菜花状赘生物。合并感染时,表面有灰白色渗出物,触之易出血。内生型癌表现为宫颈肥大、质硬,宫颈管膨大如桶状。晚期癌组织坏死脱落,形成溃疡空洞伴恶臭。癌灶浸润阴道壁时,局部有赘生物或阴道壁变硬;宫旁组织受累时,双合诊、三合诊检查可扪及子宫颈旁组织增厚呈结节状,质硬或形成"冰冻骨盆"。

(三)辅助检查

1. 宫颈刮片细胞学检查 是目前筛查和早期发现宫颈癌的主要方法。须在宫颈移行区取材并仔细镜检,必要时重复刮片并行宫颈活检,以防漏诊和误诊。对宫颈刮片细胞学检查Ⅲ级或以上者须重复刮片并行宫颈活组织检查,明确诊断。

2. 液基薄层细胞学检查(TCT) 与巴氏涂片相比,液基薄层细胞学检查所制备的单层细胞涂片效果清晰。采用TBS分类,可提高宫颈癌检出率,同时还可以发现部分癌前病变,包括低级别鳞状上皮内病变(LSIL),相当于CIN Ⅰ;高级别鳞状上皮内病变(HSIL),包括CIN Ⅱ、CIN Ⅲ和原位癌;鳞状细胞癌。

3. 高危型HPV DNA检测 相对于细胞学检查,其敏感性较高,特异性较低,可与细胞学检查联合应用于宫颈癌筛查。

4. 阴道镜检查 对宫颈刮片细胞学检查Ⅲ期或以上者,通过阴道镜检查,选择病变部位进行宫颈多点活检,提高诊断正确率。

5. 宫颈和宫颈管活组织检查 是确诊宫颈癌癌前病变和宫颈癌最可靠和不可缺少的方法。对任何肉眼可见病灶,均可做单点或多点活检。若无明显病灶,可选择宫颈鳞-柱交界3、6、9、12点4处做活检,或在碘试验不染色区或涂抹醋酸后的醋酸白上皮区取材,或阴道镜下取材以提高确诊率。

(四)心理社会状况

早期无表现,在普查中发现宫颈刮片报告异常时,患者会感到震惊,常表现为发呆,或出现一些令人费解的自发性行为。几乎所有的患者都会产生恐惧感，会害怕疼痛、被遗弃和死亡等。随着病程进展，恶臭的阴道排液使患者难以忍受。癌肿穿破邻近器官形成瘘管给患者带来巨大的心理压力。当诊断确定后，与其他恶性肿瘤患者一样会经历否认、愤怒、妥协、忧郁、接受的心理反应阶段。另外，宫颈癌手术切除范围大，留置导尿管时间长，使患者长期不能正常地生活、工作，不能胜任原有的各种角色，导致患者出现自我形象紊乱及角色功能缺陷。

（五）治疗原则

1. **LSIL**　60%会自行消退，可观察随访。若阴道镜检查充分也可以物理治疗为主，如冷冻、射频、微波和激光等。若阴道镜检查不充分或不能排除 HSIL，可行宫颈锥形切除术。

2. **HSIL**　可行宫颈锥形切除术和冷刀锥形切除术。对年龄大、无生育要求者可行筋膜外全子宫切除术。

3. **宫颈浸润癌**　总原则为采用手术和放疗为主、化疗为辅的综合治疗。

（1）手术治疗：手术主要适用子宫颈癌（ⅠA～ⅡA）患者。手术的优点是年轻患者可保留卵巢及阴道功能。

1）ⅠA_1期：行筋膜外全子宫切除术，卵巢正常者应予以保留，要求生育者可行宫颈锥形切除术。

2）ⅠA_2期：改良广泛性全子宫切除术 + 盆腔淋巴结清扫术。

3）ⅠB～ⅡA期：广泛性全子宫切除术 + 盆腔淋巴结清扫术。如果术后病理学检查发现淋巴结、宫旁和手术切除的阴道边缘有病灶浸润，则应在接受放疗的同时配合以顺铂为主的化疗。

（2）放射治疗：适用于各期患者。目前对早期病例主张以腔内照射为主，体外照射为辅。晚期病例以体外照射为主，辅以腔内照射。

（3）化学治疗：主要适用于晚期或复发转移患者和同期放、化疗。

▶ 护理诊断/问题

1. **知识缺乏**：缺乏术前准备及术后注意事项的相关知识。
2. **焦虑**　与宫颈癌的诊断及可能的不良后果有关。
3. **疼痛**　与腹部手术伤口有关。
4. **有感染的危险**　与腹部伤口及留置导尿管、引流管有关。
5. **自我形象紊乱**　与子宫、卵巢摘除及雌激素分泌不足有关。

▶ 护理目标

1. 患者知晓宫颈癌的相关知识，能积极接受检查及治疗。
2. 患者焦虑感减轻或消失。

▶ 护理措施

（一）一般护理

指导患者进食高蛋白质、高热量、易消化、富含维生素的食物。手术当日禁食，术后第一日可以进流质饮食，根据排气的情况逐渐进食半流质、普通饮食。注意在排气前不能饮牛奶、豆浆及食用含糖的食品，以防止腹部胀气的发生。术前指导患者练习床上翻身及肢体活动，预防术后血栓形成。

（二）心理护理

向患者及家属讲解手术范围、手术方法、术后可能出现的不适及应对方法，减轻患者心理压力，使患者做好充分的心理准备。对需要进行放、化疗的患者予以心理支持，并告知患者辅助治疗的重要性，鼓励患者克服放、化疗的不良反应并坚持完成疗程，以提高生存率。

（三）治疗配合

1. **手术前护理** 如果行全子宫切除术，则按妇科开腹术前护理常规准备。如果行宫颈癌根治术，则需做以下准备：①皮肤准备，术前1日备皮，剃除自剑突下至大腿上1/3处及会阴部，两侧至腋中线范围内的所有汗毛和阴毛，并彻底清洁脐部。②配血，宫颈癌根治术常规备血800~1000 ml，以备手术当中使用。③阴道准备，术前1日用聚维酮碘溶液冲洗阴道2次，冲洗时注意动作轻柔，以防宫颈出血。麻醉成功后在阴道内塞无菌纱垫。④肠道准备，按清洁洗肠要求，术前3日半流食，术前2日流食，术前1日禁食不禁饮水，同时予以补液。或术前1日口服洗肠溶液清洁肠道，夜间视排便的情况给予洗肠。术前6~8小时禁饮水，可遵医嘱予术前补液。

2. **手术后护理**

（1）体位：根据手术情况按全身麻醉或硬膜外麻醉术后护理常规，观察患者的神志、意识，保持呼吸道通畅，防止误吸。

（2）严密监测生命体征，常规使用心电监护。

（3）观察阴道出血的颜色、性质、量。

（4）观察伤口渗血的情况。

（5）保持各种引流管的通畅，观察并记录引流液的颜色、性质和量。引流管一般在术后2~3日拔除。

（6）术后保留尿管7~14日，观察尿液的颜色、性质和量及患者尿道口的情况；保留尿管期间每日擦洗尿道口及导尿管2次，每周更换尿袋；保持导尿管通畅并使尿袋低于尿道口水平，防止逆行感染。拔除导尿管前3日进行夹管，每2小时放尿液1次，以训练膀胱功能的恢复，拔除导尿管时动作轻柔，避免损伤尿道黏膜，拔除导尿管后鼓励患者饮水、自主排尿，于拔除导尿管当日下午测残余尿量，低于100 ml为膀胱功能已恢复，大于100 ml或患者不能自主排尿的情况下需重新留置导尿管。

（7）预防静脉血栓：协助患者进行肢体活动，指导患者术后正确穿抗血栓压力带以促进下肢静脉回流，减少静脉血栓的发生。遵医嘱使用抗血栓压力带或抗凝血药。

3. **放疗护理** 同外阴癌放疗护理。

4. **化疗护理** 见第十六章滋养细胞肿瘤患者的护理。

5. **晚期子宫颈癌患者的对症护理** ①宫颈癌并发大出血：应及时报告医生，备齐急救药和物品，配合抢救，并以明胶海绵及纱布条填塞阴道，压迫止血。②对有大量米汤样或恶臭脓性阴道排液者，可用0.5%聚维酮碘溶液消毒擦洗阴道。擦洗时动作轻柔，以免引起大出血。③对持续性腰骶部痛或腰腿痛者可适当选用止痛药。④对有贫血、感染、消瘦、发热等恶病质表现者，应加强护理，预防肺炎、口腔感染、压疮等并发症，按医嘱行支持疗法和抗生素治疗。

（四）健康教育

1. **防癌宣传教育** 宣传宫颈癌发病相关高危因素。教育妇女养成良好的生活习惯，避免不洁及无保护性生活。定期进行防癌普查。积极治疗宫颈炎、宫颈上皮内瘤变，阻止宫颈癌发生。

2. **出院指导** 鼓励患者调整心理状态，积极参加社交活动，保持乐观态度，提高生活质量。对患者进行术后性生活的指导，教育患者要根据疾病恢复情况及复查结果并在医生的指导下逐渐恢复性生活。向患者讲解疼痛、腹胀的应对措施，指导患者使用放松术，如听音乐、缓慢深呼吸、全身肌肉放松等。疼痛严重时通知医护人员给予相应治疗。

3. **随访** 告知患者及家属宫颈癌随访的目的和重要性。随访时间：第1年内，出院后1个月首次随访，以后每2~3个月复查1次。第2年则3~4个月复查1次。第3~5年，每半年复查1次。第6年开始，每年复查1次。出现不适症状应立即就诊。随访内容包括盆腔检查、阴道脱落细胞学检查、胸部X线检查及血常规检查等。

护理评价

1. 患者情绪稳定，能正确认识和对待疾病，积极配合各项诊疗护理工作。
2. 患者能讲述出院后的康复计划。
3. 患者重新建立自信，重新评价自我能力，并获得家属支持。
4. 患者术后恢复排尿功能、不发生出血及感染。

第三节 子宫肌瘤

> **导学案例 15-2**
> 患者，38岁，月经过多2年，不规则阴道流血9日。妇科检查：宫颈肥大，有糜烂样改变；子宫增大如孕2个月，质硬，表面凹凸不平，活动，无压痛，双侧附件无异常。B超检查：子宫10.6 cm×8.6 cm×6 cm，肌层回声不均匀，经检查确诊后准备在持续硬膜外麻醉下行经腹全子宫切除术。
>
> **讨论分析：**
> 1. 该患者最可能的医疗诊断是什么？
> 2. 该患者可能存在哪些护理问题？

子宫肌瘤是女性生殖器官最常见的良性肿瘤，由子宫平滑肌及结缔组织组成，多见于30~50岁妇女，20岁以下少见，绝经后萎缩或消退。据尸检统计，30岁以上妇女约20%有子宫肌瘤。因肌瘤多无或很少有症状，临床报道发病率远低于肌瘤真实发病率。子宫肌瘤的确切病因尚不清楚。生物化学检测证实肌瘤组织局部对性激素的高敏感性有关。细胞遗传学研究显示25%~50%的子宫肌瘤存在细胞遗传学异常。

病理

肌瘤为实质性球形包块，表面光滑，质硬，单个或多个，大小不一，压迫周围肌壁纤维形成假包膜，易剥出。一般肌瘤切面呈灰白色漩涡状结构。肌瘤的颜色和硬度与纤维组织多少有关。

肌瘤变性是肌瘤失去原有的典型结构，常见的变性有：①玻璃样变，又称透明变性，最常见。②囊性变，肌细胞坏死液化。③红色样变，多见于妊娠期或产褥期，为肌瘤的一种特殊类型坏死，患者可有剧烈腹痛伴恶心、呕吐、发热，白细胞计数升高，检查发现肌瘤迅速增大、压痛。肌瘤剖面为暗红色，如半熟的牛肉。④肉瘤样变，肌瘤恶变为肉瘤少见，仅占0.4%~0.8%，多见于绝经后伴疼痛和出血的患者。⑤钙化，多见于蒂部细小、血供不足的浆膜下肌瘤以及绝经后妇女的肌瘤。

分类

按肌瘤所在部位可分为子宫体部肌瘤和子宫颈部肌瘤，前者最为常见，约占90%。

根据肌瘤与子宫肌壁的关系分为（图15-4）：①肌壁间肌瘤，肌瘤位于子宫肌层内，周围均被肌层包围，占60%~70%。②浆膜下肌瘤，突起于子宫表面，由浆膜层覆盖，约占20%。

肌瘤继续向腹腔内生长,基底部形成细蒂与子宫相连时,称为带蒂浆膜下肌瘤,营养由蒂部供应。当供血不足时,肌瘤易变性坏死;若肌瘤向阔韧带两叶覆膜间生长,则称为阔韧带肌瘤。③黏膜下肌瘤,肌瘤向宫腔方向突出,表面由子宫黏膜层覆盖,占10%~15%。子宫肌瘤常为多发性,有时几种类型的肌瘤同时发生在同一子宫,称为多发性子宫肌瘤。

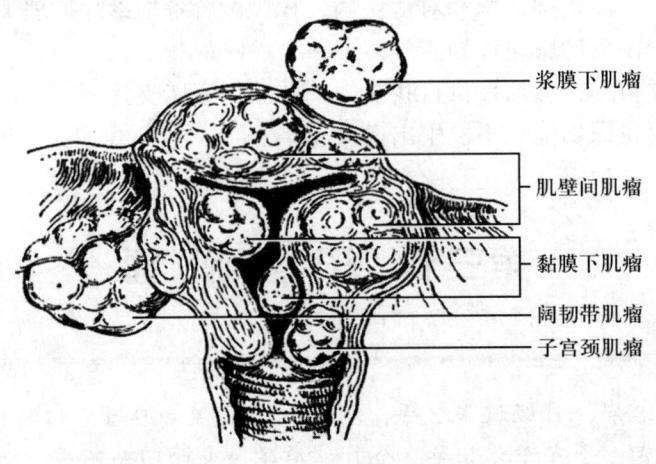

图 15-4 子宫肌瘤的分类

护理评估

(一)健康史

追溯病史应注意月经史、生育史,是否有不孕或自然流产史;评估并记录是否存在长期使用雌激素的情况;发病后月经的变化情况;曾接受的治疗经过、疗效及用药后机体反应等。

(二)身体状况

1. 症状 多无明显症状,仅在妇科检查时发现。症状与肌瘤部位、有无变性相关,而与肌瘤大小、数目关系不大。常见症状有:

(1)月经量增多经期延长:是最常见的症状,多见于大的肌壁间肌瘤及黏膜下肌瘤。肌瘤使宫腔增大,子宫内膜面积增加并影响子宫收缩。此外,肌瘤可能使肿瘤附近的静脉受挤压,从而引起月经量增多,经期延长。黏膜下肌瘤伴有坏死感染时,可有持续性或不规则阴道流血或脓血性排液。长期月经量增多可继发贫血,出血乏力、心悸等症状。

(2)下腹包块:随着肌瘤增大使子宫超过3个月妊娠大小时可在腹部触及。巨大黏膜下肌瘤可脱出于阴道外,患者可因外阴脱出肿物就医。

(3)白带增多:肌壁间肌瘤使宫腔内膜面积增大,内膜腺体分泌增加,伴盆腔充血导致白带增多。脱出于阴道内的黏膜下肌瘤表面易感染、坏死,有大量脓血性排液,或腐肉样组织排出,伴有臭味。

(4)压迫症状:肌瘤压迫邻近器官,可引起相应器官受压的各种症状,如尿频、尿潴留、肾盂积水、里急后重、排便困难等。

(5)其他:包括下腹坠胀、腰酸背痛,经期加重。肌瘤红色样变时有急性下腹痛,伴呕吐、发热及肿瘤局部压痛;浆膜下肌瘤蒂扭转,可引起急性腹痛;黏膜下肌瘤由宫腔向外排出时也可出现腹痛。黏膜下和引起宫腔变形的肌壁间肌瘤可导致不孕或流产。

2. 体征 与肌瘤大小、数目、位置及有无变性有关。较大的肌瘤可于下腹部扪及,妇科检查发现子宫不规则或均匀性增大,表面呈结节状,质硬,无压痛。浆膜下肌瘤子宫表面有质硬的球状物与子宫以蒂相连,可活动。黏膜下肌瘤子宫多为均匀性增大,宫口扩张时,在宫颈口或阴道内可见红色、表面光滑的包块;伴有感染时表面有渗出液覆盖,或形成溃疡。

（三）辅助检查

B型超声是常用的辅助检查，能区分子宫肌瘤与其他盆腔肿块。MRI可准确判断肌瘤大小、数目和位置。如有需要，还可选择宫腔镜、腹腔镜、子宫输卵管造影等协助诊断。

（四）心理社会状况

患者因不知道肿瘤的性质，常会恐惧或无助。有月经改变的患者，如长期月经量增多，可出现身体虚弱，不能承担正常的家庭和社会角色。如经期延长，会使正常的性生活受到影响，患者出现烦躁。如出现压迫症状，患者则焦虑不安。

（五）治疗原则

根据患者年龄、症状、生育要求以及肌瘤的大小、数目、生长部位等情况选择适当的处理方案。

1. 保守治疗 ①随访观察：适用于肌瘤小、症状不明显或近绝经期的妇女，每3~6个月随访1次，必要时再考虑进一步治疗；②药物治疗：对症状轻、近绝经年龄或全身情况不宜接受手术者，在排除子宫内膜癌的情况下，采用药物治疗。常用药物有促性腺激素释放激素类似物（GnRH-a），如亮丙瑞林或戈舍瑞林，其他药物如米非司酮等。

2. 手术治疗 适应证有月经过多致继发贫血，药物治疗无效；严重腹痛、性交痛或慢性腹痛、蒂扭转引起急性腹痛；体积大或引起膀胱、直肠压迫症状；能确定肌瘤是不孕或反复流产的唯一原因者；疑有肉瘤变。手术途径可经腹、经阴道或宫腔镜及腹腔镜进行。手术方式有肌瘤切除术、子宫切除术。

3. 其他治疗 子宫动脉栓塞术、宫腔镜子宫内膜切除术。

▶ 护理诊断/问题

1. **有感染的危险** 与长期反复出血导致贫血、机体抵抗力下降，宫腔内总有开放血窦，细菌上行侵入宫腔有关。
2. **焦虑** 与反复阴道流血、担心恶变或影响生育有关。
3. **活动无耐力** 与子宫不规律出血、月经过多引起贫血有关。
4. **知识缺乏**：与缺乏子宫肌瘤相关知识有关。

▶ 护理目标

1. 患者获得子宫肌瘤的相关知识，能积极接受检查及治疗。
2. 患者焦虑感减轻或消失。

▶ 护理措施

（一）一般护理

为患者提供高热量、高蛋白质、高维生素、含铁丰富的食物，以增强机体抵抗力。为患者提供安静、舒适的休养环境，保障患者睡眠充足。协助患者术后早期下床活动。保持外阴部的清洁、干燥，留置导尿管期间每日擦洗外阴。

（二）病情观察

对无症状肌瘤患者需加强随访，动态观察肌瘤的生长速度。阴道出血多患者应住院治疗，密切观察生命体征变化，有无面色苍白、脉搏细速等症状。保留会阴垫以准确估计阴道流血量并记录。注意观察患者有无腹痛、压迫症状，以及阴道出血情况、手术切口及血常规的变化，及时发现并报告医生给予处理。对药物治疗的患者要注意观察用药后的反应。

（三）治疗配合

1. 对症护理 对出血多者，遵医嘱给予及时止血；对贫血严重者遵医嘱给予输血纠正。

2. **药物治疗护理** 向接受药物治疗的患者讲解用药方法、注意事项及可能出现的不良反应。密切观察用药后的疗效及不良反应,并做好应对措施。

3. **围手术期护理** 需手术治疗患者,按妇科腹部手术常规护理,做好术前准备及术后护理。

(四)心理护理

要多与患者沟通,了解患者不同时期的心理特点,耐心倾听患者的倾诉,针对患者的不同心理问题提供人性化的心理支持,减轻患者的紧张情绪,增强患者战胜疾病的信心。强调家属在疾病治疗中的重要性,使患者充分感受到家庭的温暖和家人的支持与帮助,树立战胜疾病的信心。

(五)健康教育

1. **健康宣传** 指导保守治疗患者明确肌瘤的相关知识,了解随访的时间、目的,及时进行随访,发现问题及时调整治疗方案。指导患者掌握月经的有关知识,提高患者自我保护意识。

2. **出院指导** 加强营养,适当运动,月经期间应多休息,避免疲劳。对于贫血需要补充铁剂的患者应告知服用铁剂的注意事项。术后1个月应到医院随访,检查伤口愈合情况。全子宫切除的患者术后可有暗红色阴道流血,血量逐渐减少,若术后7~8日出现阴道流血,多为阴道残端肠线吸收所致,出血量不多者暂时观察,出血量较多者应及时就医。

▶ 护理评价

1. 患者月经异常和继发性贫血得到纠正。
2. 患者了解子宫肌瘤相关知识,能主动配合各项诊疗和护理工作。
3. 患者情绪稳定,积极参与康复教育计划。

第四节 子宫内膜癌

子宫内膜癌是发生于子宫内膜的一组上皮性恶性肿瘤,以来源于子宫内膜腺体的腺癌最常见,为女性生殖道三大恶性肿瘤之一,占女性全身恶性肿瘤的7%,占女性生殖道恶性肿瘤的20%~30%。平均发病年龄为60岁,其中75%发生于50岁以上妇女。近年来发病率在世界范围内呈上升趋势。

▶ 病因与发病机制

子宫内膜癌的确切病因尚不清楚,目前认为子宫内膜癌有两种发病类型。Ⅰ型是雌激素依赖型,患者较年轻,常伴有肥胖、高血压、糖尿病、不孕或不育及绝经延迟。Ⅱ型是非雌激素依赖型,发病与雌激素无明显关系。这类子宫内膜癌少见,多见于年老体瘦妇女。约10%子宫内膜癌患者有肿瘤家族史。

▶ 病理

(一)大体检查

不同组织学类型的内膜癌肉眼观无明显区别,大体可分为弥散型和局灶型。

1. **弥散型** 子宫内膜大部分或全部为癌组织侵犯,并突向宫腔,表面有出血、坏死,有时形成溃疡,较少累及肌层。晚期可侵及深肌层及宫颈,若阻塞宫颈管可引起宫腔积脓。

2. **局灶型** 病灶多见于宫腔底部或宫角部,癌灶小,呈息肉或菜花状,易浸润肌层。

（二）镜检

1. **内膜样腺癌** 占 80%~90%，内膜腺体高度异常增生，上皮为复层，并形成筛孔状结构。
2. **腺癌伴鳞状上皮分化** 腺癌组织中含鳞状上皮成分。
3. **浆液性腺癌** 占 1%~9%，癌细胞异型性明显，恶性程度高，预后极差。
4. **黏液癌** 占 5%，大多腺体结构分化良好，预后较好。
5. **透明细胞癌** 占不足 5%，多呈实性片状，恶性程度高，易早期转移。

▶ 转移途径

多数子宫内膜癌生长缓慢，局限于内膜或宫腔内的时间较长，部分特殊类型和低分化癌可发展很快，短期内出现转移。主要转移途径为直接蔓延、淋巴转移，晚期也可发生血行转移。

▶ 临床分期

临床分期采用国际妇产科联盟（FIGO，2009年）修订的手术病理分期，见表15-5。对不进行手术者，可采用临床分期（FIGO，1971年）。

表15-5 子宫内膜癌手术病理分期（FIGO，2009年）

分期	描述
Ⅰ期	肿瘤局限于子宫体
ⅠA	肿瘤浸润深度＜1/2肌层
ⅠB	肿瘤浸润深度≥1/2肌层
Ⅱ期	肿瘤侵犯宫颈间质，但无宫体外蔓延
Ⅲ期	肿瘤局部和（或）区域扩散
ⅢA	肿瘤累及浆膜层和（或）附件
ⅢB	阴道和（或）宫旁受累
ⅢC	盆腔淋巴结和（或）腹主动脉旁淋巴结转移
Ⅳ期	肿瘤侵及膀胱和（或）直肠黏膜，和（或）远处转移
ⅣA	肿瘤侵及膀胱和（或）直肠黏膜
ⅣB	远处转移，包括腹腔内和（或）腹股沟淋巴结转移

▶ 护理评估

（一）健康史

评估时要注意本病的高危因素，如老年、肥胖、糖尿病、高血压、少育、不孕、绝经推迟以及是否接受过性激素替代治疗等；了解有无肿瘤家族史。

（二）身体评估

1. **症状** 约 90% 的患者出现阴道流血或阴道排液症状，在诊断时无症状者不足 5%。

（1）阴道流血：主要表现为绝经后阴道出血，出血量一般不多。尚未绝经者表现为月经量增多，经期延长或月经紊乱。

（2）阴道排液：多为血性液体或浆液性分泌物，合并感染时则有脓血性排出物，有恶臭。

（3）下腹疼痛及其他症状：当癌组织侵犯宫颈堵塞宫颈管致宫腔积脓时，可出现下腹胀痛及痉挛性疼痛。晚期癌组织侵犯周围组织，或压迫神经时可引起下腹及腰骶部疼痛，并向下肢及足部放射。晚期可出现贫血、消瘦及恶病质等相应表现。

2. **体征** 早期妇科检查可无异常发现。随着病情发展，妇科检查可发现子宫增大，质稍软；晚期偶可见癌组织脱出宫颈口，质脆，触之易出血。合并宫腔积脓时，子宫明显增大，极软，有压痛。癌组织向周围浸润时子宫固定，在宫旁或盆腔可扪及不规则结节状肿物。

（三）辅助检查

1. **分段诊断性刮宫** 是目前早期诊断子宫内膜癌最常用的检查方法。检查要求先环刮宫颈管，然后探查宫腔，再行宫腔搔刮内膜，标本分瓶装好、标记，送病理学检查。病理学检查结果是确诊子宫内膜癌的依据。

2. **影像学检查** 经阴道B超检查可了解子宫大小、宫腔形状、宫腔内有无赘生物、子宫内膜厚度、肌层有无浸润及深度，可以对异常阴道流血的原因作出初步判断。彩色多普勒显像可显示丰富的血流信号。其他影像学检查更多用于治疗前评估，如磁共振成像（MRI）、CT。

3. **宫腔镜检查** 可直接观察宫腔及宫颈管内有无癌灶存在，癌灶大小及部位。直视下取活检，对局灶型子宫内膜癌的诊断更为准确。

4. **其他** 子宫内膜抽吸活检，肿瘤细胞标志物CA125测定等。

（四）心理社会状况

评估患者对疾病的反应。当患者得知患子宫内膜癌时，可表现出恐惧、害怕，面对不熟悉的检查过程充满恐惧和焦虑，担心检查结果和检查中带来的不适，或因接受手术治疗而感到不安。评估患者家属的反应及陪伴情况。

（五）治疗原则

主要治疗方法有手术、放疗及药物（化疗药物及激素）治疗。

1. **手术治疗** 为首选方案，尤其适用于早期患者。
2. **放疗** 是治疗子宫内膜癌的有效方法之一，分为腔内照射及体外照射两种。
3. **化疗** 适用于晚期或复发子宫内膜癌的综合治疗。
4. **孕激素治疗** 主要用于晚期或复发癌，也可适用于极早期要求保留生育功能的年轻患者。其作用机制可能是孕激素与癌细胞孕激素受体结合形成复合物进入细胞核，延缓DNA和RNA复制，抑制癌细胞生长。孕激素以高效、大剂量、长期应用为宜，至少应用12周以上方可评价疗效。常用药物：口服醋酸甲羟孕酮200~400 mg/d；乙酸孕酮500 mg，肌内注射每周2次。

▶ 护理诊断/问题

1. **有感染的危险** 与癌症长期慢性消耗，化疗药物引起的骨髓抑制、白细胞减少，以及用药后免疫力低下有关。
2. **有皮肤完整性受损的可能** 与放疗有关。
3. **潜在并发症：排便、排尿异常** 与放疗有关。
4. **自我形象紊乱** 与化疗引起的面部色素沉着及头发脱落有关。
5. **焦虑** 与肿瘤的确诊及未知的预后有关。

▶ 护理目标

1. 患者获得子宫内膜癌的相关知识，能积极接受检查及治疗。
2. 患者焦虑感减轻或消失。
3. 预防感染的发生。

▶ 护理措施

（一）一般护理

为患者提供安静的休养环境，保证患者的休息和睡眠时间。尽量集中执行医疗护理操作，减少对患者的医源性干扰。鼓励患者多进高蛋白质、高热量、高维生素食物，提高机体抵抗力，以应对手术和化疗。

（二）心理护理

多与患者沟通，了解患者不同时期的心理特点，耐心倾听患者的倾诉，针对患者的不同心理问题提供人性化的心理支持，减轻患者的紧张情绪。给患者讲解子宫内膜癌的治疗方法和预后良好等情况，增强患者战胜疾病的信心。强调家属在疾病治疗中的重要性，使患者充分感受到家庭的温暖和家人的支持与帮助，树立战胜疾病的信心。

（三）治疗配合

1. **围术期护理** 子宫内膜癌首选手术治疗。手术护理同宫颈癌的护理。

2. **孕激素治疗护理** 应解释此类药应用剂量大，时间长，需8~12周才能评价疗效，需要取得患者的耐心配合。告知患者及家属在治疗期间出现的水、钠潴留、药物性肝炎等不良反应停药后会缓解，不必紧张。

3. **化疗患者的护理** 同宫颈癌患者的护理。

4. **预防术后并发症护理**

（1）预防压疮：术后帮患者勤翻身，可使用液体敷料涂抹。对特别瘦弱的患者可使用减压贴膜。

（2）预防坠积性肺炎：术后勤翻身，采取半坐位，必要时雾化吸入，拍背促进患者排痰。

（3）预防下肢深静脉血栓形成：术后给患者正确穿着抗血栓压力带，使用气压循环驱动泵按摩下肢，促进血液回流。

（四）健康指导

1. **普及防癌知识** 定期体检，注意高危人群，对绝经期有不规则阴道流血的高危妇女应及时做分段诊断性刮宫术。在医师的指导下正确使用雌激素。

2. **出院指导** 子宫内膜癌手术后患者可服用中药缓解卵巢激素缺乏症状。对治疗后阴道分泌物少、性交困难、疼痛者应指导其使用局部润滑剂，改善性生活的舒适度。对使用孕激素治疗者，应指导患者用药后进行自我监护，定期检查血象、肝功能、肾功能。

3. **随访** 子宫内膜癌的复发率为10%~20%，绝大多数的复发时间在3年内。治疗结束后应继续定期随访，监测异常情况，及早发现复发灶，及早给予处理。随访时间：一般在术后2年内，每3~6个月1次；术后3~5年，每6~12个月1次；患者有不适感觉，须及时就诊检查。对晚期或肿瘤无法彻底切除等特殊患者应按照医生要求接受随访。随访内容主要是做盆腔检查、阴道细胞学检查，及时了解疾病的发展情况。

▶ 护理评价

同宫颈癌。

第五节 卵巢肿瘤

卵巢肿瘤是常见的妇科肿瘤，可发生于任何年龄。其组织学类型繁多，但在不同年龄组的分布有所变化。卵巢恶性肿瘤是女性生殖器三大恶性肿瘤之一，由于卵巢位于盆腔内，无法直接窥视，而且早期无明显症状，又缺乏完善的早期诊断和鉴别方法，故发现恶性肿瘤时往往已属晚期病变。晚期病例缺乏有效治疗手段，故死亡率高，居妇科恶性肿瘤之首。病因不清，可能与年龄、生育史、高胆固醇饮食、持续排卵、内分泌因素及家族遗传有关。

分类

卵巢肿瘤按组织学分类法分为四大类：

1. **上皮性肿瘤** 包括浆液性肿瘤、黏液性肿瘤、子宫内膜样肿瘤、透明细胞中肾样瘤、纤维上皮样瘤、混合性上皮样瘤、未分化癌及未分类癌。各种上皮性肿瘤还有良性、交界性和恶性之分。

2. **性索间质样肿瘤** 包括颗粒细胞-间质细胞瘤（颗粒细胞瘤、卵泡膜细胞瘤-纤维瘤）、支持细胞-间质细胞肿瘤（睾丸母细胞瘤）及两性母细胞瘤。

3. **生殖细胞肿瘤** 包括无性细胞瘤、卵黄囊瘤、胚胎性癌、多胎瘤、绒毛膜癌、畸胎瘤（未成熟型、成熟型及单胚性和高度特异性型）及混合型。

4. **转移性肿瘤** 如库肯勃瘤，原发部位在胃肠道，转移至卵巢。

转移途径

卵巢恶性肿瘤的主要转移途径为直接蔓延及腹腔种植，因此转移特点是盆腔、腹腔内广泛转移灶，包括横膈、大网膜、腹腔脏器表面、壁腹膜以及腹膜后淋巴结等部位。淋巴转移途径，主要通过卵巢血管经卵巢淋巴管、卵巢门淋巴管达腹主动脉旁淋巴结，偶经圆韧带入腹股沟淋巴结。横膈因膈下淋巴结密集，为常见转移部位。血行转移少见。

护理评估

（一）健康史

早期无特殊病史，患者常于妇科普查时发现盆腔包块而就诊。注意询问有无家族史，并寻找与发病有关的高危因素。根据患者年龄、病程长短及局部体征初步判断是否为卵巢肿瘤，有无并发症，并对良、恶性做出初步评估。

（二）身体状况

1. **卵巢良性肿瘤** 较小时多无症状。当肿瘤增长至中等大小时，患者常感腹胀，或扪及包块。肿瘤较大时可以占满盆腔并出现压迫症状，如尿频、便秘、气促、心悸等。检查见腹部膨隆，包块活动度差，叩诊呈实音，无移动性浊音。双合诊和三合诊检查可在子宫一侧或双侧触及圆形或类圆形肿块，多为囊性，表面光滑，活动，与子宫无粘连。

2. **卵巢恶性肿瘤** 患者早期常无症状。晚期主要症状为腹胀、腹腔积液及其他消化道症状；部分患者可有消瘦、贫血等恶病质表现。若肿瘤向周围组织浸润或压迫神经，则可引起腹痛、腰痛或下腹疼痛；压迫盆腔静脉可出现水肿。三合诊检查可在直肠子宫陷凹处触及质硬结节或肿块，肿块多为双侧，呈实性或囊实性，表面凹凸不平，活动度差，与子宫分界不清，常伴有腹腔积液。有时可在腹股沟、腋下或锁骨上触及肿大的淋巴结。

3. **卵巢良、恶性肿瘤的区别** 根据患者的病史、体征、一般情况和辅助检查，能初步诊断卵巢肿瘤是良性还是恶性，见表15-6。

表15-6 卵巢良性肿瘤和恶性肿瘤的鉴别

鉴别内容	良性肿瘤	恶性肿瘤
病史	病程长，逐渐增大	病程短，迅速增大
体征	多为单侧，活动，呈囊性，表面光滑，常无腹腔积液	多为双侧，固定；呈实性或囊实性，表面不平，呈结节状；常有腹腔积液，多为血性，可查到癌细胞
一般情况	良好	恶病质
B超检查	为液性暗区，可有间隔光带，边缘清晰	液性暗区内出现杂乱光团、光点，肿块边界不清

4. **常见并发症**

(1) 蒂扭转：为妇科常见急腹症（图15-5），约10%卵巢肿瘤可发生蒂扭转，好发于蒂长、活动良好、中等大小、重心偏向一侧的肿瘤，如成熟畸胎瘤（皮样囊肿）。常在患者体位突然改变或在妊娠期、产褥期子宫大小和位置改变时发生扭转。典型症状为患者突然出现一侧下腹剧痛，伴有恶心、呕吐，甚至休克。盆腔检查扪及张力大的包块，有压痛，以蒂部最明显，并有腹部肌肉紧张。

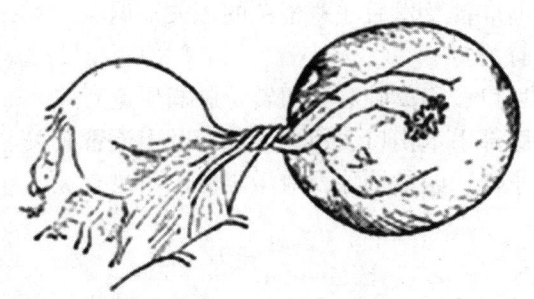

图15-5 卵巢囊肿蒂扭转

(2) 破裂：约3%卵巢肿瘤会发生破裂。有外伤性和自发性两种破裂。外伤性破裂可由于挤压、性交、穿刺、盆腔检查等所致。自发性破裂则因肿瘤过速生长所致，多数为恶性肿瘤浸润生长穿破囊壁引起。症状轻重取决于囊肿的性质及流入腹腔的囊液量。轻者仅感轻微腹痛，重者可出现剧烈腹痛、恶心、呕吐、腹膜炎甚至休克。

(3) 感染：较少见，多继发于肿瘤扭转或破裂，也可来自邻近器官的感染，如阑尾炎扩散。临床表现为高热、腹痛、肿块、腹部压痛、肌紧张及白细胞计数升高等腹膜炎征象。

(4) 恶变：肿瘤生长迅速尤其双侧发病时，应疑为恶变，须尽早手术。

（三）辅助检查

1. **影像学检查** ①B型超声检查：可了解肿块的部位、大小、形态，囊性或实性，囊内有无乳头。临床诊断符合率>90%，但不易测出直径<1 cm的实性肿瘤。彩色多普勒扫描可测定卵巢及其新生组织血流变化，有助于诊断。②腹部X线检查：卵巢畸胎瘤可显示牙齿、骨质及钙化的囊壁。③MRI、CT、PET检查对诊断和治疗方案的制订有较大的参考价值。

2. **肿瘤标志物** ①血清CA125测定：80%卵巢上皮性癌血清CA125升高，90%以上患者CA125水平与病程进展相关，故更多用于病情监测和疗效评估。②血清AFP：对卵黄囊瘤有特异性诊断价值。③血清HCG：对非妊娠性卵巢绒癌有特异性。④性激素：颗粒细胞瘤、卵泡膜细胞瘤产生较高水平雌激素，浆液性、黏液性囊腺瘤或勃勒纳瘤有时也可分泌一定量雌激素。⑤血清HE_4：是继CA125后被高度认可的卵巢上皮性癌肿瘤标志物，目前推荐其与CA125联合应用来判断盆腔肿块的良、恶性。

3. **腹腔镜检查** 可直视肿块外观和盆腔、腹腔及横膈等部位，在可疑部位进行多点活检，抽取腹腔积液行细胞学检查。

4. **细胞学检查** 抽取腹腔积液或腹腔冲洗液和胸腔积液，行细胞学检查。

（四）心理社会状况

在疾病诊断过程中，对患者及家属而言是一个艰难又恐惧的时期，迫切需要相关信息支持，并渴望尽早得到确切的诊断结果。患者得知自己有可能患了致死疾病，且该病的治疗有可能改变自己的生育状态及今后的生活方式，从而产生极大压力，需要护理人员协助应对这些压力。

（五）治疗原则

卵巢肿瘤一经发现，即应行手术治疗。手术目的：①明确诊断；②切除肿瘤；③对恶性肿瘤进行手术病理分期；④解除并发症。术中应剖检肿瘤，必要时做冰冻切片组织学检查以明确诊断。卵巢良性肿瘤可在腹腔镜下手术，而恶性肿瘤一般采用经腹手术。对卵巢恶性肿瘤患者术后应根据其组织学类型、细胞分化程度、手术病理分期和残余灶大小决定是否进行辅助性治疗，化疗是主要的辅助治疗。

▶ 护理诊断/问题

1. **知识缺乏**：缺乏术前准备及术后注意事项的相关知识。
2. **焦虑** 与恶性肿瘤有关。
3. **疼痛** 与腹部手术切口、卵巢肿瘤蒂扭转及肿瘤压迫有关。
4. **有感染的危险** 与腹部手术伤口、留置导尿管及引流管有关。
5. **自我形象紊乱** 与子宫、卵巢摘除及雌激素分泌不足有关。

▶ 护理目标

1. 患者获得卵巢肿瘤的相关知识，能积极接受检查及治疗。
2. 患者焦虑感减轻或消失。
3. 患者具备预防感染发生的相关知识。

▶ 护理措施

（一）一般护理

加强营养，鼓励患者进食高蛋白质、高维生素饮食对进食不足或全身营养状况极差且胃肠道症状明显者，应给予静脉支持疗法，遵医嘱记录24小时出入量。加强生活护理，防止并发症的发生。不能平卧者，可采取半坐卧位。教会患者有效咳嗽的方法。

（二）心理护理

了解患者的心理状态和接受能力，对性格开朗能够接受现实的患者讲解疾病相关知识，并列举身边预后良好的患者事例来鼓励患者，树立战胜疾病的信心；对于性格内向的患者，可以跟家属取得一致，在手术后尽可能通过家属的关心和医护人员的耐心劝导逐渐使患者接受事实并配合治疗。鼓励患者克服放、化疗的不良反应并坚持完成治疗，以提高生存率。

（二）配合治疗

1. **对症护理** 备好腹腔穿刺用物，协助医生完成操作。放腹水过程中，注意观察患者的反应、生命体征及腹水的性质。放腹水不宜过快，每次不超过3000 ml。其间若出现不良反应，及时报告医生，并协助处理。

2. **围术期护理** 向患者介绍手术经过，可能进行的各项检查。按患者腹部手术的护理内容做好术前及术后护理，术前与病理科联系术中冰冻病理学检查事宜。对巨大卵巢肿瘤患者，准备好沙袋，于手术后压迫腹部，防止腹压骤降导致的休克。

3. **腹腔化疗护理** 腹腔化疗可经手术后腹壁留置化疗药管进行，也可每次做腹壁单纯穿刺进行化疗。化疗前一般先抽腹水，然后将化疗药物稀释后注入腹腔。注入后协助患者更换体位，使药物接触腹腔全部。化疗结束后，对留置化疗药管者注意保持药管的固定及局部敷料的干燥，同时观察并记录患者反应。若有异常情况，应及时报告医生进行处理。

（三）健康教育

1. **提高妇女保健意识** 大力宣传卵巢癌的高危因素，鼓励妇女进食有营养、清淡、易消化的食物，避免高胆固醇饮食，少食多餐，改善营养状况。育龄妇女每年接受妇科检查，对高危人群要加强随访。发现卵巢包块须及时进行肿瘤标志物和影像学检查，盆腔肿块性质不清或治疗无效时行腹腔镜检查或剖腹探查。

2. **出院指导** 鼓励患者参加社交活动，调整心理状态，保持乐观心态，提高生活质量。动员家庭成员关心和爱护患者，使患者体会家庭、社会的爱，增强战胜疾病的信心。指导患者和家属学会相关护理技术，对有肠道造口的患者帮助更换造口袋，保持造口清洁。

3. **随访** 未手术者3~6个月随访1次，观察肿瘤的生长情况；良性肿瘤术后1个月常规进行复查。恶性肿瘤术后易复发，应长期随访，术后第1年每个月1次，术后第2年每3个月1次，术后第3~5年每3~6个月1次，以后可每年1次。

▶ 护理评价

1. 患者情绪稳定，以积极的态度面对现实的健康问题。
2. 患者疼痛得到缓解。
3. 患者排尿功能恢复，无大出血及感染。
4. 患者及家属学会术后的相关护理技术。
4. 患者能说出卵巢肿瘤诊断和治疗的相关知识，以及随访的重要性。

（周立蓉）

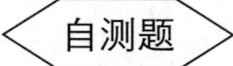

一、案例分析

1. 患者，女性，28岁，已婚，平素月经规律，无痛经史。妇科检查发现盆腔包块，无特殊不适。检查外阴、阴道正常，宫颈光滑，子宫前位，正常大小，其右侧扪及一近3个月妊娠大小包块，活动度好，无压痛。B型超声检查示子宫大小正常，其右侧有一胎头大小强回声团，边界清楚。

讨论分析：
（1）可能性最大的医疗诊断是什么？诊断依据是什么？
（2）患者转身时突然出现右下腹剧痛，伴恶心、呕吐，最可能的是该包块并发了什么变化？该如何护理？

2. 53岁妇女，绝经4年，阴道流脓血样液体伴有臭味1个多月。妇科检查：子宫稍大、稍软，有压痛，双附件未触及异常。

讨论分析：
（1）对该患者首先考虑的医疗诊断是什么？
（2）目前最重要的检查是什么？

二、选择题

1. 最常见的外阴癌是
   A. 外阴鳞状细胞癌　　　　　　B. 恶性黑色素瘤　　　　　　C. 基底细胞癌
   D. 前庭大腺癌　　　　　　　　E. 外阴色素减退
2. 宫颈癌的好发部位在
   A. 子宫峡部组织学内口　　　　B. 子宫峡部解剖学内口
   C. 宫颈管内　　　　　　　　　D. 宫颈阴道部
   E. 宫颈外口移行区

3. 子宫颈癌患者的早期症状是
   A. 腹痛 B. 下坠感 C. 白带增多
   D. 接触性出血 E. 膀胱或直肠压迫症状
4. 确诊宫颈癌最可靠的辅助检查方法是
   A. 宫颈刮片细胞学检查 B. 碘试验
   C. 宫颈和宫颈管活组织检查 D. 阴道镜检查
   E. B 型超声检查

三、问答题

1. 说出外阴癌放疗患者的皮肤护理措施。
2. 简述宫颈癌根治手术后如何进行膀胱功能的护理。
3. 说出卵巢肿瘤的并发症。

第十六章
妊娠滋养细胞疾病患者的护理

第十六章
数字资源

本章思维导图

思政之光

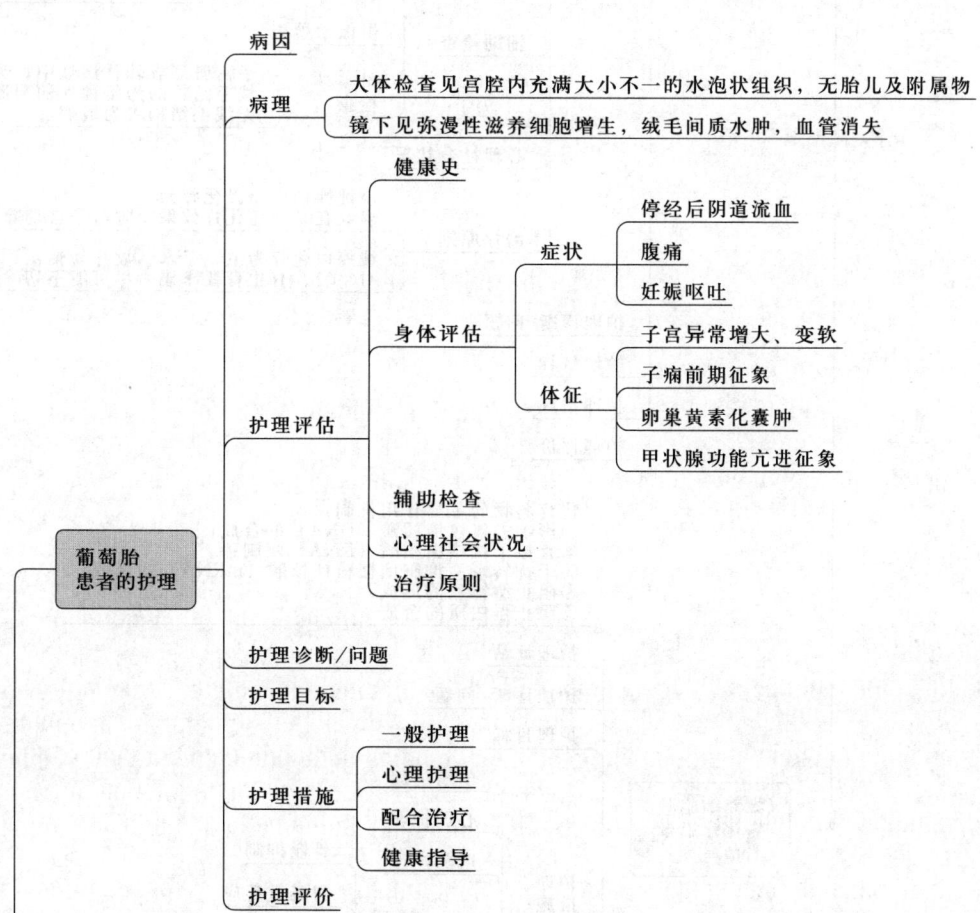

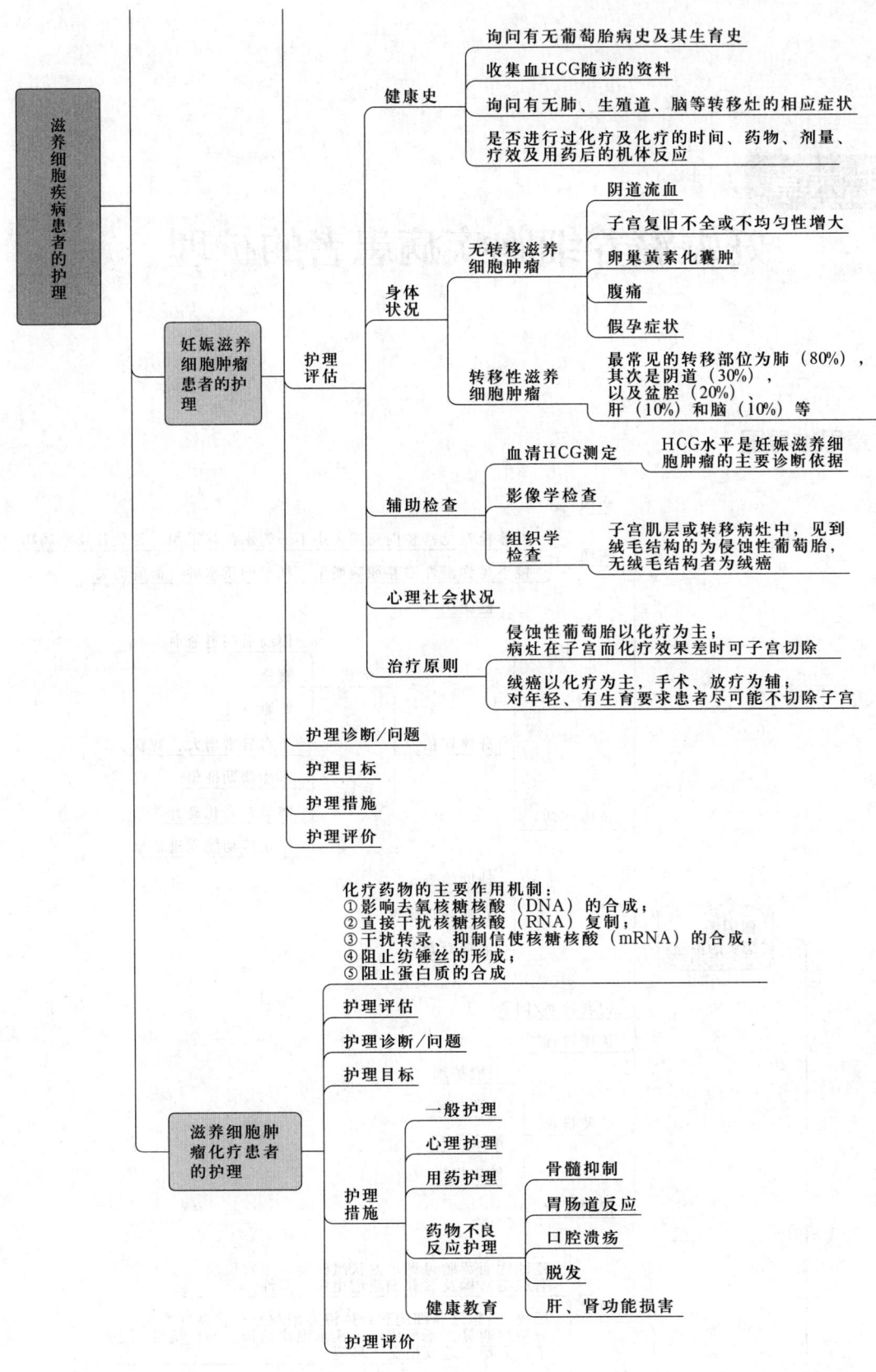

第十六章 妊娠滋养细胞疾病患者的护理

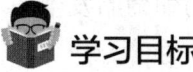

学习目标

通过本章内容的学习，学生应能够：

识记：
1. 说出葡萄胎的概念、种类。
2. 陈述妊娠滋养细胞疾病的临床表现及随访指导。

理解：
1. 分析妊娠滋养细胞疾病的处理原则。
2. 比较葡萄胎及妊娠滋养细胞肿瘤的临床病理特征。
3. 解释化疗药物的作用机制及不良反应。

运用：
评估妊娠滋养细胞疾病患者，并为其制订护理计划，为葡萄胎患者提供随访指导。

妊娠滋养细胞疾病（trophocyte diseases）是一组来源于胎盘绒毛滋养细胞的疾病。根据组织学特征主要分为葡萄胎、侵蚀性葡萄胎、绒毛膜癌和胎盘部位滋养细胞肿瘤。除葡萄胎外，其余统称为滋养细胞肿瘤。绝大部分滋养细胞肿瘤来源于妊娠，本章主要讲解妊娠滋养细胞疾病。

第一节　葡萄胎患者的护理

> **导学案例 16-1**
>
> 李女士，33岁，停经3个月，因阴道出血就诊。检查发现子宫大小如妊娠4个月，血HCG为1 000 000 U/L，B超显示子宫腔未见胚芽，充满弥漫光点和小囊样无回声区。
>
> **讨论分析：**
> 1. 该病例的医疗诊断是什么？
> 2. 若拟行清宫术，应如何护理？
> 3. 该病例的随访内容和时间应如何安排？

葡萄胎（hydatidiform mole，HM）是指妊娠后胎盘绒毛滋养细胞增生、间质水肿，形成大小不一的水泡状组织，其间有细蒂相连成串，形如葡萄而得名，也称水泡状胎块。葡萄胎是一种滋养细胞的良性病变，可发生在任何年龄的生育期妇女。葡萄胎可分为完全性葡萄胎和部分性葡萄胎两类，多数为完全性葡萄胎。完全性葡萄胎表现为宫腔内充满水泡状组织，没有胎儿及其附属物。部分性葡萄胎表现为有胚胎，胎盘绒毛部分性水泡状变性，并有滋养细胞增生。

 病因

葡萄胎发生的确切原因尚未完全清楚，但已取得一些重要进展。

1. 流行病学　调查表明，葡萄胎多见于亚洲和拉丁美洲国家，尤其是东南亚国家，而欧美国家相对少见。我国浙江省发病率最高。

2. 营养状况　饮食中缺乏维生素A、β-胡萝卜素和动物脂肪者发生葡萄胎的概率显著升高。

3. 年龄　可发生于任何年龄段的生育期妇女，但＞35岁和＜20岁妇女的葡萄胎发生率显著升高。

4. 病史　前次妊娠有葡萄胎史也是高危因素，有过1次和2次葡萄胎妊娠者，再次葡萄胎的发生率分别为1%和15%~20%。

5. 其他　可能与遗传自父系染色体异常有关；与社会经济因素有关；与口服避孕药和月经不规则等有关，但与母亲年龄和饮食因素无关。

▶ 病理

葡萄胎局限于宫腔，不侵入肌层，大体检查见宫腔内充满大小不一的水泡状组织，无胎儿及附属物。镜下见弥漫性滋养细胞增生；绒毛间质水肿，血管消失；胚胎或胎儿组织缺失。部分性葡萄胎仅部分绒毛呈水泡状，合并胚胎和胎儿组织，胎儿多已死亡，且常伴发育迟缓或多发性畸形，合并足月儿极少。镜下见局限性滋养细胞增生，有胚胎或胎儿组织。

由于滋养细胞异常增生，产生大量人绒毛膜促性腺激素（HCG），刺激卵巢卵泡内膜细胞发生黄素化而形成囊肿，称卵巢黄素化囊肿。常为双侧性，大小不等，囊壁薄，表面光滑。光镜下见囊壁内衬2~3层黄素化卵泡膜细胞。完全性葡萄胎发生率为30%~50%，部分性葡萄胎一般不伴黄素化。

▶ 护理评估

（一）健康史

详细询问患者月经史、生育史；本次妊娠有无妊娠呕吐、阴道流血等。患者若有阴道流血，应询问阴道流血的量、性质、时间，并询问有无水泡样物质排出。询问患者及其家族的既往疾病史，包括滋养细胞疾病史。

（二）身体评估

1. 症状

（1）停经后阴道流血：为最常见的症状。大部分患者常在停经后8~12周出现间断性、不规则的阴道流血，量多少不定，常有反复大量出血，色暗红，出血可伴有水泡状组织排出。反复阴道流血可导致感染和贫血，当葡萄胎自行排出时可发生大出血导致休克，甚至死亡。

（2）腹痛：因葡萄胎增长迅速，使子宫急速增大所致，表现为阵发性下腹痛，一般不剧烈，能忍受，常发生在阴道流血之前。若发生卵巢囊肿蒂扭转或破裂，可出现急腹痛。

（3）妊娠呕吐：多发生在子宫异常增大或HCG水平异常升高者，比正常妊娠出现时间早、症状重、持续时间长，纠正不及时可致水、电解质紊乱。

2. 体征

（1）子宫异常增大、变软：由于葡萄胎增长迅速，半数以上的患者宫腔内积血，子宫大于停经月份，质地软；约有1/3的患者子宫大小与停经月份相符，还有少数患者子宫小于停经月份，可能与水泡状组织退行性变有关。

（2）子痫前期征象：多见于子宫异常增大者，可在妊娠24周前，出现高血压、蛋白尿和水肿，但子痫罕见。

（3）卵巢黄素化囊肿：一般无症状，偶可发生扭转。囊肿在水泡状胎块清除后2~4个月可自行降低或消失。

（4）甲状腺功能亢进征象：约7%患者具有此征象，常出现心动过速、皮肤潮湿、血清游离T_3、T_4水平升高，但突眼少见。

以上是典型的完全性葡萄胎的临床表现，部分性葡萄胎的症状没有完全性葡萄胎典型，除阴道流血常见外，一般无子痫前期、卵巢黄素化囊肿等，妊娠呕吐也较轻。患者子宫多数与停经月份相符，甚至更小。

（三）辅助检查

1. **超声检查** B型超声检查是诊断葡萄胎的重要辅助检查方法，最好采用经阴道彩色多普勒超声。完全性葡萄胎的典型超声图像为子宫明显大于相应孕周，无妊娠囊或胎心搏动，宫腔内充满不均致密状或短条状回声，呈"落雪状"，水泡状组织较大时则呈"蜂窝状"。部分性葡萄胎宫腔内可见由水泡状胎块所引起的超声图像改变及胎儿或羊膜腔，胎儿常合并畸形。

2. **HCG测定** 葡萄胎患者血 β-HCG 多在 100 000 U/L 以上，且维持高水平不下降。

3. **其他检查** DNA 倍体分析、母源表达印迹基因检测、胸部X线检查、血常规及肝功能、肾功能等。

（四）心理社会状况

患者及家属常因葡萄胎而不安，表现为紧张、焦虑，担心此次妊娠会影响将来的生育，也对清宫术存有恐惧心理。同时，缺乏有关葡萄胎的预后及随访知识也会增加患者的焦虑情绪。

（五）治疗原则

1. **清宫术** 葡萄胎一经确诊，应及时清除宫腔内容物。停经大于16周的葡萄胎清宫术应在超声引导下进行。一般选吸宫术。由于葡萄胎子宫大而软，清宫时出血较多，也易穿孔，故应在手术室内进行，在输液、备血后，充分扩张宫颈管，选用大号吸管负压吸引。待葡萄胎组织大部分吸出、子宫明显缩小后，改用刮匙轻柔刮宫。通常一次刮宫即可刮净葡萄胎组织。若有持续性子宫出血或超声提示有妊娠物残留，需要进行第二次刮宫。

2. **卵巢黄素化囊肿** 囊肿在葡萄胎清宫后会自行消退，一般不需处理。

3. **预防性化疗** 目前尚存争议，一般不作为常规推荐。仅适用于有高危因素和随访困难的完全性葡萄胎患者，但也非常规推荐。

4. **子宫切除术** 单纯子宫切除术不能预防葡萄胎发生子宫外转移，所以极少应用。

▶ 护理诊断/问题

1. **焦虑** 与担心清宫手术及预后有关。
2. **有感染的危险** 与反复阴道流血造成机体抵抗力下降有关。
3. **自尊紊乱** 与不能面对此次疾病及担心此次葡萄胎会影响将来妊娠有关。
4. **知识缺乏**：与缺乏葡萄胎的预后及随访知识有关。

▶ 护理目标

1. 患者焦虑情绪减轻，能积极配合清宫手术。
2. 患者体温正常，无感染发生。
3. 患者能接受葡萄胎及流产的结局，并树立信心。
4. 患者能说出葡萄胎的相关知识，能叙述随访的重要性和具体方法。

▶ 护理措施

1. **一般护理** 嘱患者卧床休息，加强营养，保证睡眠充足；严密观察阴道流血的量、性状，检查阴道排出物内有无水泡样组织，必要时保留会阴垫观察排出物；流血较多时，护士应密切观察患者血压、脉搏、呼吸等；注意观察腹痛的情况；排出物送病理学检查；遵医嘱做HCG检查。

2. **心理护理** 评估患者面对疾病的心理承受能力，患者自我消极、不能面对葡萄胎现实的心理感受。耐心倾听患者对不能得到良好妊娠结局的诉说。向患者及家属讲解葡萄胎的相关知识，说明尽快行清宫术的必要性，纠正其错误认识。对年轻有生育要求的患者，告之葡萄胎治愈 2 年后可正常生育。

3. **配合治疗** 葡萄胎子宫大而软，清宫术中易发生出血及子宫穿孔。术前需配血备用，建立静脉通道，准备好缩宫素、抢救药品及物品。为防止肺栓塞，缩宫素应在充分扩张宫口、开始吸宫后使用。刮出物选取靠近宫壁处的水泡样组织送病检。

4. **健康指导**

（1）注意外阴清洁，使用消毒会阴垫，清宫术后禁止性生活及盆浴 1 个月。

（2）随访内容：清宫后必须定期随访葡萄胎患者，以便尽早发现滋养细胞肿瘤并及时处理。随访应包括：①定期 HCG 测定，葡萄胎清宫后每周一次，直至连续 3 次阴性，以后每个月一次，共 6 个月，然后每 2 个月一次，共 6 个月，自第一次阴性后共计 1 年。②询问病史，包括月经状况，有无阴道流血、咳嗽、咯血等症状。③妇科检查，必要时可选择 B 型超声、胸部 X 线或 CT 检查等。

（3）葡萄胎患者随访期间应可靠避孕。由于葡萄胎患者滋养细胞肿瘤极少发生在 HCG 自然降至正常以后，所以避孕时间为 6 个月。避孕方法可选用避孕套或口服避孕药。不选用宫内节育器，以免混淆子宫出血的原因或造成穿孔。

▶ 护理评价

1. 患者配合清宫术，情绪稳定。
2. 患者体温、血象正常，无感染的表现。
3. 患者能面对疾病，与家属及医护人员一起讨论疾病的相关知识，计划以后的妊娠问题。
4. 患者能按要求定期接受随访。

第二节 妊娠滋养细胞肿瘤患者的护理

妊娠滋养细胞肿瘤 60% 继发于葡萄胎妊娠，30% 继发于流产，10% 继发于足月妊娠或异位妊娠，也有极少数病例，并无明确的妊娠史。其中，侵蚀性葡萄胎（invasive mole）全部继发于葡萄胎妊娠，绒毛膜癌（choriocarcinoma）简称绒癌，可继发于葡萄胎妊娠，也可继发于非葡萄胎妊娠。侵蚀性葡萄胎恶性程度不高，仅 4% 患者有远处转移，预后较好。绒癌恶性程度极高，发生转移早而广泛，如不进行化疗，患者死亡率高达 90% 以上。但随着诊断技术及化疗的发展，患者预后已得到极大的改善。

▶ 病理

侵蚀性葡萄胎大体检查可见子宫肌壁内有大小不等的水泡状组织，宫腔内可有原发病灶，也可没有原发病灶。当病灶接近子宫浆膜层时，子宫表面可见紫蓝色结节。病灶可穿透子宫浆膜层或侵入阔韧带内。镜下可见水泡状组织侵入子宫肌层，有绒毛结构及滋养细胞增生和异型性。但绒毛结构也可退化，仅见绒毛阴影。

绒癌的大体观见肿瘤侵入子宫肌层内，可突向宫腔或穿破浆膜，为单个或多个，大小不等，无固定形态，与周围组织分界清楚，质地软而脆，呈海绵样，暗红色，伴明显出血、坏死。镜下见细胞滋养细胞和合体滋养细胞呈片状高度增生，异型性明显，不形成绒毛或水泡状结构，并广泛侵入子宫肌层，造成出血、坏死。肿瘤不含间质和自身血管，肿瘤细胞靠侵蚀母体血管而获取营养物质。

护理评估

(一) 健康史

对不规则阴道流血患者，要询问有无葡萄胎病史及其生育史，详细收集葡萄胎清宫术的资料，包括时间、水泡状组织大小、刮宫次数及刮宫后阴道流血的情况、病理学检查结果等。收集血 HCG 随访的资料。询问有无肺、生殖道、脑等转移灶的相应症状。是否进行过化疗及化疗的时间、药物、剂量、疗效及用药后的机体反应。

(二) 身体状况

1. **无转移滋养细胞肿瘤** 大多数继发于葡萄胎妊娠。

（1）阴道流血：在葡萄胎排空、流产或足月产后，有持续不规则阴道流血，量多少不定。也可表现为一段时间的正常月经后再停经，然后又出现阴道流血。长期阴道流血者可继发贫血。

（2）子宫复旧不全或不均匀性增大：常在葡萄胎排空后 4~6 周子宫尚未恢复到正常大小，质地偏软。也可受肌层内病灶部位和大小的影响，表现为子宫不均匀性增大。

（3）卵巢黄素化囊肿：由于 HCG 的持续作用，在葡萄胎排空、流产或足月产后，双侧或一侧卵巢黄素化囊肿持续存在。

（4）腹痛：一般无腹痛，但当子宫病灶穿破浆膜层时可引起急性腹痛和腹腔内出血症状。若子宫病灶坏死继发感染，也可引起腹痛及脓性白带。卵巢黄素化囊肿发生扭转或破裂时也可出现急性腹痛。

（5）假孕症状：由于 HCG 及雌、孕激素的作用，表现为乳房增大，乳头及乳晕着色，甚至有初乳样分泌物，外阴、阴道、宫颈着色，生殖道质地变软。

2. **转移性滋养细胞肿瘤** 更多见于非葡萄胎妊娠后或经组织学检查证实的绒癌。肿瘤主要经血行播散，转移发生早而且广泛。最常见的转移部位为肺（80%），其次是阴道（30%），以及盆腔（20%）、肝（10%）和脑（10%）等。由于滋养细胞的生长特点之一是破坏血管，所以各转移部位症状的共同特点是局部出血。

（1）肺转移：可无症状，通过胸部 X 线检查或肺部 CT 作出诊断。典型表现为胸痛、咳嗽、咯血及呼吸困难。

（2）阴道转移：转移灶常位于阴道前壁及阴道穹，呈紫蓝色结节，破溃时引起不规则阴道流血，甚至大出血。

（3）肝转移：为不良预后因素之一，多同时伴有肺转移。病灶较小时可无症状，也可表现为上腹部或肝区疼痛、黄疸等。若病灶穿破肝包膜，可出现腹腔内出血，导致死亡。

（4）脑转移：预后凶险，为主要的致死原因。一般同时伴有肺转移和（或）阴道转移。转移初期多无症状。脑转移的形成可分为 3 个时期，依次是瘤栓期、脑瘤期及脑疝期。脑疝形成可压迫生命中枢，最终导致死亡。

（5）其他转移：包括脾、肾、膀胱、消化道、骨等，其症状因转移部位而异。

(三) 辅助检查

1. **血清 HCG 测定** HCG 水平是妊娠滋养细胞肿瘤的主要诊断依据。对于葡萄胎后滋养细胞肿瘤，凡符合下列标准中的任何一项且排除妊娠物残留或再次妊娠，即可诊断为妊娠滋养细胞肿瘤：① HCG 测定 4 次高水平呈平台状态（±10%），并持续 3 周或更长时间，即 1 日、7 日、14 日、21 日；② HCG 测定 3 次上升（>10%），并至少持续 2 周或更长时间，即 1 日、7 日、14 日。非葡萄胎后滋养细胞肿瘤的诊断标准：足月产、流产和异位妊娠后 HCG 多在 4 周左右转为阴性，若超过 4 周血清 HCG 仍持续高水平，或一度下降后又上升，在除外妊娠物残留或再次妊娠后，则可诊断妊娠滋养细胞肿瘤。

2. 影像学检查

（1）B型超声检查：超声检查是诊断子宫原发病灶最常用的方法。

（2）胸部X线检查：为常规检查。肺转移的典型表现为棉球状或团块状阴影。转移灶以右侧肺及中下部较为多见。

（3）CT和磁共振检查：胸部CT对发现肺部较小病灶和脑、肝等部位的转移灶有较高的诊断价值。磁共振主要用于脑、腹腔和盆腔病灶诊断。

3. **组织学检查** 子宫肌层或转移病灶中，见到绒毛结构者为侵蚀性葡萄胎，无绒毛结构者为绒癌。若原发灶和转移灶诊断不一致，只要在任一组织切片中见到绒毛结构，均诊断为侵蚀性葡萄胎。组织学证据对于妊娠滋养细胞肿瘤的诊断不是必需的，但有组织学证据时应以组织学诊断为准。

（四）心理社会状况

患者因反复阴道流血而感到不适、焦虑、恐惧，或因要切除子宫而悲伤，因失去生育能力而绝望。也有患者不能面对疾病的现实，对预后产生无助感，或因需要多次化疗，害怕化疗及由此造成的经济困难而焦虑不安。故应仔细了解患者及家属对疾病及治疗的反应，对生育的态度等。

（五）治疗原则

采用以化疗为主、手术和放疗为辅的综合治疗。必须在明确临床诊断的基础上，根据病史、体征及各项辅助检查的结果，进行正确的临床分期，并根据预后评分将患者评定为低危或高危，再结合骨髓功能、肝功能、肾功能及全身情况等评估，制订合适的治疗方案，以实施分层治疗。

侵蚀性葡萄胎以化疗为主。病灶在子宫而化疗效果差时可切除子宫。

绒癌以化疗为主，手术、放疗为辅。对年轻、有生育要求患者尽可能不切除子宫。对需手术者一般主张先化疗，待病情基本控制后再手术，尤其是盆腔转移者，以减少病灶扩散。放疗主要用于肝、脑转移的重症患者和肺部耐药病灶的治疗。

▶ 护理诊断/问题

1. **活动无耐力** 与腹痛、存在转移灶症状及化疗不良反应有关。
2. **恐惧** 与接受化学治疗及病程长且预后不确定有关。
3. **角色紊乱** 与长时间住院及化疗有关。
4. **潜在并发症**：肺转移、阴道转移、脑转移等。
5. **有感染的危险** 与化疗后白细胞降低导致机体抵抗力下降有关。
6. **营养失调：低于机体需要量** 与病程长、化疗不良反应有关。

▶ 护理目标

1. 住院期间患者的基本生活需求得到满足。
2. 患者恐惧症状减轻。
3. 患者能主动参与治疗、护理活动。
4. 患者能讲述相关并发症的表现。
5. 患者住院期间无并发症发生。
6. 患者能增加经口进食的摄入量，体重减轻不明显。

▶ 护理措施

（一）一般护理

嘱患者多进食高蛋白质、高维生素、易消化食物以保证所需营养，增强机体抵抗力。保证睡眠充足，避免劳累，减少体力消耗。指导患者饮食前后漱口，勤换衣物，保持皮肤清洁、干燥，注意外阴卫生，预防感染。阴道转移者应卧床休息，以免引起溃破大出血。

（二）心理护理

评估患者及家属对疾病的心理反应，讲解疾病及化学药物治疗的知识，提供相关信息，帮助患者分析可利用的支持系统，纠正消极的应对方式，以减少患者的恐惧感，使患者接受现实，帮助患者和家属树立信心。

（三）病情观察及治疗配合护理

1. **严密观察病情** 观察腹痛及阴道流血情况，记录出血量。出血多时除密切观察患者的血压、脉搏、呼吸外，还应及时做好手术准备。认真观察转移灶症状，发现异常应立即通知医生并配合处理。

2. **做好治疗配合** 对化疗者按化疗常规护理（见化疗患者的护理）。对有转移灶者，按相应的症状护理。

3. **肺转移患者的护理**

（1）卧床休息，减轻患者体力消耗，对有呼吸困难者给予半卧位并吸氧。

（2）按医嘱给予镇静药及化疗药物。因肺部接受药物比较直接，局部药物浓度最大，故用药效果比较好。

（3）大量咯血时有窒息、休克甚至死亡的危险，如发现应立即通知医生，同时给予头低足高侧卧位并保持呼吸道通畅，轻击背部，排出积血。

4. **阴道转移患者的护理**

（1）限制走动，密切观察阴道有无转移病灶破溃出血，禁止做不必要的检查和阴道窥器检查。

（2）配血备用，准备好各种抢救器械和物品。

（3）如发生溃破大出血，应立即通知医生并配合抢救。用长纱条填塞阴道压迫止血。填塞的纱条必须于24~48小时内如数取出。如出血未止，则再用无菌纱条重新填塞，同时给予输液、输血，以防大出血发生。纱条取出后应严密观察阴道出血情况及生命体征，观察有无感染及休克。

5. **脑转移患者的护理**

（1）严密观察病情：观察生命体征，观察出入量和有无电解质紊乱的症状，做好观察记录。

（2）检查配合：做好HCG测定、腰椎穿刺、CT等项目的检查配合。

（3）治疗配合：按医嘱给予补液、止血、脱水、化疗等。

（4）预防并发症：采取必要的护理措施预防跌倒、咬伤、吸入性肺炎、角膜炎、压疮等发生。

（5）对昏迷、偏瘫者按相应的护理常规实施护理。

（四）健康教育

向患者及家属讲解化疗的重要性及化疗患者护理的知识，教会患者化疗时的自我护理。治疗结束后应严密随访，第一次在出院后3个月，然后每6个月1次至3年，此后每年1次直至5年，以后可每2年1次。也可对Ⅰ~Ⅲ期低危患者随访1年，高危（包括Ⅳ期）患者随访2年。随访内容同葡萄胎。随访期间应严格避孕，一般于化疗停止≥12个月后方可妊娠。

▶ 护理评价

1. 住院期间患者的基本生活得到满足。
2. 患者情绪稳定，能主动参与并积极配合治疗和护理活动。
3. 患者能面对疾病的变化，说出自我调节的方法，没有绝望的行为。
4. 患者未出现感染的征象，体温、血象正常。
5. 患者住院期间未发生并发症。
6. 患者基本营养得到满足，体重减轻不明显。

第三节 滋养细胞肿瘤化疗患者的护理

化学药物治疗（简称化疗）恶性肿瘤已取得肯定的疗效。通过化学药物治疗，许多恶性肿瘤患者的症状得到缓解，有的甚至基本痊愈。在妇科肿瘤中，滋养细胞肿瘤是对化疗最为敏感的疾病之一，所以首选治疗方法是化疗。随着化疗的方法学和药物学的快速进展，绒毛膜癌患者的死亡率已显著下降，经治疗缓解后很少复发。

化疗药物的主要作用机制为：①影响去氧核糖核酸（DNA）的合成。②直接干扰核糖核酸（RNA）复制。③干扰转录、抑制信使核糖核酸（mRNA）的合成。④阻止纺锤丝的形成。⑤阻止蛋白质的合成。

滋养细胞肿瘤化疗药物很多，目前国内常用的化疗药物有甲氨蝶呤（MTX）、放线菌素-D（Act-D）或国产放线菌素D（更生霉素，KSM）、氟尿嘧啶（5-Fu）、环磷酰胺（CTX）、长春新碱（VCR）、依托泊苷（VP-16）等。

> **知识链接**
>
> **滋养细胞肿瘤患者常用化疗方案**
>
> 临床应用：化疗方案的选择目前国内外已基本一致，低危患者选择单一药物化疗，高危患者选择联合化疗。单一化疗常用药有甲氨蝶呤、氟尿嘧啶、放线菌素-D等；联合化疗国内应用比较普遍的是以氟尿嘧啶为主的方案和EMA-CO方案（依托泊苷、放线菌素-D、甲氨蝶呤、四氢叶酸、长春新碱）。较常用的给药方法有静脉滴注、肌内注射、口服给药，目前还有腹腔内给药、动脉插管局部灌注化疗、靶向治疗等方法。

▶ 护理评估

（一）健康史

评估患者肿瘤疾病史（肿瘤部位、性质、发病时间，曾进行过的治疗方法及效果、目前病情状况等），了解既往用药情况，尤其是化疗药物使用情况及药物过敏史。了解患者造血系统、消化系统及肝、肾功能情况等。

（二）身体状况

了解患者一般情况，包括患者精神状况、体重变化、每日热量摄入、皮肤弹性，以及有无恶心、呕吐及排尿、排便等情况。了解患者血、尿常规及肝功能、肾功能，了解化疗药物的毒性反应，特别注意白细胞数目和血小板计数。了解患者局部组织血运情况，静脉通道是否通畅，注射部位皮肤及皮下组织的颜色、质地、是否完整等。口腔黏膜颜色及有无溃疡。全身有无出血点、破溃、皮疹等。

（三）心理社会状况

了解患者对疾病及化疗的认识程度，有无焦虑、恐惧、悲观甚至绝望情绪。

▶ 护理诊断/问题

1. **知识缺乏**：与患者对化疗过程及化疗药物的毒性反应不了解有关。
2. **营养失调：低于机体需要量** 与化疗所致恶心、呕吐、口腔黏膜溃疡、腹泻等有关。
3. **有感染的危险** 与化疗引起白细胞减少、机体抵抗力下降有关。
4. **自我形象紊乱** 与化疗所致脱发、消耗性消瘦、皮肤色素沉着有关。
5. **有损伤的危险** 与化疗药物经血管漏出或渗出有关。

▶ 护理目标

1. 患者了解化疗过程及化疗药物不良反应，能配合医护人员完成化疗过程。
2. 患者机体营养需要能得到满足，体重减轻很少或增加，皮肤弹性好。
3. 患者无感染征象。
4. 患者对自我形象改变有正确的评价，能采取新的应对模式。
5. 患者注射部位皮肤完整，不出现药物外渗或外漏的并发症。

▶ 护理措施

（一）一般护理

鼓励患者多进食，选择高热量、高蛋白质、高维生素、低脂肪、易消化的食物，少食多餐，保证其营养供给及液体摄入，改善患者全身状况。指导患者注意口腔卫生，用软毛牙刷，饭后要漱口，防止口腔并发症的发生。注意观察患者病情变化及化疗可能出现的不良反应，如过敏、出血、发热、皮疹等，及时报告医生并予以处理。治疗期间要经常进行血常规、生化常规、心电图、X线、B超、CT、MRI等检查，以了解化疗的效果。护士要向患者解释检查的目的，并指导其如何配合。

（二）心理护理

关心、体贴、同情患者，鼓励患者多与家人交流、沟通。同时向患者及家属介绍化疗的知识（如化疗方案、化疗前后的注意事项、化疗药物的使用方法）和不良反应的预防及护理，消除患者的恐惧心理。

（三）用药护理

1. 化疗前及半疗程时各测体重1次，以便正确计算和调整药物剂量。
2. 药物现用现配，确保抽取剂量的准确。
3. 合理使用静脉血管并注意保护，有计划地从远端开始，注药前后均用生理盐水冲管。拔针后应轻压穿刺点3~5分钟以免药液外渗。一旦药液外渗，应立即拔针，局部采用冷敷，并注射拮抗剂或解毒剂。建议使用PICC给药。
4. 正确调节输液滴数，保证药物在预定时间内匀速输入，以确保疗效而减少不良反应。
5. 腹腔内化疗应注意变动卧位使效果更好。

（四）药物不良反应护理

1. **骨髓抑制** 化疗中最为重要的不良反应主要表现白细胞减少、血小板计数下降。治疗期间遵医嘱定时为患者进行血细胞计数和血小板检查，当白细胞$< 3 \times 10^9$/L，血小板$< 50 \times 10^9$/L 时，应与医生联系暂停用药，并予以保护性隔离，遵医嘱应用升白细胞和血小板药物，并采取预防并发症的措施。

2. **胃肠道反应** 胃肠道黏膜上皮细胞增殖旺盛，故对化疗药物极为敏感，常见为厌食、恶心、呕吐，用药后3~4小时出现。告知患者化疗前后勿大量进食，灵活掌握进食时间，改善进餐环境，鼓励患者与家属一起进餐。发生呕吐时给予扶助，呕吐后立即漱口，取舒适体位，注意观察患者呕吐物的颜色、性质和量。对呕吐严重者应适当补液，以防电解质紊乱。

3. **口腔溃疡** 化疗药物使口腔黏膜的再生能力降低，导致口腔黏膜炎的发生，口腔黏膜出现假膜、溃疡，伴有疼痛、感染、出血等，影响进食。指导患者饭前、饭后要漱口，睡前及晨起用软毛牙刷刷牙，避免损伤口腔黏膜。有疼痛者用0.5%普鲁卡因溶液或1%丁卡因溶液含漱以减轻疼痛，帮助进食。宜进食温流质或无刺激性软食，注意维生素及蛋白质的摄入。有溃疡者可喷双料喉风散，用甲紫或紫草油涂抹患处。

4. **脱发** 化疗后不是每个患者都会脱发，脱发程度也不尽相同。用药前告知患者有脱发的不良反应，使其有一定的心理准备去应对自我形象的改变。同时告诉患者脱发只是暂时现象，治疗结束后头发可重新长出，指导患者佩戴假发。

5. **肝、肾功能损害** 遵医嘱化疗前行肝、肾功能检查，必须肝、肾功能正常才能使用化疗药物。治疗期间鼓励患者多饮水，注意尿量、转氨酶等，化疗后复查肝、肾功能。如有异常，应积极行保护肝、肾治疗。

（五）健康教育

1. 告之患者化疗过程及化疗时常见的并发症，如恶心、呕吐、疲劳、容易感冒受凉、脱发等，指导患者如何减轻化疗不良反应，帮助其树立信心。

2. 化疗期间少去人群密集的公共场所，外出时最好戴口罩，避免感冒。

3. 鼓励患者进营养丰富的低脂软温饮食，少食多餐，粗细搭配，保持排便通畅。

4. 注意休息，保持充足的睡眠，以减少消耗。

5. **出院指导** 化疗后患者机体抵抗能低，要根据天气变化增减衣服，按期复诊。如有不适，随时就诊。

▶ 护理评价

1. 患者了解化疗过程及化疗药物的不良反应，了解化疗前后的护理及注意事项。
2. 患者能维持机体能量最低需要，体重减轻不明显。
3. 患者化疗期间感染得到控制，无感染发生。
4. 患者对自我形象的修饰满意。
5. 患者化疗期间无药物外渗、外漏发生，注射部位皮肤完整。

（胡蘅芬）

一、案例分析

王女士，23 岁，因停经 2 个月，阴道不规则流血 3 日入院。妇科检查：子宫约 3 个月妊娠大小，质软，无压痛。尿妊娠试验阳性，B 超检查宫腔内见"落雪状"图像，未见胎儿。

讨论分析：

该患者可能发生了什么问题？与自然流产有何不同？

二、简答题

1. 葡萄胎清宫术后为何要进行随访？随访的时间和内容包括哪些？
2. 试述化疗药物不良反应及护理。
3. 说明葡萄胎、侵蚀性葡萄胎和绒癌三者之间的关系。

第十七章

女性生殖内分泌疾病患者的护理

第十七章
数字资源

本章思维导图

思政之光

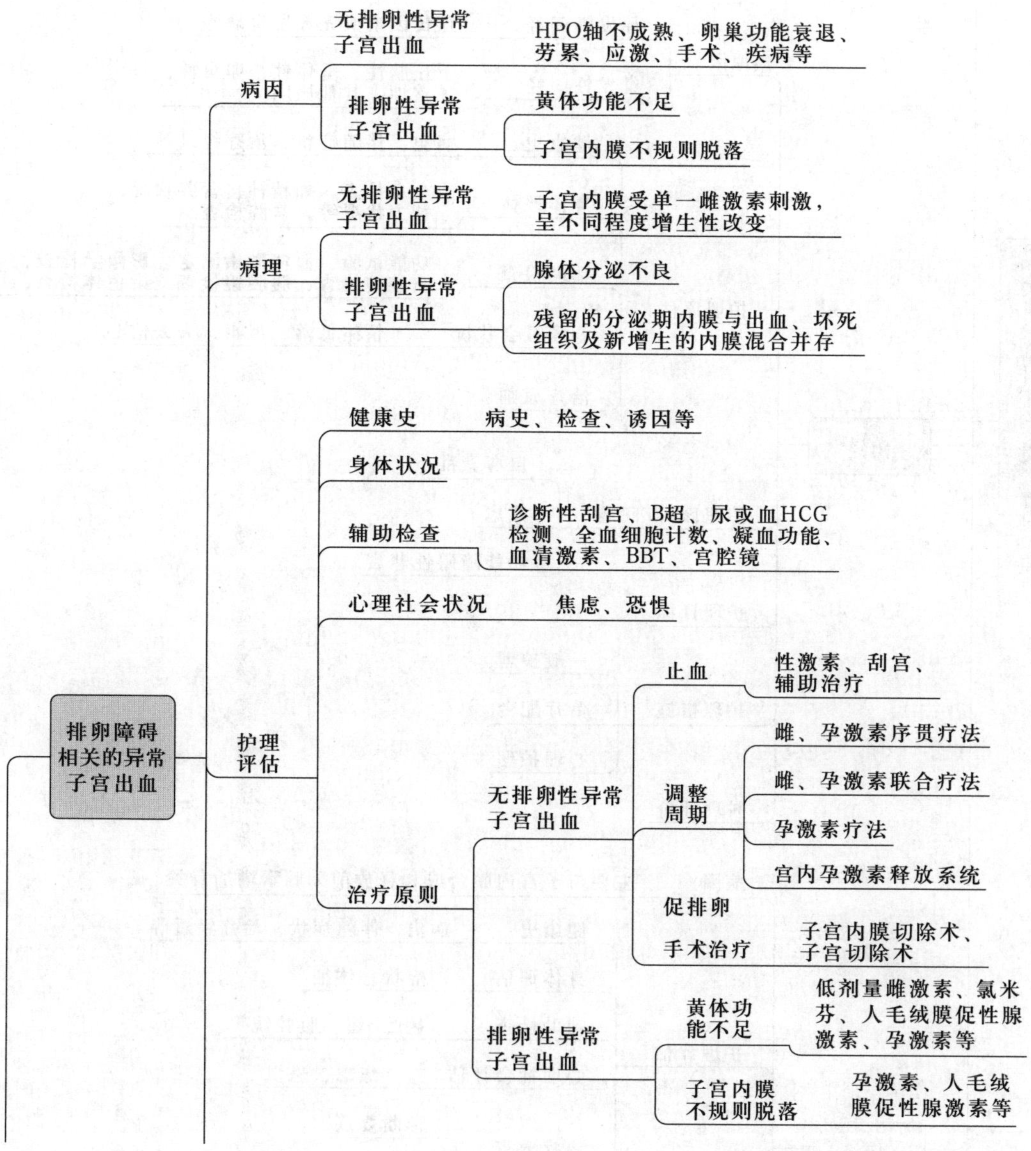

```
                              ┌─ 无排卵性异常子宫出血 ── HPO轴不成熟、卵巢功能衰退、
                              │                         劳累、应激、手术、疾病等
                    ┌─ 病因 ──┤
                    │         └─ 排卵性异常子宫出血 ──┬─ 黄体功能不足
                    │                                 └─ 子宫内膜不规则脱落
                    │
                    │         ┌─ 无排卵性异常子宫出血 ── 子宫内膜受单一雌激素刺激，
                    │         │                         呈不同程度增生性改变
                    ├─ 病理 ──┤
                    │         └─ 排卵性异常子宫出血 ──┬─ 腺体分泌不良
                    │                                 └─ 残留的分泌期内膜与出血、坏死
                    │                                    组织及新增生的内膜混合并存
                    │
                    │         ┌─ 健康史 ── 病史、检查、诱因等
排卵障碍            │         ├─ 身体状况
相关的异常 ─────────┤         │
子宫出血            ├─ 护理评估┤─ 辅助检查 ── 诊断性刮宫、B超、尿或血HCG
                    │         │             检测、全血细胞计数、凝血功能、
                    │         │             血清激素、BBT、宫腔镜
                    │         └─ 心理社会状况 ── 焦虑、恐惧
                    │
                    │                                         ┌─ 止血 ── 性激素、刮宫、辅助治疗
                    │                                         │
                    │                                         │             ┌─ 雌、孕激素序贯疗法
                    │                          ┌─ 无排卵性异常┤─ 调整周期 ──┤─ 雌、孕激素联合疗法
                    │                          │  子宫出血    │             ├─ 孕激素疗法
                    └─ 治疗原则 ────────────── ┤              │             └─ 宫内孕激素释放系统
                                               │              ├─ 促排卵
                                               │              └─ 手术治疗 ── 子宫内膜切除术、
                                               │                             子宫切除术
                                               │
                                               └─ 排卵性异常 ─┬─ 黄体功能不足 ── 低剂量雌激素、氯米
                                                  子宫出血    │                  芬、人毛绒膜促性腺
                                                              │                  激素、孕激素等
                                                              └─ 子宫内膜不规则脱落 ── 孕激素、人毛绒
                                                                                      膜促性腺激素等
```

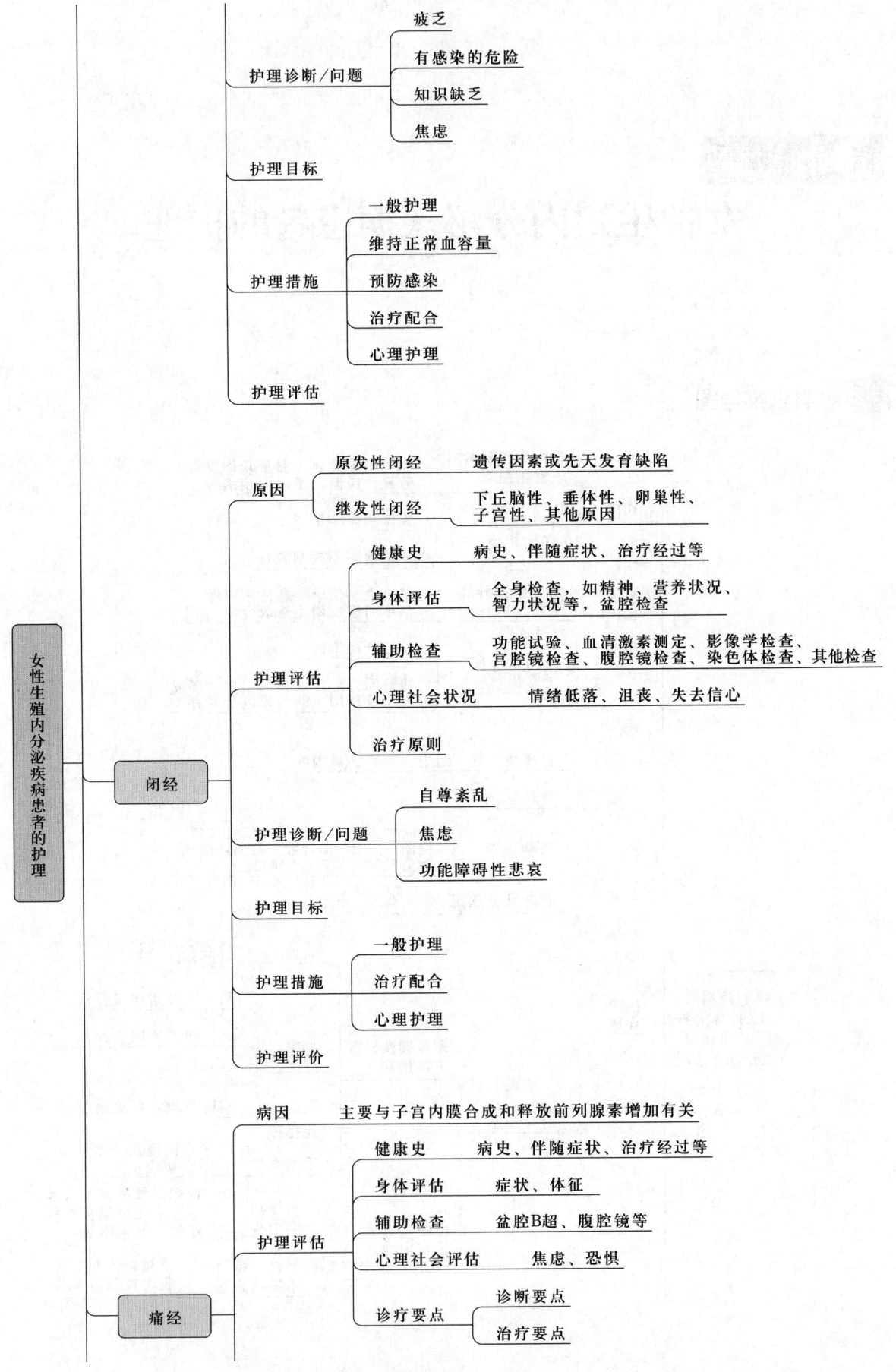

第十七章 女性生殖内分泌疾病患者的护理

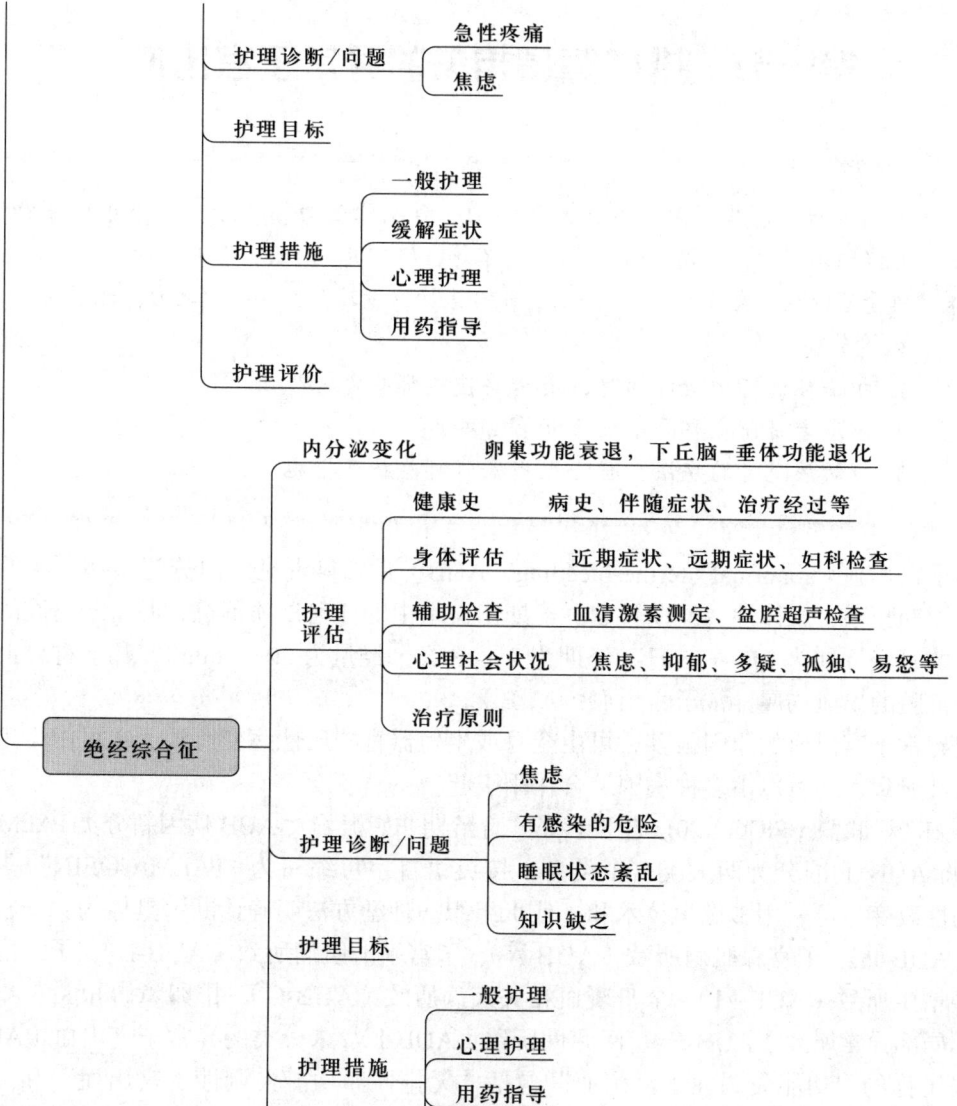

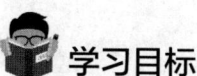 学习目标

通过本章内容的学习，学生应能够：

识记：
1. 复述排卵障碍相关的异常子宫出血、闭经、痛经、绝经综合征的概念。
2. 描述排卵障碍相关的异常子宫出血、闭经的常见病因。

理解：
1. 解释排卵障碍相关的异常子宫出血的临床表现和处理原则。
2. 阐述痛经、绝经综合征的临床表现、处理原则。

运用：
1. 解释异常子宫出血的药物治疗方案，养成关爱、体贴患者的职业情操。
2. 解释诊断性刮宫检查的临床作用，协助医生完成操作过程。

女性生殖内分泌疾病是妇科常见病，通常由下丘脑－垂体－卵巢轴功能异常或靶器官效应异常所致，部分为遗传因素、女性生殖器官发育异常引起。

第一节 排卵障碍相关的异常子宫出血

患者女性，16岁，因"阴道流血15日，伴头晕乏力"就诊。患者自14岁初潮开始，月经即不规律，周期20日至3个月不等，经期8~10日，量时多时少，不伴腹痛，未曾接受治疗。末次月经10月20日，至今未净，量较多，伴头晕乏力，无腹痛。

讨论分析：
1. 护士在进行护理评估时，还需要搜集哪些资料？
2. 该患者目前主要的护理诊断有哪些？
3. 针对该患者的病情，护士应当采取哪些护理措施？

异常子宫出血（abnormal uterine bleeding，AUB）是妇科常见的内分泌疾病，指的是与正常月经的周期频率、规律性、经期长度、经期出血量中的任何1项不符，源于子宫腔的异常出血。正常的月经周期为21~35日，经期为2~8日，经量为20~60ml，凡不符合上述标准的源自子宫腔的出血均属异常子宫出血（AUB）。

引起异常子宫出血的原因很多，可由全身或生殖器官器质性病变所致，也可由生殖内分泌轴功能紊乱所致，还可以由多种病因综合作用引起。

国际妇产科联盟（FIGO）2011年发表了"育龄期非妊娠妇女AUB病因新分类PALM-COEIN系统"，将AUB病因分为两大类9个类型，按英语首字母缩写为"PALM-COEIN"，"PALM"存在结构性改变，可采用影像学技术和（或）组织病理学方法明确诊断。具体为：子宫内膜息肉所致（AUB-P）、子宫腺肌病所致（AUB-A）、子宫平滑肌瘤所致（AUB-L）、子宫内膜恶变和不典型增生所致（AUB-M）；全身凝血相关疾病所致（AUB-C）、排卵障碍相关（AUB-O）、子宫内膜局部异常所致（AUB-E）、医源性所致（AUB-I）、未分类的异常子宫出血（AUB-N）。

过去所称的"功能失调性子宫出血"包括"无排卵性功能失调性子宫出血"和"排卵性月经失调"两类，前者属于AUB-O；后者包括黄体功能不足和子宫内膜不规则脱落等，涉及AUB-O和AUB-E。根据中华医学会妇产科学分会内分泌组2014年的建议，不再使用"功能失调性子宫出血"。本节主要讨论排卵障碍相关的异常子宫出血（AUB-O）。

▶ 病因

（一）无排卵性异常子宫出血

无排卵引起的异常子宫出血好发于青春期和围绝经期，但也可以发生于生育期。各种原因引起的无排卵，都导致子宫内膜受单一雌激素刺激而无孕激素拮抗，使子宫内膜发生不同程度的增生性改变，然后发生雌激素突破性出血或撤退性出血。雌激素突破性出血有两种：一种是低水平雌激素维持在阈值水平，可发生间断性少量出血，内膜修复慢，出血时间延长；另一种是高水平雌激素维持在有效浓度，因无孕激素参与，内膜持续增厚但是不牢固，容易发生急性突破性出血，血量汹涌。雌激素撤退性出血是在单一雌激素作用下，子宫内膜持续增生，卵巢中发育但是不能成熟排卵的卵泡会退化闭锁，导致雌激素水平突然急剧下降，内膜失去雌激素支持而剥脱出血。

另外，无排卵时异常子宫出血还与子宫内膜出血自限机制缺陷有关。如子宫内膜脆性增加，发生自发破溃出血；子宫内膜脱落不规则、不完全导致修复困难；血管结构与功能异常，小血管多处断裂、收缩不力；凝血与纤溶功能异常；血管舒缩因子前列腺素E_2含量和敏感性更高,血管易于扩张,出血量增加。

1. **青春期** 下丘脑-垂体-卵巢轴激素间的反馈调节机制尚未成熟,大脑中枢对雌激素的正反馈作用存在缺陷,FSH持续处于低水平,无促排卵性LH高峰形成,因而无排卵。

2. **绝经过渡期** 此期妇女由于卵巢功能下降,卵巢对FSH、LH的反应低下,卵泡发育障碍而不排卵。

3. **育龄期** 女性有时因劳累、应激、手术、疾病等引起短暂的无排卵,也可因多囊卵巢综合征、肥胖、高催乳素血症、甲状腺疾病等引起持续无排卵。

(二)排卵性异常子宫出血

1. **黄体功能不足** 黄体功能不足有多种原因,包括FSH缺乏使卵泡发育不良、LH峰值不高、LH排卵后低脉冲缺陷、卵巢发育不良等。

2. **子宫内膜不规则脱落** 由于下丘脑-垂体-卵巢轴调节功能紊乱,或者溶黄体机制失常,引起黄体萎缩不全,子宫内膜持续受孕激素影响,导致子宫内膜不规则脱落。

▶ 病理

(一)无排卵性异常子宫出血

子宫内膜受单一雌激素刺激而无孕激素拮抗,使子宫内膜发生不同程度的增生性改变。子宫内膜的病理改变形式有:子宫内膜增生症(包括单纯性增生、复杂性增生和不典型增生)、增生期子宫内膜和萎缩性子宫内膜。

(二)排卵性异常子宫出血

1. **黄体功能不足** 子宫内膜形态一般为分泌期内膜,腺体分泌不良,间质水肿不明显,腺体与间质发育不同步。

2. **子宫内膜不规则脱落** 内膜表现为残留的分泌期内膜与出血、坏死组织及新增生的内膜混合共存。

▶ 护理评估

(一)健康史

询问病史及检查,询问患者年龄、月经史、婚育史、避孕措施,既往有无慢性疾病(如肝病、血液病、高血压、代谢性疾病等)。发病前有无诱发因素。

(二)身体状况

1. **无排卵性异常子宫出血** 极少数无排卵妇女表现为有规律的月经周期,但大多数不排卵的妇女表现为:月经周期紊乱;经期长短不一;月经量多少不定,出血量少者仅为点滴出血,出血量多或时间长者常继发贫血,大量出血可导致休克。出血期间一般无腹痛或其他不适。

2. 排卵性异常子宫出血

(1)黄体功能不足:表现为月经周期缩短,月经频发(周期<21日)。有时月经周期虽然在正常范围内,但是卵泡期延长,黄体期缩短(<11日)。患者不易受孕或在妊娠早期流产。

(2)子宫内膜不规则脱落:表现为月经周期正常,经期延长(>8日)。

(三)辅助检查

1. **诊断性刮宫** 既可以止血又可以明确子宫内膜病理诊断。若要了解卵巢排卵和黄体的功能,应在月经来潮前1~2日或月经来潮6小时内刮宫。若要了解是否为子宫内膜不规则脱落,则应在月经周期第5~7日诊刮。不规则阴道流血或大量出血时,可随时诊刮。疑有子宫内膜癌时,应行分段诊刮。无性生活史的患者,若药物治疗失败或疑有器质性病变,应经患者或其家属知情同意后进行诊刮。

2. **盆腔B型超声检查** 了解子宫内膜厚度及回声,以明确有无宫腔占位病变及其他生殖道器质性病变等。

3. **尿妊娠试验或血 HCG 检测** 对有性生活史者，应除外妊娠及妊娠相关疾病。

4. **全血细胞计数** 确定有无贫血及其程度，有无血小板减少。

5. **凝血功能检查** 排除凝血和出血功能障碍性疾病。

6. **血清激素测定** 可在下次月经来潮前 7 日测定血清孕酮水平，以了解有无排卵及黄体功能。但常因子宫出血不规则，难以选择测定孕酮的时间。在卵泡期测定血清 E_2、FSH、LH、T、PRL 及甲状腺功能等，可协助排除其他内分泌疾病。

7. **基础体温（basal body temperature，BBT）测定** 是测定排卵的简易可行方法，不仅有助于判断有无排卵，还可以了解黄体功能。基础体温呈单相型，提示无排卵（图 17-1）。黄体功能不足者，基础体温呈双相型，但高温相不足 11 日（图 17-2）。子宫内膜不规则脱落者，基础体温呈双相型，但下降缓慢（图 17-3）。

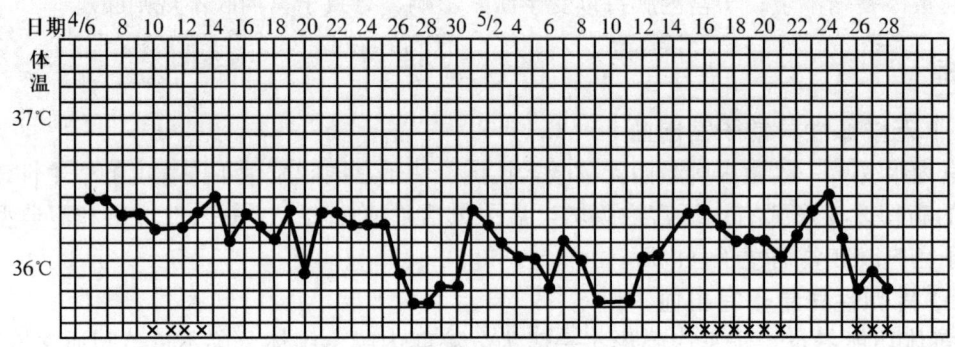

图 17-1 基础体温单相型

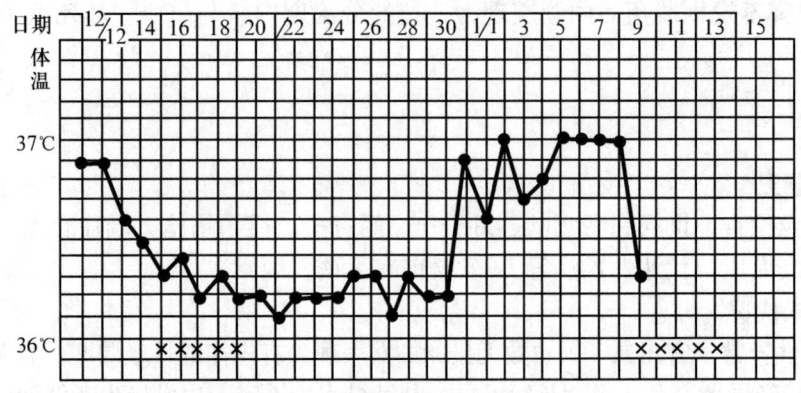

图 17-2 基础体温双相型（黄体期短）

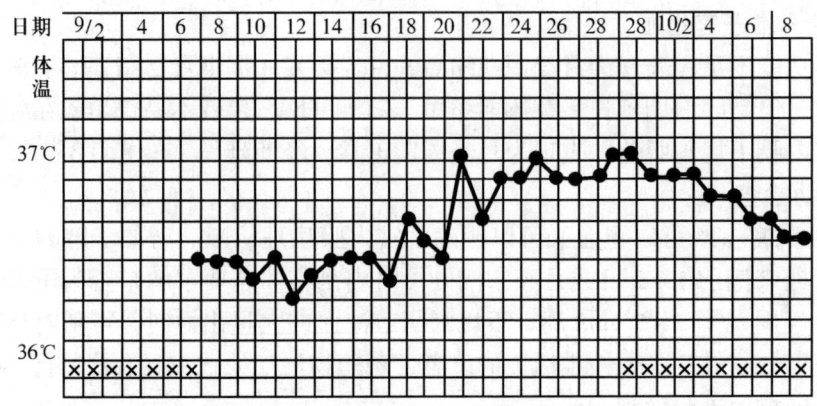

图 17-3 基础体温双相型（黄体萎缩不全）

8. **宫腔镜检查** 在宫腔镜直视下观察宫颈管和宫腔内的情况，从而指导在病变区取材活检，比盲目取内膜的诊断价值高。也可以协助诊断子宫内膜息肉、子宫黏膜下肌瘤、子宫内膜癌等宫腔内病变。

（四）心理社会状况

随着病程延长并发感染或止血效果不佳、大量出血，患者容易产生焦虑和恐惧心理。绝经期患者常因担心恶性肿瘤而焦虑。育龄期患者常因黄体功能不足可引起不孕或流产而焦虑。

（五）治疗原则

1. 无排卵性异常子宫出血 无排卵性异常子宫出血的一线治疗是药物治疗。对青春期及生育年龄患者以止血、调整周期、促进排卵为主；对绝经期患者以止血、调整周期、减少月经量，防止子宫内膜病变为原则。

（1）止血：根据出血量选择合适的制剂和使用方法。可用于止血的方法有性激素、刮宫术及一些辅助治疗。

1）性激素止血：对于少量出血的患者，使用最低有效剂量激素，减少药物不良反应。对于大量出血的患者，要求性激素治疗8小时内见效，24~48小时内出血基本停止，若96小时以上仍不止血，应考虑其他原因导致的异常子宫出血。①雌、孕激素联合用药：止血效果优于单一药物。对于青春期和育龄期无排卵性异常子宫出血，可采用口服避孕药治疗。目前使用第三代短效口服避孕药，如去氧孕烯炔雌醇片、炔雌醇环丙孕酮片、屈螺酮炔雌醇片等。②单纯雌激素：应用大剂量雌激素可促进子宫内膜迅速生长，短期内修复创面而止血。该治法也称为"子宫内膜修复法"，适用于急性大量出血的患者。常用药物有结合雌激素（片剂或针剂）、戊酸雌二醇片等。所有雌激素疗法在血红蛋白计数增加至90 g/L以上后，必须加用孕激素撤退。因大剂量雌激素能增加血栓形成的风险，对于存在血液高凝状态或血栓性疾病的患者，应禁用大剂量雌激素止血。③单纯孕激素：孕激素能使持续增生的子宫内膜转化为分泌期，停药后子宫内膜脱落较为完全，起到药物性刮宫的作用，也称"子宫内膜脱落法"或"药物刮宫"，适用于体内已有一定雌激素水平、血红蛋白 > 80 g/L、生命体征平稳的患者。常用的药物有：地屈孕酮、17α-羟孕酮衍生物（甲羟孕酮、甲地孕酮）、左炔诺孕酮和19-去甲基睾酮衍生物（炔诺酮）等。

2）刮宫术：刮宫既能迅速止血，又可以明确诊断。对于绝经过渡期及病程长的育龄期患者，应首先考虑使用刮宫术。

3）其他辅助治疗方法：①一般止血药，氨甲环酸、酚磺乙胺、维生素K等。②雄激素，如丙酸睾酮，具有对抗雌激素作用，减少盆腔充血，增加子宫血管张力从而减少子宫出血。③出血严重时可补充凝血因子，如纤维蛋白原、血小板、新鲜冻干血浆或新鲜血。④对于中重度贫血患者，在上述治疗的同时给予铁剂和叶酸治疗，必要时输血。⑤对出血时间长、贫血严重、机体抵抗力差，或合并感染的临床征象者，应及时使用抗生素。

（2）调整周期：应用性激素止血以后，必须调整月经周期。对青春期及育龄期患者需恢复正常的内分泌功能，以建立正常的月经周期；对绝经过渡期患者需控制出血及预防子宫内膜增生症的发生，以防再次出现异常子宫出血。①雌、孕激素序贯疗法：也称人工周期。通过模拟自然月经周期中卵巢的内分泌变化，序贯应用雌、孕激素，使子宫内膜发生相应变化，引起周期性脱落。适用于青春期及育龄期内源性雌激素水平较低者。从撤退性出血第5日开始服用雌激素，如戊酸雌二醇2 mg，每晚1次，连服21日，服用雌激素的第11日开始加用孕激素，如醋酸甲羟孕酮10 mg，每日1次，连服10日，连续3个周期为一个疗程（图17-4）。若仍未建立正常的月经，应重复雌、孕激素序贯疗法。②雌、孕激素序贯疗法：该方法从一开始就使用雌激素和孕激素，通过雌激素作用，使子宫内膜再生修复，孕激素限制雌激素的促进子宫内膜增生作用，使撤退性出血逐步减少，雌激素还可以预防治疗过程中孕激素突破性出血。常用短效口服避孕药，一般从撤退性出血第5日开始，每日1片，连服21日，1周为撤退性出血间隔，连续3个周期为一个疗程。此方法尤其适用于有避孕需求的患者，但是有血栓性疾病、心脑血管疾病等口服避孕药禁忌证者不宜应用。③孕激素：也称为后半周期疗法。适用于青春期或活组织检查为子宫内膜增生期的患者。可于月经周期后半期（撤退性出血的第16~25日）服用孕激素，如醋酸甲羟孕酮、地屈孕酮、微粒化孕酮等，或者肌内注射黄体酮。酌情应用3~6个周期。④宫内孕激素释放系统：在宫腔内放置含有孕酮或左炔诺孕酮缓释系统的的宫内节育器，通过其缓慢释放的孕酮，能在宫腔内抑制内膜生长，使月经量减少80%~90%，甚至导致闭经。这种含孕激素释放系统的宫内节育器一般有效期5年，适用于已无生育要求的育龄期患者。

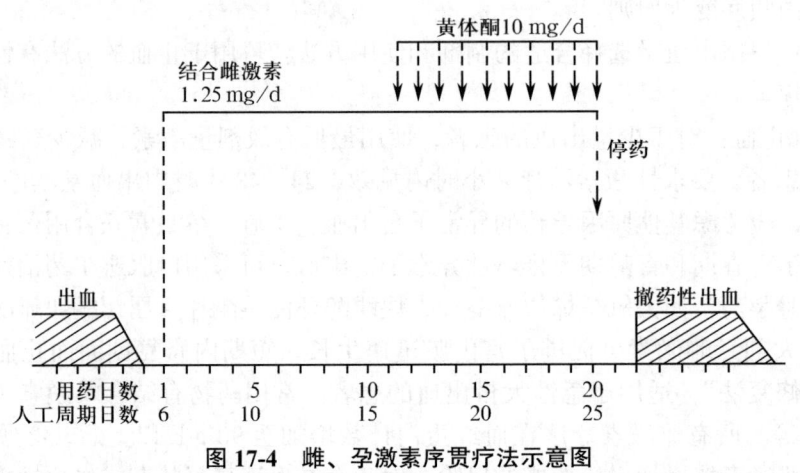

图 17-4　雌、孕激素序贯疗法示意图

（3）促排卵：用于生育期、有生育要求者，尤其是不孕症患者。青春期患者不应采用促排卵药物来控制月经。常用的促排卵药主要有：氯米芬（CC）、人绒毛膜促性腺激素（HCG）、黄体生成素释放激素（LH-RH）、溴隐亭等。

（4）手术治疗：对于药物治疗效果不佳或不宜用药、无生育要求的患者，尤其是不易随访的年龄较大患者，应考虑行子宫内膜切除术和子宫切除术。

2. 排卵性异常子宫出血

（1）黄体功能不足：可以选择在卵泡期使用低剂量雌激素、氯米芬或人绒毛膜促性腺激素，促进卵泡发育和排卵，以利于正常黄体形成。也可以在排卵后选用天然黄体酮制剂，补充黄体分泌的不足。另外，在排卵后使用人绒毛膜促性腺激素也可以促进黄体形成，刺激孕酮的分泌，延长黄体期。合并高催乳素血症患者，可以口服溴隐亭，使催乳素水平下降，并促进垂体分泌促性腺激素，从而促进卵巢雌、孕激素的分泌，改善黄体功能。对于有避孕需求的患者，也可以使用口服短效避孕药治疗。

（2）子宫内膜不规则脱落：可选择在排卵后使用孕激素治疗，孕激素通过调节HPO轴的反馈功能，使黄体及时萎缩，内膜按时完整脱落。也可以选择在排卵后使用人绒毛膜促性腺激素促进黄体功能。无生育要求者也可以选择口服短效避孕药治疗。

▶ 护理诊断/问题

1. **疲乏**　与子宫异常出血导致的继发性贫血有关。
2. **有感染的危险**　与长期异常子宫出血、出血量多导致贫血，机体抵抗力下降有关。
3. **知识缺乏**：缺乏正确服用性激素的知识。
4. **焦虑**　与长期出血、担心治疗效果、担心今后生育有关。

护理目标

1. 患者异常子宫出血停止，疲乏的感觉减弱或消失。
2. 患者无感染发生。
3. 患者能说出正确使用性激素的方法。
4. 患者情绪稳定，能正确对待疾病，焦虑减轻或消失。

护理措施

1. **一般护理** 患者常因为异常子宫出血而疲乏，因此要保证充足的睡眠和休息，出血量多者应卧床休息。同时要加强营养，改善全身状况，积极纠正贫血。可补充铁剂、维生素C和蛋白质。向患者推荐含铁量较多的食物，如猪肝、豆类、蛋黄、胡萝卜、葡萄干、木耳等。按照患者的饮食习惯，为其制订合适于个人的饮食计划，保证患者获得足够的营养。

2. **维持正常血容量** 观察并记录患者的生命体征，嘱患者保留出血期间使用的会阴垫，以便准确估计出血量。注意观察患者有无头晕、乏力、困倦、皮肤苍白、呼吸困难等表现。对贫血严重者，应采取平卧位、吸氧、保暖，按医嘱做好输液、止血、配血、输血等措施。

3. **预防感染** 严密观察体温、脉搏、子宫体压痛等与感染有关的征象。监测白细胞计数和分类。阴道出血期间禁止性生活、盆浴、游泳，做好会阴部护理，出血多时及时更换会阴垫，保持会阴清洁。出血时间长或者有感染征象者，遵医嘱正确使用抗生素。

4. **治疗配合**

（1）遵医嘱使用性激素：

1）告知患者服药期间可能出现的不良反应及应对措施，如可能出现食欲减退、恶心、呕吐等不良反应，轻者不需处理，或者饭后服用，坚持服药数日常可自行缓解，症状严重者须就医。强调规范治疗的重要性。

2）指导患者按时、按量正确服用性激素，不得随意停服和漏服。

3）使用性激素止血时，药物减量必须按医嘱规定在血止后开始，每3日减量一次，每次减量不得超过原剂量的1/3，直至达到维持量。维持量服用时间通常按发生撤退性出血的时间和上一次行经时间综合考虑，一般无出血日期达21日停药。

4）治疗期间如出现不规则阴道流血，应及时就诊。

（2）对接受诊刮的患者做好诊刮术的术前准备、术中配合和术后护理。刮出的组织物及时送检。

（3）对接受手术治疗的患者，按妇科手术患者常规护理。

5. **心理护理** 主动与患者交谈，鼓励患者表达内心感受，耐心倾听患者的诉说。向患者解释病情，提供相关信息，解除思想顾虑，缓解焦虑。

护理评价

1. 患者出血是否停止，疲乏的感觉是否减弱或消失。
2. 患者是否出现感染征象。
3. 患者是否能按规定正确服用药物。
4. 患者的焦虑是否减轻，情绪是否稳定。

第二节 闭 经

闭经是妇科常见症状，表现为无月经或月经停止，分为原发性闭经和继发性闭经两类。原发性闭经指年龄超过14岁，第二性征未发育；或年龄超过16岁，第二性征已发育，月经还未来潮者。继发性闭经指正常月经建立后，月经停止6个月，或按自身原有月经周期计算停止3个周期以上者。青春期前、妊娠期、哺乳期、绝经后的无月经来潮属于生理现象，本节主要讨论的是病理性闭经。

▶ 病因

正常月经的建立和维持，与下丘脑-垂体-卵巢轴的神经内分泌调节，子宫内膜对性激素的周期性反应和下生殖道的通畅有关，其中任何一个环节发生障碍均有可能导致闭经。

（一）原发性闭经

较少见，多为遗传因素或先天发育缺陷引起。约有30%患者伴有生殖道异常。常见原因有米勒管发育不全综合征、生殖道闭锁、性腺功能减退等。

（二）继发性闭经

较原发性闭经常见，依据调控正常月经周期的5个环节，可以分为以下几种：

1. **下丘脑性闭经** 最常见，指中枢神经系统及下丘脑各种功能和器质性疾病引起的闭经，以功能性原因为主。下丘脑合成和分泌的GnRH缺陷或下降，导致垂体分泌的FSH、特别是LH水平下降，进而影响卵巢的周期性变化而闭经。属于低促性腺激素性闭经。见于精神应激（长期压抑、紧张、环境改变、过度疲劳、情感创伤等）、体重减轻和神经性厌食、剧烈运动、药物抑制（甾体类避孕药、奋乃静、氯丙嗪等）、颅咽管瘤等。

2. **垂体性闭经** 腺垂体器质性病变或功能失调，均可影响促性腺激素的分泌，进而影响卵巢功能而导致闭经。见于垂体梗死（希恩综合征）、垂体肿瘤、空蝶鞍综合征等。

3. **卵巢性闭经** 卵巢分泌的性激素水平低下，子宫内膜不发生周期性变化而导致闭经。见于卵巢早衰、卵巢功能性肿瘤（卵巢支持-间质细胞肿瘤、卵巢颗粒-卵泡膜细胞瘤）、多囊卵巢综合征等。

4. **子宫性闭经** 下丘脑-垂体-卵巢轴的调节功能正常，第二性征发育也正常。因感染、创伤导致宫腔或宫颈管粘连引起闭经。子宫性闭经最常见的是Asherman综合征。手术切除子宫或子宫腔内放疗后子宫内膜损伤也会导致闭经。

5. **其他** 内分泌功能异常（如甲状腺功能异常、肾上腺皮质功能亢进、肾上腺皮质肿瘤等）也会引起闭经。

▶ 护理评估

（一）健康史

询问患者生长发育史、月经史、生育史、家族史，有无发病诱因（如精神因素、环境改变、体重增减、剧烈运动、各种疾病及用药影响等）、伴随症状、治疗经过和效果。

（二）身体评估

观察患者的精神状况、营养状况、全身发育情况、智力发育情况。测量身高、体重、四肢与躯干比例。检查患者第二性征发育情况，观察乳房有无乳汁分泌。妇科检查注意内、外生殖器官发育情况，有无缺陷、畸形和肿瘤。

（三）辅助检查

1. **功能试验** 药物撤退试验：用于了解体内雌激素水平，确定闭经的程度。

（1）孕激素试验：口服孕激素（如醋酸甲羟孕酮、地屈孕酮、微粒化孕酮）或肌内注射黄体酮注射液。停药后出现撤退性出血，则为阳性，提示子宫内膜已经受到一定水平雌激素影响。若停药后不出现撤退性出血，则为阴性，应进一步行雌、孕激素序贯试验。

（2）雌、孕激素序贯试验：适用于孕激素试验阴性的患者，服用雌激素（如戊酸雌二醇），连服21日，最后10日加服孕激素，停药后发生撤退性出血为阳性，提示子宫内膜功能正常，可以排除子宫性闭经，引起闭经的原因是患者体内雌激素水平低下，应进一步寻找原因。如果停药后没有发生撤退性出血，则为阴性，应重复一次试验。若仍无出血，提示子宫内膜有缺陷或被破坏，可诊断为子宫性闭经。

（3）垂体兴奋试验：又称GnRH刺激试验，此试验目的是了解垂体对GnRH的反应性。静脉注射LHRH后15~30分钟，LH值比注射前升高2~3倍以上，说明垂体功能正常，病变在下丘脑。如经多次重复试验，LH值无升高或升高不明显，说明病变部位在垂体。

2. **血清激素测定** 停用雌、孕激素药物至少2周后，行血清激素测定协助诊断，包括E_2、P、T、FSH、LH、PRL、TSH、胰岛素等。如E_2水平低，提示卵巢功能不正常或衰竭；T水平高，提示可能为多囊卵巢综合征或者卵巢支持-间质细胞肿瘤等。

3. **影像学检查**

（1）盆腔超声检查：观察子宫发育情况，子宫大小、形态、内膜厚度、卵巢大小、形态、卵泡数目等。

（2）子宫输卵管造影：了解有无子宫畸形和宫腔粘连。

（3）CT或MRI：有助于了解有无盆腔肿瘤、垂体肿瘤、空蝶鞍等。

（4）静脉肾盂造影：怀疑米勒管发育不全时，用以确定有无肾畸形。

4. **宫腔镜检查** 能确定有无宫腔粘连。

5. **腹腔镜检查** 可直接观察子宫及卵巢情况，了解有无发育异常、肿瘤、多囊卵巢综合征等。

6. **染色体检查** 对鉴别性腺发育不全病因及指导临床处理有重要意义。

7. **其他检查** 基础体温测定、子宫内膜取样等。

（四）心理社会状况

患者常因为闭经而担心影响今后的生育、夫妻感情、自身健康等。病程过长、效果不明显时，表现为情绪低落、沮丧、对治疗和护理失去信心。所以应评估患者及家属的心理压力，焦虑程度、对治疗的信心及自我观念的影响等。

（五）治疗原则

改善全身健康状况，明确病因后进行心理和病因治疗。对下丘脑-垂体-卵巢轴功能紊乱者，可用性激素替代疗法。

1. **病因治疗** 在闭经的治疗中占有重要地位。积极治疗全身性疾病，提高机体抵抗力，改善全身状况。对因精神应激因素引起者，应进行心理治疗。对因体重下降引起者，鼓励加强营养，增强体质，劳逸结合，保持标准体重。如与肥胖有关，鼓励患者调整饮食结构，进低热量饮食，适当增加运动量。因剧烈运动引起者，应适当减少运动量。对于因肿瘤、多囊卵巢综合征等引起者，应进行特异性治疗。

2. **药物治疗**

（1）性激素补充治疗：能维持女性心血管系统、骨骼系统、神经系统等的健康，也能促进和维持女性第二性征和月经。主要方法有：雌激素补充治疗（适用于无子宫患者），雌、孕激素人工周期疗法（适用于有子宫者），孕激素疗法（适用于体内有一定内源性雌激素水平的患者）。

（2）促排卵治疗：适用于有生育要求的患者。对于FSH和PRL正常的闭经患者，可首选氯米芬作为促排卵药物；对于低促性腺激素闭经及氯米芬促排卵失败患者，在雌激素治疗促进生殖器发育，子宫内膜已获得对雌、孕激素的反应后，可采用尿促性素（hMG）联合人绒毛膜促性腺激素（HCG）治疗；对于 FSH 升高的闭经患者，由于其卵巢功能衰竭，不建议采用促排卵药物治疗。

（3）其他药物治疗：溴隐亭为多巴胺受体激动剂，可以直接抑制垂体 PRL 分泌，恢复排卵。肾上腺皮质激素（如地塞米松）适用于先天性肾上腺皮质增生所致的闭经。甲状腺素（如甲状腺片）适用于甲状腺功能减退引起的闭经。

3. 辅助生殖技术　适用于有生育要求，诱发排卵未成功妊娠，合并输卵管问题的闭经患者或男方因素不孕者。

4. 手术治疗　对于有器质性病变者选择手术治疗。适用于生殖器畸形、Asherman 综合征、肿瘤等患者。

▶ 护理诊断/问题

1. **自尊紊乱**　与长期闭经、治疗效果不明显、月经不能正常来潮而出现自我否定等有关。
2. **焦虑**　与担心疾病对生育能力、自身健康、性生活的影响有关。
3. **功能障碍性悲哀**　与担心丧失女性形象有关。

▶ 护理目标

1. 患者能够接受闭经的现实，客观地评价自己。
2. 患者能主动诉说病情及担忧。
3. 患者能积极、主动地配合检查与治疗。

▶ 护理措施

1. 一般护理　鼓励并帮助患者减轻或消除诱发闭经的原因。指导患者合理饮食，适当运动，劳逸结合，增强体质，改善一般状况。树立正确的审美观念和健康的生活方式。

2. 治疗配合　对需用激素治疗的患者，说明药物的作用、不良反应和具体用药方法。嘱患者严格按医嘱服药，不得擅自停服、漏服，不得随意更改剂量。对接受辅助生殖技术者配合做好辅助检查、严密观察、配合治疗、采取措施积极预防并发症。对于接受手术治疗的患者，做好相应的术前准备、术中配合、术后护理。

3. 心理护理　加强心理护理，建立良好的护患关系，鼓励患者表达自己的感受，耐心倾听其诉说。向患者提供正确的诊疗信息，缓解其心理压力。鼓励患者与亲人、朋友交往，参与社会活动，保持心情愉快，正确对待疾病。

▶ 护理评价

1. 患者是否能够接受闭经的现实，客观地评价自己。
2. 患者是否能主动与亲友交流病情和治疗的感受。
3. 患者能否主动地配合检查与治疗。

第三节　痛　经

痛经是妇科最常见的症状之一，是指月经前后或月经期出现下腹部疼痛、坠胀，伴有腰酸或其他不适，症状严重影响生活质量者。痛经分为原发性痛经和继发性痛经，原发性痛经指生殖器官无器质性病变的痛经，占痛经的 90% 以上，常见于青春期女性，多在初潮后 1~2 年发病。继发性痛经指由盆腔器质性疾病（如子宫内膜异位症、子宫腺肌病、盆腔炎性疾病等）引起的痛经，常见于育龄期妇女。本节讨论的是原发性痛经。

▶ 病因

原发性痛经的发生主要与子宫内膜合成和释放前列腺素（PG）增加有关。排卵后，孕酮能促进子宫内膜合成前列腺素 F（PGF），故分泌期子宫内膜前列腺素含量较增生期子宫内膜高。月经期因溶酶体酶溶解子宫内膜细胞而大量释放前列腺素类物质，使 $PGF_{2\alpha}$ 及 PGF_2 含量增高。有研究表明，痛经患者子宫内膜和经血中的 $PGF_{2\alpha}$ 和 PGF_2 含量均较正常妇女明显升高。尤其是 $PGF_{2\alpha}$ 含量升高是造成痛经的主要原因。$PGF_{2\alpha}$ 能刺激子宫平滑肌痉挛性收缩，血管痉挛，造成子宫张力升高、子宫肌壁缺血、坏死而出现痛经。增多的前列腺素进入血液循环，还可引起心血管和消化道等症状。无排卵的增生期子宫内膜因无孕酮作用，所含前列腺素很低，通常不发生痛经。

此外，血管加压素、内源性缩宫素及 β- 内啡肽等物质的增加也与原发性痛经的发生有关。同时，原发性痛经的发生也与精神因素、寒冷刺激、经期剧烈运动及疼痛的主观感受有关。

▶ 护理评估

（一）健康史

了解患者年龄、月经史、婚育史，了解有无诱发因素。疼痛发生的时间、部位、性质和程度，有无伴随症状，有无缓解疼痛的方法，是否服用药物，效果如何。

（二）身体评估

1. **症状** 下腹部疼痛是主要症状。疼痛多发生在月经来潮后，最早出现在月经前 12 小时，以经期第 1 日疼痛最剧烈，持续 2~3 日后缓解。疼痛常呈阵发性、痉挛性疼痛。疼痛部位常位于下腹部耻骨上，可放射至腰骶部和大腿内侧。可伴有恶心、呕吐、腹泻、头晕、乏力等。严重者还可出现四肢厥冷、面色苍白、出冷汗等症状。

2. **体征** 妇科检查无阳性体征。

（三）辅助检查

可选择做盆腔超声检查、腹腔镜检查、子宫输卵管造影、宫腔镜检查，用以排除继发性痛经，如子宫内膜异位症、子宫腺肌病、盆腔炎性疾病等。

（四）心理社会状况

患者经常因反复月经期下腹疼痛不适，影响工作和学习，而感到焦虑、恐惧。

（五）诊疗要点

1. **诊断要点** 月经前后或月经期下腹痛，妇科检查无阳性体征。

2. **治疗要点** 重视精神心理治疗，疼痛不耐受时可以辅助药物治疗。治疗痛经的药物有：

（1）前列腺素合成酶抑制剂：如布洛芬、酮洛芬、双氯芬酸等。通过抑制前列腺素合成酶的活性，减少前列腺素合成，防止子宫痉挛性收缩，从而缓解痛经。一般于月经来潮，疼痛出现后开始服用，连用 2~3 日。

（2）口服避孕药：适用于有避孕需求的痛经患者。口服避孕药能抑制排卵，进而减少子宫内膜和月经血中的前列腺素含量，缓解疼痛。

（3）维生素 E：维生素 E 是蛋白激酶 C 抑制剂，通过抑制花生四烯酸磷脂的释放而降低 PGs，达到治疗痛经的目的。用法：维生素 E，200 U，每日 2 次，从月经前 2 日开始服用至经期的前 3 日。

护理诊断/问题

1. **急性疼痛** 与月经期子宫痉挛性收缩，子宫缺血、缺氧有关。
2. **焦虑** 与长期痛经造成的精神紧张有关。

护理目标

1. 患者疼痛缓解。
2. 患者月经来潮前及经期无焦虑情绪。

护理措施

1. **一般护理** 指导患者合理休息，保证睡眠，加强营养，适当锻炼，增强体质，注意经期卫生。
2. **缓解症状** 给予下腹部局部热敷或按摩、进热饮等，可缓解疼痛。
3. **心理护理** 应重视心理护理。鼓励患者倾诉并耐心倾听。向患者讲解有关痛经的知识，月经期轻微下腹疼痛和腰酸属于生理现象。避免过度紧张和情绪波动，可通过听音乐、看电影、读书等方式分散注意力，与亲友交流沟通，保持心情舒畅。
4. **用药指导** 对于疼痛不能耐受的患者，指导其正确使用前列腺素合成酶抑制剂或口服避孕药治疗。

护理评价

1. 患者疼痛缓解，并能列举出缓解疼痛的方法。
2. 患者焦虑的行为表现减少，舒适感增加。

第四节 绝经综合征

绝经是每一个妇女生命进程中必然发生的生理过程，提示卵巢功能衰退，生殖功能终止。我国城市妇女的平均绝经年龄为49.5岁，农村妇女为47.5岁。绝经是月经永久性停止，停经12个月后才认为是绝经。绝经综合征是指妇女绝经前后因性激素波动或减少所致的一系列躯体及精神心理症状。绝经的方式有自然绝经和人工绝经。自然绝经是指卵巢内卵泡生理性耗竭所致；人工绝经是指手术切除双侧卵巢或放疗、化疗等损伤卵巢功能所致。人工绝经更容易引发绝经综合征。

内分泌变化

绝经前后最明显的变化是卵巢功能衰退，随后表现为下丘脑-垂体功能退化。

1. **雌激素** 围绝经期早期雌激素水平波动很大，因卵巢功能逐渐衰退，此阶段首先表现为卵泡对FSH敏感性降低，FSH水平升高。高水平的FSH对卵泡过度刺激，使雌激素水平相对升高，甚至高于正常卵泡期水平。以后随着卵泡完全停止生长发育，雌激素分泌迅速下降。绝经后卵巢极少分泌雌激素，但肾上腺皮质和卵巢分泌的睾酮和雄烯二酮经周围组织中的芳香化酶转化成为雌酮，所以在绝经后妇女血液循环中仍有低水平雌激素，此时雌酮（E_1）水平高于雌二醇（E_2）。
2. **孕激素** 围绝经期卵巢尚能排卵，仍有孕激素分泌。但黄体功能不正常，可导致孕激素分泌减少。绝经后无孕酮分泌。

3. **雄激素** 雄激素来源于卵巢间质细胞及肾上腺，总体雄激素水平下降。

4. **促性腺激素** 围绝经期 FSH 水平升高，呈波动型，LH 仍在正常范围，FSH/LH 仍 < 1。绝经后雌激素水平降低，诱导下丘脑释放促性腺激素释放激素增加，促使垂体释放 FSH 和 LH 增加，其中 FSH 升高较 LH 明显，FSH/LH > 1。

5. **促性腺激素释放激素** 绝经后促性腺激素释放激素分泌增加，并与 LH 相平衡。

6. **抑制素** 绝经后妇女血抑制素水平下降，较 E_2 下降早且明显，可能成为反映卵巢功能衰退更敏感的指标。卵泡闭锁导致的雌激素和抑制素水平降低以及 FSH 水平升高，是绝经的主要信号。

7. **抗米勒管激素（AMH）** 绝经后 AMH 水平下降，较 FSH 升高、E_2 下降早，能较早反映卵巢功能衰退。

▶ 护理评估

（一）健康史

了解患者年龄、月经史、生育史，了解既往健康状况，有无肝病、高血压、糖尿病、冠心病及其他内分泌疾患等。

（二）身体评估

1. 近期症状

（1）月经紊乱：月经紊乱是围绝经期的常见症状，由于稀发排卵或无排卵，表现为月经周期不规则、经期持续时间长、月经量增多或减少，甚至大量出血或出血淋漓不断。多数妇女经历上诉不同的月经紊乱后逐渐绝经，少数妇女则可表现为突然绝经。

（2）血管舒缩症状：主要表现为潮热，为血管舒缩功能不稳定所致，是雌激素水平降低的特征性症状。其特点是：反复出现短暂的面部、颈部及胸部皮肤间断发红，伴有发热、继之出汗，一般持续 1~3 分钟。症状轻者每日发作数次，严重者十余次或更多，夜间或应激状态易促发。该症状可持续 1~2 年，有时长达 5 年或更久。严重时可影响妇女的工作、生活和睡眠，是绝经后期妇女需要性激素治疗的主要原因。

（3）自主神经功能失调症状：常出现，如心悸、眩晕、头痛、失眠、耳鸣等症状。

（4）精神神经症状：主要包括情绪、记忆及认知功能症状。常表现为注意力不易集中，并且情绪波动大，如激动易怒、焦虑不安或情绪低落、抑郁、不能自我控制等。记忆力减退也较常见。

2. 远期症状

（1）泌尿生殖器绝经后综合征：超过 50% 的绝经后女性会出现该综合征，主要表现为泌尿生殖道萎缩症状，如阴道干燥、性交困难及反复阴道感染，排尿困难、尿痛、尿急等反复发生的尿路感染。

（2）骨质疏松：绝经后妇女雌激素缺乏使骨质吸收增加，导致骨量快速丢失而出现骨质疏松。50 岁以上妇女半数以上会发生骨质疏松，一般发生在绝经后 5~10 年内，最常发生在椎体。

（3）阿尔茨海默病：女性比男性高发，可能与绝经后内源性雌激素水平降低有关，表现为记忆障碍、失语、失认、行为障碍等。

（4）心血管病变：绝经后妇女糖、脂代谢异常增加，动脉硬化、冠心病的发病风险较绝经前明显增高，可能与雌激素水平低下有关。

（5）皮肤和毛发的变化：皮肤皱褶增多、加深；皮肤变薄、干燥、色素沉着，出现斑点。大多数妇女出现毛发分布的改变，口唇上方毫毛消失，代之以恒久毛，阴毛、腋毛不同程度丧失，偶有轻度脱发。

3. **妇科检查** 可见内、外生殖器不同程度的萎缩性改变，如外阴萎缩，大、小阴唇变薄；阴道萎缩，合并感染则还可见阴道分泌物增多，呈稀薄淡黄色、有异味；子宫颈及子宫萎缩等。

（三）辅助检查

1. **血清激素测定**

（1）血清 FSH 及 E_2 测定：检查血清 FSH 值及 E_2 值了解卵巢功能。围绝经期血清 FSH > 10 U/L，提示卵巢储备功能下降。闭经、FSH > 40 U/L 且 E_2 < 10～20 pg/ml，提示卵巢功能衰竭。

（2）血清抑制素 B 测定：血清抑制素 B ≤ 45 ng/L，是卵巢功能减退的最早标志。

（3）抗米勒管激素测定：能较早反映卵巢功能衰退。抗米勒管激素降低至 1.1 ng/ml 提示卵巢储备功能下降；低至 0.2 ng/ml 提示即将绝经；绝经后 AMH 一般测不出。

2. **盆腔超声检查** 子宫萎缩变小，内膜变薄，基础状态卵巢的窦状卵泡数减少，卵巢容积缩小。

（四）心理社会评估

女性进入围绝经期，可能出现的工作、家庭和社会环境的变化会加重身体和心理负担，从而诱发和加重绝经综合征的症状，出现忧虑、抑郁、多疑、孤独、易怒等。注意排除有相关症状的精神疾病。

（五）治疗原则

1. **一般治疗** 绝经综合征的精神症状可因神经类型或精神状态不稳定而加重，应进行心理治疗。必要时可选用适量镇静药以助睡眠；服用盐酸帕罗西汀，可改善血管舒缩和精神神经症状。加强营养，补充钙剂及维生素 D。

2. **激素替代治疗（hormone replacement therpy，HRT）** HRT 是针对绝经相关健康问题而采取的一种医疗措施，可有效缓解绝经相关症状，从而改善生活质量。

（1）适应证：绝经相关症状（如潮热、盗汗、睡眠障碍、疲倦、情绪障碍等）、泌尿生殖道萎缩相关问题（如阴道干涩和疼痛、排尿困难、性交痛、反复发作的阴道炎、反复泌尿系统感染等）以及低骨量和骨质疏松症。

（2）禁忌证：已知或可以妊娠、原因不明的阴道流血、已知或可疑患有乳腺癌、已知或可疑患有性激素依赖性恶性肿瘤、最近 6 个月内患有活动性静脉或动脉血栓栓塞性疾病、严重肝功能及肾功能障碍、血卟啉症、耳硬化症、脑膜瘤（禁用孕激素）等。

（3）慎用情况：在 HRT 应用前和应用过程中，应当咨询相关专业医师，共同确定应用的时机和方式，并采取比常规随诊更严密的措施，监测病情的进展。慎用情况包括：子宫肌瘤、子宫内膜异位症、子宫内膜增生史、尚未控制的糖尿病及严重高血压、有血栓形成倾向、胆囊疾病、癫痫、偏头痛、哮喘、高催乳素血症、系统性红斑狼疮、乳腺良性疾病、乳腺癌家族史及已完全缓解的部分性激素依赖性妇科恶性肿瘤（如子宫内膜癌、卵巢上皮性癌等）。

（4）性激素制剂：①雌激素制剂，原则上应选择天然雌激素，如戊酸雌二醇、结合雌激素、17β-雌二醇、尼尔雌醇等；②组织选择性雌激素活性调节剂，如替勃龙；③孕激素制剂，如醋酸甲羟孕酮，近年来倾向于选用天然孕激素制剂，如微粒化孕酮。剂量选择应该个体化，选择最小剂量且有效为佳。

（5）用药途径及方案：

1）口服：口服是 HRT 最常规应用的给药途径，主要优点是血药浓度稳定，但是对肝脏有一定的损害，还能刺激产生肾素底物及凝血因子。用药方案有：①单用雌激素：适用于已切除子宫的妇女。②雌、孕激素联合应用：适用于有完整子宫的妇女，包括序贯法和联合法。③单用孕激素：适用于围绝经期出现无排卵性异常子宫出血者。

2）胃肠道外给药：其优点是能避免肝首过效应，对血脂影响较小。①经阴道给药：适于泌尿生殖器绝经后综合征，包括 E_3 栓、E_2 阴道环、雌三醇乳膏、结合雌激素霜等。②经皮肤给药：如 17β-雌二醇皮肤贴剂，能使雌激素水平恒定，方法简便。

（6）用药时间：应用 HRT 时，应个体化用药，在卵巢功能开始衰退并出现相关症状时即可开始应用。需定期评估，至少每年 1 次，明确受益大于风险方可继续应用。停药时，一般应缓慢减量或间歇用药，逐步停药，防止症状复发。

▶ 护理诊断/问题

1. **焦虑**　与围绝经期内分泌改变、家庭和社会环境改变、个性特点、精神因素等有关。
2. **有感染的危险**　与雌激素水平下降，局部抵抗力下降所致反复阴道炎症或反复尿路感染有关。
3. **睡眠状态紊乱**　与围绝经期性激素缺乏所致睡眠障碍有关。
4. **知识缺乏**：缺乏围绝经期生理、心理变化相关知识及自我保健知识。

▶ 护理目标

1. 患者的焦虑情绪缓解或消失。
2. 患者在围绝经期不发生尿路感染、阴道炎等。
3. 患者能正确描述自己的焦虑心态和应对方法。

▶ 护理措施

1. **一般护理**　合理安排膳食，养成良好的饮食习惯，增加蛋白质、维生素和钙的摄入，如多食用鸡蛋、大豆、蔬果、奶制品等，其中大豆还含有类雌激素物质，对缓解症状有辅助作用。坚持体育锻炼，多进行户外运动，如散步、慢跑、打太极拳等，不仅能增强体质，还能增加社交，激发患者的正性心态，诱导心理适应。对于睡眠障碍的患者，必要时可以使用艾司唑仑、谷维素等，有助于改善睡眠质量，调节情绪。

2. **心理护理**　主动与患者交谈，取得患者的信任，鼓励患者倾诉并耐心倾听。运用通俗易懂的语言帮助患者及其家属了解围绝经期的生理、心理变化知识，使患者了解大多数女性都能安然度过围绝经期，以乐观的心态面对。指导家属给予理解、同情和及时的安慰，减轻患者的焦虑情绪。

3. **用药指导**　告知患者必须在医生指导下用药。了解用药的目的、适应证、禁忌证、使用方法及可能出现的不良反应。对长期使用性激素治疗者必须定期随访，至少每年随访 1 次。

4. **健康指导**　设立"妇女围绝经期门诊"，提供系统的围绝经期咨询、指导和健康教育。指导围绝经期妇女合理安排每天的生活和工作，劳逸结合，调节身心。指导患者自我调节情绪，保持健康心态；正确对待性生活；积极防治绝经过渡期常见病及多发病，如高血压、冠心病、糖尿病、骨质疏松、萎缩性阴道炎等。宣传 HRT 的有关知识，坚持防癌检查，尤其是女性生殖道和乳腺肿瘤的检查。

▶ 护理评价

1. 患者认识到绝经是女性正常生理过程，能以乐观、积极的态度对待自己，焦虑情绪减轻或消失。
2. 患者与家人、亲戚、朋友关系融洽，互相理解。
3. 患者了解围绝经期妇女低雌激素水平导致的各种症状。

（欧春平）

自测题

一、案例分析

1. 王女士，23岁，外企员工，因"停经6个月"就诊。患者既往月经规律，周期30日左右，月经量正常。患者半年前到外企工作，经常加班到深夜，末次月经3月20日，现已停经6个月，无腰酸、腹痛等。患者未婚，否认性生活史。盆腔B超检查未见异常。给予黄体酮20 mg 肌内注射，连用3日，停用3日后出现撤退性出血。

讨论分析：

（1）该患者最可能的医疗诊断是？

（2）导致该患者出现该疾病最可能的原因是？

（3）护士应当对该患者采取哪些护理措施？

2. 刘女士，46岁。停经3个多月，伴潮热、出汗、烦躁、易激动，入睡困难。既往身体健康。月经史：$13\dfrac{5\sim7}{30\sim35}$，月经量适中，无痛经。生育史：1-0-2-1，使用宫内节育器避孕5年。体格检查未见异常，心电图正常。

讨论分析：

（1）该患者最可能的医疗诊断是什么？

（2）还可借助哪些辅助检查资料协助诊断？

（3）护士可以给予患者哪些健康指导？

二、问答题

1. 请对接受性激素治疗的排卵相关障碍功能失调性子宫出血患者进行健康指导。

2. 叙述继发性闭经的常见类型。

3. 叙述原发性痛经患者的一般护理措施。

第十八章 妇科其他疾病患者的护理

第十八章
数字资源

本章思维导图

妇科其他疾病患者的护理
- 子宫脱垂
  - 概念
  - 病因
    - 妊娠、分娩损伤
    - 长期腹压增加
    - 盆底组织发育不良或退行性变
  - 护理评估
    - 健康史
    - 身体评估
      - 临床分度：3度
      - 症状：腰部下坠感、腰背酸痛、外阴肿物脱出、排便与排尿异常
      - 体征：妇科检查；压力性尿失禁的检查
    - 心理社会状况
    - 辅助检查
  - 治疗原则
    - 保守治疗
      - 支持疗法
      - 放置子宫托
    - 手术治疗——个体化方案
  - 常见护理诊断/问题：焦虑、疼痛、尿失禁/尿潴留
  - 护理措施
    - 一般护理：休息、营养、锻炼
    - 心理护理
    - 治疗配合
      - 保守治疗患者的护理——子宫托放置、取出及注意事项
      - 手术治疗患者的护理——术前准备、术后护理
    - 健康指导
      - 出院指导
      - 预防
- （下一节）
  - 概念
  - 病因：三种学说
  - 病理：异位内膜周期性出血
  - 护理评估
    - 健康史
    - 身体评估
      - 症状
      - 体征
    - 心理社会状况
    - 辅助检查：腹腔镜（最佳）、B超、CA125测定

305

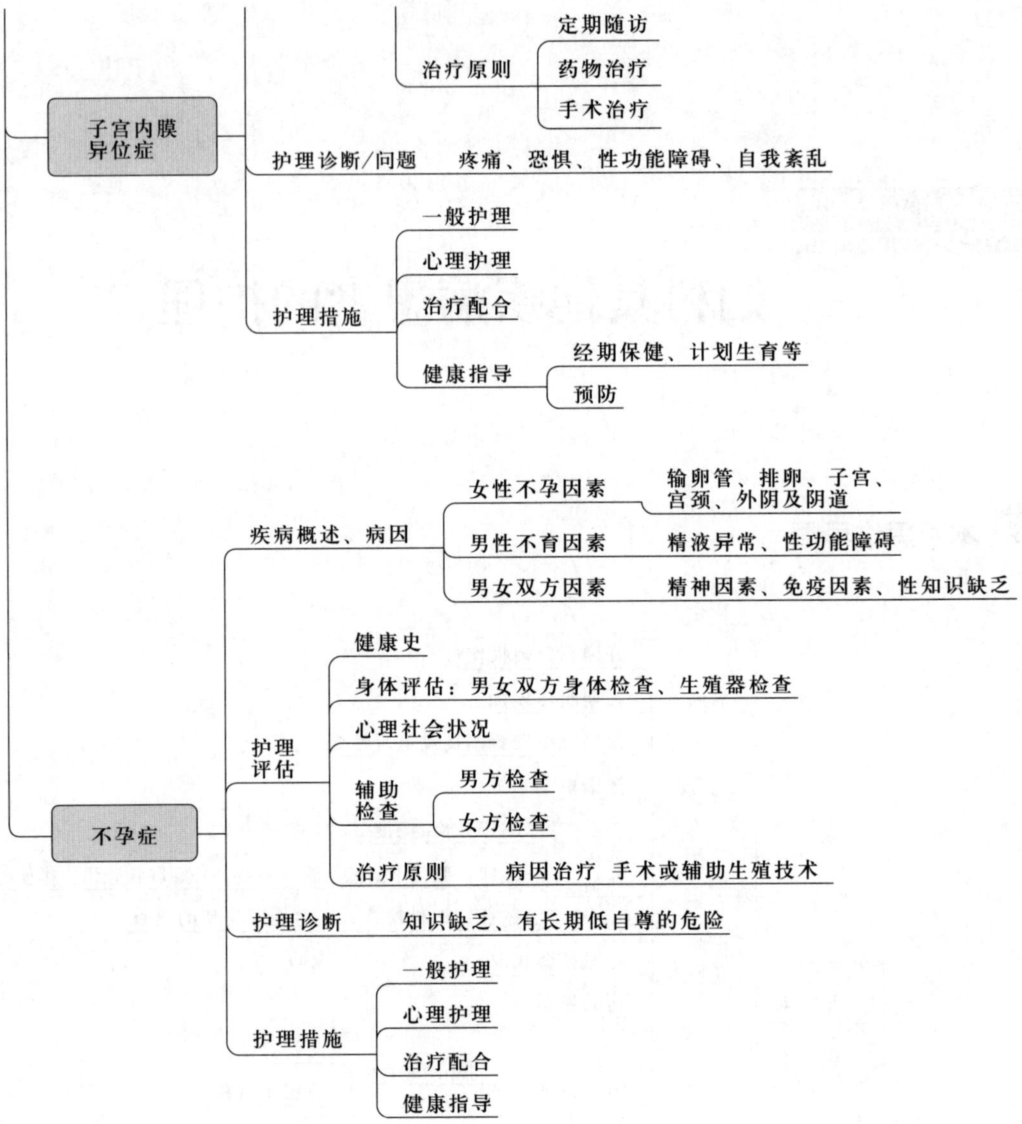

```
                                          ┌─ 定期随访
                          ┌─ 治疗原则 ────┼─ 药物治疗
                          │               └─ 手术治疗
          ┌─ 子宫内膜 ────┤
          │   异位症      └─ 护理诊断/问题   疼痛、恐惧、性功能障碍、自我紊乱
          │
          │                    ┌─ 一般护理
          │                    ├─ 心理护理
          │               ┌────┤
          │               │    ├─ 治疗配合
          │   护理措施 ──┤    │
          │               │    │              ┌─ 经期保健、计划生育等
          │               └────┴─ 健康指导 ──┤
          │                                    └─ 预防
          │
          │                                    ┌─ 女性不孕因素   输卵管、排卵、子宫、
          │                                    │                 宫颈、外阴及阴道
          │               ┌─ 疾病概述、病因 ──┼─ 男性不育因素   精液异常、性功能障碍
          │               │                    └─ 男女双方因素   精神因素、免疫因素、性知识缺乏
          │               │
          │               │    ┌─ 健康史
          │               │    ├─ 身体评估：男女双方身体检查、生殖器检查
          │               │    ├─ 心理社会状况
          │               ├─ 护理 ─┤            ┌─ 男方检查
          └─ 不孕症 ─────┤ 评估 ├─ 辅助检查 ──┤
                          │    │              └─ 女方检查
                          │    └─ 治疗原则   病因治疗  手术或辅助生殖技术
                          │
                          ├─ 护理诊断   知识缺乏、有长期低自尊的危险
                          │
                          │               ┌─ 一般护理
                          │               ├─ 心理护理
                          └─ 护理措施 ──┤
                                          ├─ 治疗配合
                                          └─ 健康指导
```

学习目标

通过本章内容的学习，学生应能够：

识记：

1. 说出子宫脱垂、子宫内膜异位症、不孕症的概念。
2. 说出子宫脱垂的临床分度。
3. 描述子宫内膜异位症的临床表现及治疗原则。

理解：

1. 解释子宫脱垂发生的原因。
2. 分析造成不孕的原因。

运用：

1. 指导患者子宫托的放置、取出方法和注意事项，能够对妇女进行预防子宫脱垂的宣传教育。
2. 应用所学知识对子宫内膜异位症患者做出正确的护理措施。
3. 了解不孕症及生殖辅助技术，促进家庭美满幸福，社会和谐发展。

第一节 子宫脱垂

> **导学案例 18-1**
>
> 60岁女性，绝经10年，G_4P_3，慢性支气管炎15年。35年来感觉有肿块自阴道脱出，开始腹压增加时脱出，能用手还纳，近2年来，稍一活动就脱出，回纳后仍脱出，伴腰酸、腹坠和排尿困难。20日前出现多量阴道脓性分泌物，伴阴道灼热感。妇科检查：阴道黏膜充血，阴道前壁膨出，呈鸭蛋大小，宫颈充血，较长，宫口脱至阴道口外约2cm，表面有脓苔覆盖，子宫萎缩，双附件软。
>
> **讨论分析：**
> 1. 请问该患者发生了什么疾病？
> 2. 导致该病的主要原因是什么？

子宫从正常位置沿阴道下降，宫颈外口达坐骨棘水平以下，甚至子宫全部脱出于阴道口外，称为子宫脱垂（图18-1）。子宫脱垂常伴有阴道前、后壁膨出，是目前老年女性常见的妇科疾病之一，由于子宫位置移位，引发盆腔器官功能异常，严重影响妇女生活质量。

▶ 病因

1. 妊娠、分娩损伤 为子宫脱垂最主要的原因，尤其是在分娩过程中，第二产程延长或实施产钳、胎头吸引等助产手术，盆底肌肉、筋膜及韧带被过度牵拉而致其支撑力减弱。如产后过早参加重体力劳动，将影响盆底组织张力的恢复而导致子宫不同程度的下移。

2. 长期腹压增加 长期慢性咳嗽、便秘、经常举重物或久蹲、盆腔和腹腔巨大肿物或腹水、腹型肥胖等，均可使腹压长期增加，迫使子宫下移，发生脱垂。

3. 盆底组织发育不良或退行性变 先天性盆底组织发育不良或营养不良可导致未产妇或处女子宫脱垂。随着年龄增长，妇女体内雌激素水平逐渐下降，盆底支持组织萎缩退化，可减弱对子宫的支托力而导致子宫脱垂或脱垂程度加重。

▶ 护理评估

（一）健康史

了解患者既往分娩经过，有无产程延长、阴道助娩及盆底组织撕裂伤史。评估患者其他系统健康状况，有无慢性咳嗽、盆腔和腹腔肿瘤、便秘等病史。

（二）身体评估

1. 临床分度 我国沿用的传统分度是根据1981年我国在部分市、自治区"两病"科研协作组的意见，以患者平卧用力向下屏气时子宫下降的程度，将子宫脱垂分为3度（表18-1，图18-2）。国际上多采用盆腔器官脱垂定量分期法（POP-Q）进行分度。

表 18-1 子宫脱垂的分度

分度		内容描述
Ⅰ度	轻型	宫颈外口距处女膜缘 < 4 cm，未达处女膜缘
	重型	宫颈已达处女膜缘，但未超出，阴道口可见子宫颈
Ⅱ度	轻型	宫颈已脱出阴道口，宫体仍在阴道内

续表

分度	内容描述
重型	宫颈及部分宫体已脱出阴道口
Ⅲ度	宫颈及宫体全部脱出阴道口

图 18-1　子宫脱垂　　　　　图 18-2　子宫脱垂分度

2. 症状　Ⅰ度患者一般无不适，Ⅱ度、Ⅲ度患者常出现以下症状：

（1）腹部下坠感及腰背酸痛：下垂的子宫牵拉韧带引起盆腔充血所致，常于久站、走、蹲或劳累后加重，卧床休息后减轻。

（2）外阴肿物脱出：常在走路、下蹲、排便等腹压增加时阴道口有肿物脱出。起初肿物在平卧休息时可变小或消失，但发展至严重者休息后亦不能回缩，需用手将其还纳至阴道内。暴露在外的宫颈和阴道黏膜长期与衣裤摩擦，可致宫颈和阴道壁溃疡甚至出血。若继发感染，则有脓性分泌物。

（3）排尿、排便异常：子宫脱垂常伴有阴道前壁或后壁膨出，阴道前壁膨出的患者易出现排尿困难、尿潴留甚至压力性尿失禁等。若继发泌尿系感染，可出现尿频、尿急、尿痛；伴有阴道后壁膨出的患者可有便秘、排便困难等。

3. 体征

（1）妇科检查：嘱患者向下用力屏气，评估子宫脱垂的程度和局部有无溃疡、出血等；评估是否伴有阴道前、后壁膨出及膨出程度。年轻的子宫脱垂患者常伴子宫颈延长及肥大。

（2）压力性尿失禁的检查：嘱患者憋尿，在取膀胱截石位时突然增加腹压（如咳嗽），评估患者有无溢尿，然后检查者用示指、中指分别置于尿道口两侧，稍加压再嘱患者咳嗽，如能控制尿液外溢，证明有压力性尿失禁（图 18-3）。

（三）心理社会状况

由于长期子宫脱出造成患者行动不便，甚至对大小便、性生活以及体力劳动造成影响，患者常出现焦虑、情绪低落等情况，应注意评估患者对疾病的认知、感受，对治疗方式的接受程度，以及社会、家庭支持的方式和程度。

（四）辅助检查

1. 宫颈细胞学检查　判断宫颈病变并排除 CIN 及宫颈癌。

2. 泌尿系统检查　尿常规、尿培养、膀胱残余尿测定、尿流动力学、泌尿系彩超等。

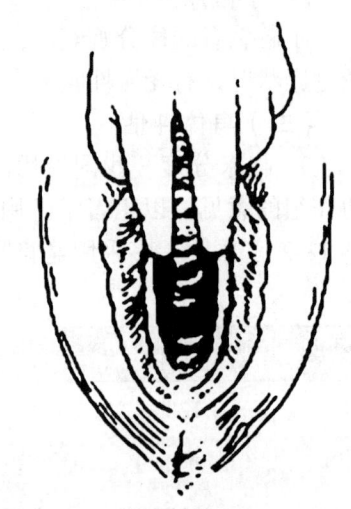

图 18-3　压力性尿失禁的检查方法

(五)治疗原则

根据患者症状严重程度可采用保守治疗或手术治疗,以安全、简单和有效为原则。

1. **保守治疗** 适用于Ⅰ度子宫脱垂患者,或者希望保留生育功能、不能耐受手术治疗以及不愿接受手术的重度患者。治疗目的在于增加盆底肌肉的强度、耐力和支持力,预防脱垂加重。

(1) 支持疗法:加强营养,合理安排工作和休息,避免重体力劳动;积极治疗慢性咳嗽、便秘、腹腔巨大肿瘤等增高腹压的疾病;加强盆底组织锻炼,促进盆底肌张力的恢复。

(2) 放置子宫托:是一种支持子宫和阴道壁并使其维持在阴道内而不脱出的工具。

2. **手术治疗** 适用于Ⅱ度、Ⅲ度子宫脱垂或非手术治疗无效的患者,可根据患者年龄、全身情况及生育要求等采取个体化手术方案。手术目的在于缓解症状、恢复正常解剖位置和功能,有满意的性功能。常用手术有:曼彻斯特手术(阴道前后壁修补术加主韧带缩短及宫颈部分切除术);经阴道全子宫切除术及阴道前后壁修补术;阴道封闭术及盆底重建术等。

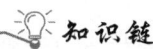

> **女性盆底功能障碍性疾病的概念**
>
> 女性盆底由封闭骨盆出口的多层肌肉和筋膜组成,参与控制排便、排尿及维持盆腔脏器位置的功能。如各种原因导致盆底支持结构损伤、松弛、退化甚至功能障碍,则将引起一系列盆底功能障碍性疾病,包括盆腔器官脱垂、尿失禁、排便失禁、生殖道损伤、性功能障碍、慢性盆腔痛和瘘等。这些疾病虽非致命,却严重影响患者生活质量。预防和治疗腹压增加的疾病、避免重体力劳动、提高产科质量、加强产后盆底康复锻炼等措施可以有效预防盆底功能障碍性疾病。

▶ 常见护理诊断/问题

1. **焦虑** 与长期子宫脱出影响行动及性生活等有关。
2. **疼痛** 与子宫下垂牵拉韧带、宫颈,阴道壁溃疡有关。
3. **尿失禁/尿潴留** 与脱垂的子宫压迫膀胱颈部有关。

▶ 护理目标

1. 患者能表达焦虑的原因,并能有效应对,情绪稳定,积极交流。
2. 患者舒适感增加,积极配合治疗和护理。
3. 患者恢复正常的排尿方式。

▶ 护理措施

(一)一般护理

1. **休息** 向患者说明子宫脱垂发生与发展的原因,嘱其多休息,避免久站、久蹲及重体力劳动等加重子宫脱垂发展的因素。

2. **营养** 加强营养,多食含粗纤维的食物,防止便秘。补中益气汤(丸)等可促进盆底肌张力的恢复,缓解局部症状。

3. **锻炼** 教会患者进行盆底肌肉锻炼的方法,即收缩肛门运动(Kegel锻炼),用力使盆底肌肉收缩3秒以上后放松,每次10~15分钟,每日2~3次,循序渐进,尽量使收缩时间逐渐延长,增强盆底肌肉力量。

（二）心理护理

护士应理解患者的身心困扰，鼓励和引导患者说出其不适和心理感受，并给予安慰。耐心向患者及家属说明子宫脱垂的疾病知识、治疗方法和预后，取得患者的配合，同时做好家属工作，鼓励家属多理解和支持患者，协助患者早日康复。

（三）治疗配合

1. 保守治疗患者的护理 教会患者正确使用子宫托，帮助患者选择大小适宜的子宫托，以放置后不脱出又无不适感为宜，下面以"喇叭花"形子宫托（图18-4）为例阐述。

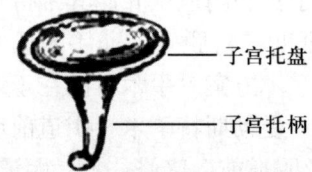

图18-4 "喇叭花"形子宫托结构

（1）放置：嘱患者排尽大小便后洗净双手，两腿分开蹲下，一手持托柄，使托盘呈倾斜位进入阴道口，将托柄边向阴道顶端边推进边旋转，直至托盘达子宫颈，然后屏气，使子宫下降，同时用手指将托柄向上推，使托盘牢固地吸附在宫颈上，再将托柄弯度朝前，正对耻骨弓后面即可（图18-5）。

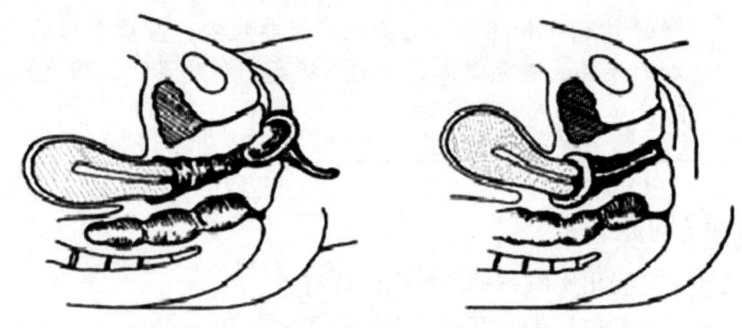

图18-5 "喇叭花"形子宫托放置方法

（2）取出：洗净双手，两腿分开蹲下，手指捏住子宫托柄，上、下、左、右轻轻摇动，待负压消失后向后外方牵拉，可将子宫托自阴道滑出。

（3）注意事项：①放置前阴道应有一定水平的雌激素作用。对绝经后妇女可选用阴道雌激素霜剂，一般在放置子宫托前4~6周开始应用，并在放置期间持续使用。②子宫托应每日晨起床后放入阴道，睡前取出洗净消毒后置于清洁容器内备用，避免放置过久压迫局部组织而致糜烂、溃疡，甚至坏死造成生殖道瘘。③需保持阴道清洁，月经期和妊娠期停用。

（4）定期随访：放置子宫托以后，分别于第1、3、6个月时到医院复查1次，以后每3~6个月复查1次。

2. 手术治疗患者的护理 根据患者的手术方式，做好相应的术前、术后护理。

（1）术前准备：术前5日开始进行阴道准备，对Ⅰ度子宫脱垂者应用1∶5000高锰酸钾溶液或0.2‰聚维酮碘溶液坐浴，每日2次；对Ⅱ度、Ⅲ度子宫脱垂患者，特别是有溃疡者，应积极治疗局部炎症，如阴道冲洗后局部涂含抗生素及雌激素的软膏，并勤换内裤。注意冲洗液的温度，一般在41~43℃为宜，冲洗后戴无菌手套将脱垂的子宫还纳于阴道内，然后嘱患者平卧于床上半小时，用清洁的卫生带或丁字带支托下移的子宫。

（2）术后护理：根据手术方式及医嘱指导患者卧床休息，一般7~10日，卧床期间要定时翻身，防止压疮和深静脉血栓形成；对于行阴道前壁修补者须留置导尿管10~14日并确保导尿管通畅；避免增加腹压的动作；每日行外阴擦洗，注意观察阴道分泌物的量及性状；遵医嘱用抗生素预防感染，用缓泻剂预防便秘。

（四）健康指导

1. **出院指导** 术后一般休息3个月，禁止盆浴及性生活，半年内避免重体力劳动。术后1个月复查伤口愈合情况；3个月复查术后恢复情况，医生确认完全恢复后方可有性生活。

2. **预防** 除先天性盆底组织发育不良外，子宫脱垂的预防均重于治疗。提高助产技术，加强产后盆底肌肉康复训练，促进盆底组织恢复，避免产后过早负重及参加重体力劳动。积极预防、治疗使腹压增加的疾病。

▶ 护理评价

1. 患者情绪稳定，积极配合治疗和护理。
2. 患者自述不适减轻或消失。
3. 患者恢复正常排尿功能，无尿潴留或用力后的溢尿症状。

第二节 子宫内膜异位症

36岁女性，1-0-1-1，4年前出现经期下腹坠痛，月经第一天最严重，月经后缓解。近3年患者痛经进行性加重，伴有腰骶部坠痛，排便时加重，需服止痛药，影响正常工作。患者平素常感下腹隐痛、性交痛。曾以"慢性盆腔炎"口服中药治疗，疗效欠佳。妇科检查：子宫后位，正常大小，无触痛，活动欠佳；左附件区触及鸭蛋大小囊性包块，界限不清，活动度差，有触痛；右附件区增厚，触痛；直肠子宫陷凹触及痛性结节。

讨论分析：
1. 请问该患者发生了什么疾病？
2. 导致该病的主要原因是什么？

具有活性的子宫内膜腺体和间质出现在子宫体以外的部位时，称为子宫内膜异位症，简称内异症，为妇科常见疾病，多发生于育龄期妇女，以25～45岁多见。异位内膜以侵犯卵巢和宫骶韧带最常见，其他还可侵犯子宫、脏腹膜、阴道直肠隔以及脐和腹壁切口等全身任何部位。内异症是激素依赖性疾病，绝经后（包括自然绝经和人工绝经，如药物作用、射线照射或手术切除双侧卵巢）异位内膜病灶可逐渐萎缩吸收。妊娠或使用性激素抑制卵巢功能，可暂时阻止疾病发展。内异症在形态学上呈良性表现，但临床行为学上具有类似恶性肿瘤的特点，如种植、侵袭、远处转移及复发等。

▶ 病因

引起子宫内膜异位症的原因及发病机制至今尚未完全阐明，目前关于内异症的来源主要有以下3种学说。

1. **种植学说** 该学说是目前较为公认的重要学说，包括三种途径：子宫内膜细胞随月经血逆流进入盆腔，种植于卵巢和盆腔腹膜，并在种植处生长蔓延形成病灶；子宫内膜经淋巴及静脉向远处播散至肺、四肢皮肤、肌肉等部形成病灶；剖宫产术或会阴切开术将子宫内膜带至切口直接种植形成内异病灶。

2. **体腔上皮化生学说** 该学说认为卵巢表面上皮、盆腔腹膜均由具有高度化生潜能的体腔上皮分化而来，在卵巢激素持续刺激或炎症、月经血的反复刺激后，被激活转化为子宫内膜样组织而形成病灶。

3. **诱导学说** 该学说认为种植的内膜可以释放某种未知物质，诱导未分化的间充质形成子宫内膜异位组织。体腔上皮化生学说和诱导学说目前仅在动物实验证实，在人类尚无证据。

病理

子宫内膜异位症的基本病理变化为异位种植的子宫内膜在卵巢激素作用下发生周期性出血，病灶局部反复出血和缓慢吸收导致周围组织增生、粘连，在病变部位形成紫褐色斑点或小泡，最后发展为大小不等的实质性瘢痕结节或囊肿。病变特点可因部位、程度不同而有差别。

卵巢最易被异位内膜侵犯，约80%病变累及一侧卵巢。卵巢的异位内膜病灶可以为卵巢表面数毫米大小的棕褐色斑点或小囊；也可形成单个或多个大小不一的囊肿型病变，称为卵巢子宫内膜异位囊肿，囊肿直径多在5 cm左右，表面灰蓝色，内含咖啡色黏稠的陈旧血性液体，似巧克力，俗称"卵巢巧克力囊肿"。

典型的异位内膜组织在镜下可见子宫内膜腺体、间质、纤维素及出血等成分。

护理评估

（一）健康史

了解患者的年龄、月经史、孕育史、家族史及手术史，特别是疼痛或痛经的发展与月经、剖宫产、人工流产的关系。

（二）身体评估

1. **症状** 内异症的临床表现因个体差异和病变部位不同而多种多样，症状特征与月经周期密切相关。约25%的患者无任何症状。

（1）下腹痛和痛经：疼痛是内异症的主要症状，典型症状为继发性痛经、进行性加重。疼痛多位于下腹、腰骶及盆腔中部，可向会阴、肛门及大腿放射；痛经常于月经前1~2日出现，月经来潮第一日最重，以后逐渐减轻并持续至整个经期；疼痛的严重程度与病灶大小不一定呈正比，粘连严重的卵巢异位囊肿患者可能并无疼痛，而盆腔散在的微小病灶有可能引起难以忍受的疼痛。少数患者表现为长期持续下腹痛，经期加剧。但有27%~40%患者无痛经。

（2）不孕：内异症患者不孕率高达40%。引起不孕的原因复杂，可能是盆腔微环境改变影响精卵结合及运送、免疫功能异常导致抗子宫内膜抗体增加，也可能是卵巢功能异常导致排卵障碍或黄体形成不良等。中、重度患者可因卵巢、输卵管周围粘连而影响受精卵运输。

（3）性交不适：多见于直肠子宫陷凹处有异位病灶者或因局部粘连使子宫后倾固定者，性交时碰撞或子宫收缩上提而引起疼痛，一般表现为深部性交痛，月经来潮前最明显。

（4）月经失调：15%~30%患者有月经量增多、经期延长、月经淋漓不尽或经前期点滴出血，可能与异位病灶破坏卵巢组织、影响卵巢排卵和内分泌功能有关。

（5）其他：盆腔外任何部分有异位内膜种植生长时，均可在局部出现周期性疼痛、出血和肿块，并出现相应症状。肠道内异症患者可出现腹痛、腹泻、便秘或周期性少量便血；膀胱内异症患者可在经期出现尿痛和尿频，但常被痛经所掩盖；手术瘢痕内异症患者常在剖宫产或会阴切开术后数月或数年出现周期性瘢痕处增大、疼痛，随时间延长而加剧。卵巢子宫内膜异位囊肿破裂时，囊内液流出可致突发性剧烈腹痛，伴恶心、呕吐和肛门坠胀，多见于经期前后、性交后或其他腹压增加的情况。

2. **体征** 典型盆腔内异症妇科检查时可发现子宫后倾固定，直肠子宫陷凹、宫骶韧带或子宫后壁下段等部位扪及触痛性结节，一侧或双侧附件区触及囊实性肿块，活动度差，多伴有轻压痛。较大的卵巢子宫内膜异位囊肿在妇科检查时可扪及与子宫粘连的肿块，囊肿破裂时可出现腹膜刺激征。若病变累及直肠阴道隔，可在阴道穹后部扪及甚至看到隆起的紫蓝色结节。腹壁或会阴瘢痕异位症可在切口附近触及结节，经期增大，疼痛加重。

（三）心理社会状况

了解疼痛及性交不适等症状对患者生活、工作的影响以及带给患者的困扰；评估其焦虑、抑郁程度，有无生育要求；评估患者对疾病的认知、感受、对治疗方式的接受程度，以及社会、家庭支持的方式和程度。

（四）辅助检查

1. **B型超声检查** 阴道和腹部B超检查可确定卵巢子宫内膜异位囊肿的位置、大小和形状，并可发现盆腔检查时未能扪及的包块。该检查诊断敏感性和特异性均很高，是诊断内异症及其病灶部位的重要方法。

2. **CA125测定** 中、重度内异症患者血清CA125水平可能升高，但其他疾病（如卵巢癌、子宫内膜癌、盆腔炎）时血清CA125也会增高，故其诊断敏感性和特异性均较低，临床上常用于异位内膜病变活动情况的监测，治疗有效时CA125降低，复发时又增高。

3. **腹腔镜检查** 是目前诊断内异症的最佳方法，腹腔镜下看到典型病灶或对可疑病变行活检即可确诊。

（五）治疗原则

治疗的根本目的是"缩减和去除病灶，减轻和控制疼痛，治疗和促进生育，预防和减少复发"。治疗以手术为主，药物为重要的辅助治疗。需根据患者年龄、症状、体征、病变范围以及对生育的要求等加以选择，强调治疗个体化。

1. **定期随访** 适用于盆腔病变不重、无明显症状者。一般可每3~6个月随访并做盆腔检查。对有生育要求者需做不孕的各项检查，促其尽早受孕。如随访期间症状加重，应及时改用其他方法。

2. **药物治疗** 适用于有慢性盆腔痛、经期痛经症状明显、有生育要求及无卵巢囊肿形成者。治疗的主要目的是抑制卵巢功能而缓解痛经，阻止内异症的发展。

（1）假孕疗法：常用药物有复方短效口服避孕药、高效孕激素等。药物直接作用于子宫内膜和异位内膜，使其蜕膜化和萎缩，造成类似妊娠的人工闭经，以缓解痛经和减少月经量，一般需连续服用半年。

（2）假绝经疗法：孕三烯酮、达那唑是雄激素衍生物，通过多重作用导致子宫内膜萎缩、闭经，异位内膜萎缩、吸收。促性腺激素释放激素激动剂（GnRH-a）通过抑制垂体促性腺激素的分泌，造成体内低雌激素状态，导致暂时性闭经，又称"药物性卵巢切除"。

（3）其他疗法：米非司酮能抑制排卵，干扰子宫内膜的完整性，造成闭经及病灶萎缩，但长期疗效有待证实。芳香酶是雌激素合成的关键酶，芳香酶抑制药作为一种治疗内异症的新方法，正逐渐受到人们的关注。

3. **手术治疗** 适用于药物治疗后症状不缓解、局部病变加重或未能受孕以及卵巢子宫内膜异位囊肿直径＞5~6 cm且迫切希望生育者。腹腔镜手术是子宫内膜异位症的首选治疗方法，术前配合药物治疗可使异位病灶缩小、软化，便于手术操作；术后加用药物治疗可以减灭残余病灶、巩固手术疗效、推迟复发。因此，术前和术后联合药物治疗是内异症治疗的金标准。手术方式见表18-2。

表 18-2 子宫内膜异位症的手术治疗

手术方式	适用人群	手术范围	复发率
保守性手术	药物治疗无效、年轻和有生育要求者	尽量去除病灶，分离粘连组织，保留子宫、一侧或双侧卵巢	约40%，术后尽早妊娠或补充药物治疗有助减少复发
半根治性手术	45岁以下无生育要求的重症患者	切除病灶及子宫，保留卵巢	约5%
根治性手术	45岁以上且无生育要求的重症患者或多种治疗无效者	切除子宫、双附件及所有病灶	几乎不复发

> **知识链接**
>
> **子宫腺肌病**
>
> 子宫腺肌病和子宫内膜异位症同属子宫内膜异位性疾病，两者均由具有生长功能的异位子宫内膜所致，常可并存，两者的发病机制和组织发生不尽相同，临床表现也有差异，但在护理上差异不大。
>
> 当子宫内膜腺体及间质侵入子宫肌层时，称为子宫腺肌病。子宫腺肌病多发生于30~50岁经产妇，常与子宫肌瘤并存，以月经量增多、经期延长、逐渐加剧的进行性痛经和子宫增大为主要临床表现。依患者症状、年龄和生育要求等情况选择药物或手术治疗。

▶ 护理诊断/问题

1. **疼痛** 与子宫内膜异位种植引起痛经有关。
2. **恐惧** 与害怕经期到来的疼痛和担心疾病预后及复发有关。
3. **性功能障碍** 与疾病导致的性交痛有关。
4. **自我紊乱** 与疾病引起的不孕有关。

▶ 护理目标

1. 患者自觉疼痛减轻。
2. 患者能了解疾病相关知识，有效应对痛经，积极配合治疗和护理。
3. 患者舒适感增加。
4. 患者能正确面对疾病及不孕的现实，情绪稳定。

▶ 护理措施

（一）一般护理

指导患者合理饮食，加强营养，经期不食生冷及刺激性食物。日常注意休息和保暖，保持心情舒畅和睡眠充足。

（二）心理护理

护士应理解患者的身心困扰，鼓励和引导患者说出其不适和心理感受，并给予安慰。耐心向患者及家属说明子宫脱垂的疾病知识、治疗方法和预后，取得患者的配合，同时做好家属工作，鼓励家属多理解和支持患者，帮助患者早日康复。

（三）治疗配合

1. **定期随访患者的护理** 遵医嘱应用对症缓解疼痛的药物，常用有吲哚美辛、奈普生、布洛芬等，此类药物多为非甾体消炎药，应根据需要应用并观察疗效。用药间隔不少于6小时，长期应用需警惕胃溃疡的发生。对有生育要求的患者，护士应协助医生向患者解释并指导其进行相应检查，促其尽早受孕。一般2~3个月随访1次，了解患者症状有无缓解及是否受孕，必要时更改治疗方案。

2. **药物治疗患者的护理**　向患者耐心讲解药理知识和服药方法，使患者知晓药物的治疗作用，明确使用剂量、服用时间、不良反应及注意事项，提高患者的依从性，使患者坚持治疗。向患者强调严格遵医嘱按时、按量服药，不得随意停服或漏服，以免造成子宫异常出血。

常见的药物不良反应有：孕激素类药物常导致乳房胀痛，水、钠潴留，食欲增加及体重增加等。雄激素衍生物不良反应主要为男性化表现，如毛发增多、皮肤痤疮等，还需定期复查肝功能。促性腺激素释放激素激动剂的不良反应主要是雌激素水平低下造成的类似围绝经期综合征的表现，如潮热、阴道干燥、骨质疏松等，停药后大部分症状可缓解或消失，但骨质疏松恢复较慢，应向患者强调并防止意外导致骨折。

3. **手术治疗患者的护理**　向患者解释手术的方式和目的，根据手术方式做好相应的术前和术后护理。妇科手术护理的内容详见第十三章。

（四）健康指导

1. 指导妇女加强经期自我保健，注意保暖，避免性生活、剧烈运动及妇科检查。做好计划生育，减少人工流产和刮宫产术。

2. **预防**

（1）防止月经血逆流：及时治疗容易引起月经血逆流的疾病，如先天性生殖道畸形、狭窄、闭锁和继发性宫颈粘连、阴道狭窄等。

（2）妊娠：鼓励育龄妇女及时婚育，鼓励母乳喂养。

（3）药物避孕：对有内异症高发家族史或容易带器妊娠者可推荐口服避孕药。

（4）防止医源性异位内膜种植：尽量避免多次宫腔手术操作；进入宫腔的经腹手术，应用纱布垫保护好子宫切口周围术野，以防宫腔内容物进入腹腔或种植在腹壁切口；缝合子宫壁时避免缝线穿透子宫内膜层。经子宫颈及阴道手术均不宜在月经前进行。人工流产吸宫术时，子宫腔内负压不宜过高，避免将吸管突然拔出，使宫腔内血液和内膜碎片随负压被吸入腹腔。经期一般不做盆腔检查。

▶ 护理评价

1. 患者能按时、按量用药，疼痛逐渐减轻。
2. 患者情绪稳定，能正确面对疾病及不孕症的现实。

第三节　不孕症

30岁女性，0-0-1-0，月经规律，婚后3年未避孕也未妊娠。夫妻同居，性生活和谐，丈夫经医院检查未发现异常。4年前患者曾接受人工流产1次，术后曾继发盆腔炎。

讨论分析：
请问导致该女性不孕的原因可能有哪些？

不孕症是由多种病因导致的生育障碍状态，是育龄夫妇的生殖健康不良事件。女性无避孕性生活至少12个月而未受孕，称为不孕症，在男性则为不育症。不孕症分为原发性和继发性两大类，其中从未妊娠者称为原发不孕，有过妊娠而后不孕者为继发不孕。我国不孕症发生率为7%~10%。

病因

引起不孕的原因有女性、男性和男女双方等因素，据多项流行病学调查，女性不孕因素占40%~55%，男性不育因素占25%~40%，男女双方共同因素占20%~30%，不明原因的约占10%。

（一）女性不孕因素

1. 输卵管因素 是不孕症最常见的因素。输卵管病变包括粘连、阻塞、通而不畅、功能受损等，慢性输卵管炎是主要的原因。输卵管先天发育不良、盆腔炎性疾病后遗症、子宫内膜异位症等也可导致输卵管性不孕。

2. 排卵障碍 无排卵是最严重的一种导致不孕的原因。卵巢病变，如先天性卵巢发育不全、多囊卵巢综合征、卵巢功能早衰、功能性卵巢肿瘤以及卵巢子宫内膜异位囊肿等；下丘脑-垂体-卵巢轴功能紊乱，包括下丘脑性无排卵、垂体功能障碍、希恩综合征等；全身性因素，如营养不良、压力、肥胖、甲状腺功能亢进、肾上腺功能异常、药物不良反应等，均可影响卵巢功能而导致排卵障碍。

3. 子宫因素 子宫形态改变（如子宫畸形）、子宫肌瘤可造成不孕或孕后流产。子宫内膜异常（如子宫内膜炎、子宫内膜结核、子宫内膜息肉、子宫内膜分泌不良）以及宫腔粘连等可影响受精卵着床而致不孕。

4. 宫颈因素 宫颈炎症致子宫颈黏液量和形状发生改变时可影响精子活力和精子进入宫腔的数量；宫颈管狭窄或堵塞可影响精子进入子宫腔。

5. 外阴和阴道因素 处女膜发育异常、阴道闭锁、阴道受伤后瘢痕狭窄等可影响正常性生活、阻碍精子进入宫颈。严重性阴道炎时，阴道pH值发生改变，可降低精子活力，缩短存活时间甚至吞噬精子而影响受孕。

（二）男性不育因素

1. 精液异常 先天或后天原因所致精液异常，如无精、少精、弱精、精子发育停滞、畸形精子症或单纯精浆异常等。

2. 性功能障碍 指器质性或心理性原因引起的勃起障碍、不射精或逆行射精，性唤起障碍所致的性交频率不足等。

（三）男女双方因素

1. 精神因素 夫妇双方过分盼望妊娠，性生活紧张而出现心理压力；工作压力、经济负担、家人患病、抑郁、疲乏等都可导致不孕。

2. 免疫因素 精子、精浆、透明带和卵巢这些生殖系统抗原均可引发自身免疫或同种免疫，产生相应的抗体，阻碍精子和卵子的结合而导致不孕。

3. 缺乏性生活的基本知识 男女双方因不了解生殖系统的解剖和生理结构而导致不正确的性生活。

护理评估

（一）健康史

将不孕夫妇作为一个生殖整体来考虑，从家庭、社会、性生殖等方面全面评估既往史和现病史。

1. 男方 了解性生活史、性交频率和时间，有无勃起和射精障碍，近期相关检查和治疗经过。了解既往有无外生殖器疾病、外伤及手术史，如睾丸炎、腮腺炎、结核病以及疝修补术等。了解个人生活习惯、个人职业及环境暴露史。

2. **女方** 了解年龄、生长发育史、月经史、生育史、家族史、性生活状况以及既往生殖器官炎症和慢性病史。如属继发不孕，应了解以往流产或分娩情况，有无感染史等。

3. **男女双方** 了解是否两地分居、性生活情况，以及烟、酒嗜好等。

（二）身体评估

对夫妇双方应进行全身检查评估有无全身性疾病。对男方应重点检查外生殖器发育情况，评估有无炎症、畸形或瘢痕等。对女方进行妇科检查了解内、外生殖器官情况，如阴道有无横隔或纵隔、瘢痕及狭窄，宫颈及子宫有无异常等。此外，还要注意第二性征发育情况，以及是否有多毛、溢乳等情况。

（三）心理社会状况

生育是妇女的基本社会职能之一，具有生育和养育能力是自我实现的具体体现。不孕症的诊断和随之而来的一系列检查和治疗给妇女的生理、心理、情感以及经济方面造成很大的压力和不良影响，甚至导致妇女出现自我形象紊乱和自尊紊乱。曼宁（Menning）曾将不孕妇女的心理反应描述为震惊、否认、愤怒、内疚、孤独、悲伤和解脱。护理人员要仔细评估不孕症妇女存在的负性心理状态、严重程度以及不孕给妇女生活带来的不良影响；评估家庭对生育的看法、对妇女的情感支持以及家庭的经济状况等。

（四）辅助检查

1. **男方检查** 主要是精液常规检查。初诊时对男方一般要进行2~3次精液检查，以获取基线资料。检查项目根据精液检测手册（WHO，2010年，第5版）进行。

2. **女方检查** 包括体格检查和不孕特殊检查。

（1）体格检查及营养状况：检查身高、体重、体脂分布特征、乳房、甲状腺等情况；妇科检查内、外生殖器情况。

（2）不孕特殊检查：

1）卵巢功能检查：方法有基础体温测定、子宫黏液评分、血清内分泌激素检测、B型超声监测卵泡发育及排卵、月经来潮前子宫内膜活组织检查等。

2）输卵管功能检查：常用子宫输卵管通液术、子宫输卵管碘油造影、B型超声下行输卵管通液术、腹腔镜直视下行输卵管通液术等，新型的光纤显微输卵管镜能直视整条输卵管情况，同时可进行活检和分离粘连组织。

3）内镜检查：宫腔镜和腹腔镜检查，可了解子宫腔和腹腔情况，明确不孕相关器质性病变。

4）免疫学检查：判断免疫性不孕的因素，是男方的自身免疫因素还是女方的抗精子抗体因素，包括精子抗原、抗精子抗体、抗子宫内膜抗体等检查。

5）其他：行甲状腺功能检测，排除相关疾病；行脑垂体CT检查及血清催乳素测定，排除垂体瘤变；行17α-羟孕酮及血清皮质醇测定排除肾上腺疾病；对高度怀疑有结核者可行结核菌素试验、X线检查等以明确诊断。

（五）治疗原则

养成良好的生活习惯，保持乐观的生活态度，戒烟戒酒，锻炼身体，放松精神，缓解压力。对有明确病因者针对病因进行治疗，如女性不孕可重建输卵管正常解剖关系、促使卵细胞发育成熟、治疗排卵障碍等，男性不育可改善生精功能、提高精子活力等，必要时根据具体情况采用相应手术治疗或辅助生殖技术。

> **知识链接**
>
> **辅助生殖技术**
>
> 辅助生殖技术（assisted reproductive technology，ART）也称医学助孕，是指在体外对配子和胚胎采用显微操作技术，帮助不孕夫妇受孕的一组方法，主要包括人工授精（AI）和体外受精-胚胎移植（IVF-ET），以及在此基础上衍生的各种新技术。AI是用器械将精子通过非性交方式注入女性生殖道内，使其受孕的一种技术。IVF-ET即试管婴儿，IVF指从妇女体内取出卵子，放入试管内培养一个阶段与精子受精后发育成早期胚泡。ET指将胚泡移植到妇女宫腔内使其着床发育成胎儿的全过程。

▶ 护理诊断/问题

1. **知识缺乏**：缺少不孕症的相关知识。
2. **有长期低自尊的危险** 与不孕症诊治过程中繁杂的检查、无治疗效果以及因不孕受到家庭和周围人群的歧视、不愿与其他人沟通有关。

▶ 护理目标

1. 夫妻双方能陈述不孕的主要原因。
2. 患者能恢复自尊，正确地评价自我，与家庭成员沟通良好。

▶ 护理措施

（一）一般护理

指导夫妇双方加强营养，合理饮食，戒烟戒酒；生活规律，适当进行体育锻炼，增强体质。

（二）心理护理

护士应加强与不孕夫妇的沟通和交流，鼓励他们表达内心的真实想法，解释不孕症的相关知识，对不孕造成的心理压力表示理解和同情。针对患者目前的情况给予针对性的心理疏导，如教会妇女进行放松，如练习瑜伽、调整认知、改进表达情绪的方式等。鼓励双方正确看待不孕以及家庭、社会的看法，积极参加社会活动，体现自己的社会价值，维护自己的自信和尊严。帮助不孕夫妇正视不孕症治疗的结局，并对他们的选择给予支持。

（三）治疗配合

1. **做好各种诊断治疗的配合** 向妇女解释诊断性检查可能引起的不适，如子宫输卵管碘油造影可能引起下腹部痉挛感，术后持续1~2小时；腹腔镜手术后1~2小时可感到一侧或双肩部疼痛；子宫内膜活检可引起下腹部不适感（如痉挛）、阴道流血，可遵医嘱给予对症处理，并解释检查结果的临床意义。
2. **用药护理** 常用药物为克罗米酚类促排卵药物，护士应指导妇女遵医嘱正确按时服药，告知药物的不良反应，如经间期下腹一侧疼痛、卵巢囊肿、血管收缩征兆（如潮热等），提醒妇女出现异常情况及时报告。告知妇女发生妊娠后立即停药。
3. **协助选择人工辅助生殖技术** 护理人员应帮助不孕夫妇了解各种辅助生殖技术的优、缺点和适应证。

（四）健康指导

指导妇女提高妊娠的技巧，如在性交前、中、后勿使用阴道润滑剂或阴道灌洗；不要在性交后立即如厕，而应卧床并抬高臀部，持续20~30分钟，以使精子进入宫颈；掌握性知识，学会预测排卵、掌握性交的适当时间和次数，在排卵期增加性交次数，增加受孕机会；夫妻间要应有良好沟通，精神放松。

▶ 护理评价

1. 不孕夫妇是否获得正确的有关不孕的信息。
2. 夫妇双方是否能正确面对不孕，积极配合检查和治疗。

一、案例分析

患者女性，40岁，商场服务员，G_3P_2，2年前因产程延长行产钳助娩术。患者目前长时间站立、下蹲后出现腰背酸痛伴有下坠感，自诉手指深入阴道可触及一肿物。妇科检查：宫颈肥大，宫颈外口在阴道内距离处女膜缘约3 cm。

讨论分析：

（1）该患者应考虑为什么疾病？

（2）患者咨询发生此病的原因，护士应如何解释？

（3）针对该妇女的情况，护士应指导其进行怎样的功能锻炼？

二、选择题

某女士，30岁，平素月经规律，G_2P_0，2年前曾接受人工流产术，此后出现痛经并逐渐加重，未采取避孕措施。妇科检查：子宫后倾固定、正常大小，盆腔后部扪及触痛性结节。

1. 该患者最大可能为
   A. 功能失调性子宫出血　　B. 原发性痛经　　C. 盆腔炎
   D. 子宫内膜异位症　　　　E. 子宫肌瘤
2. 该病的预防措施不正确的是
   A. 经期尽量不做妇科检查
   B. 输卵管通畅术应于月经前3～7日进行
   C. 经期避免剧烈运动
   D. 宫颈管粘连引起月经血潴留，及时手术治疗
   E. 多次妊娠、流产、剖宫产为可能诱因

三、问答题

1. 说出不孕症的概念。
2. 简述导致女性不孕的原因。
3. 不孕夫妇咨询试管婴儿时，简述护士的宣传教育内容。

（王　艳）

第十九章 妇产科常用护理技术

第十九章
数字资源

📖 **本章思维导图**

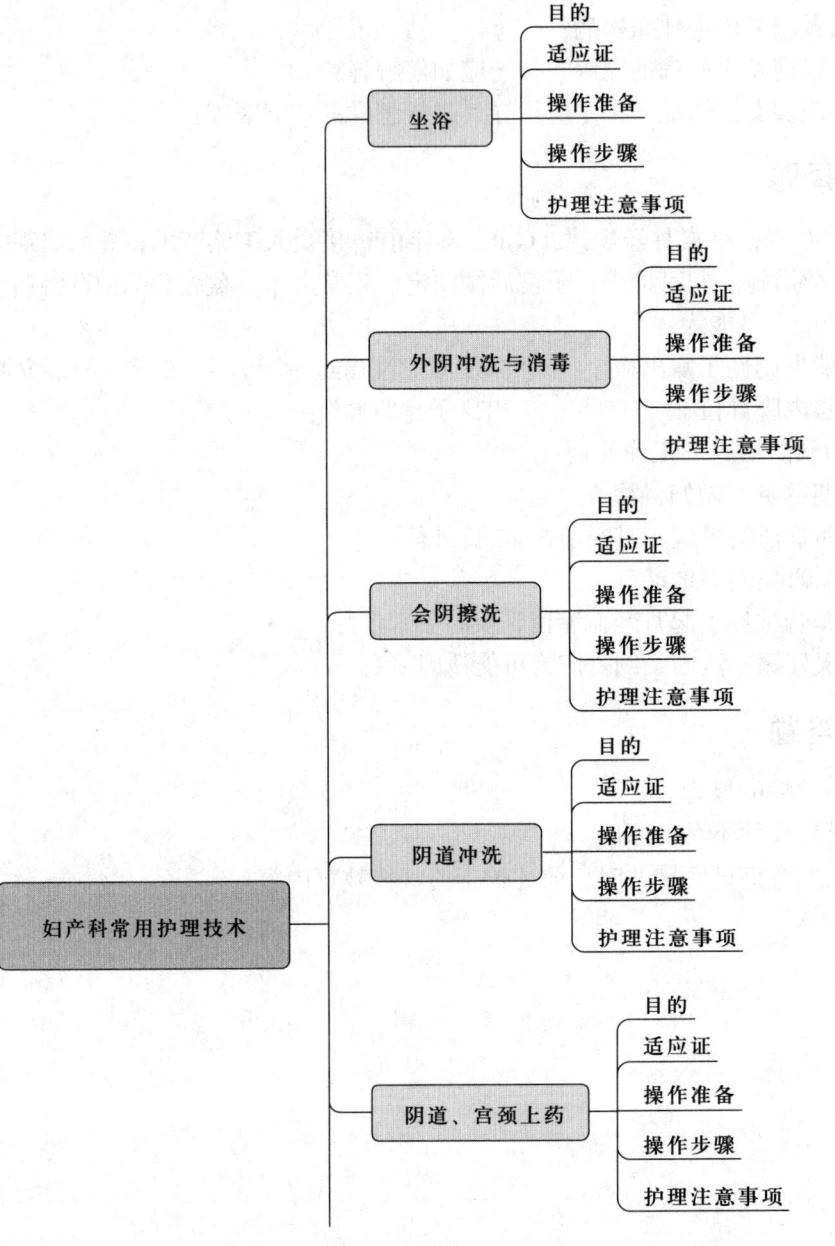

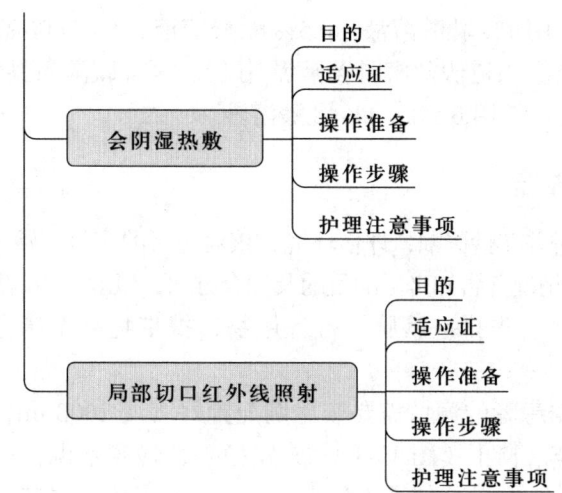

学习目标

通过本章内容的学习，学生能够：

识记：
1. 说出坐浴、外阴冲洗与消毒、会阴擦洗、阴道冲洗、会阴湿热敷和阴道、宫颈上药的适应证。
2. 描述妇产科常用护理技术的操作步骤。
3. 描述外阴擦洗、阴道冲洗、会阴湿热敷和阴道、宫颈上药的护理要点。

理解：
解释外阴擦洗、阴道冲洗、会阴湿热敷和阴道、宫颈上药的护理要点。

运用：
1. 具备给妇科炎症和手术患者进行妇产科常用护理技术操作的能力。
2. 具备外阴擦洗、阴道冲洗、会阴湿热敷和阴道、宫颈上药的护理操作能力。
3. 关爱妇女，促进舒适，早日康复。

第一节 坐 浴

▶ 目的

坐浴是借助水温与药液的作用，促进局部组织的血液循环，增强抵抗力，减轻外阴局部炎症及疼痛，使创面清洁，有利于组织的恢复。

▶ 适应证

1. 外阴、阴道手术或经阴道行子宫切除术的术前准备。
2. 各种外阴、阴道炎症，子宫脱垂，会阴切口愈合不良。

▶ 操作准备

1. 消毒小毛巾1块，坐浴盆1个、30m高的坐浴盆架1个、屏风1个。
2. **常用溶液** 外阴炎及其他非特异性阴道炎、外阴阴道手术前准备常用1∶5000高锰酸钾溶液、1∶1000苯扎溴铵（新洁尔灭）溶液、0.02%聚维酮碘溶液、洁尔阴、肤阴洁等；滴虫阴道炎常用1%乳酸溶液、0.5%醋酸溶液、1∶5000高锰酸钾溶液；外阴阴道假丝酵母菌病常用2%~4%碳酸氢钠溶液；萎缩性阴道炎常用0.5%~1%乳酸溶液。

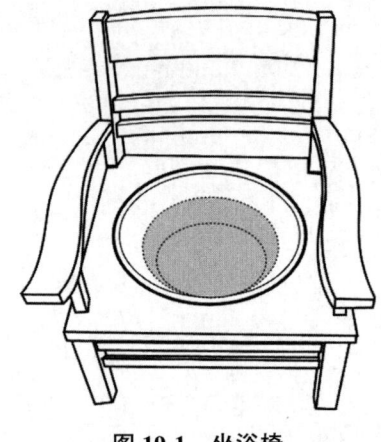

图 19-1　坐浴椅

操作步骤

1. 核对并转抄医嘱，评估环境，核对患者的床号、姓名，评估患者外阴情况并告知坐浴的目的及配合方法，以取得患者配合。

2. 嘱患者先排空膀胱。备齐用物，携带物品至床旁，用屏风遮挡。

3. 根据患者的病情需要按比例配置好溶液2000 ml，将坐浴盆置于坐浴椅上（图19-1），放置稳妥，检查水温。告知患者将全臀及外阴部浸泡于坐浴液中，一般持续约20分钟。

4. 坐浴结束后用无菌小毛巾蘸干外阴部。协助患者整理衣裤，整理用物，脱手套，洗手。告知注意事项。

护理注意事项

1. 坐浴溶液应严格按比例配置，浓度过高容易造成黏膜灼伤，浓度太低则会影响治疗效果。

2. 水温适中，不能过高，以免烫伤皮肤。根据水温不同可将坐浴分为3种：①热浴，水温在40~44 ℃，适用于渗出性病变及急性炎性浸润，可先熏后坐，持续20分钟左右。②温浴，水温在35~37 ℃，适用于慢性盆腔炎、手术前准备。③冷浴，水温在14~15 ℃，刺激肌肉、神经使其张力增加，改善血液循环。适用于膀胱阴道松弛、性无能及功能性闭经等，持续2~5分钟即可。

3. 坐浴前先将外阴及肛门周围擦洗干净。坐浴时需将臀部及全部外阴浸入药液中。

4. 月经期妇女、阴道流血者、孕妇及产后7日内的产妇禁止坐浴。用药期间应禁止性生活。

5. 指导患者配合检查，治疗期间注意个人卫生，保持外阴清洁、干燥，坐浴、治疗期间禁止性生活，告知患者进行妇科检查。

第二节　外阴冲洗与消毒

目的

通过对外阴的冲洗，保持患者会阴及肛门部位清洁，为手术、分娩和检查做准备，预防感染。

适应证

1. 自然分娩接产前准备。
2. 经外阴、阴道途径的妇产科手术前准备。
3. 阴道检查操作前准备。

操作准备

1. 护士工作服干净、整齐，洗手、戴口罩，环境光线充足，注意保护患者隐私。

2. 一次性会阴垫或橡胶单和中单各1块，一次性治疗单1块，一次性手套1副。冲洗壶1个（内盛38～41℃的温水）和便盆1只。

3. 无菌盘或碗2个，内盛棉球数个，无菌镊子或无菌卵圆钳或止血钳2把、无菌干纱布数块，0.5%聚维酮碘溶液、0.2%肥皂液等。

操作步骤

1. 转抄医嘱，评估环境，核对患者的床号、姓名，评估患者外阴情况并告知患者外阴冲洗的目的和方法，以取得患者配合。

2. 嘱患者先排空膀胱，铺好橡胶中单。

3. 告知患者脱去一侧裤腿后，协助患者仰卧于检查床上，取膀胱截石位暴露外阴，注意保暖。护士戴一次性手套，协助垫一次性会阴垫，放置好便盆或者污物桶。

4. 用无菌纱布蘸取肥皂液，双镊操作擦洗外阴部，遵循自上而下、由外向内的原则，擦洗顺序：阴阜，大腿上1/3、大阴唇、小阴唇、会阴体及肛周。

5. 用无菌干棉球堵住阴道口，一手持冲洗壶用温水冲掉肥皂液。

6. 取下阴道口棉球，更换手套。

7. 用无菌纱布擦干，遵循自上而下、由内向外的原则，顺序为：小阴唇、大阴唇、阴阜，大腿内上1/3，会阴体至肛周。

8. 用0.5%聚维酮碘棉球消毒，顺序同7。

9. 撤去一次性会阴垫、便盆，协助患者更换消毒。

10. 整理用物，脱手套，洗手。告知注意事项。

护理注意事项

1. 操作前告知患者外阴冲洗/消毒的目的和配合要点。

2. 冲洗动作轻柔，顺序清楚。注意为患者遮挡和保暖。

3. 冲洗前用无菌纱球堵住阴道口，防止污水进入阴道，导致上行性感染。

4. 外阴消毒的原则是，第1遍清洁时顺序为自上而下、由外向内；第2、3遍消毒时顺序为自上而下、由内向外。

5. 操作过程注意无菌原则，消毒的范围不可超过清洁的范围。

第三节 会阴擦洗

目的

清除患者外阴分泌物，保持会阴及肛门的局部清洁，促进患者舒适；减少会阴分泌物对局部的刺激，促进会阴伤口的愈合。防止生殖系统、泌尿系统逆行感染。

适应证

1. 有外阴感染者。
2. 产科或妇科腹部手术留置导尿管患者。
3. 产后1周内产妇和会阴有伤口者。
4. 会阴、阴道手术后患者。
5. 长期卧床患者。

操作准备

1. 护士工作服干净、整齐，洗手、戴口罩，环境光线充足，注意保护患者隐私。
2. 一次性会阴垫或橡胶单和中单各1块，一次性治疗单1块，一次性手套1副，便盆1只。
3. 无菌盘或碗2个，内盛棉球数个，无菌镊子或无菌卵圆钳或止血钳2把、无菌干纱布数块，0.5%聚维酮碘溶液。

操作步骤

1. 转抄医嘱，评估环境，核对患者的床号、姓名，评估患者外阴情况并告知患者外阴冲洗的目的和方法，以取得患者配合。
2. 嘱患者先排空膀胱，用床帘遮挡患者，帮助患者脱去一侧裤腿，取膀胱截石位暴露外阴，注意为患者保暖。护士戴一次性手套，协助垫一次性会阴垫。
3. 将无菌盘放至床边，用一把镊子或消毒卵圆钳夹取干净的药液棉球，用另一把镊子或卵圆钳夹住棉球进行擦洗。擦洗的顺序为：第1遍自上而下，由外向内，初步清除外阴的污垢、分泌物和血污等。第2遍由内向外，自上而下或者以伤口为中心向外擦洗，顺序：阴裂，尿道口、阴道口，对侧小、大阴唇及腹股沟，近侧小、大阴唇及腹股沟，阴阜，对侧、近侧大腿上1/3，会阴，臀部会阴面，肛门。每擦洗一次更换一个棉球，防止伤口、尿道口、阴道口被污染，最后擦洗肛门周围及肛门，并将擦洗后的棉球丢弃（图19-2）。第3遍顺序同第2遍，如果会阴有伤口，其他部位擦洗时应避开伤口，最后用干净药液棉球单独擦洗伤口2～3次。一个棉球限用一次，可根据患者情况增加擦洗次数，直至擦洗干净，最后用干纱布擦干，顺序同第2遍。

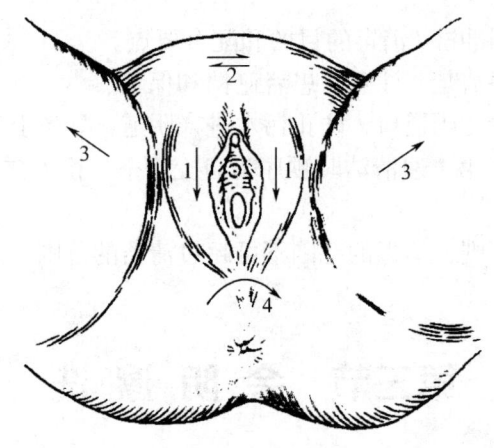

图19-2　外阴擦洗

4. 擦洗完毕，撤一次性会阴垫，协助患者更换消毒会阴垫，协助患者整理衣裤和床单元。
5. 整理用物，脱手套，洗手。告知注意事项。

护理注意事项

1. 操作前告知患者会阴擦洗的目的和配合要点。
2. 应评估环境，操作时请室内多余人员（特别是异性）暂时回避，以减轻患者的心理压力。
3. 操作前应评估患者的病情、合作程度及心理状态。了解外阴有无分泌物过多、异常出血，皮肤有无破损、肿胀、触痛等；有无大小便失禁、留置导尿管、泌尿生殖系统或直肠手术等情况。

4. 擦洗动作轻柔，顺序清楚。擦洗时注意观察外阴是否有异常，如发现应向医生汇报。对留置导尿管的患者，应注意保持导尿管通畅，避免扭曲和受压。

5. 外阴擦洗每日 2 次。操作过程中注意无菌原则，每擦一处更换一个棉球，擦洗时两把镊子不可接触或混用。擦洗顺序第 1 遍：自上而下、由外向内；第 2、3 遍：以会阴伤口或尿道口为中心，由内向外。

6. 擦洗完毕，嘱患者每次排便后及时擦洗会阴以预防感染。

7. 擦洗溶液温度应适中，冬天注意保暖。

8. 擦洗每一名患者前后，护理人员均应清洁双手，并注意将伤口感染的患者安排在最后擦洗，以免交叉感染。

▶ 健康教育

1. 指导患者自我管理，勤换内裤，内裤清洗干净后煮沸消毒 5~10 分钟。指导患者自我擦洗护理，按正确的外阴擦洗顺序，正确合理地进行外阴擦洗用药。

2. 指导患者配合检查，治疗期间注意个人卫生，保持外阴清洁、干燥，冲洗、治疗期间禁止性生活，告知患者进行妇科检查。

第四节 阴道冲洗

▶ 目的

1. 妇产科手术前消毒准备。
2. 清洁阴道和宫颈部位，可改善阴道环境，缓解局部充血，减少阴道分泌物，达到治疗炎症的目的。

▶ 适应证

1. 各种阴道炎、宫颈炎的治疗。
2. 子宫切除术前或阴道手术前的常规阴道准备。
3. 妇科肿瘤放射治疗后患者。
4. 长期卧床患者。

▶ 禁忌证

1. 月经期、流产后、产后宫颈内口未闭或阴道出血者。
2. 无性生活史女性、阴道口闭锁者。
3. 宫颈癌有活动性出血者，须防止大出血。

▶ 操作准备

1. 护士工作服干净、整齐，洗手、戴口罩，环境光线充足，注意保护患者隐私。
2. 一次性会阴垫或橡胶单和中单各 1 块，一次性治疗巾 1 块，一次性手套 1 幅。阴道窥器 1 只、污物桶 1 个，一次性冲洗袋 1 个或者冲洗装置连接 130 m 长的橡胶管、灌洗头，便盆 1 只。
3. 冲洗包内装长柄无菌卵圆钳或无菌镊子 2 把、无菌小碗 1 个，干棉球数个，无菌干纱布数块。

4. 冲洗溶液 常用的有 0.02%~0.05% 聚维酮碘溶液、1:5000 高锰酸钾溶液、1% 乳酸溶液、0.5% 醋酸溶液、2%~4% 碳酸氢钠溶液、4% 硼酸溶液、20% 温无菌肥皂溶液、生理盐水等。

操作步骤

1. 核对患者的床号、姓名，评估患者外阴、阴道情况。告知患者阴道冲洗的目的、方法，以取得患者配合。引导患者到处置室或治疗室。

2. 嘱患者先排空膀胱，然后脱去一侧裤腿，协助患者上治疗床，取膀胱截石位暴露外阴，注意为患者保暖。护士戴一次性手套，协助垫一次性垫巾，放置好便盆和污物桶。

3. 根据患者的病情，现场配制水温 41~43℃ 的冲洗液 500~1000 ml，将冲洗液装入一次性冲洗袋内。将盛有冲洗液的一次性冲洗袋挂于床旁输液架上，其高度距床沿 60~70 cm，排去管内空气后备用。

4. 操作者用右手持冲洗头，先用冲洗液冲洗外阴，然后用左手将小阴唇分开，将冲洗头沿阴道后侧壁的方向缓缓插入阴道，达阴道穹后部边冲洗边将冲洗头围绕子宫颈轻轻地上下左右移动；或用阴道窥器暴露宫颈后再冲洗，冲洗时不停地转动窥器，使整个阴道穹及阴道侧壁冲洗干净后再将阴道窥器下压，以使阴道内的残留液体完全流出。

5. 当冲洗液剩 100 ml 左右时，夹住开关或橡胶管，拔出冲洗头和阴道窥器，再冲洗一次外阴部，然后扶患者坐于便盆上，使阴道内残留的液体流出。

6. 冲洗结束后，用干纱布擦干外阴，撤离便盆、一次性中单、一次性塑料垫巾，协助患者整理衣裤，安全下妇科检查床。整理用物，脱手套，洗手。

护理注意事项

1. 操作前应评估患者外阴有无分泌物过多、皮肤有无破损，阴道有无瘙痒、疼痛、异常出血，阴道内有无伤口、肿物等。

2. 冲洗溶液温度 41~43℃，以患者感觉舒适为宜。一次性冲洗袋或冲洗装置距离床沿不超过 70 cm，防止压力过大，造成冲洗液或污物逆行进入宫腔引起感染。

3. 冲洗动作轻柔，避免损伤阴道和宫颈组织。

4. 冲洗头插入不宜过深，以免损伤局部组织引起出血。必要时可用阴道窥器将阴道张开，冲洗时轻轻旋转阴道窥器，使灌洗液达到阴道各部。

5. 对产后 10 日或妇产科手术 2 周后的患者，合并有阴道分泌物浑浊、有异味，阴道伤口愈合不良，黏膜感染坏死等，可行低位阴道冲洗，一次性冲洗袋距床面的高度一般不超过 30 cm，避免阴道污物进入宫腔或损伤阴道残端伤口。

6. 对未婚妇女不能使用阴道窥器，必要时可用导尿管冲洗。

健康教育

1. 指导患者自我管理，勤换内裤，内裤清洗干净后煮沸消毒 5~10 分钟。

2. 指导患者正确进行阴道用药和阴道冲洗，观察冲洗和用药效果。

3. 指导患者配合检查，治疗期间注意个人卫生，保持外阴清洁、干燥，冲洗、治疗期间禁止性生活，告知患者进行妇科检查。

第五节 阴道、宫颈上药

> **导学案例 19-1**
> 某 36 岁女士,阴道瘙痒明显,分泌物多 1 周,分泌物为白色豆渣样。门诊诊断为外阴阴道假丝酵母菌病,该女士要求带药自行回家治疗。
> **讨论分析:**
> 1. 护士拟为该女士进行阴道冲洗,如何选择冲洗阴道的溶液?
> 2. 门诊护士如何为该患者介绍阴道、宫颈上药的方法和步骤?

阴道、宫颈上药是将药物涂抹到阴道壁或宫颈上,达到局部治疗的作用。阴道、宫颈上药治疗多数在医院门诊由护士操作,也可教会患者自己在家进行局部上药。

▶ **适应证**

各种阴道和宫颈炎症的治疗,阴道宫颈术后残端炎。

▶ **操作准备**

1. 护士工作服干净、整齐,洗手、戴口罩,环境光线充足,注意保护患者隐私。
2. 一次性垫巾 1 块、一次性会阴垫 1 块、中单橡胶布 1 块、一次性手套 1 副。阴道冲洗用物 1 套、阴道窥器、长镊子、消毒干棉球、消毒长棉棍、带尾线的大棉球或纱布,喷雾器。
3. **常用药物** 甲硝唑、制霉菌素等药片、丸剂或栓剂。常用 1% 甲紫、大蒜溶液、新霉素或氯霉素等。腐蚀性药物有 20%~50% 硝酸银溶液、20% 铬酸溶液。粉剂有止血药粉、消炎止血药粉和抗生素粉等。

▶ **操作步骤**

1. 核对患者的床号、姓名,评估患者阴道、宫颈情况。告知患者阴道、宫颈上药的目的及方法,以取得患者配合。引导患者到处置室或治疗室。
2. 嘱患者先排空膀胱,用床帘遮挡患者,帮助患者脱去一侧裤腿,取膀胱截石位暴露外阴,注意为患者保暖。护士戴一次性手套,协助垫一次性垫巾。
3. 上药前应先行外阴擦洗和阴道冲洗,将阴道窥器暴露阴道、宫颈后,用消毒干棉球拭去宫颈及阴道内黏液或炎性分泌物,以使药物直接接触炎性组织而提高疗效。根据病情和药物的不同性状采用以下方法:

(1) 阴道穹后部塞药:常用于治疗各种阴道炎及慢性宫颈炎等患者。可指导患者自行放置药物,于临睡前洗净双手或戴指套,用一手示指将药片或栓剂向阴道后壁方向推进至示指完全伸入为止。为保证药物局部作用的时间,宜睡前用药。

(2) 局部用药液:局部所用药液包括非腐蚀性药物和腐蚀性药物,常用于治疗宫颈炎和阴道炎患者。非腐蚀性药物:可用棉球或长棉棍蘸药液涂擦阴道壁或子宫颈。腐蚀性药物:将长棉棍蘸少许 20%~50% 硝酸银溶液涂于宫颈的糜烂面,稍后用生理盐水棉球擦去表面残余的药液,最后用干棉球吸干。

(3) 宫颈棉球上药:操作时,用阴道窥器暴露子宫颈,用长镊子夹持带有尾线的宫颈棉球浸药液或者药粉后塞压至子宫颈处,同时将阴道窥器轻轻退出阴道,然后取出镊子,以防退出阴道窥器时将棉球带出或移动位置,将线尾露于阴道口外。患者于放药 12~24 小时后牵引棉球尾线自行取出棉球。

（4）喷雾器上药：各种阴道用药的粉剂（如止血药、土霉素、呋喃西林等）均可用喷雾器喷射，使药物粉末均匀散布于炎性组织表面。

4. 上药完毕，撤一次性垫巾，协助患者更换消毒会阴垫，协助患者整理衣裤和床单元。整理用物，脱手套，洗手。

▶ 护理注意事项

1. 上药动作轻柔，顺序清楚。上药时注意观察阴道宫颈是否有增生物、异常出血，有无组织破损、感染、触痛等异常，如发现应向医生汇报。
2. 阴道栓剂最好于晚上或休息时上药，以避免起床后脱出，影响治疗效果。
3. 上非腐蚀性药物时，应转动阴道窥器，使阴道四壁均能涂上药物。
4. 应用腐蚀性药物时，要注意保护好阴道壁及正常的组织。上药前应将纱布或干棉球垫于阴道后壁及阴道穹后部，以免药液流下灼伤正常组织。药液涂好后用干棉球吸干，立即如数取出所垫纱布或棉球。子宫颈如有腺囊肿，应先刺破，并挤出黏液后再上药。
5. 棉棍上的棉花必须捻紧，涂药时应按同一方向转动，防止棉花落入阴道难以取出。
6. 对经期或子宫出血者不宜经阴道给药，用药期间应禁止性生活。给未婚妇女上药时不用阴道窥器，用长棉棍涂抹或用手指将药片推入阴道。

第六节　会阴湿热敷

> **导学案例 19-2**
> 某33岁女士，G_3P_1，妊娠39周，阴道自然分娩一男婴，体重3500 g，产后第1日，会阴伤口水肿、硬结明显，产妇无法坐起。
> 讨论分析：
> 1. 护士拟为该女士行什么护理操作可以缓解症状？
> 2. 护士的主要护理措施和操作步骤是什么？

会阴湿热敷是应用热原理和药物化学反应直接接触患区，促进血液循环，增强局部白细胞的吞噬作用和组织活力。

▶ 目的

会阴湿热敷可促进局部血液循环，改善组织营养，增强局部白细胞的吞噬功能，加速组织再生和消炎、止痛，可使陈旧性血肿局限，有利于外阴伤口的愈合。

▶ 健康教育

1. 上药前应先行外阴擦洗和阴道冲洗。指导患者正确的上药方法，上药后的外阴阴道护理。
2. 指导患者自我管理，勤换内裤，内裤清洗干净后煮沸消毒5~10分钟。
3. 指导患者配合检查，治疗期间注意个人卫生，保持外阴清洁、干燥，阴道宫颈治疗期间禁止性生活，告知患者进行妇科检查。

▶ 适应证

会阴部水肿、会阴血肿、会阴伤口硬结及早期感染者。

▶ 操作准备

1. 护士工作服干净、整齐，洗手、戴口罩，环境保暖，注意保护患者隐私。
2. 一次性垫巾 1 块，中单橡胶布 1 块，棉垫 1 块。
3. 会阴擦洗盘 1 个，镊子 2 把，无菌纱布数块，医用凡士林，红外线灯，煮沸的 50% 硫酸镁溶液。

▶ 操作步骤

1. 核对患者的床号、姓名，评估环境，拉上床帘遮挡。评估患者外阴情况。告知患者会阴湿热敷的目的、方法，以取得患者配合。操作时请室内多余人员（特别是异性）暂时回避，以减轻患者的心理压力。
2. 嘱患者排空膀胱后，协助患者松解衣裤，暴露热敷部位，臀下垫中单橡胶布和一次性垫巾。
3. 热敷部位先涂一薄层凡士林，盖上纱布，再敷上浸有热敷溶液的温纱布，外面盖上棉布垫保温。每 3~5 分钟更换热敷垫 1 次，热敷时间为 15~30 分钟，也可用热源袋放在棉垫外或用红外线灯照射。
4. 热敷完毕，移去热敷布，观察热敷部位皮肤，用纱布拭净皮肤上的凡士林，协助患者整理衣裤，整理床单位。

▶ 护理注意事项

1. 会阴湿热敷应该在外阴擦洗、清洁局部伤口的污垢后进行。
2. 湿热敷的温度一般为 41~48 ℃。
3. 湿热敷的面积应是病损范围的 2 倍。定期检查热源袋的完好性，防止烫伤，对休克、虚脱、昏迷及术后感觉不灵敏的患者应特别注意。
4. 在热敷的过程中，护士应随时评价热敷的效果，并为患者提供一切的生活护理，冬天注意保暖。

第七节　局部切口红外线照射

局部切口红外线照射应用热原理，促进血液循环，增强局部白细胞的吞噬功能和组织活力，能够有效减轻产妇的局部切口疼痛和肿胀情况，促进伤口愈合。

▶ 目的

促进局部血液循环，改善组织营养，增强局部白细胞的吞噬功能，加速组织再生和消炎、止痛，可使陈旧性血肿局限，有利于会阴切口的愈合。

▶ 适应证

产后 24 小时后会阴部水肿、会阴血肿、会阴伤口硬结及早期感染者。

▶ 操作准备

1. 护士工作服干净、整齐，洗手、戴口罩，环境保暖，注意保护患者隐私。
2. 一次性垫巾1块，中单橡胶布1块，棉垫1块。
3. 无菌纱布数块，适量消毒液，红外线灯。

▶ 操作步骤

1. 核对患者的床号、姓名，评估环境，拉上床帘遮挡。评估患者外阴情况。告知患者红外线灯照射切口的目的、方法，以取得患者配合。操作时请室内多余人员（特别是异性）暂时回避，以减轻患者的心理压力。
2. 嘱患者排空膀胱后，协助患者松解衣裤，暴露切口红外线照射部位，臀下垫中单橡胶布和一次性垫巾。
3. 切口部位先擦洗消毒，然后暴露切口，用红外线灯照射。红外线灯照射的温度一般为38～48 ℃，灯距离照射的皮肤部位20 cm为宜，照射时间为10～20分钟。每3～5分钟检查1次，注意距离与温度。
4. 照射完毕，观察照射部位皮肤，再次擦洗消毒切口1次，覆盖无菌纱布并固定，协助患者整理衣裤，整理床单位。

▶ 护理注意事项

1. 切口红外线照射应该在外阴擦洗、清洁局部伤口的污垢后进行。
2. 红外线照射的温度一般为38～48 ℃，定时检查热源的距离与温度，防止烫伤，对休克、虚脱、昏迷及术后感觉不灵敏的患者应特别注意。
3. 在红外线照射的过程中，护士应随时评价照射的效果，并为患者提供一切的生活护理，冬天注意保暖。

▶ 健康教育

1. 局部切口红外线照射前应先行外阴擦洗和阴道冲洗。指导患者自我管理，勤换卫生巾和内裤。
2. 指导患者配合检查，治疗期间注意个人卫生，保持外阴清洁、干燥，治疗期间禁止性生活，告知患者进行妇科检查。

（孙　英）

一、案例分析

某女士，36岁，阴道分泌物增多，有明显异味，尤其是月经后加重。妇科检查：阴道通畅，阴道壁黏膜充血、水肿，分泌物多，色黄，分泌物pH＞4.5，诊断为细菌性阴道炎。

讨论分析：
1. 对该女士适合用什么妇产科常用护理操作技术？
2. 对该女士进行处理的操作方法是什么？

二、问答题

1. 简述坐浴的护理要点。
2. 简述会阴擦洗的适应证。

第二十章 计划生育妇女的护理

第二十章
数字资源

思政之光

本章思维导图

计划生育妇女的护理
- 避孕
  - 宫内节育器
    - 种类
    - 作用机制
    - 宫内节育器放置术
    - 宫内节育器取出术
    - 放置宫内节育器的常见并发症及其处理
  - 激素避孕
    - 作用机制
    - 适应证和禁忌证
    - 种类
    - 避孕药的不良反应及处理
    - 护理要点
  - 其他避孕方法
- 输卵管绝育术
  - 经腹输卵管绝育术
    - 适应证
    - 禁忌证
    - 术前准备
    - 手术步骤
    - 术后并发症及预防
  - 腹腔镜输卵管绝育术
    - 适应证
    - 禁忌证
    - 手术步骤
    - 护理要点
- 避孕失败补救措施及其护理
  - 药物流产
    - 适应证
    - 禁忌证
    - 用药方法
  - 手术流产
    - 负压吸引术
    - 钳刮术
    - 人工流产的并发症及处理
    - 护理要点

学习目标

通过本章内容的学习，学生应能够：

识记：
1. 说出常用避孕方法。
2. 说出人工流产的禁忌证和适应证。

理解：
1. 解释宫内节育器和激素避孕的作用机制、种类。
2. 解释人工流产并发症的处理。

运用：
1. 解释避孕的原理及避孕方式的知情选择，促进生殖健康，促进民族发展和国家强大。
2. 解释人工流产术及术后并发症，关爱妇女，避免意外妊娠。

计划生育是妇女生殖健康的重要内容，也是我国的一项基本国策。做好计划生育工作，有利于我国社会经济建设的可持续发展，有利于人口素质的提高，有利于妇女儿童身心健康。

第一节　避　孕

导学案例 20-1

患者，女性，32岁，来院咨询避孕方法。患者平素月经规律，4~6日/28~30日，量适中，无痛经。患者既往身体健康，G_2P_1，1年前曾接受人工流产1次，3年前顺产分娩一女婴，现无生育要求。

讨论分析：
1. 该患者希望采用合适的长期避孕方法，应如何推荐？
2. 该患者选择了T形含铜宫内节育器，放置后半年内常出现腰痛、月经量增多、经期延长，该如何处理？

避孕是我国计划生育的重要组成部分，是指采用科学的手段使妇女暂时不受孕。避孕的主要原理是通过抑制排卵、阻止精子与卵子结合以及改变宫腔环境阻碍受精卵着床发育。目前常用的女性避孕方法有宫内节育器（intrauterine contraceptive device，IUD）、药物避孕及外用避孕等。

一、宫内节育器

（一）种类

常用的宫内节育器主要包括两大类（图20-1）。

1. 惰性宫内节育器（第一代IUD）　由惰性原料（如金属、硅胶、塑料等）制成，国内既往常用的金属单环因脱环率及带器妊娠率高已停止生产。

2. 活性宫内节育器（第二代IUD）　通过在节育器内添加活性物质，如金属离子（Cu^{2+}等）、激素、药物及磁性物质等，来提高避孕效果，减少不良反应，分为带铜IUD和含药IUD两大类。

（1）带铜IUD：是目前我国应用最为广泛的一类IUD。根据形态可分为T形、V形、宫

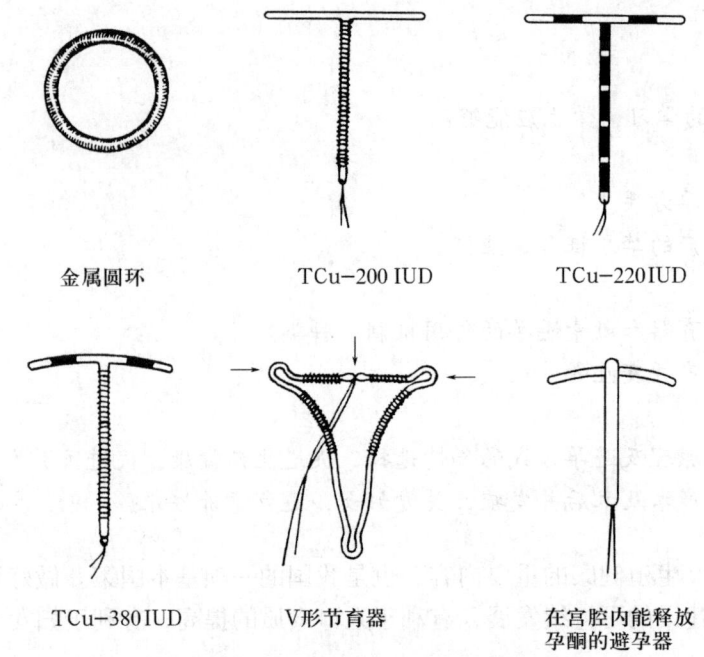

图 20-1 几种常见的宫内节育器

形等。不同形态的带铜 IUD 根据带铜面积进行分类，如 TCu-200 IUD（T 形，含铜表面积 200 mm²），含铜部分表面积越大，其避孕效果越好。临床主要不良反应表现为点滴出血，避孕效果可达 90% 以上。

（2）含药 IUD：将有避孕作用的药物储存在节育器内，通过每日释放微量药物提高避孕效果。目前临床常用的有含孕激素 IUD 和含吲哚美辛 IUD。

（二）作用机制

IUD 避孕机制较为复杂，至今尚未完全阐明。

1. 精子和胚胎的毒性作用 IUD 放入宫腔后，可释放铜离子使精子头尾分离，不能获能，同时刺激子宫内膜产生无菌性炎症反应，干扰精子活动及获能。

2. 干扰着床 长期异物刺激子宫内膜产生前列腺素，改变输卵管的蠕动且增强宫缩，使子宫内膜发育不同步，影响着床。

3. 含孕激素 IUD 的避孕机制 缓慢释放的孕酮可使子宫内膜萎缩，间质炎症细胞浸润，不利于受精卵着床；改变宫颈黏液性状，使宫颈黏液黏稠，不利于精子穿透。

4. 含吲哚美辛 IUD 的避孕机制 吲哚美辛可抑制前列腺素的合成，使前列腺素对子宫的收缩作用减弱，从而减少节育器放置后出现的出血反应。

（三）宫内节育器放置术

1. **适应证** 无禁忌证且自愿要求放置 IUD 的育龄期妇女。

2. **禁忌证** ①妊娠或可疑妊娠者。②月经量过多、周期过频及阴道不规则流血者。③人工流产或中期妊娠引产和有宫腔残留或感染者。④生殖系统急性炎症。⑤重度陈旧性宫颈裂伤、宫颈内口松弛或子宫脱垂者。⑥子宫畸形，如纵隔子宫、双子宫等。⑦生殖器官肿瘤。⑧宫腔过小或过大者（宫腔深度＜5.5 cm 或＞9.0 cm）。⑨严重全身性疾病者。⑩有铜过敏者。

3. **放置时间** ①月经干净后 3～7 日无性交；②人工流产后立即放置；③自然流产转正常月经后放置，药物流产后 2 次正常月经后放置；④产后 42 日恶露已排净，会阴伤口愈合，子宫恢复正常；⑤哺乳期内放置应先排除妊娠；⑥性交后 5 日内放置是紧急避孕的方法之一。

4. **放置方法**

（1）排空膀胱后取膀胱截石位。双合诊检查子宫大小、位置及双附件情况。

（2）外阴阴道常规消毒铺巾，用阴道窥器暴露宫颈后消毒宫颈及阴道，用宫颈钳夹持宫颈前唇固定子宫，用宫腔探针顺子宫方向探测宫腔深度。

（3）持放置器将节育器推送至子宫腔，IUD的上缘须达子宫底部，在距宫口2 cm处剪短带尾丝IUD的尾丝部分。观察无出血，即可取出宫颈钳和阴道窥器。

5. 护理要点

（1）手术前向受术者介绍手术步骤，解除其思想顾虑，取得合作。

（2）嘱受术者排空膀胱，协助其取膀胱截石位。

（3）协助医生准备手术器械，并根据宫腔深度选择适当大小的节育器。

（4）健康指导：①告知受术者术后可能会出现不规则阴道出血、下腹或腰骶部疼痛不适及白带增多等，需保持外阴清洁。若出现发热、下腹痛、阴道出血较多或白带有异味，应及时就诊。若经治疗无效，则考虑取出节育环，改用其他避孕方法。②术后休息3日，1周内忌重体力劳动，2周内忌性生活及盆浴。③术后第1年的1、3、6、12个月进行随访，以后每年随访1次，随访内容包括主诉、妇科检查IUD尾丝及B型超声检查IUD位置等。发生特殊情况须随时就诊。

（四）宫内节育器取出术

1. 适应证 ①计划再生育或不需要再避孕者；②放置期满需更换者；③围绝经期停经1年内；④有并发症或不良反应经治疗无效者；⑤带宫内节育器妊娠者。

2. 禁忌证 ①生殖器或盆腔急性炎症者；②全身情况不良不能耐受手术或在疾病急性期内者。

3. 取出时间 ①月经干净后3~7日为宜；②带宫内节育器早期妊娠可行人工流产同时取出；③带器异位妊娠可于诊刮时或异位妊娠手术术中、术后取出；④子宫不规则出血较多可随时取出。

4. 取出方法 术前准备同放置术。有尾丝者，用血管钳夹住尾丝，轻轻牵引取出；无尾丝者，按进宫腔操作程序，用取环钩或取环钳将宫内节育器取出。对于IUD放置时间长、绝经女性等取环困难者，可在B型超声引导下或宫腔镜下取出。

5. 护理要点

（1）取器前应通过B型超声或X线检查确定IUD的位置是否在宫内，并了解节育器类型，使用取环钩时应注意避免盲目勾取而损伤子宫壁。

（2）手术后休息1日，禁止性生活和盆浴2周。保持外阴清洁，出血多时随时就诊。

（五）放置宫内节育器的常见并发症及其处理

1. 节育器异位 多因操作不当导致子宫穿孔，将IUD放到宫腔外。节育器过大、过硬或子宫壁薄而软，如哺乳期子宫，子宫收缩而造成节育器逐渐外移至宫外。确诊节育器异位后，应经腹、腹腔镜或阴道将节育器取出。

2. 节育器嵌顿或断裂 由于放置节育器时损伤了子宫壁或节育器过大、过硬等因素，导致节育器断裂或部分嵌入子宫肌层。确诊后应及时取出。若取出困难，可在B型超声、X线透视或宫腔镜下取出。

3. 节育器下移或脱落 由于操作不当，未将IUD上缘送至子宫底部或节育器选择过小、月经量过多、宫颈口松弛等原因导致节育器位置下移或脱出，常发生于放置IUD 1年内。

4. 带IUD妊娠 多见于IUD脱落或异位，包括带IUD宫内妊娠和带IUD异位妊娠。一经确诊，须终止妊娠并取出IUD。

二、激素避孕

激素避孕是指使用甾体激素达到避孕效果，是一种高效避孕方法。常用的甾体激素成分主要有雌激素和孕激素。

（一）作用机制

1. **抑制排卵** 甾体激素避孕药通过抑制下丘脑释放 GnRH，使垂体分泌 FSH 和 LH 减少，同时直接影响垂体对 GnRH 的反应，不出现排卵前 LH 峰值，故不发生排卵。

2. **改变宫颈黏液性状** 孕激素可使宫颈黏液分泌减少，黏稠度增加，不利于精子穿透。

3. **改变子宫内膜状态与功能** 抑制子宫内膜增殖，使子宫内膜与胚胎发育不同步，不利于受精卵着床。

4. **改变输卵管的功能** 甾体激素可影响输卵管的蠕动和分泌功能，改变受精卵在输卵管中的正常运动，干扰受精卵着床。

（二）适应证和禁忌证

1. **适应证** 健康育龄妇女均可服用。

2. **禁忌证** ①严重心血管疾病、血栓性疾病患者不宜应用，如冠心病、高血压病、静脉栓塞等患者；②急、慢性肝炎或肾炎；③部分恶性肿瘤或癌前病变；④内分泌疾病，如糖尿病、甲状腺功能亢进症；⑤哺乳期不宜使用复方避孕药；⑥年龄＞35 岁的吸烟妇女服用避孕药，会使心血管疾病发生率增高，不宜长期服用；⑦精神病患者；⑧有严重偏头痛，反复发作者。

（三）种类

国内常用甾体类避孕药见表 20-1。

表 20-1 国内常用甾体类避孕药

类别			名称	成分		剂型	给药途径
				雌激素含量（mg）	孕激素含量（mg）		
口服避孕药	短效片	单相片	复方炔诺酮片（口服避孕片 1 号）	炔雌醇 0.035	炔诺酮 0.6	22/片	口服
			复方甲地孕酮片（口服避孕片 2 号）	炔雌醇 0.035	甲地孕酮 1.0	22/片	口服
			复方左炔诺酮片	炔雌醇 0.03	炔诺孕酮 0.15	22/片	口服
			去氧孕烯炔雌醇片（妈富隆）	炔雌醇 0.03	去氧孕烯 0.15	21/片	口服
			复方孕二烯酮片	炔雌醇 0.03	孕二烯酮 0.075	21/片	口服
			屈螺酮炔雌醇片	炔雌醇 0.03	屈螺酮 3.0	21/片	口服
		三相片	左炔诺孕酮三相片			21/片	口服
			第一相（1～6 片）	炔雌醇 0.03	左炔诺酮 0.05	6 片	口服
			第二相（7～11 片）	炔雌醇 0.04	左炔诺酮 0.075	5 片	口服
			第三相（12～21 片）	炔雌醇 0.03	左炔诺酮 0.125	10 片	口服
	长效片		复方炔雌醚片	炔雌醇 3.0	氯地孕酮 12.0	片	口服
			复方炔诺孕酮二号片	炔雌醇 2.0	炔诺酮 10.0	片	口服
			三合一炔雌醚片	炔雌醇 2.0	氯地孕酮 6.0 炔诺酮 6.0	片	口服
	探亲药		炔诺酮探亲避孕片		炔诺酮 5.0	片	口服
			甲地孕酮探亲避孕片 1 号		甲地孕酮 2.0	片	口服
			双炔失碳酯片（53 号避孕药）		双炔失碳酯 7.5	片	口服

续表

类别		名称	成 分		剂型	给药途径
			雌激素含量（mg）	孕激素含量（mg）		
长效针	单方	庚炔诺酮针		庚炔酯 200.0	针	肌内注射
		复方甲羟孕酮避孕针（迪波普拉维）		甲羟孕酮 150.0	针	肌内注射
	复方	复方己酸孕酮（避孕针1号）	戊酸雌二醇 2.0	己酸孕酮 250.0	针	肌内注射
		复方甲地孕酮避孕针	17β-雌二醇 5.0	甲地孕酮 25.0	针	肌内注射
		复方甲羟孕酮避孕针	环戊烷丙酸雌二醇 5.0	醋酸甲羟孕酮 25.0	针	肌内注射
缓释避孕药	皮下埋植剂	D-炔诺酮埋植剂Ⅰ型		D-炔诺酮 36×6		皮下埋植
		D-炔诺酮埋植剂Ⅱ型		D-炔诺酮 70×2		皮下埋植
	阴道避孕环	甲硅环		甲地孕酮 200 或 250		阴道放置
	微球或微囊避孕针	庚炔诺酮微环针		庚炔诺酮 65.0 或 100.0	针	皮下注射
		左旋诺孕酮微环针		左旋诺孕酮 50.0	针	皮下注射
		肟高诺酮微囊针剂		肟高诺酮 50.0	针	皮下注射
避孕帖剂		Ortho Evra	炔雌醇 0.75	17-去酰炔肟酯 6.0		皮肤外贴

1. 口服避孕药 包括复方短效口服避孕药、复方长效口服避孕药及紧急避孕药。

（1）复方短效口服避孕药：是由炔雌醇和孕激素组成的复合制剂，其中不同成分的孕激素构成不同配方及制剂。

用法：①复方炔诺酮片、复方甲地孕酮片自月经第5日开始，每晚1片，连服22日，停药7日后开始下一周期用药；②复方去氧孕烯片、复方孕二烯酮片、炔雌醇环丙孕酮片：自月经第1日服药，连服21日，停药7日后开始下一周期用药；③左炔诺孕酮三相片：药盒内每一相药物的雌、孕激素剂量不同，颜色也不同，服药者须按箭头所示顺序服药。自月经第1日服药，连服21日。④漏服：漏服1片，应在12小时内补服；漏服2片，除立即补服外，还需同时加用其他避孕措施。若漏服3片，应停药，待出血后服用下一个周期。

（2）复方长效口服避孕药：是由长效雌激素和孕激素制成的复合制剂，一般服药1次可避孕1个月。常见有复方长效左炔诺孕酮炔雌醚片，但不良反应较多，很少应用。

（3）紧急避孕药：紧急避孕是指在无防护性性生活或避孕失败后的一段时间内，防止妊娠而采用的避孕方法，药物避孕是最常用的紧急避孕方法，一般在性生活后72~120小时内服用，不良反应较多，如恶心、呕吐、不规则阴道流血、月经改变、乳房胀痛等。①单方孕激素制剂：左炔诺黄体酮片，在无保护性生活后3日内，首剂1片，12小时后再服1片；②抗孕激素类制剂：米非司酮在无保护性性生活后或避孕失败后72小时内服用10 mg或25 mg即可，有效率为85%。

2. 长效避孕针 尤其适用于对口服避孕药有明显胃肠道反应者。目前主要用醋酸甲羟孕酮避孕针，于月经来潮5天内或产后6周内注射1针，以后每隔3个月注射1针。

3. 探亲避孕药 适用于短期探亲夫妻。由于剂量较大，现已很少使用。

4. 缓释避孕药 又称缓释避孕系统，是以甾体激素避孕药与具有缓释性能的高分子材料共同制成，不良反应小，通过持续、恒定、微量释放甾体激素达到长效避孕效果。

（1）皮下埋植剂：将孕激素装入硅胶囊管中，并将其埋植于皮下，使其缓慢释放少量的孕激素而达到避孕作用，避孕有效率达99%以上。国产皮下埋植剂分Ⅰ型和Ⅱ型两种（Norplant Ⅰ和Norplant Ⅱ）。于月经第7日内，用10号套管针将硅胶棒呈扇形埋入左上臂内侧皮下。一组埋植剂有效避孕时间为5年。

（2）其他：如阴道避孕环、避孕贴、微球或微囊避孕针。

（四）避孕药的不良反应及处理

1. 类早孕反应 服药后出现轻度的恶心、食欲缺乏、头晕、乏力、嗜睡、呕吐等反应，一般无需特殊处理，继续服药后可自行改善。

2. 不规则阴道流血 一般发生在服药初期，表现为点滴出血或月经样突破性出血。大多发生于漏服避孕药后，轻者不用处理，随着服药时间延长可自行改善。流血多者，在每晚服用避孕药时加服雌激素至停药，阴道流血似月经量者则停止服药，作为一次月经来潮，下一周期在开始服用药物或更换药物。

3. 闭经 少数妇女服药后出现月经量减少甚至闭经现象。月经量减少一般不需处理，停药后自行恢复；对闭经的妇女需排除妊娠的可能，停药7日后可继续服药。

4. 体重及皮肤变化 由于避孕药中孕激素成分的弱雄激素活性促进体内合成代谢引起，也可因雌激素使水、钠潴留所致。少数妇女服药后可出现皮肤褐斑，日晒后加重，停药后多能自行减退。

5. 其他 极少数妇女服药后可出现精神抑郁、头晕、乏力、性欲减退、皮疹及皮肤瘙痒等，可对症处理，必要时停药进一步检查。

（五）护理要点

1. 常规交代药物避孕的方法及注意事项。

2. 类早孕反应、体重增加及色素沉着等不良反应一般无需处理，如症状显著者可改用其他避孕措施。

3. 药物避孕者如需再生育，应在停药6个月后再受孕。

三、其他避孕方法

1. 阴茎套 也称避孕套，为男性避孕工具。其为桶装薄型乳胶制品，顶端有储精小囊。性交时将阴茎套套在阴茎上，防止精子进入阴道而达到避孕作用，具有高效、简便、防止性传播疾病的优点。使用时要选择大小合适的阴茎套，用前充气检查有无漏孔，并排除顶端储精囊内空气，射精后在阴茎尚未软缩时捏住套口和阴茎一起取出。正确使用避孕率高达93%~95%。

2. 阴道套 又称女用避孕套，既能避孕又能防止性传播疾病。目前我国尚无供应。

3. 外用杀精剂 于性交前放入阴道内杀伤精子以达到避孕目的的一类化学避孕制剂。使用时应注意每次性交前均要使用，片剂和栓剂放入阴道后需5~10分钟才能溶解，要待药物溶解后再行性生活，若置入30分钟尚未性交，必须再次放置。

4. **安全期避孕法** 又称自然避孕法。卵巢排卵时间通常在下次月经来潮前14日左右，排卵前后4~5日为易受孕期，其余时间都是精子不能遇到卵子的日期，被视为安全期。利用安全期进行避孕的方法叫安全期避孕法。基础体温法和宫颈黏液观察法是女性判断自身排卵日期的方法之一。但该避孕方法影响因素较多，失败率较高，不宜推广。

5. **免疫避孕** 通过机体的免疫防御机制达到避孕目的，如抗精子疫苗、基因免疫避孕法等，目前还未在临床应用。

第二节 输卵管绝育术

通过输卵管绝育术阻断或结扎输卵管，从而阻断精子和卵子的相遇，达到永久绝育的目的。目前，国内常用经腹壁小切口绝育术和腹腔镜绝育术。

一、经腹输卵管结扎术

该术法是经腹壁小切口结扎输卵管，手术操作简单、安全、方便，是目前国内应用最广的绝育方法。

（一）适应证
1. 自愿要求绝育手术且无禁忌证者。
2. 患有严重全身疾病不宜妊娠者。

（二）禁忌证
1. 24小时内2次体温在37.5 ℃或以上者。
2. 各种疾病急性期。
3. 全身情况较差不能耐受手术者。
4. 腹部皮肤有感染灶或患急、慢性盆腔炎者。
5. 患严重神经官能症者。

（三）术前准备
1. **手术时间** 手术最佳时间为月经干净后3~4日；人工流产或分娩后宜在48小时内施术；剖宫产手术时；哺乳期或闭经妇女则应排除早孕后再行绝育术。
2. 评估受术者身体状况，实验室检查阴道分泌物常规、血常规、尿常规、凝血功能、肝功能等。
3. 评估受术者及家属心理状况，解除受术者思想顾虑并做好解释工作。
4. 按妇科腹部手术术前常规准备。

（四）物品准备
甲状腺拉钩2个，中号无齿镊2把，短无齿镊1把，弯蚊式钳4把，12 cm弯钳2把，鼠齿钳2把，巾钳4把，无齿小头卵圆钳1把，有齿卵圆钳2把，输卵管钩1个，持针器1把，组织剪及线剪各1把，刀柄2个，尖刀片及刀片各1个，弯盘1个，5 ml注射器1个，3/0丝线，9×24角针及圆针各1枚，6×14圆针3枚。敷料若干，手术衣、无菌手套等。

（五）手术步骤
1. **麻醉** 采用局部浸润麻醉或硬膜外麻醉。
2. **体位** 受术者取仰卧位，留置导尿管，常规消毒、铺巾。
3. **切口** 取下腹正中耻骨联合上3~4 cm处，做2 cm长纵切口，产后在宫底下2~3 cm做纵切口，逐层切开进入腹腔。
4. **寻找提取输卵管** 手术者左手示指进入腹腔，沿宫底后方滑向子宫角，摸到输卵管后，右手持卵圆钳夹住输卵管提至切口处，同时须检查卵巢有无异常。

5. **结扎输卵管** 目前多采用抽心包埋法。用2把鼠齿钳夹住输卵管峡部系膜无血管区，间距约2 cm。在其背侧浆膜下注入0.5%利多卡因溶液使浆膜膨胀，用尖刀切开膨胀的浆膜，用弯蚊式钳轻轻分离出该段输卵管。两端分别用弯蚊式钳钳夹，剪除两钳间的输卵管长约1 cm。用4号线结扎近端输卵管并将其包埋于系膜内，将远端固定在系膜外。检查无出血后将输卵管送回腹腔。同法处理对侧输卵管。

（六）术后并发症及预防

1. **出血、血肿** 由于过度牵拉、损伤输卵管或其系膜，或血管漏扎或结扎不紧，可引起出血。
2. **感染** 多因手术适应证掌握不严或术中未严格无菌操作所致。
3. **邻近脏器损伤** 多为操作不熟练或解剖关系辨认不清楚，损伤膀胱或肠管。
4. **绝育失败** 可因绝育措施本身缺陷或施术时误扎、漏扎引起。

（七）护理要点

1. **术前准备**

（1）心理护理：主动与受术者交流，做好知情同意，并提供心理支持，解除思想顾虑并主动配合手术。

（2）做好术前准备：按妇科腹部手术术前常规准备。如准备器械、敷料，做普鲁卡因、青霉素皮肤过敏试验等。

2. **术后护理**

（1）密切观察生命体征变化，注意有无腹痛及内出血征象。

（2）观察切口有无渗血，保持敷料干燥、整洁，以利于切口愈合。

（3）鼓励受术者及早下床活动，以免腹腔粘连。一般术后6小时可下床活动。

（4）做好健康教育，指导受术者出院后的休息、营养及卫生。术后休息3~4周，禁止性生活1个月，术后1个月复查。

二、腹腔镜输卵管绝育术

经腹腔镜行输卵管结扎术简单、易行、安全，对受术者损伤小，术后恢复快，易于被广大妇女所接受，近年来我国各大城市已逐渐推广使用。

（一）适应证

同经腹输卵管结扎术。

（二）禁忌证

禁忌证主要为腹腔粘连、心肺功能不全及膈疝者，其余同经腹输卵管结扎术。

（三）手术步骤

在局部麻醉、硬膜外麻醉或全身麻醉下进行。受术者取头低臀高位，在脐孔下缘做长约1 cm的切口，建立人工气腹。在腹腔镜直视下将弹簧或硅胶环钳夹或环套在输卵管的峡部。也可用双极电凝烧灼输卵管峡部1~2 cm。由于电凝输卵管绝育术对组织损伤相对较大，现已很少应用。

（四）护理要点

术后卧床休息4~6小时后可下床活动。注意腹壁伤口有无渗血、感染，术后禁性生活及盆浴1个月。

第三节 避孕失败补救措施及其护理

人工流产（induced abortion）是指因意外妊娠、疾病等原因而采用人工方法终止妊娠，是避孕失败的补救方法。人工流产对妇女的健康有一定影响,做好避孕工作,防止或减少意外妊娠是计划生育的真正目的。终止早期妊娠的方法有药物流产和手术流产两种。

一、药物流产

药物流产是一种非手术终止妊娠的方法。临床上常使用米非司酮配伍米索前列醇配伍。其优点是方法简便,不需宫内操作,无创伤性。

(一)适应证

1. 妊娠≤49天,年龄<40岁,自愿要求终止妊娠的健康妇女。
2. 血或尿HCG阳性,B型超声确诊为宫内早孕。
3. 有人工流产术高危因素者,如瘢痕子宫、哺乳期或严重骨盆畸形者。
4. 对人工流产术有顾虑和恐惧心理者。

(二)禁忌证

1. **有米非司酮药物使用禁忌证者** 如内分泌疾病、肝功能异常、肾功能异常、血液病、血管栓塞病史等。
2. **有前列腺素药物禁忌证者** 如心脏病、青光眼、哮喘、癫痫、过敏体质等。
3. 带IUD妊娠或可疑异位妊娠者。

(三)用药方法

米非司酮采用顿服法或分服法。①顿服法:米非司酮200 mg,1次顿服。②分服法:第1日,晨服米非司酮50 mg,12小时后再服米非司酮25 mg;第2日早、晚各服米非司酮25 mg;第3日晨服米非司酮25 mg。两种方法均于第3日清晨口服米索前列醇600 μg。服药前后均需至少空腹1小时。

(四)护理要点

1. 评估受术者的健康史及身心状态,核实适应证,排除禁忌证,遵医嘱完成各项辅助检查。
2. **心理护理**
(1)介绍人工终止妊娠的过程,告诉受术者药物流产、引产术中阵发性腹痛是子宫收缩、胚胎即将排出的表现,不必惊慌。
(2)向受术者说明人工终止妊娠后如无并发症发生,1个月后月经即可恢复,并不影响今后受孕和生育。
3. **用药护理**
(1)指导受术者掌握用药方法,向受术者详细说明注意事项及可能发生的不良反应。
(2)服药前后均需至少空腹1小时,服药前后应严密观察受术者有无恶心、呕吐、腹泻等胃肠道症状。
(3)米索前列醇必须在医务人员监护下使用,应注意观察生命体征、腹痛、阴道流血量及有无组织物排出等情况。如有异常,须及时报告医生。
(4)孕囊排出后须认真检查,出血多时及时协助医师处理,留观1小时后方可允许受术者离开。观察期间未见孕囊排出者,需6小时后方可离开,并考虑其他的处理方式。
4. **健康教育** 药物流产必须在有正规抢救条件的医疗机构进行。用药前必须先做B型超声检查,了解孕囊的大小,排除宫外孕。流产后注意外阴清洁,口服抗生素预防感染。若发生阴道流血不净或突然大量活动性阴道出血、持续腹痛,应立即就诊。2周内或阴道流血未净前禁止盆浴,术后禁止性生活1个月。术后落实避孕措施,以免再次妊娠。

二、手术流产

手术流产是采用手术方法终止妊娠,包括负压吸引术和钳刮术。

(一)负压吸引术

利用负压吸引原理将妊娠物从宫腔内吸出,称为负压吸引术。

1. 适应证

(1)妊娠10周内自愿要求终止妊娠且无手术禁忌证者。

(2)患有心脏病、慢性肾炎等严重疾病不宜继续妊娠者。

2. 禁忌证

(1)生殖道炎症急性期。

(2)患严重的全身性疾病不能耐受手术。

(3)术前两次体温在37.5 ℃以上。

(4)妊娠剧吐酸中毒尚未纠正。

3. 术前准备　①询问病史,进行妇科检查及全身检查;②进行实验室检查包括血常规、凝血功能及肝、肾功能检查;③术前3日禁止性生活;④排空膀胱;⑤解除患者的思想顾虑。

4. 手术步骤

(1)受术者取膀胱截石位,常规消毒外阴及阴道,铺巾。

(2)双合诊复查子宫位置、大小及附件情况。

(3)用阴道窥器暴露宫颈,消毒宫颈及阴道、宫颈前唇。

(4)用子宫探针顺子宫方向探测宫腔深度,用扩宫棒顺宫腔曲度扩张宫颈管,由小号至大号,扩张到比吸管大半号至1号。

(5)将吸管与负压吸引器连接好,根据孕周选择吸管粗细及负压大小,一般负压在400~500 mmHg,将吸管送入宫底部再退出1 cm,按顺时针或逆时针方向上下移动吸引宫腔1~2周,感到宫壁粗糙,提示组织吸净。

(6)取下宫颈钳,擦净宫颈及阴道血迹,清理并检查吸出物有无绒毛,未见绒毛则需送病理学检查。

5. 注意事项　术中应正确判断子宫大小及方向;严格执行无菌操作;动作轻柔;扩宫时注意用力均匀,避免用力过猛导致宫颈内口撕裂;使用静脉麻醉时应有麻醉医师监护。

(二)钳刮术

适用于妊娠10~14周内自愿要求终止妊娠而无手术禁忌证者。术前可口服或阴道放置米索前列醇或橡皮导管,使宫颈扩张松软。术中应充分扩张宫颈管,先夹破胎膜,羊水流尽后酌情适用子宫收缩药,钳夹胎盘与胎儿组织,必要时搔刮宫腔1周,观察出血情况。禁忌证及注意事项同负压吸引术。

> **知识链接**
>
> **无痛人工流产术**
>
> 无痛人工流产术是指在静脉麻醉下进行的人工流产,即在吸宫术的基础上,加上静脉全身麻醉,使受术者在无任何痛苦的状态下接受手术。无痛人工流产术使用的依托咪酯是一种新型、安全、有效的静脉注射全身麻醉药。受术者经静脉给药,约30秒可进入睡眠状态,在毫无知觉的情况下完成手术,醒来后亦无痛苦感觉。此项技术已经十分成熟但并且很安全。通常认为在妊娠10周以内做人工流产最为适宜。
>
> 目前还有超声引导下可视无痛人工流产术和微管可视无痛人工流产术,定位精确,无不适感,彻底避免了术后感染,将无痛人工流产技术发挥到极致。整个手术时间只需3分钟,安全无不良反应,随治随走。

（三）人工流产的并发症及处理

1. **子宫穿孔** 是人工流产的严重并发症。由于子宫本身的原因，如妊娠子宫或子宫过度屈曲等，加上手术操作者方法不当，很容易导致子宫穿孔。当器械进入宫腔后出现无底感或深度明显超过检查时宫腔深度时，提示子宫穿孔，应立即停止手术。穿孔小，无脏器损伤或内出血，可注射子宫收缩药保守治疗。破口大、有内出血或怀疑脏器损伤，则应行剖腹或腹腔镜探查，根据具体情况处理。

2. **人工流产综合征** 指受术者在术中或手术结束时出现心动过缓、心律失常、血压下降、面色苍白、出汗、头晕、胸闷，甚至晕厥和抽搐等症状。主要原因是由于宫颈和子宫受到机械性刺激，兴奋迷走神经，以及孕妇精神紧张，不能耐受宫颈扩张、牵拉和过高的负压。出现人工流产综合征时，应立即停止手术，休息、吸氧。对心率减慢者可静脉注射阿托品 $0.5 \sim 1$ mg。

3. **出血** 多发生在妊娠月份较大时，因子宫较大，组织不能迅速排出，子宫收缩欠佳，出血量较多。可在扩张宫颈管后，注射缩宫素促进子宫收缩的同时尽快吸取或钳夹出胚胎及胎盘组织。

4. **吸宫不全** 人工流产术后部分妊娠物残留，是人工流产较常见的并发症。多因宫体过度屈曲或者操作不当所致。术后流血超过 10 日或流血停止后又有多量流血，可考虑为吸宫不全。B 型超声有助于诊断，若无明显感染征象，应尽早行刮宫术，将刮出物送病理学检查，术后预防性使用抗生素。若伴有感染，应控制感染后再行刮宫术。

5. **漏吸或空吸** 确诊宫内妊娠但人工流产未吸出胚胎及绒毛。常因胚胎过小、子宫畸形等原因所致，确诊漏吸应再次行负压吸引术。

6. **感染** 多因吸宫不全、无菌操作不严所致，可出现急性子宫内膜炎、子宫肌炎、附件炎、盆腔炎等，表现为体温升高、下腹疼痛、不规则阴道流血、子宫或附件区压痛。发生感染应卧床休息，及时应用抗生素治疗。

7. **栓塞** 破膜后羊水从开放的宫壁血窦挤入血液循环可导致羊水栓塞，行钳刮术前应先放尽羊水。

8. **远期并发症** 宫颈及宫腔粘连、慢性盆腔炎、继发不孕等。

（四）护理要点

1. 评估受术者的健康史及身心状况，核实适应证，排除禁忌证，遵医嘱完成各项辅助检查。

2. **心理护理** 向受术者介绍手术的过程，解除受术者的恐惧心理，签署知情同意书，并主动配合手术。

3. **术中配合**

（1）手术流产前仔细评估受术者的生命体征，做好术前准备。

（2）术中配合医生完成手术，观察受术者在手术过程中的反应。

（3）术后送至观察室休息 1~2 小时，注意阴道流血及腹痛情况，无异常方可离院。

4. **预防感染** 术中严格执行无菌操作。术后保持外阴清洁，每天擦洗并消毒会阴。若有明显腹痛、发热、阴道流血持续 10 日以上，应及时就诊。

5. 术后休息半个月，1 个月内禁止盆浴及性生活。术后 1 个月到医院随访检查，并指导避孕方法。

（宋淑慧）

自测题

一、案例分析

某女性，24岁，1-0-1-1，因停经43日，尿HCG（+），要求做人工流产术。术前妇科检查：宫体后倾后屈，妊娠6周大小，软，附件（-），术中测宫腔深10 cm，吸出组织20 g，未见绒毛，出血少，手术结束查宫腔深9.5 cm。

讨论分析：

1. 吸出的组织最可能是什么？
2. 为排除宫外孕，护士应建议进一步做什么检查？
3. 若检查结果显示：尿HCG 10 000 U/L，B型超声显示胎囊在宫底部，白带常规正常，此时可能发生了什么？
4. 诊断明确后最合适的处理是什么？

二、选择题

某妇女，36岁，于6年前经阴道分娩一女婴。6年来一直采取安全期和避孕套避孕，目前是第3次前来人工流产门诊，此次月经过期21日，请求流产。该患者月经周期规律，25~30日一次，宫颈糜烂Ⅲ度，子宫肌瘤如孕2个月大小，希望接受指导。

1. 对该患者，最好的人工终止妊娠方法是
   A. 吸宫术
   B. 药物流产
   C. 钳刮术
   D. 绝育
   E. 甲氨蝶呤杀死胚胎
2. 该患者询问有关药物避孕的问题，需要告知药物避孕的禁忌证应除外
   A. 严重心血管疾病
   B. 慢性肝炎
   C. 血栓性疾病
   D. 2型糖尿病
   E. 感冒
3. 该患者最佳的避孕方法应是
   A. 宫内节育器
   B. 避孕套
   C. 短效口服避孕药
   D. 人工流产
   E. 安全期避孕

三、问答题

1. 简述指导服务对象正确使用短效口服避孕药的方法。
2. 简述指导服务对象进行避孕措施的知情选择。
3. 简述人工流产的常见并发症。

第二十一章 妇女保健

第二十一章
数字资源

思政之光

本章思维导图

妇女保健
- 概述
  - 妇女保健工作的重要性
  - 妇女保健工作的组织机构
    - 行政机构
    - 专业机构
  - 妇女保健工作的方法
- 妇女保健工作范畴
  - 妇女各期保健
    - 青春期保健
    - 围婚期保健
    - 生育期保健
      - 孕前期保健
      - 孕期保健
    - 围产期保健
      - 分娩期保健
      - 产褥期保健
      - 哺乳期保健
    - 围绝经期保健
    - 老年期保健
  - 妇科疾病普查普治
  - 计划生育指导
  - 妇女劳动保护
    - 月经期
    - 妊娠期
    - 分娩期 顺产假98日
    - 哺乳期 哺乳时间为1年
- 生殖健康
  - 生殖健康的概念
  - 生殖健康的要点
    - 以人为中心
    - 以服务对象的需求为评价标准
    - 强调满意和安全的性生活
    - 强调社会参与和政府责任
    - 涉及学科包括生物医学、心理学、社会学、人类学、伦理学等
- 妇女保健统计
  - 妇女疾病预防工作常用统计指标
  - 孕产期保健常用统计指标
  - 计划生育常用统计指标
  - 孕产期保健工作统计指标
  - 孕产期保健质量统计指标
  - 孕产期保健效果统计指标

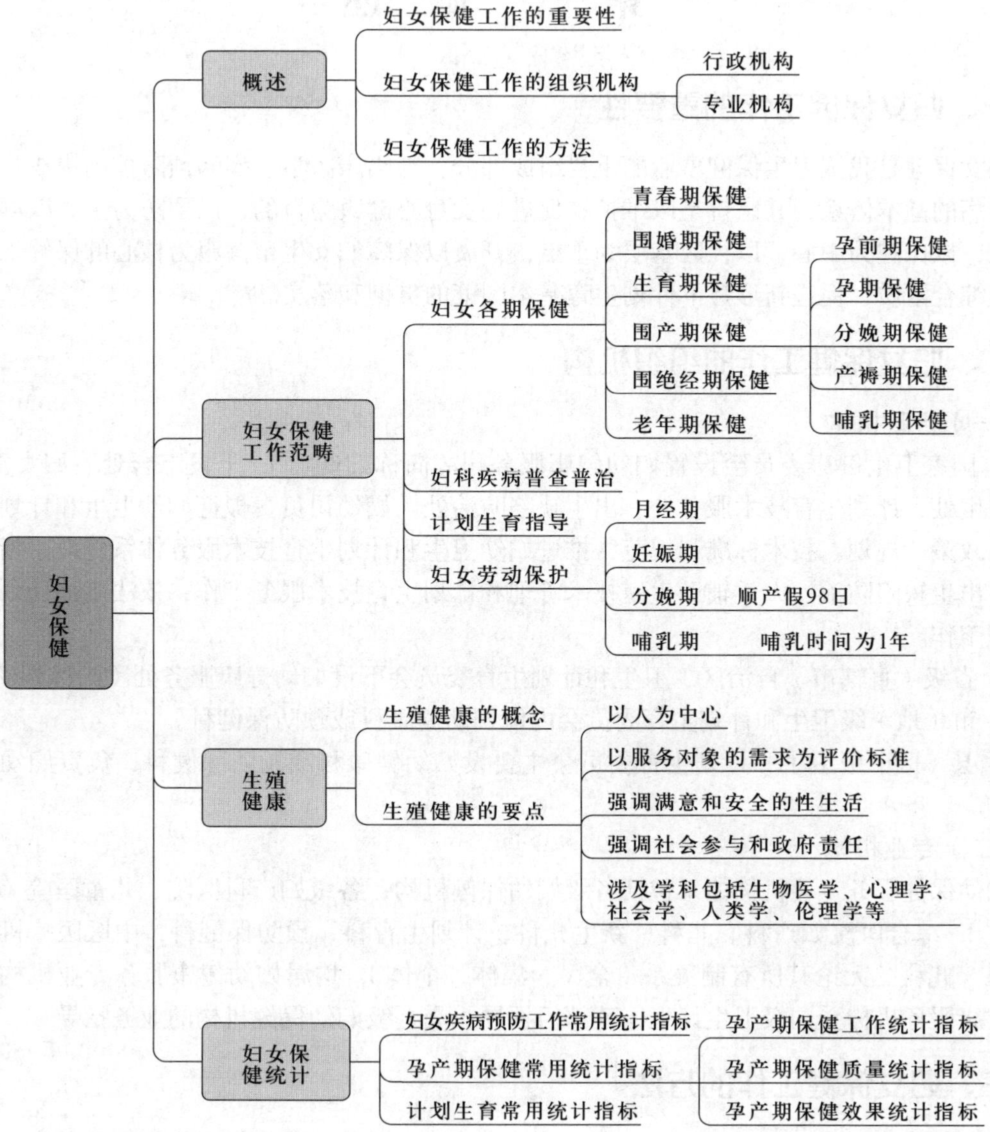

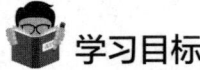 **学习目标**

通过本章内容的学习,学生应能够:
识记:
说出妇女保健工作的意义、目的和方法。
理解:
1. 解释妇女各期的特点及保健。
2. 解释妇女疾病及恶性肿瘤的普查普治。
运用:
1. 具备对围婚期、围生期、围绝经期妇女进行健康指导的能力,保障妇女身心健康。
2. 应用孕产期保健质量统计指标,评价围生期妇女保健工作质量。

第一节 概 述

一、妇女保健工作的重要性

妇女保健是我国卫生保健事业的重要组成部分,与临床医学、疾病预防控制构成我国医学卫生防病的基本体系,其宗旨是以维护和促进妇女身心健康为目的,以预防为主,以群体为服务对象,以保健为中心,以社区基层为重点,开展以保障妇女生殖健康为核心的保健工作,提高民族综合素质,促进新形势下计划生育基本国策的贯彻和落实。

二、妇女保健工作的组织机构

(一)行政机构

1. 国家卫生健康委员会设置妇幼健康服务司(简称妇幼司),下设综合处、妇女卫生处、儿童卫生处、计划生育技术服务处、出生缺陷防治处。妇幼司负责拟订妇幼卫生和计划生育技术服务政策、规划、技术标准和规范,推进妇幼卫生和计划生育技术服务体系建设,指导妇幼卫生、出生缺陷防治、人类辅助生殖技术管理和计划生育技术服务工作,依法规范计划生育药具管理工作。

2. 省级(直辖市、自治区)卫生和计划生育委员会下设妇幼健康服务处(简称妇幼处)。

3. 市(地)级卫生和计划生育委员会内设妇幼健康科或预防保健科。

4. 县(区)级卫生和计划生育委员会主要设妇幼健康科或预防保健科,负责妇幼健康服务工作。

(二)专业机构

妇幼保健服务专业机构体系包括各级妇幼保健机构,各级妇产科医院、儿童医院(妇女儿童医院),综合医院妇产科、儿科、新生儿科、计划生育科、预防保健科,中医医疗机构中的妇产科、儿科。无论其所有制关系(全民、集体、个体),均属妇幼健康服务专业机构。各级妇幼健康服务机构受同级卫生计生行政部门领导,受上级妇幼保健机构的业务指导。

三、妇女保健工作的方法

妇女保健工作是一个群众性和社会性的系统工程,必须充分发挥各级妇幼保健专业机构及三级妇幼保健网的作用,调动各方面的积极性,切实将妇女儿童健康纳入医疗改革和卫生事业发展规划中，为妇幼卫生事业发展提供强有力的制度和组织保障。有计划地组织培训和继续教育，不断提高专业队伍的业务技能和水平。在调查研究基础上，制订工作计划和防治措施，做到群众保健与临床保健相结合，防与治相结合；开展广泛的社会宣传和健康教育，提高群众的自我保健意识；健全有关法律和法规，保障妇女和儿童的合法权利，加强管理和监督。

第二节 妇女保健工作范畴

妇女保健工作内容包括以下几个方面：①妇女各期保健；②实行孕产妇系统管理，提高围生期保健质量；③计划生育指导；④常见妇科疾病及恶性肿瘤的普查、普治；⑤贯彻落实妇女劳动保健制度。

一、妇女各期保健

（一）青春期保健

青春期保健的目的是保护身体正常发育，包括青春期卫生宣传教育和常见疾病的防治。青春期保健分为三级，其中以一级预防为重点。

1. 一级预防 加强健康教育，通过学校等平台开展青春期生殖保健知识讲座，使青少年懂得自爱，学会保护自己，培养良好的个人生活习惯，科学健康饮食，合理安排生活和学习，参与适当的体育锻炼和体力劳动，劳逸结合。重视性知识教育，通过性教育使少女了解性生理和性心理卫生知识，注意经期保健，正确对待和处理性发育过程中的各种问题，降低非意愿妊娠率，预防性传播疾病。

2. 二级预防 包括小儿、妇科常见疾病的筛查和防治，通过学校定期体格检查，早期发现各种疾病和行为异常，减少或避免诱发因素。

3. 三级预防 指青春期女性疾病的治疗和康复。

（二）围婚期保健

围婚期保健是指围绕结婚前后，为保障婚配双方及其后代健康所进行的一系列保健服务措施，包括婚前医学检查、婚前卫生指导及婚前卫生咨询。

我国提供孕前保健检查的措施包括结婚前和受孕前两个时间窗。婚前医学检查是对可能患有的影响结婚和生育的疾病进行的医学筛查，给予及时治疗，并提出有利于健康和出生子代素质的医学意见。一是"暂缓结婚"，如指定传染病在传染期间、患者有生殖器发育障碍或畸形，精神病在发病期间；二是"不宜结婚"，如双方为直系血亲或三代内旁系血亲；三是"不宜生育"，如严重的遗传性疾病患者。婚前卫生咨询是针对医学检查发现的异常情况以及服务对象提出的具体问题进行解答、提供信息、交换意见，帮助受检对象在知情的基础上作出适宜的决定。

（三）生育期保健

生育期保健主要是维护生殖功能的正常，保证母婴安全，降低孕产妇死亡率和围生儿死亡率。应以加强一级预防为重点：普及孕产期保健和计划生育技术指导；通过二级预防，对妇女在生育期因妊娠或节育导致的各种疾病，能做到早发现、早防治，提高防治质量；通过三级预防，提高对高危孕产妇的处理水平，降低孕产妇死亡率和围生儿死亡率。

（四）围产期保健

围产期保健是指从妊娠前、妊娠期、分娩期、产褥期、哺乳期为孕产妇和胎儿及新生儿的健康所进行的一系列保健措施，从而保障母婴安全，降低孕产妇死亡率和围生儿死亡率。

1. 孕前期保健 孕前期是妊娠前的准备阶段。这一阶段保健是指为准备妊娠的夫妻提供以健康教育与咨询、孕前医学检查、健康状况评估和健康指导为主要内容的系列服务。指导夫妻双方选择最佳的受孕时机，减少高危妊娠及高危儿的发生。如最佳的生育年龄、良好的社会环境、愉悦的身心状态等。一般女性生育年龄在21～29岁为佳，男性生育年龄在23～30岁为佳。若患者对妊娠有影响的疾病，如遗传性疾病、传染性疾病等，应主动接受产前咨询。对有严重疾病可能危及孕妇生命者，应给予医学指导和建议。选择口服避孕药时间较长的妇女应停药，改用工具避孕半年后再妊娠。

2. 孕期保健 孕期是从确诊妊娠开始至临产前这个阶段。此期保健主要通过开展产前筛查和产前诊断，及早进行干预，从而加强母儿监护，预防或减少孕产期并发症，以确保孕妇及胎儿在妊娠期安全、健康。

（1）妊娠早期保健：妊娠早期是胚胎、胎儿分化发育阶段，易受外界因素及孕妇疾病的影响，导致胎儿畸形或流产发生，应注意防病、防致畸。避免接触有害化学制剂和放射线，避免密切接触宠物，避免病毒感染。患病时遵医嘱服药。应尽早确诊妊娠，建立孕期保健手册。评估孕前保健情况。做好预防流产相关知识宣传教育，确定基础血压、体重，进行高危妊娠初筛，了解有无不良孕产史、家族成员有无遗传病史；了解有无高血压、心脏病、糖尿病、系统性红斑狼疮等慢性病史，及时请相关学科会诊。对不宜继续妊娠者应告知并及时终止妊娠。对高危妊娠继续妊娠者，严密观察，严格执行转诊制度。

（2）妊娠中期保健：妊娠中期是胎儿生长发育较快的阶段，胎盘已形成，不易发生流产，妊娠晚期并发症尚未出现，但此阶段应仔细检查妊娠早期各种影响因素对胎儿是否有损伤，妊娠晚期并发症的预防也需从妊娠中期开始。评估首次产检结果。进行妊娠中期营养、生活方式、妊娠生理知识、早产的认识与预防、妊娠糖尿病筛查意义等宣传教育。在妊娠中期行胎儿畸形筛查，对疑有畸形或遗传病及高龄产妇者要进一步做产前诊断和产前治疗。适当补充铁剂和钙剂，监测胎儿生长发育的各种指标，预防和及早发现胎儿发育异常，预防和治疗生殖道感染，可以减少妊娠晚期、产时及产后的并发症。

（3）妊娠晚期保健：妊娠晚期胎儿生长发育最快，体重明显增加。此期需进行妊娠晚期营养及生活方式、孕妇自我监护、分娩及产褥期相关知识、母乳喂养、新生儿筛查及预防接种等宣传教育。定期行产前检查，检测胎儿生长发育的各种指标，防治妊娠并发症，及早发现并矫正胎位异常，特别注意胎盘功能和胎儿宫内安危的监护，及时纠正胎儿缺氧，妊娠≥41周，需住院。指导做好分娩前的心理准备，考虑对母儿合适的分娩方式。指导孕妇做好乳房准备，有利于产后哺乳。

3. 分娩期保健 主要针对分娩这一阶段，通过严格监测，持续从产妇的生理、心理和精神上给予支持和帮助，缓解孕产妇分娩时的焦虑和疼痛，并对其健康情况进行全面了解和动态评估，以确保分娩顺利，以及产妇和胎儿安全。做到"五防""一加强"。五防是指防滞产、防感染、防产伤、防产后出血、防新生儿窒息。一加强是指加强产时监护和产程处理。

4. 产褥期保健 保健的目的是预防产后出血、感染等并发症的发生。护理人员应提供相应的身心指导和帮助，促进产妇产后生理功能恢复、亲子关系建立、家庭关系和睦等。主要有以下三方面：①指导产妇保持皮肤清洁，尤其是会阴部及乳房皮肤清洁。合理营养，防止便秘。经阴道分娩者，产后6～12小时可起床轻微活动，动作宜缓慢，避免体位性低血压现象。产后第2日可在室内随意活动，适时做产后保健操，进行盆底肌及腹肌功能锻炼，避免和减少发生血栓性静脉炎，会阴部有切口或剖宫产者，宜先做深呼吸等促进血液循环，运动量应渐进性增加。②遵循以家庭为中心的产科护理理念，指导父母参加育婴活动，如沐浴、抚触、喂奶等，与新生儿进行语言交流，表达情感，促进正向的、积极的亲子互动，建立良好家庭关系。③于产妇出院后3日内、14日及28日开始产后访视，可酌情增加访视次数，了解产妇身体恢复情况及母乳喂养情况，及时给予正确指导和处理，产褥期禁止性生活。

5. **哺乳期保健** 哺乳期是指产后产妇用母乳喂养婴儿的时期，一般约为 10 个月。哺乳期保健的目的是保护、促进和支持母乳喂养，保证母婴健康。

（1）乳房护理：哺乳前按摩乳房以刺激泌乳反射；忌用肥皂或乙醇之类物品擦洗乳房及乳头，以含有清洁水的揩乳布清洁乳头和乳晕；哺乳时应注意婴儿是否能将大部分乳晕含住；哺乳结束时不要强行拉出乳头；应两侧乳房交替哺乳；正确手工挤奶或使用吸奶器排空残余乳；穿着合适的棉质乳罩，以起支托乳房和改善血液循环的作用。

（2）告知母乳喂养的好处：母乳营养丰富，适合婴儿消化、吸收，是婴儿最理想的营养食品，省时、省力、经济又方便；吸吮动作可促进婴儿面部肌肉、牙齿的正常发育，吸吮刺激可促进子宫收缩，预防产后出血；母乳中含丰富抗体、活性细胞和其他免疫活性物质，能提高婴儿的免疫力，预防疾病；通过母乳喂养，母婴皮肤接触频繁，促进婴儿心理健康发育，增进母婴感情。

（3）促进母乳喂养的十项措施：有书面的母乳喂养政策，对所有卫生保健人员常规传达；对所有保健人员进行必要技术培训；向所有孕妇宣传母乳喂养优点；协助产妇分娩半小时内哺乳；指导母亲如何哺乳，以及在必须与婴儿分开的情况下如何保持泌乳；除喂母乳外，不给新生儿任何其他食品和饮料，除非医疗需要；实行母婴同室；按需哺乳；不给婴儿吸橡胶奶嘴；促进建立母乳喂养支持组织，并将出院的母亲介绍给妇幼保健组织。建立和健全三级医疗保健网可使母亲继续获得支撑和帮助。

（4）哺乳期保健人员职责：定期访视，评估母亲身心康复情况；指导母亲饮食、休息、清洁卫生及产后适度运动；评估母乳喂养及婴儿生长发育情况，重点了解哺乳的次数，是否按需哺乳，亲自观察哺乳的姿势并给予正确指导；评估婴儿体重增长、大小便次数及性状；指导母亲在哺乳期合理用药及采用正确的避孕措施，如工具避孕或产后 3~6 个月放置宫内节育器，不宜采取药物避孕和延长哺乳期的方法；评估家庭支持系统，完善家庭功能。

（五）围绝经期保健

围绝经期是指妇女从接近绝经时出现与绝经有关的内分泌、生物学和临床特征至绝经后 1 年的时间。这个阶段保健的主要目的是提高围绝经期妇女的自我保健意识和生活质量。

1. 通过形式多样的健康宣传教育，使围绝经期妇女了解这一特殊时期的生理、心理特点，合理安排生活，加强营养，注意锻炼身体并保持心情愉悦。指导其保持外阴部清洁，防止感染。此期是妇科肿瘤的好发年龄，应每 1~2 年定期进行 1 次妇科常见疾病及肿瘤的筛查。

2. 预防子宫脱垂和张力性尿失禁发生，指导妇女进行缩肛训练，每日 3 次，每次 15 分钟。

3. 遵医嘱用药，必要时应用激素替代疗法或补充钙剂等综合措施防治围绝经期综合征、骨质疏松、心血管疾病等，提高生活质量。

4. 围绝经期妇女经期紊乱时，宫内节育器需取出，同时指导其避孕至停经 1 年以上。宫内节育器也可在停经后取出，但时限不超过 1 年。

（六）老年期保健

国际老年学会规定，60~65 岁为老年前期，65 岁以后为老年期。因生理上的变化，使老年人身心状态和生活发生改变，产生各种心理障碍，易患各种疾病。因此应指导老年人定期体检，适度参加社会活动和从事力所能及的工作，保持生活规律，防治老年期常见病和多发病，以利身心健康，提高生活质量。

二、妇科疾病普查普治

健全妇女保健网，定期对育龄妇女进行妇女常见疾病及良、恶性肿瘤的普查与普治工作。对 35 岁以上妇女，每 1~2 年普查一次。普查内容包括妇科检查（外阴、阴道、宫颈、双合诊、三合诊）、阴道分泌物检查、宫颈细胞学检查、B型超声检查。当普查发现异常时，应进一步进行阴道镜检查、宫颈活组织检查、分段诊刮术、CT、MRI等特殊检查。对中老年妇女以防癌为重点，做到早期发现、早期诊断及早期治疗，提高妇女生活质量。针对普查结果制订预防措施，降低发病率，提高治愈率，维护妇女健康。

三、计划生育指导

开展计划生育技术咨询，普及节育科学知识，宣传各种节育方法的安全性及有效性，指导育龄夫妇选择有效、安全的节育方法，以降低人工流产率及中期妊娠引产率，预防性病的传播。保证和提高节育手术质量，减少和防止手术并发症的发生，确保手术者安全与健康。

四、妇女劳动保护

我国政府十分重视妇女的劳动保健。由于在职业性有害因素的作用下，妇女的生殖器官和生殖功能可能受到影响，并且可通过妊娠、哺乳等影响到胎儿及婴儿的健康。目前我国已经建立了完善的妇女劳动保护和保健的法律，有关法律规定如下：

1. **月经期** 女职工在月经期不得从事装卸、搬运等重体力劳动及高处、低温、冷水、野外作业，以及用纯苯做溶剂而无防护措施的作业；不得从事连续负重（每小时负重次数在6次以上者）单次负重超过20 kg、间断负重每次负重超过25 kg的作业。

2. **妊娠期** 妇女怀孕后在劳动时间进行相关产前检查，可按劳动工时计算；不得在女职工妊娠期、分娩期、哺乳期降低基本工资或解除劳动合同；对有过两次以上自然流产史，现又无子女的，应暂时调离有可能直接或间接导致流产的作业岗位。

3. **分娩期** 女职工顺产假为98日。其中产前休息15日，难产增加产假15日，多胎生育每多生一个婴儿，增加产假15日；女职工怀孕未满4个月流产的，享受15日产假，怀孕满4个月流产的，享受42日产假。

4. **哺乳期** 哺乳时间为1年，每班工作应给予两次授乳时间。每次授乳时间，单胎为30分钟。对哺乳期的女职工不得安排夜班及加班。

第三节 生 殖 健 康

一、生殖健康的概念

妇女保健促进生殖健康。WHO对"生殖健康"的定义为"在生命所有各个阶段的生殖功能和生命全过程中，身体、心理和社会适应的完好状态，而不仅仅是没有疾病和虚弱"。

二、生殖健康的要点

生殖健康的要点是：①以人为中心，生殖健康把保护妇女健康提高到人权水平，把提高妇女地位作为先决条件；②以服务对象的需求为评价标准，保健工作不是单纯通过生物医学等技术手段，而是通过增强妇女权利和提高妇女地位，最终达到提高人均期望寿命的目标；③强调满意和安全的性生活；④强调社会参与和政府责任，生殖健康的落实需要人们的广泛参与，需要社会各团体、各部门的协调，政府要给予政策支持和保证；⑤涉及学科包括生物医学、心理学、社会学、人类学、伦理学等学科领域。

第四节 妇女保健统计

一、妇女疾病预防工作常用统计指标

1. 妇女常见病筛查率 = 该年该地区妇女常见病实查人数 / 某年某地区妇女常见病应查人数 ×100%

2. 妇女常见病患病率 = 该年该地区妇女常见病患病总人数 / 某年某地区妇女常见病实查人数 ×100%

3. 疾病治愈率 = 治愈例数 / 患病总例数 ×100%

二、孕产期保健常用统计指标

1. 孕期保健工作统计指标

（1）早孕建档率 = 辖区内孕13周之前建档并进行第一次产前检查的产妇人数 / 该地该时间段内活产数总数 ×100%

（2）产前检查率 = 期内产妇产前检查总人数 / 期内活产总数 ×100%

（3）产后访视率 = 期内产后访视产妇数 / 期内活产总数 ×100%

（4）住院分娩率 = 期内住院分娩活产数 / 期内活产总数 ×100%

2. 孕产期保健质量统计指标

（1）高危孕产妇比例 = 期内高危孕产妇数 / 期内孕产妇总数 ×100%

（2）剖宫产率 = 期内剖宫产活产数 / 期内活产总数 ×100%

（3）产后出血率 = 期内发生产后出血的产妇人数 / 期内产妇总数 ×100%

（4）产褥感染率 = 期内产褥感染产妇人数 / 期内产妇总数 ×100%

（5）会阴侧切率 = 期内会阴侧切产妇人数 / 期内阴道分娩产妇总数 ×100%

3. 孕产期保健效果统计指标

（1）围生儿死亡率 = （孕28周以上死胎死产数 + 出生后7日内新生儿死亡数）/（孕28周以上死胎死产数 + 活产数）×1000‰

（2）孕产妇死亡率 = 年内孕产妇死亡数 / 年内孕产妇总数10万 ×10万

（3）新生儿死亡率 = 期内出生后28天内新生儿死亡数 / 期内活产数 ×1000‰

（4）早期新生儿死亡率 = 期内生后7日内新生儿死亡数 / 期内活产总数 ×1000‰

三、计划生育统计指标

1. 人口出生率 = 某年出生人数 / 该年平均人口数 ×1000‰

2. 人口死亡率 = 某年死亡人数 / 该年平均人口数 ×1000‰

3. 人口自然增长率 = 年内人口自然增长数 / 同年平均人口数 ×1000‰

4. 出生人口性别比 = 出生男婴数 / 出生女婴数 ×100

5. 出生人工流产比 = 期内人工流产总例数 / 同期活产总数

6. 计划生育率 = 期内该项计划生育手术并发症发生例数 / 同期某项计划生育手术总例数 ×1000‰

（蒋　娜）

自测题

一、选择题

1. 妇女进行防癌普查的时间为
   A. 每半年~1年1次 B. 每年1次
   C. 每1~2年1次 D. 每2年1次
   E. 每2~3年1次

2. 下列关于妇女劳动保护叙述正确的是
   A. 哺乳期未满1年的女职工，用人单位不得延长劳动时间或者安排夜班
   B. 妊娠满9个月后不得安排夜班工作
   C. 哺乳时间为6个月
   D. 可以在妇女怀孕期解除劳动合同
   E. 怀孕妇女在劳动时间进行产前检查应扣去相应时间酬劳

3. 下面哪个是孕产期保健质量统计指标
   A. 住院分娩率 B. 剖宫产率 C. 孕产妇死亡率
   D. 产前检查率 E. 新生儿死亡率

4. 下面哪个是高危孕产妇比率
   A. 期内高危孕产妇数/期内孕产妇总数 ×100%
   B. 期内产后访视产妇数/期内活产总数 ×100%
   C. 期内住院分娩活产数/期内活产总数 ×100%
   D. 期内产褥感染产妇人数/期内产妇总数 ×100%
   E. 期内发生产后出血的产妇人数/期内产妇总数 ×100%

二、问答题

1. 简述妇女保健工作的主要内容。
2. 简述产时保健的"五防"和"一加强"。
3. 简述产褥期保健内容。
4. 简述生殖健康的概念。

中英文专业词汇索引

B

变异减速（variable deceleration，VD）124

C

产后出血（postpartum hemorrhage，PPH）158
产力异常（abnormal uterine action）139
产前诊断（prenatal diagnosis）127
产褥感染（puerperal infection）175
促卵泡激素（follicle-stimulating hormone，FSH）20
促性腺激素释放激素（gonadotropin-releasing hormone，GnRH）20
催产素激惹试验（oxytocin challenge test，OCT）123，126
催乳素（prolactin，PRL）21

F

腹腔穿刺术（abdominal parcentesis）200
腹腔镜检查（laparoscopy）210

G

功能失调性子宫出血（dysfunctional uterine bleeding，DUB）290
宫颈上皮内瘤变（cervical intraepithelial neoplasia，CIN）195，258
宫颈炎（cervicitis）241
宫内诊断（intrauterine diagnosis）127
宫腔镜检查（hysteroscopy）208
宫缩应激试验（contraction stress test，CST）126

H

黄体生成素（luteinizing hormone，LH）20
获得性免疫缺陷综合征（acquired immunodeficiency syndrome，AIDS）250

J

基线胎心率（baseline hear rate，BFHR）124
激素替代治疗（hormone replacement therpy，HRT）302

K

口服葡萄糖耐量试验（oral glucose tolerance test，OGTT）117

L

流产（abortion）79

M

酶联免疫吸附试验（enzyme-linked immunosorbent assay，ELISA）242
末次月经（last menstruation period，LMP）37

P

排卵性功能失调性子宫出血（ovulatory dysfunctional uterine bleeding）290
盆腔炎性疾病（pelvic inflammatory disease，PID）245
葡萄胎（hydatidiform mole，HM）277

Q

脐带脱垂（prolapse of umbilical cord） 171
脐带先露（presentation of umbilical cord） 171
侵蚀性葡萄胎（invasive mole） 280

R

人工流产（induced abortion） 340
人类免疫缺陷病毒（human immunodeficiency virus，HIV） 250
人绒毛膜促性腺激素（human chorionic gonadotropin，HCG） 29
人乳头瘤病毒（human papilloma virus，HPV） 249
人胎盘催乳素（human placental lactogen，HPL） 30
妊娠糖尿病（gestational diabetes mellitus，GDM） 116
绒毛膜癌（choriocarcinoma） 280

T

胎儿颈后透明层厚度（nuchal translucency，NT） 123
胎盘早剥（placental abruption） 92
胎盘滞留（retained placenta） 159

W

外阴阴道假丝酵母菌病（vulvovaginal candidiasis，VVC） 237

晚期产后出血（late puerperal hemorrhage） 178
晚期减速（late deceleration，LD） 125
萎缩性阴道炎（atrophic vaginitis） 238
无排卵性功能失调性子宫出血（anovulatory dysfunctional uterine bleeding） 290
无应激试验（non stress test，NST） 125

X

细菌性阴道病（bacterial vaginosis，BV） 239
下丘脑-垂体-卵巢轴（hypothalamic-pituitary-ovarian axis） 20
性传播疾病（sexual transmitted diseases，STD） 248

Y

羊膜腔穿刺术（amniocentesis） 202
液基薄层细胞学检查（thin-prep cytology test，TCT） 195
异位妊娠（ectopic pregnancy） 82
预产期（expected date of confinement，EDC） 37
孕前糖尿病（pregestational diabetes mellitus，PGDM） 116

Z

早期减速（early deceleration，ED） 124
周期性胎心率（periodic fetal heart rate，PFHR） 124

主要参考文献

1. 安力彬，陆虹．妇产科护理学．6版．北京：人民卫生出版社，2017．
2. 程瑞峰．妇科护理学．北京：人民卫生出版社，2016．
3. 单伟颖，柳韦华．妇产科护理学．北京：中国医药科技出版社，2011．
4. 邓开玉，林新容．妇产科护理学．2版．北京：北京大学医学出版社，2015．
5. 胡蘅芬，唐晖，欧阳春霞．妇产科护理．武汉：华中科技大学出版社，2018．
6. 李淑文，王丽君．妇产科护理学．北京：人民卫生出版社，2016．
7. 李晓琳，王炜振．妇产科护理学．北京：北京大学医学出版社，2013．
8. 廖秦平．妇产科学．4版．北京：北京大学医学出版社，2013．
9. 刘军，汪京萍．北京大学第一医院妇产科护理工作指南．北京：人民卫生出版社，2016．
10. 刘文娜，闫瑞霞．妇产科护理．3版．北京：人民卫生出版社，2014．
11. 陆虹，柳韦华．妇产科护理学．2版．北京：北京大学医学出版社，2016．
12. 陆虹，何荣华．妇产科护理学．2版．北京：北京大学医学出版社，2015．
13. 秦瑛．北京协和医院妇产科护理工作指南．北京：人民卫生出版社，2016．
14. 王娅莉．妇产科护理学．北京：高等教育出版社，2009．
15. 夏海鸥．妇产科护理学．3版．北京：人民卫生出版社，2015．
16. 谢幸，孔北华，段涛．妇产科学．9版．北京：人民卫生出版社，2018．
17. 谢幸，苟文丽．妇产科学．8版．北京：人民卫生出版社，2013．
18. 熊立新．妇产科护理学．北京：科学出版社，2016．
19. 余艳红，陈叙．助产学．北京：人民卫生出版社，2017．
20. 郑修霞．妇产科护理学．5版．北京：人民卫生出版社，2013．
21. 郑修霞．妇产科护理学．3版．北京：北京大学医学出版社，2014．